Filmische Seitenblicke

Cinepoetics

Poetologien audiovisueller Bilder

Herausgegeben von
Hermann Kappelhoff und Michael Wedel

Band 7

Filmische Seitenblicke

―

Cinepoetische Exkursionen ins Kino von 1968

Herausgegeben von
Hermann Kappelhoff, Christine Lötscher
und Daniel Illger

DE GRUYTER

ISBN 978-3-11-061317-9
e-ISBN (PDF) 978-3-11-061894-5
e-ISBN (EPUB) 978-3-11-061870-9
ISSN 2509-4351

Dieses Werk ist lizenziert unter der Creative Commons Attribution-NonCommercial-NoDerivatives 3.0 Lizenz. Weitere Informationen finden Sie unter http://creativecommons.org/licenses/by-nc-nd/3.0/.

Library of Congress Control Number: 2018951015

Bibliografische Information der Deutsche Nationalbibliothek
Die Deutsche Nationalbibliothek verzeichnet diese Publikation in der Deutschen Nationalbibliografie; detaillierte bibliografische Daten sind im Internet über http://dnb.dnb.de abrufbar.

© 2018 Hermann Kappelhoff, Christine Lötscher und Daniel Illger,
publiziert von Walter de Gruyter GmbH, Berlin/Boston
Dieses Buch ist als Open-Access-Publikation verfügbar über www.degruyter.com
Einbandabbildung: Aus dem Film „Barbarella" (Roger Vadim, F/I 1968).
Satz: Meta Systems Publishing & Printservices GmbH, Wustermark
Druck und Bindung: CPI books GmbH, Leck

www.degruyter.com

Vorwort

1968 kam Stanley Kubricks 2001: A SPACE ODYSSEY (2001: ODYSSEE IM WELTRAUM, GB/USA 1968)[1] ins Kino. Doch darum soll es hier nicht gehen. Ebenso wenig um die Werke von Bergman, Truffaut, Pasolini oder Herzog, die in jenem Jahr auf der Leinwand zu sehen waren. Immerhin, die Leserinnen und Leser werden auf den folgenden Seiten einige Überlegungen zu Polanskis ROSEMARY'S BABY (ROSMARIES BABY, USA 1968) oder Kluges DIE ARTISTEN IN DER ZIRKUSKUPPEL: RATLOS finden. Aber auch zu Rudolf Zehetgrubers ICH SPRENG' EUCH ALLE IN DIE LUFT aka DER SUPERBULLE. Rudolf – wer?

Anders gefragt: Was ist das Tertium Comparationis der in diesem Band versammelten Beiträge? Nach welchen Kriterien wurden sie ausgewählt? Tatsächlich schlagen wir einen Blick auf '68 vor, der sich gerade nicht an den großen Erzählungen des Scheiterns oder des weltverändernden Triumphs einer in sich konsistenten 68er-Bewegung orientiert, sondern vielmehr sich ausrichtet an einer heterogenen Perspektivierung auf '68. Sie lässt sich an der Poetik, die Jean-Luc Godard in seinem Film ONE PLUS ONE (EINS PLUS EINS, F 1968) entwickelt hat, exemplarisch beschreiben: Der Film funktioniert als eine Collage aus äußerst heterogenen Elementen, bei der eins dem anderen hinzugefügt wird, ohne dass die Montage der Bilder und Klänge einer narrativen, ideologischen – ja, irgendeiner Logik folgen würde. Es wird keine Summe gezogen; es gibt keine Anweisung, wie die einzelnen Teile aufeinander zu beziehen sind, oder wie sie zu bewerten sind. Konkret heißt das bei Godard: Musik plus Happening plus politische Pamphlete plus Porno plus Krimi.

In dieser Perspektive lässt sich '68 als Kulminationspunkt verstehen, an dem höchst verschiedenartige kulturelle, soziale und politische Phänomene in eine Interaktion zueinander treten. Phänomene, die keineswegs ursächlich miteinander verknüpft sind, verhalten sich zueinander wie chemische Stoffe, die in dem Moment ihrer Vermischung zur Explosion kommen: eine Kombination von Elementen, die im Zusammentreffen eine Transformationskraft entfalten, die je für sich genommen keines auch nur ansatzweise hätte hervorbringen können.

Entsprechend versuchen wir, das Kino von '68 als ein Ineinander widerstreitender, gegenläufiger und vielleicht auch ganz unverbundener Bestrebungen zu konturieren, wobei das Spannungsfeld, in dem sich dieses Kino entfal-

---

[1] Im Folgenden werden bei der Erstnennung von Filmen, die nicht in der BRD entstanden, die Produktionsländer, das Erscheinungsjahr sowie der deutsche Verleihtitel aufgeführt. Bei deutschen Filmen findet nur dann eigens eine Nennung statt, wenn sie nicht im Jahr 1968 erschienen sind.

tet, mit den polaren Paarungen von Kunstanspruch und kommerziellem Kalkül, revolutionärer Sehnsucht und Geschichtsmelancholie, ästhetischer Experimentierfreude und dem Beharren auf überkommenen Formen kaum angerissen ist. Da dürfen weltberühmte Klassiker neben eher obskuren Werken, insbesondere des deutschen Filmschaffens, stehen; die ausgewiesene künstlerische Dignität trifft auf ebenso ausgewiesenen Schund und biederes Handwerk. So gesehen folgt die Auswahl der Beiträge schlicht der Idee, eben keine allzu klare Idee davon *vorauszusetzen*, was das Kino von '68 gewesen sein könnte – vielmehr hoffen wir, dass sich eine solche Idee gerade auch im Blick auf Filme erschließen mag, bei denen man nicht immer schon zu wissen meint, was sie mit Studentenprotesten, Hippiekultur und freier Liebe zu tun haben.

Der vorliegende Band ist ein Produkt der kooperativen filmanalytischen Arbeit der Kolleg-Forschergruppe *Cinepoetics – Poetologien audiovisueller Bilder*. Im Zentrum des Kollegs steht die Frage nach der Logik des Diskurses audiovisueller Bilder. Gemeinsam mit Wissenschaftlerinnen und Wissenschaftlern aus unterschiedlichsten Disziplinen diskutieren wir die Frage nach der Kunst des Zuschauens, der intellektuellen Produktivität des Konsums audiovisueller Bilder, nach deren spezifischer Logik: der Logik der Poiesis des Filme-Sehens. Am Ausgang unserer Arbeit steht also die These, dass sich der Diskurs audiovisueller Bilder in der kooperativen Verfertigung des Denkens filmischer Bilder, in der Rede über die Erfahrung des Filme-Sehens herstellt. Seit Herbst 2015 arbeiten wir in unserem filmanalytischen Colloquium regelmäßig an der (durchaus als Empirie verstandenen) Probe aufs Exempel der Logik der Poiesis des Filme-Sehens. Wie generiert das Filme-Sehen gedankliche Bewegungen, die sich erst in der Wechselrede von Bildkonsumentinnen und -konsumenten diskursiv figurieren lassen?

Die Frage nach dem Kino von '68 war so gesehen ein willkommener Anlass, unsere filmanalytische Arbeit in Aktion zu beschreiben; der vorliegende Band versteht sich denn auch als kooperatives Werk des filmanalytischen Colloquiums von *Cinepoetics*. Er lässt sich in seinen einzelnen Beiträgen selbst noch als ein Gespräch lesen, als ein Wechsel von Rede und Widerrede, die je für sich andere filmische Bilder ins Spiel bringen.

Jedes Mitglied der Forschergruppe war aufgefordert, den in sich bereits vielperspektivisch gebrochenen Eingangsessay fortzuführen, indem es jeweils einen Film zum Ausgangspunkt seiner Interventionen macht, sei es anschließend, sei es abbrechend. Das Ergebnis ist tatsächlich ein nach allen Seiten hin offenes Eins plus Eins, von dem wir meinen, dass es zumindest mit Blick auf die deutsche Konstellation um '68 zu durchaus tragfähigen Einsichten führt. Konkret bestand der Auftrag darin, einen Film auszuwählen, der nach Möglichkeit 1968 in deutschen Kinos zu sehen war (wobei wir einige Ausnahmen gemacht haben), und dazu eine frei zu gestaltende filmanalytische Skizze oder einen Essay zu schreiben. Im Ergebnis verbindet sich die geteilte filmanalytische Methodik mit individuellen, mitunter auch sehr eigensinnigen Ansätzen.

Dass der Schwerpunkt doch recht eindeutig auf dem bundesdeutschen Kino liegt, mag damit zusammenhängen, dass viele Filme, die hier in den Jahren um 1968 entstanden sind, vielleicht auch darum (beinah) vergessen sind, weil sie sich nicht ohne weiteres an gängige Erzählungen über jene Zeit anschließen lassen. Umso aufschlussreicher ist es zu sehen, wie sie auf die deutsche Filmgeschichte ebenso Bezug nehmen wie auf die Genres des Hollywood-Kinos – um die gewählten Genremodalitäten nach allen Regeln der Kunst zu konterkarieren, zu unterlaufen oder ganz ins Absurde und Groteske zu drehen.

Entlang der Beiträge dieses Bandes und kreuz und quer durch sie hindurch entspinnt sich ein Gespräch, das man auf vielerlei Weise nacherzählen könnte. Der rote Faden, den wir hier versuchsweise ziehen wollen, setzt direkt bei der Poetik des Eins plus Eins an. Bei den Regisseuren der Münchner Gruppe, insbesondere in Rudolf Thomes DETEKTIVE, faltet sich diese Poetik in der Auseinandersetzung mit dem Krimigenre auf, wobei die Fälle eben nicht mehr dazu da sind, um gelöst zu werden; vielmehr läuft die Detektivarbeit ins Leere, verweigert somit die Zuspitzung auf ein Ziel oder einen Effekt. Darin lassen sich nicht zuletzt auch Spuren der Internationale der Popkultur, die sich um '68 herum herausgebildet hat, für das deutsche Kino nachweisen. Doch gleich folgt der Widerspruch: Ausgerechnet Wim Wenders legt 1968 mit POLIZEIFILM ein als Schulungsfilm maskiertes Werk vor, bei dem es um Politik statt Poesie, Agitation statt Atmosphäre, Aktion statt Kontemplation zu gehen scheint. Aber eben: scheint, denn am Ende wird die Darstellung repressiver Paranoia in der ästhetischen Intervention pariert und ins Subversive umgelenkt. Dann tritt Schimanski auf – noch nicht als er selbst, doch in der Rolle des SUPERBULLEN kündigt Götz George den Kommissar an, der die Unterhaltungskultur der BRD prägen wird wie kein anderer. Als Superbulle ist er noch ganz Pedant; erst im Zusammenspiel mit seinem Antagonisten, dem gleichzeitig als Rockstar, Dandy und APO-Mitglied inszenierten Gangster, entfaltet sich die Heterogenität von '68 auch im scheinbar belanglosen Serienkrimi.

Als ebenso komplex erweisen sich die sogenannten Lümmel- und Paukerfilme – einer davon ist Werner Jacobs' ZUR HÖLLE MIT DEN PAUKERN. Hier sind es aufmüpfige Schüler, die gegen die Pedanten antreten. Die Schule wird als ein entrücktes Surrogat inszeniert, ein Stück ‚heile Welt', das es niemals gegeben hat; es entsteht eine Sehnsuchtswelt der Zeitlosigkeit, die allerdings auch jeden Ansatz zu politischer Kritik in schrulliger Harmlosigkeit verpuffen lässt.

Hingegen treibt Lindsay Andersons IF.... (GB 1968) den Konflikt zwischen rebellierenden Schülern und Lehrern ins Groteske, wobei sich auf dem Weg zur bürgerkriegsähnlichen Eskalation die Grenze zwischen Realität und Tagtraum auflöst – und mit ihr die Möglichkeit einer stabilen Zuschauerposition; denn auch das Aufbegehren gegen eine despotische Institution gestaltet Anderson als unendlich ambivalente Phantasmagorie. Parolen wie ‚Kinder an die Macht' mögen sich 1968 in der Fernseh-Adaption von *Pippi Langstrumpf* ungebrochen artikulieren; für das Kino erweist sich das Beziehungsfeld zwischen Kindern und Erwachsenen eher als Schlachtfeld. Das gilt nicht nur für IF...., sondern etwa auch für BÜBCHEN. Roland Klick lässt hier einen Jungen seine kleine Schwester töten – und inszeniert diesen Mord auf eine Weise, die ihm von der zeitgenössischen Kritik den Vorwurf des Unpolitischen einbrachte, heute hingegen eminent politisch erscheint, nicht zuletzt in der Darstellung des Milieus, in dem dieser Mord sich ereignet: einer in ihrer hermetischen Opazität geradezu infernalisch anmutenden Kleinbürgerwelt.

An der Tatsache, dass Mutterschaft ein Politikum ist, lässt Roman Polanskis ROSEMARY'S BABY in seiner streitbaren Vielstimmigkeit keinen Zweifel; gleich zwei Beiträge widmen sich dem Film und zeigen im Dialog miteinander, wie die Titelfigur, das Neugeborene, eins von vielen Zeichen ist, die potentiell bedeutungsvoll, aber letztlich sinnlos, sinnwidrig oder unsinnig daherkommen. Und wie das ästhetische Prinzip des Auslassens und Andeutens, die Schwierigkeit Sinn und Verbindung herzustellen, sich zu einer Poetik der unheimlichen Atmosphäre verbinden. Abwesende Kinder als Zeichen spielen auch in Ulrich Schamonis ALLE JAHRE WIEDER hinein; einen Film, der sich nicht außerhalb des Diskurses lesen lässt, der 1968 mit dem Höhepunkt der Debatte um die Antibabypille erreicht wurde – was sich darin manifestiert, wie das Stocken des gesellschaftlichen Aufbruchs von Kino und katholischer Kirche im Film enggeführt wird. Dieses Stocken spiegelt sich nicht zuletzt in Schamonis Protagonist, der sich als jemand wähnt, der mit der Zeit geht, in Wahrheit jedoch zwischen Vergangenheit und Zukunft hängt, sodass ihm auch die Gegenwart zu einer entscheidungslosen Starre gerinnt.

Während die Katholische Kirche die Pille ablehnte, wurde, wieder nach der Logik des Eins plus Eins, anderswo die Sexualität als Quelle der Lebensfreude entdeckt – in Oswalt Kolles Aufklärungsfilm DAS WUNDER DER LIEBE – SEXUALITÄT IN DER EHE auf vieldeutig verkrampfte Weise. Sexuelle Aufklärung erweist sich im inszenierten Expertengespräch als in sich widersprüchliche Gemengelage, geprägt von sich kreuzenden und durchkreuzenden, gegenseitig stimulierenden und blockierenden Interessen; ökonomischen, zensorischen, kritischen, sexuellen. Quasi als Pendant dazu lässt sich der Umgang mit den Studentenprotesten und mit der Forderung nach freier Liebe in George Moorses – nahezu völlig unbekannten – Fernsehfilmen DER GRILLER und LIEBE UND SO WEITER deuten: das Zentrum der Filme bleibt leer. Was sich aus heutiger Sicht als abgründige politische Analyse erweist, stieß 1968 auch in diesem Fall auf Ablehnung bei der Kritik: Den Filmen wurde vorgeworfen, sich zwar einer avantgardistischen Bildsprache und aktueller gesellschaftspolitischer Themen zu bedienen, darin jedoch belanglos und kommerziell zu sein. Ähnliches lässt sich über Werner Kletts MAKE LOVE NOT WAR sagen, der zwar eine Vietnam-Parole als Titel aufnimmt, aber keineswegs in der Rhetorik des Antikriegsprotests als einer politischen Forderung aufgeht. Vielmehr stellt er ein Weltverhältnis her, das die Gegenwart als schematisch organisiert zeigt. Die Liebe in Zeiten des Vietnamkriegs ist darum immer schon unmöglich; sie endet in einem Kurzschluss, bei dem alle medialen Bilder, die den Film strukturieren, sich in Schwärze auflösen.

Das könnte als Verweis auf Antonionis BLOW UP (GB/I/USA) verstanden werden, auf den sich so viele Filme beziehen, dass er, seines Entstehungsjahrs 1966 zum Trotz, in den Band aufgenommen wurde. Der Ästhetizismus, den der Fotograf Thomas (David Hemmings), den der Film zelebriert, impliziert dabei zugleich einen Gestus der Kritik. Den Zuschauern nämlich wird er zu einem Gefühl für den Überdruss am Himmelsbrot eines totalen Konsumismus. Und schon meldet sich eine kinematografische Gegenthese zu Wort: Ausgerechnet Roger Vadims BARBARELLA (I/F 1968), ein einziger psychedelischer Rausch aus Sex, Camp und Nonsense, entfaltet in den heterogen-unverbundenen, sich aber zärtlich berührenden Materialien eine feministisch-utopische Dimension – die sich in Jane Fondas Star-Persona bis in die Gegenwart am Leben zu erhalten vermag. Weitaus abgründiger gestaltet sich das Doppelspiel von Figur und Star-Persona in Jacques Derays LA PISCINE (DER SWIMMINGPOOL, F 1969). In Figurationen der Eifersucht, des Misstrauens und der Komplizenschaft sind Figur und Persona stets ein einander speisendes Doppel: Romy Schneider spielt Marianne, die Romy Schneider spielt; Alain Delon spielt Jean-Paul, der Alain Delon spielt. Zugleich eröffnet der Film den Zuschauern die Möglichkeit der nostalgischen Rückkehr in eine Zeit, in der narzisstisches Sich-zur-Schau-Stellen und das Star-Prinzip noch nicht Kategorien einer allgegenwärtigen sozialen Dystopie waren, sondern Objekte ästhetischen Genießens. An die Schmerzgrenze wird das ästhetische Genießen im Exploitation-Modus der MÄDCHEN-Trilogie (1967–1970) von Roger Fritz getrieben: Die Bewegungen der Figuren folgen der Logik von Verfolgung und Flucht, erscheinen im selben Moment aber auch als ein Ausdruck von spielerischer Beliebigkeit und ungerichtetem Enthusiasmus. In der gleichzeitig befreiend und erzwungen wirkenden Ausgangs- und Ziellosigkeit einer ständig präsenten Bewegungsdynamik zeigt sich die Tragik der Filme und ihrer Figuren: In-Bewegung-Sein bedeutet immer zugleich sich treiben zu lassen *und* getrieben zu sein.

Am anderen Ende der Ausdrucksskala arbeitet Alexander Kluge; radikale Enthaltsamkeit zeichnet sein Schaffen aus. So werden Vielstimmigkeit und Vieldeutigkeit zu Poesie, wenn er am Werk ist. DIE ARTISTEN IN DER ZIRKUSKUPPEL: RATLOS scheint von der Melancholie verlorener, vom Elefantenfuß der Ökonomie niedergetrampelter Künstlerträume beseelt zu sein – doch ganz nebenbei, zwischen den Bildern und Tönen gleichsam, entfaltet sich ein poetischer Raum, in dem sich Melancholie in Fantasie verwandeln kann. Unheilbar scheint die Melancholie hingegen in Klaus Wildenhahns Fernseh-Dokumentarfilmen IN DER FREMDE und HEILIGABEND AUF ST. PAULI zu sein. Beide Filme widmen sich den Feiern der Randständigen und Außenseiter und stellen dabei die Frage nach der Möglichkeit von Gemeinschaft. Der Suff stiftet die überaus brüchigen Gemeinschaften, die Wildenhahn inszeniert; zugleich scheinen die Bilder ebenso wie die Figuren und ihre Rede im Alkohol zu zerfließen: eine Auflösung freilich, die nichts löst. Das grauenvolle Phantasma einer endgültigen Lösung für alles menschliche Leid treibt die Titelfigur von Juraj Herz' SPALOVAČ MRTVOL (DER LEICHENVERBRENNER, CSSR 1969) um. In einer Überblendung mit Hannah Arendts Beobachtungen zum Eichmann-Prozess wird dabei deutlich, wie die ästhetische Erfahrung eine historische Erfahrung ermöglichen kann: Die Inszenierungsmodalitäten der Banalität und des Grotesken gestalten eine Zeitlichkeit, die den Holocaust als unentrinnbares, das Denken sprengendes Faktum der Geschichte erahnbar macht.

Am Schluss steht die Sehnsucht nach einer unmöglichen Freiheit: In Sergio Corbuccis IL GRANDE SILENZIO (LEICHEN PFLASTERN SEINEN WEG, F/I 1968) wird die Bewegungsidee des Western unter Schneemassen begraben; jeder Ritt endet im weißen Nichts, ebenso wie in George A. Romeros erstem Zombie-Film, NIGHT OF THE LIVING DEAD (DIE NACHT DER LEBENDEN TOTEN, USA 1968), sämtliche Ausbruchsversuche immer nur den Tod herbeiführen, sodass die kannibalischen Untoten die einzigen sind, denen man in der Erbarmungslosigkeit dieser Filmwelt ein zufriedenes Dasein zutraut. Vielleicht ist das ja der Grund, warum ihnen der Marsch durch die Institutionen von allen 68er-Figurationen am besten gelungen ist: bis hin zur popkulturellen Allzweckwaffe.

Übrigens gibt es zu IL GRANDE SILENZIO ein alternatives Ende, bei dem denn doch alles gut wird – und so könnte man auch den Gang durch diesen Band ganz anders erzählen; die Kombinatorik von Eins plus Eins jedenfalls ließe es zu.

Wir hoffen also, dass diese filmischen Seitenblicke tatsächlich neue Perspektiven eröffnen: Indem sie dazu beitragen, Unbekanntes zu entdecken und vermeintlich Vertrautes in ein anderes Licht zu rücken. Dabei ist es wohl kein Zufall, dass viele Beiträge, gleichsam in der historischen Rückprojektion, von durchaus gegenwärtigen Fragen und Problemen umgetrieben werden. Denn feststeht, dass '68, in den Auseinandersetzungen darüber, was bleibt von diesem Jahr, noch nicht an sein Ende gekommen ist.

Berlin, im Juni 2018   Hermann Kappelhoff
                                   Christine Lötscher
                                   Daniel Illger

Inhalt

Vorwort —— V

Hermann Kappelhoff
Auf- und Abbrüche: Die Internationale der Pop-Kultur —— 1

Matthias Grotkopp
Zweifelhafte Subjekte
    Detektive, Gangster und andere Münchner Utopisten
    des Gammelns —— 43

Michael Wedel
Kreuzungen und Kollisionen
    Wim Wenders' POLIZEIFILM —— 69

Hanno Berger
Der Superbulle und der Gangster
    ICH SPRENG' EUCH ALLE IN DIE LUFT! – INSPEKTOR BLOMFIELDS FALL NR. 1
    a.k.a DER SUPERBULLE —— 87

Christian Rüdiger
Gaudeamus igitur
    Poetische Weltentfaltung und ästhetische Weltwahrnehmung
    als zeithistorische Dimensionen in Werner Jacobs'
    ZUR HÖLLE MIT DEN PAUKERN —— 95

David Gaertner
Die Revolution im Gedanken
    Lindsay Andersons IF.... —— 113

Hannes Wesselkämper
Kein Kind seiner Zeit
    oder: Von der Ästhetik des Aushaltens in Roland Klicks BÜBCHEN —— 137

Eileen Rositzka
Im Anagramm gefangen
    Lektüren in und von ROSEMARY'S BABY —— 153

Zoé Iris Schlepfer
„I can no longer associate my self"
    Zu einer Poetik der unheimlichen Atmosphäre mit ROSEMARY'S
    BABY —— 163

Tobias Haupts
Nach dem Konzil oder Der Geist vergangener Weihnacht
    Ulrich Schamonis ALLE JAHRE WIEDER —— 191

Michael Ufer
Zeitgenossenschaft der Aufklärung
    Heterogenes zu und um Oswalt Kolles DAS WUNDER DER LIEBE –
    SEXUALITÄT IN DER EHE —— 221

Thomas Scherer
The Revolution Will Not Be Televised
    '68 mit George Moorses existentialistischen Fernsehfilmen DER GRILLER
    und LIEBE UND SO WEITER —— 255

Jasper Stratil
Erinnerung an eine schematische Zeit
    Berlin-Bilder, Rhetorik und die Welt von MAKE LOVE NOT WAR —— 269

Hermann Kappelhoff
Blow Up – Close Up —— 291

Christine Lötscher
Unerhörte Philosophien
    Utopie, Feminismus und Erotik in Roger Vadims BARBARELLA —— 303

Jan-Hendrik Bakels
Halbwelten und Doppelfiguren
    Zum Spiel mit Figur und Persona in Jacques Derays LA PISCINE —— 317

Danny Gronmaier und Regina Brückner
Mädchen in der Grube
    Bewegungsdynamiken zwischen Spiel und entfesselter Gewalt
    in Roger Fritz' „Mädchen-Trilogie" —— 339

Christine Lötscher
Zahnlücken und Melancholie
  Ein Aperçu zu Alexander Kluges DIE ARTISTEN IN DER ZIRKUSKUPPEL:
  RATLOS —— 367

Björn Hochschild
Zerfließende Körper, Klänge und Räume
  Unhaltbare und unerträgliche Zustände in Klaus Wildenhahns
  IN DER FREMDE und HEILIGABEND AUF ST. PAULI —— 371

Hauke Lehmann
Groteske und Banalität
  Abgrund des Zusammenhangs in Juraj Herz' SPALOVAČ MRTVOL —— 395

Daniel Illger
Die Freiheit der Untoten
  Sergio Corbuccis IL GRANDE SILENZIO und George A. Romeros
  NIGHT OF THE LIVING DEAD —— 411

Die Autorinnen und Autoren —— 423

Personenregister —— 427

Sachregister —— 430

Farbtafeln —— 433

Hermann Kappelhoff
Auf- und Abbrüche: Die Internationale der Pop-Kultur

Fernsehkindheit

'68 – da war ich ein Kind; und ich erinnere mich gut an den Kauf des ersten Fernsehgeräts. Die erste Sendung, die mir in den Sinn kommt, war eine amerikanische „Junge & Hund"-Serie: THE ADVENTURES OF RIN TIN TIN (RIN TIN TIN, USA 1954–1959), nicht LASSIE (USA 1954–1974). Später folgten dann FLIPPER (USA 1964–1967), BONANZA (USA 1959–1973), DAKTARI (USA 1966–1969), FURY (FURY – DIE ABENTEUER EINES PFERDES, USA 1955–1960) und – das war das Beste – THE HIGH CHAPARALL (HIGH CHAPARALL, USA 1967–1971). Die Welt meiner Fernsehkindheit war durch und durch amerikanisiert. An die Springerpresse hingegen, an Bild, BZ oder Morgenpost kann ich mich nicht erinnern. Von rebellierenden Studenten und dem Krieg im Vietnam hörte ich aus der Tagesschau. Die aber vermittelte mir die Vorstellung, Studenten seien Leute, die ständig auf den Straßen demonstrieren, sich von Wasserschläuchen bespritzen lassen und mit der Polizei Schlägereien anzetteln. Die wiederkehrenden Worte „schwere Krawalle an der Universität X", „Straßenschlachten in Soundso" begleiteten mein Hineinwachsen in die Welt abstrakter Vorstellungen.

Dass Studenten die ganze Zeit demonstrieren und Krawall machen gehörte für mich folglich zu deren Berufung – so wie Fußballspieler Fußball spielen und Musiker Musik machen. Die Musiker wiederum waren, neben den überaus freundlichen Hunden, Pferden und Delfinen des amerikanischen Kinder- und Jugendfernsehens, eine weitere Spezies, die jedem Kind irgendwann auffallen musste, in dessen Wohnung der Fernseher lief. Jedenfalls tauchte im Augenwinkel meines sich entwickelnden Bewusstseins das hier auf, immer samstags um 16.15 Uhr (s. Abb. 1).

Der Beat Club! Die erste Musiksendung im Deutschen Fernsehen, die ab 1965 Pop-Musik aus dem englischsprachigen Raum präsentierte, erlangte bei Jugendlichen bald Kultstatus. Zur Sendung gehörte das Geraune der Eltern, Onkels und Tanten: „Wie die schon wieder ausschauen" – „Und diese langen Haare!" Es war eine Art Empörungssendung für Erwachsene, die man nur deshalb mitschauen durfte, weil man für zu jung gehalten wurde, um daran Schaden nehmen zu können. Durchaus mit rassistischen Untertönen gespickt – selbst in seriösen Kulturjournalen benutzte man damals noch das Wort „Negerkultur" –, war der Background-Chor des Ressentiments der Erwachsenen zunächst prägender als die Musik. So nahm man die Sendung schon wahr, als

Abb. 1: Sendung mit Kultstatus bei Jugendlichen.

man musikalisch die Schlagerparade noch nicht wirklich vom Beat Club unterscheiden konnte. Man bekam es irgendwie mit, wenn auch eher im Sinne eines Spektakels, an dem etwas nicht ganz geheuer, nicht normal, ja asozial war. Trotzdem träumte dann der 12-Jährige davon, endlich nicht mehr zum Friseur zu müssen.

Meine Mutter war so jung, dass sie gut und gerne selbst eine Studentin höheren Semesters hätte sein können. Milieubedingt freilich war sie sowohl für die rassistischen Untertöne als auch für die rigiden Geschmacksurteile anfällig. Aber sie hatte ein ausgeprägtes Gespür dafür, dass die politische Welt sich viel zu langsam änderte. War es doch gerade einmal zehn Jahre her, dass – gegen die Stimmen der Union – das Letztentscheidungsrecht des Ehemannes in allen Fragen des gemeinsamen Lebens aus dem bürgerlichen Gesetzbuch gestrichen wurde. Ein Gesetz, das zu diesem Zeitpunkt wiederum seit zehn Jahren gegen die grundgesetzlich garantierte Gleichstellung von Mann und Frau verstieß. Eine solche Mutter ließ sich haarpolitisch erweichen, und so durfte auch ich bald ohne stoppeligen Hinterkopf leben.

Ich erinnere mich aber auch an andere Fernsehnachrichten, unverständliche und bedrohliche Worte – Tet-Offensive, Mekong Delta, Laos und Vietcong.

An Meldungen von Rassenunruhen und das Kennedy-Attentat. Ich erinnere mich an Worte wie Prager Frühling und Napalmbombe. Und schließlich an die Baader-Meinhof-Gruppe. Kein Zweifel, nicht nur die Frisuren, die ganze Welt war außer Façon geraten. All dies aber waren Erfahrungen in einer Welt, die durch Fernsehbilder ausstaffiert war. Bin ich doch, wie die allermeisten Bundesbürger, nicht in Westberlin aufgewachsen. Aber auch mein kleines Dorf im Münsterland hatte Anschluss gefunden an jenes *global village*, das genau in jenen Tagen von Marshall McLuhan als Kulturgemeinschaft der Fernsehzuschauer entdeckt wurde.

Geschmacksgemeinschaft

Es waren letztlich nur wenige Jahre, bis das Kind zur festen Überzeugung kam, alle männlichen Studenten hätten – ähnlich wie die Gäste im Beat Club – lange Haare, und alle Studentinnen trügen atemberaubend kurze Röcke oder gar Hot Pants. In der Perspektive des Kindes aber war die Zeit des Beatclubs von 1965 bis 1972 eine veritable Ewigkeit, in der der abseitige Geschmack dubioser Langhaariger, Gammler und Hippies ebenso zum modischen Common Sense wurde wie die Vorstellung, dass Studieren halt darin besteht, zu demonstrieren und sich Schlachten mit der Polizei zu liefern, um die Tagesschau mit Nachrichtenbildern zu versorgen. So war es nicht weiter erstaunlich, dass die Welt, in der ich mich als Halbwüchsiger mit meinen Schulfreunden bewegte, ganz selbstverständlich von den Stars aus Rock und Pop geprägt war. Man eiferte im Gesten-, Kleidungs- und Haarstil genau jenen dubiosen Gestalten nach, die dem Kind noch als Protagonisten höchster Geschmacksverirrung nahegebracht worden waren.

Von einer anderen Perspektive hat mir ein Dorfpfarrer aus dem Münsterland berichtet, der sich erinnerte, wie Ende der 1960er Jahre von einem Sonntag auf den anderen die Jugendlichen nicht mehr zum Gottesdienst erschienen. Man darf getrost annehmen, dass alle Repräsentanten institutionalisierter Formen gesellschaftlicher Werte ähnliche Erfahrungen machten. Die hergebrachten Instanzen, die den ideellen Zusammenhalt einer Gesellschaft als politisch-kulturelle Gemeinschaft begründeten, schienen von heut' auf morgen entwertet zu sein. Da war der Sturz des Ordinarius – des weißen männlichen Professors, der buchstäblich die Autorität der Lehre verkörperte – nur ein Fall unter vielen, wenn auch ein besonders tiefer. An der Restauration dieser und ähnlicher Wert- und Ordnungs-Agenturen wird bis heute gearbeitet. Auf der Linie dieser Restauration liegen die Thesen vom Scheitern oder der Belanglosigkeit von '68.

Dem wäre zu entgegnen, dass es bei aller Konjunktur des Autoritären höchst fraglich bis ausgeschlossen erscheint, dass religiöse, patriarchale oder nationale Wertebegründungen in der westlichen Welt je wieder die institutionalisierte Verbindlichkeit erlangen können, die sie vor '68 hatten. Der Konservatismus der späten fünfziger und sechziger Jahre des vergangenen Jahrhunderts ist heute nur als mediale Simulation zu haben. Dementsprechend setzen die gegenwärtigen autoritären Bewegungen, entgegen aller Rhetorik vom christlichen Abendland oder den ur-amerikanischen Werten, auf Strategien säkularer Vergemeinschaftung, die auf der Höhe modernster Medientechnologien operieren.

Ebenso offensichtlich scheint mir, dass die fundamentalen kulturellen Veränderungen keineswegs ursächlich auf die politischen Bestrebungen der Studentenrevolte oder die Akteure der Neuen Linken rückführbar sind. Ihre politischen Programme formulierten vieles, was wir heute bestenfalls als versponnen, manchmal als politisch verwegen und im Einzelfall als durchaus totalitär verstehen würden – gerade, wenn wir uns politisch links ansiedeln. Trotz alledem: In den politischen Bewegungen manifestierten sich die Strebungen einer grundlegenden kulturellen Transformation der westlich genannten Gesellschaften, die ohne die politischen Manifestationen einer Neuen Linken niemals als Hippie- oder Popkultur, als Kinderladenbewegung, Frauenaktionsgruppen, Kommunen und unternehmerische Kollektive eine neue soziale Realität hätten artikulieren können.

Statt also an den alten Zöpfen zu flechten, die aus '68 eine heroische Erzählung machen, oder umgekehrt Revanche zu suchen für die Niederlage im Kampf um die kulturpolitische Diskurshoheit, möchte ich den Weg der heterogenen Perspektivierung gehen. Und mich vor allem von den Perspektiven der Kunst- und Unterhaltungskultur, insbesondere denen der Filme und des Theaters der Bundesrepublik jener Jahre, dem Phänomen '68 annähern. Dabei geht es mir, neben einer pragmatischen Begrenzung des Gegenstandes, vor allem auch um eine klar situierte Perspektive der eigenen Position. Schreibe ich doch aus einer Mittelposition, die durchaus prägend für die Generation der Babyboomer war: Jugend war für die Teenies der siebziger Jahre ein komplexer soziokultureller Code, der von den nur wenig älteren Geschwistern als Lebensstil gepflegt und verwaltet wurde.

Blickt man aus dieser Perspektive auf die Zeit, wird deutlich, dass '68 eher einen Kulminationspunkt beschreibt, an dem höchst heterogene kulturelle, soziale und politische Phänomene in eine Interaktion zueinander treten, die keineswegs ursächlich miteinander verbunden sind. Eher scheinen sie sich zueinander wie chemische Stoffe zu verhalten, die im Moment ihrer Vermischung zur Explosion kommen: eine Kombination von Elementen, die im Zusammentreffen eine Transformationskraft entfalten, die je für sich genommen keines auch nur ansatzweise hätte hervorbringen können. Die collagierten Kindheitserinnerungen mögen deshalb der Erfahrung des radikalen kulturellen Wandels weit mehr entsprechen als alle Versuche des Kulturwissenschaftlers, die künstlerischen Phänomene dieses Wandels in eine sinnfällig stringente Erzählung zu überführen.

Die Internationale der Popkultur

In der Perspektive des heranwachsenden Kindes wird aus der Fernsehgeschichte des Beat Clubs, der abfälligen Reden der Tanten und Onkel, seiner langsam wachsenden Sympathie für das, was diese als schlechten Geschmack, ungehöriges Benehmen und Negermusik beschimpften, eine erste Lektion in Sachen Geschmacksurteil. Die Feststellung, ob etwas gefällt oder nicht, hat mindestens ebenso viel mit der sozialen Realität von Ausgrenzung, Abgrenzung und Diskriminierung zu tun wie mit der Herstellung eines Wir, eines Gefühls der Zugehörigkeit, eines Gemeinschaftsgefühls.

In seinem Film ICH BIN EIN ELEFANT, MADAME aus dem Frühjahr 1969 lässt Peter Zadek den Generationenkonflikt der Schüler eines Bremer Gymnasiums als Kampf um den eigenen Geschmack, die eigenen Gesten, den eigenen Verhaltensstil greifbar werden. In jedem Moment vom Lokalkolorit der Hansestadt geprägt – „Bremen Calling" –, wird der Aufstand der Schüler gegen das autoritäre Schulsystem als eine leichthändige Pop-Art-Revue voller komischer Sentenzen mit einem genialen Ensemblespiel junger Schauspielerinnen und Schauspieler inszeniert (Abb. 2). Zadeks Sinn für das Populäre wird nicht zuletzt darin deutlich, dass er neben den Songs von Lou Reed auch die Musik

Abb. 2: Leichthändige Pop-Art-Revue (Farbabb. s. Anhang).

der erfolgreichsten deutschen Filme der sechziger Jahre, der Karl-May-Filme um Winnetou und Old Shatterhand, einsetzt. Der Rocksong instrumentiert die surreal romantische Mopedfahrt durch Bremen; der Ohrwurm aus Opas Kino hingegen eskortiert den mit fliegender roter Fahne auf dem Dach seines Autos anreisenden Studentenführer aus Berlin, der – wie Winnetou seinem Blutsbruder – den Schülern zur Hilfe eilt und ihnen taktische Beratung für den Straßenkampf bringt.

Der Film endet mit einer Montagesequenz, die von dem rigiden Regime einer Gemeinschaftsbildung qua Geschmacksurteil erzählt. Sie ist unterlegt und zusammengehalten durch einen Schlager, den Freddy Quinn 1966 herausbrachte. Freddys Karriere war danach zu Ende; er siedelte um in die USA. Auch das war '68.

Zadeks Film war selbst schon eine Antwort auf einen anderen, einen britischen Film, der gleichsam die Hymne dieser Internationale der Popkultur formuliert. Mit ICH BIN EIN ELEFANT, MADAME ist das deutsche Pendant zu IF.... von Lindsay Anderson aus dem Jahr '68 entstanden. Der Film über das autoritäre Regime einer Schule hat allen Klamauk der Beatles-Filme abgestreift und zeigt die Revolte der Schüler nicht nur in den schillernd schönen Farben der Flower-Power-Pop-Generation, sondern lässt ihren Aufstand im surrealistischen Szenario eines Bürgerkrieges enden, der alle dramaturgischen Fesseln realistischer Darstellung sprengt.[1] Vergleicht man ICH BIN EIN ELEFANT, MADAME mit Lindsay Andersons Film, wird die befreiende Kraft greifbar, die mit der artistischen Leichtigkeit und exzentrischen Farbenfreude britischer Pop-Künstler durch Zadeks Arbeiten in die Herzkammer deutscher Hochkultur, in die Stadt- und Staatstheater, eingeschleust wurde. Die politische Radikalität (das Finale von IF.... entwirft ja die Rebellion der Jugend gegen das Establishment als ein Bild anarchistischer Revolte mit allen Mitteln militärischer Gewalt) ist aufgefangen durch den manchmal subtilen, manchmal schrägen Humor und das artistisch virtuose Spiel mit den Pattern und Klischees der jeweiligen Alltagskultur, die der jugendlichen Freude am zweckfreien Ausdrucksspiel das letzte Wort vorbehält. So sehr die Darstellung repressiver Gewalt eines autoritären Establishments dramaturgisch die Mitte beider Filme bildet – sowohl IF.... als auch ICH BIN EIN ELEFANT, MADAME sind vor allem eine Hymne an die Freude des Jungseins (Abb. 3).

In der Perspektive dieser Filme ist '68 vor allem das Synonym für eine Form kultureller Gemeinschaftsbildung, die sich als transnationale Geschmacksgemeinschaft, als eine Art Internationale westlicher Pop- und Jugendkultur formiert. Nicht nur hat sich, wie zu allen Zeiten, das, was als guter Geschmack gilt, grundlegend verändert. Das Geschmacksurteil ist selbst an die

---

1 Vgl. Artikel von David Gaertner in diesem Band.

Abb. 3: Hymnen an die Freude des Jungseins: BARBARELLA, IF...., ZUR SACHE, SCHÄTZCHEN (Farbabb. s. Anhang).

Stelle von Traditionen und Institutionen getreten, die als generative Elemente kultureller Gemeinschaftsbildungen fungierten. Der Look, der geteilte Musikgeschmack, der richtige Verhaltensstil haben den Platz der alten gemeinschaftsbildenden Instanzen eingenommen, die da waren: das Volk, der Clan, die Klasse, die Rasse, das Milieu und die Religion.

Die Internationale der Popkultur stand dezidiert außerhalb aller gewachsenen Kulturtradition; sie verstand sich per se als Jugend im Sinne des radikalen Von-vorne-Anfangens, die für sich nicht weniger als das nie gesehene Neue reklamierte – im Gegensatz zu allem, was aus dem Bestehenden gewachsen, was als real existierende Gesellschaft geschichtlich geworden war.

Amerikanische Hegemonie und Jugendkultur

Im Mai 1967 entdeckt das Institut für Demoskopie Allensbach den „kulturhistorisch neuen Typus" des Jugendlichen, und in einer Studie über die Leserinnen und Leser der Zeitschrift *Twen* heißt es:

> ... die Probanden, junge Westdeutsche im Alter von 14–29 Jahren, hatten viele Interessen, die dem Bewusstsein des 19. Jahrhunderts und vielleicht auch der ersten Hälfte des 20. Jahrhunderts als heterogen, als einander ausschließend erscheinen müssen. So interessieren sich die Twen-Leser für Beat Musik und Partys, aber zur gleichen Zeit in sehr betonter Weise für Politik.[2]

Im Oktober des gleichen Jahres titelte *Der Spiegel*: „Die übertriebene Generation – Jugend 1967.[3] In dem Artikel heißt es dann:

> Beatig und verpopt, protestierend und gammelnd, mini-frech und marihuana-fromm, narzißtisch in sich selbst versunken und aktivistisch explodierend – das ist zwar nicht „die Jugend", aber ihre auffällige Minderheit, die „übertriebene Generation". Amerikas Hippies, Maos „Rote Garden" und Berlins aufsässige Studenten, Twiggy, Rudi Dutschke und die Beatles haben im kapitalistischen Westen wie im kommunistischen Osten vorweggenommen, was die Bevölkerungsexplosion der Erde bescheren wird: mehr Einfluß der Jugend in einer sich verjüngenden Menschheit. Schon jetzt ist die Hälfte der Amerikaner nicht einmal 25 Jahre alt. 1980 wird jeder zweite Mensch jünger als 22 sein. „Niemals zuvor", so schwärmt Mary Quant, 33, Mutter des Mini-Rocks, „waren die Jungen, so wie heute, die Schrittmacher." Und der mächtige Mao verstand sich zur Verbeugung vor seinen eigenen „Roten Garden": „Die Welt ist euer, so gut wie unser, aber genau gesehen ist sie euer."[4]

Für die Entstehung der transnationalen Geschmacksgemeinschaft westlicher Jugendlicher war die explosionsartig expandierende Fernseh- und Musikindustrie von entscheidender Bedeutung. Erst eine neu dimensionierte Unterhaltungsindustrie ließ zwischen Rock und Pop, Kino und Fernsehen die heterogensten Erscheinungen und widersprüchlichsten Kräfte zu kaufbaren Ikonen, Gesten und Songs werden. Freilich ist damit ein höchst zwiespältiger Umstand bezeichnet.

Der Lebensgenuss des Pop war untrennbar mit einer Konsumkultur verbunden, deren Grundlage eben jener global expandierende Kapitalismus dar-

---

2 Detlef Siegfried: Time Is on my Side. Konsum und Politik in der westdeutschen Jugendkultur der 60er Jahre.
3 o. V.: Die auffällige Jugend. In: Der Spiegel (1967), H. 41.
http://www.spiegel.de/spiegel/print/d-46289944.html (08. 06. 2018).
4 o. V.: Die auffällige Jugend.

stellte, den man politisch bekämpfte. Mehr noch: Die Internationale der Pop- und Jugendkultur war auch eine umfassende Amerikanisierung des Westens mit ihrem Basislager im Mutterland des britischen Empires. Im Styling, den Gesten und Verhaltensweisen, kurz in ihrem Geschmack wurden große Teile der Jugend der westlichen Welt eingemeindet in die amerikanische Middle Class.

Heere aus der Nacht: Die Logik des Happenings

Das Porträt dieser neuen Mittelklasse hat Norman Mailer in seinem Roman *Heere aus der Nacht* von '68 entworfen; im Zentrum seines Buches steht der Marsch auf das Pentagon, die große Protestkundgebung im Oktober 1967.

Wenn er beschreibt, wie tausende Hippies den Hügel herab zur großen Kundgebung strömen, manche gekleidet wie Indianer, manche wie historische Westernhelden, wie sie sich mit den wohlsituierten Bürgersöhnen verbrüdern, die in der Nacht zuvor ihre Musterungsbescheide verbrannten, sich zusammentun mit den Frauen der „Frauen streiken für den Frieden"-Bewegung und all den anderen Gruppierungen der Neuen Linken, deren Aufzählung eine halbe Buchseite füllt, dann folgt die Schreibweise selbst noch einem Verfahren der Pop Art. Mailer lässt seine Leser die Heere aus der Nacht als eine in sich bewegte Collage imaginieren, deren explizites Vorbild das Cover der jüngsten Platte der Beatles ist: „Sergeant Pepper's Legions on the march":

> Eine ganze Generation von jungen Amerikanern hatte sich mit einem Mal anders entwickelt als fünf vorhergehende Middle-Class-Generationen. Und diese neue Generation glaubte an die Technologie wie keine andere vor ihr, aber sie glaubte auch an LSD, an Hexen, an geheimnisvolles Stammeswissen, an die Macht der Orgie und an die Revolution. (... Diese Generation hatte auch nicht den geringsten Respekt vor der glasklar-stahlharten Logik des nächsten Schrittes:) Ihr Glaube war verwurzelt im Erleuchtungsgeheimnis des Happenings – niemand wußte, was als nächstes geschehen würde, und das war gut. Ihre Radikalität bestand in ihrem Haß auf die Autorität – die Autorität war die Manifestation des Bösen für diese Generation.[5]

Sie konnte Che Guevara und Hermann Hesse, Gandalf und Malcolm X auf ihr Schild heben, ohne auch nur im Geringsten an ihren eigenen Widersprüchen zu leiden. Der Logik des Happenings folgend, lässt sich das eine mühelos ans andere anschließen. Fast beiläufig benennt Mailer das grundlegende Movens,

---

5 Norman Mailer: Heere aus der Nacht. Geschichte als Roman. Der Roman als Geschichte. München 1968, S. 134.

das die unterschiedlichsten Protestbewegungen der Achtundsechziger charakterisiert. Das „Erleuchtungsgeheimnis des Happenings" und die tiefe Abneigung gegen die Autorität des Wissens um die „glasklar-stahlharte Logik des nächsten Schrittes":

> Die Ästhetik der Neuen Linken stützt sich daher also zunächst einmal auf die Annahme, daß die Autorität eine politische Aktion, deren Ablauf und Ende unbekannt waren, weder verstehen noch aufhalten oder schließlich unter Kontrolle bringen konnten. [...] weil sie eine Bewegung nicht verstehen konnten, die Tausende und aber Tausende dazu inspirierte, ohne einen gemeinsamen, koordinierten Plan einfach loszumaschieren.[6]

Das Primat der Aktion vor der Planung, des Ereignisses vor der Handlung, scheint tatsächlich zum leitenden Prinzip politischen Handelns geworden zu sein. Man begegnet ihm in den Improvisationen der Spontis so gut wie in den Interventionen der Situationisten oder den Sit-ins und Teach-ins der Studenten. Das Prinzip betraf zunächst und vor allem das Selbstverständnis, die Subjektivität der Akteure des Protestes. Seine theoretische Begründung fand es in der buchstäblich endlosen Analyse des eigenen Verwickelt-Seins in die kapitalistischen Machtstrukturen und kleinbürgerlichen Moralitäten. Ergab sich doch aus dieser Selbstanalyse die Diagnose, dass gesellschaftliche Unterdrückung in internalisierten Tiefenstrukturen der eigenen Subjektivität wiederkehrt.

Man erfuhr sich in seinem eigenen Selbst, den angelernten und antrainierten Attitüden, Verhaltensweisen, Einstellungen gefangen; man sah sich von seiner authentischen Subjektivität getrennt; man war seiner selbst entfremdet. Autoritäre Macht wurde als etwas erlebt, das die Wohnzimmer mit ihren Fernsehgeräten und die Kinderzimmer mit ihren Verboten ebenso beherrschte wie die Schulen und Amtsstuben, die Gefängnisse und Universitäten. Die in den gesellschaftlichen Institutionen zutage tretende autoritäre Macht war also nur die äußere Manifestation einer Gewalt, die die Subjekte in ihrem Innersten ummodelte.

Aus einem solchen Selbstverständnis folgt zwangsläufig die tiefe Skepsis gegenüber allen vorgegebenen Verhaltensregeln, Konventionen und Handlungsanweisungen; gegenüber aller Autorität, die sich auf Tradition und Erfahrung beruft. Antiautoritäres Handeln selbst aber war nur möglich, wenn das eigene alltägliche Leben zu einem permanenten Lernprozess umgestaltet wurde, indem qua Interventionen und Aktionen der systematische Ungehorsam eingeübt wurde; ein Lernprozess, der in sich selbst seinen Zweck erfüllte, im Letzten dann aber doch ein Ziel hatte, nämlich, das eigene Bewusstsein zu

---

6 Mailer: Heere aus der Nacht, S. 136.

verändern.[7] Die „Erleuchtung des Happenings" ist das Movens einer Protestbewegung, die vor alle politischen Handlungsziele das Ereignis der Bewusstseinserweiterung zum Selbstzweck erhob.

Damit war zunächst das Feld politischer Aktionen unendlich erweitert; es reichte von Rockfestivals und ritualisiertem Drogenkonsum bis zur Kinderladenbewegung, den Kommunen und politischen Kundgebungen. Der Katalog fantasievoller Aktionen subversiven Ungehorsams war gleichsam Material, Farbpalette und Werkzeugkasten einer Kunst, in der politische Aktion, Arbeit an sozialen Lebensbedingungen und künstlerische Produktion in eine Linie kreativer Selbstentwürfe eintraten.

Tatsächlich gründet sich das Primat der Aktion auf eine Logik, die weit eher der Kunst als der Politik entstammte. Die „Erleuchtung des Happenings" folgt dem poetologischen Credo der künstlerischen Avantgarden von Dada bis Andy Warhol und Joseph Beuys. Für die einen folgte daraus die Parole vom *Paradise Now* – so der Titel des wohl berühmtesten Stücks des *Living Theatre*, das als Franchise-Unternehmen ein höchst erfolgreiches Branding für Selbsterfahrungstheater pflegte. Für die anderen war das die Donquichotterie des immer wieder scheiternden Situationisten. Für die einen mochte das die fantasievolle Aktion sein, die den öffentlichen Frieden zum Einsturz brachte; für die anderen der Akt schockierender Selbstentblößung, der aus dem Skandal die Funken echten Lebens zu schlagen erhofft.

Ob das die Happenings der Wiener Aktionisten Mühl und Nitsch waren, die den „Ausstieg aus dem Bild" proklamierten und in Fleisch und Blut, der physischen Begierde, den Bezug auf eine unverstellte Wirklichkeit suchten; oder die jugendlichen Demonstrantinnen, die den bewaffneten Polizisten oder wortgewaltigen Professoren barbusig entgegentraten; ob das die Gruppenporträts entblößter Rückenansichten oder ein Nacktfoto des gesamten Premierenensembles des Musicals *Hair* war – im Repertoire der Protestbewegungen waren die politischen Aktionen immer schon Happening und das Happening in seinem Erfahrungsgehalt/Bewusstseinspotential/(Selbst-)Erfahrungsgehalt politisches Handeln.

Der Status eines Ichs, das sein Leben nicht nach den Regeln einer fertigen und vorgefertigten Welt einrichtet, sondern den Impulsen seiner Wünsche und Träume folgen will, ist immer schon der eines Künstler-Ichs. Ihm wird das Happening zur Lebensform spontaner Aktion mit offenem Ausgang in der gegebenen Situation des Hier und Jetzt: „Jeder Mensch ist ein Künstler!", wie Joseph Beuys später resümieren wird.

---

7 Vgl. Ingrid Gilcher-Holtey: Die 68er Bewegung. Deutschland – Westeuropa – USA. München 2005, S. 25–61.

Als Professor der Düsseldorfer Kunstakademie wird er zu Beginn der 1970er Jahre so lange alle abgelehnten Bewerber in seine Klasse aufnehmen, bis ihn der Wissenschaftsminister seines Amtes enthebt. Auch diese politische Aktion war Happening im Langzeitformat und richtete sich zuallererst auf die Veränderung des Bewusstseins, das Künstler von sich selber haben: Was heißt es, Künstlerin oder Künstler zu sein, wenn der Anspruch auf die Freiheit kreativer Selbstentwürfe, der bis dato der Kunst vorbehalten war, universell und für alle Formen sozialer Interaktion geltend gemacht wird? Beuys wird später mit der Idee der sozialen Plastik auf den Punkt bringen, was im Primat der Aktion, dem „Erleuchtungsgeheimnis des Happenings" in den politischen Bewegungen der Achtundsechziger als poetisches Prinzip ihrem Protest zugrunde lag. Noch die Manöver permanenter Selbstüberbietung in dem Verlangen radikal authentisch, d. i. nicht-konventionell zu sein, folgen der Logik avantgardistischer Kunst:

> Die kapitalistische bzw. angeblich antikapitalistische Welt organisiert das Leben spektakulär [...] Es kommt nicht darauf an, das Spektakel der Verweigerung auszuarbeiten, sondern das Spektakel selbst abzulehnen. Die Elemente der Zerstörung des Spektakels müssen gerade aufhören, Kunstwerke zu sein, damit ihre Ausarbeitung KÜNSTLERISCH im neuen und authentischen von der S. I. definierten Sinne ist. Es gibt weder einen ‚SITUATIONISMUS', ein situationistisches Kunstwerk noch einen spektakulären Situationisten. Ein für allemal.[8]

Die Situationisten formulierten insofern ein Programm, das wenig später recht eigentlich zur Poetologie der Lebensform der „übertriebenen Generation" avancierte: ein Authentizismus, der sich im Entfremdungsverdacht permanent selbst zu überholen sucht.

One plus One

„Die Kinder von Marx und Coca Cola" – so benannte Godard scharfsichtig die Generation der politischen Aktionskünstler. Der deutsche Untertitel seines Films MASCULIN – FÉMININ aus dem Jahr 1966 (F/S) wurde denn auch zum geflügelten Wort. Dann aber, 1968, wurde Godard selber zum Situationisten:

---

[8] Raoul Vaneigem zit. n. S.I.: Die 5. Konferenz der S.I. in Göteborg. In: Clara Diabolis et al. (Hg.): Situationistische Internationale 1958–1969. Gesammelte Ausgabe des Organs der Situationistischen Internationale. Bd. 1, Hamburg 1976, S. 278–279. Die Sätze sind dem Bericht über die V. Konferenz der S.I. entnommen, die vom 28. bis zum 30. August 1961 in Göteborg stattfand. Einer der Teilnehmer der Konferenz war der spätere Kommunarde Dieter Kunzelmann.

Er brach ostentativ mit dem Kino, wollte nicht mehr Autor sein, wollte nicht mehr für einen Kunstbetrieb arbeiten, dessen Konventionen aus seiner Sicht unmittelbar Ausdruck eines durchschlagenden kulturellen Imperialismus waren. Stattdessen suchte er durch filmische Interventionen Störungen im anschwellenden Strom der Bilder, der sich aus Werbung, Fernsehen, Kino speiste, ins Werk zu setzen. Trotzdem oder gerade deshalb wird man kaum einen anderen Filmkünstler, eine andere Filmkünstlerin finden, deren Filme so präzise die Konstellation kultureller, politischer und sozialer Kräfte um '68 analysierten, indem sie ihr Kunstmachen ganz und gar in dieser Konstellation aufgehen ließen.

Sein letzter Kinofilm alten Stils, WEEKEND von 1967 (F/I), entwirft das Wochenende als apokalyptische Allegorie einer im Konsum- und Konkurrenzrausch taumelnden, in anarchistischer Selbstzerstörung versinkenden Zivilisation. Die wenn nicht längste, dann doch berühmteste aller Kamerafahrten geleitet die Zuschauer vorbei an einer nicht endenden Autoschlange, die sich ohne Anfang und Ende durch die Landschaft zieht, bestehend aus lauter Karambolagen zerstörter, brennender, rauchender Autowracks, dazwischen kinogerecht drapierte Unfallopfer, menschenfressende Hippies, brennende Körper, Afroamerikaner, die Malcolm X zitieren und den Untergang der Zivilisation beschwören, den uns der Film vor Augen stellt.

Wenig später, im Sommer 1967, entstand ONE PLUS ONE im Übergang vom Autorenkino zum Produktionskollektiv *Dziga Vertov*. Der Film funktioniert im strengen Sinne als eine Collage: Musik plus Happening plus politische Pamphlete plus Porno plus Krimi. Das eine wird dem anderen hinzugefügt, ohne dass eine Summe gezogen wird, die aus etwas anderem besteht als die aneinandergefügten Teile, und ohne dass festgelegt wird, welche Elemente wohin gehören, wie sie zu bewerten sind und wie sie zusammenspielen.

ONE PLUS ONE ist ein Film nach dem Kino, d. h. nach einem Kino, das die Montage seiner Bilder und Töne immer schon der stahlharten Logik der Ideen und Ideologien folgen lässt. Er bezieht sich einerseits als fiktive Zukunft im Modus des „Es-wird-gewesen-sein" auf die westliche Zivilisation. Geblieben ist ein Autofriedhof. Verteilt zwischen den demolierten Wracks afroamerikanische Männer, die wie bei einer Performanz mit Tonbändern, Mikrophonen und Büchern bewaffnet aus den Texten schwarzer Revolutionsliteratur vortragen. Man hört dem einen Lesenden zu; dann, in einer kontinuierlichen Tonblende, gerät man, der Bewegung der Kamera folgend, in den Stimmradius des anderen und dann des nächsten usf. Eins plus Eins plus Eins. In allen Tonlagen wird das Leiden der Afrikaner beschrieben, und deren Krieg gegen die weißen Unterdrücker – als sei es der Geschichtsunterricht einer postrevolutionären afroamerikanischen Welt.

Dazwischen entsteht ein seltsam artifizielles Rollenspiel. Afrikanische Männer verteilen Gewehre, ein viel zu kleines Auto fährt auf den Hof. Drei weiße Frauen in weißen Nachthemden werden – gefangene Geiseln – auf den Autofriedhof verschleppt; die eine stürzt vor die Füße eines der lesenden Afroamerikaner. Die vorgelesenen Sätze beschreiben das unbändige Verlangen eines farbigen Mannes nach weißen Frauen, der in der Beschreibung eigener sexueller Begierden die unterdrückten Lebenswünsche der versklavten Väter und Vorväter zu artikulieren sucht. Die Stilisierung der Szenen mildert kaum die Obszönität der Fantasie von Verschleppung und Vergewaltigung, von Folter und Ermordung, die an den barfüßigen Frauen im weißen Nachthemd dargestellt wird. Projektion und Gegenprojektion, weiße und schwarze Kunst.

ONE PLUS ONE – das ist andererseits ein Film radikaler Zeitgenossenschaft. Man sagt, dass der Film die Produktion einer Schallplatte der Rolling Stones dokumentiert, einer Schallplatte, die zu den berühmtesten Artefakten der Popkultur der 1960er Jahre gehört.[9] Im Zentrum stehen die Stones, die im *Olympic Studio* in London einen ihrer größten Hits erarbeiten: *Sympathy for the Devil*.

Das Prinzip des Eins plus Eins ist hier als Arbeitsform zu beobachten: Eins kommt zum anderen, und nach und nach entsteht ein Song, von dem zu diesem Zeitpunkt niemand weiß, dass er Rockgeschichte schreiben wird:

> Zuerst nur eine Idee, ein Akkord auf der Gitarre Mick Jaggers, später ein fantastischer Rocksong mit einer vielschichtigen Rhythmussektion durch Schlagzeug und Percussions und einem unvergesslichen Background-Chor. Das Entwickeln, Üben und Perfektionieren eines Rock-Klassikers ist hier: Revolution.[10]

Tatsächlich geht es in ONE PLUS ONE zunächst um dieses besondere Machen, den Akt des Herstellens, die Zeit der Entstehung eines Popsongs im Zusammenspiel höchst unterschiedlicher Akteure und Kräfte – der Film ist auch eine wunderschöne Darstellung von dem, was Arbeit bedeutet, wenn Kreativität und soziale Interaktion freigesetzt werden (Abb. 4).

Aber es verstößt gegen die poetische Regel des Eins plus Eins, wenn die Stones zum Zentrum des Films gemacht werden. Allein schon deshalb, weil in der Arbeit der Rockband greifbar wird, was in den Lesungen der Afroamerikaner auf dem nachzivilisatorischen Schrottplatz thematisiert wird: die Ambivalenz, die in der Aneignung der schwarzen Musik steckt; ein weiterer Raubzug

---

[9] Vgl. Jan Distelmeyer: Belebung im Raum oder: „Da ist er, das ist seine Stimme!" Grammophon, Schallplatte und CD im Film fragen nach der Wirklichkeit des Tons. In: Kay Kirchmann/Jens Ruchatz (Hg.): Medienreflexion im Film. Ein Handbuch. Bielefeld 2014, S. 335–348, hier S. 340.
[10] https://videoex.ch/2008/subprog.php@subprog_id=232&prog_id=75.html (06.06.2018).

Abb. 4: Arbeit (ONE PLUS ONE) (Farbabb. s. Anhang).

der weißen Kulturindustrie, vom Blues der versklavten Afrikaner zum ‚tollen Popsong und Hitparadenstürmer'. Das jedenfalls ist der Weg, den LeRoi Jones in seinem Buch *Blues People* beschreibt, wenn er die Geschichte der afroamerikanischen Bevölkerung der USA als einen Weg durch die Musikgeschichte entwirft: vom Sklaven zum Popstar, zum Akteur innerhalb der Kulturindustrie.[11] In der *lecture performance* auf dem Schrottplatz steht dieses Buch am Anfang.

Wenn Godard die politischen Kämpfe jener Tage im Widerstand der Afroamerikaner fokussiert, tritt offen zutage, wie tief die zeitgenössische Pop- und Jugendkultur in den Raubzug an der afrikanischen Kultur verstrickt ist: Sklaverei und Blues und Black Panther und Rolling Stones: Eins plus Eins plus Eins ...

Entsprechend drehen sich die anderen Szenen um Allegorien der westlichen Gesellschaft: Eine hübsche junge Frau in flachen Ballerinas und wehendem Kleid wird von einem Trupp mit Mikros und Kameras bewaffneter Fernsehreporter zwischen frühsommergrünen Sträuchern und Bäumen verfolgt (Abb. 5).

---

11 LeRoi Jones: Blues People. Negro Music in White America. New York 2002.

Abb. 5: Eve Democracy (ONE PLUS ONE) (Farbabb. s. Anhang).

Eine Szene wie das Frühlingsgedicht eines Primaners – aber was wie ein Interview daherkommt, das die Allgemeinplätze zeitgenössischer Politik abfragt, gleicht dann doch eher einer Jagdszene. Die Frau, ihr Name Eve Democracy, entkommt den Reportern nicht, will auch nicht so recht ... ihre Antworten aber erschöpfen sich im Ja oder Nein.

Ein weiterer Strang von Szenen geht von den Straßenbildern des Swinging Londons aus. Sie werden von einer Off-Stimme moderiert, die aus Kriminal-, Agenten-, Politthriller- und Pornoromanen vorliest – eine Collage von dem, was man Schundliteratur nannte (Abb. 6).

Manchmal begleitet die Off-Stimme eine Aktionistin, die auf die Häuserwände oder Fensterscheiben Parolen sprüht. Manchmal setzt sie bereits in den Räumen des Tonstudios ein, wo die Stones an ihrem Song arbeiten. Ihr Zentrum aber haben diese szenischen Fragmente in einem Buchladen, in dem man offensichtlich all diesen Schund kaufen kann. Die Kunden werden dort mit dem Hitlergruß empfangen und bekommen aus *Mein Kampf* vorgelesen ...

ONE PLUS ONE steht an analytischem Pessimismus der westlichen „Kulturindustrie" gegenüber Adorno/Horkheimers *Dialektik der Aufklärung* in nichts nach; nur dass Godard mit dem Prinzip der Collage nicht nur der Vernunft der

Abb. 6: Schundliteratur (ONE PLUS ONE) (Farbabb. s. Anhang).

„glasklar-stahlharten Logik des nächsten Schrittes", sondern noch den Möglichkeiten dialektischer Synthese eine Absage erteilte.

Eins plus Eins plus Eins plus Eins – die filmische Collage folgt selbst der rituellen Logik des Happenings. Sie setzt ihre Hoffnung auf Zuschauer, denen in der Eigensinnigkeit der Bilder und Töne etwas Unerhörtes zustößt – etwas Neues, ein Anfang: Eins + Eins = X. Und sie zelebriert den Song der Rolling Stones. Man wird dem Film sicher keine Gewalt antun, wenn man ihn auf den Text dieses Songs bezieht: Die Schönheit der Musik, die Freude an der Arbeit, die Lust am Pop erkennen sich selbst als Sympathisanten des Teufels, der Kraft der Zerstörung des Alten:

> Please allow me to introduce myself
> I'm a man of wealth and taste
> I've been around for a long, long year
> Stole many a man's soul to waste
>
> And I was 'round when Jesus Christ
> Had his moment of doubt and pain
> Made damn sure that Pilate
> Washed his hands and sealed his fate
>
> Pleased to meet you
> Hope you guess my name

But what's puzzling you
Is the nature of my game

I stuck around St. Petersburg
When I saw it was a time for a change
Killed the czar and his ministers
Anastasia screamed in vain[12]

Und dann gibt es den Augenblick des Erschreckens, wenn man bemerkt, dass zwischen der vierten und der fünften oder der siebten und achten Probe der Song-Text noch einmal geändert wurde: Vor dem 6. Juni hieß die Zeile: „I shouted out, who killed Kennedy? When after all it was you and me." Danach hört man den Plural: „Who killed the Kennedys?" – ein kurzer Moment sich ereignender geschichtlicher Wirklichkeit.

Das gefangene Bewusstsein und die Situationistische Internationale

Es waren solche Momente, auf die das Happening abzielte: Ein Riss öffnet sich in der Zeit, durch den hindurch so etwas wie radikale Gegenwärtigkeit, wirkliche Wirklichkeit greifbar wird. Denn Wirklichkeit – das war die Kehrseite der kulturellen Revolution – war gerade nicht so einfach zu haben wie die neueste Single der Stones. Das Global Village westlicher Medienindustrie brachte einerseits das bunte Konsumreich der Popkultur hervor, galt aber andererseits als alles umfassender Verblendungszusammenhang der Manipulateure.[13]

ONE PLUS ONE mochte von den Situationisten kritisiert und verspottet worden sein – der Film vermittelt aber in seinen aneinandergefügten Szenen eine recht genaue Vorstellung davon, wie die Poetik des Happenings zu verstehen war: durch Persiflage, Provokation und Terror die Lücke aufreißen, durch die hindurch im abgedichteten Raum eines manipulierten, geblendeten, vergewaltigten Bewusstseins Wirklichkeit aufscheint. Die Poetik des Happenings zielt auf Aufklärung unter den Bedingungen eines Kapitalismus, der selbst zum allumfassenden Spektakel geworden war.

„Das gesamte Leben der Gesellschaft, in welchen die modernen Produktionsbedingungen herrschen, erscheint als eine ungeheure Sammlung von *Spek-*

---

12 The Rolling Stones Songbook. 155 Songs mit Noten. Frankfurt am Main 1977, S. 182.
13 Vgl. Helke Sanders Film BRECHT DIE MACHT DER MANIPULATEURE (BRD 1967). Online abrufbar unter: https://dffb-archiv.de/dffb/brecht-die-macht-der-manipulateure (27. Mai 2018).

takeln. Alles, was unmittelbar erlebt wurde, ist in eine Vorstellung entwichen."[14] So lautet der erste Paragraph von Guy Debords *Die Gesellschaft des Spektakels* aus dem Jahr 1967. Insofern mag der Spott der Situationisten vor allem dem Distinktionsbedürfnis einander gedanklich verwandter Künstler geschuldet sein. Denn auch die folgenden Paragraphen könnten ebenso gut den Prolog von ONE PLUS ONE abgeben. Etwa Paragraph 2:

> Die Bilder, die sich von jedem Aspekt des Lebens abgetrennt haben, verschmelzen in einem gemeinsamen Lauf, in dem die Einheit des Lebens nicht wiederhergestellt werden kann. Die *teilweise* betrachtete Realität entfaltet sich in ihrer eigenen allgemeinen Einheit als *abgesonderte* Pseudowelt, Gegenstand der bloßen Kontemplation. Die Spezialisierung der Bilder der Welt findet sich vollendet in der autonom gewordenen Welt des Bildes wieder, in der sich das Verlogene selbst belogen hat. Das Spektakel überhaupt ist, als konkrete Verkehrung des Lebens, die eigenständige Bewegung des Unlebendigen.[15]

Oder Paragraph 4: „Das Spektakel ist nicht ein ganzes von Bildern, sondern ein durch Bilder vermitteltes gesellschaftliches Verhältnis von Personen."[16]

Godards künstlerische Arbeiten freilich halten sich nicht mit der Diagnose auf, sondern suchen wiederum mit filmischen Bildern in die von ‚Bildern vermittelten Verhältnisse' durch neue Verknüpfungen von Bildern und Tönen zu intervenieren.

Godards ONE PLUS ONE und Debords *Die Gesellschaft des Spektakels* bilden einen Kreuzungspunkt, an dem sich das „Erleuchtungsgeheimnis des Happenings" recht präzise als Poetik bestimmen lässt. Wie sehr damit eine grundlegende Tendenz der „Neuen Linken" zutage tritt, wird nicht zuletzt an Parolen der Situationisten deutlich, die kaum noch ihrem Ursprung zugeordnet werden: Redewendungen wie „Sei realistisch und verlange das Unmögliche" oder „Unter dem Pflaster der Strand" werden hierzulande längst als Urformeln der westdeutschen Linken erinnert. Tatsächlich lassen sich an Debords Buch und Godards Film – jenseits konkreter Verbindungen und Einflüsse, wie etwa die zeitweilige Mitgliedschaft von Dieter Kunzelmann in der Situationistischen Internationalen oder die Namensgebung der Zeitschrift Pflasterstrand – die Grundelemente einer Poetologie der Protestbewegungen der Achtundsechziger rekonstruieren. Für die westdeutsche Linke wird man damit am ehesten die anarchistischen Aktionen der Spontis verbinden. Aber man wird kaum eine Studentin oder einen Studenten finden, die oder der nicht die Rolling Stones im Herzen und *Sympathy for the Devil* im Ohr hatte. Ebenso wird man unter

---

14 Guy Debord: Die Gesellschaft des Spektakels. Berlin 1996 [1967], S. 13.
15 Debord: Die Gesellschaft des Spektakels, S. 13.
16 Debord: Die Gesellschaft des Spektakels, S. 13.

den angehenden Film- und Theaterschaffenden, die später bald den Rhythmus des Neuen Deutschen Regietheaters und des Neuen Deutschen Films vorgaben, kaum jemand finden, der nicht Godard im Kopf hatte.

Wenn bis heute die westdeutsche Protestbewegung weit eher als soziologiegetriebene Diskursveranstaltung gesellschaftlich isolierter Revolutionstheoretiker wahrgenommen wird, mag dies in einer eigentümlichen Ignoranz gegenüber dem ästhetisch-künstlerischen Unterstrom begründet sein, der den Habitus des Revolutionären durch das zwanzigste Jahrhundert getragen und so vor dem Erstickungstod in realpolitischen Verhältnissen bewahrt hat. '68 wird man kaum ohne die Geschichte der Avantgarden verstehen können. Diese Abstammung erschien wohl einigen der bestimmenden, neomarxistisch geprägten Theoriekader der westdeutschen Linken als illegitim – und wird deshalb bis heute entweder ausgeblendet oder als apolitische Haltung eines bürgerlichen Subjektivismus und romantizistischen Anarchismus diskreditiert.

Den theoretischen Ton setzte hierzulande eine Linke, der die realen gesellschaftlichen Missstände zum moralischen Argument gegen jede Form des Zeitvertreibs wurden, der sich nicht unmittelbar der Veränderung der Verhältnisse verschrieb; mithin also gegen die Kunst im Allgemeinen und die Poetik des Happenings im Besonderen. Jedenfalls wird man in kaum einem anderen Land einer vergleichbaren Diskussion um den Tod der Literatur oder der Kunst begegnen, wie sie etwa die Zeitschrift *Das Kursbuch* in jenen Jahren führte. Anders als in Frankreich oder den USA war die westdeutsche Protestbewegung durch den Gegensatz zwischen den Theorien politischen Handelns und den Spielarten ästhetischer oder poetologischer Denkweisen strukturiert. Im Folgenden möchte ich dieser Entgegensetzung etwas genauer nachgehen. Ich konzentriere mich dabei auf das westdeutsche Regietheater und den jungen deutschen Film.

Film und Theater in Deutschland – „Action"-Spielformen des politischen Theaters

Wenn die Poetik des Happenings selbst noch die deutschen Stadt- und Staatstheater erreichte, hat auch das unmittelbar mit der Studentenbewegung zu tun. Nicht ohne degoutanten Unterton sprach man von der „Generation Studententheater" und meinte damit Claus Peymann und Wolfgang Wiens am Frankfurter Theater am Turm (TAT), aber auch die ersten Arbeiten von Peter Stein in München und alles das, was sich unter der Leitung des Intendanten Kurt Hübners in Bremen vollzog. Das Enfant terrible dort war Peter Zadek, der den Esprit und die ästhetische Expertise britischer Popkultur ins sich formierende neue deutsche Regietheater brachte.

Zadeks Theater war bereits etabliert, Stein und Peymann in der Startposition, als die Zeitschrift *Theater heute* im Jahresheft 1967 die Frage nach den neuen Tendenzen des Regietheaters mit der nach einem Generationenwechsel verband. Was dort noch recht betulich als Frage nach jungem Publikum, jungen Autoren und vor allem jungen Regisseuren (Frauen kamen damals, soweit ich sehe, nur als Schauspielerinnen in Betracht, die Musen der neuen Regisseure) diskutiert wurde, bricht bereits im Aprilheft 1968 als eine tiefe Spaltung des westdeutschen Theaterbetriebs auf. Gefragt wurde nun nach den Spielformen politischen Theaters. Dabei kamen Theaterformen in den Blick, die bis dahin nicht auf den Bühnen deutscher Stadttheater zu sehen waren: die Collage, die Pop-Revue, das dokumentarische Diskurstheater und das Straßentheater des *Teatro Campesino* oder San Franciscos *Mime Troupe*, bis hin zum *Living Theatre* – kurz, alles das, was man unter dem Label einer Poetik des Happenings versammeln kann. Die ästhetische Frage nach den Spielformen des Theaters war untrennbar mit der Frage nach den Formen der Zusammenarbeit verbunden. Das waren in sich bereits Fragen nach neuen Möglichkeiten sozialen Zusammenlebens.

Barbara Sichtermann setzt mit der Klage gegen den autoritären Geist an deutschen Theatern ein und plädiert für eine kollektive Mitbestimmung, bei der alle Beteiligten in sämtliche die künstlerische und institutionelle Arbeit betreffenden Entscheidungen einbezogen werden.[17] So wurden wenig später das Frankfurter Theater am Turm und die Berliner Schaubühne zu gesellschaftspolitischen Labors, in denen das Theatermachen als Modellfall kollektiver Lebensform untersucht wurde. Mit dem nicht ganz folgenlosen Nebeneffekt, dass nun auch Frauen als Schauspielerinnen beim Inszenieren mitreden durften.

Henning Rischbieter vertrat die skeptische Position – viel Wind um wenig Neues. An einer Hand zählt er die Inszenierungen durch, die tatsächlich neue Spielformen zu etablieren suchen: Da wären eine Pop-Revue, *Gewidmet: Friederich dem Großen* von Wilfried Minks; eine satirische Collage, die „Johnson als Kennedys Mörder, den Kennedy-Clan aber als nicht viel besser denn den Texaner und sein Weib" zeige; ein antiimperialistisches Stück *Im Kongo* und schließlich Peter Weiss' *Viet-Nam-Diskurs*. Gemeinsam sei allen diesen Theaterarbeiten vor allem der Antiamerikanismus, ein gewisser Reichtum an theatralen Mitteln und eine ‚unprofessionelle', sprich mangelhafte Inszenierungs-

---

17 Barbara Sichtermann/Jens Johler: Über den autoritären Geist des deutschen Theaters. In: Theater heute (1968), H. 4, S. 2–4.

weise. Insbesondere beim dokumentarischen Diskurstheater lasse sich das Versagen der Regiekunst beobachten. Das Problem könne man bereits an dem etwas lang geratenen Titel des Stücks von Peter Weiss ablesen:

> Diskurs über die Vorgeschichte und den Verlauf des lang andauernden Befreiungskrieges in Viet Nam als Beispiel für die Notwendigkeit des bewaffneten Kampfes der Unterdrückten gegen ihre Unterdrücker sowie über die Versuche der Vereinigten Staaten von Amerika die Revolution zu vernichten.[18]

Die Inszenierung sei, wie der Titel, kunstlose Belehrung ohne Unterhaltung. Wenn überhaupt, dann funktioniere am ehesten noch die Pop-Revue.

Ist also ein neues politisches Theater in der Bundesrepublik etabliert? Rischbieters Resümee fällt ernüchternd aus: Die Buntheit der Spielpläne sei um einige kleine rote Farbflecken vermehrt worden.[19] Aber revolutionäre Sujets ersetzten sowenig die Notwendigkeit guter Regiekunst wie ein historisch-politischer Diskurs.

Genau diese Grenze aber, die Grenze zwischen Kunst und Politik, war das eigentliche Kampffeld des Regietheaters jener Tage, entlang der Frontlinie, die die Geschichte der ästhetischen Avantgarde durchzieht, an der Kunst das Leben selbst sein will:[20] Am 5. Juli 1968 hat der *Viet Nam-Diskurs* erneut Premiere. Diesmal in München, in einer Inszenierung von Peter Stein. Am Ende der Vorstellung fordern die Schauspieler das Publikum auf, Geld für die Bewaffnung des Vietcong zu spenden. Das Ensemble verstand die Aktion, den Übertritt von der Bühnenrealität in die Alltagswirklichkeit des Münchner Theaterpublikums, durchaus als Teil der Inszenierung. So wie das *Living Theatre* sein Publikum dazu einlud, Teil des Happenings zu werden. Das Ensemble berief sich also auf die Freiheit der Kunst. Probleme gab es trotzdem. Der Schauspieler Wolfgang Neuss meldete sich telefonisch bei der Intendanz ab, er werde erst wieder auftreten, wenn die geplante und geprobte Spendenaktion im Theatersaal stattfinden könne; nach vier Vorstellungen wurde das Stück abgesetzt; Peter Stein verließ München, weil er sich von dem Intendanten, August Everding, nicht mehr in die Regie reinreden lassen wollte – von einem Intendanten, wohlgemerkt, der dem neuen Regietheater der Protestgeneration absolut aufgeschlossen gegenüberstand. Stein war gelungen, was sich zahllose Künstler

---

18 Henning Rischbieter: Spielformen des politischen Theaters. In: Theater heute (1968), H. 4, S. 8–12.
19 Vgl. Rischbieter: Spielformen des politischen Theaters.
20 Peter Bürgers damaliges Standardwerk zur Avantgarde darf man als den letzten Versuch sehen, diesen Antagonismus im hegelianischen Sinne aufzuheben. Vgl. Peter Bürger: Theorie der Avantgarde. Frankfurt am Main 1974.

jener Zeit vornahmen: die Schmerzgrenze des Kunstbetriebs zu überschreiten und die betuliche Sicherheit, dass es sich bei aller Radikalität doch immer nur um Kunst handle, zu zerstören.

Im erwähnten Aprilheft von *Theater heute* äußert sich auch Peter Handke. Sein Stück *Publikumsbeschimpfung* ist in der legendären Uraufführung von Claus Peymann 1966 im TAT Frankfurt zum Fanal für den Streit um das Theater geworden; ein Theater, das als hoffnungslos anachronistische Kunstform jeden emanzipatorischen gesellschaftlichen Anspruch konterkariert.

Nun reicht Handke in einer sanft ironischen Kritik an seiner polemischen Haltung das poetologische Argument nach: Nein, Brecht, der im Westen gerade zur Leitfigur eines neuen, politischen Theaters aufgestiegen war, könne man nicht so abkanzeln, wie er es getan habe; Brecht habe eine wunderbare Technik entwickelt, die Widersprüche der Gesellschaft in Widerspruchsspiele des Theaters zu verwandeln. Nur blieben diese Spiele im Rahmen des Theaters nichts weiter als eben dies: alles bloß Theater.[21]

„Ein Sprechchor, der nicht auf der Straße, sondern auf dem Theater *wirken* will, ist Kitsch und Manier", so Handke über die Spielformen politischen Theaters.

> Das Theater als gesellschaftliche Einrichtung scheint mir unbrauchbar für eine Änderung gesellschaftlicher Einrichtungen. Das Theater formalisiert jede Bewegung, jede Bedeutungslosigkeit, jedes Wort, jedes Schweigen: Es taugt nicht zu Lösungsvorschlägen, höchstens für Spiele mit Widersprüchen.[22]

Die dann folgenden Argumente beschreiben erneut die Poetik des Happenings:

> Das engagierte Theater findet heute nicht in Theaterräumen statt (nicht in diesen verfälschenden, alle Wörter und Bewegungen entleerenden Kunsträumen), sondern zum Beispiel in Hörsälen, wenn einem Professor das Mikrofon weggenommen wird, wenn Professoren durch eingeschlagene Türen blinzeln, wenn von Galerien Flugblätter auf Versammelte flattern, wenn Revolutionäre ihre kleinen Kinder mit zur Demo nehmen, wenn die Kommune die Wirklichkeit, indem sie sie „terrorisiert", theatralisiert und sicherlich zu Recht lächerlich macht, und sie nicht nur lächerlich macht, sondern in den Reaktionen in ihrer möglichen Gefährlichkeit, in ihrer Bewusstlosigkeit und falschen Natur, falschen Idyllik, in ihrem Terror erkennbar macht.[23]

Die Unterscheidungen, die Handke in die Diskussion um ein politisches Theater einzutragen sucht, sind durchaus subtil. Einerseits nennt er die „Kommu-

---

21 Peter Handke: Straßentheater und Theatertheater. In: Prosa, Gedichte, Theaterstücke, Hörspiel, Aufsätze. Frankfurt am Main 1969, S. 303–307, hier S. 305.
22 Handke: Straßentheater und Theatertheater, S. 305.
23 Handke: Straßentheater und Theatertheater, S. 305–306.

ne I in Berlin mit Fritz Teufel als Oberhelden die einzige Nachfolgerin Brechts", ein „Berliner Ensemble von einer Wirksamkeit, die jener des legitimen Berliner Ensembles entgegengesetzt ist [...]";[24] andererseits hält er durchaus an einem Theater fest, das Sensibilitäten verändert, ohne gesellschaftspolitische Konsequenzen daraus deduzieren zu können. Ein solches „[...] Theater bildet dann nicht die Welt ab, die Welt zeigt sich als Nachbild des Theaters. Ich weiß, das ist eine kontemplative Haltung: aber ich würde mir nicht sagen lassen, dass die Alternative zur Kontemplation Aktion ist."[25] Handke beharrt auf einer Praxis der Kunst, einer künstlerischen Aktion, die nicht aufgeht in der Poetik des Happenings als unmittelbarer sozialer Interaktion:

> Ob sich freilich dem genaueren Bewusstsein des Zuschauers oder Zuhörers schon der Impetus ergibt, die Zustände im marxistischen Sinn zu ändern, daran zweifle ich, obwohl ich es hoffe, das heißt, ich bezweifle es, je mehr ich es hoffe: das Theater im Theater schafft wohl nur die Voraussetzungen, die Voraus-Sätze für die neuen Denkmöglichkeiten. Es zeigt nicht, da es ein Spiel ist, unmittelbar und eindeutig den *Satz*, die neue Denkmöglichkeit, die die Lösung bedeutet. Brecht freilich nimmt in das Spiel den *Satz*, die Lösung auf, und bringt ihn um seine Wirkung. Um seine Wirklichkeit. Die Kommune in Berlin aber, sicher vom Theater beeinflusst, sicher aber nicht von Brecht beeinflusst (mag sie ihn auch, ich weiß es nicht, verehren), spielte, man könnte sagen, den Satz mitten in der Wirklichkeit. Sie wird ihn (hoffentlich) so lange spielen, bis auch die Wirklichkeit ein einziger Spielraum geworden ist. Das wäre schön.[26]

Die Grenze zwischen künstlerischer und politischer Aktion ist selbst zum Spielfeld geworden, und das Spiel als politische Aktion ist, so der Gedanke, das Mittel, das seinen Zweck, die Veränderung des Bewusstseins, in sich trägt. Rosa L. Parks, die auf ihrem Platz sitzen blieb, obwohl das Gesetz ihr, der Afroamerikanerin, vorschrieb, einem weißen Fahrgast Platz zu machen, war so gesehen das weltweit leuchtende Beispiel für die transformierende Kraft des eingeübten Ungehorsams.

Doch waren die Zeiten für eine subtile Dialektik, wie Handke sie entwickelt, politisch wohl zu grobschlächtig. Der moralische Druck lässt die (Reflexions-)Spielräume der Kunst immer enger werden. Unter dem Druck der Ereignisse wurde letztlich das Primat der Aktion moralisch aufgeladen und zur Formel vom Ende der Kunst gewendet.[27]

---

24 Handke: Straßentheater und Theatertheater, S. 303.
25 Handke: Straßentheater und Theatertheater, S. 306.
26 Handke: Straßentheater und Theatertheater, S. 306–307.
27 Wie sie etwa im Kursbuch 15 von 1968 von Walter Boehlich und Hans Magnus Enzensberger diskutiert wird. Vgl. Walter Boehlich: Autodafé. Kursbogen zu Kursbuch 15. In: Kursbuch 15. Frankfurt am Main 1968;

Handke wird wohl das Flugblatt gekannt haben, das die Kommune I im Mai 1967 verteilte. Da heißt es:

> Keiner von uns braucht mehr Tränen über das arme vietnamesische Volk bei der Frühstückszeitung vergießen. Aber heute geht er in die Konfektionsabteilung von KaDeWe, Hertie, Woolworth, Bilka oder Neckermann und zündet sich diskret eine Zigarette in der Ankleidekabine an ... Wenn es irgendwo brennt in der nächsten Zeit, wenn irgendwo eine Kaserne in die Luft geht, wenn irgendwo in einem Stadion die Tribüne einstürzt, seid bitte nicht überrascht. Genau so wenig wie beim Überschreiten der Demarkationslinie durch die Amis, der Bombardierung des Stadtzentrums von Hanoi, dem Einmarsch der Marines nach China.[28]

Der Philosoph Jacob Taubes hat damals ein Gutachten geschrieben, das dem Flugblatt seine Gattungszugehörigkeit attestierte; es handle sich um eine „surrealistische Provokation", die nicht justitiabel sei. Taubes hat damit den Gerichtsprozess entschieden, den die K1 bei ihrer Aktion wohl auf ähnliche Weise als erwartbare Antwort ins Kalkül einbezog, wie das Brecht im Dreigroschenprozess vorgemacht hatte.

Die erwartbaren, alltäglichen Abläufe gesellschaftlicher Institutionen werden unmittelbar zum Material einer großangelegten Inszenierung gesellschaftlicher Realität, die den repressiven Charakter der Staatsmacht bloßstellen und der Lächerlichkeit preisgeben will. Im Kern aber zielte der durchexerzierte Ungehorsam auf Selbsterfahrung. Insofern waren die Aktionen vor allem dies: Widerspruchsspiele an nicht vorgesehenen Widerspruchsorten; Interventionen in die gesellschaftliche Wirklichkeit, vorgeführt von den Stars der Berliner Sponti-Szene.

Realité, Realité

– Das war der Schlachtruf, den einige Studenten der dffb ins Publikum brüllten. Man befand sich im Spielkasino des mondänen Badeorts Knokke in Belgien. Geladen war zu einem Experimentalfilmfestival. Mit der Aktion konterten die Studenten ein durchaus zeittypisches Happening, das als Schlussveranstaltung des Festivals gedacht war. Die Wahl einer *Miss Experiment* 1967.

Hans Magnus Enzensberger: Gemeinplätze, die neueste Literatur betreffend. In: Kursbuch 15. Frankfurt am Main 1968, S. 187–197.
28 Zit. n. Karl Heinz Bohrer: Die gefährdete Phantasie, oder Surrealismus und Terror. München 1970, S. 36.

Claudia von Alemann aus Ulm, die später mit der Filmemacherin Helke Sander das erste Frauenfilmfestival organisierte, hat für den WDR die Ereignisse dokumentiert:

> Einige junge Männer und Frauen – bis auf ein Nummernschild an der Hüfte nackt – präsentieren sich dem johlenden Publikum. Hinter dem Tisch der Jury steht der dffb-Student Harun Farocki mit seinen Kommilitonen und dem Transparent, wegen dem es bereits am Vortag zu Schlägereien mit den Casino-Angestellten gekommen ist. Im Vordergrund ist Holger Meins zu sehen, der Flugblätter auf der Bühne verteilt, dann die übrigen mit großer Geste ins Publikum wirft ... Als der Festivalleiter, Kusshändchen ins Publikum werfend, die Misswahl beendet, sehen Farocki und die anderen ihre Chance: Mit dem Transparent über den Köpfen streben sie nach vorne an die Bühnenrampe ... Und beginnen ein Wort zu schreien, immer wieder: Wirklichkeit, Wirklichkeit.[29]

Die Studierenden der dffb hatten gerade ihr erstes Jahr an der neugegründeten Film- und Fernsehakademie hinter sich. Von Beginn an gab es Spannungen mit dem Direktorium. Als die Begutachtung der ersten Filme zum Ergebnis hatte, dass sieben Studierende wegen unzulänglicher Arbeitsergebnisse die dffb verlassen sollten – darunter Günther Peter Straschek, Wolf Gremm und Harun Farocki –, kam es zu einem ersten Eklat. Nach heftigen Protesten der Studentenschaft wurden die Geschassten als „außerordentliche Studenten" wieder aufgenommen. Doch anstatt dass Ruhe in den ohnehin recht provisorisch anlaufenden Studienbetrieb einzog, brachte der Tod Benno Ohnesorgs infolge von Polizeigewalt an der Anti-Schah-Demo am 2. Juni 1967 eine weitere Radikalisierung.

An den Arbeiten der jungen Filmemacherinnen und Filmemacher der ersten Jahre der dffb – Helke Sander, Hartmut Bitomsky, Harun Farocki, Günther Peter Straschek, Wolf Gremm u. a. – lässt sich sehr präzise nachvollziehen, wie im Hin und Her zwischen politischem Aktionismus, den Teach-ins, Go-ins und Sit-ins, und dem Filmemachen selbst als einem Dokumentieren, Analysieren, Agitieren und Intervenieren die Grenze und der Zusammenhang zwischen künstlerischer Arbeit und gesellschaftlich-politischer Realität erkundet und ausgelotet wird: immer in der Hoffnung, ein Stück Wirklichkeit an sich zu reißen.

Harun Farockis Film aus dem ersten Studienjahr an der dffb mag dafür ein prägnantes Beispiel sein (Abb. 7): JEDER EIN BERLINER KINDL (BRD 1966).

Die Kamera gleitet an einer Reihe von Werbebildern der Brauerei Berliner Kindl entlang, die in einer Ausstellung im Sportpalast gezeigt werden. Eine

---

29 Gerd Conradt: Starbuck – Holger Meins. Berlin 2001, S. 51.

Abb. 7: Harun Farocki: JEDER EIN BERLINER KINDL (BRD 1966).

Stimme aus dem Off (Farocki selbst) erklärt in betont neutralem Ton, in welchem Kontext die Plakate zu sehen sind. Nahtlos, ohne den Tonfall zu ändern, geht der Kommentator dazu über, einen Ausschnitt aus den Werbetexten vorzulesen:

> Auguste weilt in Bad Kissing. Da halt ich mich an mein Berliner Kindl, an meine kühle Blonde. Wenn sie mir übern Glasrand die kalte Schulter zeigt und dann in voller gerstengoldener Würze durch die Kehle stürzt.

Und er interpretiert die Bilder auf ihre Herstellung von Gemeinschaft hin – aus jedem Handwerker-Ich wird „eine Stimme im Lied der Berliner Kindl-Brauerei", eine Stimme im Wir der Konsumenten:

> Der Angler hat seine Angel dabei. Jeder erkennt sich in seinem Handwerkszeug. Der Maurer hat seine Kelle dabei und der Beatle seine Gitarre. Er hat sich seine Haare übergestülpt wie eine Mütze, er braucht sie bei der Arbeit.

Die kleine Gruppe der Studierenden der dffb war von den widersprüchlichen Strebungen der Studentenbewegung auf eine Weise durchkreuzt, die sie fast zu zerreißen drohte. Wie in einem Brennglas wird das Gefüge aus destruktiven und produktiven Kräften sichtbar, von denen die Erzählungen über Apo und Studentenbewegung berichten. Tatsächlich besetzten die Studierenden der dffb einen Ort im Feld bundesdeutscher Filmkultur, der wie wenige andere mit der Studentenbewegung von '68 verbunden ist. Bevor ich darauf etwas genauer eingehe, möchte ich die Lage dieses Ortes skizzenhaft lokalisieren.

Der deutsche Film

Die Möglichkeiten, Filme zu machen und das Filmemachen zu studieren, waren in der Bundesrepublik jener Jahre auf wenige Orte beschränkt. Es handelte sich um eine kleine Szene, in der jeder jeden kannte – und fast jeder mit jedem zusammenarbeitete.

In Hamburg gab es eine Filmklasse an der Hochschule für bildende Kunst und ab 1968 den Zusammenschluss „Hamburger Filmemacher Cooperative"; auch an der Hochschule für Gestaltung in Ulm wurde Mitte der 1960er Jahre eine solche Klasse eingerichtet, bis 1968 die Hochschule als Ganzes geschlossen wurde. Und schließlich gab es die Gründungen von Filmakademien in Berlin (1966) und München (Gründung 1966, Aufnahme des Lehrbetriebs 1967). Den unterschiedlichen Standorten lassen sich durchaus grundlegende Richtungen des Neuen Deutschen Films zuordnen.

Zunächst sind von den Anfängern der Generation '68 jene Filmemacher zu unterscheiden, deren Oberhausener Manifest immer dann aufgerufen wird, wenn die Geschichte des westdeutschen Autorenfilms zu erzählen ist. 1966 und 1967 brachten sie ihre ersten langen Spielfilme heraus. Volker Schlöndorffs DER JUNGE TÖRLESS (BRD/F 1966), Peter Schamonis SCHONZEIT FÜR FÜCHSE (BRD 1966), Edgar Reitz' MAHLZEITEN (BRD 1967) und vor allem Alexander Kluges ABSCHIED VON GESTERN (BRD 1966) und DIE ARTISTEN IN DER ZIRKUSKUPPEL: RATLOS.

Von den Oberhausenern leiteten mit Edgar Reitz und Alexander Kluge zwei prägende Figuren des Jungen Deutschen Films die Filmstudien der Ulmer Hochschule für Gestaltung. Mit Ula Stöckl, Claudia von Alemann u. a. kamen von hier wichtige Protagonistinnen des bundesdeutschen Frauenfilms. In Hamburg fanden sich Filmemacher zusammen, die eher am Experimental- und Undergroundfilm orientiert waren, der in den siebziger Jahren ein für heutige Verhältnisse kaum vorstellbar breites Publikum fand: Hellmuth Costard, Werner Nekes, Dore O., Klaus Wyborny.

Die Münchner – u. a. Rainer Werner Fassbinder, Wim Wenders und Rudolf Thome – kann man, um ein Schlagwort der Zeit zu benutzen, als Sensibilisten bezeichnen. Die Neugründung der Hochschule traf auf eine lebendige Szene, die keineswegs mit der Hochschule identisch war. Bei ihnen stand die reflektierende Auseinandersetzung mit der Geschichte der ästhetischen Formen und Poetiken des Kinos, der Pop- und Unterhaltungskunst im Vordergrund. Vor allem ging es ihnen um die Erkundung der Möglichkeiten einer Subjektivität, die für sich selbst nicht die Reflexionsmacht in Anspruch nahm, aus der konsumistischen Unterhaltungskultur herauszuspringen, in die sie mit ihren Wünschen, Gefühlen und Gedanken durchaus lustvoll verstrickt war. Die Arbeiten der Münchner lassen sich recht gut mit dem Diktum Handkes beschreiben: Sie erkunden den Film als Möglichkeit, das „Zuschauen als ein Mittel" einzusetzen, „durch das das Bewusstsein des Einzelnen nicht *weiter*, aber *genauer* wird, als ein Mittel zum Empfindlichmachen: zum Reizbarmachen, zum Reagieren: Als ein Mittel, auf die Welt zu kommen".[30] In der Folge werden es zuvörderst die Münchner sein, die den deutschen Autorenfilm der siebziger Jahre prägen werden.

Die Studentinnen und Studenten der dffb hingegen sahen sich – nicht zuletzt aufgrund der massiven Politisierung der Berliner Studentenschaft – sehr viel mehr dem dokumentarischen und essayistischen Film verpflichtet.[31]

Es gab also die Generation der Oberhausener und jene, die 1966–67 anfingen, das Filmemachen zu lernen: Wie radikal verschieden die persönlichen Ambitionen, politischen Vorstellungen, künstlerischen Ideen auch sein mochten, man wird kaum eine unzulässige Verallgemeinerung formulieren, wenn man behauptet, dass alle diese jungen und sehr jungen Künstlerinnen und

---

30 Handke: Straßentheater und Theatertheater, S. 306.
31 Laut Ulrich Gregor war es Klaus Wildenhahn, der die dffb in der Krise nach der Relegation von 18 Studenten im Winter 1968/69 gerettet hat. Er war einerseits in der Lage, zwischen den ineinander verkeilten Fronten von Direktion und verbliebenen Studenten zu vermitteln, andererseits gelang es ihm, die im Protest entstandenen Energien der Studentenschaft umzuleiten ins Dokumentarfilmemachen. Vgl. Ulrich Gregor: Geschichte des Films ab 1960. München 1978.

Künstler die Songs der Stones und die Montagen Godards im Kopf hatten, wenn sie versuchten, Kunst und Politik zu verbinden. (Wobei ich hier ein singuläres Künstlerpaar übergehe, dessen Arbeiten schon damals – insbesondere für die Münchner – eine grundlegende Orientierung darstellten: Ich meine Straub/Huillet.)

Den Studentinnen und Studenten der dffb war, ähnlich wie für Jean-Luc Godard, der russische Revolutionsfilmer Dziga Vertov zur Leitfigur geworden. Seine Filme repräsentierten eine Filmkunst, die sich gleichermaßen dem ästhetischen Anspruch künstlerischer Avantgarden wie dem gesellschaftspolitischen Engagement verpflichtet sah. Das aber war dann doch unmittelbar das Ergebnis ihres Studiums an der Akademie: Ulrich Gregor, der damals Lehrender an der dffb und später viele Jahre der Leiter des Internationalen Forums des Jungen Films der Berliner Festspiele war, sorgte nämlich gemeinsam mit Erika Gregor für den Aufbau eines ersten provisorischen Filmarchivs, das die sowjetische Filmavantgarde überhaupt erst deutschen Cineasten zugänglich machte. Das Verständnis, das die dffb-Studenten von realistischer Filmkunst hatten, war also durchaus mit dem der experimentell orientierten Filmemacher vergleichbar, die ich schematisch den Hamburgern zuordnete.

Wie sehr die kleine Gruppe von Filmstudenten zum Kreuzungspunkt der Spannungen wird, die mit der sich aufbauenden Protestbewegung einhergingen, lässt sich recht gut an den Beziehungen zwischen der Hamburger und der Berliner Szene ablesen. Ausschlaggebend war auch hier der Blick auf die Vereinigten Staaten – gespalten in die Begeisterung für Pop Art, Rockmusik und Underground einerseits, und das Entsetzen über den Vietnamkrieg andererseits. Für die Hamburger waren der amerikanische Undergroundfilm und die „New American Cinema Group" unmittelbar Vorbild für die Gründung der Hamburger Filmmacher-Cooperative 1967; einer ihrer Mitbegründer war Hellmuth Costard. An der Hamburger Kunsthochschule formierte sich ungefähr zur gleichen Zeit eine Filmklasse, die auch der spätere dffb-Student Holger Meins besuchte. Bereits 1965 hat er als Tonmann mit Hellmuth Costard an dessen Film KLAMMER AUF, KLAMMER ZU (BRD 1966) mitgearbeitet. Ein Jahr später wird er mit Hartmut Bitomsky den einzigen 35 mm-Film des ersten Studienjahrs dffb herstellen: DAS VÖGLEIN (BRD 1966).

Christian Bau beschreibt deren Arbeitssituation mit folgenden Worten:

> Das erste Treffen der Filmklasse, niemand kannte sich, alle saßen fremd im Klassenraum. Rambsbott kam als Gastprofessor aus Berlin. Man stellte sich vor ... Da tauchte Holger [Meins] auf ... und wir haben schnell überlegt, wie wir unseren ersten Film realisieren können. Die Hochschule hatte aber keine Ausrüstung. Die hat uns Rambsbott in Berlin besorgt. Die ganze Gruppe ist nach Berlin gezogen; das Literarische Colloquium hatte eine große Villa am Wannsee. Da wohnten viele Künstler ... zweitweise das Living Theatre, auch

den Regisseur George Moorse und seinen Kameramann haben wir dort kennengelernt. Man traf sich in der Küche und kam leicht ins Gespräch. [...] Der Film war eine Gruppenarbeit – wir haben das Buch zusammen geschrieben –, jeder hat Kamera und Touren gemacht, war Fahrer oder hat Essen besorgt.[32]

Es gab also recht enge Arbeitsbeziehungen zwischen der Hamburger Filmcooperative und dem ersten Jahrgang der dffb. Doch als sich Hellmuth Costard und Holger Meins bei dem Experimentalfilmfestival in Knokke wiedersahen, fanden sie sich in antagonistischen Rollen wieder. Holger Meins protestierte mit seinen Kommilitonen gegen einen Kulturbetrieb, der die Realität des Vietnamkrieges beiseite ließ; während Hellmuth Costard durch diesen Betrieb seine erste größere Anerkennung als Filmkünstler erfuhr. Sein Film, WARUM HAST DU MICH WACHGEKÜSST? (BRD 1967) erhielt einen Hauptpreis. Unmittelbar danach organisierte er mit Freunden das erste Experimentalfilmfestival der Hamburger Cooperative. Die „Hamburger Filmschau" ließ Tag und Nacht ausnahmslos alle eingereichten Filme vorführen und zeigte, wie Dietrich Kuhlbrodt später vermerkte, das komplette Bild eines Neuen Deutschen Films.

Rückblickend auf die erste Filmschau der „Hamburger Filmmacher-Cooperative" formuliert Hellmuth Costard konzise den ästhetischen Konsens der jungen Filmkünstlerinnen und Filmkünstler um '68 als einen neuen filmischen Realismus:

> 1968 reichten die alten Ausdrucksformen nicht mehr aus, um Gegenwart abzubilden. DADA, Surrealismus, Nouvelle Vague, New American Cinema waren Versuche, Wirklichkeit anders abzubilden. Auf der Hamburger Filmschau waren die Leute erstaunt, was für ein Bild aus diesen vielen, kleinen, zum Teil schmutzigen, amateurhaft gemachten Filmen entstand, wie sich im Lauf der Woche ein anderes Realitätsbild mosaikartig zusammensetze.[33]

Aber der Filmemacher aus Hamburg beschreibt hier eine Haltung geduldiger Distanznahme, die im Hochdruckkessel Westberlin offenbar schwieriger durchzuhalten war. Jedenfalls wurde anlässlich der Hamburger Filmschau deutlich, dass der ästhetische Konsens vom politischen Konflikt durchkreuzt wurde. Die politische Aktion, der Berliner Vietnamkongress vom Februar '68, tritt in einen schroffen Gegensatz zur künstlerischen Veranstaltung.

Holger Meins, der selbstredend mit seinen Berliner Kommilitonen bei der Hamburger Veranstaltung mitwirken sollte, sagte kurzfristig ab. In einem Brief vom 12. Februar 1968 an Hellmuth Costard schreibt er:

---

32 Zit. n. Conradt: Starbuck – Holger Meins, S. 36.
33 Zit. nach: DIE KRITISCHE MASSE – FILM IM UNTERGRUND, HAMBURG. '68. Reg. Christian Bau. D 1998.

der Grund warum wir nicht nach Hamburg kommen ist ein doppelter:
1. die internationale vietnamkonferenz, für uns wichtiger in ihrer politischen funktion und notwendigkeit als die Filmschau.
2. wir haben eine Diskussion um die konzeption von film (die filmische und politische aufgabenstellung in der gegenwärtigen gesellschafts-ordnung) begonnen, mit dem bisherigen ergebnis, daß die hamburger filmschau und co-op für uns nicht relevant sind, da wir aufgrund der unterschiedlichen Aufgabenstellung auch unterschiedliche formen benötigen. [...]

daß wir euch nicht viel erfolg wünschen, ist auch klar, weil wir meinen, daß ihr den falschen, den kapitalistischen Weg eingeschlagen habt. Daß ihr erfolg in „" haben werdet, ist auch klar, denn euer unternehmen ist produkt und reproduktion der bestehenden gesellschaft.

daß diese Situation geändert werden muss, ist auch klar. Anbei schicke ich dir, was der genosse mao-tse-tung über literatur und kunst gesagt hat. gruß holger[34]

Er habe gelacht, antwortete viele Jahre später Hellmuth Costard auf die Frage, wie er auf diese Abfuhr reagiert habe: „Für mich waren das Ideologen."[35]

Von heute aus gesehen, scheint der heilige Ernst schwer vorstellbar, mit dem hier der definitive Abbruch jeder Arbeitsbeziehung mitgeteilt wird. Doch ist der Brief durchaus repräsentativ für die tiefe Skepsis, die sich im politischen Diskurs der westdeutschen Linken gegen alle jene formierte, die weiterhin ihr Filme-, Musik- oder Literatur-Machen als Kunst-Machen verstanden wissen wollten. Hier wird ein scharfer Gegensatz zwischen ästhetischem und politischem Anspruch deutlich, der als symptomatisch für die westdeutsche Linke gelten kann. (Er sollte sich später – wohl unter den Bedingungen, die durch das Berufsverbot für linke Aktivisten im öffentlichen Dienst entstanden – chronifizieren und noch Jahrzehnte später als Karrierismusverdacht alle jene verfolgen, denen die eigene künstlerische Produktion näher war als die anstehende Revolution.) Auch wenn Meins' Argumente – wenigstens in der Diktion – durchaus den Statements der Situationisten entsprachen: Der Bruch, der hier zu Tage tritt, hat nichts mit dem ironischen Spott des gängigen Distinktionsbedürfnisses avantgardistischer Künstlerattitüde zu tun, wie sie Peter Zadek virtuos im Berliner Studentenführer als Old Surehand in Szene setzte.

Der Brief rekapituliert also eine durchaus gängige Position der westdeutschen Linken, die alle künstlerischen Ambitionen unter radikalen Ideologieverdacht stellte und den „Tod der Kunst" propagierte. Im Kursbuch der Jahre 1966 bis 1968 lässt sich verfolgen, wie diese Position entwickelt wird, um wenig

---

34 Conradt: Starbuck – Holger Meins, S. 45.
35 Conradt: Starbuck – Holger Meins, S. 45.

später von Enzensberger als „Baukasten zu einer Theorie der Medien" rekapituliert zu werden;[36] Peter Bürger wird einige Jahre später dann die polemische Diskussion in eine hegelianische „Theorie der Avantgarde" umformen, die die dialektische Aufhebung der Kunst in Politik als ästhetisches Programm der historischen Avantgarde beschreibt. Der gemeinsame Nenner dieser und ähnlicher Texte sind die mehr oder weniger polemische Wendung gegen die Idee der Kunst und die Zielsetzung ihrer Aufhebung: im Begriff, in der Kritik des bildungsbürgerlichen Ideals, in der Politik revolutionärer Subjekte – oder etwas später –, in einer Theorie der Medien.

Diese Diskussion steht im schroffen Gegensatz zu jenen Positionen, die sich der Pop Art, der amerikanischen Neoavantgarde oder eben auch der Novelle Vague verpflichtet sehen. Beispielhaft hierfür sind etwa die literaturtheoretischen Arbeiten Wolf Dieter Brinkmanns, mit der er die Publikationen zur amerikanischen Neoavantgarde begleitete; die Debatten um eine „Ästhetische Linke" in der Zeitschrift Filmkritik der Jahre '64 bis '70;[37] die frühen Essays von Karl Heinz Bohrer, geschrieben zwischen 1967 und 1969.

Auch wenn jede und jeder, die oder der '68 Kunst machte oder studierte, auf die eine oder andere Weise in diese Frontstellung verstrickt war, gilt dies für die Arbeit der Berliner Filmstudierenden in besonderer Weise.

Vergleicht man Farockis Fingerübung, die schon vieles von dem zeigt, was seine späteren Arbeiten ausmacht, mit den Filmen, die nach dem 2. Juni 1967 an der dffb entstanden, ist mit Händen zu greifen, wie sehr der politische Druck die künstlerischen Spielräume eingeengt hat.

Die Filme annoncierten denn auch meist schon im Titel, dass fortan das Filme-Machen unmittelbar auf die politische Aktion bezogen war: BERLIN, 2. JUNI 1967 (Hans-Rüdiger Minow/Thomas Giefer, BRD 1967) und TERROR AUCH IM WESTEN von Thomas Giefer; ANLEITUNG, POLIZISTEN DEN HELM ABZUREISSEN von Harun Farocki (BRD 1969); DIE ROTE FAHNE – 30 JAHRE DFFB von Gert Conradt und anderen, BRECHT DIE MACHT DER MANIPULATEURE von Helke Sander; DER POLIZEISTAATSBESUCH – BEOBACHTUNGEN UNTER DEUTSCHEN GASTGEBERN von Roman Brodmann (BRD 1967) und schließlich HERSTELLUNG EINES MOLOTOW-COCKTAILS, den wohl Holger Meins produzierte.

---

36 Hier insbesondere: Karl Markus Michel: Die sprachlose Intelligenz II. In: Kursbuch 4. Frankfurt am Main 1966; ders.: Ein Kranz für die Literatur; Walter Boehlich: Autodafé, beide in: Kursbuch 15. Frankfurt am Main 1968; Hans Magnus Enzensberger: Baukasten zu einer Theorie der Medien. In: Kursbuch 20. Frankfurt am Main 1970.
37 Vgl. hierzu Claudia Lenssen: Der Streit um die politische und die ästhetische Linke in der Zeitschrift Filmkritik. In: Norbert Grob/Karl Prümm (Hg.): Die Macht der Filmkritik. Positionen und Kontroversen. München 1990, S. 63–79.

Volker Pantenburg schreibt dazu in seinem Rückblick auf die dffb um '68:

> Viele Filme der ersten beiden Studienjahrgänge stehen aufgrund ihrer räumlichen Nähe in einem komplexen Wechselverhältnis mit diesen Konflikten [der Protestbewegung]: Sie bilden sie einerseits ab und reagieren direkt auf sie. Andererseits wollen sie selbst in das politische Geschehen eingreifen. Benno Ohnesorgs Tod, der Vietnam Kongress im Februar 1968, der Sturm auf das Springer-Hochhaus in der Kochstraße, die Maiereignisse stellten den Anlass oder Zielpunkt von dffb-Filmen dar.[38]

Im Oktober 1967 gründet sich die Gruppe 3, bestehend aus Hartmut Bitomsky, Harun Farocki, Thomas Hartwig, Ulrich Knaudt, Jean-François Le Moign, Holger Meins, Helke Sander, Günter Peter Straschek und Christian Ziewer. Man wollte alle zur Verfügung stehenden Mittel zusammenlegen, um gemeinsam zu produzieren; außerdem sollte das Filmmaterial, das auf Kundgebungen und Demonstrationen entstand, allen Mitgliedern der Gruppe zur Verfügung stehen. Produziert wurden auf diese Weise Filme, die sich durchweg auf die aktuellen Konflikte bezogen. U. a. von Harun Farocki DIE WORTE DES VORSITZENDEN und IHRE ZEITUNGEN (beide von 1967), von Ulrich Knaudt UNSERE STEINE und von Helke Sander der bereits oben erwähnte Film BRECHT DIE MACHT DER MANIPULATEURE, der mit etwa 40 Minuten Spieldauer längste Film dieser Reihe. Vor allem nach innen, in die Studentenbewegung hinein, übernahm die Gruppe so die Funktion einer Art Gegenöffentlichkeit, die wichtige Etappen der Protestbewegung als aktive Teilnehmer dokumentierten.[39]

Schaut man sich die Filme im digitalen Archiv der dffb an, ist man dann doch überrascht, wie sehr der Konflikt zwischen ästhetischem und politischem Engagement sich als ideologische Scheinfrage entpuppt. Der Anspruch eine Gegenöffentlichkeit zu schaffen, war nicht weniger Ansporn zum ästhetischen Experiment wie die Filmkunstfestivals. In seinen Überlegungen zu FARBTEST. DIE ROTE FAHNE von Gert Conradt beschreibt Pantenburg, wie wenig sich die Filme auf ihre politische Funktionalisierung reduzieren lassen und im Entweder/Oder von politischem und ästhetischem Engagement aufgehen:

> Die Dichotomie von (nachträglicher) Dokumentation und (präskriptiver) Agitation, für die Berlin, 2. Juni 1967 und Herstellung eines Molotowcocktails stehen, bezeichnet lediglich zwei Pole des filmischen Arbeitens. Viele der dffb-Filme lassen sich keinem der beiden Begriffe unterordnen, weil sie entweder gar keine primär politischen Ziele verfolgten oder eher indirekt und subversiv vorgingen. Zu diesen Filmen, die im Sinne des situationisti-

---

38 Volker Pantenburg: Die Rote Fahne. Deutsche Film- und Fernsehakademie, 1966–1968. In: Martin Klimke/Joachim Scharloth (Hg.): 1968. Handbuch zur Kultur- und Mediengeschichte der Studentenbewegung. Stuttgart 2007, S. 199–206, hier S. 201.
39 Vgl. Frederik Langs Porträt von Hartmut Bitomsky in: https://dffb-archiv.de/editorial/hartmut-bitomsky (28. Mai 2018).

schen Détournement – einer Ablenkung vom dramaturgisch, traditionell oder institutionell vorgesehenen Weg – operieren, gehört der zwölfminütige *Farbtest Rote Fahne*. Entstanden als Übung in einem Kameraseminar, in dem das Thema ‚Farbe' auf dem Lehrplan stand, zeigt der Film Studenten der dffb, die in einem Staffellauf eine rote Fahne durch die Straßen Westberlins tragen. Jeder läuft ein, zwei Minuten, um die Fahne dann im Lauf an den nächsten, der schon am Straßenrand bereitsteht, zu übergeben. Gefilmt wird – in einer Geste, die als Hommage an die zahlreichen aus dem Auto gefilmten Kamerafahrten der Nouvelle Vague und besonders Godards zu verstehen ist – aus einem fahrenden Wagen heraus, der kontinuierlich vor dem Läufer herfährt. Die Straße, um 1968 zentrale Bühne für Gegenöffentlichkeit und kritische Meinungsäußerung, wird hier zum Ort einer symbolischen Aneignung. *Farbtest Rote Fahne* gibt schon im Titel zu verstehen, dass er sich lediglich als Vorbereitung auf das Eigentliche versteht. Ein Farbtest gehört zu den technischen Präliminarien des Filmens, durch ihn werden die Einstellungen der Kamera auf die abzubildende Umwelt abgestimmt. Der Titel Farbtest überträgt somit den eigentlichen politischen Akt spielerisch vom Film in die Wirklichkeit: Der Zuschauer soll den hier nur symbolischen Akt – das Schwenken der Fahne auf dem Balkon des Schöneberger Rathauses, in dem der Film als überraschende Pointe mündet – als Aufforderung zur eigenen politischen Handlung begreifen. Er ist selbst als Hauptakteur im eigentlichen Revolutionsfilm vorgesehen, der noch zu folgen hätte. Dabei ist der Einfluss situationistischer Ideen sehr viel spürbarer als eine klare politische Aussage. Der Film wirkt tatsächlich wie eine Intervention, wie eine Unterbrechung und Störung des alltäglichen Betriebs, die vor allem auf eines hinweist: dass eine solche Störung möglich ist. *Farbtest Rote Fahne* nimmt Begriffe wie „Bewegung" oder „kollektiv" wörtlich und übersetzt sie spielerisch in eine Dramaturgie, die zunächst die Straßen Berlins, dann auch das Rathaus als den Ort politischer Entscheidungen symbolisch unter die sozialistische Herrschaft bringt.[40]

Im Mai 1968 dann eskalierte der Konflikt. Die Studenten besetzten die Direktionsräume der dffb und hissten auf dem Dach des Deutschland-Hauses am Theodor-Heuss-Platz – wo die neu gegründete Akademie untergebracht war – die rote Fahne; wie Godard machten sie den russischen Avantgarde-Regisseur Dziga Vertov zu ihrem Namenspatron und benannten die Akademie kurzerhand um. Zwei Tage später wurden neunzehn Studenten der Hochschule verwiesen. Unter den Relegierten waren neben Harun Farocki und Gerd Conradt auch Holger Meins und Werner Sauber. Die beiden letzteren sind wenig später in den Untergrund gegangen.

Drei Monate zuvor, am 3. Februar 1968, titelte die BZ: „Springer Tribunal: Aufforderung zum Terror". Im Artikel über den Vietnamkongress an der TU heißt es dann:

> Eingestreut zwischen kurzen Referaten von nichtgenannten Studenten zeigte die *Kritische Universität* zweimal einen Stummfilm, der vom Auditorium mit großem Jubel bedacht wurde. Der Film wurde angekündigt mit den Worten: „Wie stelle ich einen Molotowcocktail her?"

---

40 Pantenburg: Die Rote Fahne, S. 204–205.

Viele Jahre später beschreibt Thomas Giefer den Film, der bis heute als verschollen gilt, wie folgt:

> Große Einstellungen, dramatische Lichteffekte. Man sah nur Hände, keine Menschen. Es gab keine Totale, man konnte nicht sehen, wo das stattfand. Es wurde reduziert auf Handbewegungen, die den Molotow-Cocktail herstellten. Zum Schluss wurde das Ding auf ein Auto geschmissen. Den Hintergrund bildete ein Foto des Springer Hochhauses. Der Film war gemacht in der Tradition der *Cinetracts* die wir aus Frankreich kannten. Dort wurden Bilder mehr als Zeichen und Symbole benutzt. Das Springer-Hochhaus stand für Pressekonzentration, für Manipulation.[41]

Auch wenn die Bildzeitung zunächst eine Münchner Produktion vermutete – Holger Meins, dessen erster Film das Porträt eines Obdachlosen entwarf, war verantwortlich für diesen Film. Da der dffb-Studentenrat polizeiliche Ermittlungen befürchtet, wurden Meins und Straschek nach München geschickt, um sich bei den etablierten Cineasten ein Gutachten zu holen, ähnlich wie das von Taubes zum Flugblatt der Kommune I, das die kinematografische Bauanleitung eines Molotow-Cocktails als Kunst rechtfertigte. 1974 schildert Straschek in der Filmkritik die Begegnung wie folgt:

> Dr. Alexander K. lud im Namen der Ulmer Hochschule zum Essen ein, besah sich den Kurzfilm, ging mit uns ums Karree spazieren; Ecke Leopold-Ainmillerstraße verabschiedete er sich mit der Bemerkung, er könne uns leider kein Gutachten schreiben, denn der „Molotow-Cocktail" sei, im Gegensatz zu uns zwei, nicht dialektisch (genug) ...[42]

Die Antwort Kluges ist von atemberaubender Klarheit: Die Verbindung zwischen künstlerischer und politischer Aktion, zwischen Happening und Terror war definitiv gerissen. Harun Farocki hat das wie folgt beschrieben:

> Man kann sagen, daß der Holger ab 1968 oder ein bißchen früher eigentlich keine Verbindung mehr herstellen konnte in seinen Vorstellungen zwischen dem, was er so ästhetisch gelernt, über Film gelernt hatte, und dem, was er über Politik gelernt hatte, und das ging uns eigentlich allen so, wir haben sehr krude Überlegungen gehabt, wie man beides miteinander verbinden könnte, das war eigentlich wieder sehr künstlerhaft, wie wir es verbunden haben, wir haben die Verbindung eigentlich magisch hergestellt. Also in Form der Beschwörung.[43]

Wenn Fassbinder zehn Jahre nach '68 das Diktum prägt „Ich schmeiße keine Bomben, ich mache Filme", dann formuliert er zum einen die Lektion, die – darf ich das so sagen? – wir alle inzwischen gelernt haben: Dass es sich nämlich mit

---

41 Vgl. Conradt: Starbuck – Holger Meins.
42 Günter Peter Straschek: Straschek 1963–74 Westberlin. In: Filmkritik (1974), H. 212.
43 Zit. n. Pantenburg: Die Rote Fahne, S. 204.

der Kunst, die zur politischen Aktion drängt, ähnlich vertrackt verhält wie mit einer Politik, die sich auf universelle moralische Grundsätze gründen will. Zum anderen aber entsorgt er das Problem als eine Frage der persönlichen Moral.

Ich weiß nicht, ob Klaus Theweleit recht hat, wenn er demgegenüber behauptet, dass das Thema Gewalt als subversiver Kern der ganzen politischen Bewegung von 1968 verstanden werden müsse.[44] Deutlich aber scheint mir, dass die poetische Logik des Happenings, die Idee der Bewusstseinsbildung qua Aktion, notwendig Terror wird, wenn sie den Gewaltakt nicht mehr fingiert, sondern vollzieht: „... schafft ein, zwei, drei, viele Vietnams!" – in der vielzitierten Rede Che Guevaras ist die poetische Logik des Happenings in eine Bürgerkriegsstrategie übersetzt.

Liest man heute Che Guevaras Rede, ist man schon ein wenig irritiert davon, mit welcher Selbstverständlichkeit dieser Übergang zu einer Logik des Terrors vollzogen wird:

> Wie glänzend und nah wäre die Zukunft, wenn zwei, drei, viele Vietnam auf der Oberfläche des Erdballs entstünden, mit ihrer Todesrate und ihren ungeheuren Tragödien, mit ihren alltäglichen Heldentaten, mit ihren wiederholten Schlägen gegen den Imperialismus, mit dem Zwang für diesen, seine Kräfte unter dem heftigen Ansturm des zunehmenden Hasses der Völker der Welt zu zersplittern.[45]

Darauf bezogen wäre noch einmal Jürgen Habermas' vielzitierter Vorwurf eines linken Faschismus zu bedenken. Der Vorwurf war mit Sicherheit unberechtigt, sofern er die Aktionsformen subversiven Ungehorsams als solche zu diskreditieren sucht. Gerade eher rechts orientierte Hochschulprofessoren mochten Sitzblockaden und ähnliches strategisch als linken Faschismus brandmarken. So verstanden rückte der Ausspruch eine der philosophischen Leitfiguren des kritischen Diskurses der westdeutschen Linken in die Nähe all jener Repräsentanten gesellschaftlicher Macht, die in der Protestbewegung die Versuche bekämpften, ihnen ihren Machtanspruch streitig zu machen. Wohl deshalb wird Habermas den Vorwurf bald zurückgenommen haben. Bedenkt man freilich die theoretische Begründung des subversiven Ungehorsams, wird man als „voluntaristische Ideologie" (Habermas) wiedererkennen,[46] was wir weiter oben als Poetik des Happenings diskutiert haben.

Auf dem SDS-Kongress in Hannover im Juni 1967 formuliert der antiautoritäre Flügel seine Vorstellungen gegen die DKP- und SED-nahen sozialistischen Realpolitiker: Die Bedingungen revolutionärer Veränderungen seien durch po-

---

44 Zit. n. Pantenburg: Die Rote Fahne, S. 202.
45 Zit. n. http://www.infopartisan.net/archive/1967/266738.html (08. 06. 2018).
46 Vgl. Gilcher-Holtey: Die 68er Bewegung, S. 67.

litische Aktionen subversiven Ungehorsams herzustellen, da diese ein revolutionäres Bewusstsein überhaupt erst entstehen ließen, das zur planvollen politischen Handlung – sprich der Mobilisierung der Massen – fähig ist. Die Guerillastrategie Che Guevaras, durch die „Propaganda der Schüsse" „einen Bewußtseinprozess einzuleiten, der die abstrakte Gewalt des herrschenden Systems zur sinnlichen Gewissheit werden lasse", sei „durch eine Propaganda der Tat" in den westlichen Metropolen zu ergänzen.[47]

Das Argument setzt tatsächlich alle herrschenden Diskursregeln (gegen die „glasklar-stahlharte Logik des nächsten Schrittes") außer Kraft: Die „[...] etablierten Spielregeln dieser unvernünftigen Demokratie [sind] nicht unsere Spielregeln [...]"; „Ausgangspunkt der Politisierung der Studentenschaft [muss] die bewusste Durchbrechung dieser unvernünftigen Spielregel durch uns sein [...]."[48] Damit ist politisches Handeln durch eine Guerillastrategie ersetzt, die sich allein dadurch begründet, dass sie das Subjekt politischen Handelns überhaupt erst entstehen lassen will, weil das Volk zur Volksherrschaft fehlt.

Wie bei den ästhetischen Avantgarden ist die Unterscheidung von Terror und Happening, die Grenze zwischen künstlerischer und politischer Aktion selbst zum Aktionsfeld geworden – nur freilich nicht mehr vonseiten einer „Kunst, die Leben sein will", sondern aus der Perspektive eines politischen Handelns, das für sich den Voluntarismus des Happenings, die Freiheit der Kunst in Anspruch nimmt. Damit aber wird die Grenze zwischen politischem Handeln und Terror aufgehoben. Wie wenig die Unterscheidung zwischen der Poetik des Happenings und dem Voluntarismus der Propaganda der Tat auf den Gegensatz von Ästhetik und Politik oder ästhetischer und politischer Linker zu bringen ist, mag in der Art und Weise deutlich werden, wie Dieter Kunzelmann bei just dem erwähnten SDS-Kongress in Hannover interveniert. Der Kommunarde, der aus dem SDS – und mithin von den Theoriedebatten des Kongresses – ebenso ausgeschlossen wurde wie aus der Situationistischen Internationalen, instrumentiert die Reden der exklusiven Politavantgarde mit Liedern der chinesischen Kulturrevolution, die er in der Vorhalle des Veranstaltungsortes vom Plattenspieler erklingen lässt.[49]

Mir scheint dies letztlich eine Frage genau jener Unterscheidung zu sein, die Handke herauspräpariert, wenn er das Verhältnis von Politik und Theater durchspielt. War doch sein Plädoyer für das wahre Berliner Ensemble, die Kommune I, weit davon entfernt, im Umkehrschluss in den überall vernehmbaren Abgesang auf die Kunst einzustimmen.[50]

---

47 Gilcher-Holtey: Die 68er Bewegung, S. 68.
48 So formulierte Rudi Dutschke; zit. n. Gilcher-Holtey: Die 68er Bewegung, S. 67.
49 Gilcher-Holtey: Die 68er Bewegung, S. 68.
50 Handke: Straßentheater und Theatertheater, S. 303.

Tatsächlich formulierte Handke für das Theater ein allgemeines poetisches Prinzip, das man so oder ähnlich durchaus für die unterschiedlichsten jungen Filmkünstlerinnen und -künstler nach '68 in Anschlag bringen kann. Auch wenn die Kunst Wirklichkeit nicht zu verändern vermag, sie kann sehr wohl gebraucht werden –

> [...] als ein Spielraum zur Schaffung bisher unentdeckter innerer Spielräume, als ein Mittel, durch das das Bewusstsein des Einzelnen nicht *weiter*, aber *genauer* wird, als ein Mittel zum Empfindlichmachen: zum Reizbarmachen, zum Reagieren: Als ein Mittel auf die Welt zu kommen.[51]

Man wird festhalten müssen, dass es den Studierenden der dffb in der Folge gelungen ist, ihre Erfahrungen – die in mancherlei Hinsicht Erfahrungen des Scheiterns waren – in konkrete künstlerische Arbeitsweisen zu überführen. Der Impuls, der zur Gründung der Gruppe 3 und zur Namensgebung Dziga Vertov-Akademie führte, setzte sich unmittelbar fort im Projekt einer dffb-Wochenschau. Ulrich Gregor berichtet in einem wunderbaren Videointerview,[52] wie es mit der Berufung des Dokumentarfilmers Klaus Wildenhahn gelungen ist, der dffb insgesamt eine politisch-ästhetische Neuausrichtung zu geben. Mit der dezidierten Hinwendung zu einer neuen Poetik des dokumentarischen Films kam der Ruf nach Wirklichkeit mit dem ästhetischen Forschergeist zu neuen poetischen Projekten zusammen. Heute wird man damit eher die Berliner Schule verbinden, die wiederum maßgeblich durch die Zusammenarbeit zwischen Harun Farocki und Christian Petzold bestimmt ist.

Schaut man noch einmal die Filme des ersten Studentenjahrgangs der dffb an, kann man erstaunt feststellen, wie sehr sie auf höchst eigene Weise das Erbe der ästhetischen Avantgarden für sich beanspruchen. Gerade die ersten Filme von Helke Sander, Harun Farocki, Holger Meins, Philip Sauber und Hartmut Bitomsky sind experimentelle Erforschungen der poetischen Möglichkeiten des Mediums Film; es sind Erkundungen des Erfahrungsmodus filmischer Bilder, der sich durch die Zuschreibung ‚dokumentarisch' nur höchst unzulänglich erfassen lässt.

Helke Sanders Kurzfilm SUBJEKTITÜDE (BRD 1967) veranschaulicht diese Tendenz. Sie faltet eine Warteszene an einer Bushaltestelle in Berlin auf. Zunächst bewegt sich die Kamera wie das Auge einer Flaneurin, lässt sich vom Busfahrplan, von der Auslage in einem Schaufenster, von Spiegelungseffekten anziehen, um dann das Spiel im Dreieck der Blicke zwischen einer Frau und zwei Männern in den Fokus zu nehmen (Abb. 8).

---

51 Handke: Straßentheater und Theatertheater, S. 306.
52 https://dffb-archiv.de/editorial/ulrich-gregor (28.05.2018).

Abb. 8: Helke Sander: SUBJEKTITÜDE (BRD 1967).

Der gewachsenen Komplexität gesellschaftlicher Wirklichkeit antworten die Filme nach '68 – seien es Experimental-, Essay- oder Autorenfilme – mit einer gesteigerten ästhetischen Reflexivität. Sie setzen der politischen Aktion eine Politik der Form entgegen; sie erkunden die Möglichkeiten einer Subjektivität, die für sich selbst nicht mehr die Macht in Anspruch nimmt, aus der konsumistischen Unterhaltungskultur herausspringen zu können, in die sie doch mit ihren Wünschen, Gefühlen und Gedanken durch und durch verstrickt ist.

Literaturverzeichnis

Adorno, Theodor W./Horkheimer, Max: Dialektik der Aufklärung. Frankfurt am Main 1970.
Boehlich, Walter: Autodafé. Kursbogen zu Kursbuch 15. In: Kursbuch 15. Frankfurt am Main 1968.
Bohrer, Karl Heinz: Die gefährdete Phantasie, oder Surrealismus und Terror. München 1970.
Bürger, Peter: Theorie der Avantgarde. Frankfurt am Main 1974.
Conradt, Gerd: Starbuck – Holger Meins. Berlin 2001.
Debord, Guy: Die Gesellschaft des Spektakels. Berlin 1996.
Enzensberger, Hans Magnus: Gemeinplätze, die neueste Literatur betreffend. In: Kursbuch 15. Frankfurt am Main 1968, S. 187–197.
Enzensberger, Hans Magnus: Baukasten zu einer Theorie der Medien. In: Kursbuch 20. Frankfurt am Main 1970.
Gilcher-Holtey, Ingrid: Die 68er Bewegung. Deutschland – Westeuropa – USA. München 2005.
Gregor, Ulrich: Geschichte des Films ab 1960. München 1978.
Grob, Norbert/Prümm, Karl (Hg.): Die Macht der Filmkritik. Positionen und Kontroversen. München 1990.
Handke, Peter: Straßentheater und Theatertheater. In: Prosa, Gedichte, Theaterstücke, Hörspiel, Aufsätze. Frankfurt am Main 1969, S. 303–307.
Jones, LeRoi: Blues People. Negro Music in White America. New York 2002.
Kirchmann, Kay/Ruchatz, Jens (Hg.): Medienreflexion im Film. Ein Handbuch. Bielefeld 2014.
Klimke, Martin/Scharloth, Joachim (Hg.): 1968. Handbuch zur Kultur- und Mediengeschichte der Studentenbewegung. Stuttgart 2007.
Mailer, Norman: Heere aus der Nacht. Geschichte als Roman. Der Roman als Geschichte. München 1968.
Michel, Karl Markus: Die sprachlose Intelligenz II. In: Kursbuch 4. Frankfurt am Main 1966.
Michel, Karl Markus: Ein Kranz für die Literatur. In: Kursbuch 15, Frankfurt am Main 1968.
Rischbieter, Henning: Spielformen des politischen Theaters. In: Theater heute (1968), H. 4, S. 8–12.
Sichtermann, Barbara/Johler, Jens: Über den autoritären Geist des deutschen Theaters. In: Theater heute (1968), H. 4, S. 2–4.
Siegfried, Detlef: Time Is on My Side. Konsum und Politik in der westdeutschen Jugendkultur der 60er Jahre. Göttingen 2006.
Straschek, Günter Peter: Straschek 1963–74 Westberlin. In: Filmkritik (1974), H. 212.
Situationistische Internationale. Gesammelte Ausgabe des Organs der Situationistischen Internationalen. Hamburg 1976.

The Rolling Stones Songbook. 155 Songs mit Noten. Frankfurt am Main 1977.
o. V.: Die auffällige Jugend. In: Der Spiegel (1967), H. 41.

Filmografie

ABSCHIED VON GESTERN. Reg. Alexander Kluge. BRD 1966.
ANLEITUNG, POLIZISTEN DEN HELM ABZUREISSEN. Reg. Harun Farocki. BRD 1969.
BARBARELLA. Reg. Roger Vadim. F/I 1968.
BERLIN, 2. JUNI 1967. Reg. Hans-Rüdiger Minow/Thomas Giefer. BRD 1967.
BRECHT DIE MACHT DER MANIPULATEURE. Reg. Helke Sander. BRD 1967.
DAS VÖGLEIN. Reg. Hartmut Bitomsky. BRD 1966.
DER JUNGE TÖRLESS. Reg. Volker Schlöndorff. BRD/F 1966.
DER POLIZEISTAATSBESUCH – BEOBACHTUNGEN UNTER DEUTSCHEN GASTGEBERN. Reg. Roman Brodmann. BRD 1967.
DIE ARTISTEN IN DER ZIRKUSKUPPEL: RATLOS. Reg. Alexander Kluge. BRD 1968.
DIE KRITISCHE MASSE – FILM IM UNTERGRUND, HAMBURG '68. Reg. Christian Bau. D 1998.
DIE ROTE FAHNE – 30 JAHRE DFFB. Reg. Gert Conradt u. a. BRD 1968.
DIE WORTE DES VORSITZENDEN. Reg. Harun Farocki. BRD 1967.
FARBTEST. DIE ROTE FAHNE. Reg. Gerd Conradt. BRD 1968.
HERSTELLUNG EINES MOLOTOW-COCKTAILS. Reg. Holger Meins. BRD 1968. [Verschollen]
ICH BIN EIN ELEFANT, MADAME. Reg. Peter Zadek. BRD 1969.
IF…. Reg. Lindsay Anderson. GB 1968.
IHRE ZEITUNGEN. Reg. Harun Farocki. BRD 1967.
JEDER EIN BERLINER KINDL. Reg. Harun Farocki. BRD 1966.
KLAMMER AUF, KLAMMER ZU. Reg. Hellmuth Costard. BRD 1966.
MAHLZEITEN. Reg. Edgard Reitz. BRD 1967.
MASCULIN – FÉMININ. Reg. Jean-Luc Godard. F/S 1966.
ONE PLUS ONE. Reg. Jean-Luc Godard. GB 1967.
SCHONZEIT FÜR FÜCHSE. Reg. Peter Schamoni. BRD 1966.
SUBJEKTITÜDE. Reg. Helke Sander. BRD 1967.
TERROR AUCH IM WESTEN. Reg. Thomas Giefer. BRD 1968.
UNSERE STEINE. Reg. Ulrich Knaudt. BRD 1968.
WARUM HAST DU MICH WACHGEKÜSST? Reg. Hellmuth Costard. BRD 1967.
WEEKEND. Reg. Jean-Luc Godard. F/I 1967.
ZUR SACHE SCHÄTZCHEN. Reg. May Spils. BRD 1968.

Serien

THE ADVENTURES OF RIN TIN TIN. Serie. USA 1954–1959.
LASSIE. Serie. USA 1954–1974.
FLIPPER. Serie. USA 1964–1967.
BONANZA. Serie. USA 1959–1973.
DAKTARI. Serie. USA 1966–1969.
FURY. Serie. USA 1955–1960.
THE HIGH CHAPARALL. Serie. USA 1967–1971.

Matthias Grotkopp
Zweifelhafte Subjekte

Detektive, Gangster und andere Münchner Utopisten des Gammelns

> DETEKTIVE ist ein realistischer Film, weil er seine Personen und Handlungen so zeigt, wie sie sind – nämlich kompliziert und auf den ersten Blick unverständlich. Rudolf Thome versagt sich jede Interpretation und erschwert dadurch das Verständnis seines Films. Es gibt keinen vom Film, von der Handlung und den Charakteren ablösbaren ‚Gehalt', keine allgemeinen Ideen oder gar ‚Probleme'. Nur die Handlung existiert.
>
> Die Welt von Rudolf Thome ist nicht die des alltäglichen Lebens, nicht die von Leuten, die von morgens früh um acht bis abends um vier in Büros und Fabriken ihrem Broterwerb nachgehen und anschließend mit dem verdienten Geld erst zu „leben" beginnen. Es ist auch nicht die Welt der „großen Probleme": Wo politische und soziale Konflikte in diesen Filmen vorkommen [...], interessiert sich Thome nicht für sie, sondern für die Menschen, in denen sich diese Konflikte spiegeln. Thome übernimmt zwar die Konventionen Hollywoods, doch er wandelt sie ab, verkehrt sie in ihr Gegenteil und enttäuscht die Erwartungen des Zuschauers – kurz: er dreht immer wieder nur „seine" Filme.

Was ist die Welt von Thome? Was ist die Welt seines ersten Langspielfilms, DETEKTIVE? Betrachten wir die Titelsequenz: Zu einem peppigen Jazzsound verfolgen wir ein weißes Auto von hinten in dichtem Stadtverkehr, das Münchener Kennzeichen immer gut sichtbar; drei kurze Einstellungen werden mit Überblendungen verknüpft. Dann eine etwas längere Einstellung, weiterhin aus einem fahrenden Auto gedreht: Nach einer Kurve fährt das weiße Auto in einen Tunnel ein. Als wir ins Dunkel hinterherfahren, wird erst der Titel DETEKTIVE in großen Blockbuchstaben eingeblendet, dann die Namen der beiden Hauptdarsteller: ULLI LOMMEL und MARQUARD BOHM. Das Ende des Tunnels wird erreicht, das weiße Auto fährt hinaus, und in dem Moment, in dem die Kamera ihn auch verlässt, erfolgt der Schnitt: ein schwarzes Cabriolet von vorne, Marquard Bohm am Steuer, den Arm zum Signalisieren herausstreckend. Es ist, als hätte sich der Film erst selbst daran erinnern müssen, worum es gehen soll: ‚Ach ja, Detektive.' Und so wird aus der einfachen Fahrt eine Verfolgung: Wieder werden drei Einstellungen, das weiße Auto verfolgend, mit Überblendung verbunden – während die Namen der anderen Mitwirkenden eingeblendet werden. Dann eine regelmäßigere Alternation zwischen Bohm, nun auch mal im Profil als *point-of-view* verdeutlicht, und Einstellungen auf das verfolgte weiße Auto. Dann laufen Musik und die Geschwindigkeit der Autos synchron aus, wir sehen, wie das weiße Auto in einiger Entfernung anhält – inzwischen ist eine ländliche Gegend erreicht. Eine Frau steigt aus. Sie spricht Bohm an. Aber statt irgendeiner Charade kommt freiheraus das Geständnis, dass er als Privatdetektiv beauftragt wurde, sie zu beschatten. Und er bietet ihr sogleich an, stattdessen nun ihr zur Verfügung zu stehen.

Dieses Grundprinzip, aus einem Auto zwei Autos zu machen, aus einer Situation eine andere – nur, um diese jederzeit wieder implodieren lassen zu können. Darin steckt schon in aller Kürze die poetische Logik dieses Films: ein Auto, zwei Autos, viele Autos, ein Ruderboot; ein gefesselter Mann, zwei gefesselte Frauen; ein Paar, zwei Paare, viele Paarneubildungen und Paarumbildungen; in jedem Auftrag steckt das Gegenangebot; jeder Schachzug ist schon von einem anderen kalkuliert; jeder Beobachter ist immer auch schon ein Beobachteter.

Es ist eine Welt, die sich im wahrsten Sinne entfaltet, auffaltet. Sie entfaltet sich zunächst einmal ganz deutlich als Handlung, als Dramaturgie und als Figurenarsenal: Der erste Auftrag wird nicht so sehr gelöst als vielmehr im zweiten wie in einer chemischen Reaktion aufgelöst. Immer wieder taucht eine neue Figur auf, erfolgt eine weitere rückwirkende Offenbarung, mit der sich die bisherigen Verhältnisse völlig neu darstellen. Das geht so weit, dass man am Ende gar nicht weiß, ob die veränderten Positionen einer kühlen Berechnung folgen – wie fast durchgängig von den Figuren behauptet wird –, oder ob sie nur mehr oder weniger verzweifelte Anpassungsversuche sind. Das Ganze hat aber keinerlei Systematik oder alles durchziehendes Muster, kein quasi-mathematisches Kalkül, auch wenn es bisweilen so tut als ob, sondern jede Entwicklung kann die vorherigen für null und nichtig erklären, sie wie schlecht geratene Skizzen zu einem erst vage konstruierten Kriminalplot beiseite wischen:

> Die kriminelle Intrige wird von Szene zu Szene neu gewendet und unaufhörlich gefaltet wie jene selbstgemachten Papierdecken, in die man mit wenig Aufwand ein umfassendes Muster reißt. Die Löcher aber ergeben zusammen ein seltsames Bild.[1]

Doch nicht nur in seiner Handlung und seinem Figurenpersonal (sowie der Geografie, in der die Stadt München in ihr Umland umgestülpt wird) entwickelt sich der Film buchstäblich als eine Auffaltung, sondern eben auch als Bildraum filmischer Wahrnehmung und als historischer Erfahrungsraum des Genrekinos – via die Faltungen eines Hollywood Film noir reinterpretiert durch die Nouvelle Vague gesehen in einer Münchner Spätvorstellung.

In den ersten fünfzehn Minuten erhöht sich, Szene für Szene, die Anzahl der beteiligten Figuren jeweils um eins, nur um sich in den folgenden fünf

---

[1] Rainer Knepperges: „Wir mussten in Deutschland notlanden". Über die frühen Filme von Zihlmann und Lemke. In: Ulrich Kriest (Hg.): Formen der Liebe. Die Filme von Rudolf Thome. Marburg 2010, S. 59–66, hier S. 61.

Minuten wieder Szene für Szene auf zwei zu reduzieren. Aber was sich als eine reine Auftrittsarithmetik beschreiben lässt, die tatsächlich eher etwas von einer Bühnenidee hat, erweist sich über den Film hinweg eben auch als eine Idee der visuellen und akustischen Ensembles,[2] der Räume und Bewegungslinien: Sie sind nie abgeschlossen, sondern stets um ein Element erweiterbar oder reduzierbar. Es kann immer noch aus dem Off plötzlich jemand erscheinen oder – fast häufiger – überraschenderweise immer noch da sein. Es gibt immer wieder unerwartete Abgänge, Sackgassen, Zirkelschlüsse. In einer Szene am Ende geht zum Beispiel die Figur Busse (Peter Moland) mit einem Kind, um das er sich kurz kümmern soll, ins Off ab. Dreieinhalb Minuten lang entwickelt sich daraufhin die Situation zwischen den Hauptfiguren: Micky (Uschi Obermaier) wird von Andy (Marquard Bohm), Sebastian (Ulli Lommel) und Annabella (Iris Berben) unter Druck gesetzt und in einem Sessel gefesselt, damit sie ein wichtiges Tonband herausrückt. Ein, wenn man von der erzählten Situation absieht, harmonisch komponiertes, scheinbar in sich geschlossenes Gruppenbild entsteht: ein gediegenes Interieur, feine Sitzmöbel, rechts ein Klavier sichtbar, nach hinten die Blickachse auf einen weiteren Salon, die Figuren in einer harmonischen Pyramide angeordnet, links sitzt Bohm, rechts sitzt Lommel, in der Mitte die beiden Frauen, Berben stehend über Obermaier ... – wenn da nicht plötzlich im Umschnitt Busse wieder auftauchen würde, der die ganze Zeit genau dort gesessen zu haben scheint, wo die Kamera stand und dieses eben nur scheinbar geschlossene Ensemble kadrierte, und der das von den anderen gesuchte Tonband rausrückt.

Aber der Film weigert sich, alle seine permanenten Wendungen und Eröffnungen, im Großen und im Kleinen, zu dramatisieren, auf einen Effekt hin zu inszenieren oder in irgendeiner Weise psychologisch, sozial oder historisch zu rationalisieren – sie werden mehr oder weniger hingenommen, und alles was zählt, für den Film und für seine Figuren, ist, die Haltung zu wahren. Man bleibt durchweg lapidar, cool, demonstrativ abgeklärt und unverbindlich:

> Was für ein Unterschied zu den zuvor gesehenen in Deutschland entstandenen Nachkriegsfilmen. Als wenn jemand gleich mehrere Fenster geöffnet und frische Luft in einen stickigen Raum gelassen hätte. Die Lakonie in der Sprache, die Lässigkeit in den Bewegungen der Darsteller. Etwas, das bis heute im deutschen Film eine Seltenheit ist. Uschi Obermaier und insbesondere Marquard Bohm (der in Thome-Filmen immer am besten gewesen ist) beim Gehen, Sitzen, Rauchen und Reden zuzusehen, war für mich eine Offenbarung.[3]

---

2 Vgl. Gilles Deleuze: Das Bewegungs-Bild. Kino 1. Frankfurt am Main 1997, S. 27–48.
3 Thomas Arslan: Frische Luft. Rudolf Thome (zum 70. Geburtstag). In: Ulrich Kriest (Hg.): Formen der Liebe. Die Filme von Rudolf Thome. Marburg 2010, S. 32–33, hier S. 32.

Diese Beschreibung triff dabei den Konsens, der über eine Reihe von Filmen und Filmemachern herrscht, die als zweite Welle des Jungen Deutschen Films, nach der ersten Welle der Oberhausener, diesem das allzu Ernsthafte austrieben und gemeinhin unter dem Begriff der Münchner Gruppe firmieren:

> Eher abseits vom jungen Kino in den sechziger Jahren gab es einige Filme aus München, die mit dem Oberflächenreiz des amerikanischen Kinos spielten und mit der Diskrepanz, die sie selbst zu dessen Standards entwickelten. [...] In ihren Filmen ging es eher um geträumte Abenteuer, dem Kino entnommen, aber durch deutsche Alltäglichkeit gefiltert.[4]

Aber natürlich gehört, scheinbar gerade im deutschen Film – man konnte es in den 2000er Jahren wieder sehr schön an der sogenannten Berliner Schule nachverfolgen –, das Dementi, überhaupt eine Gruppe zu sein, irgendwie zu den Spielregeln dazu. So hier rückblickend Max Zihlmann, der Drehbuchautor der ersten Filme von Rudolf Thome und Klaus Lemke:

> Meiner Meinung nach gab's die Münchener Gruppe gar nicht – d. h. es gab keine Gruppe. Das einzig Gruppenartige, was wir je zusammen gemacht haben, war diese Flugblattaktion in Oberhausen. Der Klaus, der Rudolf und ich hatten uns halt zusammengetan, weil wir fanden, wir könnten zusammen Filme machen, und das haben wir dann ja auch.[5]

Im Folgenden soll es mir aber weder darum gehen, zu klären, ob diese Filme sich zu einer kohärenten Bewegung fügen, die sich auf diese oder jene Art in Opposition zu Alexander Kluge, Edgar Reitz und den Schamonis stellen, oder ob es sich nicht doch eher um eine „Jungsfreundschaft"[6] handelt, ein enger Zirkel, der zwar gewisse Gemeinsamkeiten teilte, was Vorlieben für bestimmte Filme und – immer wieder gern betont – für alkoholische Exzesse betraf, darüber hinaus aber keine Ambitionen hatte, außer eben die Sorte Filme zu machen, die seinen Mitgliedern gefiel. Noch soll hier im engeren Sinne eine Autorenexegese zum Werk Thomes und der Stellung seines Erstlings darin erfolgen.

Stattdessen sollen drei Aspekte herausgegriffen werden, anhand derer sich die filmische Logik von DETEKTIVE beschreiben lässt – und zwar jeweils in Konstellation mit einem anderen Münchner Film dieser Zeit: Genre, Gesten, Gammeln. Mit den Filmen von Klaus Lemke besteht nicht nur die enge personelle

---

4 Norbert Grob: Film der sechziger Jahre. Abschied von den Eltern. In: Wolfgang Jacobsen et al. (Hg.): Geschichte des deutschen Films. 2. Auflage. Stuttgart 2004, 207–244, hier S. 236 f.
5 Olaf Möller: Gespräch mit Max Zihlmann. In: Ulrich Kriest (Hg.): Formen der Liebe. Die Filme von Rudolf Thome. Marburg 2010, S. 75–78, hier S. 76.
6 Doris Kuhn: Die Stärke der Frauen. Rudolf Thomes sechs Kurzfilme. In: Ulrich Kriest (Hg.): Formen der Liebe. Die Filme von Rudolf Thome. Marburg 2010, S. 52–58, hier S. 53.

Verbindung, sie teilen auch ein bestimmtes Verhältnis zum Genrekino, wie am Beispiel von NEGRESCO**** – EINE TÖDLICHE AFFÄRE (BRD 1968) gezeigt werden soll. Ebenfalls einen stark gebrochenen, reflexiven Bezug auf Hollywood und das Genrekino haben die frühen Filme Rainer Werner Fassbinders. Sein erster Langspielfilm LIEBE IST KÄLTER ALS DER TOD (BRD 1969) teilt mit Thomes Film zum einen die Tendenz zur Reduktion, zur Entschleunigung, vor allen Dingen aber eine besondere Aufmerksamkeit für das, was passiert, wenn das hoch artifizielle Gestenrepertoire und der Verhaltenskodex der *hard boiled detectives* und der noch härteren Gangster an die ganz alltäglichen, banalen, ordinären Orte der bundesdeutschen Gegenwart der späten 1960er Jahre versetzt werden. Während Fassbinder dabei aber formal strenger und distanzierter vorgeht, steht Thomes Film in gewisser Hinsicht wieder einem ganz anderem München-Film nahe, mit dem er das erratische und verspielte Element teilt, eine Tendenz zur antiautoritären Verweigerungshaltung, die zeitgenössisch nun gerne unter dem Begriff des Gammelns gefasst wurde, nämlich May Spils ZUR SACHE, SCHÄTZCHEN (BRD 1968).

„Hab' ich recht, dass es hier nach Steak riecht?"

Bevor ich diese vergleichenden Perspektiven aufmachen werde, erlaube ich mir noch einige Beobachtungen zu DETEKTIVE, und zunächst eine etwas längere Synopse:

> Zwei Männer und eine Frau: Das sind zwei Privatdetektive und ihre Sekretärin: Das sind Marquard Bohm und Ulli Lommel und Uschi Obermaier. [...]
> Anfangs haben sie auch einen Auftrag. Um den kümmert sich Bohm. Er verfolgt eine Frau mit dem Auto. Er beschattet sie nicht, versteckt sich also nicht; er fährt ihr einfach hinterher. Als die Frau (Iris Berben) ihn dann anspricht, ist er schnell bereit, von ihr einen Auftrag anzunehmen: gegen seinen früheren Auftraggeber. Sie sagt, in ihrem Kühlschrank sei noch Wodka, und verspricht, ihm ein Steak zu braten.
> In ihrer Wohnung telefoniert Bohm mit Lommel. Der kommt dann mit der Obermaier und einer Pistole dazu. Sie liegen auf dem Bett, trinken Wodka und reden ein bißchen. Als ihr früherer Auftraggeber (Peter Moland) schließlich auftaucht – mit einem großen Gewehr im Anschlag, einer Winchester, genügen ein paar Ohrfeigen und ein harter Schlag, und alles ist wieder in Ordnung. [...]
> Dann beginnt die eigentliche Geschichte des Films. In der geht es um einen alten Industriellen, der allein in einer riesigen Villa wohnt. Um eine junge Frau in Blond, die mit ihrem Kind allein in einem großen Haus am Starnberger See lebt.[7]

---

[7] Norbert Grob: Detektive. In: Freunde der deutschen Kinemathek e. V. (Hg.): Rudolf Thome (1983), H. 66, S. 54–56, hier S. 55 f.

> Krügers erster Auftritt in seiner Villa lässt gleich an Gottvater denken. Und dann spricht er auch noch davon, dass er seinen Sohn vor einem Jahr durch einen tödlichen Unfall verloren habe, weshalb ihn nun seine Macht nicht mehr reize! Aber diese Abwendung von allem Irdischen ist nur gespielt. Dieser Gott ist ein eifersüchtiger Gott. Er wird verzehrt von dem Verlangen nach einem neuen Sohn, in dem er weiterleben kann. Deshalb will Krüger das uneheliche Kind, dem er keine Beachtung schenkte, solange das eheliche noch lebte, in seinen Besitz bringen. [...] Was den Figuren des Films und dem Zuschauer lange Zeit als ein Drama erscheint, in dem es auf autonome Handlungen und Reaktionen ankommt, ist von ihm vorgeplant und kalkuliert.[8]
>
> Es geht um Geld, um Mord und Entführung, um Liebe und Tod, um ganz komplizierte Gefühle, die einerseits doppelbödig und andererseits eindeutig und klar sind. Und es geht um Freundschaft: Wie sie verraten wird und wie sie letztlich doch über alle Anfechtungen hinweg intakt bleibt.[9]
>
> In Detektive wechseln die Gruppierungen so oft und so rapid, und man hat an dem Wechsel seinen Spaß, dass man am Ende keine Sehnsucht mehr hat nach festgefügten Verhältnissen.[10]

Diese Montage zweier Inhaltsangaben ist ganz bewusst etwas zu lang geraten, denn es ist kein Zufall, dass den Kommentatoren das Bett und der Wodka, das unbeteiligte Betrachten eines Reigens der Paare und Koalitionen genauso wichtig sind wie die Intrige, wenn nicht sogar wichtiger – denn dem Film selbst geht es ganz genauso. Das Ergebnis ist, dass die Idee einer Sichtbarmachung von ökonomischen und sozialen Beziehungen, eine Sichtbarmachung der Gesellschaft als Organisation des Ästhetischen als zentralem Gegenstand des Kriminalgenres hier permanent aufgerufen und zugleich verweigert wird. Die Detektive in DETEKTIVE machen nie das, was Detektive normalerweise machen, nämlich epistemologische Denkoperation an den Spuren und Leerstellen in der physischen Wirklichkeit durchzuführen – sie performen nur die dazugehörigen Gesten.

Man vergleiche nur die (Un-)Tätigkeiten Bohms und Lommels in Thomes Film mit der Beschreibung des Detektivs bei Luc Boltanski. Laut Boltanski besteht der zentrale Konflikt im Kriminalgenre (er beschäftigt sich hauptsächlich mit den klassischen europäischen Detektiv- und Spionageromanen vom Ende des neunzehnten bis zur Mitte des zwanzigsten Jahrhunderts) darin, dass das Gewebe der Realität als solches aufgelöst, die Realität selbst in Verdacht gezogen wird, um sie als verlässliche wiederherstellen zu können. Dabei offenbart

---

8 Enno Patalas: Scheherazade muss sterben. In: Ulrich Kriest (Hg.): Formen der Liebe. Die Filme von Rudolf Thome. Marburg 2010, S. 67–69, hier S. 67 f. [zuerst erschienen in: Filmkritik 1/1970].
9 Grob: Detektive, S. 56.
10 Patalas: Scheherazade muss sterben, S. 68.

sich ein permanent schwelender Konflikt zwischen einer offiziellen, oberflächlichen Realität, der man alltäglich gedankenlos Vertrauen schenkt, und einer verdeckten, bedrohlichen, realeren Realität:

> Die Arbeit des Detektivs besteht darin, den gleitenden Übergang von der Eigentümlichkeit zum Verbrechen in Gedanken zu antizipieren, der in der Abfolge der geschilderten Ereignisse dann auch tatsächlich eintritt. Jede Eigentümlichkeit wird also als potenzielles Verbrechen dargestellt, das heißt nicht allein als Anzeichen oder Symptom eines Verbrechens, sondern bereits in sich als so etwas wie ein Verbrechen.[11]
>
> Aus diesem Grund besteht eine der Haupttätigkeiten des Detektivs – die seine Gegner aus dem Konzept bringt – darin, die geschilderten Tatsachen in eine andere Sprache zu übersetzen, das heißt die Realität so neu zu bestimmen, dass das enthüllt wird, was der Verdächtige sich zu verstecken bemüht und was dennoch mit den Händen greifbar ist.[12]

Es handelt sich hierbei um nicht weniger als um die Entdeckung der Untersuchbarkeit der Wirklichkeit, in der das scheinbar Gewöhnliche wieder ungewöhnlich gemacht wird – eine Bewegung, die bei Thome nun konsequent umgedreht wird: Man weigert sich, unter die Oberflächen zu schauen, alles Ungewöhnliche, Eigentümliche wird hingenommen. Die Leerstellen bleiben unangetastet. Von Spurenlesen keine Spur. Und wenn mal jemand etwas ermittelt oder nach Art des Sherlock Holmes zu deduzieren beginnt, dann handelt es sich um ganz banale, naheliegende Dinge wie: „Hab' ich recht, dass es hier nach Steak riecht?"

Wenn die Realität der Kriminalform primär durch eine Summe von Sprechakten entsteht, von denen jedem einzelnen aber zunächst zu misstrauen ist – denn die Menschen lügen, irren sich, missverstehen etc. –, dann ist die Aufgabe des klassischen Detektivs, den einzelnen Aussagen und Ereignissen einen neuen Sinn zuzuweisen, Abweichungen und Inkohärenzen kausal einzelnen Entitäten zuzuschreiben und dadurch die manipulierte, vordergründige Realität wieder in die reale Realität einzugliedern. Aber in Thomes Film gibt es keinen Nervenkitzel der Anomalie und einer sich entziehenden Realität. Alles ist da, und wenn es nicht da ist, muss man nur warten, bis der Komplott sich eben von selbst enthüllt, bis der Gegenspieler quasi an sich selbst scheitert. Es gibt keine Rätsel:

> Und man muß verstehen lernen, daß es gar nichts zu verstehen gibt – was, wie ich mir vorstellen kann, sehr irritierend sein muß und im Wörterbuch dann nachschlagen läßt:

---

11 Luc Boltanski: Rätsel und Komplotte. Kriminalliteratur, Paranoia, moderne Gesellschaft. Frankfurt am Main 2013, S. 104.
12 Boltanski: Rätsel und Komplotte, S. 117.

Glätte, Oberfläche, Understatement, Irrealität und was weiter. Aber dann hat man noch gar nichts von dem „kaputten Charme" der Thome-Filme.[13]

Das heißt nicht, dass keine Transformation der Wirklichkeit stattfindet, nur dass sie hier nicht entlang der Achsen verläuft, die entweder in den konventionellen Begriffen von narrativer Ökonomie oder der Diskurse von Authentizität[14] zu fassen wären, eine Eigenschaft, die nicht nur obiges Zitat unter dem Begriff des Charmes zu fassen versucht, auch wenn die genaue Festlegung darauf, was denn genau den Zauber ausmache, unvermeidlich ausbleibt:

> Genau aus dieser Spannung zwischen dem Fiktiven und dem Dokumentarischen rührt der eigentümliche und unverwechselbare Charme, der von Thomes Filmen ausgeht. [...] Zentrale Begriffe, die in diesem Zusammenhang immer wieder fallen, sind: das Dokumentarische, Respekt, Ironie, Improvisation und Nicht-Perfektion, Evidenz und Genauigkeit, das Serielle und das Intertextuelle.[15]

Dass natürlich auch gerade die Fragen des Dokumentarischen, der Improvisation und Nicht-Perfektion auf die Produktionsbedingungen zurückgespiegelt bzw. aus diesen hergeleitet werden können, scheint ebenfalls vielen nahezuliegen:

> Rudolf Thomes Filme scheinen uns in einem interessanten Schnittpunkt verschiedener Interesselinien zu liegen: Sie gehören zu den besten Beispielen für low-budget-Produktionen, die aus der Beschränkung der materiellen Produktionsmöglichkeiten gestalterische Phantasie entwickelt haben.[16]

Interessant daran ist der Punkt der Fantasie, der sozusagen in beide Richtungen funktioniert, ist doch ein Großteil gestalterischer Fantasie bereits im Zustandekommen des Drehbudgets zu verorten. Thome selbst hat ausführlich und mit Gespür für die Anekdote die Geschichte der Finanzierung von DETEKTIVE geschildert: Wie er von Petra Nettelbeck 30.000 Mark bekam, einfach loslegte, obwohl schnell klar wurde, dass das Geld nie reichen würde, und dann über Kontakte an den Produzenten Carol Hellman von der Eichberg-Film geriet. Dieser stellte erst die obskure Bedingung, „den Film noch einmal von vorne in

---

13 Wolf-Eckart Bühler: M-STA – 75 M. In: Freunde der deutschen Kinemathek e. V. (Hg.): Rudolf Thome (1983), H. 66, S.20–24, hier S. 23 [zuerst erschienen in: Filmkritik: 5/1971].
14 Vgl. Johannes von Moltke: Beyond Authenticity. Experience, Identity, and Performance in the New German Cinema. Duke University 1998.
15 Ulrich Kriest: Rudolf Thome – Ein Ethnograph des Inlands. In: ders. (Hg.): Formen der Liebe. Die Filme von Rudolf Thome. Marburg 2010, S. 10–28, hier S. 14
16 Ulrich Gregor: Vorwort. In: Freunde der deutschen Kinemathek e. V. (Hg.): Rudolf Thome (1983), H. 66, S. 3.

Farbe zu drehen und ihn in ‚Das Go-Go-Girl vom Blowup' umzutaufen,"[17] aber nachdem sich Thome als standhaft bewies, ließ jener sich überzeugen:

> Er bat mich um 4 Stunden Bedenkzeit. So wie ein Papst seine Berater habe, habe auch er seine Berater. Ich war begeistert. Und 24 Stunden später, während der nächsten Mittagspause beim Drehen, erfuhr ich von einem seiner Produktionsleiter, daß ich vorbeikommen könne, um den ersten Scheck abzuholen. So etwa habe ich mir immer das Arbeiten in Hollywood vorgestellt.[18]

Diese Anekdote ist allerdings nicht einfach akzidentiell für den Film, denn ungefähr so, wie sich Thome das Arbeiten in Hollywood fantasierte, so stellen sich die Figuren in DETEKTIVE auch das Arbeiten als Detektiv vor: vor allem erstmal irgendwie Scheck abholen – wobei Bargeld immer noch besser ist. (Und das betrifft nicht nur die beiden Figuren, die von Bohm und Lommel gespielt werden, sondern die Perspektive auf die Wirklichkeit des Films selbst. Der einzige plötzliche, beinahe irreale Durchblick auf so etwas wie ein normales Arbeitsleben ergibt sich, als zwei Möbelpacker nach dem ersten Drittel des Films das Büro der Detektive leerräumen, weil diese ihre Miete nicht gezahlt haben.) Die Pointe, die Thome in seiner Erzählung dem Ganzen dann im Nachtrag gibt, ist also keine willkürliche Assoziation, sondern ein Hinweis darauf, dass der kreative Umgang mit Ökonomie und Autorität hier zwischen Wirklichkeit und Film hin und her diffundierte:

> Carol Hellman hat sich dann später, als der Film von der FBW ein Prädikat erhalten hatte, Detektive ganz alleine in seinem privaten Vorführraum angesehen. Er muß sehr betroffen gewesen sein. Denn, wie mir sein Vorführer später erzählt hat, ist er, nachdem der Film zuende war, noch lange im Raum sitzengeblieben. Schließlich geht es in dem Film um zwei junge Leute (Ulli Lommel, Marquard Bohm), die versuchen, einem alten Mann (Walter Rilla) das Geld aus der Tasche zu ziehen.[19]

Besonders faszinierend ist, wie sich diese Kreativität der wilden Produktion, die Kunst, anderen das Geld aus der Tasche zu ziehen, dann im Film mit einer völlig freien Reinterpretation des Kriminalfilms verbindet. Dessen Idee der Sichtbarkeit von sozialen und ökonomischen Beziehungen wird umgebogen auf eine Ansammlung von Gesten, Sprüchen und Objektwelten, die sich zu einer widersprüchlichen Chiffre für jene Erfahrung von Modernisierung zusam-

---

17 Rudolf Thome: Überleben in den Niederlagen. Gedanken zum Filmemachen in der Bundesrepublik Deutschland. In: Freunde der deutschen Kinemathek e. V. (Hg.): Rudolf Thome (1983), H. 66, S. 4–17, hier S. 7.
18 Rudolf Thome: Überleben in den Niederlagen, S. 7.
19 Rudolf Thome: Überleben in den Niederlagen, S. 7 f.

menfügen, der die Popkultur Amerikas und das Genrekino Hollywoods als Utopie und als Bedrohung zugleich erscheint. Und es fällt nicht schwer, bei dieser Konstellation dann doch zuallererst nicht an Rudolf Thome, sondern an Jean-Luc Godard zu denken, an Filme wie À BOUT DE SOUFFLE (AUSSER ATEM, F 1960), BANDE À PART (DIE AUSSENSEITERBANDE, F 1964), MADE IN USA (F 1966) und – ist es Zufall? – an DÉTECTIVE (F/CH 1985).

Hollywood – Paris – München: Falten und Oberflächen

Dass Thome und die anderen Münchner in der Tat ihre geschmacksbildende Auseinandersetzung mit dem Hollywoodkino vor allem über das Prisma der Nouvelle Vague führten, dafür gibt es unzählige Belege in Kritiken und Selbstaussagen, hier seien nur ein paar Kostproben angeführt:

> Bei Lemke, Zihlmann und mir war alles ganz klar: Wir liebten das amerikanische Kino, gesehen durch die Augen der Cahiers du Cinéma. Und wir liebten die Nouvelle Vague, vor allem die von Jean-Luc Godard.[20]

> Ich habe so angefangen, daß ich mit meinem Freund Lemke ins Kino gegangen bin, und wir haben amerikanische Filme gesehen, dann Filme von Godard, und wir haben uns kleine Geschichten erzählt, die uns eingefallen sind. Beziehungsgeschichten, Reisegeschichten.[21]

> Für uns war AUSSER ATEM (À BOUT DE SOUFFLE, 1960) wahr, so wie auch die amerikanischen Filme wahr waren, scheiß auf's Gemachte: So lebten die Leute in Paris, so lebten die Leute in Amerika, und so wollten wir auch leben, und wenn wir am Ende draufgehen, dann ist das auch OK.[22]

> Wir haben Filme darüber gemacht, wie wir gerne leben wollte [sic!], so als Haltung – da gibt's auch schnellen Reichtum und schöne Frauen, das löst sich am Ende aber auch wieder auf.[23]

---

[20] Michael Gierke und Ulrich Kriest: „Hätte ein Regisseur ein Bewusstsein von dem, was er macht, dann gäbe es doch gar keine schlechten Filme!" Ein Werkstattgespräch mit Rudolf Thome. In: Ulrich Kriest (Hg.): Formen der Liebe. Die Filme von Rudolf Thome. Marburg 2010, S. 309–331, hier S. 312.
[21] Serge Daney und Yann Lardeau: Entretien avec Rudolf Thome. In: Cahiers du Cinéma, Nr. 318, Dezember 1980, zit. nach: Freunde der deutschen Kinemathek e. V. (Hg.): Rudolf Thome (1983), H. 66, S. 91.
[22] Olaf Möller: Gespräch mit Klaus Lemke. In: Ulrich Kriest (Hg.): Formen der Liebe. Die Filme von Rudolf Thome. Marburg 2010, S. 70–74, hier S. 71.
[23] Möller: Gespräch mit Max Zihlmann, S. 77.

> Wie die Vertreter der *nouvelle vague*, so imitierten Klaus Lemkes 48 STUNDEN BIS ACA-
> PULCO (1967) und Rudolf Thomes ROTE SONNE (1970) die film noir-Szenarios von Sex, Geld
> und Verbrechen mit mechanischer Präzision und ritualisierter Indifferenz.[24]

Klaus Lemkes NEGRESCO**** sieht nun allerdings auf den ersten Blick nicht so sehr nach Nouvelle Vague und deren Vorbildern im Hollywood-Kino aus wie noch sein erster Langspielfilm, 48 STUNDEN BIS ACAPULCO (BRD 1967), der sich eher aus solchen B-Movies speiste, in denen ebenfalls Gier, Frauen und Schicksal die Figuren nach Mexiko verschlagen – wie in Don Siegels THE BIG STEAL (DIE ROTE SCHLINGE, USA 1949) oder in Phil Karlsons KANSAS CITY CONFIDENTIAL (DER VIERTE MANN, USA 1952) –, und der wirklich mit all den Klischeebildern gespickt war, die dazu gehören. Dabei funktionieren in 48 STUNDEN BIS ACAPULCO die Klischees nicht als narrative Abkürzungen, sondern bilden den eigentlichen Fokus einer fieberhaften Übersteuerung der Bilder.

Dagegen sieht nun NEGRESCO**** gerade in seiner zweiten Hälfte eher nach einem James-Bond-Abklatsch aus – aber das ist womöglich auch der Punkt: Es geht nicht so sehr darum, worauf man sich bezieht und wie nah oder wie fern es einem ist, sondern um die Art und Weise des Bezugs, nämlich sich 100 % affirmativ auf das Kino als einer Spielwiese für das Ausmalen von Wunschträumen zu beziehen. Man würde die spezifische Form der Cinéphilie der Münchner Gruppe missverstehen, wenn man sie zu schnell mit der Cinéphilie der Nouvelle Vague und deren Kämpfen um eine theoretische und ästhetische Abgrenzung zwischen dem richtigen und dem falschen Kino gleichsetzte. Stattdessen überspringen die Münchner sozusagen die Schule des Dissens und begeben sich direkt in die Befragung des affirmierenden Geschmacksurteils, springen kopfüber in jene Formen und Poetiken des Kinos, die ihnen Lust und Vergnügen bereiten und erhalten ihre Eigenständigkeit und reflexive Dimension dadurch, dass ihre Filme am Ende keine dieser Formen einfach nur erfüllen. NEGRESCO**** verharrt dabei in einem Limbo zwischen ganz und gar abgründigem Trash und Sexploitation und den aufwändigen Versuchen eines kosmopolitischen europäischen Groß-Koproduktions-Kinos:

> Der junge Mann heißt Roger und schlägt sich mit Fotografieren durch. Manchmal liegt er
> auch einem Mädchen auf der Tasche. Roger trifft Laura. Laura hat Geld und einen Mann,
> mit dem etwas nicht stimmt. Einer, der Laura kannte, wird erschossen. Roger und Laura
> werden verfolgt. Sie fliegen von Berlin nach Nizza und fahren von Nizza nach Beaulieu-
> sur-Mer in die Villa des Gorillas Borell, der sich zwei Unter-Gorillas hält und sein Motor-
> boot Dracula getauft hat und auch so aussieht. Mit einer Privatmaschine ihres Mannes

---

[24] Sabine Hake: Film in Deutschland. Geschichte und Geschichten seit 1895. Reinbek bei Hamburg 2004, S. 260.

> fliegt Laura ins Engadin. Der Gorilla Jeff fährt Roger hinterher. Geheime Pläne tauchen auf. Roger denkt an Erpressung. Aber die Geschichte geht schief. Lauras Mann läßt sich nicht aus der Ruhe bringen und legt Laura um und hängt die Sache Roger an.
> [...] „Negresco ..." ist der Film eines jungen Mannes, der oft ins Kino gegangen ist und vom ganz großen Luxus im Kino träumt und vollkommen begeistert ist, wenn im Budget noch ein Hubschrauber von der Helioswiss [sic!] drin ist. Es spricht für Klaus Lemke, daß er die paar teuren Sachen, die er sich leisten konnte, ernst nahm. Er tarnt seine Begeisterung nicht. „Negresco ..." ist ein Film, der auf das Alibi einer kulturvollen Attitüde verzichtet und nicht vorgibt, mehr zu bedeuten, als er zeigt.[25]

Der Film zeigt, er montiert, er collagiert markante Gesichter, schnelle Autos und interessante Landschaften. Er entspricht beinahe der Bildlogik eines Durchblätterns des Zeitungsstapels im Wartezimmer beim Zahnarzt, von Klatschblatt zum Auto- und Reisemagazin, während man sich dazu einen Kriminalplot ausdenkt, der – weil er der Logik des Blätterns unterliegt – sprunghaft und unausgegoren bleibt. Im Vordergrund stehen die Physiognomien der ‚Gorillas' und ‚Unter-Gorillas', die vornehme Pose Ira von Fürstenbergs in der Rolle der rätselhaften Laura und vor allem aber Autos, das Motorboot, Privatjets und der Hubschrauber der Heliswiss. Das heißt, eine Aneinanderreihung von ansehnlichen Formen der Fortbewegung: ein roter Porsche 911 Targa unter den Palmen der Côte d'Azur, Wasserskifahren im weißen Bikini), mit dem Motorboot im engen Kreis um ein schwimmendes Mädchen fahren, im eleganten, silbernen Iso Grifo die Alpenserpentinen hochjagen. In diesem Sinne ist es nur konsequent, dass der Film seinen Showdown nicht als Konfrontation zwischen Menschen gestaltet, sondern als das von vornherein ungleiche Duell einer gemütlichen Zahnradbahn, mit der erst Laura und Roger (Gérard Blain) auf einen kahlen Gipfel fahren und anschließend er ohne sie ins Tal zurück tuckert, gegen eben jenen Hubschrauber. Die Eleganz und Ruhe, mit der die knallrote Bahn in einer der Einstellungen die gesamte Bilddiagonale durchquert, eingerahmt durch herbstlich gelb-grüne Baumwipfel und im Hintergrund das Hochgebirgspanorama, hat schlichtweg keine Chance gegen die hektischen Schnitte zwischen der verzweifelten Laura in der kargen Steinlandschaft und dem Hubschrauber, oftmals nur sein Schattenbild auf kahlen Felsen, in dem der Ehemann Jagd auf seine Frau macht. Es ist auch ein Duell zwischen musikalischen Genres, zwischen dem kühlen, taktbetonten Jazzsound, der den Protagonisten begleitet, und hektischen, schrillen, sehr an James-Bond-Soundtracks erinnernden Blechbläsern, die den Hubschrauberangriff untermalen.

---

25 Uwe Nettelbeck: Der Boß schätzt nur das Teure in der Kunst. Zur Welturaufführung von Klaus Lemkes Farbfilm Negresco****. In: Die Zeit, 1. März 1968.

Welche zentrale Rolle diese Elemente in diesem Film einnehmen und wie unterschiedlich die filmischen Herangehensweisen Lemkes und Thomes sind, zeigt sich, wenn man nach entsprechenden Szenen in DETEKTIVE sucht. Auch hier spielen Autos eine gewisse Rolle, und zwar im Modus eines permanenten Ankommens und Wegfahrens, aber man ist so gut wie nie in ihnen unterwegs – einzige Ausnahme neben der Titelsequenz ist ein nicht mal eine Minute dauerndes Segment, in dem Berben und Bohm durch die Landschaft fahren und sie ihm zu erklären versucht, dass sie ja nicht mit jedem Mann schlafen könne, der ihr gefällt. Ebenso bezeichnend ist, dass das Annäherungsmanöver Lommels an die ‚junge Frau in Blond' auf dem Starnberger See eben im gemütlichen Ruderboot stattfindet und nicht im schnittigen Sportboot. Das heißt aber nicht, dass es nicht auch bei Thome Elemente des Spektakulären gäbe, aber sie tauchen dezidiert als sprachliche Fabulierakte auf, wenn Lommel sich als Überlebenden eines Flugzeugabsturzes vorstellt, oder Bohm von einem dramatischen Autounfall erzählt.

In beiden Fällen bleibt die Zitat-Struktur erkennbar als mehrfache Ein- und Ausfaltung einer Kinoerfahrung, die durch die Trivialität der Narration und die Konzentration auf die Oberflächen der Dinge, Körper und Sprache immer einen doppelten Abstand sowohl zu den zitierten Formen und Poetiken als auch zu den alltäglichen Erfahrungsräumen der bundesdeutschen Gegenwart beibehält. Dies wurde den Arbeiten von Thome, Lemke und Co. teilweise auch zum Vorwurf gemacht: „Sie reflektieren ein Bewußtsein aus zweiter Hand, das nicht in der eigenen Lebenserfahrung wurzelt."[26]

Eine solche Kritik übersieht natürlich, wie sehr es im Zeitalter des *consumer capitalism* eben zur allgemeinen Lebenserfahrung gehört, dass ein bestimmter Exzess an Konsum und Kommerz als Utopie aus zweiter Hand vorgestellt wird. NEGRESCO**** schafft es, diesen Traum von Aufstieg und schnellem Geld zu evozieren und zugleich als vollkommen hohl und öde darzustellen: Kein Glamour, kein Zauber der Dekadenz strahlt aus den Bildern, sobald der Film sich an einem bestimmten Ort für einen Moment niederlässt – sei es in einem Pappmaché-Casino oder in der eher tristen Pension, die Roger im letzten Akt frequentiert, um nur die extremsten Beispiele zu nennen. Er muss immer wieder in Bewegung geraten, immer wieder aufbrechen, nicht um diesen Traum zu verwirklichen, sondern um ihn als Traum am Leben zu erhalten. Im Prinzip erklärt dies auch den veränderten Blick auf den Typus des Modefotografen, mit dem der Film einsetzt: eben nicht als Metapher und Reflexions-

---

[26] Hans Günther Pflaum/Hans Helmut Prinzler: Film in der Bundesrepublik Deutschland. Der neue deutsche Film von den Anfängen bis zur Gegenwart. Mit einem Exkurs über das Kino der DDR. München 1992, S. 18.

fläche zum Verhältnis von Medium und Wirklichkeit à la BLOW UP, sondern als die einfache Rechtfertigung dafür, schöne Dinge und Menschen abzubilden und an interessante Orte zu reisen.

Zirkulation von Gesten und Beziehungen

Thome hat den Unterschied zwischen seinen frühen Filmen und denen Lemkes einmal ganz einfach so beschrieben: „Lemke konnte sehr gut Autos und Fahrten filmen, ich eher zwei Personen in einem Zimmer."[27] In der Regel waren in diesen Zimmern auch Betten, manchmal waren es auch nicht nur zwei Personen, sondern gleich drei, wie in jenem wunderbaren Moment am Anfang von DETEKTIVE, in dem Marquard Bohm sich zu Ulli Lommel und Uschi Obermaier setzt: Die Kamera schwenkt mit Bohm herunter auf das Bett, das längs vor einer weißen Wand stehend das Bild in der Breite fast ausfüllt. Lommel liegt vorne auf dem Rücken, seinen Arm um Obermaiers Hüfte gelegt, sie liegt hinter ihm auf der Seite, den Kopf in die Hand gestützt, und hält ihm die Zigarette zum Ziehen in den Mund. Als Bohm sich setzen will, muss er erst Lommels Hand und den Aschenbecher beiseite räumen. Dann will auch er – oder: dann will die Regie, dass er das will – die Hand auf Obermaiers Hüfte legen, aber da ist ja schon Lommels Hand; für einen kurzen, magischen Augenblick schwebt Bohms Hand über ihnen, dreht sich leicht und findet dann zögernd die freie Stelle. Es sind solche Momente, wegen denen Thomes Filmen gerne eine Tendenz zur Improvisation, zur Offenheit zugeschrieben wird, dabei handelt es sich aber zugleich um ein sehr präzises Bild dafür, inwiefern Unvorhersehbarkeit und Offenheit hier etwa zu einem Prinzip der Bildung zwischenmenschlicher Beziehungen werden.

Darin etwa überschneiden und zugleich unterscheiden sich die Paare und Freundschaften in DETEKTIVE mit bzw. von denen in Fassbinders LIEBE IST KÄLTER ALS DER TOD, in dem es auch eine Szene mit einem Zimmer, einem Bett, einer Frau und zwei Männern gibt.

Die Überschneidung zwischen beiden Filmen besteht darin, dass sie sich auf Poetiken des Kriminalfilms, des Film noir, der Genre-Gangster und *hard boiled detectives* beziehen, um über die Zirkulation von Dingen, Frauen, Geld, Gewalt und Gesten nachzudenken. Was bei Thome aber mit einer Haltung des Unverbindlichen daherkommt, mit der Tendenz zur nur mal so zur Probe ein-

---

27 Serge Daney und Yann Lardeau: Entretien avec Rudolf Thome, zit. nach: Freunde der deutschen Kinemathek e. V. (Hg.): Rudolf Thome, S. 91.

genommenen Pose – etwa, wenn Bohm mit gezückter Waffe einen Autoschlüssel verlangt: „Das ist nicht der Augenblick, um über Privatbesitz zu diskutieren" –, das ist bei Fassbinder immer schon Ernst, scheint die Gewalthaftigkeit aller Beziehungen bei ihm doch an jeder Stelle durch: Wenn in LIEBE IST KÄLTER ALS DER TOD die Hand des Freundes auf der Frau landet, setzt es gleich eine Ohrfeige – für die Frau versteht sich, denn: „du liebst mich sowieso".

So ist auch die Szene mit der Konstellation Bett, Frau und zwei Männer grundsätzlich anders gelagert: Hier ist die Frau, Johanna (Hanna Schygulla), links allein auf dem Bett und näht, während rechts Franz (Fassbinder) ein Kreuzworträtsel macht und in der Mitte Bruno (Ulli Lommel) am Tisch die Waffen putzt und damit das Bild „Kleinbürgerlicher Sonntagnachmittag" zum Implodieren bringt. Dann wird, wie auch bei Thome in vielen Szenen, die Konstellation um n + 1 erhöht, nur leider nicht geschlechtssymmetrisch, sondern es klopft ein Kunde Johannas an die Tür. Die statischen Halbtotalen werden unterbrochen, ein schneller Zoom arretiert die sich windende Johanna und den verdutzten Kunden, ein Schwenk, der erst nachträglich räumlich Sinn ergibt, folgt Franz, der den Kunden kurz streichelt. Der Schwenk geht aber ungerührt weiter; als er selbst aus dem Bild ist, verpasst Franz dem Kunden aus dem Off einen Schlag in den Bauch. Während die Kamera dann wieder Johanna erfasst, geht die Prügel auf der Tonspur weiter, und sie schaut ungerührt zu. Schnitt auf Bruno, der ebenfalls zuschaut, aber mit seinem Körper der Aktion folgt, mit minimalen Regungen und Zuckungen die Verkörperung des Geschehens durch einen Zuschauer zur Darstellung bringt. Dann wird der Kunde von Bruno beseitigt, und das möchtegern-bürgerliche Paar Johanna und Franz kann nun auf dem Bett Platz nehmen, sie an der Kamera vorbei blickend, er hinter ihr, ihr das Haar streichelnd – im Vordergrund liegt, wie ein Mal, die Attrappe eines Maschinengewehrs.

Die Zirkulation von Gesten der Gewalt und der Zuneigung ist hier als ökonomischer Kreislauf gefasst, das Drama findet weniger zwischen den Figuren statt als vielmehr im Schwanken der Wechselkurse zwischen Sex, Liebe und Freundschaft, Gewalt und Zärtlichkeit, Chaos und Ordnung:

> Die Story selbst ist banal: Franz will nicht für das „Syndikat" arbeiten, mag den schwächeren Bruno, der insgeheim Aufträge des Syndikats erledigt, und will mit ihm sogar die Freundin teilen. Johanna macht da jedoch nicht mit und verrät den letzten Coup an die Polizei. Bruno wird erschossen. [...] Die Protagonisten, deren Milieu nur am Rande interessiert (Franz ist vorbestraft, Bruno kommt aus einer Kleinstadt), sind, solange sich ihr Bewußtsein nicht ändert, von vornherein die Verlierer zwischen den Fronten Syndikat und Polizei. Zudem spielen sie mehr Gangster, als sie es wirklich sind.[28]

---

28 Günther Pflaum: Liebe ist kälter als der Tod. In: film-dienst (1970), H. 15.

Auch Thomes Detektive, wie bereits erwähnt, spielen mehr Detektive als dass sie solche sind. Worin sich Thome und Fassbinder wieder treffen, ist das, was sie ihre Schauspieler dezidiert *nicht* tun lassen, nämlich eine Innerlichkeit, ein lebendiges psychologisches Geschehen zu verkörpern:

> Die Dialoge, die Zihlmann schreibt, sind ja nicht Sätze, die Leute reden, sondern genau das gleiche wie wenn Bohm da das Gewehr beiseite schubst, als der Sebastian das Magazin auslädt. Es sind Gesten und diese Dialoge vermitteln nicht irgendwelche Inhalte, sondern Informationen, wie die Personen sind, wie sie leben, wie sie fühlen, was für Leute sie sind. Es sind gestische Dialoge. Das hat Brecht schon lange geschrieben ...[29]

Der Verweis auf Brecht zielt darauf, dass hier auf die Illusion verzichtet wird, uns würde in den Figuren etwas begegnen, das eine eigene Dimension des Fühlens, Verstehens und Wollens besitzt und sich in deren Tun ausdrückt – stattdessen werden Gesten und Worte wie der Figur gegenüber fremde und indifferente Dinge gezeigt, getauscht, variiert:

> Von heute aus gesehen ist der Neue Deutsche Film [...] eines der beeindruckendsten Zeugnisse für die Wirkungsgeschichte Brechtscher Schauspieltheorie. [...]
> Da werden Gesten wie Masken vor sich hergetragen und Figuren verbinden sich zu *Tableaux vivants*, die den Fluss der Handlung in eine Serie von Strukturbildern sozialer Konstellationen zerlegen; da werden Sätze gesprochen, als gehörten sie einer unbekannten Sprache an, und Handlungen von größter Grausamkeit werden mit der Mimik gelassener Gleichmut kontrastiert.[30]

Dieser Verzicht auf Natürlichkeit und psychologischen Realismus – welche ja letzten Endes auch nur eine andere Künstlichkeit, eine andere historische Poetik des Schauspielens darstellen[31] – dient zum einen der Möglichkeit, die bisher gegebenen Konventionen der filmischen Darstellung zu sprengen, neue Ausdrucksweisen, neue Spielweisen zu entwickeln. Zum anderen hat der Bezug auf die Theorie des Gestus bei Brecht den Zweck, auch auf neue Art und Weise die soziale Dimension des Handelns, Sprechens und Körper-Seins sichtbar zu machen:

> Der Begriff sozialer Gestus verschiebt den Fokus der Darstellung von der Figur zu dem gesellschaftlichen Beziehungsgeflecht, in dem diese sich bewegt [...]

---

29 Siegfried Schober: Drogen, Filme, Liebe. Gespräch mit Rudolf Thome und Max Zihlmann. In: Filmkritik 4/1969, zit. nach: Freunde der deutschen Kinemathek e. V. (Hg.): Rudolf Thome (1983), H. 66, S. 92.
30 Hermann Kappelhoff: Realismus. Das Kino und die Politik des Ästhetischen. Berlin 2008, S. 108.
31 Vgl. Hermann Kappelhoff: Matrix der Gefühle. Das Kino, das Melodrama und das Theater der Empfindsamkeit. Berlin 2004.

> Die Geste weist nicht mehr von der äußeren Erscheinung eines dargestellten Körpers auf dessen Innerlichkeit, sondern bezieht diesen Körper in seinem Verhältnis zu anderen Körpern und Dingen auf ein außenliegendes, fremdes Sehen.[32]

Das hat zum einen etwas Kaltes, Analytisches – gerade bei Fassbinder. Das Entscheidende ist jedenfalls, dass sich dieses äußere, fremde Sehen sowohl auf den Blick der Zuschauer bezieht als auch den Zuschauern selber eine Möglichkeit an die Hand gibt, ihre soziale Wirklichkeit als ein Feld des Gesehen-Werdens zu erfahren. Wenn die Figuren keine Gangster und Detektive sind, aber als solche gesehen werden wollen, dann läuft dies nur über die Schlaufe ihres eigenen Gangster- und Detektive-Sehens:

> Die Handlungsmuster des Genrekinos sind von ihrer linearen Narrativität gelöst und in Serien sich wiederholender und korrespondierender Gesten umgeformt. Hin- und hergehend zwischen dem Bezug auf das alltägliche Verhalten und den theatralisierten Gesten des Genrekinos, beschreibt die schauspielerische Aktion einen Raum, in dem von der Figur allein der Habitus sichtbar wird.[33]

Die Zuschauer sehen an den Figuren, wie jedes Sehen, zumal jenes begehrende und genießende Sehen des Genrekinos, verstrickt ist in die Produktion von Gesten und Verhaltensstilen. Dass sich dies nicht einfach auflösen lässt in entweder die permanente Reproduktion repressiver, gesellschaftlicher Strukturen des Denkens, Fühlens und Handelns oder in die Modifikation der Individualität im zweckfreien Spiel, gehört zu den Widersprüchen, die es auszuhalten gilt. Man kann das sehr schön an der vielleicht leichtesten, verspieltesten Szene in LIEBE IST KÄLTER ALS DER TOD demonstrieren: Hier treten Bruno, Johanna und Franz nacheinander auf eine Verkäuferin (Irm Hermann) zu, die in einer runden Auslage von Sonnenbrillen eingebaut ist. Sie probieren dabei nicht einfach Sonnenbrillen (und stecken sie ein, sobald die Verkäuferin einem von ihnen den Rücken zukehrt, um auf eine Frage der anderen zu antworten), sondern sie proben die Gesten der Gangster, benutzen einander und die hilflose Verkäuferin als Spiegel, als Wirkungsgradmesser für den Eindruck, den sie machen – während zugleich eine Dimension banaler, alltäglicher Rücksichtslosigkeit durchschimmert, die ganz gar nicht allein dem Genrekino zugeschrieben werden kann.

Thome selbst hat seine Vorstellung von dieser Distanz zwischen den Schauspielern und den Figuren, die sie verkörpern, so beschrieben, dass die Fremdheit der Worte, die diese sprechen, direkt aus dem sicht- und hörbaren Auseinanderfallen von Drehbuch und Regie herrührt:

---

32 Kappelhoff: Realismus, S. 116 f.
33 Kappelhoff: Realismus, S. 131.

> Ich habe die Filme gemacht, eigentlich mit dem Gefühl und dem Bewußtsein, daß ich einen Dokumentarfilm mache über Darsteller, die ein Drehbuch von Max Zihlmann spielen.[34]

Dabei ist es notwendig, auch ein paar Worte zu den Darstellern selber zu verlieren, denn mit der Veränderung des Konzeptes der Figur als abstraktem Knotenpunkt äußerlicher Wirklichkeiten – des Drehbuchs, des Kinos, der Vergesellschaftung – hängt eben auch eine Veränderung der Idee vom Schauspiel zusammen. Mit Marquard Bohm und Ulli Lommel – beides nicht zufällig auch regelmäßige Gäste in Filmen Fassbinders – begegnen uns in DETEKTIVE genau jene zwei, die es schafften, diese Idee selber zu einem Typus zu machen. Bohm und Lommel, das waren immer schon der „deutsche Jean-Paul Belmondo"[35] und der „deutsche Alain Delon".[36] Aber sie waren kein Abklatsch, keine Kopie. Sie verkörperten eine Idee der Vereinbarkeit von Individualität und Sozialität, „particular *ways* of inhabiting a social role",[37] nämlich unter dem Vorzeichen, dass Sozialität bei ihnen immer bereits einmal durch das Kino, von Hollywood über Paris nach München durchgegangen ist. Sie spielten Figuren, über die man nichts erfährt, wenn man danach fragt, was sie gerade fühlen, denken und wollen, aber über die man sehr viel erfährt, wenn man danach fragt, was sie zuletzt wohl im Kino gesehen haben mögen, wenn man nachempfindet, wie sie ihr Sprechen, Gestikulieren und Handeln an den Vorbildern ausrichten, aber dabei eben nicht einfach in Mimikry verfallen, sondern auf Probe handeln: Lommel in unterkühlter Zurückhaltung, Alain Delons „Eiskalten Engel" (der deutsche Verleihtitel von Jean-Pierre Melvilles LE SAMOURAÏ (F 1967)) immer fest im Blick, gerade dann, wenn man ihn in den Trenchcoat steckt, wie Fassbinder es in LIEBE IST KÄLTER ALS DER TOD tut; Bohm eher so mit halber Kraft, erstmal nur für sich selbst: „Bohm scheint vom eigenen Tun niemals

---

34 Rudolf Thome in: Norbert Grob: Aufenthalt an der Grenze. In: medium (1979), H. 12, zit. nach: Freunde der deutschen Kinemathek e. V. (Hg.): Rudolf Thome (1983), H. 66, S. 93.
35 Vgl. Jörg Schöning: Betragen ungenügend. Über Marquard Bohm. In: Tobias Haupts (Hg.): Rudolf Thome. München 2018 [im Erscheinen], S. 44–52. Ebd.: „Zwischen den Autorenfilmern des Neuen deutschen Kinos ist Marquard Bohm der vielleicht einzige Autoren*schauspieler* gewesen. Auf jeden Fall war er der konsequenteste: einer, bei dem Leinwand-Image und Lebensführung auf zuweilen gloriose, dann aber eben auch tragische Weise zusammenfielen."
36 Vgl. etwa die Nachrufe auf den 2017 verstorbenen Ulli Lommel. Er wurde „zum Alain Delon des Neuen Deutschen Films", in: Doris Kuhn: Die Romantik der Blutlache. Nachruf. Süddeutsche Zeitung, 04. Dezember 2017; „cool wie Belmondo, schön wie Delon, ein echter, anhimmelbarer Star," in: Christian Bos: Der zärtliche Wolf. Berliner Zeitung, 6. Dezember 2017.
37 Stanley Cavell: The World Viewed. Reflections on the Ontology of Film. Erweiterte Aufl. Cambridge, MA/London 1979, S. 33 [Herv. im Orig.].

restlos überzeugt. Was sich in so vielen seiner Auftritte wiederfindet, ist ein latenter Zweifel an dem, was er gerade sagt und tut."[38]

Gerade in diesem Energiesparmodus der Figuration steckte aber das unheimliche utopische Potential dieser Darstellungsweise, die Reflexivität und Sinnlichkeit auf neue Weise miteinander verband und von der Last befreit war, ein lebendiges Ich ausdrücken zu müssen, und stattdessen erstmal einfach nur coole Posen einnehmen und eine kesse Lippe riskieren konnte. Lommel zu Bohm: „Ich wusste gar nicht, dass du schießen kannst." (DETEKTIVE), Bohm zu allen und zu niemanden: „Das Leben ist eines der härtesten" (DETEKTIVE). Eine Freiheit, die sie auch der Einstellung des Drehbuchautors Zihlmann zu verdanken haben: „Die Figuren in meinen Filmen klopfen doch nur Sprüche, auch wenn die Sprüche schön sind, aber sie sagen nichts über sich."[39]

Zur Sache des Denkens, Schätzchen

Der größte Sprücheklopfer des deutschen Films 1968 war aber ein anderer. Wenn zu den Eckpfeilern der 1968er die antiautoritäre Verweigerungshaltung gehörte, so scheint sich dies in May Spils' ZUR SACHE, SCHÄTZCHEN noch einmal so weit zu steigern, dass hier noch die Verweigerung selbst sozusagen verweigert wird: dem Ausstieg aus der Normalität, dem Konventionellen wird bei Martin (Werner Enke) jegliches Protestpotential entzogen, er richtet sich nicht gegen irgendetwas, sondern ist vor allem eins: Rückzugsgefecht der Empfindsamkeit, Ausweichen vor dem Ernst, vor der Festlegung auf irgendeinen Sinn. Keine Dialogzeile, die nicht das Desinteresse am Alltag, und sei es noch in der Überwindung des Alltäglichen, zum Subtext hat, es hagelt eben nur Sprüche wie: „Es wird böse enden." „Es interessiert mich nicht, draußen rumzurennen." „Ich weiß nur ziemlich genau, was mich nicht interessiert, zum Beispiel morgens aufstehen."

Der Titel ist nicht nur insofern eine Vortäuschung falscher Tatsachen, als es im Film im erotischen Sinne keineswegs zur Sache kommt, sondern auch in der Hinsicht, dass es für den Film und seinen Protagonisten keinen größeren Horror gibt, als dass man zu irgendeiner Sache wirklich kommen, bei einer Sache bleiben könne. So ist das zentrale Kriterium für seine „Pseudophilosophie", dass sie nicht zur Sache kommt:

---

[38] Rolf Aurich: No role, just character. Über einige Motive in Filmen von und mit Marquard Bohm. In: Ulrich Kriest (Hg.): Formen der Liebe. Die Filme von Rudolf Thome. Marburg 2010, S. 79–83, hier S. 80 [zuerst erschienen in: filmwärts (1987), H. 8].
[39] Olaf Möller: Gespräch mit Max Zihlmann, S. 77.

> Das ist eine verdammt ernste Sache, das ist eigentlich mehr eine Wissenschaft. Das muss man lange trainieren. Da muss man manchmal mit dem Trainingsanzug und Spikes durch die Stadt laufen und warten bis einem was Gescheites einfällt. Das wichtigste bei der Pseudophilosophie ist, dass am Schluss nix dabei rauskommt.

Es mit dem Ernst nicht ernst zu meinen, und diesen Unernst aber zur ernsten Sache zu erklären. Ist es das, was Heidegger meint, wenn er in *Zur Sache des Denkens* ein bestimmtes Philosophieren eher der Kunst und den Formeln der Quantenphysik gleichstellt?

> Nun könnte aber ein solches Denken heute in eine Lage versetzt sein, die Besinnungen verlangt, die weit abliegen von einer nutzbaren Lebensweisheit. [...] Wir müßten dann auch hier den Anspruch auf unmittelbare Verständlichkeit preisgeben.[40]

Das wäre wahrscheinlich zu verneinen – wobei: „Daß eine Philosophie ist, wie sie ist, müssen wir einfach anerkennen."[41] Genauso wäre zu vermuten, dass sich der alte Mann aus Meßkirch gegen folgendes Lob und die überraschende Nähe zu Hollywood, in die Klaus Lemke ihn rückt, wohl eher sehr gewehrt hätte:

> Wir wollten aus dem Deutschen auch so was Lebendiges machen wie dieses Amerikanisch der Filme – das hat mich mein ganzes Leben lang beschäftigt: Wie komm' ich aus diesem Kerker der deutschen Sprache raus, muss man Deutsch so sprechen, wie wir's zumindest im Kino tun [...]; und Heidegger, ich hab' das natürlich alles nicht verstanden, ich bin ja doof, aber die Sprache Heideggers, die hat eine Kraft, die knallt, die hat einen Sog wie amerikanisches Kino.[42]

Tatsächlich scheint aber bei genauerem Hinsehen der Sog der Unverständlichkeit in diesem Film selber auch nur eine Pose, die seinerzeit durchaus sehr gut verstanden wurde, handelt es sich doch um einen der erfolgreichsten deutschen Filme überhaupt und den womöglich einzigen Publikumserfolg des Jungen Deutschen Films. Insofern ist etwas dabei rausgekommen bzw. reingegangen: nämlich Millionen von Zuschauer und vier Fortsetzungen (NICHT FUMMELN, LIEBLING (BRD 1970), HAU DRAUF, KLEINER (BRD 1974), WEHE, WENN SCHWARZENBECK KOMMT (BRD 1978) und MIT MIR NICHT, DU KNALLKOPP (BRD 1983)). Das mag daran liegen, dass die Narration hier zwar ebenso anti-dramatisch ist wie in LIEBE IST KÄLTER ALS DER TOD oder DETEKTIVE, aber eben nicht auf die gleiche Art und Weise: Er mäandert so dahin und kommt nicht einmal auf die Idee, irgendwelche Erwartungen zu wecken, die er dann unterlaufen könnte.

---

40 Martin Heidegger: Zur Sache des Denkens. Tübingen 1969, S. 1.
41 Heidegger: Zur Sache des Denkens, S. 62.
42 Möller: Gespräch mit Klaus Lemke, S. 72.

Dabei setzt er auch mit einem Kriminalplot ein, ein Verbrechen wird beobachtet:

> Eines Nachts sieht er vom Fenster seiner Bude einem Ladeneinbruch auf der gegenüberliegenden Seite zu, ohne auf die staatsbürgerliche Idee zu kommen, Alarm zu schlagen. Sein Freund, Schauspieler und Synchronsprecher, auch von der Hand in den Mund lebend, zwingt ihn allerdings am Morgen, zur Polizei zu gehen, damit er wenigstens eine Anzeige erstatte. Aber Martin, von der sturen Vernehmungstaktik des Beamten angeödet, macht diesem den gemütlichen Vorschlag, lieber eine Flasche Bier mit ihm zu trinken, und geht dann, nachdem das humorlos abgelehnt wird, zur absoluten Obstination über. Von nun an wird er die Polizei nicht mehr los. [...]
>
> Sein Freund „zwingt" ihn mit der Pistole zur Arbeit, nämlich Texte für einen Ideenverkäufer zu fabrizieren. Sie gehen ins Freibad, wo Martin jene Barbara kennenlernt, die im Gegensatz zu seiner kleinbürgerlichen Freundin, die sich dauernd mit ihm verloben will, Großzügigkeit, Verständnis- und Spielbereitschaft zeigt. Beide verleben einen übermütigen, von Streichen erfüllten Tag, jung und unbeschwert, von kleinen ironischen Kontroversen mit der Umwelt durchsetzt.[43]

Wenn man die Sprüche des Protagonisten und das tatsächliche Verhalten und die filmische Inszenierung, das übermütige Streichespielen und das buchstäblich sprunghafte Handeln vergleicht, ergibt sich aber eine merkwürdige Inkonsistenz. Denn auch wenn fast alle zeitgenössischen Kritiken ihn als einen „Gammler" ausmachen und die Sprüche der Figur ihre Abneigung gegen alle dynamische Entwicklung permanent verlautbaren: So richtig gammeln tut er doch eigentlich nur in den ersten Minuten des Films. Wenn man ihn erstmal aus seiner Bettruhe gerüttelt hat, dann reagiert er geradezu hyperaktiv, rennend, monologisierend – unterstützt von einer immer fröhlichen Musik. Gammeln bleibt Wunsch, nicht Wirklichkeit (das wäre wahrscheinlich am Ende auch nicht so komödien- und mehrheitsfähig). Und das unterscheidet ihn auch von DETEKTIVE, der auch tatsächlich die ‚unmittelbare Verständlichkeit' preisgibt und die Leere auszuhalten vermag, etwa wenn Ulli Lommel sich mitten in dem Wechselspiel von Verrat und Komplott ins Auto setzt und wartet, bis der Zigarettenanzünder heiß geworden ist, sich eine Zigarette ansteckt, das Radio anmacht und sich einfach mal zurücklehnt.

Vor solchen Nicht-Ereignissen herrscht in ZUR SACHE, SCHÄTZCHEN Horror Vacui; da ist der Kassenerfolg quasi Lohn der Angst – „The Wages of Fear", ein englisches Plakat von Henri-Georges Clouzots LE SALAIRE DE LA PEUR (LOHN DER ANGST, F 1953) hängt prominent im Hintergrund in der ersten und der letzten Szene, die sich in der Tonalität deutlich von den anderen unterscheiden. Die erste, weil sie den Protagonisten zum einzigen Mal in der Rolle des

---

43 Else Goelz: Liebenswürdige Gammler. In: Stuttgarter Zeitung, 28. Januar 1968.

bloß Beobachtenden zeigt, die letzte, weil sie das Spiel der provokativen Normalitätsverweigerung in eine „koolhaasische Sturheit"[44] treibt, die ins Dramatische streift, aber ebenso harmlos versandet wie alle anderen Episoden.

Darin besteht nun auch ein weiterer Unterschied zu DETEKTIVE, der genau wie ZUR SACHE, SCHÄTZCHEN mit Schusswaffengebrauch endet, diesen und andere Momente des Umschlagens und Zuspitzens der erzählten Ereignisse aber nicht in Gegensatz zu seinen anderen Stimmungen stellt, sondern die gleiche Lakonie und Reduktion beibehält, die er auch dem Leerlauf und dem Geplänkel gegenüber einnimmt. Je unwahrscheinlicher und abgedrehter der Plot, umso mehr wirken die statische Kamera, die gleichzeitige Tendenz zu Tableaus und zur Verlagerung wichtiger Handlungen ins Off gegen Suspense und gegen narrative Ökonomie:

> Der Film schafft weder Unheimlichkeit des Milieus noch ätzende Schärfe, wie sie die guten amerikanischen Gangsterfilme zustande bringen, er gammelt so schwabingisch vor sich hin. Das ist zugleich sein Charme und sein Verderb.[45]

„Es steht zu befürchten, daß sie einem zweifelhaften Subjekt in die Hände gefallen ist"

Der Gebrauch von Medien durch die Figuren eines Films ist häufig auch eine Metapher dafür, wie sich der Film selbst seine Möglichkeiten und Bedingungen als Medium imaginiert. In DETEKTIVE gibt es einen klaren Umbruch zwischen der ersten halben Stunde und dem Rest des Films. Zu Beginn wird permanent telefoniert: hauptsächlich mit scheinbaren, tatsächlichen und potentiellen Auftraggebern, aber auch untereinander oder mit den Gläubigern. Und wenn man es nicht benutzt, so steht doch das Ding Telefon prominent und oft als einziger Gegenstand auf jedem Schreibtisch und man nimmt es sogar mit ins Bett. Das ändert sich schlagartig, nachdem Sebastian bei der jungen Frau und Mutter, um die es im weiteren Verlauf geht, eine Wanze versteckt und ein Gespräch auf Tonband aufzeichnet. Von da an ersetzt das Tonband das Telefon, die direkte Kommunikation, die direkte Verbindung zwischen festen Positionen wird ersetzt durch ein zirkulierendes Objekt, das meist unsichtbar bleibt und doch alle Koalitionen, Oppositionen und Machtverhältnisse zu regulieren scheint.

---

44 Goelz: Liebenswürdige Gammler.
45 Brigitte Jeremias: Gangster aus Schwabing. Der Film DETEKTIVE von Rudolf Thome. In: Frankfurter Allgemeine Zeitung, 30. Juni 1969.

Nicht mehr die direkte 1:1-Relation sondern eine indirekte, mehrfach vermittelte, unsichtbare, bewegliche Produktion: Hierin zeigt DETEKTIVE nicht nur ein komplexes Verständnis der Bedingtheit der Möglichkeiten des Handelns durch die Medien der Kommunikation, er gibt seinen Zuschauern zugleich auch ein Gefühl dafür, wie er sich selber im Verhältnis zum Genrekino sieht: nicht als direkte Referenz und Zitat, sondern als Ergebnis einer zeitlich und räumlich verstreuten (und zerstreuten) Koproduktion von permanenten, kontingenten Ein- und Ausfaltungen eines historischen Erfahrungsraums, der seine ganz eigene Ordnung von Raum und Zeit hervorbringt: Der Rio Bravo fließt mit der Seine zusammen und mündet in den Starnberger See ... Und so erweist sich auch hier, dass die Art und Weise, wie Filme andere Filme sehen, uns zeigt, wie sie selbst gesehen werden wollen: „Wir wollten ein Kino, das so aussah, wie die Filme von Hawks und Godard. Ein Kino, das Spaß macht. Ein Kino, das einfach war und radikal."[46]

Dass der Spaß nicht immer nur harmlos war, steht dabei auf einem anderen Blatt. Eine gewisse „Aggressivität" und „Härte"[47] liegt gerade auch in der Lakonie der Figuren und der Inszenierung: „Die Oberflächlichkeit und die Konfliktscheuheit sind die wahre Brutalität – in Thomes Filmen und im Leben."[48]

Die Logik der Ein- und Ausfaltung ist aber nicht nur auf die Poetiken des Kinos zu beziehen, in dem Sinne, dass hier reflexive Distanz umstandslos auf genussvolles Spiel geklappt werden kann. Sie ist auch ein durchaus sehr konkretes Bild für die Dynamik politischer Erfahrung um 1968. Denn genauso wie sich in DETEKTIVE jede narrative Entwicklung und jede inszenatorische Logik der Konstellation von Räumen, Körpern und Handlungsweisen jederzeit als eine völlig andere erweisen kann, genauso musste es sich auch angefühlt haben, den verschiedenen Konfliktfeldern des Politischen zu folgen, die sich plötzlich auffalteten:

> Die Zeiten änderten sich damals sehr schnell. Wer 1967 einen Kapitalkurs besuchte und entdeckte, dass man die Welt sehen konnte als eine Geschichte von Klassenkämpfen, der konnte im August 1968 auf einer SDS-Delegiertenkonferenz erleben, wie Frauen die Klassenkämpfer mit Tomaten bewarfen, um darauf aufmerksam zu machen, dass auch im SDS die Frauen nicht mehr zu sagen hatten als im Rest der Gesellschaft.

---

46 Thome: Überleben in den Niederlagen, S. 5.
47 Rainer Knepperges/Ulrich Mannes: „Das ist etwas sehr Seltenes, dass jemand so schamlos offen seine Wünsche zeigt". Ein Gespräch. In: Ulrich Kriest (Hg.): Formen der Liebe. Die Filme von Rudolf Thome. Marburg 2010, S. 84–88, hier S. 84 f.
48 Ulrich Kurowski: Trauerarbeit. Die Filme von Rudolf Thome. In: Freunde der deutschen Kinemathek e. V. (Hg.): Rudolf Thome (1983), H. 66, S. 25–29, hier S. 27 [zuerst erschienen in: Medium (1974), H. 9].

> Kaum hatte man begonnen, das Patriarchat infrage zu stellen, da meldete sich der geplünderte Planet zu Wort. [...] Zu keinem Zeitpunkt war irgendetwas davon entschieden und abgelegt worden. Kein Problem wurde gelöst. Es kamen ständig mehr Fragen hinzu, alles hing mit immer mehr zusammen.[49]

Dass diesen vielen fragmentierten Zusammenhängen ohne kohärenten Zusammenhang als ästhetische und mediale Matrix nicht mehr das selbstgenügsame bürgerliche Individuum dienen kann, war eine der Erkenntnisse, die sich durch die Zeitdiagnosen zog. Für das Kino hieß dies eben auch, die Koordinaten der Welt neu zu sortieren, ohne den Knotenpunkt eines fixen Subjekts.

Die Figur des alten Krüger, die glaubt, alle Fäden in der Hand zu halten und am Ende doch eine von zwei Leichen in der Geschichte wird, sagt bei ihrem ersten Auftritt zu einem der Detektive über seine junge (Ex-)Geliebte: „Es steht zu befürchten, dass sie einem zweifelhaften Subjekt in die Hände gefallen ist." Diese Aussage hat eine narrative Ironie, denn im Rahmen der Intrige ist damit eigentlich vor allem er selbst gemeint. Sie hat aber auch eine selbstreflexive – schließlich sind alle in den Händen des Drehbuchs und der Regie – und vor allem eine ästhetische Ironie, handelt es sich doch eben bei den Figuren des Films um Konstrukte, die als Subjekte zu bezeichnen sehr zweifelhaft wäre. Es sind Schauspieler, die Dialoge aufsagen. Und das zweimal: einmal im Bild und einmal auf der Tonspur. Denn zu den Anekdoten rund um die Produktion des Films gehört auch, dass Thome erst widerwillig (und um zu vermeiden, Sex-Szenen nachdrehen zu müssen) dem Wunsch des Produzenten nachgegeben hat, den Film deutlich zu kürzen und die Tonspur nachzusynchronisieren.[50] Und so sehr man den Verlust des Originaltons glaubhaft nachempfinden kann, so treffend scheint doch die Wirkung der Entsubjektivierung, die dieses Kompositum auf die Wahrnehmung der Figuren hat. Es sind doch nur sehr zweifelhafte Subjekte.

Nachtrag: Die beiden Absätze, die diesen Text einleiten, stammen von Rudolf Thome selbst. Sie sind aus Filmkritiken, die er in den 1960ern für die Süddeutsche Zeitung verfasste. Im ersten setze man Fritz Lang und THE BIG HEAT (HEISSES EISEN, USA 1953)[51] ein, im zweiten Howard Hawks.[52]

---

49 Arno Widmann: Als der Protest die Unis verließ. In: Berliner Zeitung 11. Mai 2018, S. 6.
50 Thome: Überleben in den Niederlagen, S. 7.
51 Rudolf Thome: Ein Film aus Fritz Langs Amerikanischer Zeit. In: Freunde der deutschen Kinemathek e. V. (Hg.): Rudolf Thome (1983), H. 66, S. 111–112, hier S. 111 f. [zuerst erschienen in: Süddeutsche Zeitung, 4. April 1964].
52 Rudolf Thome: Von Frauen und Männern. Hawks und die Komödie der Geschlechter. In: Freunde der deutschen Kinemathek e. V. (Hg.): Rudolf Thome (1983), H. 66, S. 114–115, hier S. 114 [zuerst erschienen in: Süddeutsche Zeitung, 17. August 1966].

Literaturverzeichnis

Bos, Christian: Der zärtliche Wolf. Berliner Zeitung, 6. Dezember 2017.
Boltanski, Luc: Rätsel und Komplotte. Kriminalliteratur, Paranoia, moderne Gesellschaft. Frankfurt am Main 2013.
Cavell, Stanley: The World Viewed. Reflections on the Ontology of Film. Cambridge, MA/London 1979.
Deleuze, Gilles: Das Bewegungs-Bild. Kino 1. Frankfurt am Main 1997.
Freunde der deutschen Kinemathek e. V. (Hg.): Rudolf Thome (1983), H. 66.
Goelz, Else: Liebenswürdige Gammler. In: Stuttgarter Zeitung, 28. Januar 1968.
Hake, Sabine: Film in Deutschland. Geschichte und Geschichten seit 1895. Reinbek bei Hamburg 2004.
Haupts, Tobias (Hg.): Rudolf Thome. München 2018 [im Erscheinen].
Heidegger, Martin: Zur Sache des Denkens. Tübingen 1969.
Jacobsen, Wolfgang et al. (Hg.): Geschichte des deutschen Films. 2. Auflage. Stuttgart 2004.
Jeremias, Brigitte: Gangster aus Schwabing. Der Film DETEKTIVE von Rudolf Thome. In: Frankfurter Allgemeine Zeitung, 30. Juni 1969.
Kappelhoff, Hermann: Matrix der Gefühle. Das Kino, das Melodrama und das Theater der Empfindsamkeit. Berlin 2004.
Kappelhoff, Hermann: Realismus. Das Kino und die Politik des Ästhetischen. Berlin 2008.
Kriest, Ulrich (Hg.): Formen der Liebe. Die Filme von Rudolf Thome. Marburg 2010.
Kuhn, Doris: Die Romantik der Blutlache. Nachruf. In: Süddeutsche Zeitung, 04. Dezember 2017.
Nettelbeck, Uwe: Der Boß schätzt nur das Teure in der Kunst. Zur Welturaufführung von Klaus Lemkes Farbfilm Negresco****. In: Die Zeit, 1. März 1968.
Pflaum, Günther: Liebe ist kälter als der Tod. In: film-dienst (1970), H. 15.
Pflaum, Hans Günther/Prinzler, Hans Helmut: Film in der Bundesrepublik Deutschland. Der neue deutsche Film von den Anfängen bis zur Gegenwart. Mit einem Exkurs über das Kino der DDR. München 1992.
von Moltke, Johannes: Beyond Authenticity. Experience, Identity, and Performance in the New German Cinema. Duke University 1998.
Widmann, Arno: Als der Protest die Unis verließ. In: Berliner Zeitung 11. Mai 2018.

Filmografie

À BOUT DE SOUFFLE. Reg. Jean-Luc Godard. F 1960.
BANDE À PART. Reg. Jean-Luc Godard. F 1964.
DÉTECTIVE. Reg. Jean-Luc Godard. F/CH 1985.
DETEKTIVE. Reg. Rudolf Thome. BRD 1968.
HAU DRAUF, KLEINER. Reg. May Spils. BRD 1974.
KANSAS CITY CONFIDENTIAL. Reg. Phil Karlson. USA 1952.
LE SALAIRE DE LA PEUR. Reg. Henri-Georges Clouzot. F 1953.
LE SAMOURAÏ. Reg. Jean-Pierre Melville. F 1967.
LIEBE IST KÄLTER ALS DER TOD. Reg. Rainer Werner Fassbinder. BRD 1969.
MADE IN USA. Reg. Jean-Luc Godard. F 1966.
MIT MIR NICHT, DU KNALLKOPP. Reg. May Spils. BRD 1983.

NEGRESCO**** – EINE TÖDLICHE AFFÄRE. Reg. Klaus Lemke. BRD 1968.
NICHT FUMMELN, LIEBLING. Reg. May Spils. BRD 1970.
ROTE SONNE. Reg. Rudolf Thome. BRD 1970.
THE BIG STEAL. Reg. Don Siegel. USA 1949.
THE BIG HEAT. Reg. Fritz Lang. USA 1953.
WEHE, WENN SCHWARZENBECK KOMMT. Reg. May Spils. BRD 1978.
ZUR SACHE, SCHÄTZCHEN. Reg. May Spils. BRD 1968.
48 STUNDEN BIS ACAPULCO. Reg. Klaus Lemke. BRD 1967.

Michael Wedel
Kreuzungen und Kollisionen

Wim Wenders' POLIZEIFILM

> Als ich als 12jähriger meinen allerersten Film mit einer Achtmillimeter-Kamera drehte, habe ich mich ans Fenster des Hauses gestellt und von oben die Straße, die Autos und die Passanten gefilmt. Mein Vater sah mich und fragte: ‚Was machst du denn da mit deiner Kamera?' Und ich sagte: ‚Ich filme die Straße, das siehst du doch.' ‚Und wozu?' fragte er mich. Ich wußte keine Antwort. (Wim Wenders, 1987)[1]

> Es ist mehr das Zuschauen, was mich fasziniert hat am Filmemachen als das Verändern oder Bewegen oder Inszenieren. (Wim Wenders, 1971)[2]

> Auf der Straße, der Bühne des Augenblicks, bin ich Schauspiel und Zuschauer zugleich, zuweilen auch Akteur. Hier ist Bewegung; die Straße ist der Schmelztiegel, der das Stadtleben erst schafft und ohne den nichts wäre als Trennung, gewollte und erstarrte Isolierung. [...] Revolutionen gehen normalerweise auf der Straße vor sich. Zeigt das nicht, daß ihre Unordnung eine neue Ordnung hervorbringt? (Henri Lefèbvre, 1970)[3]

München, Sommer 1968. Wim Wenders dreht einen Film, wie er keinen zweiten mehr machen wird. Sein Titel, POLIZEIFILM, setzt ihm die Maske eines Schulungsfilms auf und verkleidet ihn damit in ein Genre, aus dem er im weiteren Verlauf mehrmals dokumentarisches Material zitiert. Sein Thema ist die neue Einsatztaktik der sogenannten „Münchner Linie", mit der die Polizei auf die Eskalation einer ursprünglich friedlichen Demonstration, die 1962 zu den „Schwabinger Krawallen" führte, reagiert hat. Im Unterschied zu anderen Filmen desselben Regisseurs scheint es hier ausnahmsweise einmal um Politik statt Poesie, Agitation statt Atmosphäre, Aktion statt Kontemplation zu gehen.

I

Der mit dem ersten Bild des 11-minütigen Schwarzweiß-Films einsetzende Kommentar, von Wenders gemeinsam mit dem Wirtschafts- und Sozialwissenschaftler Albrecht Goeschel verfasst, setzt die Genremaskerade des Titels fort,

---

[1] Warum filmen Sie? Antwort auf eine Umfrage. In: Wim Wenders: Die Logik der Bilder. Essays und Gespräche. Frankfurt am Main 2017, S. 9.
[2] Zeitabläufe, Kontinuität der Bewegung. Aus einem Gespräch über SUMMER IN THE CITY und DIE ANGST DES TORMANNS BEIM ELFMETER. In: Wenders: Die Logik der Bilder, S. 11.
[3] Henri Lefèbvre: Die Revolution der Städte. Frankfurt am Main 1976 [frz. 1970], S. 25.

verleiht ihr jedoch sogleich erste Risse: Der Flüsterton, in dem die Kommentarstimme spricht, untergräbt das durch ihr Vorhandensein formal eingehaltene Gattungsgesetz.[4] Er durchkreuzt die Erwartung an eine autoritäre Erkläreransprache, wie sie das Genre des Schulungsfilms verlangt, und die dem Inhalt der ersten aus dem Off gesprochenen Sätze auch angemessen wäre:

> Seit dem Besuch des Schahs von Persien im Sommer 1967 verspürt die Polizei der Bundesrepublik Unbehagen. Sie fürchtet die Gefahr der Isolierung durch eine gegen sie gerichtete Frontenbildung. Gegen dieses Gefühl der Isolierung beschwört sie das Bild eines Vertrauensverhältnisses zwischen Polizei und Bevölkerung und die wärmende Vorstellung einer Partnerschaft zwischen Polizei und Bürger.

Der Kommentar legt sich über das erste Bild des Films. Aus erhöhter Position nimmt die Kamera eine Straßenkreuzung in den Blick, auf die zwei dunkel gekleidete Personen gemächlich zuschreiten. Als sie die Kreuzung erreichen, zoomt die Kamera langsam auf die Straßenecke, an der die beiden, mittlerweile als uniformierte Polizisten identifizierbar, ihren Posten beziehen (Abb. 1).

Gleich auf doppelte Weise wird damit das suggerierte Genremuster perforiert, brüchig gemacht und filmisch gegen sich selbst gewendet: Der Beginn von POLIZEIFILM inszeniert sich, so scheint es zumindest, als audiovisueller Kassiber, als eine Beobachtung der Beobachter, die, scheinbar ängstlich darauf bedacht, unentdeckt zu bleiben, ihren Gegenstand aus gesicherter Entfernung anvisiert und dem Publikum im Duktus der offiziellen Amtssprache chiffrierte Botschaften zuflüstert.

Schon im nächsten Moment wird die Distanz jedoch aufgegeben. Die Kamera tritt den beiden Polizisten wie in einer Interviewsituation frontal gegenüber. Den Bildhintergrund füllt das Geflecht eines Maschendrahtzauns, hält ein Gefühl der Klaustrophobie präsent. Es ist auch als Metapher für das Gewebe einer Stadt lesbar, als abstraktes Sinnbild jenes „Neben- und Übereinander von *Netzen*", mit dem sich die Stadt „auf ihren Mauern, in ihren Straßen nieder[schreibt]". Wie Henri Lefèbvre Ende der 1960er Jahre notiert, lässt sich das „Städtische" nicht zuletzt als „Sammlung und Zusammenschluß dieser Netze definieren".[5]

Während einer der Beamten die Prämissen einer neuen Strategie polizeilichen Handelns erläutert („Die Polizei kommt aus dem Volk, ist ein Teil des

---

4 Zum Polizei-Schulungsfilm vgl. Carsten Dams und Frank Kessler: Bürgernahe Polizei. DIENST AM VOLK (D 1930). In: Filmblatt 11 (2006), H. 30, S. 5–17. Zur Geschichte und Ästhetik des Lehr- und Ausbildungsfilms allgemein vgl. Kelly Ritter: Reframing the Subject. Postwar Instructional Film and Class-Conscious Literacies. Pittsburgh 2015.
5 Lefèbvre: Die Revolution der Städte, S. 131.

Abb. 1: Beobachtung der Beobachter?

Volkes, und sie steht auch mit ihrem Auftrag mitten im Volk"), erkennen wir, dass ihre Gesichter in Strumpfmasken gehüllt sind, die ihre Identität verschleiern. Wenders soll bei der Konzeption der beiden Figuren das Komikerpaar Stan und Ollie im Sinn gehabt haben,[6] ihre Erscheinung rückt sie aber auch in die Nähe des Meisterverbrechers Fantômas aus der gleichnamigen französischen Krimikomödienserie der Jahre 1964 bis 1967.

Mit der nächsten Einstellung springt die Kamera noch näher an die Sprechenden heran, die nun in ihren Strumpfmasken und den mit vergoldeten Landesinsignien geschmückten Polizeihelmen endgültig als skurrile Talking Heads erscheinen (Abb. 2). Das gute Verhältnis zwischen Polizei und Bürger, das von einem der beiden als „gerade aus menschlicher Sicht so bedeutend" beschrieben wird, ist dadurch nachhaltig gestört, dass die Polizisten hier eben nicht als „Menschen wie du und ich" erscheinen und sich so einfach auf einen anthropologischen Nenner bringen lassen, der als der größte gemeinsame auch

---

6 Vgl. Norbert Grob: Wenders. Berlin 1991, S. 169.

Abb. 2: Maskierungen und Netzstrukturen.

der bundesdeutschen Gesellschaft des Jahres 1968 von ihnen rhetorisch ins Feld geführt wird.

Abermals wechselt die Kamera die Position, verschiebt die Perspektive leicht nach rechts und eröffnet den Blick auf die Diagonale der entlang des Maschendrahtzauns führenden Straße im Rücken der Polizisten. Ein Springzoom zwischen beiden Beamten hindurch bringt einen jungen, anscheinend Parolen skandierenden Mann ins nun wieder stumme, nur vom Flüsterkommentar begleitete Bild. Eine Hand zur Faust geballt, in der anderen ein durch Schwärzung unleserlich gemachtes Plakat, hält er im Laufschritt auf die Polizisten zu, die sich langsam von der Kamera weg und ihm zuwenden (Abb. 3).

Sein Auftritt versetzt nicht nur die bis dahin klar gegliederte Bildkomposition in Aufruhr. Er löst eine Montage aus, die das Niederknüppeln des jungen Mannes durch die beiden Polizisten mit Fotos und Dokumentaraufnahmen von Studentenunruhen, Straßenblockaden und (einem unversehrten VW-Käfer gegenübergestellten) brennenden Autos sowie Bildern aus *Donald Duck* und anderen amerikanischen Comics verschaltet. Der Kommentar führt dazu aus, dass es die Provokationen der demonstrierenden Studenten, Schüler und Jugendli-

Abb. 3: Auf Kollisionskurs.

chen seien, durch die sich die Polizei in die Rolle eines „Prellbocks zwischen Jugend und Establishment und eines Prügelknaben der Politik" gedrängt sehe. Komme es den Demonstrierenden doch darauf an, die Polizei zum „scharfen Einsatz" zu provozieren, um am „zuschlagenden Polizeibeamten" die Fragwürdigkeit des Establishments exemplifizieren zu können. Zur Verdeutlichung dieser These zeigen zwei Einstellungen den jungen Mann eine an einer Kette angebrachte Eisenkugel in Richtung Kamera schwingen (Abb. 4).

Als er von den Polizisten zu Boden geworfen und geschlagen wird, ist er jedoch unbewaffnet. Am Ende der Sequenz zupfen die beiden Polizisten ihre Uniformen zurecht und nehmen wieder an der Straßenecke Aufstellung. „Der städtische Raum ist konkreter Widerspruch", schreibt Lefèbvre.[7] Straßenkreuzungen sind in diesem Zusammenhang zunächst indifferente, neutrale Orte im heterotopen urbanen Gewebe. Indem sie jedoch situativ im Ereignis der Kollision widersprüchlicher sozialer Kräfte politisch definiert werden, kommt an ihnen besonders deutlich die „‚Zentralität' der Stadt" zum Ausdruck, werden

---

7 Lefèbvre: Die Revolution der Städte, S. 46.

Abb. 4: Gewaltbereite Provokation?

sie sichtbar als Teil einer auf einen Mittelpunkt der Macht ausgerichteten Ordnung.[8]

II

Das Schriftinsert „Die ‚Bürgerkriegsarmee'" kündigt den zweiten Teil des Films an. Er beginnt mit dem Hinweis der flüsternden Kommentarstimme, der Polizeiapparat sei auf Streik und Aufruhr gedrillt, seine ausführenden Organe unselbständige Befehlsempfänger. Unterlegt sind die Ausführungen mit dokumentarischen Aufnahmen von Schießübungen verrichtendem Militär, exerzierenden und marschierenden Polizisten. Zu Archivbildern von Polizeioffizieren und ihren Untergebenen wechselt die Kommentarstimme, die nun tatsächlich

---

[8] Lefèbvre: Die Revolution der Städte, S. 102.

Abb. 5: Populärkultur als Mittel der Verfremdung.

einem Schulungsfilm entnommen scheint und die für eine funktionierende Befehlskette erforderlichen Verhaltensweisen erläutert (während der Befehlsausgabe spricht nur der Befehlende, kein Palaver dulden, Befehlsempfänger sprechen nur auf Aufforderung usw.). Das letzte Bild, das der Film zu dieser Textpassage aufruft, ist wieder einem Comic entnommen und zeigt einen strammstehenden, salutierenden, von „Zu Befehl"-Sprechblasen umgebenen Donald Duck (Abb. 5).

Mit der folgenden Einstellung springt der Film an den vorherigen Schauplatz des Geschehens zurück. Der immer noch an der Straßenecke am Boden liegende Demonstrant wendet sich direkt an die Kamera: „Es ist notwendig, dass wir Revolution spielen, denn dann kommt die Bürgerkriegsarmee zum Vorschein. Mit ihrem einheitlichen Dienst- und Befehlsdenken fällt die Polizei immer wieder auf unser Revolutionstheater herein." Während er das sagt, streicht ihm einer der hinter ihm stehenden Polizisten mit seinem Schlagstock zärtlich durchs lange, lockige Haar (Abb. 6).

Erst ganz am Ende, nachdem er seinen Text aufgesagt hat, schaut der junge Mann irritiert zu ihm auf. „Alarm – Antreteplatz – Befehl – Einsatzkräfte – An-

Abb. 6: Streicheleinheit mit Schlagstock.

marsch – Flügel – Front – Eingreifkommando." Nach der befremdlichen Szene mit dem Schlagstock, der dem niedergerungenen Demonstranten liebkosend durchs ungeschnittene Haar fährt, die nächste Montage von Archivaufnahmen polizeilichen Übens und Handelns, deren Wechselrhythmus vom Stakkato einer Stimme diktiert wird, die ihre Parataxen selbst noch im Befehlston hervorschleudert. Ihr letztes Wort, „Eingreifkommando", führt zurück zur Situation an der Straßenecke, an der die Polizisten den jungen Mann auf die Beine zerren und, seine Arme im doppelten Polizeigriff auf den Rücken gebogen, abführen.

Wieder setzt der Flüsterkommentar ein, informiert über die Pläne der Polizei, ihr verändertes Auftreten im öffentlichen Raum mit einer grundsätzlichen Revision der internen Abläufe zu verbinden: „Um wirksamer zu werden und nicht mehr unfreiwillig den gefährlichen Spinnern des SDS in die Hände zu arbeiten", wolle sie „ihre innerbetriebliche Ordnung von Befehlen und Gehorchen abmildern und die erstarrten polizeilichen Einsatzformen modernisieren". Als Modell für die bisherige Praxis dient den Comic-Bildern, die diesen Worten unterlegt sind, die rabiate Entenhausener Polizei des Disney-Universums, den „gefährlichen Spinnern des SDS" steht die von der Ordnungsmacht

Abb. 7: Urbane Idylle ...

drangsalierte Micky Maus-Figur höchstpersönlich Pate. Mit der nächsten Passage des Kommentars, die das Ziel formuliert, „die brutalen, unnötig harten Einsätze", in denen sich auch „ungelöste innerpolizeiliche Konflikte einen äußeren Gegner" suchten, in Zukunft zu vermeiden, wechseln auch die zitierten Bilder das Register und zeigen dokumentarische Straßenaufnahmen von gewaltsamen Polizeiaktionen gegen Demonstranten.

Dieser Teil des Films endet mit einer statisch auf einer anderen Kreuzung verharrenden Totalen, die aus ebenerdiger Perspektive um den Fluchtpunkt einer sich in der Tiefe des Bildes verlierenden Straße zentriert ist. Von einem Fahrradfahrer abgesehen, der zu Beginn der Einstellung im Hintergrund verschwindet, bleibt die von parkenden Autos, Straßenlaternen und Mietshäusern geprägte Szenerie menschenleer (Abb. 7).

Während dies zu betrachten ist, hören wir die geflüsterte Kommentarstimme weiter ausführen: „Ihr Ziel ist es nun, durch die Entschärfung der Demonstrationen die radikalen Elemente von der großen Zahl gemäßigter Demonstranten zu isolieren. Das wäre dann in den Augen der Polizei der politische Tod der gefährlichen Spinner."

Nachdem die letzten Worte des geflüsterten Kommentars verklungen sind, bleibt das Bild noch 15 Sekunden lang stehen. Zeit genug, um zu verstehen, dass diese Ansicht einer Straßenkreuzung kein versöhnliches visuelles Echo, sondern das umgepolte Gegenstück zum Anfangsbild des Films darstellt: Die urbane Idylle, die uns der Kamerablick hier bietet, ist nicht mehr das Resultat einer subversiven Beobachtung des Beobachters. Sie ist Ausdruck der Fantasie einer Ordnungsmacht, die glaubt, den öffentlichen Raum durch das Kalkül deeskalierender Polizeitaktik befrieden zu können. Das Schlussbild dieses zweiten Teils des Films ist kodiert als der utopische Möglichkeitsort einer durchherrschten Gesellschaft, aus der alle störenden Elemente ausgesondert wurden. Aus dem Umstand, dass Menschen – im harten Kontrast zu den Wimmelbildern der Straßenkämpfe zuvor – in ihm kaum noch vorkommen, bezieht es zugleich seine poetische Kraft und seinen dystopischen Schrecken. Ist die hier (und noch in den folgenden Einstellungen) so eindrücklich vor Augen geführte „Unwirtlichkeit unserer Städte" im Sinne Alexander Mitscherlichs als „Anstiftung zum Unfrieden" zu verstehen?[9] Oder zeichnet sich in ihrer diskursiven Konstruktion und melancholischen Prägnanz umgekehrt bereits ab, was später als grundlegendes ästhetisches Problem der 68er diagnostiziert wurde? „Das ist die Gesamttragödie der kulturellen Revolte: die tendenzielle Abschaffung der *Betrachter in Situationen* und ihre Ersetzung durch die Polizei", so Klaus Briegleb in seiner Untersuchung zur Literatur in der antiautoritären Bewegung.[10]

III

Ein zweites Schriftinsert, „Die ‚Sozialkosmetiker' oder die ‚Taktik der Toleranz'", setzt einen neuen Akzent und leitet den nächsten Teil von POLIZEIFILM ein. Zunächst folgen jedoch weitere Ansichten einer entvölkerten urbanen Lebenswelt, die dem Schlussbild des vorherigen Teils ähneln: Ebenerdige Panoramablicke auf nahezu menschenleere, diagonal in die Tiefe des Raumes gestaffelte Hochhäuser, Wohnanlagen und Straßenzüge (Abb. 8), wie sie sich auch in Godards düsterer Zukunftsvision ALPHAVILLE (LEMMY CAUTION GEGEN ALPHA 60, F/I 1965) gut ausnehmen würden.[11]

---

9 Vgl. Alexander Mitscherlich: Die Unwirtlichkeit unserer Städte. Anstiftung zum Unfrieden. Frankfurt am Main 1965.
10 Klaus Briegleb: 1968 – Literatur in der antiautoritären Bewegung. Frankfurt am Main 1993, S. 269.
11 In SUMMER IN THE CITY, seinem zwischen 1969 und 1971 entstandenen Abschlussfilm an der HFF München, wird Wenders seinen Protagonisten Hanns (Hanns Zischler) mit einem Freund zu ALPHAVILLE ins Kino schicken.

Abb. 8: ... als Dystopie einer durchherrschten Gesellschaft.

Dazu erläutert der Flüsterkommentar das langfristige Ziel einer präventiven Polizeiarbeit, auf die Alltagshandlungen der Bevölkerung so früh einzuwirken, dass vorhandene Spannungen nicht mehr zum Ausbruch offener Konflikte führen:

> Zur Erreichung dieses Zieles ist die Polizei an einer intensiveren Erforschung der Verhaltensweisen des Menschen interessiert, um so bereits vorher Reaktionen des Gegners einkalkulieren zu können. Durch eine neue Taktik der Toleranz versucht die Polizei, alle Provokationen mit dem psychologischen Mittel des bewussten Verzichts auf polizeiliches Einschreiten unwirksam zu machen.

Anschließend wird die Toleranztaktik noch einmal von der Basis der Einsatzkräfte her artikuliert. Einer der beiden Polizisten mit Strumpfmaske, aus halbnaher Distanz frontal vor einer weißen Wand gefilmt (Abb. 9), konkretisiert die Handlungsvorgabe im Sinne einer „Taktik des Sich-nicht-provozieren-lassens", einer „Immunisierung" der Polizeikräfte gegen die Anfechtungen der Straße. Zu einer Montage von Bildern aus Versandkatalogen, auf denen freundlich lächelnde Männer aktuelle Herrenmode – Hüte, Tweed-Sakkos und Mäntel – zur

Abb. 9: „Immunisierung der Streitkräfte".

Schau stellen, erfolgt der Hinweis des Kommentars, die Münchner Polizei wolle in Zukunft keine „optischen Anhaltspunkte" für Provokationen mehr bieten. Legt die Kombination von Ton und Bild noch nahe, die verklausulierte Rede von „optischen Anhaltspunkten" könnte auf den Verzicht der Uniformierung gemünzt sein, so bietet der zweite maskierte (und weiterhin uniformierte) Polizist – wie der erste in halbnaher Distanz vor derselben weißen Wand postiert (Abb. 10) – eine andere Lesart an:

> Geschlossener Anmarsch, Gegnersymbole wie deutlich sichtbare Schusswaffe oder Gummiknüppel, Wasserwerfer und Reiter, Scheinwerfer und Kameras, Funkstreifenwagen und Hubschrauber reizen die Demonstranten. So herrscht bei den meisten Großdemonstrationen Karnevalsstimmung.

Wie eine solche Atmosphäre der Gewaltbereitschaft, hier zynisch und in Anspielung auf den Topos der Maskerade als „Karnevalsstimmung" bezeichnet, konkret zu vermeiden sei, führt die Kommentarstimme anschließend aus:

> Die Polizei will deshalb nicht mehr militärisch brutal und provozierend in Ketten, Kordons und Kolonnen auftreten, sondern einzeln in die Demonstration einsickern und den

Abb. 10: Maskerade und „Karnevalsstimmung".

Demonstranten nicht frontal, sondern individuell begegnen. Durch aktive Teilnahme an der Demonstration, durch Mitdiskutieren, Zwischenrufe-Machen, direktes Ansprechen von Rädelsführern und Flüsterpropaganda sollen Demonstrationen gelenkt und nötigenfalls auf Scheinziele abgelenkt werden.

Während man dies hört, sieht man, wie einer der beiden maskierten Polizisten dem Demonstranten vom Beginn des Films an einer anderen Straßenecke begegnet, ihm schulterklopfend eine Zigarette anbietet, Feuer gibt und ihn in ein Gespräch verwickelt, damit der zweite Polizist sich von hinten an den jungen Mann heranschleichen und ihm unbemerkt das lässig unter den Arm geklemmte Protestplakat abnehmen kann (Abb. 11).

Das Wort von der „Flüsterpropaganda" lässt in diesem Zusammenhang aufhorchen. Es suggeriert, dass die Flüsterstimme des Begleitkommentars keineswegs als ein Sprechen aus dem Untergrund zu verstehen ist, sondern immer schon vokale Maskerade der hier umrissenen neuen Polizeistrategie war. Das dieser Strategie entgegengestellte filmische Kalkül hat zu diesem Zeitpunkt längst die Form einer surrealistischen Provokation angenommen. Es hält das Gesehene und Gehörte in einer ständigen Kipp- und Kollisionsbewegung zwi-

Abb. 11: Die List der individuellen Begegnung.

schen der scheinbaren Transparenz phänomenologischer Modulation und hintergründiger politischer Semantik, die kritische Erkenntnis (im Sinne einer Reflexion auslösenden Dialektik) ermöglichen soll. „Die Stadt, das Urbane, ist auch Mysterium, ist okkult", liest man bei Lefèbvre: „Hinter dem äußeren Schein und hinter der Transparenz wirken die Unternehmen, weben verborgene Mächte, ganz zu schweigen von den nach außen hin sichtbaren Mächten: dem Reichtum, der Polizei. [...] Dieser repressive Anteil geht in den Vorstellungen von Raum auf; er unterhält das *Transgrediente*."[12]

Das Prinzip der (surrealistischen/karnevalistischen) Verkehrung ins Absurde spitzt sich am Ende von POLIZEIFILM zu, der seine Darstellung repressiver Transgression mit einer ästhetischen pariert und ins Subversive umlenkt. „Notfalls sollen sich die Polizisten hinter den Demonstranten zum Schein prügeln, um die Leute vom eigentlichen Ziel abzulenken", führt einer der beiden Polizisten aus, ein letztes Mal vor der weißen Wand neben seinem schweigenden Kollegen Rede und Antwort stehend (Abb. 12).

---

12 Lefèbvre: Die Revolution der Städte, S. 130.

Abb. 12: Absurde Talking Heads.

Zwei historische Fotos von menschenleeren Münchner Gründerzeit-Straßenzügen (das erste aus Augenhöhe, das zweite dann wieder aus erhöhter Position aufgenommen) lassen die folgenden Ausführungen des Flüsterkommentars über den Einsatz zivil gekleideter Polizeifotografen, die bei zukünftigen Demonstrationen gerichtsfestes Belastungsmaterial sichern sollen, buchstäblich ins Leere laufen: im sichtbaren Raum wie auf dem Zeitpfeil. In gewisser Weise betreiben die beiden Fotografien aus dem München einer vergangenen Epoche bereits jene „Sozialkosmetik", die im folgenden Zwischentitel durch ein Zitat des Polizeipräsidenten Manfred Schreiber als notwendige Camouflage einer „unter dem Zwang der starren Rechtssystematik" stehenden Polizei beschrieben wird, sobald sie im öffentlichen Raum auftritt. 1967 hatte Schreiber seine Einsatzkräfte zu einem *Rolling Stones*-Konzert in weißen Hemden anstatt der angestammten blauen Uniformen anrücken lassen. Sie dürften auch in diesem Aufzug noch als solche erkennbar gewesen sein.

Nach einem kurzen Stück mit Dokumentaraufnahmen junger an- und abtretender Polizisten und geflüsterten Anmerkungen des Kommentars zur Anpassungsfähigkeit und Flexibilität der eingesetzten Beamten, wie sie die neue

Abb. 13: Spielerische Kollisionen …

Polizeitaktik erfordere, kippt die letzte und längste Einstellung des Films diese Forderung noch einmal ins Groteske: Als Teil der „mitmenschlichen Gestaltung des innerbetrieblichen Dienstes zu Entkrampfung der Beamten", wie der Kommentar eingangs festhält, kicken sich die beiden maskierten und uniformierten Polizisten vor einem der Tore auf einem ansonsten – soweit der Bildausschnitt es erahnen lässt – vollständig verlassenen Fußballfeld den Ball zu (Abb. 13).

Hin und wieder geht er ihnen ins Netz. Die Kommentarstimme ist lange verklungen, da beobachtet die Kamera das slapstickhafte Treiben der beiden um den Ball hüpfenden und tänzelnden Beamten noch minutenlang weiter. Kurz vor Schluss der Einstellung, nach mehreren Minuten des Herumtollens, treten die beiden Figuren aus dem letzten Bild des Films ab. Zurück bleibt ein langer Blick auf ein leeres Tor im Niemandsland (Abb. 14).

Als ebenso beharrliche wie ungerührte Beobachterin einer an Absurdität kaum zu überbietenden ‚Polizei-Aktion' setzt sich die Kamera als kritische Betrachter-Instanz noch einmal ins Recht. Nicht die Demonstranten, die Polizisten hat sie am Ende des Films gesellschaftlich isoliert. Ausgesondert aus dem Gewebe der Stadt, vollführen sie ihre spielerischen Kollisionen im Abseits. Keine Kreuzung, nirgends.

Abb. 14: ... im gesellschaftlichen Abseits.

Literaturverzeichnis

Briegleb, Klaus: 1968 – Literatur in der antiautoritären Bewegung. Frankfurt am Main 1993.
Dams, Carsten/Kessler, Frank: Bürgernahe Polizei. DIENST AM VOLK (D 1930). In: Filmblatt 11 (2006), H. 30, S. 5–17.
Grob, Norbert: Wenders. Berlin 1991.
Lefèbvre, Henri: Die Revolution der Städte. Frankfurt am Main 1976 [frz. 1970].
Mitscherlich, Alexander: Die Unwirtlichkeit unserer Städte. Anstiftung zum Unfrieden. Frankfurt am Main 1965.
Ritter, Kelly: Reframing the Subject. Postwar Instructional Film and Class-Conscious Literacies. Pittsburgh 2015.
Wenders, Wim: Die Logik der Bilder. Essays und Gespräche. Frankfurt am Main 2017.

Filmografie

ALPHAVILLE. Reg. Jean-Luc Godard. F/I 1965.
POLIZEIFILM. Reg. Wim Wenders. BRD 1968.
SUMMER IN THE CITY. Reg. Wim Wenders. BRD 1970.

Hanno Berger
Der Superbulle und der Gangster

ICH SPRENG' EUCH ALLE IN DIE LUFT! – INSPEKTOR BLOMFIELDS FALL NR. 1
a.k.a DER SUPERBULLE

Am 16. April 1968 erfolgte die Uraufführung von Rudolf Zehetgrubers ICH SPRENG' EUCH ALLE IN DIE LUFT! – INSPEKTOR BLOMFIELDS FALL NR. 1 mit Götz George. Freigegeben wurde der Film ab 18 Jahren, zudem wurde er als „nicht feiertagsfrei" eingestuft.[1] Heute kann man den Film unter dem Titel DER SUPERBULLE auf DVD kaufen. Allein schon, wenn man sich auf diese Eckdaten konzentriert, ergibt sich eine Fülle von Assoziationen: Götz George, der Sohn von Heinrich George, spielt im Jahre 1968 einen Inspektor. Durch den Namen George ist die deutsche Nazi-Vergangenheit präsent; durch „1968" ist die Auseinandersetzung mit dieser Vergangenheit markiert; die Figur des Inspektors wiederum gehört zur Polizei, die Louis Althusser – ein Theoretiker, dessen Bedeutung für '68 man nicht überschätzen kann – dem *repressiven* Staatsapparat zuordnet, der in erster Linie auf der Ebene der Repression (auch der physischen) und in zweiter Linie auf der Ebene der Ideologie arbeitet, um die Reproduktion der bestehenden Verhältnisse zu sichern.[2] Und – erlaubt man sich für einen Augenblick eine eigentlich unzulässige nachträgliche Teleologisierung, die allerdings durch den Titel der DVD-Veröffentlichung nahegelegt wird – ein von Götz George gespielter Kommissar verweist natürlich auch auf „Schimanski" und somit auf einen zentralen Protagonisten der späteren bundesrepublikanischen Unterhaltungskultur. Noch verstärkt werden diese Assoziationen, wenn man sich das – allerdings nicht aus dem Jahre 1968 stammende – DVD-Cover des Filmes anschaut (Abb. 1).

Kaum möglich, bei dem „Super" und dem vor Muskeln nahezu berstenden George nicht an das Konzept des Übermenschen zu denken, bzw. auf die nationalsozialistische Bezugnahme darauf. Auf der anderen Seite der „Bulle": auch hier wieder die Autorität der Polizei, jedoch, und dies verweist dann wiederum auf die anti-autoritäre Seite von '68, nicht der Inspektor oder der Polizist, sondern der *Bulle*.

---

[1] Zu diesen Informationen vgl. https://www.filmportal.de/film/ich-spreng-euch-alle-in-die-luft-inspektor-blomfields-fall-nr-1 (14.05.2018).
[2] Louis Althusser: Ideologie und ideologische Staatsapparate. In: ders: Marxismus und Ideologie. Westberlin 1973, S. 111–172, hier S. 130. Ein *ideologischer* Staatsapparat arbeitet in erster Linie auf der Ebene der Ideologie und in zweiter Linie auf der Ebene der Repression. Zu den ideologischen Staatsapparaten vgl. Althusser: Ideologie und ideologische Staatsapparate.

https://doi.org/10.1515/9783110618945-004

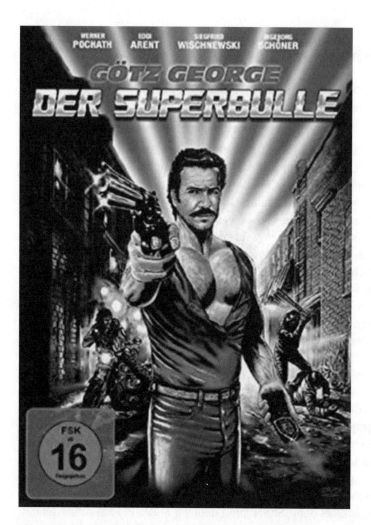

Abb. 1: Der Superbulle und seine Muskeln.

Schaut man sich nach all diesen Assoziationen dann den Film an, so ist man zumindest überrascht und wahrscheinlich auch ein wenig enttäuscht. Der „Superbulle" entpuppt sich als dann doch sehr zahmer, britischer Kommissar, der sich – wie uns das Voice-over gleich zu Beginn des Filmes wissen lässt – einzig durch seine „ausgeprägte Pedanterie" von seinen Kollegen unterscheidet. Von einem Schimanski oder einem Über-Polizisten also keine Spur. Und dieser Kommissar eignet sich wohl genauso wenig als Repräsentant eines repressiven Staatsapparates, wie man an ihm eine Auseinandersetzung mit der nationalsozialistischen Vergangenheit Deutschlands festmachen könnte. Auch die antiautoritäre Seite von '68 scheint zunächst einmal nicht wiederzufinden zu sein. Durch die Besetzung des unvergleichlichen Eddi Arent als einen von Blomfields Kollegen unterhält der Film viel eher Beziehungen zum populären westdeutschen Genrekino der 1950er und frühen 1960er Jahre: ist es doch fast unmöglich, bei diesem Schauspieler nicht spontan an seine Rollen in den Edgar-Wallace- und Winnetou-Filmen zu denken. Und vergleicht man den Film mit dem ihn zeitgenössisch umgebenden Kino, so lassen sich wohl kaum Bezüge zu den Autorenfilmen der damaligen Zeit finden, die 1968 auch zu einem filmischen Aufbruch haben werden lassen. Vielmehr könnte man Parallelen zu den unzähligen Erotikfilmen ziehen, die zu dieser Zeit im Kino liefen. Arbeitet doch auch Zehetgrubers Film mit dem – stets als männlich inszenierten – voyeuristischen Blick auf Frauenkörper. Und auch wenn man normative Geschmacksurteile außen vor lassen will, so fällt es schwer, gewisse handwerkliche Ungereimtheiten zu übersehen. Es scheint also, als ob das Urteil des *Lexikons des internationalen Films* durchaus treffend formuliert ist: „Auf oberflächliche Spannung bedachter, routinierter Serienkrimi mit einigen geschmacklichen Entgleisungen."[3]

Doch gibt es da noch die Figur des Johnny Smith. Weitaus interessanter als der pedantische „Superbulle" erscheint die Figur, aus deren Perspektive der erste Teil des ursprünglichen Filmtitels formuliert ist: das ‚lyrische Ich' in der Aussage „Ich spreng' Euch alle in die Luft" ist Johnny Smith, der Blomfield die Schuld für den Tod seines Bruders gibt und, um diesen zu rächen, Blomfield umbringen möchte. Als er Blomfield nicht in der Polizeistation antrifft, nimmt er die dort anwesenden Personen als Geiseln und bedroht sie nicht nur mit einer Pistole, sondern droht auch, sich und alle anderen mit Hilfe einer Flasche Nitroglyzerins in die Luft zu sprengen. Gespielt wird Johnny Smith dabei von Werner Pochath, und schon ein flüchtiger Blick auf die Filmografie dieses Schauspielers in den Jahren nach seinem Auftritt in ICH SPRENG' EUCH ALLE IN DIE LUFT! lässt erahnen, in welche Richtung seine Figur und sein Schauspiel gehen könnten. Er spielte vornehmlich in Exploitation-Filmen wie LA BANDA J.S.: CRONACA CRIMINALE DEL FAR WEST (DIE ROTE SONNE DER RACHE (Sergio Corbucci, I/BRD/E 1972)), MOSQUITO DER SCHÄNDER (englischer Verleihtitel: BLOODLUST: THE BLACK FOREST VAMPIRE (Marijan Vajda, CH 1977)), IL CACCIATORE DI SQUALI (DSCHUNGEL-DJANGO (Enzo G. Castellari, MEX/I/E 1979)), LA RAGAZZA DEL VAGONE LETTO (HORRORSEX IM NACHTEXPRESS (Ferdinando Baldi, I 1980)) oder MARIA – NUR DIE NACHT WAR ZEUGE (Ernst Hofbauer, BRD/I 1980). Doch was nun ist seine Rolle in Zehetgrubers Film aus dem Jahr 1968? Und wie wird er inszeniert? Insbesondere sein erster Auftritt in der Polizeistation verdient eine genauere Betrachtung.

---

3 https://www.zweitausendeins.de/filmlexikon/?sucheNach=titel&wert=31984 (14.05.2018).

Zu einem bedrohlich anschwellenden Streicherton wird, in leicht-schräger Aufsicht auf deren unteres Ende, eine Tür geöffnet, und es treten zwei schwarze Schuhe mit einer Silberverzierung in ihrer Mitte ins Bild. Die Kamera fährt zu einigen wenigen tiefen Gitarrentönen eine eng anliegende Jeans entlang hoch und eröffnet dadurch zunächst den Blick auf einen opulenten weißen Gürtel und dann auf einen orangefarbenen Pullover, über dem eine lässige schwarze Lederjacke liegt und in dessen Mitte eine aus einem kleinen, sichelförmigen Stück Elfenbein bestehende Kette baumelt. Dann, mit dem Finale der kleinen Melodie auf der Tonspur, die mit einem Schlag auf eine Hi-Hat untermalt wird, erscheint Johnny Smiths Gesicht: kurze, an den Spitzen blondierte und leicht zur Seite gekämmte Haare, leichter Kotelettenansatz und ein Dreitagebart, die Augen hinter einer gelblich eingetönten eckigen Brille. Abgeschlossen wird die Inszenierung dieses Eintritts in die Polizeistation durch eine dem bisherigen Spannungsaufbau entsprechende Auflösung: fast schon wie in einer Persiflage auf einen Film-Bösewicht blickt Johnny Smith ostentativ einmal nach rechts und links. Sofort wird er von den anwesenden Personen für sein Aussehen und Auftreten kritisiert: „Junger Mann, bevor Sie in diesem Aufzug auf die Straße gehen, werfen Sie erstmal einen Blick in den Spiegel!" Und kurz darauf insinuiert eine andere Figur, dass Johnny nicht arbeite. Johnny erwidert: „Der Kollege scheint einer von denen zu sein, die etwas gegen freie Meinungsäußerung zu haben scheinen. Bisschen verkalkt, wie?", und setzt sich lässig an die Wand gelehnt auf ein Geländer innerhalb der Polizeistation. Später bekommt er zu hören: „Dann gibt es Schwierigkeiten für Dich, Kleiner", worauf er erwidert: „Ich bin nicht Ihr Kleiner!" Als Johnny einen Revolver zieht und auf die beiden Polizisten richtet, stellt einer von ihnen fest: „Er schießt wirklich. Er ist bis oben hin voll mit Koks." In den folgenden Einstellungen wird Johnny dann von der linken Seite im Halbschatten beleuchtet, was innerdiegetisch durch ein Fenster mit halbgeöffneter Jalousie motiviert wird, und ihn – alleine durch die Lichtsetzung – wie aus einem Film noir gefallen erscheinen lässt. Er wird so deutlich als *Film*-Figur markiert. Die Szene endet dann auch mit einer Kamerafahrt auf sein Gesicht, sodass dieses am Ende fast den gesamten Bildraum ausfüllt, die Umgebung in einem schwarzen Nichts versinkt und der Fokus, nachdem er die Brille abgenommen hat, nicht nur auf seinem Gesicht, sondern insbesondere auch auf seinen funkelnden blauen Augen liegt. Die Beziehung zu dem ihn umgebenden Raum, der eine Verbindung zum Raum der menschlichen Wahrnehmung zulassen könnte, wird mit und in dieser Kamerafahrt gekappt (Abb.2).

Zum Vergleich: Die Einführung des Kommissars Blomfield erfolgt in einer Totalen auf die Außenseite der Polizeistation. In adrettem Hemd, Krawatte, Sakko und Trenchcoat tritt er heraus, die Kamera fährt zurück, er schaut kurz

Abb. 2: Der Gangster als Filmfigur.

auf die Uhr, geht über eine Straße und kommt so auf die Kamera zu. Während er gähnt (!), beschreibt ihn ein Voice-over-Kommentar als „kein Einfaltspinsel, aber auch kein Sherlock Holmes", bevor dann das bereits erwähnte Attribut der ausgeprägten Pedanterie genannt wird. Der Unterschied in der Inszenierung und der durch die Inszenierung erfolgenden affektiven Modulierung könnte also kaum größer sein.

Doch zurück zu Johnny: Die fast schon ostentative und an eine Persiflage grenzende Inszenierung als Filmbösewicht, das dandyhafte Outfit, die ihm zugeschriebene Arbeitsmoral eines Gammlers, die politischen Ansichten eines Mitglieds der APO und der Drogenkonsum eines Rockstars: Durch diesen Auftritt erscheint die Figur des Johnny Smith wie eine Amalgamierung aller gegenkulturellen Fantasien. Und man wundert sich nicht, wie sehr sich der Look dieses Film-Bösewichtes wiederfinden lässt in, zum Beispiel, den Bildern, die man von Andreas Baader kennt (Abb. 3).

Auch hier: der Kotelettenansatz, der Dreitagebart, die Sonnenbrille, die lässig hängende Jacke. Damit soll keineswegs die These verfolgt werden, die Filmfigur nehme den Mode-Stil der RAF-Terroristen oder gar ihre Taten vorweg;[4] auch soll nicht behauptet werden, es ließe sich eine direkte Linie von

---

[4] Durch seine Drohung, mit dem Nitroglyzerin die gesamte Polizeistation und sich selber in die Luft zu sprengen, ließe sich auch eine Verbindung von Johnny Smith zu terroristischen

Abb. 3: Der Terrorist mit Sonnenbrille.

(den filmischen Inszenierungen um) 1968 zur RAF ziehen. Es soll keine Kausalität oder gar ein wie auch immer geartetes Spiegelverhältnis postuliert werden. Vielmehr geht es darum, die im einleitenden Essay dieses Sammelbandes angesprochene Heterogenität, die '68 ausmache, herauszuarbeiten.⁵ So ist DER SUPERBULLE eben nicht nur das Biedere und Pedantische sowie das Schlüpfrig-Voyeuristische, sondern auch dessen – durchaus doppelbödige – Kehrseite. Lässt man sich den Blick nicht durch (nachträgliche) Pseudoevidenzen verstellen, so wird aus einem scheinbar so belanglosen ‚routinierten Serienkrimi' ein Beispiel für die Pluralität und Komplexität, die man im Kino von 1968 – auch abseits der in den Kanon des Autorenfilms aufgenommenen Klassikern – finden kann.

Literaturverzeichnis

Althusser, Louis: Ideologie und ideologische Staatsapparate. In: ders: Marxismus und Ideologie. Westberlin 1973, S. 111–172.

Selbstmordattentätern ziehen. Doch wäre es auch in diesem Falle sicherlich verkürzt, diesbezüglich eine direkte Linie zu ziehen.
5 Vgl. Hermann Kappelhoff: Auf- und Abbrüche – die Internationale der Pop-Kultur, in diesem Band.

Filmografie

ICH SPRENG' EUCH ALLE IN DIE LUFT! – INSPEKTOR BLOMFIELDS FALL NR. 1. Reg. Rudolf Zehetgruber. BRD 1968.
IL CACCIATORE DI SQUALI. Reg. Enzo G. Castellari. MEX/I/S 1979.
LA BANDA J.S.: CRONACA CRIMINALE DEL FAR WEST. Reg. Sergio Corbucci. I/BRD/S 1972.
LA RAGAZZA DEL VAGONE LETTO. Reg. Ferdinando Baldi. I 1980.
MARIA – NUR DIE NACHT WAR ZEUGE. Reg. Ernst Hofbauer. BRD/I 1980.
MOSQUITO DER SCHÄNDER. Reg. Marijan Vajda. CH 1977.

Christian Rüdiger
Gaudeamus igitur

Poetische Weltentfaltung und ästhetische Weltwahrnehmung als zeithistorische Dimensionen in Werner Jacobs' ZUR HÖLLE MIT DEN PAUKERN

> Ein Wort noch zu der Serie der Lümmel- und Paukerfilme, mit denen Papas Kino ausgangs der sechziger Jahre seinen kläglichen Abgesang zu feiern begann. Werner Jacobs' DIE LÜMMEL VON DER ERSTEN BANK – ZUR HÖLLE MIT DEN PAUKERN; Harald Reinls PEPE, DER PAUKERSCHRECK (BRD 1969); Werner Jacobs' ZUM TEUFEL MIT DER PENNE; HURRA, DIE SCHULE BRENNT! (BRD 1969) vom selben Regisseur; WIR HAU'N DIE PAUKER IN DIE PFANNE (BRD 1970), wiederum von Harald Reinl; Harald Volcks UNSERE PAUKER GEHEN IN DIE LUFT (BRD 1970) und wie die weiteren Klamotten dieser Serie alle heißen, wurden nach einheitlichem Strickmuster heruntergedreht. Wer sich als „normaler" Kinobesucher nur drei von diesen Klamauk-Werken angetan hat, dürfte nach kurzer Zeit Schwierigkeiten haben, die verschiedenen Filme auseinanderzuhalten. Die Titel waren meist aggressiv. Dennoch hatten die Filme nichts mit der antiautoritären Schüler- oder Studentenbewegung im Sinn.[1]

Für Friedrich Koch, der diese Worte Ende der 1980er Jahre fand, sind diese Streifen nicht mehr als der schnoddrige Bodensatz am Grunde von Papas zu Recht dahinsiechendem Kino, mit dem es sich höchstens zu beschäftigen lohnt, wenn man auf die Wegwerfqualität dieser ‚filmischen Einmalprodukte' hinweisen möchte.

Wenn man sich die Mühe macht, diese Filme anzusehen, so wird man feststellen, dass sie durchaus divers sind und Potential für historisch motivierte Reflexion bieten. Dieser Essay setzt sich zum Ziel, einige Aspekte der Weltentfaltung und -wahrnehmung des ersten Films der Reihe etwas näher zu beleuchten, also die Frage zu stellen, was das überhaupt für eine Welt ist, die hier entworfen wird, wie sich diese uns öffnet und wie sie sich in den filmhistorischen Kontext einbetten lässt. Dafür werde ich die episodische Struktur des Films selbst, wie auch der Filmreihe untersuchen und Fragen an die Inszenierung der Körper richten, um letztlich die Weltenfaltung der Lümmelfilme als eine spezifische, raumzeitliche Konfiguration bestimmen zu können.

---

[1] Friedrich Koch: Schule im Kino. Autorität und Erziehung. Vom ‚Blauen Engel' bis zur ‚Feuerzangenbowle'. Weinheim/Basel 1987, S. 187–188.

Episodenhaftigkeit im Film

Versucht man den Inhalt von ZUR HÖLLE MIT DEN PAUKERN[2] zusammenzufassen, fällt zunächst sein episodischer Aufbau auf. Hierin spiegelt sich die Struktur der unter dem Pseudonym Alexander Wolf verfassten literarischen Vorlage von Herbert Rösler (1963) wider: Meist nur wenige Seiten lange, untereinander kaum verbundene und mit satirischem Sprachwitz gespickte, anekdotenhafte Streiche und Kuriositäten aus dem Schulleben. Ein Großteil des Films, der sich auf einige Stellen des Buches teilweise recht detailgetreu bezieht, ist durch ebendiese Episodenhaftigkeit gekennzeichnet, die über weite Strecken eine revueartige Aneinanderreihung von Slapstickeinlagen und körperbetonter Situationskomik produziert. Neben dem Verweis auf Röslers Buch lohnt sich jedoch auch der Hinweis auf Filme aus dem Bereich der Posse und des Schwankes, die, wie Hans J. Wulff beschreibt, ebenfalls oft episodisch und von derbem, auch Körperfunktionen betreffenden, Humor gekennzeichnet sind.[3]

Im Grunde genommen enthält ZUR HÖLLE MIT DEN PAUKERN drei sich teilweise überschneidende Handlungsebenen: 1. die nur lose miteinander und dem Rest des Films verbundenen Streiche; 2. die Begebenheiten um die von Pepes Vater umworbene französische Austauschschülerin Geneviève Ponelle; und 3. die Liebesgeschichte zwischen dem neuen und progressiv auftretenden Lehrer Dr. Albert Kersten und der studierenden Tochter (Helena) des Oberstudiendirektors Dr. Taft. Erst zum Ende des Films finden die bis zu diesem Zeitpunkt mehr oder weniger parallellaufenden Stränge auf der Ebene der Liebesbeziehung zusammen – wenn auch wiederum eher lose.

Auch spätere Einträge der filmischen Reihe um den Schüler Pepe Nietnagel sind von einer ähnlichen Struktur aus Streichen und ‚Handlung' gekennzeichnet, obwohl sie mit einer stärkeren Fokussierung auf zentrale Figuren weniger parallellaufende Stränge entwickeln. Zusammen mit den vielseitigen Ablegern und Nachahmern bilden sie ein größeres mediales Konglomerat aus Kinofilmen, Schlagermusik und Populärkultur. Der erste Teil der Filmreihe erreichte

---

2 Auch: DIE LÜMMEL VON DER ERSTEN BANK 1. TEIL – ZUR HÖLLE MIT DEN PAUKERN.
3 Die Streiche fungieren hier als Auflockerungen, welche musikalischen Nummern gleich episodisch eingestreut werden, was für Wulff eher ein Charakteristikum der *Posse* als des *Schwankes* darstellt, welcher stärker auf dramaturgische Geschlossenheit setze. Gleichzeitig stärkt Wulff jedoch auch eine Position dynamischer Übergänge, welche es unpraktisch und unhandlich mache, zwischen „*Klamotte* (oft als ‚derber Schwank' ausgewiesen), *Klamauk, Posse, Farce, Burleske* [und, C.R.] *Groteske*" zu unterscheiden. Vgl. Hans J. Wulff: Hybridität der Gattungen. Schlagerfil/Filmschwank/Schlagerfilmschwank. In: Hanno Berger et al. (Hg.): Prekäre Genres. Zur Ästhetik peripherer, apokrypher und liminaler Gattungen. Bielefeld 2015, S. 217–235, hier S. 218.

fast sechs Millionen Zuschauer, der zweite Teil ZUM TEUFEL MIT DER PENNE mit Peter Alexander und Heintje (in einem Kurzauftritt) besetzt, sogar noch mehr. Unter den deutschen Musik-Top-10 des Jahres 1968 finden sich als einzige deutschsprachige Künstler immerhin zwei Einträge von Peter Alexander und drei von Heintje (der erfolgreichste Titel des Jahres, Heintjes Lied *Mama*, wird in ZUM TEUFEL MIT DER PENNE in voller Länge dargeboten). Beide Sänger spielen auch 1969 im vierten Teil der Reihe HURRA, DIE SCHULE BRENNT!, mit geschätzt vier Millionen Zuschauern.[4] Auch wenn die Filme im ästhetischen Urteil nicht ganz unberechtigterweise zu den weniger interessanten der endsechziger Jahre zählen dürften, muss bereits hier Friedrich Kochs Eingangsbemerkung widersprochen werden. Etwas, das einen solchen ‚Fußabdruck' hinterlässt, *muss* es wert sein, untersucht zu werden.

Episodenhaftigkeit im deutschen Nachkriegskino

Das Prinzip, erfolgreiche deutsche Filme als Reihen oder in serieller Form hervorzubringen, ist jedoch nicht neu. Erfolgreich liefen Ende der 1950er, Anfang der 1960er Jahre, als sich die Krise des nach dem Krieg re-etablierten deutschen Kinos immer stärker abzuzeichnen begann, nur noch Filme auf der „Ebene des Trivialen", wie die Edgar Wallace-, Karl May- und Jerry Cotten-Reihen.[5]

> Es wird auf billig aufgemachte Illustriertengeschichten und banale Groschenromane zurückgegriffen, früher erfolgreiche Filme werden als Remakes neu produziert, und Filme mit überdurchschnittlichem Kassenerfolg gleich in Serie gegeben [...].[6]

Was als Anklage an unser zeitgenössisches Mainstreamkino gedacht sein könnte, ist in der Tat der Vorwurf an das deutsche Kino der 1950er Jahre, stereotype Muster bis zum Exzess zu wiederholen – der Heimatfilm stellt hier das

---

[4] o. V.: Jahrescharts Deutschland 1968. Auf: chartsurfer.de: http://www.chartsurfer.de/musik/single-charts-deutschland/jahrescharts/hits-1968-2x1.html (27.04.2018), Joachim Kramp: Die Lümmel von der ersten Bank: Die Lümmel sind los! Auf: Luemmelbank.blogspot.de: http://luemmelbank.blogspot.de/p/die-lummel-sind-los.html (27.03.2018) und o. V.: Die erfolgreichsten deutschen Filme seit 1963 (2018). Auf: insidekino.de: http://www.insidekino.com/DJahr/DAlltimeDeutsch50.htm (27.04.2018).
[5] Norbert Grob: Film der sechziger Jahre. Abschied von den Eltern. In: Wolfgang Jacobson et al. (Hg.): Geschichte des deutschen Films. Stuttgart/Weimar 2004, S. 207–244, hier S. 210.
[6] Gertraud Koch et al.: Die fünfziger Jahre. Heide und Silberwald. In: Wolfgang Kaschuba (Hg.): Der deutsche Heimatfilm. Bildwelten und Weltbilder – Bilder, Texte, Analysen zu 70 Jahren deutscher Filmgeschichte. Tübingen 1989, S. 69–95, hier S. 79.

Standardbeispiel dar.[7] Im Mainstreamkino der 1960er ändert sich daran praktisch nichts. Ende der 1950er Jahre zeichnete sich hingegen die zunehmende Dominanz des Fernsehens ab.[8] Viele Kino-, Filmproduktions- und Verleihfirmen gingen bankrott (innerhalb eines Jahrzehnts schwanden die Zuschauerzahlen um fast 80 %) und die Zahl der produzierten Filme sank innerhalb von sechs Jahren bis 1962 um die Hälfte, während sich im selben Zeitraum die Anzahl der privaten Fernsehgeräte mit 7,2 Millionen mehr als verzehnfachte.[9] In dieser Zeit veränderte sich die deutsche Filmproduktionslandschaft stark. Durch die zunehmende Zersplitterung der Produktions- und Vertriebslandschaft entstanden anstelle großer, prestigeträchtiger Produktionen einzelner Firmen zunehmend paneuropäische Koproduktionen kleinerer Studios. Die Zielgruppe der Produktionen veränderte sich nach Tim Bergfelder von weiblich und familiär zu jung, männlich und international; außerdem sieht er eine Verschiebung von ‚frauenzentrierten' Genres wie Melodrama und Heimatfilm zu Western, Abenteuergenres, Horror-, Kriminal- und Agententhrillern sowie Sex-Filmen – alle oft in seriellen Formaten.[10] Edgar-Wallace-, Karl-May- und Jerry-Cotton-Filme, wie auch die Lümmel- und Paukerfilme, machten Unternehmen wie Constantin und Gloria schließlich zu den erfolgreichsten deutschen Filmfirmen der 1960er.[11]

---

7 Obwohl der US-amerikanische Filmmarkt seit der Währungsreform 1948 massiv in Produktion, Distribution und Projektion investierte, blieben Hollywood-Filme lange Zeit eher nebensächlich. Vgl. Grob, Film der sechziger Jahre, S. 209 und vgl. Koch et al., Die fünfziger Jahre, S. 77–78. „Unter den jeweils zehn erfolgreichsten Filmen der Jahre 1950/51 bis 1962/63, insgesamt also 130 Streifen, waren 23 aus Hollywood; keiner von ihnen schaffte es auf den ersten Platz. Dem stehen 75 deutsche und 18 österreichische Erfolgsfilme gegenüber." Kaspar Maase: Was macht Populärkultur politisch? Wiesbaden 2010, S. 53.
8 Barbara Wilzcek argumentierte bereits Ende der 1980er gegen die allgemeine Behauptung der Kinobranche, das Fernsehen alleine wäre Schuld am Untergang des Kinos gewesen – man habe sich in der Monopolstellung im „audio-visuellen Freizeitbereich [...] offenbar zu sicher gewähnt". Die Produzenten verkauften die Rechte ihrer Filme z. B. massenhaft und zu niedrigen Preisen an die Fernsehanstalten, wo sie dann mit wachsender Beliebtheit und unter gewaltigen Verlusten für die Produzenten liefen: „Die Senderechte eines Films werden für 20.000 bis 30.000 DM verkauft – die daraus entstehenden Einnahmeverluste belaufen sich jedoch auf Hunderttausende von DM." Koch et al.: Die fünfziger Jahre, S. 80.
9 Vgl. Grob: Film der sechziger Jahre, S. 216–217.
10 Vgl. Tim Bergfelder: Exotic Thrills and Bedroom Manuals. West German B-Film Production in the 1960s. In: Randall Halle und Margaret McCarthy (Hg.): Light Movies. German Popular Film in Perspective. Detroit 2003, S. 197–219, hier S. 198.
11 Vgl. Bergfelder: Exotic Thrills, S. 197. Zum Ende der Dekade waren nur noch wenige der traditionellen deutschen Produktions- und Verleihfirmen im Geschäft, nach Bergfelder zum größten Teil abgelöst durch Produzenten und Verleiher von Exploitation-Filmen. Vgl. Bergfelder, Exotic Thrills, S. 199.

Episodenhaftigkeit zwischen Filmen

Die Fortsetzungen der Lümmelfilme sind keine Sequels, wie wir sie im aktuellen Mainstreamkino finden. So knüpfen die sechs offiziellen Filme (bis 1972) inhaltlich in keiner Weise aneinander an. Einzig gemein ist ihnen ein relativ stabiles Darsteller- und Figurenensemble, welches jedoch selbst eher permutativen Charakter besitzt.[12] Die Fortsetzungen sind mehr thematische Variationen oder Neukonstellationen voneinander. Auf diese Weise entstehen ambivalente und palimpsestartige Überschneidungen und Überschreibungen zwischen unterschiedlichen Filmen ähnlicher poetischer Verfasstheit. So nicht nur zwischen den Filmen der eigentlichen Reihe selbst, sondern auch zu ‚Pauker- und Pennefilmen' anderer Produktionsfirmen, die nicht selten Teile des Ensembles, ähnliche Narrative, Streiche etc. teilen. Paradigmatisch ist hier Theo Lingen zu nennen, der in unterschiedlichsten Filmen als Oberstudiendirektor, Lehrer, Vater o.ä. auftritt und sich dabei praktisch immer am gleichen schauspielerischen Repertoire bedient.

ZUR HÖLLE MIT DEN PAUKERN steht dabei nur bedingt in der Tradition anderer Schulkomödien von Werner Jacobs aus den 1960ern wie DER MUSTERKNABE (BRD 1963), ... UND SOWAS MUSS UM 8 INS BETT (BRD 1965) oder DIE HEIDEN VON KUMMEROW UND IHRE LUSTIGEN STREICHE (BRD/DDR 1967). Der große Unterschied besteht in der prismatisch aufgebrochenen Struktur, welche die Episoden weder gänzlich parallel noch unabhängig voneinander oder tief miteinander vernetzt zeigt. Die einzelnen Stränge kreisen eher, durch schwache Beziehungen in der Bahn gehalten, um ein bis jetzt noch nicht näher definiertes, affektives Zentrum, welches sich sowohl innerhalb als auch außerhalb des Films befindet. Bevor ich versuche, dieses vage Zentrum näher zu verorten, muss ich zunächst auf einige weitere Aspekte des Films eingehen, die mir den Weg zum eigentlichen Punkt dieser Exploration erleichtern sollen.

Liebe, Sex und Nazis – Von Körpern und ihren angenommenen Funktionen

Der dramaturgische Dreh- und Angelpunkt von ZUR HÖLLE MIT DEN PAUKERN – wenn man dies überhaupt so klar sagen kann – ist die Liebesgeschichte zwi-

---

12 Peter Alexander taucht z. B. in zwei Filmen der Reihe in unterschiedlichen Rollen auf. Pepes Vater wird über die Filme von Georg Thomalla, Willy Millowitsch, Gustav Knuth, Wolfgang Gruner und Fritz Tillmann verkörpert. Ähnliches trifft auf die Lehrer*innen und sonstiges

schen dem neuen Lehrer Dr. Kersten und Helena, der Tochter des Direktors, welcher mit seiner Familie im Schulgebäude wohnt und dort das verschrobene Ideal einer Bildungsbürgerfamilie des 19. Jahrhunderts lebt. Dabei entgleitet dem patriarchalen Oberhaupt die Kontrolle über seine ‚flügge werdende', *pixie cut* und Hosen tragende Tochter (Abb. 1). Die Liebeshandlung bleibt auffallend zurückhaltend. Wenn es jedoch um die direkte Beziehung der beiden Liebenden geht, ist das Thema Schule praktisch nicht vorhanden. Sie spielt sich in sechs Szenen ab: 1. sie treffen sich zufällig in einer Kneipe, 2. sie sieht ihn zufällig auf dem Tennisplatz, 3. sie treffen sich zufällig vor dem Schultor, 4. sie passt ihn auf dem Tennisplatz ab, 5. sie haben eine Verabredung in einer Kneipe und 6. bei der finalen Szene der Brunneneinweihung akzeptiert der Direktor schließlich die Verlobung seiner Tochter, gegen die er sich die ganze Zeit gewehrt hat. Die einzige Szene, in der Dr. Kersten als Lehrer auftritt, findet während seiner ersten Stunde an der Schule statt, in welcher er durch eine ältere Nicht-Schülerin aus dem Konzept gebracht werden soll. Kurz: Der einzige Handlungsstrang von ZUR HÖLLE MIT DEN PAUKERN, der im weitesten Sinne so etwas wie eine verbindende Geschichte mit sich entwickelnden Charakteren besitzt, hat nahezu nichts mit Schule, dem eigentlichen Thema des Films, zu tun. Liebe findet nicht in der Schule statt, sondern auf dem Tennisplatz, in der Kneipe etc. (Abb. 2).

Auch zwischen Schülerinnen und Schülern sieht es in dieser Beziehung eher trübe aus. Obwohl der Schlager während der Opening-Credits (*6x6=36* von Medium-Terzett) eher die Betonung auf das jugendliche Liebesleben legt („Wer lernt, der hat viel mehr vom Leben, doch eines kann kein Buch uns geben: das Gefühl, wir sind verliebt."), bleibt dieses zumindest für die Schülerschaft im Film gänzlich ausgespart. Neben der Romanze von Lehrer und Studentin treten Schwärmereien ausschließlich gegenüber und zwischen Erwachsenen auf: Frau Dr. Pollhagen, wie *alle* Frauen und Mädchen mit Sprechrolle, findet Dr. Kersten attraktiv, Pepes Vater versucht die französische Austauschschülerin zu verführen (Abb. 3), und auch der Kultusminister lässt sich dieser gegenüber zu halbseidenen Anspielungen und aufgeladenen Blicken herab.

Was der Film an Liebe bei den Mädchen und Jungen vermissen lässt, holt er jedoch mit Körpern wieder auf. Diese tauchen in ZUR HÖLLE MIT DEN PAUKERN vor allem als kommodifizierte und zweckhaft verdinglichte Objekte auf: Zu Beginn täuscht Pepe mit einem beherzten Sprung aus dem Fenster seinen heroischen Freitod vor. Der entsetzte Lehrer Prof. Knörz sieht bei dem Blick hinaus eine Attrappe des eigentlich sicher ein Stockwerk tiefer gelandeten

---

Schulpersonal zu, welches meist von unterschiedlichen Schauspieler*innen verkörpert wurde. Hannelore Elsner spielt zweimal die Austauschschülerin und einmal Pepes Schwester usw.

Gaudeamus igitur —— 101

Abb. 1: Die bildungsbürgerliche Familie.

Abb. 2: Liebe auf dem Tennis Court.

Schülers auf dem Schulhof liegen (Abb. 4). Später wird ebenfalls eine Attrappe genutzt, um der anscheinend einzigen Lehrerin der Schule vorzugaukeln, die Damentoilette sei besetzt (Abb. 5). Während sich der verdinglichte Austausch zum Zwecke des Streichs also zunächst auf männliche Surrogate stützt, werden weibliche Körper nicht ersetzt, sondern direkt kommodifiziert. Man denke an die Verkäuferin,[13] welche den neuen Lehrer Dr. Kersten durch ihre ‚körperlichen Reize' aus der Fassung bringen soll (Abb. 6) oder an die französische Austauschschülerin Geneviève, die – nur in Unterwäsche bekleidet und sich somit im natürlichen Zustand junger Französinnen befindend – den Schuldirektor bei einem Streich bloßstellen soll (Abb. 7).

Die Biologielehrerin Dr. Pollhagen dient – zusammen mit dem Mathematiklehrer Dr. Blaumeier („Wir kommen heute zu den Kurven und dem damit im Zusammenhang stehenden konstanten Glied.") – vor allem der Bereitstellung sexueller Innuendos und körperbezogener Slapstickeinlagen: nach dem Hinweis auf ihre ‚Sextanerblase' wird, wie bereits erwähnt, die Damentoilette blockiert, sodass sie auf der Suche nach anderen Räumlichkeiten im Zeitraffer und mit sich beschleunigender, zirkusartiger Musik durch das Schulgebäude irrt. Nach einer von ihr dirigierten Gesangseinlage des Chors in der Aula bleibt Pepe an ihrer Kleidung hängen und reißt ihr diese in Folge dessen bis auf die Unterwäsche herunter, was zur allgemeinen Erheiterung aller Anwesenden beiträgt (Abb. 8).

‚Die Liebe' bleibt somit eine handlungstragende Instanz, die in der eigentlichen Institution Schule keinen Platz findet. An einen (älteren) männlichen Körper gerichtete Schwärmerei ist hingegen allen weiblichen Personen ungeachtet von Alter und Stand möglich, wohingegen sich lediglich ältere Männer für jüngere Frauen interessieren, die jedoch, soviel Anstand muss schon sein, nicht mehr zur Schule gehen – oder Französinnen sind. Für die Lehrer*innen und Schüler*innen hingegen stellt der Körper vor allem eine Projektionsfläche für körperfunktionenorientierte und sexuell konnotierte Komik dar. Hier entspinnt sich ein wechselseitiges Verhältnis zwischen Lehrer- und Schülerschaft. Erstere stellen ihre maschinenhaften, veralteten, senilen, physisch oder psychisch labilen Körper als Dispositive zur Verfügung, welche von den ‚Kindern' manipuliert, ausgetauscht oder schlichtweg ihrer verkorksten ‚Natur' gemäß benutzt werden. Man denke hier z. B. an den Streich mit der Gedenkveranstaltung in der Aula – die Schüler ziehen die Lehrer wie Spielzeug an ihrer eigenen Mechanik auf – laufen tun sie dann von alleine.

---

[13] Dargestellt von der Schwedin Christina ‚Britt' Lindberg, die in den späten 1960er/frühen 1970er Jahren durch Erotikproduktionen (u. a. zwei Schulmädchen-Report-Filme) bekannt wurde.

Abb. 3: Das Werben des Herrn Papa.

Abb. 4: Attrappe auf dem Pausenhof.

Abb. 5: Besetzt.

Abb. 6: Susi Rixner.

Abb. 7: Frau Dr. Pollhagen wird ‚entkleidet'.

Abb. 8: Die Französin und der Herr Direktor.

Der konservative Pauker

Eines dieser ‚Pauker-Dispositive' lohnt es sich im Lichte der endsechziger Jahre noch einmal näher in Augenschein zu nehmen: die in ZUR HÖLLE MIT DEN PAUKERN immer präsente, vermeintliche Kritik am ewig gestrigen ‚Pauker'. Noch vor den eigentlichen Intro-Credits des Films findet dieser Dialog zwischen dem Schüler Pepe Nietnagel und dem grauhaarigen Lateinlehrer Oberstudienrat Prof. Dr. Arthur Knörz statt:

> Knörz: Ach, diese Generation ist nicht wert, dass ihr Gutes getan wird.
> Pepe: Warum, Herr Professor?
> Knörz: Weil ihr keine Ehrfurcht mehr habt vor den nationalen Gütern und keinen Respekt mehr vor dem Lehrkörper und euren Eltern, die euch immer mit gutem Beispiel vorangegangen sind.
> Pepe: Jaja, wie sie zum Beispiel Adolf Hitler gewählt haben.
> Knörz: Nietnagel, Du unverschämter Kerl. Ich werde meinen ganzen Einfluss geltend machen, dass Du dieser Schule verwiesen wirst. Verlass Dich darauf.

Der ganze Film ist gespickt mit satirisch anmutenden ‚Seitenhieben' auf die militaristische Gesinnung des älteren Lehrkörpers – die Eltern, wie in diesem Beispiel, sind eher die Ausnahme. Studienrat Dr. Blaumeier kommentiert, als er das Fehlen Nietnagels bei der Klassenarbeit bemerkt: „Aha. Das kennt man schon! Im Krieg sind Simulanten unerbittlich hingerichtet worden!" Und Studienrat Priehl wird im Vorspann mit den Worten vorgestellt: „Der Deutsche sucht eher den Tod, als dass er seine Ehre preisgibt!" (Pepe wiederholt diese Worte später vor seinem vermeintlich suizidalen Sprung aus dem Fenster.) Diese Lehrer sind durch ein permanent konservatives und militaristisches Auftreten geprägt.

Zurück zum erwähnten Dialog. Die Zuschreibung, dass die Eltern Hitler gewählt hätten, ist hier die zum Witz verkommene, lapidar abgeflachte und dabei entwertete Anklage eines Aspektes der Nachkriegsgesellschaft, welcher von den 1968ern kritisiert wurde. Das Problem mit diesem kurzen Dialog ergibt sich deshalb nicht aus seiner vorgeblich kaltschnäuzigen Offenbarung unausgesprochener Wahrheiten, sondern in seiner diskursiven Substanzlosigkeit. Ein anderes Beispiel: In Kurt Hoffmanns DAS SPUKSCHLOSS IM SPESSART von 1960 fahren die Geister der längst verstorbenen Spessartbanditen nach Bonn, um den Leuten von heute zu zeigen, dass es in der Hauptstadt Gespenster gibt – so auch der Text des zu hörenden Liedes. Auf ihrer Tour entfernen die unsichtbaren Wohltäter Panzer und Raketen aus einem Spielzeugladen, um sie mit Plüschtieren zu ersetzen, zerstreuen die Pension eines Generals a.D. im Winde, ändern Preise und entkleiden Schaufensterpuppen in Uniform. Der Ab-

Abb. 9: „Es gibt hier keine Gespenster!"

schluss dieses Streifzuges findet in einem Gerichtssaal statt, in welchem die zu Unrecht des Diebstahls beschuldigte Gräfin (Liselotte Pulver) von einem aalglatt gescheitelten und mit Schmiss gezeichneten Richter verhört wird. Auf ihr Insistieren, dass sie unschuldig und alles eine Tat von Gespenstern sei, antwortet der Vorsitzende mit dem erbosten Ausruf „Es gibt hier keine Gespenster!" und schlägt mit der Faust auf den Tisch. Daraufhin bröckelt im Hintergrund der Putz aus dem mit einem Adler gekrönten Eichenkranz heraus und ein Hakenkreuz kommt zum Vorschein (Abb. 9 und Abb. 10).

Doch was hat dies mit den Lümmeln zu tun?

Zum einen zeigt Hoffmanns Film, dass es sehr wohl bereits früher möglich war, jene Kritik zu äußern, auf die sich ZUR HÖLLE MIT DEN PAUKERN angeblich so augenzwinkernd beruft; zum anderen, dass es in einem Unterhaltungsfilm möglich war. DAS SPUKSCHLOSS IM SPESSART besitzt jedoch nicht die kritische Ambition, aus seinem Statement eine praktische Konsequenz zu ziehen. Bereits in der darauffolgenden Szene ist das Hakenkreuz wieder unterm Putz verschwunden; schlafend wartend auf eine Zeit, in der seine Entblößung nicht nur staunende Betroffenheit, sondern politisches Handeln auslösen würde. Es wurde genauso eingemauert wie zu Beginn des Films die Banditen des Spessarts. Und genauso kehren die Geister der Vergangenheit, die nie wirklich verschwunden waren, zurück. Jene Gespenster in Bonn sind natürlich nicht die singenden, lachenden Vagabunden, sondern die Überbleibsel von Militarismus und Faschismus, wie sie die Adenauerzeit im Gewächshaus des Vergessenwollens hat wachsen und gedeihen lassen.

Abb. 10: Eingemauert und vergessen.

Die reaktionären, militaristischen Marotten der Lehrer in ZUR HÖLLE MIT DEN PAUKERN bleiben schrullige Charakterzüge. Sie stehen auf einer Stufe mit lustigen Dialekten, unbeabsichtigten Innuendos und allgemeiner Begriffsstutzigkeit, welche nicht – wie in DAS SPUKSCHLOSS IM SPESSART – auf eine strukturkritische Tiefe hinabreichen können. Sie führen, und hier sind sich Hoffmanns und Jacobs Film wieder ähnlich, nicht zu entsprechenden diskurskritischen Konsequenzen (falls sich eine solch mächtige Begrifflichkeit hier überhaupt anzubringen lohnt). Die Streiche Pepes, welche eben diese Marotten zum Angriffspunkt nehmen, gelangen in ihrer Tragweite niemals über die räumlichen Grenzen des Schulgebäudes oder die ihrer eigenen Dauer hinaus. Sie verbleiben in der filmischen Echokammer der Szene, wo sich ihre Druckwellen verstärken und schließlich wieder verschwinden – ohne jemals das Außen zu erreichen oder Auswirkungen sichtbar werden zu lassen.[14]

---

14 Der erste Streich treibt den alten Lehrer Prof. Knörz zwar ins Sanatorium und den neuen Dr. Kersten in die Schule, wird aber nie aufgeklärt oder inhaltlich wieder aufgegriffen. Im zweiten Streich wird die Lehrertoilette blockiert, was zu einem Slapstickauftritt Frau Dr. Pollhagens führt, der sich jedoch im Nichts verliert – sie verschwindet im Treppenhaus. Um den neuen Lehrer Dr. Kersten zu ärgern, wird die Verkäuferin Susi Rixner für den dritten Streich engagiert. Der Lehrer – als progressiver und mit allen Wassern gewaschener Junglehrer – fällt jedoch nicht darauf herein. Dies ist seine erste und im Film auch einzige Unterrichtsstunde – er verbringt mehr *screen-time* auf dem Tennisplatz als im Schulzimmer. Der vierte Streich führt nach einer manipulierten Lautsprecherdurchsage zu einer ungewollten Aulaveranstaltung – er bleibt ohne Konsequenz und Tragweite –, und im fünften Streich wird ein Luftalarm vorgetäuscht; was im totalen Chaos endet, ohne jedoch jemals wieder erwähnt zu werden. Streiche

Der Militarismus und das Überwintern nationalsozialistischer Personalien und Einstellungen in der Gesellschaft der jungen Bundesrepublik werden hier nicht kritisiert, sondern als verschrobene Attitüde weltfremder Pauker ohne gesellschaftspolitischen Einflussbereich inszeniert. Darüber mag man lachen, aber empören kann man sich nicht. Im Gegenteil, die eigentliche Kritik der endsechziger Jahre wird hier für eine Komik verramscht, die den eigentlichen Diskurs desaströs verharmlost.

Im Zuge dessen muss jedoch auch auf eine andere Verknüpfung dieser spezifischen Attitüde der Filme hingewiesen werden. Über die Produktionsfirma und den Protagonisten ergeben sich Parallelen zu den Lausbubenfilmen mit Hansi Kraus, dessen erster Teil, Helmut Käutners LAUSBUBENGESCHICHTEN (BRD 1964) nach der literarischen Vorlage von Ludwig Thoma, ebenso episodischen Charakter wie ZUR HÖLLE MIT DEN PAUKERN aufweist. Auch teilen sich beide Serien immer wieder die gleichen Schauspieler, sind innerhalb ihrer eigenen Reihe ebenso verwoben wie unverbunden und nutzen die gleiche chargenhafte Zielscheibe: Preußen. Das, was sich in ZUR HÖLLE MIT DEN PAUKERN als Entblößung reaktionärer und militaristischer Tendenzen des Lehrkörpers geriert, ist im Grunde nichts anderes als die Verballhornung einer klischeeüberfrachteten Vorstellung von preußischem Beamten- und Soldatentum. Konsequenterweise muss man diese semiotischen Überschneidungen süddeutscher *Possen-* und *Schwank*motive mit in Rechnung ziehen, wenn man versucht, sich von dem eigentümlichen Ding eine Vorstellung zu machen, das ZUR HÖLLE MIT DEN PAUKERN ist.

Das affektive Zentrum imaginierter Zeitlosigkeit

Mit den bisher gemachten Beobachtungen möchte ich die Vorstellung des ‚affektiven Zentrums' präzisieren, das sich um das Konglomerat von Paukerfilmen, Schlagermusik und Heimatmotiven gebildet hat. Dieses Zentrum beschreibt dabei weniger eine inhaltliche oder dramaturgische Dimension, sondern eher eine spezifische raumzeitliche Weltentfaltung, die sich in den oben beschriebenen

---

sechs und sieben hängen zusammen und sind die einzigen mit inhaltlicher Konsequenz. Pepe setzt eine falsche Heiratsanzeige für Dr. Kersten und Helena – die Tochter des Rektors – auf und fingiert, nachdem dies nicht die gewünschte Wirkung erzielte und der Rektor die Beziehung seiner Tochter akzeptierte, ein verfängliches Treffen mit dem Rektor und der Austauschschülerin. Auch dieses platzt im letzten Moment. Der letzte Streich lässt den Brunnen im Schulhof bei seiner Einweihung in Pyrotechnik aufgehen. Damit endet der Film.

Aspekten von Episodenhaftigkeit, Körperbild und chargenhafter Typisierung abzeichnet.

Obwohl es Titel und Thema suggerieren mögen, geht es in ZUR HÖLLE MIT DEN PAUKERN nur scheinbar um jene ‚Penne', die sich im geteilten Gedächtnis als seltsam nostalgischer, halb gefürchteter, halb romantisierter Ort verwegener Abenteuer und skurriler Lehrer manifestiert. Der Film hat weit mehr mit dem süddeutschen Heimatschwank à la LAUSBUBENGESCHICHTEN und seiner derben, körperbetonten Komik, der Verballhornung des Preußentums und der Fixierung auf eine verklemmt abwesende Erotik zu tun, mit der Posse und ihren in der Episode eingekapselten artistischen Kapriolen, mit dem Heimatfilm und seiner Zentrierung auf die zu Anfang durch Standesgrenzen unüberbrückbar scheinende, aber dann doch ermöglichte Liebesbeziehung[15] und dem Schlagerfilm mit seinen – nun ja – Schlagern. Dieser Film, wie viele in seinem Gefolge, ist jedoch kein wüster Genremix oder Hybridfilm, sondern Ausdruck einer sehr spezifischen, räumlich-zeitlichen Verfasstheit, welche den Moment der Schule aus seiner Verankerung in der Gegenwart herauslöst und in den Erfahrungsbereich einer imaginierten Zeitlosigkeit versetzt. Dies ist das ‚affektive Zentrum' um das dieser Film und das ganze Konglomerat an Pauker-, Penne- und Lümmelfilmen kreist. Es vereint eine spezifische Erfahrung, welche sich nicht auf eine konkrete, sondern verklärte ‚Erfahrbarkeit von Welt' beruft, die ausschließlich im Jetzt stattfindet und keine Anschlüsse an eine unmittelbare Zukunft kennt, sondern lediglich den Weg zurück, in die nostalgische Verschleierung des Augenblicks.

Das Geschehen von ZUR HÖLLE MIT DEN PAUKERN findet in einer Art zeitlosen Suspendierung statt. Bereits zu Beginn erscheint Pepe Nietnagel und stellt die Lehrenden in einer Ansprache direkt in die Kamera vor. Sie sind dabei in Farb- und Schwarzweiß-Fotos oder kurzen Ausschnitten zu sehen, von denen einige später im Laufe des Films noch einmal auftauchen werden, andere nicht. Obwohl das Schulgeschehen per Definition im curricularen Progress aus Prüfungen, Zeugnissen, Ferien usw. besteht, gibt es hier im Schuljahr keinen Anfang und kein Ende. Alles findet in einem kalendarischen Vakuum statt, das weder beginnt noch endet, in dem es immer nur Klassenarbeiten, aber nie Zeugnisse gibt und niemand die Ferien auch nur erwähnt. Diese Schule ‚in Limbo' findet sich bereits in Helmut Weiss' DIE FEUERZANGENBOWLE (D 1944) und charakterisiert eine ganz spezifische ästhetische Verfasstheit – jene des träumerischen Rückzugs aus dem Jetzt. Sie beschreibt eine Welt, die aufgehört hat sich zu drehen und in einem Status Quo verharrt, welcher die ästheti-

---

15 Vgl. Koch et al.: Die fünfziger Jahre, S. 84.

schen Modi immer nur wieder perpetuieren kann, ohne sich von ihnen zu lösen oder sie zu verarbeiten. Selbst Filme wie Alex von Ambessers DER PAUKER (BRD 1958), DER MUSTERKNABE oder ... UND SOWAS MUSS UM 8 INS BETT sind an einen räumlich-zeitlichen Horizont gekoppelt, der sie in einer Erfahrung des Jetzt situiert. Die Lümmelfilme sind jedoch viel eher im zeitlichen Modus des Heimatfilms zu finden als in jenem anderer Schulfilme. Dies bezeichnet dabei weniger das narrative Setting als eine Art zeitlicher Entrückung. Ines Steiner beschreibt in ihrer Analyse des Heimatfilms der 1960er Jahre, wie seine Formen nicht untergegangen sind, sondern immer wieder mit veränderten Gesichtern im Fernsehen auftauchen, sei es in der *Lindenstraße* oder der *Schwarzwaldklinik*:

> Doch wesentlicher erscheint, daß das Fernsehen damit in zeitgenössisch kostümierter Gestalt die aus den 50er-Jahre-Streifen bekannten geschlossenen Weltbilder reproduziert, die Sicherheit in der Überschaubarkeit anbieten und Krisenmanagement durch den Rat von Autoritäten, von neuen alten Vaterfiguren wie dem Arzt und dem Pfarrer versprechen.[16]

Abgesehen vom narrativen Inhalt kann man hier sagen, dass sich die Lümmelfilme und ihre Ableger unterschiedlichster Couleur durch eine die Gegenwart suspendierende zeitliche Erfahrung auszeichnen, welche sich am ehesten mit der ‚heilen Welt' des Heimatfilms und ihren belanglosen und immer lösbaren Problemen beschäftigt, ohne ein Heimatfilm zu sein. Die Schule ist hier kein traumhafter *Ort*, der irgendwo existiert, sondern ein *zeitlich* entrücktes Surrogat, das nie wirklich da war. Die episodische Struktur der Filme, wie auch die permutierende Bezugnahme auf Vorgänger, Nachfolger und Nachahmer steigert dabei die alte Anklage an das deutsche Nachkriegskino, stets nur eine Wiederholung des Immergleichen zu sein, ins Groteske.

Gaudeamus igitur, jenes Studentenlied, welches auf musikalischer Ebene in praktisch allen diesen Filmen zu finden ist – jedoch nie intoniert wird –, besingt übrigens die Schönheit des Augenblicks und die Erinnerung an Freunde, Akademie und Lehrkräfte in Anbetracht des Wissens, dass wir alle dereinst sterben werden.

---

[16] Thomas Hoffmann/Ines Steiner: Die sechziger Jahre. Zwischen Jagdszenen und Jägerporno. In: Kaschuba, Wolfgang (Hg.): Der deutsche Heimatfilm. Bildwelten und Weltbilder – Bilder, Texte, Analysen zu 70 Jahren deutscher Filmgeschichte. Tübingen 1989, S. 97–129, S. 102.

Literaturverzeichnis

Bergfelder, Tim: Exotic Thrills and Bedroom Manuals. West German B-Film Production in the 1960s. In: Randall Halle/Margaret McCarthy (Hg.): Light Movies. German Popular Film in Perspective. Detroit 2003, S. 197–219.

Grob, Norbert: Film der sechziger Jahre. Abschied von den Eltern. In: Wolfgang Jacobson/Anton Kaes/Hans Helmut Prinzler (Hg.): Geschichte des deutschen Films. Stuttgart/Weimar 2004, S. 207–244.

Hoffmann, Thomas/Steiner, Ines: Die sechziger Jahre. Zwischen Jagdszenen und Jägerporno. In: Wolfgang Kaschuba (Hg.): Der deutsche Heimatfilm. Bildwelten und Weltbilder – Bilder, Texte, Analysen zu 70 Jahren deutscher Filmgeschichte. Tübingen 1989, S. 97–129.

Koch, Friedrich: Schule im Kino. Autorität und Erziehung. Vom ‚Blauen Engel' bis zur ‚Feuerzangenbowle'. Weinheim/Basel 1987.

Koch, Gertraud/Konz, Klaus/Oehrle, Wolfgang/Schmidt, Gundula/Wilzcek, Barbara: Die fünfziger Jahre. Heide und Silberwald. In: Wolfgang Kaschuba (Hg.): Der deutsche Heimatfilm. Bildwelten und Weltbilder – Bilder, Texte, Analysen zu 70 Jahren deutscher Filmgeschichte. Tübingen 1989, S. 69–95.

Kramp, Joachim: Die Lümmel von der ersten Bank: Die Lümmel sind los! Auf: Luemmelbank.blogspot.de: http://luemmelbank.blogspot.de/p/die-lummel-sind-los.html (27.03.2018).

Maase, Kaspar: Was macht Populärkultur politisch? Wiesbaden 2010.

Wulff, Hans J.: Hybridität der Gattungen. Schlagerfilm / Filmschwank / Schlagerfilmschwank. In: Hanno Berger/Frédéric Döhl/Thomas Morsch (Hg.): Prekäre Genres. Zur Ästhetik peripherer, apokrypher und liminaler Gattungen. Bielefeld 2015, S. 217–235.

o. V.: Jahrescharts Deutschland 1968 Auf: chartsurfer.de: http://www.chartsurfer.de/musik/single-charts-deutschland/jahrescharts/hits-1968-2x1.html (27.04.2018).

o. V.: Die erfolgreichsten deutschen Filme seit 1963 (2018). Auf: insidekino.de: http://www.insidekino.com/DJahr/DAlltimeDeutsch50.htm (27.04.2018).

Filmografie

... UND SOWAS MUSS UM 8 INS BETT. Reg. Werner Jacobs. BRD 1965.
DAS SPUKSCHLOSS IM SPESSART. Reg. Kurt Hoffmann. BRD 1960.
DER MUSTERKNABE. Reg. Werner Jacobs. BRD 1963.
DER PAUKER. Reg. Alex von Ambesser. BRD 1958.
DIE FEUERZANGENBOWLE. Reg. Helmut Weiss. D 1944.
DIE HEIDEN VON KUMMEROW UND IHRE LUSTIGEN STREICHE. Reg. Werner Jacobs. BRD/DDR 1967.
HURRA, DIE SCHULE BRENNT! Reg. Werner Jacobs. BRD 1969.
LAUSBUBENGESCHICHTEN. Reg. Helmut Käutner. BRD 1964.
PEPE, DER PAUKERSCHRECK. Reg. Harald Reinl. BRD 1969.
UNSERE PAUKER GEHEN IN DIE LUFT. Reg. Harald Vock. BRD 1970.
WIR HAU'N DIE PAUKER IN DIE PFANNE. Reg. Harald Reinl. BRD 1970.
ZUM TEUFEL MIT DER PENNE. Reg. Werner Jacobs. BRD 1968.
ZUR HÖLLE MIT DEN PAUKERN. Reg. Werner Jacobs. BRD 1968.

David Gaertner
Die Revolution im Gedanken

Lindsay Andersons IF....

Cannes 1969

Der Preis der goldenen Palme für den britischen Film IF.... stellt einen Wendepunkt des Filmfestivals von Cannes dar. So zumindest formuliert es der Film- und Theaterkritiker Vincent Canby 1969 in einem Artikel für die New York Times.[1] Als Insider vor Ort weiß Canby von dem Entscheidungsprozess der neunköpfigen Jury zu berichten. In den Jahren zuvor setzte sich die Jury noch vorwiegend aus französischen und italienischen Filmschaffenden und Kritikern zusammen. 1969 war dies anders. Nur die Schauspielerin Marie Bell und der Filmkritiker Robert Kanters waren gebürtige Franzosen. Der Regisseur Luchino Visconti der einzige Italiener. Die Jury wurde internationaler: Der SINGING IN THE RAIN-Co-Regisseur Stanley Donen gehörte der Jury ebenso an wie der LAWRENCE OF ARABIA-Produzent Sam Spiegel.[2] Zudem gab es jeweils einen Repräsentanten der Sowjetunion, der Tschechoslowakei und Jugoslawiens. Anfangs schien der französische Film Z von Costa-Gavras (Z – ANATOMIE EINES POLITISCHEN MORDES, F/DZ 1969) das Rennen zu machen. Nur Donen und Spiegel stimmten im ersten Wahlgang für IF.... In späteren Wahlgängen konnte sich der Film jedoch mit der notwendigen Fünf-Stimmen-Mehrheit durchsetzen. Schließlich gaben beide französische Jurymitglieder und der Schwede Jerzy Glucksman IF.... ihre Stimmen.

Canby stellt ein Merkmal heraus, das alle Wettbewerbsbeiträge gemein hätten: Sie seien allesamt „extrem politische" Filme („extremely political films"). So führt Canby aus, dass Z von der Ermordung des linken Politikers und Friedensaktivisten Dr. Grigoris Lambrakis 1963 in Griechenland handelt, und von der Aufklärung des Mordes, die als spannender Kriminalfilm inszeniert wäre. Der ebenfalls hochgehandelte Beitrag Schwedens, ÅDALEN 31 (S 1969) handelt von Streikenden Arbeitern des gleichnamigen Dorfes, auf die im Jahr 1931 schließlich das Militär das Feuer eröffnet.

---

1 Vgl. Vincent Canby: British Film Breaks Continental Hold on Cannes Fete. In: New York Times, 26. 05. 1969, S. 56.
2 Vgl. Canby: British Film Breaks Continental Hold on Cannes Fete, S. 56.

https://doi.org/10.1515/9783110618945-006

Warum der Film IF...., der fast ausschließlich in einem Jungeninternat spielt und an dessen Ende ein gewaltsamer Akt der Rebellion gepeinigter Schüler steht, zu den „extremely political films" zählt, lässt Canby in seinem Beitrag jedoch offen. Vielleicht lag es allzu sehr auf der Hand, den Widerstand der Schüler mit den Protestbewegungen jener Zeit in Verbindung zu bringen.[3]

Was Canby in seinem Artikel ebenfalls nicht erwähnt, aber dennoch nahelegt, ist, dass die Auszeichnung von IF.... mit dem kontroversen Verlauf des Festivals im Vorjahr zusammenhängt. Vor dem Hintergrund der Mai-Unruhen in Paris und der Absetzung des Direktors der *Cinémathèque française* Henri Langlois wurde nach dem Austritt des Jurymitglieds Louis Malle und dem offenen Protest von Filmemachern wie François Truffaut, Jean-Luc Godard und Roman Polanski das Festival abgebrochen.[4] Das jähe Ende von Cannes 1968 lässt die Verleihung der Goldenen Palme 1969 in einem besonderen Licht erscheinen. Ausgezeichnet wurde ein, wie es ja hieß, „extrem politischer Film", in dessen Mittelpunkt das Aufbegehren einer jungen Generation steht, die sich gegen institutionalisierte Strukturen der Machtausübung eines Establishments stellt, welches Konformität und Gehorsam einfordert.

IF.... kam im Dezember 1968 in die britischen Kinos. Im März '69 hatte der Film seine US-Premiere, lief im Mai in Cannes und hatte schließlich im September '69 seinen bundesdeutschen Kinostart. Wenn man im Fall von IF.... nun von einem politischen Film sprechen möchte, so wie es Vincent Canby ganz selbstverständlich getan hat, dann wäre zuerst zu klären, inwiefern dieser Spielfilm mit der politisch-gesellschaftlichen Situation in Europa, die zu dieser Zeit unter dem Eindruck der Proteste von 1968 stand, in Beziehung gesetzt werden kann. Was macht IF.... zu einem politischen Film und in welchem Verhältnis steht er zu den Protestbewegungen der 1960er Jahre? Auf diese Fragen möchte ich in meinem Beitrag eingehen.

---

[3] Zu Protestbewegungen um 1968 vgl. Ingrid Gilcher-Holtey: „1968" in Frankreich und Deutschland. In: Leviathan, Vol. 26, Nr. 4 (1998), S. 533–539.
[4] Vgl. o. V.: Cannes Officials Close Festival: Filmmakers Act in Gesture of Solidarity With Strike. In: The New York Times. 19. Mai 1968, S. 26 und Harvey Swados: How Revolution Came to Cannes. In: The New York Times. 9. Juni 1968, S 128.

IF....: Der Filmtitel

Zur Bearbeitung meiner Fragen möchte ich mich zuerst auf den Titel des Films beziehen.

Das ursprüngliche Drehbuch von David Sherwin und John Howlett trug den Titel „Crusaders".[5] Noch im Abspann taucht diese Bezeichnung auf. Benannt werden damit jene Jugendliche, die sich gegen die Unterdrückung innerhalb des Schulsystems stellen und gewaltsam aufbegehren. Anhand dieser Gruppenbildung entwirft IF.... eine Figurenkonstellation, in der andere Gruppen den Crusaders gegenübergestellt werden. Nach den Crusaders werden die „Whips" im Abspann genannt. Eine Gruppe der ältesten Schüler, die legitimiert sind, mit der Peitsche das Recht der 500 Jahre alten Institution (wieder)herzustellen und die Tradition zu wahren. Dieses Privileg gibt dieser Gruppe auch im Rahmen der Diegese die Bezeichnung „Whips". Die Crusaders werden als solche nicht benannt. Warum rückt der Titel nun nach der Überarbeitung des Drehbuchs, die der Regisseur Lindsay Anderson zusammen mit David Sherwin vornahm,[6] von der Nennung einer spezifischen Figurengruppe der Erzählung ab? Statt der Crusaders, den Kreuzrittern, bildet der Konjunktiv *if* den Titel: kleingeschrieben und von vier Punkten gefolgt.

Die zweite Einblendung des Titels erfolgt unmittelbar nach der letzten Einstellung des Films, in der Malcolm McDowell als Mick Travis Maschinengewehrsalven in einem Loop abgibt. Dem ging ein grotesk anmutender Kugelhagel voraus, in dem sich die Crusaders, verschanzt auf einem Dach, mit Vertretern der Schule sowie des Establishments ein Gefecht lieferten. Längst wird den Zuschauern aufgefallen sein, dass sich der Film, wenn auch schleichend, von den Registern repräsentativer Räume gelöst hat und zwischen einer tagtraumhaften Fantasie und gegenständlicher Milieuzeichnung changiert. Man denke etwa an den Bruch mit den repräsentativen Räumen des Films wenn die Frau des Schulleiters Mrs. Kemp nackt und in Schwarz-Weiß durch die verlassenen Hallen der Schule wandelt, oder wenn der vermeintlich bajonettierte Schulkaplan die Entschuldigung der Missetäter aus einer Ausziehkommode im Büro des Rektors entgegennimmt. Nicht zuletzt greift auch jene Szene auf nicht-repräsentative Register zurück, in der Mick und „The Girl" (Christine Noonan) – die Bezeichnung erhalten wir aus dem Abspann – in einem Diner ihren Trieben freien Lauf lassen und im Anschluss zusammen mit

---

5 Vgl. David Robinson: Anderson shooting IF.... In: Sight and Sound. Sommer 1968. H. 37/3, S. 130–131, hier S. 130.
6 Vgl. Robinson: Anderson shooting IF...., S. 130.

Abb. 1–4: Bruch mit repräsentativen Räumen (IF....).

Johnny (David Wood) auf dem Motorrad mit artistischer Raffinesse eine Geste der Freiheit vollziehen (Abb. 1–4).

IF.... lässt also keinen Zweifel daran, dass verschiedene Modalitäten der Repräsentation angewendet werden. So finden wir einen dokumentarisch anmutenden Realismus vor, der die Tristesse des Schulalltags sichtbar werden lässt, aber auch jene Momente innerhalb der episodenhaften Erzählung, in denen der Film zu fabulieren beginnt. Letzterer Modus lässt sich dem gewaltsamen Widerstand am Ende des Films zuordnen. In der letzten Einstellungsfolge dieser Szene wird im wahrsten Sinne des Wortes eine Schuss-Gegenschuss-Konstellation etabliert, in der auf der einen Seite die Repräsentanten des Establishments und auf der anderen Seite die Rebellen stehen. Doch wird diese schließlich aufgelöst. Zum Ende entladen sich die Gewehrsalven in Richtung der Kamera. (Abb. 5) Lindsay Anderson bedient sich hier einer filmischen Figur, die wir bereits aus dem frühen Kino kennen; ihr prominentestes Beispiel ist die letzte Einstellung von Edwin S. Porters THE GREAT TRAIN ROBBERY (DER GROSSE EISENBAHNRAUB, USA) von 1903.

Doch lässt sich Andersons Einsatz dieses Motivs nicht als ein bloßes Zitat verstehen. Die Schüsse in den Zuschauerraum stellen eine aggressive Geste dar, die sich an das Publikum richtet. Es handelt sich um eine spezifische Adressierung der Zuschauer. In der letzten Einstellung wird so die vierte Wand durchbrochen und die Schuss-Gegenschuss-Konstruktion aufgehoben. An die

Abb. 5: Gewehrsalven in Richtung Kamera (IF....).

Stelle der Schulseite ist der Zuschauerraum gerückt. Das Kinopublikum, das den Film sieht. Diese spezifische Adressierung der Zuschauer am Ende eines Films kennen wir aus Hollywood-Filmen, die während des Zweiten Weltkriegs entstanden sind. In diesen soll das Publikum aufgerufen werden, die passive Zuschauerposition aufzugeben und sich im Sinne der Kriegsanstrengungen verantwortlich zu fühlen und entsprechend zu handeln.[7]

Wie die Schüsse, die die vierte Wand durchbrechen, richtet sich das „if...."‚ das im Anschluss der letzten Einstellung eingeblendet wird, ebenfalls unmittelbar an die Zuschauer (Abb. 6). Möchte IF.... nun zum bewaffneten Widerstand aufrufen? Diese Annahme wäre sicherlich zu kurzschlüssig. Es lässt sich aber durchaus feststellen, dass eine besondere Aktivität der Zuschauer eingefordert wird. Stände „if" nicht für ein „wenn" oder „falls", sondern für ein „Was wäre wenn ...", dann läge der Ball bei dem Zuschauer, diese Frage zu beantworten.

Was hat es nun aber mit dem vierten Punkt auf sich? Handelt es sich um eine weniger geläufige Konvention für Auslassungszeichen? Folgt der Auslas-

---

7 Vgl. David Gaertner: Tickets to War. Demokratie, Propaganda und Kino in den USA bis 1945. Dissertation: Freie Universität, Berlin 2016 (unveröffentlicht), S. 2–8. Sam Woods FOR WHOM THE BELL TOLLS (WEM DIE STUNDE SCHLÄGT, USA 1943) und Tay Garnetts BATAAN (USA 1943) enden mit einem Mündungsfeuer, das direkt in das Aufnahmeobjektiv der Kamera gerichtet ist.

Abb. 6: Titeleinblendung unmittelbar nach der letzten Einstellung (IF....).

sung ein Punkt, der aus dem „Was wäre wenn" einen ganzen Satz und somit eine Aussage werden lässt? Handelt es sich um einen Gedanken, der zu Ende gedacht werden muss?

Der Filmtitel verweist nicht mehr auf Figuren innerhalb der Diegese, sondern adressiert die Zuschauer. Es sind die Zuschauer, die aufgefordert sind, die Auslassung zu vervollständigen. Die Lehrstelle mit den eigenen Gedanken zu füllen. So könnte das IF.... auch einen Appell darstellen. Die gewaltsame Revolution, die als fantastisches Gedankenspiel angelegt ist, auf die eigene Situation zu beziehen.

Dass es in IF.... bei einer Revolution im Gedanken bleibt, hat, wie ich im Folgenden zeigen möchte, auch etwas damit zu tun, dass ein konkreter Bezug zur Situation der Zuschauer hergestellt werden soll, dem Publikum, das in den Jahren 1968 und 1969 den Film im Rahmen seiner Erstauswertung im Kino sehen sollte. Zu diesem Zweck werde ich zunächst das Umfeld skizzieren, in dem der Regisseur Lindsay Anderson seine Filme hergestellt hat. Anderson der deutlich mehr Dokumentarfilme als Spielfilme inszeniert hat, war auch publizistisch tätig und hat sowohl in seinen Schriften, als auch in seinen dokumentarischen und fiktionalen Filmen versucht, die Schnittstelle von Gesellschaft und Kino auszuleuchten. Dieses Betätigungsfeld möchte ich im Folgenden umreißen. Das soll mir erlauben, Rückschlüsse darauf zu ziehen, inwiefern IF.... tatsächlich als ein politischer Film verstanden werden kann.

British New Wave und Free Cinema – Überhöhung des Alltäglichen

Bevor Anderson IF.... drehte leistete er mit THIS SPORTING LIFE (LOCKENDER LORBEER) 1963 seinen Beitrag zur sogenannten *British New Wave*. Mit British New Wave meine ich eine filmästhetisch wie auch verleihökonomisch bedingte ‚Strömung' des britischen Kinos von ca. 1959 bis 1963.[8] In THIS SPORTING LIFE geht es um einen Rugbyspieler, der nach dem Aufstieg in die Profiliga an dem daran geknüpften sozialen Aufstieg scheitert. Anderson, der sich von dem Begriff des „Kitchen Sink Realism" distanziert hat,[9] schuf mit THIS SPORTING LIFE einen Film, der zwischen rauer Milieustudie und abstrakter Überhöhung changiert.

Karel Reisz' SATURDAY NIGHT AND SUNDAY MORNING (SAMSTAGNACHT BIS SONNTAGMORGEN, GB 1960), Tony Richardsons Bühnenverfilmung LOOK BACK IN ANGER (BLICK ZURÜCK IM ZORN, GB 1959) und seine Literaturverfilmung THE LONELINESS OF THE LONG DISTANCE RUNNER (DIE EINSAMKEIT DES LANGSTRECKENLÄUFERS, GB 1962) gehören zu dem Kern dessen, was zur British New Wave gezählt wird. Anderson schließlich lieferte mit THIS SPORTING LIFE einen der letzten Filme der British New Wave ab.

Bevor diese Filmemacher der British New Wave im Feld des kommerziellen Spielfilms tätig waren, waren sie am sogenannten Free Cinema beteiligt. Free Cinema nannte sich der Zusammenschluss einer kleinen Gruppe von FilmemacherInnen, die sich selbst als eine ‚Bewegung' definierten. Diese Gruppe initiierte eine Filmreihe, die ebenfalls unter dem Titel „Free Cinema" im Londoner National Film Theatre zwischen 1956 und 1959 gezeigt wurde. Darin wurden sowohl eigene Arbeiten der Gruppe, als auch Filme anderer Filmemacher aufgenommen. In dem ersten Programm, das im September 1956 gezeigt wurde, waren unter anderem die Filme O DREAMLAND (GB 1956) von Lindsay Anderson, MOMMA DON'T ALLOW (GB 1956) von Karel Reisz und Tony Richardson, sowie TOGETHER (GB 1956) von Lorenza Mazzetti und Denis Horne zu sehen. O DREAMLAND und MOMMA DON'T ALLOW sind dokumentarische Kurzfilme, die Zerstreuungsaktivitäten der Nachkriegsgesellschaft in einer Vergnügungsmeile und einem Jazz-Club einfangen. TOGETHER wiederum ist ein gut fünfzig Minuten langer fiktionaler Film, der das Eintauchen zweier taubstum-

---

[8] Vgl. B. F. Taylor: The British New Wave. A Certain Tendency? Manchester/New York 2006, S. 1–36.
[9] Vgl. Peter Cowie, Lindsay Anderson: An Interview with Lindsay Anderson. In: Film Quarterly. Vol. 17, Nr. 4. Sommer 1964, S. 12–14, hier S. 14.

mer Tagelöhner in das Dockarbeitermilieu des Londoner East End zeigt. Das Begleitheft des ersten Programms der Reihe gibt Anhaltspunkte, worin die gemeinsame Schnittmenge der genannten Filme besteht:

> These films are free in the sense that their statements are entirely personal. Though their moods and subjects differ, the concern of each of them is with some aspect of life as it is lived in this country, today.[10]

Die Abkehr vom kommerziellen Kino sollte einen – durchaus persönlichen – Blick auf das tatsächlich ‚gelebte' Leben freigeben und einen aktuellen Bezug herstellen. Ähnlich äußern sich Lorenza Mazzetti, Lindsay Anderson, Karel Reisz und Tony Richardson in einem Manifest über ihren gemeinsamen Ansatz, in dem wieder der Bezug zum Alltäglichen betont wird. Dieses ist im Rahmen des ersten Programms erschienen:

> [...] when [these films] came together, we felt they had an attitude in common. Implicit in this attitude is a belief in freedom, in the importance of people and in the significance of the everyday. [...] An attitude means a style. A style means an attitude.[11]

Die Konzentration auf eine „Haltung" des Filmemachers, die wiederum einen „Stil" bedingt, erinnert an den von Alexandre Astruc 1949 geprägten Begriff des Caméra-Stylo. Dies war eines der Konzepte, das den Filmen der Nouvelle Vague vorausgegangen war. Demnach soll die ‚Handschrift' des Filmemachers in dem Werk zum Ausdruck kommen.[12] In den Filmen des Free Cinema stehen bestimmte Milieus im Vordergrund, die mit dem Blick auf die Bedeutsamkeit des Alltäglichen („significance of the everyday") offen anschaulich gemacht werden sollen. Diese Milieus entstammen in der Regel einer Arbeiterklasse, die der Free-Cinema-Bewegung zufolge bis dahin in Filmen sowohl verfälschend dargestellt wurde, als auch unterrepräsentiert war. Diese Ansicht ist einem Artikel Lindsay Andersons zu entnehmen, der in der Zeitschrift *Universities & Left Review* erschienen ist:

> This programme [Free Cinema] is presented not as an achievement, but as an aim. We ask you to view it [...] in direct relation to a British cinema still obstinately class-bound;

---

10 Vgl. „Free Cinema"-Programmheft. Faksimile-Auszug. In: BFI-Booklet der Blu-ray SATURDAY NIGHT AND SUNDAY MORNING, BFI Video 2009. S. 17.
11 Vgl. Free Cinema Manifesto. In: Claude Lichtenstein, Thomas Schregenberger (Hg.): As Found. The Discovery of the Ordinary. Zürich 2001, S. 257 (O. 1956).
12 So ist es nicht verwunderlich, dass das dritte Programm der Free-Cinema-Reihe den Titel „French Renewal" trug. Darin wurden LES MISTONS (DIE UNVERSCHÄMTEN, F 1957) von François Truffaut und LE BEAU SERGE (DIE ENTTÄUSCHTEN, F 1958) von Claude Chabrol gezeigt.

still rejecting the stimulus of contemporary life, as well as the responsibility to criticise; still reflecting a metropolitan, Southern English culture which excludes the rich diversity of tradition and personality which is the whole of Britain.[13]

Interessant ist nun, dass Filmemacher wie Anderson und Reisz sich nicht allein mit dem Veranstalten einer Filmreihe und dem Verfassen eines Manifests zufriedengegeben haben. Sie waren, wie bereits erwähnt, auch Verfasser unterschiedlicher Texte. Als publizistisch aktivstes Mitglied lässt sich Lindsay Anderson ausmachen, der in der Filmzeitschrift *Sequence* – deren Herausgeber er auch war – regelmäßig das Vorhaben des Free Cinema erläuterte. Darüber hinaus wurde unter anderem in der Filmzeitschrift *Sight and Sound* ein Beitrag von ihm zur Rolle der Filmkritik veröffentlicht. Dieser Artikel erschien ebenfalls in *Universities & Left Review*.[14] *Universities & Left Review* ist keine Filmzeitschrift. In dem Journal wurde ab 1957 ein Diskurs über eine „Neue Linke" geführt. Anderson und Reisz beteiligten sich selbst an diesem Diskurs und gingen auch auf die Rolle ein, die der Film für eine Neue Linke spielen könnte. Vor diesem Hintergrund veröffentlichte Anderson den genannten Artikel über das Free Cinema. Reisz publizierte ebenfalls in *Universities & Left Review*. Unter dem Titel „A use for documentaries" schreibt er über die besondere Funktion des Dokumentarfilms für eine, wie er sagt, sozialistische Gesellschaft.[15]

Im Folgenden werde ich jenen Diskurs knapp skizzieren. Dazu werde ich zunächst einen kurzen Überblick über *Universities & Left Review* geben, kann die Zeitschrift doch als Bezugspunkt des Diskurses bezüglich der Möglichkeiten und Aufgaben einer neuen politischen Linken in Großbritannien gelten. In diesem Kontext werde ich auf die von Anderson veröffentlichten Texte in dem Journal eingehen. Dabei werde ich zeigen, inwiefern der Autor diesen Diskurs um eine Perspektive ergänzte, in der dem Kino eine politische Bedeutung beigemessen wurde.

Universities & Left Review und der Diskurs über eine Neue Linke

Die erste Ausgabe von *Universities & Left Review* erschien im Frühjahr 1957. Bevor das Journal nach einem Zusammenschluss der Redaktion mit *The New*

---

13 Vgl. Lindsay Anderson: Free Cinema. In: Universities & Left Review, H. 1/2 (1957), S. 48–52, hier S. 51
14 Vgl. Lindsay Anderson: Commitment in cinema criticism. In: Universities & Left Review Spring, H. 1/1 (1957), S. 44–48.
15 Vgl. Karel Reisz: A use for documentaries. In: Universities & Left Review, H. 3 (1958), S. 23–26.

Reasoner in *Left Review* umbenannt wurde, erschien im Herbst 1959 die letzte der insgesamt sieben Ausgaben. Die Herausgeber der ersten Ausgabe waren der später einflussreiche Kulturtheoretiker und Soziologe Stuart Hall, der Historiker Raphael Samuel, der Literaturwissenschaftler Gabriel Pearson und der später viel rezipierte Politikwissenschaftler und Philosoph Charles Taylor. Alle Herausgeber waren, wie im Impressum vermerkt, zwischen 22 und 27 Jahre alt und beschäftigten sich zum Zeitpunkt der Publikation der ersten Ausgabe mit ihren Abschlussarbeiten.

Das Editorial der ersten Ausgabe gibt Aufschluss über Ausrichtung und Ziel der Zeitschrift. Die Herausgeber bemängeln, dass der Sozialismus in Großbritannien im Angesicht der Folgen des Kalten Krieges, des politischen Spannungsfelds von Wohlfahrtsstaat und Kapitalismus sowie der Auswüchse des Stalinismus in der Sowjetunion und im Ostblock moralisch und intellektuell verschwunden sei. Sie kommen zu dem Schluss, dass es der Wiederbelebung einer intellektuell geführten, offenen und kritischen Debatte bedürfe.[16]

Im Januar 2010 äußert sich Stuart Hall rückblickend in einem Artikel über die Entstehung der neuen Linken in der Zeitschrift *New Left Review*.[17] Was einst im Editorial mit allgemeineren Formulierungen umrissen wurde, konkretisiert Hall nun, zumindest nach seinen Erinnerungen. So waren es zwei dicht beieinander liegende Ereignisse, die zur Entstehung einer neunen Linken in Großbritannien geführt hätten: die Niederschlagung des Volksaufstands in Ungarn durch sowjetische Panzer und die militärische Intervention in der Suezkrise 1956. Beide Ereignisse hätten jeweils die Extreme des westlichen Imperialismus und des Stalinismus offengelegt. Vor diesem Hintergrund bildete sich jene Neue Linke in England. Zentral war dafür die Herausgabe zweier Zeitschriften: Neben *Univeristies & Left Review*, deren Redaktion sich vor allem aus Oxford-Studenten zusammensetzen, handelt es sich um *The New Reasoner*, dessen Redakteure zumeist mit der Kommunistischen Partei verbunden waren. Zu ihnen zählten die Historiker John Saville sowie Edward und Dorothy Thompson. Beide Redaktionen teilten die ausdrückliche Abkehr vom Stalinismus. Wenn wir von einer neuen Linken in der zweiten Hälfte der 1950er Jahre sprechen, haben wir es mit einem Netzwerk von überwiegend Akademikern zu tun. Wenn wir nun aber im Zusammenhang von 1968 von einer Neuen Linken sprechen, gehen wir doch von einer anderen Linken aus. Hall spricht 2010 auch diesen Unterschied an:

---

16 Editorial. In: Universities & Left Review, H. 1/1 (1957), ohne Seitenangabe.
17 Stuart Hall: Life and Times of the First New Left. In: New Left Review. H. 61. Jan/Feb 2010. S. 177–196

> The term ‚New Left' is commonly associated with ‚1968', but to the ‚1956' New Left generation, ‚1968' was already a second, even perhaps a third, mutation. We had borrowed the phrase in the 1950s from the movement known as the *nouvelle gauche*, an independent tendency in French politics associated with the weekly newspaper *France Observateur* and its editor, Claude Bourdet.[18]

Und Hall fährt fort:

> A leading figure in the French Resistance, Bourdet personified the attempt, after the war, to open a „third way" in European politics, independent of the two dominant left positions of Stalinism and social democracy, beyond the military power blocs of nato and the Warsaw Pact, and opposed to both the American and the Soviet presences in Europe.[19]

Es ging der Neuen Linken also darum, eine Idee von Sozialismus zu entwickeln und umzusetzen, die sich von den dominierenden politischen Systemen unterscheidet, jedoch in einem demokratischen Staat verwurzelt sein soll.[20] Hall spricht in Anlehnung an Bourdet davon, dass zwischen den Extremen des westlichen Imperialismus und des Stalinismus ein dritter Raum („third space") besetzt werden müsse.[21]

Vor diesem Hintergrund möchte ich nun weiter auf das Editorial der ersten Ausgabe von *Universities & Left Review* eingehen. Die Herausgeber kommen zu dem Schluss, dass sich ihr politisches Engagement auf Bereiche des gegenwärtigen Lebens erstrecken müsse. Zu diesen Bereichen zählen sie Literatur und Kunst, welche entscheidend seien für „our feeling for the quality of life and the community in an industrial society".[22] So ist es auch nicht verwunderlich, dass die Herausgeber um Beiträge von Filmschaffenden und bildenden Künstlern bemüht waren. Diese sollten helfen, das Erstarken einer Gemeinschaft (nach sozialistischen Vorstellungen) mit Publikationen und gemeinsam geführten Debatten mitzugestalten. In diesem Sinne veranstaltete der dem Journal angegliederte *Left Review Club* Diskussionsabende in London.[23]

Wenn man sich den Impressumsteil des Journals anschaut, dann wird der Gedanke solch eines Austauschs deutlich. Für die erste Reihe der 24 für ein Jahr festgelegten „Open Club Meetings" ist in der ersten Ausgabe auch Lindsay Anderson angekündigt. So soll er am 11. April 1957 zusammen mit dem bekannten Maler Peter de Francia in die Diskussion des Abends einleiten. Es zeigt sich

---

18 Vgl. Hall: Life and Times of the First New Left, S. 178.
19 Vgl. Hall: Life and Times of the First New Left, S. 178.
20 Vgl. Hall: Life and Times of the First New Left, S. 194, 196.
21 Vgl. Hall: Life and Times of the First New Left, S. 196.
22 Editorial. In: Universities & Left Review, H. 1/1 (1957), ohne Seitenangabe.
23 Vgl. Ankündigung. In: Universities & Left Review, H. 1/1 (1957), S. 46.

an dieser Stelle, dass, wenn wir uns den Diskurs über die Rolle einer Neuen Linken ansehen, auch weitere Spezialdiskurse parallel verliefen, die sich in den genannten Clubaktivitäten ausdrücken.

Im Folgenden werde ich einige Beiträge, die Lindsay Anderson in *Universities & Left Review* veröffentlicht hat, besprechen.

Lindsay Anderson in *Universities & Left Review*

In der ersten Ausgabe des Journals befindet sich der bereits erwähnte Artikel Andersons, „Commitment in cinema criticism". Darin moniert Anderson, dass Filmkritiker sich nicht über die weitreichende Bedeutung des Kinos bewusst wären. Diese Bedeutung erkennt er in der Rolle des Kinos als „cultural and propagandist force":

> The importance of the cinema as a cultural and propagandist force is a matter of fact [...]. Everyone who has seen more than half a dozen films with his eyes open knows that if the cinema does not create the significant social movements of our time, it intimately reflects them. And that it provides a reflection just as intimate – and just as significant – of social stagnation.[24]

Anderson schließt sein Argument mit den Worten:

> A further point worth emphasising is that the cinema makes its appeal above all to the youthful: that is to say, above all to those whose minds are unformed, and open to impression.[25]

Andersons Formulierung, dass das Kino als Propagandainstrument zu verstehen sei, das vor allem ein junges und (noch) formbares Publikum anspricht, zeugt auf den ersten Blick von der Vorstellung, Film als Mittel politischer Meinungsbeeinflussung einsetzen zu können. Doch kommt noch ein anderer Aspekt in Andersons Äußerung zur Geltung: Das Kino sei in der Lage auf besondere Weise ‚soziale Bewegungen' und ‚gesellschaftliche Stagnation' zu ‚reflektieren'. In einem Beitrag, den er in der zweiten Ausgabe von *Universities & Left Review* veröffentlicht hat, vertieft Anderson diesen Aspekt, wenn er auf die Herangehensweise des Filmemachers zu sprechen kommt. Dabei sieht er sich als Dokumentarfilmemacher in einer Tradition mit John Grierson und Humphrey Jennings. Der dokumentarischen Filmschule der 1930er Jahre – aus der

---

24 Anderson: Commitment in cinema criticism, S. 45.
25 Anderson: Commitment in cinema criticism, S. 45.

Jennings hervorgegangen ist – attestiert Anderson eine Einstellung zum Gegenstand, die er auch für sich und seine Zeitgenossen in Anspruch nehmen möchte. Dokumentarfilm sollte nicht als Synonym für Langeweile stehen, sondern vielmehr kenntlich machen, „how rich, fantastic, unexpected and significant ‚actual' life can be". Um das ‚tatsächliche Leben' in entsprechender Weise zu ‚reflektieren', spricht Anderson davon, dass der Dokumentarist mit den Mitteln des Films ‚Poesie' schaffen müsse. So spricht sich Anderson gegen sachliche „information films" aus und kommt auf den Aspekt der in dem Free-Cinema-Manifest postulierten ‚Haltung' des Filmemachers zu sprechen:

> When John Grierson first defined the word „documentary", he called it „the creative interpretation of actuality". In other words the only vital difference between making a documentary and making a fiction film is that in documentary you are using „actual" material, not invented situations and actors playing parts. But this actual material still has to be interpreted, worked on creatively, or we are left with nothing but publicity. And if we are to interpret, we must have an attitude, we must have beliefs and values.[26]

Anderson betont am Beispiel Griersons die Grenzüberschreitung von Dokumentarischem und Fiktionalem. In Hinblick auf die Tätigkeit einiger Free-Cinema-Regisseure, die schließlich auch Filme der British New Wave inszenierten, lässt sich diese Grenzüberschreitung von beiden Seiten aus betrachten: als ein fließender Übergang vom Dokumentarischen zum Fiktionalen sowie vom Fiktionalen zum Dokumentarischen. Von diesem Gedanken ausgehend, ist es das Ziel für Anderson, Filme *über* und *für* „ordinary people" zu machen:

> I want to make people – ordinary people, not just Top People – feel their dignity and their importance, so that they can act from these principles. Only on such principles can confident and healthy action be based.[27]

Mit anderen Worten könnte man sagen, dass Anderson davon spricht, das Kino als Möglichkeit einer neuen Öffentlichkeit zu verstehen, die sich an die vernachlässigten Teile der Gesellschaft richtet.[28] Um diese Öffentlichkeit zu ermöglichen, stellt er eine kritische Frage an die Leser des Journals:

---

26 Anderson: Free Cinema, S. 52.
27 Vgl. Anderson: Free Cinema, S. 52.
28 Vgl. Oskar Negt/Alexander Kluge: Öffentlichkeit und Erfahrung. Zur Organisationsanalyse von bürgerlicher und proletarischer Öffentlichkeit. Frankfurt am Main 1972. Negt und Kluge entwickeln den Begriff der proletarischen Öffentlichkeit als historischen Gegenbegriff zur bürgerlichen Öffentlichkeit.

> Why do we not use the cinema [...]? Is it not strange that at a time when so much emphasis is being put on ideals of community, this medium (above all potent in the service of such ideals) should be abandoned to irresponsible commerce?[29]

Anderson macht deutlich, dass es nicht allein Filmreihen braucht, um eine neue Öffentlichkeit zu schaffen. Die Reichweite des kommerziellen Kinos erscheint ihm essentiell für die Umsetzung der Ziele der Neuen Linken, in denen der Gemeinschaft – der community – eine zentrale Bedeutung beigemessen wird. Dieser Gedanke wird in einem Artikel des Historikers Edward Thompson aufgegriffen, der, wie erwähnt, zu den Herausgebern des *New Reasoner* zählte. Dort hält er fest:

> [...] by constructing new channels of communication between industrial workers and experts in the sciences and arts, [the New Left] will cease to postpone the satisfactions of Socialism to an hypothetic period ‚after the Revolution', but will seek to promote in the present, and in particular in the great centres of working-class life, a richer sense of community.[30]

Thompson verfasste diese Zeilen 1959; Anderson die Seinen 1957. Doch wie sah es nun zehn Jahre später aus, als die Neue Linke auf die *neue* Neue Linke stößt? Dieser Frage möchte ich nachgehen, indem ich auf zwei Filme eingehe, die die Regisseure Lindsay Anderson und Karel Reisz nach dem Ende der British New Wave gedreht haben. Damit meine ich zum einen Andersons IF...., zum anderen Karel Reisz' MORGAN: A SUITABLE CASE FOR TREATMENT aus dem Jahr 1966. Dieser Film lief im Oktober 1967 unter dem Titel PROTEST in den Bundesdeutschen Kinos an.

Eine *neue* Neue Linke

Waren es in den Filmen des Free Cinema und der Britisch New Wave vor allem Angehörige der britischen Arbeiterklasse, die als Protagonisten in Erscheinung traten, wandelte sich der Focus für Anderson und Reisz. Im Mittelpunkt stehen nun Figuren, die aus der Perspektive von Reisz und Anderson eben zu jenen neuen Neuen Linken gehören könnten, die aus der ihnen nachfolgenden Generation hervorgegangen sind. Gemeint sind Schüler, Studenten und Aktivisten in der zweiten Hälfte der 1960er Jahre in Großbritannien.

---

[29] Vgl. Anderson: Free Cinema, S. 52.
[30] Edward Thompson: The New Left. In: New Reasoner. Heft 9. Sommer 1959. S. 1–17. Zit. nach Hall S. 197.

Abb. 7–10: MORGAN: A SUITABLE CASE FOR TREATMENT (GB 1966, Reg. Karel Reisz) mit David Warner und Vanessa Redgrave.

Sind es in IF.... privilegierte Schüler eines Eliteinternats, die als Hauptfiguren des Films fungieren, haben wir es in Reisz' Film mit einem kurios anmutenden Protagonisten zu tun. Der titelgebende Morgan, gespielt von David Warner, ließe sich als Aussteiger bezeichnen, der in einem Auto haust, das vor dem Haus seiner Exfrau abgestellt ist. Diese hat ihn aufgrund seines instabilen Geisteszustands verlassen. Im Verlauf des Films wird deutlich, dass Morgan, ein versponnener Marxist, unfähig ist, in der Gesellschaft selbstständig zurecht zu kommen. Er flüchtet sich in Traumvorstellungen eines ursprünglichen, animalischen Lebens, das sich im Film durch *inserts* alter Hollywoodfilme und durch *found footage* von Naturdokumentationen ausdrückt. Mit kindischen, teils gefährlichen Streichen macht Morgan das Leben seiner Ex-Frau (gespielt von Vanessa Redgrave) sowie ihrer privilegierten Mutter und ihres neuen Verlobten zur Hölle. Schließlich lässt er die Hochzeit seiner Ex-Frau platzen, indem er in einem Gorillakostüm versucht, wie einstmals King Kong die ‚weiße Frau' zu stehlen. Selbstverständlich geht das schief und Morgan endet im Wahn vor einem revolutionären Erschießungskommando. Diesem gehört auch seine Frau an, die tödliche Schüsse auf ihn abfeuert. In der Realität angekommen, muss Morgan sein Dasein in einer psychiatrischen Einrichtung fristen. Dort verbringt er seine Zeit damit, Blumenbeete zu pflegen, die er nach der Form von Hammer und Sichel angelegt hat (Abb. 7–10).

Nach den Protagonisten der British New Wave und den porträtierten Angehörigen einer Arbeiterklasse in den Filmen des Free Cinema zeigt Reisz' MORGAN. A SUITABLE CASE FOR TREATMENT eine Einzelgänger-Figur in einer grotesken Überzeichnung. Es ist auffallend, dass Morgan als durchaus belesener Marxist gezeichnet wird, was ihm aber nicht hilft, einen sinnvollen Bezug zur Realität herzustellen. Haben wir es hier mit einem kritischen Blick eines Neuen Linken – dem Filmemacher Reisz – auf die neuen Neuen Linken zu tun? Ich möchte den Vorschlag machen, dass die Morgan-Figur nicht allzu weit entfernt ist von den Crusaders, die in Lindsay Andersons IF.... porträtiert werden. Widmet Reisz der Figur des verträumten Linken einen ganzen Film und fokussiert sich dabei fast ausschließlich auf deren absurde Eskapaden, sind die Crusaders jedoch in einer komplexen Figurenkonstellation eingebunden, die das Establishment repräsentiert.

Wie lässt sich die Figur des linken Spinners Morgan mit Mick aus IF.... zusammenbringen? Auffallend ist auf den ersten Blick die Überschneidung in Form der Fixierung auf die Tierwelt und animalische Instinkte. Doch woher rührt diese Sehnsucht nach exotischer Natur? Darauf werde ich gleich eingehen. Zuerst sei noch der zweite Überschneidungspunkt genannt. Beide Figuren, Morgan und Mick, werden als Träumer dargestellt.

In einer Szene von IF.... fragt Johnny seinen Mitschüler Mick, was dieser von einer Fotografie halte, die er einer Illustrierten entnommen hat. Sie zeigt einen schwarzen Kämpfer. „Fantastic!", gibt Mick mehrmals als Antwort. Um was für einen Kämpfer handelt es sich? Johnny zeigt eine Fotografie aus dem französischen Magazin *Paris-Match*, das seit seiner Entstehung 1949 mit den Worten „Le poids des mots, le choc des photos" („Das Gewicht der Wörter, der Schock der Bilder") wirbt und mit dem *Life*-Magazine oder dem deutschen *Stern* verglichen werden kann. *Paris-Match* hat in den Jahren 1966/67 teils exklusive Fotoreportagen veröffentlicht, die die kriegerischen Auseinandersetzungen im Kongo dokumentierten, etwa in der Ausgabe No 959 vom August 1967.[31] Ein wichtiger Protagonist dieses Konflikts war Mobutu, der mit einem Militärputsch die Kontrolle über das Land erlangte, aus dem er später Zaire

---

31 William Hutchings hält fest, dass es sich um einen amerikanischen Soldaten handelt und bezieht sich dabei auf eine Veröffentlichung des Drehbuchs von IF.... Vgl. William Hutchings: IF.... Then-and Now. Lindsay Anderson's IF.... and the Schoolboy Rebels of Fact, Fiction, and Film. In: Papers on Language and Literature: A Journal for Scholars and Critics of Language and Literature. Frühjahr 1987. H. 23/2, S. 192–217, hier S. 195. Diese Beobachtung lässt sich anhand des Kampfhubschraubers im Bildhintergrund der Fotografie nachvollziehen. Jedoch wird der kämpfende Soldat nicht als einer bestimmten Armee zugehörig dargestellt. So bringt die Fotografie einen Interpretationsspielraum mit sich, der für ihren Einsatz in IF.... sinnvoll zu sein scheint.

machen sollte. Wie Fidel Castro und Che Guevara wurde Mobutu von einigen Korrespondenten und Politikwissenschaftlern als Befreiungskämpfer gegen westlichen Imperialismus gewertet und auch als solcher stilisiert. Diese Sichtweise geht etwa aus einer Studie hervor, die Richard Gott im Januar 1968 unter dem Titel „Mobutu's Congo" – herausgeben von der Fabian Society – vorgelegt hat. Die altetablierte Fabian Society engagiert nach ihrer Selbstdarstellung in dieser Publikation „thoughtful socialists ... to discuss the essential questions of democratic socialism and relate them to practical plans for building socialism in a changing world."[32] Die Beziehung der Neuen Linken der 68er zu Befreiungskämpfen in sogenannten Dritte-Welt-Ländern zeichnete sich durch Sympathie und Unterstützung für einen bewaffneten Widerstand aus. Diese Sympathisierung wurde etwa in der Bundesrepublik von Jürgen Habermas bereits im Juni 1968 in einer – unter anderem – im *Spiegel* erschienen Rede scharf kritisiert, die er vor allem an Mitglieder des SDS (Sozialistischer Deutscher Studentenbund) gerichtet hat:[33]

> [...] die auf emotionaler Ebene hergestellte Identifizierung – mit der Rolle des Vietcong, die Identifizierung mit den Negern der großstädtischen Slums, mit den brasilianischen Guerillakämpfern, mit den chinesischen Kulturrevolutionären oder den Helden der kubanischen Revolution – hat keinen politischen Stellenwert. Die Situationen hier und dort sind so unvergleichlich wie die Probleme, die sich stellen, und die Methoden, mit denen wir sie angehen müssen. Die Fehleinschätzung der Situation macht die aktivsten Teile der Studentenbewegung anscheinend unfähig, die Grenzen ihres Aktionsspielraums und den Charakter der verfügbaren Mittel zu erkennen.[34]

In Peter Whiteheads dokumentarischen Essayfilm TONITE! LET'S ALL MAKE LOVE IN LONDON (LONDON, FRÜHJAHR 67) von 1967 wird die Hingabe und Faszination für Befreiungskämpfer auch im Kontext der Neuen Linken in Großbritannien betrachtet. In dem ca. 60 Minuten langen Film zeichnet der Regisseur einen Querschnitt von dem, was als Swinging London beschrieben wurde. Am Beispiel der Schauspielerin Vanessa Redgrave, die in Kampfuniform, mit Inbrunst Fidel Castro würdigend, revolutionäre Lieder bei einer Kundgebung anstimmt, wird die von der Neuen Linken betriebene Idealisierung von und Solidarisierung mit Freiheitskämpfern in England äußerst anschaulich (Abb. 11).

In IF.... wird nun die Idealisierung von Kämpfern im Kongo mit einer Form von Tagträumerei in Verbindung gebracht. Eine wichtige Rolle spielt dabei der

---

32 Vgl. Impressum. In: Richard Gott: Mobutu's Congo. London 1968, ohne Seitenzahl.
33 Vgl. Jürgen Habermas: Scheinrevolution unter Handlungszwang. Über Fehldenken und Fehlverhalten der linken Studentenbewegung. In: Der Spiegel. 10. Juni 1968, S. 57–59.
34 Jürgen Habermas: Scheinrevolution unter Handlungszwang, S. 57.

Abb. 11: Solidaritätsbekundung mit Castro: Vanessa Redgrave singt bei einer Veranstaltung. TONITE LET'S ALL MAKE LOVE IN LONDON (GB 1967, Reg. Peter Whitehead).

Einsatz eines Musikstücks. Mick hört wiederholt die Aufzeichnung einer kongolesischen Messe, die ab 1963 unter den Titel „Missa Luba" von Philips auf Schallplatte vertrieben wurde. Mick vertieft sich in die Musik, verliert sich in ihr. Das gleiche Musikstück wählt Mick in der Jukebox in der traumhaften Diner-Szene an. Es wird kurz darauf auch bei der bereits beschriebenen Motorradfahrt von Mick, Johnny und „the Girl" eingesetzt.

Die Zeitungs- und Illustrierten-Ausschnitte an der Wand der kleinen Kammer, die für die älteren Schüler, die Crusaders, bestimmt ist, lassen zusammen mit dem Plattenspieler den Eindruck entstehen, es handele sich um das Zimmer eines Teenagers (Abb. 12). Das Phänomen von Postern an den Wänden der Zimmer von Pubertierenden ist allgemein bekannt. Poster von Autos, Pferden, Walen und Delfinen sowie von einem ‚Schwarm' – etwa ein Popmusiker – können als Projektionsfläche von Wünschen, Träumen und erwachender Sexualität verstanden werden. Es sind Sehnsüchte nach einem Ideal, das nicht erreicht werden kann bzw. gar nicht erreicht werden möchte. Auf diesen Aspekt der Jugendkultur spielt IF.... an, wenn Mick verträumt in der Kammer inmitten der Collage aus Ausschnitten von Illustrierten der Musik lauscht.

Abb. 12: Das ‚Teenager-Zimmer' der Crusaders (IF....).

Auch im sogenannten „Sweat Room", in dem die jungen Schüler zu büffeln haben, finden sich Poster und Zeitungsausschnitte, die auf die Idealisierungen vonseiten der Neuen Linken hindeuten. In diesem Fall Abbildungen Che Guevaras (Abb. 13–14).

Der hermetisch abgeschlossene Raum des Internats scheint von der Außenwelt gänzlich isoliert zu sein. Die Einrichtung sieht aus wie vor 500 Jahren. Die Latrinen entstammen der viktorianischen Zeit, und die Schuluniformen sind zeitlos. Die Bilder an den Arbeitsplätzen machen nun jedoch Bruchstellen sichtbar, die die Außenwelt in die Räume des Internats hineinlassen. In IF.... wird die Beschäftigung mit Freiheitskämpfern der sogenannten Dritten Welt als Träumerei zugespitzt. Eine wichtige Rolle spielt dabei auch die Idealisierung der Natur der Savanne, die in Bildform in der Collage aus Ausschnitten von Illustrierten aufgenommen wird und sowohl mit dem Stück „Missa Luba" als auch mit Bildern von Kämpfern verwoben werden.

Auch durch den Umstand, dass in IF.... Internatsschüler im Mittelpunkt der Handlung stehen, wird ein Bezug zur konkreten Situation der Neuen Linken in England hergestellt. Um diesen Gedanken zu veranschaulichen, stütze ich mich auf eine Untersuchung der Protestbewegungen im England der 1960er Jahre, die der britische Historiker Mark Donnelly 2005 vorgelegt hat.[35] Darin

---

35 Vgl. Mark Donnelly: Sixties Britain. Culture, Society, and Politics. New York 2005.

Abb. 13: Bildikonen der Gegenkultur an den Wänden des „Sweat Room" (IF....).

Abb. 14: Privilegierte Schüler des Eliteinternats und ihre Vorbilder (IF....).

vergleicht er die 68er-Studentenbewegung in Großbritannien mit denen anderer Länder und kommt zu einem ernüchternden Schluss:

> There was always a slightly diluted taste to the British version of 1968. Neither the number of people involved nor the aggressive purity of the confrontations with the (unarmed) British police matched the benchmarks set at the Sorbonne and Nanterre in France or Berkeley and Columbia in the United States. The fact that most of its activists were privileged middle-class students also meant that the upheavals of 1968 were essentially seen as a crisis within the dominant culture rather than a revolt against it.[36]

Diese Beobachtung ergänzt Donnelly um eine Befragung, die im Rahmen der größten Anti-Vietnamkriegs-Demo(*Vietnam Solidarity Campagn*, VSC) am 27. Oktober 1968 in London durchgeführt wurde. Diese Demonstration verlief mit ihren 100.000 Teilnehmern überwiegend friedlich.[37] Bei der Befragung stellte sich heraus, dass 3/4 der Teilnehmer unter 24 Jahre alt waren und über 50 % auf teure Privatschulen oder gehobene staatliche gingen. Fast alle Demonstranten vor Ort hatten einen höheren Schulabschluss. 96 % waren gegen das Vorgehen der USA in Vietnam, 68 % sagten aus, dass sie allgemein gegen den Kapitalismus wären, 65 % seien gegen die „general structure of British society" gewesen und weitere 23 % gegen jegliche Form von Autorität.[38] Während 70 % davon ausgingen, dass es im Rahmen der Demonstration zu gewaltsamen Ausschreitungen kommen würde, sind nur 10 Prozent davon ausgegangen, an Gewaltakten beteiligt zu sein.[39]

Wenn man annehmen darf, dass sich IF.... an ein Publikum richtete, welches sich in Teilen aus jungen Protestierenden speiste, dann ließe sich schlussfolgern, dass nicht nur Überschneidungen von Filmfiguren und adressiertem Publikum in Hinblick auf eine schulische Ausbildung zu konstatieren sind, sondern auch, dass es in dieser ‚Zielgruppe' eine relativ geringe Gewaltbereitschaft gab. Vor diesem Hintergrund scheint es mir wenig plausibel, dass das Ende von IF.... in Form der Stilisierung eines gewaltsamen Aktes als Aufruf zum bewaffneten Widerstand zu verstehen sei. Stattdessen bietet der Film eine spezifische Perspektive an auf Protestbewegungen und der neuen Neuen Linken in England. So gesehen bringt IF.... diese Neue Linke mit Träumereien in Verbindung und zeichnet sie – so wie auch in MORGAN geschehen – bisweilen in einer grotesken Zuspitzung.

---

[36] Vgl. Donnelly: Sixties Britain, S. 144; Lindsay Anderson war übrigens selbst Schüler des Internats, das für einen Großteil der Dreharbeiten von *if....* verwendet wurde. Vgl. Robinson: Anderson shooting IF...., S. 130.
[37] Vgl. Donnelly: Sixties Britain, S. 149–150.
[38] Vgl. Donnelly: Sixties Britain, S. 149–150.
[39] Vgl. Donnelly: Sixties Britain, S. 150.

If— IF....

Zum Abschuss meines Beitrags beziehe ich mich ein weiteres Mal auf den Filmtitel IF.... Vielleicht ist dem adressierten Publikum, das sich vermutlich zu einem nicht geringen Teil aus jungen Protestierenden zusammensetzte, nicht entgangen, das der Titel des Films als eine Anspielung auf ein Gedicht von Rudyard Kipling zu verstehen ist. Kipling, der Verfasser des Dschungelbuchs, der oft als Repräsentant der viktorianischen Gesellschaft beschrieben wird, veröffentlichte 1910 ein Gedicht, das er 1895 – an seinen Sohn adressiert – geschrieben hat. Dieses Gedicht trägt ebenfalls den Titel „If", jedoch großgeschrieben und von einem langen Gedankenstrich gefolgt. Auch wenn es nicht naheliegt, dass Lindsay Anderson in dem Gedicht hervorgehobene viktorianische Tugenden wie Geduld und Bescheidenheit als Schlüssel für eine Lesart seines Films anbieten wollte,[40] möchte ich dennoch einige Zeilen des Gedichts zitieren, die vielleicht Aufschluss darüber geben können, in welchem Verhältnis das „if" des Filmtitels zu den Filmfiguren und dem adressierten Publikum steht, das den Film in den Jahren 1968/1969 in den britischen Kinos gesehen hat. In Kiplings Gedicht *If*— heißt es:

> [...]
> If you can dream—and not make dreams your master;
> If you can think—and not make thoughts your aim;
> If you can meet with Triumph and Disaster,
> And treat those two impostors just the same;
> [...]
> If you can force your heart and nerve and sinew
> To serve your turn long after they are gone,
> And so hold on when there is nothing in you
> Except the Will which says to them: "Hold on!"
> [...]
> If you can fill the unforgiving minute
> With sixty seconds' worth of distance run,
> Yours is the Earth and everything that's in it,
> And—which is more—you'll be a Man, my son![41]

Der Film und das Gedicht teilen ein Thema: das Erwachsenwerden. Den Worten des Gedichts zu urteilen, ließe sich demnach das „if" in Bezug auf den

---

[40] Ich beziehe mich hier auf die Zeilen: „If you can wait and not be tired by waiting, Or being lied about, don't deal in lies, Or being hated, don't give way to hating, And yet don't look too good, nor talk too wise". Rudyard Kipling: If–. In: 'If–, and other poems. London 2016, S. 88–89.

[41] Rudyard Kipling: If–. London 2016, S. 88–89.

Film nicht unbedingt als ein „was wäre, wenn wir zu den Waffen greifen?" vervollständigen. Man könnte es vielmehr mit der Frage versehen: „Was wäre, wenn wir erwachsen werden würden?". Dem Kern des Gedichts ließe sich schließlich ein Motto entnehmen: ‚Die Welt ist deine, wenn Du im Jetzt lebst und mit Ausdauer und Nachdruck handelst'. So gesehen, lässt sich der Filmtitel auf die Aufgabe des Kinos beziehen, die Anderson am Beispiel des adressierten „Arbeiter-Publikums" im Rahmen seiner Publikationen zum Free Cinema bereits formuliert hat. Demnach sollten Filme die Grundlage eines ‚selbstbewussten' und ‚gesunden' Handels („confident and healthy action"[42]) der Zuschauer schaffen.

Literaturverzeichnis

Anderson, Lindsay: Stand Up! Stand Up! In: Sight and Sound, H. 26/2 (1956), S. 63–69.
Anderson, Lindsay: Commitment in Cinema Criticism, in: Universities & Left Review Spring, H. 1/1 (1957), S. 44–48.
Anderson, Lindsay: Free Cinema, in: Universities & Left Review, H. 1/2 (1957).
Canby, Vincent: British Film Breaks Continental Hold on Cannes Fete. In: New York Times, 26. 05. 1969, S. 56.
Cowie, Peter/Anderson, Lindsey: An Interview with Lindsay Anderson. In: Film Quarterly. Vol. 17, Nr. 4. Sommer 1964, S. 12–14.
Donnelly, Mark: Sixties Britain. Culture, Society, and Politics. New York 2005.
Gaertner, David: Tickets to War. Demokratie, Propaganda und Kino in den USA bis 1945. Dissertation: Freie Universität Berlin 2016 (unveröffentlicht).
Gilcher-Holtey, Ingrid: „1968" in Frankreich und Deutschland. In: Leviathan, Vol. 26, Nr. 4 (1998), S. 533–539.
Gott, Richard: Mobutu's Congo. London 1968.
Habermas, Jürgen: Scheinrevolution unter Handlungszwang. Über Fehldenken und Fehlverhalten der linken Studentenbewegung. In: Der Spiegel. 10. Juni 1968, S. 57–59.
Hall, Stuart et al.: Editorial. In: Universities & Left Review, H. 1/1 (1957), ohne Seitenangabe.
Hall, Stuart: Life and Times of the First New Left. In: New Left Review. H. 61. Jan/Feb 2010, S. 177–196.
Hutchings, William: If.... Then-and Now. Lindsay Anderson's If.... and the Schoolboy Rebels of Fact, Fiction, and Film. In: Papers on Language and Literature: A Journal for Scholars and Critics of Language and Literature. Frühjahr 1987. Vol.23,2, S. 192–217.
Kipling, Rudyard: If—. In: 'If—, and other poems. London 2016, S. 88–89.
Negt, Oskar/Kluge, Alexander: Öffentlichkeit und Erfahrung. Zur Organisationsanalyse von bürgerlicher und proletarischer Öffentlichkeit, Frankfurt am Main 1972.
Reisz, Karel: A Use for Documentaries. In: Universities & Left Review, H. 3 (1958), S. 23–26.
Robinson, David: Anderson Shooting IF... In: Sight and Sound. Sommer 1968. H. 37/3, S. 130–131.

---

42 Vgl. Anderson: Free Cinema, S. 52.

Thompson, Edward: The New Left. In: New Reasoner. Heft 9. Sommer 1959, S. 1–17.
Swados, Harvey: How Revolution Came to Cannes. In: The New York Times. 9. Juni 1968, S. 128.
Taylor, B.F.: The British New Wave. A Certain Tendency? Manchester, New York 2006, S. 1–36.
„Free Cinema"-Programmheft. Faksimile-Auszug. In: BFI-Bookled der Blu-ray *Saturday Night and Sunday Morning*, BFI Video 2009. S. 17.
Free Cinema Manifesto. In: Claude Lichtenstein/Thomas Schregenberger (Hg.): As Found. The Discovery of the Ordinary. Zürich 2001, S. 257 (O. 1956).
o. V.: A Brief History of New Left Review 1960–2010. In: New Left Review (https://newleftreview.org/history, 9. 2. 2018).
o. V.: Cannes Officials Close Festival: Filmmakers Act in Gesture of Solidarity With Strike. In: The New York Times. 19. Mai 1968, S. 26.

Filmografie

ÅDALEN 31. Reg. Bo Widerberg. S 1969.
BATAAN. Reg. Tay Garnett. USA 1943.
FOR WHOM THE BELL TOLLS. Reg. Sam Wood. USA 1943.
IF.... Reg. Lindsay Anderson. GB 1968.
LE BEAU SERGE. Reg. Claude Chabrol. F 1958.
LES MISTONS. Reg. François Truffaut. F 1957.
LOOK BACK IN ANGER. Reg. Tony Richardson. GB 1959.
MOMMA DON'T ALLOW. Reg. Karel Reisz. GB 1956.
MORGAN: A SUITABLE CASE FOR TREATMENT. Reg. Karel Reisz. GB 1966.
O DREAMLAND. Reg. Lindsay Anderson. GB 1956.
SATURDAY NIGHT AND SUNDAY MORNING. Reg. Karel Reisz. GB 1960.
THE LONELINESS OF THE LONG DISTANCE RUNNER. Reg. Tony Richardson. GB 1962.
THE GREAT TRAIN ROBBERY. Reg. Edwin S. Porter. USA 1903.
THIS SPORTING LIFE. Reg. Lindsay Anderson. GB 1963.
TOGETHER. Reg. Lorenza Mazzetti/Denis Horne. GB 1956.
TONITE! LET'S ALL MAKE LOVE IN LONDON. Reg. Peter Whitehead. GB 1967.
Z. Reg. Costa-Gavras. F/DZ 1969.

Hannes Wesselkämper
Kein Kind seiner Zeit
oder: Von der Ästhetik des Aushaltens in Roland Klicks BÜBCHEN

Auf der internationalen Filmwoche Mannheim herrscht im Oktober 1968 Verdruss, sowohl seitens der Filmkritik wie auch bei der international besetzten Jury. Zu wenig politisch sei das Programm, zu sehr schürften Regisseure und Regisseurinnen an der Oberfläche. Im Umbruchjahr '68 ist die Erwartungshaltung an das Festival hoch, ist es doch zusammen mit den Kurzfilmtagen Oberhausen ein wichtiger Gradmesser des Neuen Deutschen Films. Dort kam es ein halbes Jahr zuvor zum Eklat: Obwohl Hellmuth Costards Elfminüter BESONDERS WERTVOLL (BRD 1968) im offiziellen Programm laufen sollte, entschied sich der Direktor des Festivals, Hillmar Hoffmann, gegen die Projektion. In der Folge zogen alle 18 deutschen Filmemacher*innen – mit Ausnahme von Werner Herzog – ihre Einreichungen zurück und zeigten sie in der nahegelegenen Ruhr-Universität Bochum. Aus Protest reiste auch Jury-Mitglied Peter Handke aus Oberhausen ab. Der Film, in dem ein Penis mit dem Voice-over des CDU-Abgeordneten Hans Toussaint über das erneuerte Filmförderungsgesetz Auskunft gibt und anschließend auf die Linse der Kamera ejakuliert, bot offensichtlich zu viel politischen Zündstoff.[1]

Einen Monat später kam es beim Festival in Cannes aus anderen Gründen tatsächlich zum Abbruch. Am 18. Mai verwandelten Jean-Luc Godard und François Truffaut eine Pressekonferenz des *Komitees zur Verteidigung der Cinémathèque* „in ein mehrstündiges Sit- und Teach-In", wie Enno Patalas berichtete.[2] Etwa drei- bis vierhundert Menschen folgten dem Demonstrationsaufruf aus Solidarität für die Pariser Aktivist*innen. Festivaldirektor Robert Favre Le Bret sah sich schließlich gezwungen, das Festival nach der Hälfte des Programms abzubrechen, nachdem sich einige Filmemacher*innen bei der Vorführung von Carlos Sauras PEPPERMINT FRAPPÉ (PFEFFERMINZ FRAPPE, E 1967) an den Kinovorhang krallten. Claude Lelouch, neben Truffaut und Saura selbst am Vorhang hängend, rechtfertigte die Aktion mit dem revolutionären Geist dieser Tage: „Eine revolutionäre Mücke hat uns gestochen, wir sind solidarisch mit den Studenten. Die Welt wird sich ändern."[3]

---

1 Vgl. o. V.: Kerze gelöscht. In: Der Spiegel 22 (1968), 15 (08. 04. 1968), S. 200–203.
2 Vgl. Enno Patalas: Gestern Cannes – morgen Berlin? In: Die Zeit 23 (1968), 22 (31. 05. 1968). http://www.zeit.de/1968/22/gestern-cannes-morgen-berlin (12. 04. 18).
3 Lelouch zitiert nach: Gerhard Midding: Wie die Studentenrevolte Cannes 1968 stoppte. In: Die Welt (13. 05. 2008). https://www.welt.de/kultur/article1990577/Wie-die-Studentenrevolte-Cannes-1968-stoppte.html (12. 04. 18).

https://doi.org/10.1515/9783110618945-007

In Mannheim entsteht dann, Ende des Jahres 1968, ein revolutionäres Vakuum: Das Programm kommt ordnungsgemäß zur Aufführung, weder organisierte noch spontane Agitationen stören den Ablauf des Festivals. Der einzige Eklat ist, dass es keinen gibt – auch nicht inhaltlicher Natur. Jene Filme des Programms, die „politische Akzente" setzen könnten, so Brigitte Jeremias, würden daran scheitern, „dass sie zwar gut gemeint waren, aber nicht gut."[4] Dies sei vor allem für die deutschen Beiträge zu beanstanden: VON ROSA VON PRAUNÍHEIM des gleichnamigen Regisseurs sei „[a]uf Voyeurinstinkte abzielendes Gefuchtel", während Martin Müllers ZINNSOLDAT „eingleisig, unironisch" arbeite.[5] Michael Leutz zieht unter der sprechenden Überschrift „Mittelmaß und Schlimmeres" ein ähnliches Fazit: „[Die Filme] scheitern am Unvermögen [ihrer] Regisseure, jene gesellschaftlichen Mechanismen und Strukturen, die sie bloßstellen möchten, überzeugend zu analysieren."[6]

Letztlich löst dann auch der Nicht-Eklat innerhalb des Programms eine Reaktion aus. Die Jury unter der Leitung des Regisseurs André Delvaux weigert sich, den mit 10.000 DM dotierten *Großen Preis der Mannheimer Filmwoche* zu vergeben. Eine offizielle Erklärung lässt sich aufgrund der Quellenlage nicht erschließen, doch geben die größtenteils negativen Kritiken einen Hinweis auf das Klima in Mannheim Ende 1968. Ulrich Gregor bemüht sich in der *Zeit* um einen ausgewogenen Blick auf die Festivalwoche, bei der unterschiedliche Auffassungen von politischem Film aufeinanderprallten. Trotzdem sei die Wahl der Jury, den Preis nicht zu vergeben, nachvollziehbar.[7] Einzig Jean-Marie Straubs Kurzfilm DER BRÄUTIGAM, DIE KOMÖDIANTIN UND DER ZUHÄLTER (BRD 1968) wird allenthalben positiv aufgenommen.[8] Im Anschluss an einen *Mitternachtsstammtisch* mit Regisseur*innen und Kritiker*innen wird der Bürgermeister der Stadt gebeten, das Preisgeld für Straubs nächstes Projekt zur

---

4 Brigitte Jeremias: Ohne Glanz. In: Frankfurter Allgemeine Zeitung (12.10.1968), ohne Seitenangabe. Viele der Originalquellen wurden mir dankenswerterweise von der Pressedokumentation der Filmuniversität Babelsberg KONRAD WOLF als Ausrisse zur Verfügung gestellt. Deshalb lässt sich die jeweilige Seitenzahl des Artikels oft nicht angeben.
5 Jeremias: Ohne Glanz, ohne Seitenangabe.
6 Michael Leutz. Mittelmaß und Schlimmeres. In: Handelsblatt (15.10.1968), ohne Seitenangabe.
7 Vgl. Ulrich Gregor: Mannheimer Filmwoche – Festival des Generationenkonflikts. In: Die Zeit 23 (1968), 42 (18.10.1968), ohne Seitenangabe. http://www.zeit.de/1968/42/mannheimer-filmwoche-festival-des-generationenkonflikts (12.04.2018).
8 Ebenso Alexander Kluges ARTISTEN IN DER ZIRKUSKUPPEL: RATLOS (BRD 1968), der allerdings in Venedig Premiere feierte und in Mannheim lediglich als Pressevorführung zu sehen war.

Verfügung zu stellen und die Premiere an eine kommende Ausgabe des Festivals zu binden.⁹

Doch nicht nur seitens Filmkritik und Jury herrschen hohe Anforderungen an die *politischen Akzente* der gespielten Filme. Das Festival selbst formuliert im Vorhinein ein Credo, das die Erwartungen an die Einreichenden wie auch die Zuschauenden – und deren politisches Engagement – deutlich macht: „Mannheim erwartet von allen Teilnehmern, sich solidarisch zu erklären mit denen, die mit den Mitteln und Möglichkeiten des Films ein kritisches gesellschaftliches Bewußtsein zu wecken und zu erhalten versuchen."¹⁰ Im Hinblick auf die Reaktionen der Journalist*innen und die Weigerung der Jury, einen Hauptpreis zu vergeben, scheint das recht offen formulierte Selbstverständnis des Festivals doch eine bestimmte Vorstellung des *Politisch-seins* zu postulieren. Diese Vorstellung wird geleitet von einer entschieden agitatorischen Geste (*kritisch*), deren Appellfunktion (*zu wecken*) vor allem auf der Makroebene (*gesellschaftlich*) funktionieren soll. Wie vielen Filmkritiken zum Mannheimer Filmprogramm zu entnehmen ist, reiht sich die konkrete Vorstellung einer als *gut* bewerteten ästhetischen Umsetzung in diese Vorgaben ein.

Ein BÜBCHEN in Mannheim

Roland Klicks Langfilmdebüt BÜBCHEN (BRD 1968) feiert in diesem aufgeladenen Klima Ende 1968 in Mannheim Premiere. Dort lief bereits drei Jahre zuvor Klicks Kurzfilm ZWEI (BRD 1965), der mit dem Filmdukaten ausgezeichnet wurde. Brigitte Jeremias erinnert in ihrer Kritik an diese „unvergessene soziale Studie".¹¹ In einer knappen halben Stunde Spielzeit verästelt sich der Alltag zweier Menschen in einem Wohnblock derart, dass sie trotz ihrer unterschiedlichen Lebenswelten eines Nachts aufeinanderstoßen. Sie, eine Stripperin, wird von ihm, einem Büroangestellten, bedroht und begrapscht. Nach diesem Zwischenfall, aus dem sie sich befreien kann, driften die Lebenswelten der beiden wie-

---

9 So kommt Jean-Marie Straubs und Danièle Huillets Film LES YEUX NE VEULENT PAS EN TOUT TEMPS SE FERMER, OU PEUT-ÊTRE QU'UN JOUR ROME SE PERMETTRA DE CHOISIR À SON TOUR (DIE AUGEN WOLLEN NICHT ZU JEDER ZEIT SICH SCHLIESSEN, ODER VIELLEICHT EINES TAGES WIRD ROM SICH ERLAUBEN SEINERSEITS ZU WÄHLEN, BRD/I 1970) zwei Jahre später in Mannheim zur Aufführung.
10 Zitiert nach: Mathes Rehder: Sowjetisches Jury-Mitglied sagte wegen Krankheit ab. In: Hamburger Abendblatt (08.10.1968), S. 18.
11 Jeremias: Ohne Glanz, ohne Seitenangabe.

der auseinander – ohne Grund oder ausbuchstabierte Konsequenz. Obwohl sich BÜBCHEN seinen Protagonisten ähnlich unvoreingenommen nähert wie in ZWEI, ähnlich fasziniert ist von Abläufen und Handgriffen im bürgerlichen Kosmos, fällt dieser Film beim Publikum und den meisten Journalist*innen durch. Drei Jahre nach ZWEI, der – weniger *soziale Studie* denn gesellschaftliches Schlaglicht – ebenfalls ohne deutlich erkennbare moralische Geste auskam, scheint diese Herangehensweise vor dem Hintergrund eines verordneten Politikbewusstseins nicht (mehr) zu funktionieren.

In Frieder Schlaichs Interviewfilm DAS KINO DES ROLAND KLICK beschreibt er die Premiere in Mannheim. Viele Menschen hätten den Saal verlassen, so Klick, während andere lediglich für Buhrufe geblieben wären. Ein einziger Zuschauer habe ihm nach der Vorführung Mut zugesprochen.[12] Wie bereits ausgeführt, fällt BÜBCHEN bei der Presse fast ausnahmslos durch oder bleibt unbeachtet. Der Kritiker der Neuen Zürcher Zeitung empfindet Klicks Film als „synthetische[n] Naturalismus übelster und krudester Art".[13] Peter Gars zufolge bestätige Roland Klick mit dem Film „sein mittleres Talent, weil er [...] vor lauter Milieu- und Verhaltensschilderung den Sprengstoff seines Themas übersieht."[14] Auch Brigitte Jeremias wirft dem Regisseur einen „platten Naturalismus" vor, der eigentlich verfehlter Realismus sei. Klick überzeichne das Milieu und übe sich in Publikumsnähe, jedoch „[u]m im Publikum wirklich einen Denkvorgang in Bewegung zu bringen, müßten die Strukturen der Handlung kühler und genauer bloßgelegt werden."[15]

Die Pressestimmen zu Roland Klicks Debütfilm sind symptomatisch für die Ablehnung des kompletten Mannheimer Filmprogramms. Keiner der Filme eignet sich für den Hauptpreis eines Festivals, das agitatorische Erwartungen an die Teilnehmenden formuliert – in einem Jahr, das politischen Aktivismus und Filmkunst so eng beieinander sieht wie selten zuvor. Umso besser lässt sich ein Diskurs über (politischen) Film anno '68 anreißen – oder genauer: lassen sich die Ausschlussmechanismen dieses Diskurses beobachten. BÜBCHEN eignet sich dafür in besonderer Weise, nicht nur aufgrund der Ablehnung, die der Film durch Kritiker*innen, Jury und Publikum erfahren hat. Klicks Film lebt von einer unzeitgemäßen Ästhetik des Aushaltens, wirft einen existenzialisti-

---

12 DAS KINO DES ROLAND KLICK. Ab TC 00:00:44.
13 W. Sch.: Kino der Autoren und Kino der Revolution. In: Neue Zürcher Zeitung (19. 10. 1968), ohne Seitenangabe.
14 Peter Gars: Kluges Artistenfilm beeindruckt in Mannheim. In: Neue Ruhr Zeitung (18. 10. 1968), ohne Seitenangabe.
15 Jeremias: Ohne Glanz, ohne Seitenangabe.

Abb. 1: Bübchen zieht seiner Schwester die Tüte über den Kopf, dann hört er das Telefonklingeln aus dem nahegelegenen Haus.

schen Blick auf betonierte Verbindlichkeiten des westdeutschen Zusammenlebens. Dem revolutionären „Es muss soundso sein!" stellt er ein kühles „Es ist so!" entgegen.

Im Dazwischen von Spiel und Tat

Der Mord, den der elfjährige Achim an seiner kleinen Schwester begeht, steht nicht am Ende einer langen Beobachtung der sozialen Realität der Kinder, sondern eröffnet den Film. Achims Eltern fahren mit den Nachbarn auf ein Betriebsfest; die Nachbarstochter sollte die Kinder hüten. Doch als ihr Liebhaber für eine gemeinsame Fahrstunde vorfährt, sind der Junge und die einjährige Katrin auf sich selbst gestellt. Achim trägt sie auf dem Arm in den Garten, wo er sie vor Stativ und Kamera positioniert. Er schießt einige Fotos, spielt kurz mit ihr, dann laufen die Kinder zusammen zum Schuppen am Rande des Gartens. Drinnen blickt Achim in der Halbnahen aus dem unteren Bildrand heraus, das Mordinstrument, eine Plastiktüte, in den Händen haltend. Zwei Schwenks, zwei Schnitte, leichte Kamerabewegung; das fest kadrierte Gesicht Katrins mit der Tüte auf dem Kopf. Ein irritiertes Schnaufen des kleinen Mädchens, als Reaktion Achims ein ebenso empörter wie faszinierter Blick im Umschnitt. Im Haus klingelt das Telefon und Bübchen entscheidet sich für die Tat, gegen das Spiel, indem er zögerlich zur Tür tritt und vom Schuppen zurück ins Haus rennt (Abb. 1). In prosaischer Manier geht so der Mord an Katrin über die Bühne. Zwischen dem Eintritt in den Schuppen und der panischen Flucht Achims vor der eigenen Entscheidungsgewalt – jene zwischen Spiel und Tat – vergehen gerade einmal fünfzig Sekunden.

Es ist wenig verwunderlich, dass Pater Gars dem Regisseur vorwirft, er übersehe „den Sprengstoff seines Themas".[16] Im klassisch-dramaturgischen

---

16 Gars: Kluges Artistenfilm beeindruckt in Mannheim, ohne Seitenangabe.

Sinne fiele der Mord als *plot point* durch: zu früh ist er im Film angelegt, zu wenig ist über die Fluchtlinien der Charaktere bekannt. Die Inszenierung des Mordes beschränkt sich dabei auf ein Minimum. Im Fokus stehen Handlung und Reaktion, nicht etwa psychologisches oder gesellschaftspathologisches Erkenntnisinteresse. BÜBCHEN denkt die Ereignisse von der Folge her. Ursachen sind für diese Art von Ereignissen nicht erheblich, denn die Folge steht bereits fest. Die Figur des Achim handelt nach dem fatalistischen Prinzip, dass die Handlungen das Ergebnis nicht herstellen, sondern ihm umgekehrt unterstehen. Für ihn ist das Mädchen bereits tot, die Bewegungen und Handgriffe, die zum Mord führen, sind auf unausweichliche Weise angelegt. Ursachen, im Sinne eines zeitlich-kausalen Verlaufs, spielen keine Rolle.[17]

Der Anruf, den Achim im Haus entgegennimmt, kommt von der Mutter. Bierseliges Gegröle auf der Betriebsfeier ist im Hintergrund zu hören, während sie sich nach dem Befinden ihrer Kinder erkundigt. Achim sagt nichts, redet erst, nachdem der Vater den Hörer übernommen hat. Dann wieder die Mutter, doch Achim antwortet nur einsilbig, weicht aus und zieht schließlich den Stecker. Die Feiergesellschaft stimmt noch ein ‚Pro-ho-sit der Gemütlichkeit' an, und das Bübchen steht wieder im Schuppen, den Rücken zur Kamera gewandt, beugt sich hinab – ebenso die Kamera – und die rote Hose, die kleinen weißen Schuhe der Schwester rücken ins Bild. Zwischen Kohleeimer und Holzleiter nestelt Achim an der Leiche herum, aber nur das kleine Bein ist sichtbar. Nach dem Schnitt schiebt er bereits einen Bollerwagen den sandigen Weg neben einer Straße entlang, darin rostige Rohre und eine alte Decke, die Leiche der Schwester verhüllend.

Diese Ausweglosigkeit, das Unausweichliche der Abläufe und Handgriffe, die Klicks Film in den Fokus rückt, drückt sich in der beobachtenden Kamera aus, die selten ihren Platz verlässt. Meist steht sie fest verankert und schwenkt den Figuren hinterher; wenn es nötig wird, folgt der Schnitt, eine neue Perspektive, und wieder der Schwenk. Besonders im klaustrophobischen Inneren des Hauses entfaltet diese Kameraführung ihre parataktische Wirkung. Häufig agieren die Figuren um die Ecke herum, während die Kamera mit- und zurück-

---

[17] Ein solches Verständnis gründet in den Ausführungen zum Ereignis bei Gilles Deleuze, etwa in *Logik des Sinns*: „Der Akteur verwirklicht [...] das Ereignis, jedoch ganz anders, als das Ereignis sich in der Tiefe der Dinge verwirklicht. Oder er verdoppelt vielmehr diese kosmische physische Verwirklichung durch eine weitere, auf ihre Weise eine einzigartig oberflächliche und darum um so klarere, schneidendere und reinere, die die erste abgrenzen soll, aus ihr eine klare Linie herauszieht und vom Ereignis nur den Umriß oder die Pracht wahrt: zum Schauspieler seiner eigenen Ereignisse werden, *Gegen-Verwirklichung*." Gilles Deleuze: Logik des Sinns [1969]. Frankfurt am Main 1993, S. 188–189.

schwenkt oder die Einstellungsgröße anpasst, wenn sie ihr nahekommen. Mal folgt ihr Blick einer Person, dann einer anderen; seltener wechselt sie die Perspektive komplett. Was im beengten Haus besonders drastisch wirkt, zerfasert dann in den Außenaufnahmen.

In der Weite des Schrottplatzes, wo Achim die Überreste seiner Schwester im Kofferraum eines alten Autos bunkert, bleibt der Blick meist statisch. Die Bewegungen laufen in die Tiefe des Bildes und Schwenks ziehen sich entsprechend lang. Fast drei Minuten kommt diese Szene ohne Schnitt aus, dehnt sich also in die Zeit ebenso wie in die Tiefe des Bildes hinein. Es ist nicht nur das Grau der Landschaft, die Achtlosigkeit der dort abgeladenen Gegenstände und die Präsenz einer Kinderleiche im Kofferraum, die jene Außenszenen so deprimierend gestalten. Was in Innenräumen wie dem Elternhaus, oder später dem Polizeirevier, geschäftig und konzentriert wirkt, verläuft sich in der Weite der Hamburger Vorstadtsiedlung. Dort greift die existenzielle Konsequenz in der filmischen Gestaltung von BÜBCHEN erst, indem schließlich auch der Sinn der Handlungen verwischt und die an Bewegung gekoppelte Beobachtung in Starre verfällt.

Keine Handlung, kein Sprechen, keine Kausalitäten

Entsprechend der Art, wie sich Handlungen und Bewegungen der Figuren der Eigenlogik des Ereignisses unterordnen, zeichnet sich ihre Sprache durch keinerlei Zielführung aus. Besonders deutlich drückt sich dies in den Verhörszenen im Polizeirevier aus. Klicks Film greift jene Konstellation als Topos des Kriminalfilms auf und besetzt sie entsprechend: verschiedene Dynamiken und Hierarchien unter den Kommissaren, die beschwichtigende Kinderpsychologin, der unschuldige Rüpel, der sich immer tiefer in seine Probleme hineinmanövriert, sowie die Verführerische, die sich partout an nichts erinnern kann. Jede Figur agiert ihre zugewiesenen Dialoge aus, alle folgen sie festgelegten Genreregeln. Mit einer steigenden Komplexität des Aussagengebildes zeigt sich jedoch, dass vielmehr Intonation, Geschwindigkeit oder Lautstärke von Bedeutung sind, nicht unbedingt das Gesagte an sich. Wie die Handgriffe und Bewegungen werden auch die Aussagen der Zeug*innen und Verdächtigen zu Worthülsen, die sich lediglich auf sich selbst beziehen. In der fatalistischen Ereignislogik, die nicht auf ein bestimmtes Ziel hinarbeitet, markiert sich das Gesagte als nicht funktionstüchtig. Besonders in diesen Szenen weitet sich das Freilegen von Handlungen auf Sprechakte aus, die sich hier im Gewand des Kriminalfilms als solche präsentieren.

In der kritischen Rezeption werden diese Szenen immer wieder hervorgehoben, meist als symptomatisch für das vermeintliche Scheitern des Films.[18] Im Kontext einer Ästhetik des Aushaltens, der existenziellen Inszenierung von unabwendbaren Folgen, die über Ursachen und Handlungen stehen, stellt sich die Frage nach künstlerischem Scheitern nicht. Klicks Film zeigt Figuren, die sich häufig wie auf Schienen bewegen, oder die in einer regelmäßigen Kreisbewegung den Schwenk der Kamera wiederholen. Gerade in den Verhörszenen performieren sie dabei ihre vorgegebenen Sprechakte. Lediglich das Bübchen, Achim, schweigt meist, antwortet zögerlich und verstrickt sich in Widersprüchen und Notlügen. Während der Befragungen stehen die zwei Kommissare auf, kreisen im blassbeleuchteten Raum, setzen sich wieder. Dazwischen Achim in der Halbnahen, Blick nach unten gerichtet, sein Gesicht gerahmt vom breiten gelben Haifischkragen seines Hemdes, der aus seinem grauen Wollpullover hervorlugt. Aus dem Off spricht ihn häufig die psychologische Beraterin an. Sie versucht dem Bübchen mit pädagogischem Impetus mehr Details über den Tathergang zu entlocken.

Jene zirkuläre Bewegung des Umherlaufens sowie das Schwenken der Kamera, die häufig auf Achim in der beschriebenen halbnahen Einstellung endet, inszeniert das Bübchen als Gravitationszentrum des Films. Ihn umspannt die Suche nach der Wahrheit, nach den Abläufen und Gründen, die aber in der Logik einer Ästhetik des Aushaltens nicht von Bedeutung ist. Wenn die Folge das Ereignis beeinflusst, ist die Suche nach Gründen obsolet.[19] Die Figur des Achim steht in ihrem (Nicht-)Sprechen und Handeln für diese Paradoxie des Ereignisses ein, während der Film diese Suche zum inszenatorischen Prinzip erhebt. Das Kreisen der Kommissare, das Hin- und Herschwenken der Kamera in den Innenräumen, auch die genrespezifischen Sprechakte illustrieren den Hang zu einer festgelegten Abfolge, die um jeden Preis ergründet werden muss.

Schließlich deuten die Indizien für die Polizei doch darauf hin, dass die kleine Tochter der Familie durch absichtliche oder zufällige Mithilfe des Bübchens zu Tode gekommen sein könnte. Als die Beamten am Ende des Films

---

[18] Vgl. Jeremias: Ohne Glanz, ohne Seitenangabe; Leutz: Mittelmaß und Schlimmeres, ohne Seitenangabe; lä: Ohne Titel. In: Süddeutsche Zeitung (09.12.1969), ohne Seitenangabe.
[19] Hier kommt jene *Gegen-Verwirklichung* zum Tragen, die bereits in Fußnote 17 erwähnt wurde. In der Paradoxie eines Ereignisbegriffs, das eben nicht zeitlich linear gedacht werden kann, unterstreicht sie „die Unschuld und Unpersönlichkeit jener Ereignisse, die sich der Verkettung von Zufällen verdanken. Gegen-Verwirklichung soll die – im Moment des Geschehens selbst so schmerzlich fehlende – Komprehension des Geschehens ersetzen." Mirjam Schaub: Gilles Deleuze im Wunderland. Zeit- als Ereignisphilosophie. München 2003, S. 18.

zusammen mit der Familie in der Weite des Schrottplatzes stehen, ist Katrins Leiche jedoch nicht aufzufinden. Bübchen rennt, mittlerweile regnet es in Strömen, auf die Beamten zu, die am Kofferraum des Autowracks mit der fehlenden Leiche stehen. Er nimmt die Schuld am Tod seiner Schwester auf sich, schreit „Ich war's! Ich war's!", während ihn die Polizisten den Eltern übergeben. Hier, kurz vor Schluss des Films, wandelt sich BÜBCHEN auf eigentümliche und pessimistische Weise zum Coming-of-Age-Film. Die Unentschiedenheit des Ereignisses bricht auf, denn Achim übernimmt das Credo seines Umfeldes: jene vermeintlich klar nachvollziehbare Abfolge von Handlungen und dementsprechenden Schuldzuweisungen ist der Welt der Erwachsenen zugeordnet. Indem sich Achim gegen die Möglichkeit entscheidet, dass der Anruf der Mutter zum Tod der Schwester geführt haben könne, die Unaufmerksamkeit der Nachbarstochter oder gar die Passivität Katrins selbst verantwortlich sei, schreibt er sich in die linear gestaltete Welt der Erwachsenen ein.

Letztendlich ist Katrin aber nicht aufzufinden, da sich auch Achims Vater dem Prinzip der Linearität zu widersetzen vermag. Während der Suche nach der kleinen Schwester und durch die Ermittlungen der Polizei findet Achim eine Möglichkeit, sich seinem Vater anzunähern. Im Gegensatz zu den anderen Figuren finden die beiden eine gemeinsame Sprache, abseits performierter Sprechakte. Bei einem gemeinsamen Kneipenbesuch – Bübchen trinkt sein erstes Bier – evoziert der Vater eine andere Lebenswelt, indem er von der Dame hinter der Bar schwärmt, die er „fast mal geheiratet hätte." Er ist es auch, dem sich Achim fast anvertraut, in einer komplett starr gefilmten Szene im Schuppen. Hier entfaltet sich eine schwach beleuchtete Theatersituation: Auftritt des Vaters, er schaut sich um, setzt sich schließlich auf den rechten der zwei zentral an einen Tisch platzierten Sessel. Achim tritt auf und bezichtigt die Nachbarstochter murmelnd der Lüge, dabei hält der Vater bereits ein Strumpfband in der Hand, das ihre Unschuld und die ihres Liebhabers beweist. Wortlos steht der Vater auf, das Band bleibt liegen, und Bübchen nimmt seinen Platz auf dem Sessel ein; im Vorbeigehen schauen sie den jeweils anderen über die Schulter an. Nachdem der Vater aus dem Schuppen gegangen ist, legt Achim eine Schallplatte mit klassischer Musik für Kinder auf. Er findet das Strumpfband neben dem Sessel liegend und nimmt es an sich. Am nächsten Morgen macht sich der Vater direkt zum Schrottplatz auf, wo er die Leiche seiner Tochter entdeckt und sie anschließend in einem Hochofen verschwinden lässt.

Während die Szene als zentrale Aussprache oder Geständnis angelegt ist, in der die Annäherung der beiden Figuren kulminieren könnte, gestaltet sie sich tatsächlich als Anti-Aussprache. Bübchen stellt eine Lüge in den Raum, der Vater lässt sie unkommentiert, übergibt ihm indirekt das Beweisstück und verlässt den Schuppen. Im Schulterblick einigen sich die Figuren auf ihre ge-

Abb. 2: Der Tramp und der Arbeiter.

meinsame Sprache, ihre spezifische Wahrnehmung der Welt – als eine Welt des Fatalismus. Diese Ästhetik des Aushaltens zeigt sich ebenso in der starren Kadrierung der Szene, die um die Sinnlosigkeit zielgerichteter Einzelhandlungen weiß, die Schwenks und Schnitte evozieren. Auch das unentwegte Klicken eines kopfschüttelnden *Sarotti-Mohrs* im Hintergrund schreibt sich in diese Ästhetik ein. Statt dass sich Vater und Sohn gegenübersitzen, wie es eine Geständnisszene erforderte, nimmt Achim im Verlauf der Szene den Platz seines Vaters ein, als sei das Vater-Sein eine Bürde, die an ihn weitergereicht wird.

Beide Figuren sind Ausdrucksformen jener existenzialistischen Ästhetik, die den Film bestimmt. Während Achim dabei als Gravitationszentrum inszeniert ist, dessen eigene Ereignislogik der seines Umfelds entgegensteht, findet die des namenlosen Vaters ihr Gepräge in Zerrissenheit und Ambivalenz. Mit pomadierter Tolle und Lederjacke wirkt er häufig deplatziert in der kleinbürgerlichen Welt der beiden Nachbarfamilien. Die wenigen Dialoge, die er mit seiner Frau führt, sind von Zynismus geprägt; er lehnt die Verantwortung für seine Kinder ab, deutet vor seinem Sohn eine Affäre mit der Kneipenwirtin an. Durch einen Fokus auf den Vater gegen Ende öffnet sich der Film auf andere Figuren hin, die symptomatisch für das Aushalten stehen, das sich zunehmend als Gegenbewegung zur bürgerlichen Kausallogik beschreiben lässt.

Auf dem Schrottplatz begegnet dem Vater eine Art Tramp mit Hut und abgewetzter Kleidung (Abb. 2). Lächelnd und wortlos bittet er mit eindeutiger Geste um eine Zigarette. Nachdem er sie bekommen hat, dreht er, so plötzlich wie er gekommen ist, wieder ab, nur um triumphierend hinter einem Hügel hervorzuspringen, als der Vater Katrins Leiche aus dem Kofferraum holt. Ein weiterer stummer Zeuge der Entsorgung ist dann ein Arbeiter des Hochofens, dem die Jahre seiner mühsamen Arbeit ins Gesicht geschrieben stehen. In der Enge des Industrieaufzugs taxiert er den Vater mit dem verdächtigen grauen Bündel über der Schulter. Die eingefallenen Wangen und die furchige Stirn sind schwarz von der Kohle, aus der Brille blickt er starr auf sein Gegenüber.

Abb. 3: Achims Vater als Trompeter in Chet-Baker-Manier.

Während der Aufzug lautstark in die Tiefe holpert, spricht sein regungsloses Gesicht von der Sinnlosigkeit des Fragenstellens in der Welt des Aushaltens.

Obwohl die Figur des Vaters dieses Aufblitzen anderer Logiken gegen Ende des Films erst ermöglicht, wird seine Ambivalenz schon in der ersten Sequenz deutlich. Mit Zigarette im Mundwinkel schraubt er an einer Trompete herum, während um ihn herum letzte Vorbereitungen für den Abend beim Betriebsfest getroffen werden. Er streicht seinem Sohn kurz übers Haar, bevor er sich in einer Ecke des Wohnzimmers zwischen Bücherregal und einem Kunstdruck von Renoirs *Alphonsine Fournaise* positioniert. In der Halbnahen inszeniert er sich dabei – mit Tolle und lässiger Körperhaltung – als Jazz-Ikone im Stil eines Chet Baker (Abb. 3). Die Trompete ragt quer in die Höhe, während der Vater mit enganliegenden Armen und geschlossenen Augen inbrünstig hineinbläst. Zwischen Renoir und Bücherregal schreibt er sich in eine Welt der kulturellen Bildung ein, die sich dem Arbeitermilieu des Films entgegenstellt. Für einen kurzen Moment scheint der Abend nicht auf eine Betriebsfeier mit Trinkliedern und Lametta, sondern auf eine gehobene Soirée zuzusteuern. Kurze Tableaus zeigen dann die Reaktionen der restlichen Personen im Raum, die dem Trompetenspiel des Vaters gebannt zuhören; seine Frau, die Katrin mit einer Zigarette spielen lässt, der Nachbar und Arbeitskollege, der konzentriert am Regal lehnt, Bübchen, der mit einem Plastikäffchen spielt, und die Nachbarin, verträumt in die Tiefe des Raums blickend. Als der Vater sein Spiel beendet hat, wischt er sich den Schweiß von der Stirn, lächelt und blickt verschämt auf den Boden. Es ist, als sei etwas aus ihm herausgebrochen, das nun fachgerecht verstaut werden muss. Die Nachbarin setzt unterstützend ein neues Gespräch an: Tochter Monika käme gleich, sodass man dann zur Feier aufbrechen könne.

Der Selbstinszenierung als *Jazzman* in kulturell markiertem Interieur steht die Musik des Vaters entgegen. Aus nur 24 Tönen besteht das Zapfenstreichsignal *Taps*, das er bedächtig intoniert. In Deutschland taucht es im Rahmen der Verabschiedung von Bundespräsidenten und -kanzlern auf, kommt aber auch als Trauersignal bei militärischen Trauerfeiern zum Einsatz. Unmittelbar nachdem der Vater zu spielen begonnen hat, erfolgt ein Schnitt auf Tochter und Mutter. Im Hinblick auf jene Ereignislogik, die sich Vater und Bübchen teilen und an die sich die spezifische Erfahrung des Aushaltens bindet, erscheint das Trompetenspiel als präfigurierte Beerdigung des Kindes. Die Reaktionen – ein konzentrierter Blick des Nachbarn am Regal, später die abwesende Nachbarin – unterstützen den Eindruck dieser vorgezogenen Beerdigung, zumal es später keine Leiche des Kindes geben wird, die beerdigt werden könnte. Bübchen reagiert nicht auf das Trauersignal des Vaters, spielt weiter mit einem Plastikaffen, wie er es auch zum Schluss des Films wieder tun wird.

Nachdem die Familie wieder zuhause angekommen ist, begibt sich Achim in jene Ecke, in der das Spiel mit dem Affen angebracht ist: Indem er abwechselnd an zwei Schnüren zieht, lässt er den Plastikaffen klettern, bevor er – kaum oben angekommen – in einer wohl nicht zufälligen Reminiszenz an Sisyphos und seinen Stein wieder herunterrutscht. Eine akustische Gitarre untermalt die Szene, in der die Kamera um das Bübchen fährt und er in selbige blickt. Er deutet ein Lächeln an. Doch ist es kein hämisches Lächeln, wie der Umschnitt auf den Vater zeigt. Wiederum an der Trompete schraubend, erwidert dieser das Lächeln seines Sohns. Bübchen geht daraufhin ins Bad, um sich eine Plastiktüte über den Kopf zu ziehen, allerdings bricht er den Selbstversuch ab, als er zum Essen gerufen wird. So lässt sich zuletzt noch eine zirkuläre Struktur erkennen, die den Fatalismus des Aushaltens auf erzählerischer Ebene zumindest andeutet.

Politik und Film und *politischer Film*?

In Bezug auf die Diskussion rund um den „politischen" Film anno '68, zeichnet BÜBCHEN ein vielschichtiges Bild, das sich nicht auf einfache Positionen von Unterdrückung und Protest reduzieren lässt. Keineswegs markiert das junge Kino im Umfeld von 1968 *eine* spezifische Gegenästhetik, eine Protestkultur gegen *ein* anderes ästhetisches Regime, etwa in Form einer einfachen Opposition von Industrie und neuer Avantgarde. Mit den Filmen dieser Zeit lässt sich vielmehr über ästhetische Praktiken nachdenken, die sich mit Jacques Rancières Politikbegriff näher untersuchen lassen.

Rancière versteht *Politik* als Dissens, der die Veränderung der gesellschaftlichen Ordnungsprinzipien fordert, während die Durchsetzung von Kompromissen und Gesetzen nach ebendiesen Prinzipien als *Polizei* bezeichnet wird. Mit dieser Verschiebung ist es nun möglich, den Begriff der Politik deutlicher auf die Gemeinschaft zu münzen, ohne von konkreten Staatsorganen wie Parlament oder Gerichten zu sprechen.

Desgleichen verlagert Rancière das Politische unter die Ägide des Ästhetischen. Das meint die sinnliche Erfahrung einer Aufteilung gleichberechtigter Körper, aber auch „[d]ie Unterteilung der Zeiten und Räume, des Sichtbaren und Unsichtbaren, der Rede und des Lärms geben zugleich den Ort und den Gegenstand der Politik als Form der Erfahrung vor."[20] Wie sich die Teilhabe aber konkret gestaltet, wie die Politik als Form des Dissens eine gegebene Aufteilung des Sinnlichen hinterfragt, wird in den *ästhetischen Praktiken* gewahr. Diese verhandeln die Aufteilung des Sinnlichen durch Fragen nach Sichtbarkeit und Orten der Kunst sowie der permanenten Perspektivierung auf die geteilte Erfahrung von Gemeinschaft.[21]

Innerhalb der Politik des Ästhetischen weist Rancière der Filmkunst eine paradigmatische Stellung zu, wie Hermann Kappelhoff und Anja Streiter darlegen. Sie ist eine ästhetische Praktik der Erschaffung der gemeinschaftlich geteilten Welt. Das Kino bezeichne somit „eine kulturelle Praxis der Bestimmung und Verschiebung der Orte, von denen aus das soziale Leben als eine gemeinschaftlich geteilte Sinnlichkeit greifbar wird."[22] BÜBCHEN macht jene Dissonanzen spürbar, die in der Heterogenität der menschlichen Gemeinschaft liegen. Wenn die unterschiedlichen Ereignislogiken aufeinanderprallen und sich ineinanderschieben, schlagen sich diese Zugänge zur gemeinschaftlich erlebten Welt direkt im ästhetischen Aufbau nieder. Achim schreibt sich als Gravitationsfeld in das bürgerliche Nacheinander ein. Selten bricht der enge filmische Raum auf, versandet lediglich in der Weite des Schrottplatzes. Auch das Personal steckt fest in seinen Rollen, bis mit Bübchens Vater jene zwei mysteriösen Figuren des Tramps und des Arbeiters zumindest aufblitzen.

---

20 Jacques Rancière: Die Aufteilung des Sinnlichen. Die Politik der Kunst und ihre Paradoxien. Berlin 2008, S. 26.
21 Vgl. Rancière: Die Aufteilung des Sinnlichen, S. 27.
22 Hermann Kappelhoff/Anja Streiter: Zur Einführung. In: dies. (Hg.): Die Frage der Gemeinschaft. Das westeuropäische Kino nach 1945. Berlin 2012, S. 7–19, hier: S. 11.

Somit lässt sich der Film nicht nur im Kontext von '68 neu denken – sondern auch der filmgeschichtliche Zugriff auf Klicks mittlerweile fünfzig Jahre altes Werk. Keineswegs bezieht sich die sinnliche Erfahrung des Politischen auf die Rezeptionssituation 1968, die sich ohnehin nicht rekonstruieren ließe. Der Film als ästhetische Operation macht eben auch die Geschichtlichkeit jenes „Feld[es] medialer Möglichkeiten der Erfahrung sozialer Realität" spürbar. Damit rücken auch andere mediale Möglichkeiten in den Fokus, an denen sich die Rezeption von BÜBCHEN reibt, die aber in der Folge verhindern, dass dieser – und jeder – Film historisches Artefakt im Sinne einer unzeitgemäßen Passivität würde.

Trotzdem ist die angerissene Verortung im Festivalumfeld 1968 durch zeitgenössische Quellen von enormer Bedeutung für die Einschätzung der (un)politischen Haltung des Films, die eben nicht in binären Oppositionen aufgeht. Im Diskurs der Zeit lässt sich eine Forderung nach vermeintlich *guten politischen Filmen* feststellen, der lediglich entsprochen werden kann oder nicht. Gerade das Scheitern von Klicks Film bei der Kritik in Mannheim ermöglicht einen Blick auf die ästhetischen Praktiken des Films, die sich an existenzialistischen Perspektiven auf die Welt orientieren. Die beschriebene Ästhetik des Aushaltens entwirft Möglichkeiten eines sinnlichen Zugriffs auf die geteilte Welt, die sich in wenigen Filmen ähnlich[23] und in keinem Film gleich denken lassen. BÜBCHEN macht so, mit Rancière, auf eine Verschiebung der Aufteilung des Sinnlichen aufmerksam und ist – wie jeder Film in seinem Maße – als politisch zu beschreiben. Der zeitgenössische Vorwurf des Unpolitischen lässt sich also spätestens in der wissenschaftlichen Aufarbeitung fünfzig Jahre später als unhaltbar entkräften. Wobei zumindest die Argumentationslinien 1968 schon deutlich weniger binär gewesen sein dürften – wie ein Blick auf das gesamte Programm der Mannheimer Filmwoche zeigt.

Literaturverzeichnis

Deleuze, Gilles: Logik des Sinns [1969]. Frankfurt am Main 1993.
Gars, Peter: Kluges Artistenfilm beeindruckt in Mannheim. In: Neue Ruhr Zeitung (18.10.1968).
Gregor, Ulrich: Mannheimer Filmwoche – Festival des Generationenkonflikts. In: Die Zeit 23 (1968), 42 (18.10.1968), ohne Seitenangabe. http://www.zeit.de/1968/42/mannheimer-filmwoche-festival-des-generationenkonflikts (12.04.2018).
Jeremias, Brigitte: Ohne Glanz. In: Frankfurter Allgemeine Zeitung (12.10.1968).

---

23 Vergleichbare Ästhetiken ließen sich etwa in Werken von Robert Bresson, Harmony Korine oder Yorgos Lanthimos beschreiben.

Kappelhoff, Hermann/Streiter, Anja: Zur Einführung. In: dies. (Hg.): Die Frage der Gemeinschaft. Das westeuropäische Kino nach 1945. Berlin 2012, S. 7–19.
lä: Ohne Titel. In: Süddeutsche Zeitung (09. 12. 1969).
Leutz, Michael: Mittelmaß und Schlimmeres. In: Handelsblatt (15. 10. 1968).
Midding, Gerhard: Wie die Studentenrevolte Cannes 1968 stoppte. In: Die Welt (13. 05. 2008). https://www.welt.de/kultur/article1990577/Wie-die-Studentenrevolte-Cannes-1968-stoppte.html (12. 04. 18).
Patalas, Enno: Gestern Cannes – morgen Berlin? In: Die Zeit 23 (1968), 22 (31. 05. 1968). http://www.zeit.de/1968/22/gestern-cannes-morgen-berlin (12. 04. 18).
Rancière, Jacques: Das Unvernehmen. Politik und Philosophie. Frankfurt am Main 2002.
Rancière, Jacques: Die Aufteilung des Sinnlichen. Die Politik der Kunst und ihre Paradoxien. Berlin 2008.
Rehder, Mathes: Sowjetisches Jury-Mitglied sagte wegen Krankheit ab. In: Hamburger Abendblatt (08. 10. 1968).
Sch., W.: Kino der Autoren und Kino der Revolution. In: Neue Zürcher Zeitung (19. 10. 1968).
Schaub, Mirjam: Gilles Deleuze im Wunderland. Zeit- als Ereignisphilosophie. München 2003.
o. V.: Kerze gelöscht. In: Der Spiegel 22 (1968), 15 (08. 04. 1968), S. 200–203.

Filmografie

DIE ARTISTEN IN DER ZIRKUSKUPPEL: RATLOS. Reg. Alexander Kluge. BRD 1968.
BESONDERS WERTVOLL. Reg. Hellmuth Costard. BRD 1968.
BÜBCHEN. Reg. Roland Klick. BRD 1968.
DAS KINO DES ROLAND KLICK. Reg. Frieder Schlaich. D 1997.
DER BRÄUTIGAM, DIE KOMÖDIANTIN UND DER ZUHÄLTER. Reg. Jean-Marie Straub. BRD 1968.
LES YEUX NE VEULENT PAS EN TOUT TEMPS SE FERMER, OU PEUT-ÊTRE QU'UN JOUR ROME SE PERMETTRA DE CHOISIR À SON TOUR. Reg. Jean-Marie Straub/Danièle Huillet. BRD/I 1970.
PEPPERMINT FRAPPÉ. Reg. Carlos Saura. ES 1967.
VON ROSA VON PRAUNHEIM. Reg. Rosa von Praunheim. BRD 1968.
ZINNSOLDAT. Reg. Martin Müller. BRD 1968.
ZWEI. Reg. Roland Klick. BRD 1965.

Eileen Rositzka
Im Anagramm gefangen

Lektüren in und von ROSEMARY'S BABY

Mit *Rosemary's Baby* (sowohl dem Film als auch seiner literarischen Vorlage) befinden wir uns in einer Zeit, in der es einem Medium wie dem Fernsehen gelingen konnte, militärische Konflikte in einen ‚Wohnzimmerkrieg' zu überführen, als die Bewegungen der amerikanischen ‚Counterculture' ein Umdenken von Politik und Geschlechterrollen, eine Aufhebung von Klassen- und Rassenhierarchien, oder das Ausleben körperlicher, spiritueller und transzendentaler Bedürfnisse forderten. Nichts davon findet jedoch augenscheinlich Eingang in die Handlung von Polanskis Film. Kein Hauch dieses revolutionären Geistes weht durch die Architektur der Stadt, schon gar nicht des Apartment-Komplexes, in dem Rosemary und Guy Woodhouse (Mia Farrow und John Cassavetes) ihre Wohnung beziehen. Hier und da ein Verweis auf neumodische Zen-Diäten, lukrative Werbespots oder verspielte Jazzmusik; nie aber würde sich das Paar eindeutig dieser neu-medialen Welt zuordnen lassen. Viel zu früh flüchtet sich Guy in die umsorgenden Arme der scheinbar erzkonservativen Castevets, in deren reaktionärem Gestus ausgerechnet der spirituelle bzw. okkulte Kern des Films bzw. dessen Vorlage von Ira Levin verborgen liegt: Das Spirituelle präsentiert sich als ein grotesker Atavismus, besteht es doch in rituellen Versammlungen wunderlicher Alt-Satanisten, von denen im Grunde keine größere Gefahr auszugehen scheint als der beißende Geruch ihres Talismans. Überraschenderweise, in diesem Zusammenhang aber durchaus konsequent, wird der zerbrechlich wirkenden Rosemary noch mit das radikalste Potential zugeschrieben: Spontan kommt sie eines Tages mit einem frechen Kurzhaarschnitt von Vidal Sassoon daher, und – viel schlimmer noch – mit einem Interesse an Büchern. Dass Rosemary liest, sich unterhält, Zeitschriften durchblättert, wird durchgehend als absoluter Affront gegen Nachbarn, Arzt und Ehemann inszeniert, als rebellischster Akt der Selbstbestimmung, den ihr Umfeld, eine verschrobene Enklave inmitten einer modernen Metropole, gerade noch zulassen würde (wenn auch nicht ohne Folgen).

„Please don't read books", ist der erste ärztliche Rat, den Rosemary von Dr. Sapirstein (Ralph Bellamy) erhält: „No pregnancy was ever exactly like the ones described in the books. And don't listen to your friends either." Gerade diesen Worten haftet jedoch ein durchaus fader Beigeschmack an – womöglich in seiner kreidigen Note vergleichbar mit Minnie Castevets (Ruth Gordon) Mousse au Chocolat. Dass mit Rosemarys Leselust nämlich allzu schnell die Metapher weiblich-intellektueller Emanzipation kurzgeschlossen werden könnte, verhindert genau diese Konnotation: Die Bücher, um die es in Roman Polanskis Film geht, sind in diesem Sinne keine Quellen allgemeinbildenden Wissens, sondern scheinen vielmehr zur Ausstattung einer Art „Gerüchteküche" zu gehören, werden sie doch ultimativ als Träger unnützer Informationen in den Papierkorb verbannt oder finden vielleicht noch als Toilettenlektüre (*Jokes for the John*)[1] Verwendung. Jedenfalls scheint nichts eindeutig Belegbares hinter dem zu stecken, was Rosemary durch ihr Lesen in Erfahrung bringt – als wäre jeder Text eine Kolumne, ein streitbares Thema, das sich im vielstimmigen wie oberflächlichen Gespräch mit Bekannten verliert. Dabei werden die beunruhigenden Schwangerschaftsschmerzen, die sie so zu ergründen versucht, zum Gegenstand einer medialen Demokratisierung, in der jede Meinung, jede Information genauso wichtig oder unwichtig wie die andere, jeder Bedeutungsträger so gehaltvoll oder leer wie der Inhalt eines nächsten erscheint.

Ausnahmslos alle Instanzen, an die Rosemary gerät, können oder wollen ihr keine Antworten liefern, oder sie werfen nur neue Fragen auf: ihre Freundinnen, die ihr empfehlen, eine weitere ärztliche Meinung einzuholen; Guy, der sie in allem an die Castevets oder Dr. Sapirstein verweist; ihr guter Freund Hutch (Maurice Evans), der sie – ganz im Stil der Abenteuergeschichten, die er schreibt – auf die Fährte einer satanistischen Verschwörung bringt und sie zu deren Enthüllung ausgerechnet vor dem New Yorker Time & Life Building treffen will: *All of Them Witches*. Der gleichnamige Titel eines fiktiven Buches über die dunklen Künste wird so zum Ausdruck einer paranoiden Weltwahrnehmung, der zufolge alles zweideutig und jeder manipulierbar ist. Und dies zeigt sich bis ins kleinste kompositorische Detail: Bei genauerem Hinsehen bzw. durch Stillstellung des Filmbildes lässt sich erkennen, dass die Textpassagen aus jenem obskuren Werk, die Polanski so prominent in Szene setzt, wenig bis gar nichts mit den sie umgebenden Absätzen zu tun haben; geht es doch beispielsweise an der hervorgehobenen Stelle zu okkulten rituellen Praktiken tatsächlich um die Geschichte des Christentums. Und ironischerweise findet jenes Buch, *All of Them Witches*, im späteren Handlungsverlauf schließlich sein journalistisches Pendant in einer Ausgabe des *Time Magazine* mit der Titelschlagzeile „Is God Dead?" (Abb. 1).

---

1 Ausgerechnet im Badezimmer der schrulligen Castevets entdeckt Rosemary dieses tatsächlich 1961 beim New Yorker Kanrom-Verlag erschienene Buch voll schmutzig-frecher Witze, das

Abb. 1: Zwei Titel, eine Meinung.

Sinnkrise

Viel deutlicher wird diese (Un-)Logik jedoch in einer zentralen Szene des Films, als sich Rosemary daran macht, mit Hilfe von Scrabble-Steinen und Hutchs Hinweis, es handele sich um ein Anagramm, aus den Buchstaben des Buchtitels neue Worte zu legen. Aus „all of them witches" wird zunächst „comes with the fall", es folgt eine Reihe einzelner Begriffe („elf", „shot", „lame", „witch"), dann das grammatikalisch wie semantisch völlig verquere Satzfragment „how is hell fact me". Erst beim nächsten Versuch, dem Umsortieren der Lettern eines im Text aufgeführten Namens, erschließt sich ein fast schon zu plausibler Sinn – ein Bewusstwerdungsprozess, der ‚buchstäblich' als audiovisuelle Figuration des ‚fallenden Groschens' inszeniert ist: Erneut liegen die Steine auf dem Parkettboden verstreut, auf der Tonebene spielen Querflöte und Klavier mehrfach absteigende Tonfolgen, bis Rosemarys Hand (zögernd aber zielsicher) begleitet von staccato-artigen Chorklängen die Buchstaben gegeneinander verschiebt und ein schriller Ton die Erkenntnis unterstreicht, dass Steven Marcato gleichbedeutend ist mit Roman Castevet.

Auch wenn dieser Moment zweifellos an jene berühmte Szene in Alfred Hitchcocks SUSPICION (VERDACHT, USA 1941) erinnert, in der sich Lina (gespielt von Joan Fontaine) während eines Scrabble-Spiels eines Mordkomplotts gewahr wird, bleibt ein entscheidendes Element aus: Während sich der bei Lina ‚fallende Groschen' in eine körperliche Bewegung, ihr eigenes In-Ohnmacht-Fallen vom Stuhl übersetzt, ist Rosemarys Körper, ihr Gesicht, ihre emotionale Reaktion von der Ausdrucksbewegung der Szene ausgeschlossen – genau wie sie kurz darauf im Gegenzug selbst ihre Wohnungstür für alle potentiellen Eindringlinge verriegelt. Umso mehr artikuliert sich gerade in dieser Auslassung,

---

durch die eigens angebrachte Schlaufe an der oberen Kante dazu bestimmt war, neben einem WC aufgehängt zu werden.

im Ausblenden ihrer physischen Präsenz, ihre Ohnmacht. Diese Ohnmacht ist jedoch weniger eine Hilflosigkeit angesichts des Wirkens dunkler Kräfte und Mächte – nicht umsonst hat Ira Levin seine Romanvorlage zu ROSEMARY'S BABY dezidiert als *suspense thriller* und eben nicht als Horrorgeschichte bezeichnet –; vielmehr steht Rosemarys mystisches Dechiffrierspiel mit Buchseiten und Scrabble-Steinen für eine übergreifende Handlungsunfähigkeit, die sich sowohl in ihrem eigenen körperlichen Zustand als auch im damit verbundenen Umgang mit anderen Menschen manifestiert: „I can no longer associate myself". Diese letzte Notiz ihrer Vormieterin Mrs. Gardenia findet damit ausgerechnet im sinnsuchenden Hin- und Herschieben der Spielsteine ihr performatives Pendant (Abb. 2): ein Suchen nach Verbündeten, das Identifizieren von eindeutigen Gegenspielern, die Austreibung der eigenen Ängste und Dämonen.

Im Hinblick auf den Entstehungskontext des Romans und des Films braucht es freilich nicht viel Fantasie, um im selbstreflexiven Gestus dieser Szene einen Kommentar auf die sich von innen zersetzende (amerikanische) Gesellschaft in Zeiten des Vietnamkriegs und sozialer Unruhen zu lesen,[2] gerade, wenn man einige der von Rosemary gelegten Wortfragmente zu einer – zu *dieser* – Frage ergänzt: „How is hell *in* fact me?" Der Feind, das wissen wir heute nicht zuletzt aus den Vietnamkriegsfilmen der späten 1970er und 1980er Jahre, lag in jedem amerikanischen Soldaten, wenn nicht in jedem Amerikaner selbst verborgen, wenn es um grundlegende Zweifel an einem höheren Sinn des Krieges ging. Bezieht man jene Frage wiederum auf eine andere dominante Debatte der 1960er, gelangt man ohne Umschweife zum weiblichen Geschlecht und zu den Auswirkungen der gerade legalisierten Antibabypille. Erneut waren es Amerikas führende Nachrichtenmagazine, die sich der Thematisierung von Schwangerschaft und weiblicher Selbstbestimmung verschrieben hatten, nicht jedoch ohne von beidem ein durchaus ambivalentes Bild zu zeichnen. Während Lennart Nilssons *Life*-Fotoessay im Jahre 1965 noch mit Bildern menschlicher Föten schockierte und die öffentliche Diskussion um den Beginn humanen Lebens und die Kontrolle einer Frau über ihren Körper intensivierte,[3] beschrieb eine *Time*-Ausgabe im April 1967 die revolutionär-befreienden Veränderungen, welche die Pille für das Sexual- und Familienleben der US-Bevölkerung herbeigeführt hatte. Mehr noch: Das Medikament wurde als beinahe messianische Errungenschaft gepriesen, mit deren Hilfe es langfristig gelingen könnte, Hungersnöte und Ignoranz auf der Welt zu eliminieren.[4] Parallel dazu

---

2 Vgl. beispielsweise Tony Williams: Hearths of Darkness. The Family in the American Horror Film. Jackson 2014.
3 Vgl. Lennart Nilsson: Drama of Life Before Birth. In: Life, 30.04.1965, S. 54–72A.
4 Folgendes stand hierzu in besagter Ausgabe des Time Magazine: „Yet in a mere six years it has changed and liberated the sex and family life of a large and still growing segment of the

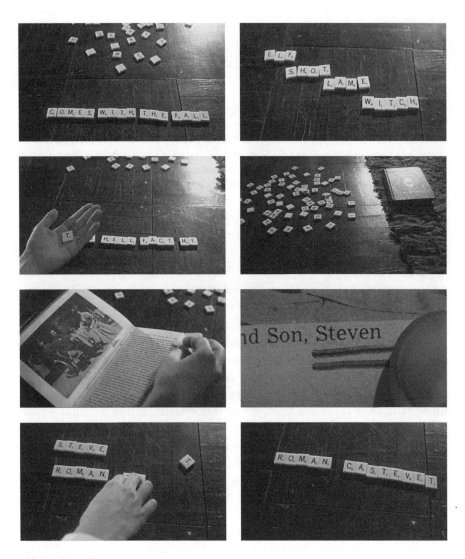

Abb. 2: Sinnsuche.

war auch die Lamaze-Technik in Mode geraten, mit der werdenden Müttern recht drastisch der selbstbewusste Umgang mit Geburtsschmerzen gelehrt werden sollte. Ein wissenschaftlich fundierter Horror des Alltäglichen, der nicht

---

U. S. population: eventually, it promises to do the same for much of the world." o.V: Contraception: Freedom from Fear. In: Time 89 (1967), H. 14 (07. 04. 1967), online verfügbar auf: http://content.time.com/time/subscriber/article/0,33009,843551,00.html (13. Mai 2018).

nur als Inspiration für *Rosemary's Baby* dienen, sondern wiederum den Stellenwert des Buches wie des Films im medial-öffentlichen Diskurs bestimmen sollte. Dementsprechend schreibt Lucy Fischer in ihrem Artikel „Birth Traumas" für das *Cinema Journal*:

> In 1968, many middle-class expectant mothers were enrolled in uplifting Lamaze classes where they dutifully viewed graphic movies of labor and delivery. (On the same page as Andrew Sarris's *Village Voice* critique of *Rosemary's Baby* is a notice for a screening of an instructional childbirth film.) [...] Such Lamaze devotees may well have avoided Polanski'sPolanskis thriller, fearing the distress it could engender. Retrospectively, however, one wonders which women were most ‚prepared' for parturition: which women saw the horror film and which the documentary?[5]

Sinnwidrig

Dass jene zweischneidigen Vorstellungen von Mutterschaft den (Be-)Deutungshorizont des Werkes bestimmen, steht außer Frage, auch wenn die erwähnten Texte und Debatten zumindest in Polanskis Film nie explizit zur Sprache gebracht werden. Dass sich diese streitbare Vielstimmigkeit den Zuschauern von ROSEMARY'S BABY dennoch erschließen kann, ist wiederum der Effekt subtiler An- und Umordnungen von Objekten, Zeichen und Affekten, die der Film vornimmt. Nicht nur, indem auf Ebene des Dialogs permanent auf Guys Tätigkeit als Schauspieler verwiesen wird, die es ihm erlaubt, sich in verschiedensten fiktiven Welten zu bewegen, sondern auch, indem sich das Apartment der Woodhouses selbst zur fiktiven Katalogwelt wandelt – einer Welt, die sich als moderner Gegenentwurf zur düsteren Nachbarwohnung präsentiert, jedoch nicht weniger zwanghaft scheint als die rituellen Praktiken des Castevetschen Hexenzirkels. Selbstverständlich kann Guy diesem Lebensentwurf zufolge sein Geld einerseits mit Rollen in medienkritischen Theaterstücken verdienen (beispielsweise in Ronald Alexanders *Nobody Loves an Albatross*) und im nächsten Schritt kommerzielle TV-Werbespots drehen, um sich das Hemd zu leisten, das er zuvor in einer Anzeige im *New Yorker* gesehen hat. Und selbstverständlich plant Rosemary in ihrer prospektgetreuen Traumwohnung („I saw it in a magazine") ausgerechnet das Fernsehzimmer gegen ein Kinderzimmer auszutauschen. Jenseits aller Handlungsverläufe und Repräsentationen ist es genau diese generelle Austauschbarkeit, das Ineinanderblenden teils völlig gegen-

---

[5] Lucy Fischer: Birth Traumas: Parturition and Horror in ROSEMARY'S BABY. In: Cinema Journal 31 (1992), H. 3, S. 3–18, hier S. 14.

sätzlicher Welten und Werte, die sich als Bewegung auf andere expressive Qualitäten des Films übersetzt: Bereits zu Beginn, im langsamen Kameraschwenk über den New Yorker Central Park, geht das unheilschwangere Klaviermotiv des Vorspanns nahtlos in ein melancholisches Schlaflied über; im Kontrast zum Überblick des *establishing shots* enden sämtliche Gänge durch das Bramford-Haus aufgrund der beengenden Bildkomposition in einem Gefühl beunruhigender Orientierungslosigkeit; und die wenigen Fluchtversuche, die Rosemary nach Manhattan unternimmt, führen sie durch laute Musik und Verkehrschaos hindurch nur zurück zu den Ängsten, vor denen sie geflohen ist. Die heiteren nicht-diegetischen Jazzklänge, die sie dabei zunächst begleiten, werden schließlich abgelöst von befremdlich schwankendem Chorgesang, wie zur adäquaten Vertonung der sie befallenden Übelkeit, welche im Anblick einer Weihnachtskrippe im Schaufenster gipfelt. Genau hier treffen sich in mütterlicher Triade Katholizismus, leibliche Schwangerschaftserfahrung und (okkulter) Nachbarschaftshorror, als Rosemary an dieser Stelle zudem noch von Minnie Castevet heimgesucht wird.

Gleichgesinntes

Und während einerseits das körperliche Erleben einer anhaltenden Übelkeit die affektive Dimension des Films bestimmt, Enge und Schwanken den Bildraum erfassen (am deutlichsten wird dies in Rosemarys Alptraum, der sich zunächst auf einer Segelyacht abspielt), wird auch jedes Denken und Kombinieren zum Bewegungsbild, das sein Publikum (auf)sucht: In der bereits erwähnten Scrabble-Szene wandelt sich so der zerkratzte Parkettboden zur Projektionsfläche eines Denkprozesses, formieren sich die Buchstaben zum Bildmotiv einer Assoziationskette. Der Kampf, der Feind, das unaufhörliche Übersetzen des einen ins andere, spielt sich nicht nur in Rosemarys Kopf, sondern auch in der Zuschauerwahrnehmung ab. Am Ende wird das Buch über Hexen und Hexer von Guy hoch oben aufs Regal verbannt (Abb. 3); er platziert es direkt auf Alfred C. Kinseys Studien zum sexuellen Verhalten bei Mann und Frau, und in unmittelbare Nähe zur Autobiografie *Yes I Can: The Story of Sammy Davis, Jr.*; etwas weiter entfernt steht zudem, im Fokus der Kameralinse gerade noch erkennbar, Theodor Reiks *Listening with the Third Ear: The Inner Experience of a Psychiatrist*. Für den Bruchteil einer Sekunde ist hier eine Anordnung von Texten in den Blick genommen, die als thematische Zusammenstellung willkürlicher und inkongruenter kaum sein könnte. Doch wie selbstverständlich legt sich die historische Abhandlung über einschlägige Okkultisten symbolisch über Trieb- und Verhaltensforschung, teilt sich die von

Abb. 3: Unstimmigkeiten in der Hausbibliothek.

Rassen- und Klassendiskriminierung geprägte Lebenserfahrung eines berühmten afroamerikanischen Musikers ein Regalbrett mit den Erfolgsgeheimnissen und Selbstanalyse-Hilfen eines Psychotherapeuten. Jener Querschnitt durch die eklektische Hausbibliothek des amerikanischen Durchschnittsbürgers ist selbst ein Anagramm, eine Permutation tabuisierter und schließlich normativierter, zum ‚guten Ton' etablierter Diskurse. In dieser Perspektive ist auch das Wohnzimmer mit seinem Bücherregal nicht weniger als eine Gerüchteküche, deren Ausstattung das nötige Populärwissen für die nächste Dinnerparty bereithält.

Wie nun aber fügt sich Rosemarys Kind und das Teuflische, das mit ihm verbunden ist, in dieses Bild ein? Letztlich stellen sich die in die Handlung eingewobenen Elemente des Übernatürlichen und Fantastischen als ebenso wenig sinnstiftend heraus wie alles Profane, das Rosemary umgibt. Und geht es der Geschichte überhaupt um das Baby, wenn es zumindest im Film nie zu sehen ist? Um dieser Frage auf den Grund zu gehen, ist Ira Levins Kommentar gleichermaßen aufschlussreich wie ins Leere führend:

> When I checked back through the newspapers for the events of the optimal date for the baby's conception – so he would arrive exactly half the year round from Christmas – I found, on October 4, 1965, Pope Paul's visit to New York City and the Mass he celebrated at Yankee Stadium that night. I took it as a sign – though I don't, of course, believe in signs – and kept writing.[6]

Dass gerade der Besuch Papst Pauls VI., noch dazu verbunden mit einer Messe in einem Baseballstadion, den passenden Anlass zur Zeugung eines Teufelskindes geben sollte, spricht innerhalb des Narrativs von *Rosemary's Baby* für die konsequente Etablierung größtmöglicher Gegensätze im Spektrum von Spiritualität, Historizität und Massenkultur. Bei allem Konzeptbewusstsein gäbe

---

6 „Stuck with Satan": Ira Levin on the Origins of *Rosemary's Baby*. https://www.criterion.com/current/posts/2541--stuck-with-satan-ira-levin-on-the-origins-of-rosemary-s-baby (13. Mai 2018).

Abb. 4: „Baby Nights".

es allerdings wohl keinen Zeitpunkt und keinen Ort, der beliebiger sein könnte – sowohl für einen Papstbesuch als auch für das, was Guy im Film salopp als „baby night" bezeichnet. Und tatsächlich ist er es auch, der, während er in einer Einstellung das Oberhaupt der katholischen Kirche auf dem Fernsehbildschirm betrachtet, nicht die religiöse Geste, sondern das Medienereignis sieht – als Werbefläche, an der man seinen neuesten Yamaha-Spot besonders lukrativ platzieren könnte (Abb. 4). So gesehen ist Rosemarys Baby am Ende eben auch nichts weiter als eines von vielen Zeichen, die potentiell bedeutungsvoll, dann aber sinnentleert, sinnwidrig, oder unsinnig daherkommen; ein Katalog- oder Magazinbild, eine Figur in einer Weihnachtskrippe, ein Name aus einem Buch, oder ein beim Essen mit Freunden gestreutes Gerücht. Wenn auch kein Hauch des revolutionären Geistes der 1960er Jahre durch das Manhattan dieses Films (und dieses Buches) weht, dann ist es immer noch der bis heute nachwirkende Atem einer Zeit und einer Gesellschaft, in welcher der Versuch, Zeichen zu setzen, oft nicht über die Groteske des ‚Zeichentricks' hinausging:

> No, people were living in the modern era, freed from the silly cautions of the past. Religion didn't count. Religion was a joke, a relic, an embarrassment. Science had trumped God; witness the magazine cover with its glaring headline ‚Is God Dead?' in the obstetrician's waiting room. Instead of trusting their priests, modern New Yorkers blindly followed the advice of their doctors, especially Park Avenue doctors who appeared on television and treated wealthy socialties, even when that advice caused unendurable pain and seemed at odds with every other medical authority. Even when those doctors smelled terrible. But no, it was 1967 and the entire world had gone insane.[7]

---

[7] Chuck Palahniuk: The Enemy is Everyone: Praise for *Rosemary's Baby*. In: Ira Levin: Rosemary's Baby. London 2011, S. vii–x, hier S. viii–ix.

Literaturverzeichnis

Fischer, Lucy: Birth Traumas: Parturition and Horror in ROSEMARY'S BABY. In: Cinema Journal 31 (1992), H. 3, S. 3–18.
Levin, Ira: Rosemary's Baby. London 2011.
Levin, Ira: „Stuck with Satan": Ira Levin on the Origins of *Rosemary's Baby*.
https://www.criterion.com/current/posts/2541--stuck-with-satan-ira-levin-on-the-origins-of-rosemary-s-baby (13. 05. 2018).
Nilsson, Lennart: Drama of Life Before Birth. In: Life, 30. 04. 1965, S. 54–72A.
o. V.: Contraception: Freedom from Fear. In: Time 89 (1967), H. 14 (07. 04. 1967), online verfügbar auf:
http://content.time.com/time/subscriber/article/0,33009,843551,00.html (13. 05. 2018).
Williams, Tony: Hearths of Darkness. The Family in the American Horror Film. Jackson 2014.

Filmografie

ROSEMARY'S BABY. Reg. Roman Polanski. USA 1968.
SUSPICION. Reg. Alfred Hitchcock. USA 1941.

Zoé Iris Schlepfer
„I can no longer associate my self"
Zu einer Poetik der unheimlichen Atmosphäre mit ROSEMARY'S BABY

> "'Within the world' and yet at the same time 'not at home'"
> (James Phillips 2005, S. 200)

In dem von Jo Collins und John Jervis herausgegebenen Sammelband *Uncanny Modernity. Cultural Theories, Modern Anxieties* erweitern die beiden Autoren den zumeist auf Freud zurückgeführten Begriff des Unheimlichen und verorten ihn unter der Rubrik moderner Erfahrung. Sie verstehen das Unheimliche als ein Symptom des Unbehagens in der Moderne, das durch einen Verlust der Kontinuität von Vergangenheit und natürlicher Umgebung produziert werde. Während das Ziel ihres Bandes sei, das Unheimliche als ein Instrument zur Dechiffrierung einiger Ängste, Unsicherheiten, Spannungen und Obskuritäten der Moderne zu etablieren[1] – soll dieser Prozess in dem vorliegenden Beitrag dahingehend umgedreht werden, als untersucht werden wird, wie sich das Unheimliche mit ROSEMARY'S BABY (USA 1968) von Roman Polanski denken und erfahren lässt. Dabei wird weniger von einem bereits existierenden Konzept des Unheimlichen ausgegangen, als vielmehr von dem Film, als theoriebildende Instanz einer entsprechenden Poetik, selbst. Mit und aus ihm heraus soll eine Idee über das Unheimliche als distinktiv modern entwickelt und die Frage, ob ROSEMARY'S BABY als Kind seiner Zeit identifiziert werden kann, gestreift werden.

Polanskis erster in Amerika produzierter Film bietet sich an über das zeitgenössische Unheimliche nachzudenken, bildet er doch zusammen mit REPULSION (EKEL, GB 1965) und LE LOCATAIRE (DER MIETER, F 1976) eine lose Apartment-Trilogie, die um die Bedrohung einer vermeintlich geborgenen Umgebung herum konzipiert ist. Zusammengefasst lässt sich ROSEMARY'S BABY auf folgende Formel bringen: In ein zeitgenössisches Milieu der amerikanischen *middle class* scheint sich etwas unwahrscheinlich Unheimliches einzuschleichen, dessen Natur und Realität bis zum Ende unklar bleibt.[2] Um sich dem Phänomen anzunähern, wird das Unheimliche als Atmosphäre, das heißt als ästhetische

---

[1] Vgl. Jo Collins/John Jervis: Uncanny Modernity. Cultural Theories, Modern Anxieties. London 2008, S. 4.
[2] Vgl. Dieter E. Zimmer: Vermaledeit unter den Weibern. Marginalien zu Polanskis Grusical ‚Rosemaries Baby'. In: Die Zeit (1.11. 1968), S. 25.

(Kon)Figuration verstanden, die räumlich-situativ gebunden und Veränderungen in der Zeit unterworfen ist.³ Aus dieser Perspektive erzeugen Filme nicht nur ihre eigenen, diegetischen Welten, sondern evozieren Atmosphären und Stimmungen, die ausdrücken, wie sich die spezifische Filmwelt offenbart und welche Aspekte dieser Welt bedeutend sind. So sind für Robert Sinnerbrink filmische Atmosphären/Stimmungen nicht nur komplexe audiovisuelle Kompositionen von Raum und Zeit, die die Bezeichnung ‚Welt' erst ermöglichen – sie realisieren zugleich ein bestimmtes Verhältnis zu dieser Welt.⁴ Ein ähnlicher Gedanke findet sich bei Vivian Sobchack, wenn sie feststellt, dass filmische Bilder der Zuschauer*in die Sicht auf eine Welt enthüllen und zugleich immer auch Ausdruck einer intentionalen Wahrnehmungsweise sind.⁵ Das heißt die Zuschauer*in übersetzt die Sinneseindrücke des Films im Abgleich mit ihrem In-der-Welt-sein in einen Bildraum, der „als eine spezifische, je besondere Ordnung der Sinnlichkeit"⁶ erfahren wird. Das Ineinander von Film und Zuschauer sowie die Auflösung der antagonistischen Stellung von Körper und Kognition bieten die Voraussetzungen, um Atmosphären als bedeutungsstiftende Poetiken physisch-sinnlichen Filmerlebens zu analysieren.⁷ Es ist eine solche Poetik, die in ROSEMARY'S BABY betrachtet und verdeutlicht werden soll.

La-la-la

Noch während der Paramount-Berg mit den ihn umgebenden Sternen zu sehen ist, erklingen erste schrill durchdringende Klaviertöne, die scheinbar von

---

3 Vgl. Zoé Iris Schlepfer/Michael Wedel: Atmosphäre / Stimmung. IV. Kategorien der Filmanalyse. In: Britta Hartmann u. a. (Hg.): Handbuch Filmwissenschaft. Stuttgart/Weimar [In Vorbereitung].
4 Vgl. Robert Sinnerbrink: Stimmung: Exploring the Aesthetics of Mood. In: Screen 53 (2012), H. 2., S. 148–163, hier: S. 152.
5 Vgl. Vivian Sobchack: The Address of the Eye. A Phenomenology of Film Experience. Princeton 1992, S. 62–63; Vgl. Hermann Kappelhoff: Der Bildraum des Kinos. Modulationen einer ästhetischen Erfahrungsform. In: Gertrud Koch (Hg.) in Zusammenarbeit mit Robin Curtis und Marc Glöde. Umwidmungen. Architektonische und kinematographische Räume. Berlin 2005, S. 138–149, hier: S. 146.
6 Hermann Kappelhoff: Die vierte Dimension des Bewegungsbildes. Das filmische Bild im Übergang zwischen individueller Leiblichkeit und kultureller Fantasie. In: Anne Bartsch et al. (Hg.): Audiovisuelle Emotionen. Emotionsdarstellung und Emotionsvermittlung durch audiovisuelle Medienangebote. Köln 2007, S. 297–312, hier: S. 306.
7 Vgl. Schlepfer/Wedel: Atmosphäre / Stimmung.

einem scheppernden Tonband abgespielt werden. Mit der Abblendung ins Schwarze ändert sich das Instrument und die Kamera schweift bedächtig in Begleitung einer repetitiven Gitarrenleiter von rechts nach links über ein Häusermeer, das durch die Brücke und den Hudson River im Hintergrund als Manhattan identifiziert werden kann. In rosa Schnörkelschrift erscheint „A William Castle Production" und ein textloses Schlaflied, „,so unschuldig [von einer Frauenstimme] auf ‚la-la-la' gesungen, dass es schon fast wieder beängstigend ist",[8] setzt ein. Es wird von der Hauptdarstellerin Mia Farrow selbst gesungen, deren Name nun eingeblendet wird. In zartem Rosa und melancholischem 'La-la-la' deutet sich bereits eine Sehnsucht nach Intimität, Familie und Privatheit an, die der Anonymität, Fremde und Verlorenheit des Urbanen weniger gegenübersteht als vielmehr in ihm untergeht. Das suchende Schweifen über den Südosten der Stadt lässt den Zuschauerblick, bis der Himmel verschwindet, langsam an einer Hausfassade entlang nach unten gleiten. An einem steilen Dach ändert sich die Bewegungsrichtung: die Kamera findet das düstere, zehngeschossige Apartmenthaus, das mit Fenstern, Bögen, Erkern, Balkonen und architektonischen Schmuckelementen versehen und in dem das folgende Filmgeschehen verortet ist. In einer Art Kippbewegung erblickt sie schließlich von oben herab eine von gelben und blauen Autos befahrene Straßenkreuzung, die sich von der bildeinnehmenden Düsternis des Gebäudes absetzt und beobachtet, wie ein pastellfarben gekleidetes Paar im Hauseingang verschwindet. Die Draufschau legt die Anwesenheit einer mysteriösen Kraft, einer undefinierbaren Macht nahe, die womöglich immer schon da war und Teil einer negativen Vorahnung wird. „Alles könnte sich ‚normal' entwickeln", schreibt Anselm C. Kreuzer über die Anfangssequenz von ROSEMARY'S BABY, „aber [...] sobald übersüßte Streicher in oktavierendem Sextabstand über die Melodie zu schweben beginnen, wird dem Zuschauer ‚von innen heraus' deutlich: Es geht nicht mit rechten Dingen zu".[9] Das Zitat verdeutlicht, wie der Film als ein sich ereignendes Sehen, Hören und Verstehen, nicht nur eine Welt sichtbar macht, sondern immer schon das Verhältnis zu dieser Welt bestimmt. Die Atmosphäre wird folglich zunächst akustisch erzeugt und entfaltet sich zeitlich über die Töne hinaus durch die ästhetische Figuration zu etwas unheimlich Anmutendem, das böse Vorahnungen weckt, ohne dass dies auf der narrativen Ebene des Handlungsraums repräsentiert wird. So wirkt nicht nur die (auch 1968 bereits) veraltete Tonqualität des Bandes, sondern auch die unkonventionelle Schwenkrichtung wie eine Rückwärtsbewegung. Eine Bewegung hin zu etwas

---

[8] Anselm C. Kreuzer: Rosemarys Baby. In: Peter Moormann (Hg). Klassiker der Filmmusik. Stuttgart 2009, S. 178–180, hier: S. 178.
[9] Kreuzer: Rosemarys Baby, S. 179.

Abb. 1: Anfangssequenz (00:00:00–00:01:54).

Archaischem, Abwegigem, zu etwas Althergebrachtem, nicht Alltäglichem. Etwas, was vielleicht 'im Verborgenen bleiben sollte' (Abb. 1).

ROSEMARY'S BABY ist einer der ersten namhaften Horrorfilme, die das Übernatürliche in der modernen amerikanischen Stadt ansiedeln.[10] „However", so

---

10 Will H. Rockett führt die Tatsache, dass Horrorfilme (bzw. das, was er als „Cinema of Cruelty" bezeichnet) bis in die 1980er Jahre vornehmlich in europäischen Landschaften angesiedelt waren, darauf zurück, dass viele Filmemacher selbst Europäer waren (wie Karl Freund oder

Will H. Rockett, „many filmmakers who do place the supernatural in the New World bring a little of the Old to these shores".[11] Entsprechend weist das zwischen 1880 und 1884 entworfene Wohngebäude (das im Film als „Bramford" bezeichnete Dakota-Building an der 1 West 72nd Street) „an elaborate, eclectic composition"[12] verschiedener europäischer Baustile der Viktorianischen Epoche und der Neorenaissance auf. Das altmodische Äußere macht durch die Art, wie es auf der Leinwand erscheint – schief und von sirrenden Streicherstimmen sekundiert –, jedoch eher einen bedrohlichen als behaglich, gemütlichen Eindruck.[13] Zudem wird der Ort mit einer finsteren Vergangenheit assoziiert, wenn im Verlauf des Filmes erzählt wird, dass es das Zuhause der kannibalischen Trench Sisters war, dass Adrian Marcato, Anführer eines Hexenzirkels, im „Black Bramford" sein Unwesen trieb und dass im Keller ein totes Kind gefunden wurde. „[I]t is ‚The bad place'", so Rocketts Fazit.[14]

Unheimlich werden

Der idyllisch und harmlos anmutende, doch bereits mit bodenlosem Unterton versehene Anfang geht über in ein Ensemble von verstörenden Elementen, die sich in der darauffolgenden Hausbesichtigung zu einer Atmosphäre verdichten, die als unheimlich beschrieben werden kann.

So verlässt, im ersten Schnitt in die Totale, ein sich im Vordergrund aufhaltender Concierge ohne ersichtlichen Grund die Kadrage, während das pastellfarben gekleidete Paar einen Mann im grauen Anzug begrüßt. Nach einem abrupten Achsensprung wartet die Kamera lauernd, in einiger Entfernung, hinter ungeheuerlichen Blumenornamenten, aus denen Wasser in einen Bronzebrunnen spritzt. Erst als alle drei Figuren sichtbar werden, folgt sie ihren Bewegun-

---

Friedrich Wilhelm Murnau), deren Geschichten auf Schauerromanen (*Gothic Novels*) mit europäischem Setting (z. B. Frankenstein, Dracula) basieren. Die rationale, nach vorne gerichtete Republikanische Welt werde zudem weniger mit dem Übernatürlichen und seinen Mythen assoziiert als die Umgebung eines dekadenten, archaisch alten Europas. Vgl. Will H. Rockett: Devouring Whirlwind: Terror and Transcendence in the Cinema of Cruelty. Santa Barbara 1988, S. 103. Aus dieser Perspektive vollzieht ROSEMARY'S BABY als eine Art „Migrationsfilm" selbst jene Bewegung zwischen dem Vertrauten und dem Fremden, die für das Unheimliche, wie sich zeigen wird, so wesentlich ist.
11 Rockett: Devouring Whirlwind, S. 103.
12 Paul Goldberger: The City Observed. New York 1979, S. 204.
13 Vgl. Anette Kaufmann: Rosemarys Baby. Rosemary's Baby. In: Thomas Koebner/Hans Jürgen Wulff (Hg.). Filmgenres. Thriller. Stuttgart 2013, S. 132–138, hier: S. 133.
14 Rockett: Devouring Whirlwind, S. 105.

gen – im Gestus des Horrors – wie eine geheime Beobachterin und belauscht das zwischen Rosemary, ihrem Mann Guy Woodhouse (John Cassavetes) und dem Verwalter entstehende, verdrehte Gespräch:

> Verwalter: „Are you a doctor?"
> Guy: „Yes."
> Rosemary: „He's an actor."
> Verwalter: „Oh, an actor. We're very popular with actors."

Es wird geführt, während die Drei an besagtem Brunnen und an spiegelnden Glasscheiben vorbei durch den Atriumhof in ein Treppenhaus gehen, das durch das dunkle Rot der Türen, die von innen zu sehen sind, und im starken Kontrast zum Licht draußen, tatsächlich wie das Tor zur Hölle anmutet. Der Hölle, in der die Zuschauer*innen (immer) schon warten. Als Faden wird sich das Rot der Türen durch den Film ziehen, Markierungen vornehmen und Spuren hinterlassen.

Nachdem die kleine Gruppe im Fahrstuhl verschwindet, wird der verstohlene Blick des Liftjungen nach Bewohnern oder (weiteren) Beobachtern erhascht, bevor dieser die Tür zuzieht. Der Verwalter entfernt ihm einen Fussel auf der Jacke, eine Geste, die Guy an Rosemary imitiert. Die irritierenden Verhaltensweisen werden vom Fahrstuhl aufgenommen, der nicht gleich auf der Bodenebene zum Halten kommt, sondern sich erst durch mehrmaliges Hoch-und-Runter-Ruckeln auf die Etage einpendeln muss. Indes erkundigt sich der Verwalter, ob das Paar Kinder hat; eine Frage, die noch häufiger gestellt werden wird („We plan to"). Aus einer Wohnung dringt unruhiges Klaviergeklimper. Im siebten Stock scheint ein Arbeiter gerade ein Guckloch zu bohren, während an den Wänden der Verputz bröckelt und am Flurboden Fliesen fehlen. Dubiose Vorgänge und Spuren im Duster von Alter und Zerfall. Eingefangen von einer inspizierenden, leicht irritierten Kamera, welche zwischen dem Verwalter und dem Paar hin und her wechselt, wenn sie rasch von links um die Ecke, rechts an einem Treppenhaus vorbei, erneut rechts um die Ecke biegen. Der Mann im grauen Anzug erzählt derweil, dass die Vormieterin Mrs. Gardenia, eine 89-jährige Anwältin, nach einem wochenlangen Koma kürzlich im Krankenhaus verstorben sei. Noch bevor die Wohnungstür geöffnet wird, hat sich jeglicher Orientierungssinn in den verwinkelten Gängen verflüchtigt. Ein Gefühl, das durch den systematischen Umgang mit dem architektonisch gegebenen Raum erzielt, und in dem verworren wirkenden Grundriss, dem Durcheinander, der Kadrierung und Rekadrierung bzw. der Spannung zwischen Handlungs- und Bildraum[15] in der Wohnung noch verstärkt wird. Alle Räume

---

15 Vgl. Kappelhoff: Die vierte Dimension des Bewegungsbildes.

scheinen ineinander überzugehen. Indem längere Einstellungen – die eine Kontinuität vermitteln könnten – zugunsten hektischer Schnitte und Kamerabewegungen vermieden werden, wird es für die Zuschauer*in unmöglich, sich darin zurechtzufinden oder eine Übersicht zu gewinnen.

In den ersten Minuten des Films erweist sich somit, was Ernst Jentsch bereits 1906 in *Zur Psychologie des Unheimlichen* schreibt: „[...] das Wort will nahe legen, dass mit dem Eindruck der Unheimlichkeit eines Dinges oder Vorkommnisses ein Mangel an Orientierung verknüpft ist".[16] Auch Collins und Jervis verweisen auf Orientierungslosigkeit, wenn sie in der Einführung zu *Uncanny Modernity* das Unheimliche als „an experience of disorientation" definieren, „where the world in which we live suddenly seems strange, alientating or threatening".[17] Rosemarys Welt ist zwar keine Beschreibung *unserer*, sondern Ausdruck *einer* Welt. Das heißt „[d]er Film [entwirft] eine Welt, die in den Formen ihrer Wahrnehmbarkeit, den körperlichen Positionierungen ihrer Bewohner das Gesetz bekundet, das sie durchherrscht"[18] und das ist zunächst tatsächlich jenes der Desorientierung und der Seltsamkeit als spezifische Sinnlichkeit. Es ist diese Welt, bzw. eine Wohnung in ihr, die befremdend und schließlich bedrohlich zu werden scheint und dennoch in ihren Details – vom Gebäude über Gesten, in Aussehen und Verhaltensweisen – als Welt, in der wir leben (oder in der in den 1960er Jahren gelebt wurde) identifizierbar ist.

Die Kamera folgt inzwischen der Protagonistin in die Küche, über den Flur, in die Bibliothek („It would make a lovely nursery"), wo vertrocknete Blätter eines Kräutergartens, dem gesamten Apartment gleich, etwas Morbides, Merkwürdiges, Mysteriöses verströmen. Mysteriös ist auch die Tatsache, dass ein massiver Holzschrank mit schlangenartigen Verzierungen, die eine Art Torbogen bilden, offensichtlich so verschoben wurde, dass er den Zugang zu dem dahinter liegenden Schrank versperrt, der wiederum nur einen Staubsauger und Handtücher beherbergt. In einem alten Sekretär findet Rosemary außerdem zwischen ein paar Büchern ein Blatt Papier mit dem wahrscheinlich von der Vormieterin handschriftlich verfassten Satz: „I can no longer associate my self" (Abb. 2).

---

16 Ernst Jentsch: Zur Psychologie des Unheimlichen. In: Psychiatrisch-neurologische Wochenschrift. Halle (25. 08. 1906), Nr. 22 S. 195–198, hier: S. 195.
17 Collins/Jervis: Uncanny Modernity, S. 1.
18 Kappelhoff: Die vierte Dimension des Bewegungsbildes, S. 308.

Abb. 2: „I can no longer associate my self".

Auf- und Abbruch

Ich kann (mich) nicht länger verbinden, verbünden, zuordnen, angehören, in Verbindung bringen, vereinigen, verkehren, hinzufügen, zusammenhängen. Nachhallende Worte, die eine Entfremdung und Unzugehörigkeit erahnen lassen, wie sie Collins und Jervis auch im Unheimlichen erahnen: „[I]t [the uncanny] seems to testify to something fundamentally alientated and dislocated that is pervasive within the modern experience and the modern construction of selfhood".[19]

Die moderne Erfahrung sei u. a. eine der Fragmentierung, die aus dem Verlust der Kontinuität von Raum und Zeit resultiert. Sowohl die Bewegung der Figuren im Raum, als auch die räumliche Bewegungsfiguration der beschriebenen Sequenz erzeugen desorientierende Unsicherheit. Doch auch in der dritten Bewegungsdimension, die Kappelhoff als Filmraum[20] bezeichnet, der Zeit, in der sich der Film für den Zuschauer als Ganzes entfaltet, wird die unwirtlich, unheimliche Atmosphäre sinnlich erfassbar. Sie wird beispielsweise durch Schwarzabblenden zwischen den einzelnen Szenen explizit, welche die Zeitspanne und das, was sich außerhalb der Wohnung abspielt, im Dunkeln lassen.

---

19 Collins/Jervis: Uncanny Modernity, S. 2.
20 Kappelhoff: Die vierte Dimension des Bewegungsbildes, S. 305.

Die Konstruktion modernen Selbstseins, bzw. Rosemarys Entfremdungsprozess verwirklicht sich ebenfalls im zeitlichen Gefüge, und ist in der konkreten Dauer[21] nicht zuletzt am Erscheinungsbild der Protagonistin wahrnehmbar. Die junge Frau verändert sich im Verlaufe des Films Schritt für Schritt – ganz im wörtlichen Sinne, denn häufig erfasst die nah am Boden platzierte Kamera ihre vorbeigehenden Beine. Dies wirkt nicht nur wie der lauernde Blick einer unbestimmten Entität, sondern intensiviert zugleich das durchdringende Gefühl der Orientierungslosigkeit. So verliert Rosemary (und allmählich auch die Zuschauer*in) in der Dauer den Zusammenhang, die Verbindung zur Außenwelt, während sie das Unheimliche des Ganzen im Banne hält. Anette Kaufmann beschreibt die affektive Poetik wie folgt: „[D]ie Kamera [trägt] mit ihren oftmals leicht gekippten, auf- oder untersichtigen Perspektiven und diffusen Bewegungen wesentlich dazu bei, auf subtile Weise eine Atmosphäre der Bedrohung und Instabilität zu schaffen".[22]

Nie fühlt sich Rosemary in der neuen Wohnung wirklich zu Hause, trotz durchgehender Bemühungen anzukommen, sich einzurichten. Bereits in der achten Minute ziehen die Eheleute in das neue Apartment ein und packen im Dunkeln Teller aus. Darauf folgt eine Montage im Modus des Melodramas: Wände werden weiß gestrichen, gelbe Blümchen-Tapeten angekleistert, Teppiche ausgerollt, Sessel und Tischchen hereingetragen, Vorhänge aufgehängt, karierte Folien geklebt, alles in gleißend strahlendem Tageslicht, untermalt von Streichern und zuversichtlich-beschwingtem Klavier. Die fröhliche Leichtigkeit in Pastell kulminiert in Rosemarys freudigem: „Look!", als Guy zur Tür hereinkommt (Abb. 3).

Der Traum eines jungen, konservativen Paares, das im New York der 1960er Jahre – jenseits von Ideologiekritik, „Strassenschlachten in Soundso",[23] Frauenbewegung, spiritueller und/oder sexueller Freiheit – sein Glück versuchen will: eine denkbare amerikanische Gegenwart (bzw. Vergangenheit). Allerdings setzt die filmische Welt ihre Zuschauer*innen durch Szenen wie dieser eher ins Verhältnis zu einem Ort, der aus überwiegend heiteren Doris-Day-Filmmusicals der 1950er bekannt ist und transformiert somit Genreerwartung und Filmerfahrung. Aus dieser Perspektive, vor dem Entstehungshintergrund von 1968, ließe sich Rosemary als repräsentativ für den Idealismus und die Zuversicht der amerikanischen 1950er und 1960er Jahre lesen. Auch in den darauffolgenden Szenen ist sie damit beschäftigt, irgendetwas („cushions for

---

21 Vgl. Kappelhoff: Die vierte Dimension des Bewegungsbildes, S. 306.
22 Kaufmann: Rosemarys Baby, S. 134.
23 Vgl. Hermann Kappelhoff: Auf- und Abbrüche – die Internationale der Pop-Kultur, in diesem Band.

Abb. 3: Look!

the window seats") für die in frischem Weiß, Gelb und Hellblau gehaltene Wohnung auszumessen und zuzuschneiden (Abb. 4).

Kurz: Rosemary versucht durchgehend, sich die Wohnung anzueignen, es sich gemütlich, oder eben heimelig zu machen – vergebens: „Der neue helle Wohnungsanstrich kann die Düsternis des Ortes nur oberflächlich übertünchen", wie Kaufmann feststellt.[24] Die freundlichen Farben der glatten Oberfläche trügen genauso wie die Nettigkeit und Harmlosigkeit der Nachbarschaft. Hier drängt sich eine Parallele zu politischen Entwicklungen auf. Denn auch das optimistische Nachkrieges-Amerika wurde bald vom Vietnamkrieg, den mysteriösen Morden an John F. Kennedy und Martin Luther King, von Rassenunruhen und Ritualmorden überschattet und erschütterte nicht nur die Nation, sondern das Selbstverständnis des Einzelnen. Das eigene Selbst erfuhr sich auch andernorts als in sich gefangen und von sich entfremdet, wie es Kappel-

---

24 Kaufmann: Rosemarys Baby, S. 134.

Abb. 4: Cushions for the window seats.

hoff für die Situation in der BRD beschreibt,[25] sorgte aber speziell in Amerika für Regierungsskepsis und Misstrauen gegenüber diverser Formen der Kanonisierung und Konvention.

So bricht auch die melodramatische Aufbruchsstimmung bald ab. Rosemarys eigene vier Wände werden durchlässig, ihr Selbst und der Raum instabil. Letzterer lässt weder Privatsphäre noch Gemeinsamkeit zu, ruft aber genau dadurch eine gespenstische Anwesenheit hervor. Die Nachbarn haben „pierced ears and piercing eyes." Immer wieder wird die Ehefrau unterbrochen, bedrängt, bevormundet. Nicht nur von der exzentrischen Nachbarin Minnie Castevet, die das Apartment mit ihren ständigen Besuchen okkupiert; selbst ihr Mann, ihre Freundinnen, die Ärzte schreiben ihr vor, was sie zu tun und zu lassen habe („Eat it", „See another doctor", „Don't read books").

Sogar das als Einstimmung auf die Kinderzeugung sorgfältig arrangierte Abendessen wird gestört. Minnie bringt ein mit roter Himbeere verdächtig markiertes Mousse au Chocolat vorbei, das Rosemary in jenen tranceartigen Zustand versetzt, in dem sie schwanger wird. Der seltsam kalkige Nachgeschmack des Desserts, den sie bemerkt, ist insofern interessant, als der Film neben audiovisueller immer wieder gustatorische und olfaktorische Wahrnehmungen bzw. Imaginationen aktiviert, was die affektive Erfahrbarkeit unheimlicher Befremdung – hier durch den *unangenehmen* Geschmack, an anderer Stelle den *ekligen* Geruch des Tanniskrauts – intensiviert.

Die Entsicherung des Raums, das invasive Bedrängnis von Privatwohnung (und -leben) legt zudem eine Verbindung zur Begriffsherkunft des Unheimlichen nahe, wie sie ebenfalls Jentsch dargelegt hat. Mit dem Begriff soll nämlich ausgedrückt werden, „dass einer, dem etwas ‚unheimlich' vorkommt, in der betreffenden Angelegenheit nicht recht ‚zu Hause', nicht ‚heimisch' ist [...]".[26]

Auch Freuds Versuch, die Grenzen des Konzepts zu schärfen, führen ihn zu einem Exkurs in die Etymologie von ‚heimlich' und ‚unheimlich'. Dabei erweisen sich die beiden Begriffe, wie er ausführt, nicht als ihr jeweiliges Gegenteil. Dies ist unteranderem der Tatsache zu verdanken, dass ‚heimlich' zwei verschiedenen, wenn sich auch nicht gänzlich fremden Bereichen angehört. Im Sinne von ‚heimelig', meint es das Vertraute, Behagliche, dem gegenüber das ‚heimliche', als das Versteckte, Verborgene steht. Wenn man, wie Freud, davon ausgeht, dass „‚heimlich' [...] ein Wort [ist], das seine Bedeutung nach einer Ambivalenz hin entwickelt, bis es endlich mit seinem Gegensatz ‚unheimlich' zusammenfällt" und „unheimlich [...] eine Art von heimlich,"[27] ist, dann

---

25 Vgl. Kappelhoff: Auf- und Abbrüche – die Internationale der Pop-Kultur, in diesem Band.
26 Jentsch: Zur Psychologie des Unheimlichen, S. 195.
27 Sigmund Freud: Das Unheimliche. In: ders.: Studienausgabe. Bd. IV: Psychologische Schriften. Frankfurt am Main [1925] 1970, S. 241–274, hier: S. 249.

ist das Unheimliche „gewissermaßen ein schattenhaftes Double oder Echo des Heimlichen, eine geheimnisvolle Wiederholung seiner Ambivalenzbeziehung".[28] Dadurch wiederholt und verdoppelt sich im Begriff selbst seine Unheimlichkeit. Für die unheimliche Erfahrung ist also ein ambivalentes Oszillieren zwischen dem Bekannten und Unbekannten, dem Vertrauten und Unvertrauten, dem Heimlichen und Unheimlichen unabdingbar.

Nicht zuletzt in dieser sowohl zeitlichen wie räumlichen Verlagerung zeigt sich, dass es sich nicht um einen einfachen, repräsentierbaren Zustand, sondern um eine atmosphärische Bewegung, einen poetischen Prozess, ein Unheimlich-Werden handelt, das in seinen Intensitäten erst im Sehen und Hören selbst erfasst bzw. erfahren werden kann. Das Konzept der Intensitäten ist für eine Beschreibung insofern produktiv, da sie, wie Claire Colebrook in ihrem Buch über Gilles Deleuze ausführt, nicht nur bestimmte Qualitäten, wie zum Beispiel die der Röte, bezeichnen, sondern: „they are the becoming of qualities; say the burning and wavering infra-red light that we eventually see as red".[29] In Deleuze' und Guattaris Diskussion um das Konzept des Affekts nehmen Intensitäten die dynamische, kinetische Qualität von Atmosphären an: „affects are no longer feelings or affections; they go beyond the strength of those who undergo them".[30] Denn: Affekte werden als „becomings"[31] erfahren – innerhalb dessen, was Deleuze als „duration that involves the difference between two states"[32] bezeichnet.

Auch das Unheimliche wird folglich in der Dauer des Wahrnehmungsprozesses realisiert. Das heißt, es nistet sich in ROSEMARY'S BABY atmosphärisch ein zwischen das dem Vertrauten – eine junge Frau zieht in ein New Yorker-Appartementhaus und richtet die Wohnung nach Magazinvorlage ein – und dem Fremden, das zunächst in Form von an Beschwörungen erinnerndes Gemurmel, Versatzstücken unverständlicher Konversationen, seltsamer Flöten-

---

28 Klaus Mladek: Es spukt. Im eigenen Haus. Unheimlichkeit, Schuld und Gewissen. Zum Einbruch der ethischen Frage bei Kant, Freud und Heidegger. In: Christoph Asmuth/Friedrich Glauner/Burkhard Mojsisch (Hg.): Die Grenzen der Sprache. Sprachimmanenz – Sprachtranszendenz, Amsterdam/Philadelphia 1989, S. 125–173, hier: S. 140. Da das ‚Heimliche' in seiner zweiten Bedeutung das ‚Unheimliche' – als ein Zuviel, das keinem eigenen Vorstellungskreis angehört – fast überflüssig macht, wird damit im Folgenden eher das Vertraute, ‚Heimelige' bezeichnet.
29 Claire Colebrook: Gilles Deleuze. London 2002, S. 22–23.
30 Gilles Deleuze/Felix Guattari: What is Philosophy? London/New York 1994 [1991], S. 164.
31 Gilles Deleuze/Felix Guattari: A Thousand Plateaus. London 1987 [1980], S. 256.
32 Gilles Deleuze: Spinoza: Practical Philosophy. San Francisco 1988 [1970], S. 49. Vgl. Ben Anderson: Affective Atmospheres. In: Emotion, Space and Society 2 (2009), S. 77–81, hier: S. 78.

musik und Gregorianischen Gesängen durch die hellhörigen Wände aus der Nachbarswohnung dringt. An die Begegnung anderer, zunächst freundlich wirkender Bewohner des Hauses reihen sich weitere ominöse Verhaltensweisen und Vorkommnisse: ein undurchsichtiger Selbstmord, die Spuren kürzlich von den Wänden genommener Bilder, Rosemarys unheilvolle Schwangerschaft, der Ausfall eines Schauspielkonkurrenten von Guy durch Erblindung, die Informationen über eine suspekte Sekte im Buch *All of them Witches* ... Alles verdichtet sich zu der Ahnung, dass die Leute in Rosemarys Umgebung, als Teil der halbvergreisten Geheimgesellschaft von Nebenan – der Guy vielleicht im Tausch gegen eine erfolgreiche Schauspielkarriere das gemeinsame Kind als menschliches Opfer versprochen hat –, eine andere Vorstellung von ‚heimelig' und *Sympathy for the Devil* haben könnten.

Verborgen bleiben

Neben der Gegenüberstellung mit dem Heimeligen ist das Unheimliche durch den Einbruch des Übernatürlichen in den modernen New Yorker Alltag in seiner vielleicht berühmtesten Definition perspektiviert: als Wiederkehr des Verdrängten, als Sichtbar-Werden bzw. Hervortreten dessen, was im Verborgenen hätte bleiben sollen.[33] Allerdings bleibt das, was in ROSEMARY'S BABY im Verborgenen stattfindet, bis zum Ende eine Verschwörungstheorie, denn nichts wird sichtbar; es wird zwar räumlich verdichtet, zeitlich verzögert, bleibt aber eine Leerstelle, die weder von der Protagonistin noch von der Zuschauer*in selbst genau erfasst oder endgültig gefüllt werden kann.

In diesem ästhetischen Prinzip, das Julian Hanich als „Auslassen, Andeuten, Auffüllen" beschreibt, „geht es um ein komplexes Interagieren, bei dem der Zuschauer in einem Akt visuellen oder auditiven Imaginierens verdichtet, was der Film in einer bewussten Offenheit gleichzeitig verbirgt und suggeriert".[34] Das elliptische Erzählen bildet dabei eine Gemeinsamkeit zwischen Polanski und Hitchcock, die sich gleichzeitig als Gegensätzlichkeit erweist. Denn während die Zuschauer*in bei Hitchcock am Ende angekommen sein wird – es geht um „*our arriving there*, our *affective encounter* with [the fu-

---

[33] Freud bezieht sich in seinen Ausführungen zum Unheimlichen auf Friedrich Schellings Definition „Unheimlich nennt man alles, was ein Geheimnis, im Verborgenen bleiben sollte und hervorgetreten ist." Freud: Das Unheimliche, S. 249.
[34] Julian Hanich: Auslassen, Andeuten, Auffüllen. Der Film und die Imagination des Zuschauers – eine Annäherung. In: Julian Hanich/Hans Jürgen Wulff (Hg.): Auslassen, Andeuten, Auffüllen. Der Film und die Imagination des Zuschauers. München 2010, S. 7–32, hier: S. 9.

ture]",³⁵ wie es Hauke Lehmann im Modus des Suspense ausmacht –, läuft die Spannung bei Polanski ins Leere bzw. in eine schwer zu ertragende Offenheit. Die Zukunft ist auch in der Gegenwart unbestimmt, wenn das Antlitz des Neugeborenen am Schluss als Gegenschuss weggelassen wird oder sich der Kreis schließt und sie zur Vergangenheit zurückkehrt, wie es das letzte Bild des Films suggeriert.

Ein interessanter Effekt des Aus- oder sogar Weglassens sei, dass unter gewissen Voraussetzungen

> [...] mentale Visualisierungen und akustische Imaginationen – trotz ihrer relativen Unbestimmtheit, Skizzenhaftigkeit und Detailarmut – so prägnant und wirkungsvoll sein können, dass sie in der Erinnerung im Fach der Wahrnehmung abgelegt und nicht in der Rubrik Vorstellungen gespeichert werden.³⁶

Dies, so lege die empirische Kognitionsforschung nahe, sei vor allem bei spontanen und mühelosen oder aber bei bizarren Visualisierungen der Fall. Ein Beispiel findet Hanich in eben jener Schlussszene von ROSEMARY'S BABY, in der das Publikum vermeintlich Satans Sohn gesehen habe, obwohl der Anblick nur angedeutet worden sei.³⁷ Der zeitgenössische Filmkritiker Oliver Molov meinte sogar ein „Baby mit gelben Augen, ohne weiße Iris" gesehen zu haben (ein Bild, das als subjektives Erinnerungsfragment den audiovisuellen Fluss unterbricht) und beschreibt, ohne dass es im Film dazu Anhaltspunkte gäbe, wie Rosemary dessen „kleine Nasenspitze"³⁸ stupst.

Da sich „in Momenten der Andeutung", wie Hanich ausführt, Wahrnehmung und Imagination verschränken und „phänomenologisch zu einer komplexen ästhetischen Erfahrung [ergänzen]",³⁹ macht es Sinn, eine diskursiv gedachte Herangehensweise an das Unheimliche auf das Atmosphärische auszudehnen. Denn Unbehagen ist mit leiblichen Regungen wie Schaudern und entsprechend mit intermodal sensorischen Wahrnehmungen verbunden, mit der Witterungen oder eben Atmosphären empfunden werden.⁴⁰ Nach Hermann Schmitz sind Räume und Umgebungen (ebenso wie subjektive Gefühle

---

35 Hauke Lehmann: Suspense in the Cinema: Knowledge and Time. In: Sibylle Baumbach et al. (Hg.): The Fascination with Unknown Time, Cham 2017, S. 251–271, hier: S. 251.
36 Hanich, Auslassen, Andeuten, Auffüllen, S. 19.
37 Vgl. Hanich: Auslassen, Andeuten, Auffüllen, S. 19.
38 Oliver Molov: Der Teufel lebt. Roman Polanski verfilmte Ira Levins Roman *Rosmaries Baby*. Frankfurter Rundschau (19. 10. 1968).
39 Vgl. Hanich: Auslassen, Andeuten, Auffüllen, S. 23.
40 Thomas Fuchs: Das Unheimliche als Atmosphäre. In: Kerstin v. Andermann/Undine Eberlein (Hg.): Gefühle als Atmosphären: Neue Phänomenologie und philosophische Emotionstheorie. Berlin 2011, S. 167–182, hier: S. 170.

und kollektive Situationen) atmosphärisch bestimmt; stets fungiert aber der „Leib" als „Empfangsstation für Atmosphären und wirkt auf diese zurück."[41]

Dieses „affektive Betroffensein"[42] verbindet sich durch die Poetik des Unheimlichen in der Zuschauer*in mit einer erwartungsvollen Spannung in Hinblick auf das, was kommen mag. Letzteres lässt sich Thomas Fuchs zufolge mit dem Kohärenzstreben erklären, welches die Aufmerksamkeit stets auf sachdienliche Hinweise richtet. Es handelt sich bei der unheimlichen Atmosphäre also auch um eine lustvolle Komponente der Faszination an noch unbekannter Zeit und Lage, die sich leibphänomenologisch verständlich macht. Das Unheimliche kann entsprechend als eine Affektpoetik beschrieben werden, die ein breites Spektrum – vom Gespenstischen, Gruseligen, Verschrobenen über das Seltsame, Unerklärliche, zum Beunruhigenden, Bedrohenden und Furchterregenden – mit einbezieht und durch spezifische Inszenierungsweisen, körperlich wirksam werden kann. Als eine Atmosphäre,

> die den Betroffenen mit überwältigender, zentripetaler Wirkung erfasst und die ihn gerade durch ihre Ungreifbarkeit und Ambiguität in eine existentielle Verunsicherung, in Bangnis, Angst und Grauen versetzt. Sie erscheint zugleich als Wirkung einer verborgenen Intentionalität, einer anonymen, überpersönlichen oder numinosen Macht, deren schließliches Erscheinen und Wirken antizipiert wird.[43]

Indem Polanski den Film im modernen New York der 1960er ansiedelt und hauptsächlich aus Rosemarys Perspektive („There are no witches" und, wie um sich selbst zu vergewissern: „Not really") erzählt, stört das Übernatürliche die im Film angelegten Annahmen darüber, was in seiner Welt und deren Entitäten real und irreal bzw. möglich und unmöglich ist. Das Material „primitiver" Überzeugungen, die das rationale Denken für überwunden hält, scheinen immer noch zu wirken. Überwundener Glaube oder „imagined entities",[44] wie Jervis Geister, Hexen, Teufel etc. nennt, haben jenseits von Genres, die ihr Dasein berechtigen, einen obskuren ontologischen Status: Weder existieren sie wirklich, noch existieren sie nicht. „[E]ven the assertion of disbelief seems to covertly self-refute: 'not believing' seems to posit the object of disbelief even in denying its existence".[45] ‚Eingebildete Einheiten', genrespezifisch von der

---

41 Hermann Schmitz: Atmosphären. Freiburg/München 2014, S. 11. Vgl. Schlepfer/Wedel, Atmosphäre/Stimmung.
42 Hermann Schmitz: System der Philosophie Band III: Der Raum, 2. Teil: Der Gefühlsraum. Bonn 1969, S. 343.
43 Fuchs: Das Unheimliche als Atmosphäre, S. 179–180.
44 John Jervis: Uncanny Presences. In: Jo Collins/ders. (Hg.): Uncanny Modernity. Cultural Theories, Modern Anxieties. London 2008, S. 10–50, hier: S. 35.
45 Jervis: Uncanny Presences, S. 35.

filmisch konstituierten Welt organisiert, entfalten in Polanskis Film, der sich tendenziell dem Realismus *ver-* und in unsere Welt(erfahrung) *ein*schreibt, eine signifikante Wirkungskraft. Denn einerseits „suggeriert der Film dem Betrachter, die Welt, die er im Film sieht, trotz aller überirdischen Ungereimtheiten widerspruchslos als Realität hinzunehmen", wie Molov bemerkt. Er verdeutlicht andererseits, dass unabhängig davon, ob wir an das glauben, was wir nicht sehen, das Nicht-Sehen in erster Linie eine unheimliche Empfindung ist. Die Anwesenheit der Abwesenheit, das, was sich der Erfahrung, nicht der Repräsentation zuschreiben lässt. Gerade deshalb haben ‚imagined entities' und das, was Jervis „problematical presences"[46] nennt (Träume, Visionen, Halluzinationen), eines gemeinsam: ihre Verstrickung mit dem Bild bzw. dem, was sich in der Beziehung zwischen *on-* und *off-*screen ereignet. In dieser Beziehung „gewinnt der dargestellte Bildraum den Charakter eines Wahrnehmungsbildes, einer Vision im dunklen Raum".[47] Für Kappelhoff ist die halluzinatorische Funktion die Referenz optisch-akustischer Inszenierungsmodalitäten. Denn sie ist weder im Erzählraum (als vermeintlich omnipräsenter Blick), noch im Handlungsraum (als gegebenes Wahrnehmungsschema) auszumachen. „Im Gegenteil: sie bezeichnet die Ebene der Differenzierung der ästhetischen Möglichkeiten kinematographischer Wahrnehmungsweisen".[48]

Das Zentrum bzw. der Wendepunkt des Films ist dann auch eine halluzinatorische, ontologisch problematische Sequenz, in der Rosemary in einem verworrenen Ritual mit blutroter Farbe bemalt und von einer nur rasch und diffus zu erkennenden Gestalt mit gelben Augen vergewaltigt wird. Die Unsicherheit, die ihr Schrei: „This is no dream! This is really happening!!" auslöst, bestimmt den zweiten Teil des Films. Auch in diesem passiert eigentlich nichts Furchterregendes. Ab und an gleitet die Kamera Oberflächen, wie jener der weiß-gelben Blumentapete, entlang, schaut den sich darauf bewegenden Schatten und hört dem dahinter immer wieder gespielten *Für Elise* zu. Doch das vom monotonen Ticken einer Uhr grundierte Grauen weitet sich in den neun Monaten der Schwangerschaft aus: Es beginnt zu regnen, weitere merkwürdige Auslassungen und Andeutungen häufen sich, sodass mit dem Wetter auch die Ahnung langsam in Verdacht umschlägt. In den Verdacht, dass Rosemarys Baby als Kind des leibhaftigen Satans die Menschen von der Herrschaft Gottes erlösen soll.

So wird beispielsweise die Frage „Is God dead?" auf der Titelseite des *Times Magazine*, welches die werdende Mutter im ärztlichen Wartezimmer in

---

46 Jervis: Uncanny Presences, S. 35.
47 Kappelhoff: Der Bildraum des Kinos, S. 142.
48 Kappelhoff: Der Bildraum des Kinos, S. 142.

Abb. 5: Gebenedeite Maria – gemaledeite Rosemarie.

den Händen hält, zu einem späteren Zeitpunkt von Roman Castevet mit dem Ausruf „God is dead! [...] Satan lives! [...] The year is One and God is done!" beantwortet.

Dieter Zimmer zufolge mobilisiere der Film durch die Umkehrung der Heilsgeschichte im gleichen Masse rationale Abwehrkräfte gegen den satanischen Aberglauben wie gegen den Glauben. „[D]ie gebenedeite Maria ist dann genauso unakzeptabel wie die gemaledeite Rosemarie."[49] Die Verbindung der beiden Frauen ist nicht nur in ihren Namen offensichtlich, sondern wird auch auf der Bildebene augenscheinlich, wenn sich Rosemary, auf einem ihrer Ausflüge durch die Stadt, in dem Marienbild spiegelt (Abb. 5).

Demungeachtet bleibt es der Verdacht einer Verschwörung. Denn: „Was in ROSEMARY'S BABY eine latente Atmosphäre der Angst erzeugt", so die Frankfurter Rundschau in der Ankündigung des Films, sei gerade nicht die „detaillierte[...] Darstellung ‚böser Kräfte' mit rüttelnden Bettgestellen, furchterregenden Fratzen und im Zimmer schwebenden ‚Besessenen'", sondern „die Beiläufigkeit, mit der Polanski emotionslos und aus dem Blickwinkel der ausweglos ausgelieferten Ehefrau gleichermaßen über Alltäglichkeiten, wie über ‚merkwürdige Ereignisse' berichtet."[50] Der Alltag, das Vertraute, Heimelige ist brüchig geworden. Sowohl Rosemary als auch die Zuschauer*in bewegen sich in

---

49 Zimmer: Vermaledeit unter den Weibern, S. 25.
50 Mwr: Atmosphäre der Angst. Rosemary's Baby – Roman Polanskis satirischer Horrorfilm. Frankfurter Rundschau (7. 10. 1980).

einem Raum, in dem Gesten, Gegenstände und Handlungen – etwa das Braten eines Stücks Fleisch (nicht zuletzt durch Free-Jazz-Untermalung) – zwiespältig und somit unheimlich werden. In solchen Handlungen tritt die eigenartige Gleichzeitigkeit bzw. das Oszillieren zwischen ‚heimelig' und ‚unheimlich' hervor. Denn das Unheimliche ersetzt das Heimelige nicht, es überlagert es vielmehr, sodass das Heimelige noch machtlos durch den Schleier des Unheimlichen durchbrutzelt/schimmert.

Die Zuschauer*in ist versucht (oder angehalten) die Indizien, wie Rosemarys ganz von seinem einsetzenden Erfolg beanspruchter Ehemann, als ihr Hirngespinst abzutun. Erfahrungsgemäß befinden wir uns mit der Moderne in einer Zeit und Welt, die erklärt und erfasst werden kann. Gerade im atmosphärischen Hervorrufen des Sinns für das Übernatürliche, erzeugt die (Un)Fähigkeit zu verstehen eine Erfahrung, die als unheimlich gedacht werden kann. Dies betrifft vor allem die Fähigkeit zu kategorisieren, Urteile zu fällen, Verbindungen und Bedeutung herzustellen und gilt sowohl für die Protagonistin, als auch die Zuschauer*in. Denn, wie Jervis expliziert: „[d]isturbing our feelings simultaneously disturbs our ability to ‚sort' these feelings."[51]

Trotz oder aufgrund Rosemarys Versuche, mithilfe von Sprache, in Form von Büchern und Scrabble-Buchstaben Zusammenhänge zu finden, sich zu wehren, aufzubegehren und sich selbst zu behaupten: ihre rote Kleidung, die neue Kurzhaarfrisur („I've been to Vidal Sassoon"), die Organisation einer Party („You have to be under 60 to get in") – wird sie immer wieder, immer weiter kontrolliert und isoliert. Ihr Vidal-Sassoon-Haarschnitt kann als „Kampf um den eigenen Geschmack, die eigenen Gesten, den eigenen Verhaltensstil"[52] interpretiert werden, wie ihn Kappelhoff in ICH BIN EIN ELEFANT, MADAME aufspürt. Es ist nicht verwunderlich, dass ihr neuer Look auf große Ablehnung stößt, wenn man bedenkt, dass 1968 das Geschmacksurteil zum „generative[n] Element kultureller Gemeinschaftsbildungen"[53] wurde und dadurch genauso konstitutiv für die Herstellung eines Zugehörigkeitsgefühls, wie für Ausgrenzung und Diskriminierung war.

Es ist ausgerechnet die Wohnung, als eigentlicher Ort der Zuflucht, von Schutz und Geborgenheit, in die sich die Unheimlichkeit längst in Mobiliar und Tapeten gemütlich eingenistet hat und in der Rosemary ausgegrenzt wird. Sie ist zum beunruhigenden Zuhause, zum gestörten, ausweglosen Raum der Paranoia geworden. Rosemarys Panik ist für die Zuschauer*in dabei immer genauso

---

51 Jervis: Uncanny Presences, S. 45.
52 Kappelhoff: Auf- und Abbrüche – die Internationale der Pop-Kultur, in diesem Band.
53 Vgl. Kappelhoff: Auf- und Abbrüche – die Internationale der Pop-Kultur, in diesem Band.

präsent wie die Zweifel über ihre geistige Gesundheit. Zumal, wie Kaufmann beobachtet:

> [...] es keine Szene [gibt], die sich außerhalb von Rosemarys Wahrnehmungsbereich abspielt. Es entsteht also weder Suspense durch Informationsvorsprung – der Zuschauer weiß niemals mehr als die Protagonistin, erahnt jedoch die im Bramford Haus lauernde Bedrohung aufgrund der verbalen und atmosphärischen Andeutungen lang vor ihr –, noch wird jemals eine von Rosemarys Wahrnehmungen als ‚objektiv' falsch entlarvt.[54]

Entfremdet sein

Das Geschehen verengt sich auf die Perspektive der Hauptfigur, die beobachtet und beobachtet wird. Wenn wir nicht sehen, was sie sieht, sehen wir sie. Das heißt, es entwickelt sich ein Sehen, das nicht der „personalen Einheit der dargestellten Figur"[55] entspricht, sondern es ist ein Bild ihrer Subjektivität, dass in der Filmwahrnehmung durch die Zuschauer*in verwirklicht wird. Im zweiten Teil des Films weichen die Szenen, in denen Rosemary versucht, sich die Wohnung heimisch zu machen, vereinzelten Aufnahmen ihres einsamen Leidens, im Sitzen oder Liegen. Die Kamera lässt sie entweder verloren im Raum erscheinen oder haftet sich an ihr Gesicht, in dem sich Erschöpfung, Schmerz und Verzweiflung abzeichnen. So wird die Bedrohung am Körper und diesen spiegelnden Oberflächen sicht- bzw. sinnlich erfahrbar gemacht. Die schwangere Rosemary wird nicht nur immer bleicher und dünner („I look awful"), oft wird zudem ihre Schulter bzw. Nackenpartie fokussiert, wodurch sie besonders verletzlich und verloren scheint (Abb. 6).

Verloren wirkt sie auch, wenn sie nach dem Erwachen aus der mysteriösen Misshandlung, still, durch zwei von Dunkelheit umgebene Türen hindurch in der lichtdurchflutenden Küche sitzend von einer starren Kamera observiert wird (Abb. 7). Kadrage, Licht- und Farbkontrast, Rosemarys Körperhaltung, die Fluchtperspektive, ihre Position im Raum, aber auch die leitmotivische Wiederholung ähnlicher Momente, erzeugen nicht nur eine unheimlich-paranoide Atmosphäre, sondern eine Art Ästhetik der Einsamkeit, Entfremdung.

Auch in den wenigen Szenen, die sie draußen, in den Straßenschluchten zeigen, wirkt sie auf schmerzvolle Weise entrückt, während auf die Großstadt ansonsten nur durch die von außen in die Wohnung dringenden Geräusche (Kinder, Autohupen, Sirenen) verwiesen wird. Geräusche, die gehört, deren

---

54 Kaufmann: Rosemarys Baby, S. 137.
55 Kappelhoff: Der Bildraum des Kinos, S. 145.

"I can no longer associate my self" — 183

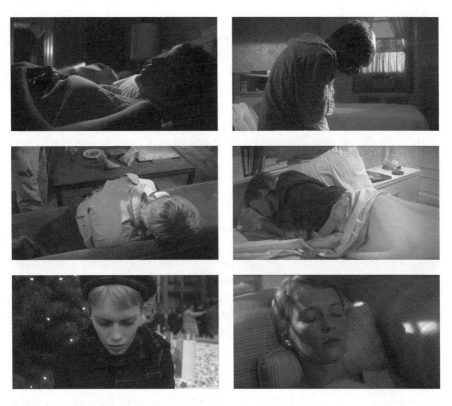

Abb. 6: Erschöpfung, Schmerz, Verzweiflung.

Abb. 7: Ästhetik der Einsamkeit, Entfremdung.

Quellen aber nie sichtbar werden – das, was Michel Chion das „Akusmatische" nennt – verstärken das Gefühl beklemmender Isolation.

Die Poetik unheimlicher Atmosphäre findet ihren wirksamsten Ausdruck in einer der kürzesten Szenen des Films. Aus einer ungewöhnlichen Untersicht beschattet die Kamera Rosemary, die sich im Bild eingesperrt, gefangen in der Kadrage, vor Schmerz krümmend über den Hocker beugt und heftig atmet. Der Raum ist eng, dunkel. Trostlos prasselt Regen gegen die beiden mit dumpfen Vorhängen umrahmten Fenster. Vor dem linken sind die Umrisse einer Figur zu sehen, die an Arbeiten von Alberto Giacometti erinnert.[56] Von Rosemary zunächst unbeachtet, schräg vor dem rechten Fenster läuft ein Fernseher. In diesem flackert bläulich das Bild dreier ähnlicher Figuren, die durch ihre Einbettung in die Umgebung an Ultraschallbilder in der Schwangerschaft erinnern. Indem diese sichtbar machen, was von außen nur als Wölbung zu erkennen ist, wohnt ihnen eine ganz eigene, körperliche Unheimlichkeit inne. Hier offenbart sich eine Furcht, die sich nicht nur auf eine äußere, sondern die Bedrohung von Innen richtet. Auf merkwürdige Weise orten und verorten die zwei medialen Wahrnehmungsformen einander:[57] der filmische Innenraum als symbolische Innenwelt der Figur; die Mattscheibe als semiotische Verbindung zu ihrem Schwanger-Sein. Durch eine blickfelderweiternde Zoombewegung im Fernsehbild, die davor tanzende Menschen zeigt, wird deutlich, dass es sich bei den Figuren um eine Art Fresko handelt: Der vermeintlich dreidimensionale Bildinhalt wird in der räumlichen Verschiebung zum zweidimensionalen Hintergrund. In diesem Bild-Sein, Bild-Werden bzw. dem Hervorgehen eines Bildes aus dem anderen, manifestiert sich nicht nur die Diskontinuität der Zeit, sondern auch die Fragmentierung des Raums, die für das Unheimliche so zentral ist und hier in den Bildern selbst liegt. Rosemary hebt schwach den Kopf und starrt sie schockiert an (Abb. 8).

Fast scheint die Szene die Antwort zu sein auf die später im Film durch das Scrabble-Satzfragment „How is hell fact me" aufgeworfene Frage, mit welchem Rosemary versucht, das Rätsel des Anagramms zu lösen. Was Eileen Rositzka (siehe Artikel in diesem Band) als „How is hell *in* fact me" entziffert, könnte auch „How is hell *affecting* me" heißen.

---

[56] Dies ist insofern erwähnenswert, als Giacometti sich auf die Phänomenologie als künstlerischer Versuch, das (noch) Sichtbare festzuhalten bezog, während es bei Polanski darum zu gehen scheint, das Unsichtbare phänomenologisch anwesend zu machen.
[57] Vgl. Kappelhoff: Der Bildraum des Kinos, S. 141.

Abb. 8: „How is hell affecting me."

Die Beunruhigung bleibt

Akribisch orientiert sich der Film an der Romanvorlage. Während Ira Levin am Ende allerdings keinen Zweifel an der Vaterschaft des diabolischen Babys lässt, verweigert sich Polanski dieser Eindeutigkeit in der Schlussszene. Versieht diese sogar mit einer, – in der Literatur zu dem Film bisher unbeschriebenen –, Kreisbewegung. Nachdem Rosemary gesagt wird, ihr Baby sei tot geboren, schleicht sie sich misstrauisch, Messerspitze voran, durch den damals von dem schweren Schrank verstellten Geheimgang in die Wohnung der Castevets. Dort entdeckt sie ihren Mann in der Gruppe der Teufelsanbeter und eine schwarze Wiege, über der ein umgekehrtes Kreuz hängt. Tiefer Bass brummt, eine Frau schreit, wie sie sich langsam herantastet und schließlich an dem schwarzen Vorhang zieht. Die entsetzte Frage nach den Augen: „What have you done to it? What have you done to its eyes?!", begleitet von der „ebenso fassungslos aufstöhnenden Musik, wird nicht durch einen objektivierenden Blick in das Innere der Wiege aufgelöst, sodass auch paranoides Wahnerleben nicht auszuschließen ist".[58]

Das Nicht-Auflösen der Andeutung, die bleibende Leerstelle, konstituiert letztendlich die Bedingung für das Unheimliche als Ganzes. James Elkins nennt dies ‚abyss': „An abyss is literally a cleft in the world, and figuratively a fissure in meaning [...] you can stare at it forever without hope of understanding it."[59] Elkins spricht zwar nicht von Auslassungen im Film, sondern von leeren Zentren in Gemälden, „voids where something should be",[60] beschreibt die Begegnung aber unter Verwendung des der Atmosphäre verwandten Aura-Begriffs: „We can feel an uncanny residue, an inexplicable supplement, an aura, a presence that is indisputably there even if no one can see it".[61] Die unheimliche Atmosphäre ist präsent; sie verkörpert die unbestimmte Wirksamkeit der Imagination. Sie kann Inhalt mit Form verbinden, Zeit mit Raum und diese im gleichen Moment, ein banges Unbehagen auslösend, auflösen. So besteht sie in ROSEMARY'S BABY unter anderem darin, dass die paranoide Verengung von Rosemarys Erleben der Verschwörungstheorie gleichberechtigt gegenübersteht. Auch die Schlusssequenz setzt ihre Interpretation der Ereignisse nicht rückwirkend ins Recht. Es gibt keine letzte Sicherheit – alles ist entsichert. Denn einerseits bleibt das Satanskind im Off eine Leerstelle, andererseits führt – mit dem Einsetzen des wehen Liedes aus dem Vorspann –, der letzte

---

58 Kaufmann: Rosemarys Baby, S. 138.
59 James Elkins: Pictures and Tears. London 2004 [2001], S. 163.
60 Elkins: Pictures and Tears, S. 154.
61 Elkins: Pictures and Tears, S. 147.

Blick über Rosemarys Gesicht, durch das Fenster hinab, auf eben jene Szene ganz am Anfang des Films zurück, in der sie und ihr Mann das verrufene Bramford Haus zur Besichtigung betreten. Vielleicht war alles nur eine Wahnvorstellung, eine Schwangerschaftspsychose?

Aus feministischer Sicht (die im Film zwar in den Bildern steckt, aber auch eher eine Leerstelle bleibt) ist weder das tabuisierte Grauen in der Schwangerschaft noch eine Frau, die kontrolliert und eingesperrt wird, eine Wahnvorstellung. Rosemary wird gefangen gehalten in einem Körper, einer Wohnung, einer Gesellschaft, die sich gegen sie wendet, sie bevormundet und ihrer Macht beraubt, um ihr Leben zu bestimmen. Die Funktion der Ausbeutung der Frau durch Manipulation werde im Film, folgt man Uwe Timm, dahingehend entlarvt, als das Interesse einer bestimmten Gruppe nicht (einzig) durch Gewalt durchgesetzt werden muss „sondern [diese] ihre Ziele durch scheinbare Erfüllung der Wünsche erreichen, indem alle Informationen gefiltert werden und eine Kritik oder Aufklärung von außen verhindert wird."[62] Es ist diese Isolation, die Entfremdung, die sich affektdramaturgisch in einer langsamen Bewegung permanenter Modulation, im Werden der Welt entwickelt hat und als Subjektivierung von einer Ahnung, allmählich zum Verdacht und schließlich zu Paranoia wurde – zu dem Gefühl, in der Welt nicht zu Hause zu sein.

Die düster, gedeckten Farben zerlegter Architekturräume im Kontrast zur pastellfarbenen Wohnung, hinter deren Blümchentapeten unverständliches Stimmengewirr und immer wieder *Für Elise* erklingt; der ständige Imperativ („Sit down", „You must not do that"), das ästhetische Prinzip des Auslassens und Andeutens, die Betonung des kalkigen Nachgeschmacks und des ekligen Geruchs des Tanniskrauts; die systematische Verfremdung der Wahrnehmungsperspektive halluzinatorisch-traumähnlicher Momente, der Wetterumschlag, die gespenstige Musik, das monotone Ticken der Uhr, die beklemmende Verlorenheit im Raum, die Schwierigkeit Sinn und Verbindung herzustellen, das scheiternde Aufbegehren, Widersetzen und zuletzt die schwer zu ertragende Offenheit oder Rückwärtsbewegung vom Ende zum Anfang: sie verbinden sich im Ganzen des Films zu einer Poetik der unheimlichen Atmosphäre. Während die Zuschauer*in das Unheimliche in den Poren und Fugen dieser Welt in ihrem eigenen Sehen und Hören aktiviert hat, verwirklicht sie die räumliche Figuration als die einer Bedrohung, die sich in der Dauer des Films als eine entstehende, wachsende, sie ergreifende Beunruhigung realisiert.[63] Diese Beunruhigung bleibt. Denn unheimlich schimmert das Grauen im anhaltenden Kontrollieren weiblicher Körper und Leben bis heute durch. Nicht zuletzt, weil

---

62 Vgl. Timm, 17.1.1969.
63 Vgl. Kappelhoff: Die vierte Dimension des Bewegungsbildes, S. 310–311.

es durch Kontinuitäten geschlechtlicher Zurichtung schwierig ist, einer Gesellschaft zu entsagen, in die wir mit unseren Bedingungen und Bedürfnisstrukturen eingebunden sind.

So ist neben Rosemarys Baby die eigentliche Heldin Mrs. Gardenia, die sich frühzeitig all dem – wie Bartleby – mit einem einzigen Satz entzog: „I can no longer associate my self".

Literaturverzeichnis

Anderson, Ben: Affective Atmospheres. In: Emotion, Space and Society 2 (2009), S. 77–81.
Colebrook, Claire: Gilles Deleuze. London 2002.
Collins, Jo/Jervis, John (Hg.): Uncanny Modernity. Cultural Theories, Modern Anxieties. London 2008.
Deleuze, Gilles. Spinoza: Practical Philosophy. San Francisco 1988. [1970].
Deleuze, Gilles/Guattari, Felix: A Thousand Plateaus. London 1987. [1980].
Deleuze, Gilles/Guattari, Felix: What is Philosophy? London/New York 1994 [1991].
Elkins, James: Pictures and Tears. A History of People Who Have Cried in Front of Paintings. New York/London 2004.
Freud, Sigmund: Das Unheimliche. In: ders.: Studienausgabe. Bd. IV: Psychologische Schriften. Frankfurt am Main [1925] 1970, S. 241–274.
Fuchs, Thomas: Das Unheimliche als Atmosphäre. In: Kerstin v. Andermann/Undine Eberlein (Hg.): Gefühle als Atmosphären: Neue Phänomenologie und philosophische Emotionstheorie. Berlin 2011, S. 167–182.
Goldberger, Paul: The City Observed. New York 1979.
Hanich, Julian: Auslassen, Andeuten, Auffüllen. Der Film und die Imagination des Zuschauers – eine Annäherung. In: Julian Hanich/Hans Jürgen Wulff (Hg.): Auslassen, Andeuten, Auffüllen. Der Film und die Imagination des Zuschauers. München 2010, S. 7–32.
Phillips, James: Heidegger's Volk: Between National Socialism and Poetry. Stanford 2005.
Jentsch, Ernst: Zur Psychologie des Unheimlichen. In: Psychiatrisch-neurologische Wochenschrift. Halle (25. 08. 1906), Nr. 22 S. 195–198.
Jervis, John: Uncanny Presences. In: Jo Collins/ders. (Hg.): Uncanny Modernity. Cultural Theories, Modern Anxieties. London 2008, S. 10–50.
Kaufmann, Anette: Rosemarys Baby. In: Thomas Koebner/Hans Jürgen Wulff (Hg.). Filmgenres. Thriller. Stuttgart 2013, S. 132–138.
Kappelhoff Hermann: Der Bildraum des Kinos. Modulationen einer ästhetischen Erfahrungsform. In: Gertrud Koch (Hg.) in Zusammenarbeit mit Robin Curtis und Marc Glöde. Umwidmungen. Architektonische und kinematographische Räume. Berlin 2005, S. 138–149.
Kappelhoff, Hermann: Die vierte Dimension des Bewegungsbildes. Das filmische Bild im Übergang zwischen individueller Leiblichkeit und kultureller Fantasie. In: Anne Bartsch et al. (Hg.): Audiovisuelle Emotionen. Emotionsdarstellung und Emotionsvermittlung durch audiovisuelle Medienangebote. Köln 2007, S. 297–312.
Kreuzer, Anselm C.: Rosemarys Baby. In: Peter Moormann (Hg.): Klassiker der Filmmusik. Stuttgart 2009, S. 178–180.

Lehmann, Hauke: Suspense in the Cinema: Knowledge and Time. In: Sibylle Baumbach et al. (Hg.): The Fascination with Unknown Time. Cham 2017, S. 251–271.

Mladek, Klaus: Es spukt. Im eigenen Haus. Unheimlichkeit, Schuld und Gewissen. Zum Einbruch der ethischen Frage bei Kant, Freud und Heidegger. In: Christoph Asmuth et al. (Hg.): Die Grenzen der Sprache. Sprachimmanenz – Sprachtranszendenz, Amsterdam/ Philadelphia 1989, S. 125–173.

Molov, Oliver: Der Teufel lebt. Roman Polanski verfilmte Ira Levins Roman *Rosmaries Baby*. Frankfurter Rundschau (19. 10. 1968).

Mwr: Atmosphäre der Angst. Rosemary's Baby – Roman Polanskis satirischer Horrorfilm. In: Frankfurter Rundschau (7. 10. 1980).

Rockett, Will H.: Devouring Whirlwind: Terror and Transcendence in the Cinema of Cruelty. Santa Barbara 1988.

Schlepfer, Zoé Iris und Wedel, Michael: Atmosphäre / Stimmung. IV. Kategorien der Filmanalyse. In: Britta Hartmann et al. (Hg.): Handbuch Filmwissenschaft. Stuttgart/ Weimar [In Vorbereitung].

Schmitz, Hermann: System der Philosophie Band III: Der Raum, 2. Teil: Der Gefühlsraum. Bonn 1969.

Schmitz, Hermann: Atmosphären. Freiburg/ München 2014.

Sinnerbrink, Robert: Stimmung: Exploring The Aesthetics of Mood. In: Screen 53 (2012), H. 2., S. 152, S. 148–163.

Sobchack, Vivian: The Address of the Eye. A Phenomenology of Film Experience. Princeton 1992.

Timm, Uwe: ‚Rosemaries Baby' oder wie treiben Filmkritiker die Sozialkritik ab. In: Deutsche Volkszeitung Düsseldorf (17. 01. 1969).

Zimmer, Dieter E.: Vermaledeit unter den Weibern. Marginalien zu Polanskis Grusical ‚Rosemaries Baby'. In: Die Zeit (1. 11. 1968).

Filmografie

ICH BIN EIN ELEFANT, MADAME. Reg. Peter Zadek. BRD 1969.
LE LOCATAIRE. Reg. Roman Polanski. F 1976.
REPULSION. Reg. Roman Polanski. GB 1965.
ROSEMARY'S BABY. Reg. Roman Polanski. USA 1968.

Tobias Haupts
Nach dem Konzil oder Der Geist vergangener Weihnacht

Ulrich Schamonis ALLE JAHRE WIEDER

Über ein Ende: '68/'86

Vielleicht markierte der Beginn der 1980er Jahre ein Ende der Ideen, Träume und Visionen, die sich unter dem geschichtsträchtigen Jahr und der Chiffre '68 zusammenfassen lassen. Mit der ersten Ausgabe der *taz* 1978 und der Gründung der Partei *Die Grünen* am 13. Januar 1980, nach dem vorhergegangenen Treffen am ‚Strand von Tunix', begann zwar eine Bündelung aktivistischer Energien in der Bundesrepublik, möglicherweise aber auch der so oft beschworene wie kritisierte Gang durch die Institutionen.[1] Die 1980er Jahre kennzeichnen sich als ein Jahrzehnt des Bürgerprotestes und der Initiativen, durch den Einsatz für die Umwelt und damit gegen Atomkraft, durch den Einsatz für den Frieden und damit gegen die Aufrüstung. Und auch wenn die Empörungen über den deutschen Herbst kaum verklungen waren und sich der Aktivismus des Einzelnen noch als tragfähig erwies, so schien sich eine Gegenentwicklung anzudeuten, die den Einzelnen nicht mehr nach außen trug, sondern ins Innere. Vielleicht markieren die beginnenden 1980er Jahre daher auch den sichtwie spürbaren Beginn einer großen Enttäuschung über die nachlassende Kraft der letzten großen Ideologien des 19. Jahrhunderts: des Sozialismus und des Liberalismus. Dem Aufruhr folgte die Einkehr, ein Hang zum Bewahrenden, und damit verbunden auch zum Konservativen – und dies nicht erst unter dem neuen Kanzler der CDU, Helmut Kohl, im Oktober 1982.

Bereits Ende der 1970er Jahre zeichnete sich eine Wiederkehr romantischer Ideen ab, das Hören auf den Geist der Umwelt, die Achtung des Lebens im alltäglichen Miteinander. Nicht zufällig hielt sich in jenen Tagen und Wochen ein Fantasyroman in den Bestsellerlisten der Feuilletons, stieg zunächst auf Platz 5 ein und kletterte schließlich auf den ersten Rang.[2] Zum Kronzeugen dieser anderen Antwort auf die andauernden Herausforderungen der Moderne wurde der Schriftsteller Michael Ende, Sohn des surrealistischen Malers Edgar

---

[1] An dessen Ende 1991 die realpolitische Wende der Grünen stand.
[2] Vgl. Ulli Pfau: Phantásien in Halle 4/5. Michael Endes „Unendliche Geschichte" und ihre Verfilmung. München 1984, S. 21.

Ende. Michael Ende hatte bereits in den 1960er Jahren mit den Büchern um das Findelkind *Jim Knopf*[3] seine eigenen literarischen Geister in der Gestalt Bertolt Brechts ausgetrieben[4] und damit erste Bestseller vorgelegt. Endes neues Buch, *Die Unendliche Geschichte*,[5] sprach nicht nur das „ewig Kindliche"[6] in seinen Lesern an, sondern öffnete den Blick für die Welt hinter der Welt, für die Macht der Fantasie und nicht zuletzt auch, sehr zur Freude der Lehrer und Pädagogen, für das Lesen selbst, für die Kraft und Schönheit eines guten Buches. Endes Erfolg, so glaubte auch der Schriftsteller selbst, konnte nur zustande kommen, weil sich etwas verändert hatte in der öffentlichen Meinung und im Diskurs. Der zeitweilige Tiefpunkt der sogenannten Eskapismus-Debatte,[7] in der die Kritiker nur das gelten ließen, was politische Relevanz besaß, schien Ende der 1970er Jahre erreicht zu sein. Endes Werk, und dies war eine seiner zentralen Aussagen, führte eben nicht nur nach Phantásien, sondern handelte gleichsam von der Frage, wie man dieses Phantásien wieder verlassen könne, ohne es vollends loszulassen. Vielleicht konkretisierte sich hier, im Umbruch der 1970er zu den 1980er Jahren, und eben nicht, wie Rüdiger Safranski andeutet, in '68 eine letzte Bewegung der Romantik.[8]

Den Herausforderungen der Moderne mit einem Hauch Transzendenz zu begegnen – diese Haltung durchzog auch die Filme der 1980er Jahre, was von einem vulgären Verständnis der Romantik im US-amerikanischen Fantasyfilm[9] der Dekade bis hin zur Eröffnung religiöser Thematiken im europäischen Autorenfilm[10] reichte. Der gerade das filmische Schaffen um 1968 bestimmende Schlachtruf der *Realité!* schien vergessen.[11] Und dies trotz einer strukturellen Gemeinsamkeit zwischen den Jahrzehnten: Denn die Aufladungen der Gesellschaft durch die zirkulierenden Bilder der Medien und die durch sie geweckten Sehnsüchte, die 1968 so bestimmend und doch unerkannt wirkten, wurden mit dem Beginn des Medienzeitalters der 1980er Jahre erneut virulent. Video und

---

3 Michael Ende: Jim Knopf und Lukas der Lokomotivführer. Stuttgart 1960, sowie Michael Ende: Jim Knopf und die Wilde 13. Stuttgart 1962.
4 Vgl. Birgit Dankert: Michael Ende. Gefangen in Phantásien. Darmstadt 2016, S. 226.
5 Michael Ende: Die unendliche Geschichte. Stuttgart 1979.
6 Vgl. Michael Ende: Über das Ewig-Kindliche. In: ders.: Zettelkasten. Skizzen & Notizen. Herausgegeben von Roman Hocke. München 2011, S. 177–198.
7 Vgl. zur Eskapismus-Debatte Dankert: Michael Ende, S. 170.
8 Vgl. Rüdiger Safranski: Romantik. Eine deutsche Affäre. Frankfurt am Main 2009, S. 13.
9 Vgl. den Zyklus US-amerikanischer Fantasyfilme zwischen 1978 und 1987.
10 Vgl. exemplarisch die Arbeiten von Wim Wenders oder Krzysztof Kieślowski in den 1980er Jahren.
11 Vgl. Hermann Kappelhoff: Auf- und Abbrüche – die Internationale der Pop-Kultur, in diesem Band.

Videokassette führten nicht nur zu einem Mehr dessen, was dieser Zirkulation beigegeben wurde und sie aufrechterhielt, sondern förderten, auch durch neue Medien wie den Personal Computer, einen weiteren Rückzug des Mediengebrauchs ins Private, verschärften auf ihre Weise die Rückkehr einer neuen Form der Biedermeierlichkeit, die vonseiten des Kinos nach dem Ende des Neuen Deutschen Straßenfilms nur noch durch das Undergroundkino seiner Zeit, durch die Arbeiten Lothar Lamberts, Jörg Buttgereits und Christoph Schlingensiefs, angegriffen wurde.[12]

Diese Verschiebung der Bemühungen der 68er und ihr mögliches Nachlassen in den 1980er Jahren gehen einher mit dem Ende der einstigen Erneuerungsbewegung des deutschen Films, dem Ende des Neuen Deutschen Films. Bilder dieser Enttäuschung finden sich weniger in den jeweiligen Filmen als in den einzelnen Biografien ihrer Protagonisten, im Produzieren abseits des bundesdeutschen Marktes oder der Konzentration auf ein anderes Medium. Eine Ausnahme bildet hier Hans W. Geißendörfers 1984 erschienener Film EDITHS TAGEBUCH (BRD), basierend auf der gleichnamigen Romanvorlage von Patricia Highsmith, der das Ankommen und damit auch Scheitern der Protagonisten der 68er-Bewegung Ende der 1970er Jahre zeigt und der zugleich keine Lösungen für das Überbrücken einer möglichen Kluft zwischen Anspruch und Wirklichkeit bietet: Edith Baumeister (Angela Winkler) lebt mit ihrem Mann Paul (Vadim Glowna) und ihrem Sohn Chris (Leopold von Verschuer) in einer Villa in Berlin-Zehlendorf. Von ihrem Mann wird sie betrogen, ihr Sohn erweist sich als die destruktive Verkörperung einer erst in den 1980er Jahren zur vollen Blüte kommenden *No-Future*-Bewegung. Das einstige Feuer ihres politischen Engagements will sie auch im neuen Haus nicht aufgeben, arbeitet nebenbei für die Stadtteilzeitung *Signal*, nutzt statt des Mediums Flugblatt das bequem über die regulären Verteiler die Haushalte erreichende Druckerzeugnis.[13] '68 ist lediglich ein vergangenes Damals, erinnert durch das Blättern in alten Fotoalben; der Fernseher, der über Politik berichtet, wird im Film regelmäßig ausgeschaltet. Doch eben dieses Scheitern an den einstigen hehren Zielen inszeniert Geißendörfer nicht nur als Scheitern der bürgerlichen Konstrukte – ihr Mann verlässt Edith schließlich, der Sohn vergiftet den bettlägerigen Onkel –, sondern auch als Rückzug in die Innerlichkeit, als Rückzug ins Grüne (Abb. 1).

---

12 Vgl. Tobias Haupts: Verweilen. Rudolf Thome, die Poetik der Dauer und die bundesdeutsche Filmgeschichte der 1980er Jahre. In: ders. (Hg.): Rudolf Thome. Film-Konzepte 51. München 2018, S. 65 ff.
13 Ediths erster Artikel in der ersten Ausgabe der von ihr mitbegründeten Zeitung lautet „Das arme reiche Deutschland" und handelt von der Umweltzerstörung und den „Kampfmaßnahmen" dagegen.

Abb. 1: Über den Kopf wachsen (EDITHS TAGEBUCH).

In ihrem Büro im ersten Stock der Villa, welches nach und nach von Pflanzen überwuchert wird, flüchtet sich Edith in die Scheinwelt ihres Tagebuchs. Dort realisiert das im harschen Gegensatz zum Bild stehende Voice-over der ruhigen Stimme Angela Winklers den Absturz ihrer Figur. Da es Edith eben nicht gelingt, aus ihrem eigenen Phantásien zu entkommen, endet sie in Verzweiflung, bedroht von einem Platz in der Psychiatrie, vollkommen außerhalb der Gesellschaft, die sie aus Berlin-Zehlendorf heraus verändern wollte. Im Gegensatz zu Edith verpasste Hans W. Geißendörfer den Absprung (vom Kino) nicht, wenngleich dieser nur bis nach München führte, in eine kleine gutbürgerliche Ecke mit dem Namen LINDENSTRASSE (BRD 1985–).

Auch Ulrich Schamoni, in den 1960er Jahren einer der führenden Regisseure des Jungen Deutschen Films, arbeitete Ende der 1970er und zu Beginn der 1980er Jahre nunmehr für das Fernsehen. Die von ihm inszenierte und vom WDR produzierte Serie SO LEBTEN SIE ALLE TAGE (BRD 1984) – schon im Titel deutet sich ein womöglich verklärter Blick auf die deutsche Vergangenheit an – handelt von den sogenannten kleinen Leuten im Preußen des 18. Jahrhunderts, die zuvor realisierte Produktion des Süddeutschen Rundfunks WAS WÄREN WIR OHNE UNS (BRD 1979) vom bundesdeutschen Leben in den 1950er Jahren. Im Gegensatz zu Hans W. Geißendörfer kehrte Schamoni nach 1984 bis zu seinem Tod 1998 nicht mehr zum Kino zurück. Die bundesdeutsche Filmgeschichte der 1980er Jahre abseits dieses hier beschriebenen Narrativs des Niedergangs beziehungsweise des Abschieds wäre jedoch noch zu schreiben.[14]

---

14 Vgl. Haupts: Verweilen.

Über einen Anfang: '62/'68

Die Pole, zwischen denen sich Ulrich Schamonis 1967 erschienener Film ALLE JAHRE WIEDER (BRD) bewegt – dem Aufbruch der Filmemacher im Zuge des Jungen (und später Neuen) Deutschen Films auf der einen und den Entwicklungen der katholischen Kirche innerhalb Westdeutschlands und darüber hinaus auf der anderen Seite – nehmen zum Revolutionsjahr '68 eine asynchrone Beziehung ein. Richtig ist zwar, dass die provokativen Herausforderungen, vor welche die Jugend die westliche Welt stellte, den Film[15] wie auch die Kirche gleichermaßen trafen, beide aber, Medium wie Institution, bereits zu Beginn des Jahrzehnts in Vorlage gegangen waren. Die aktive Kritik am bestehenden System, am Schweigen über die nähere Vergangenheit des Landes, an den Vätern und am fehlenden Bruch und Neuanfang, die sich 1968 in geplanten wie spontanen Aktionen auf und abseits der Straße entlud, hatte sich im deutschen Film wie auch in der katholischen Kirche in Maßen bereits ereignet. Die Revolution von unten erreichte den deutschen Film auf den Kurzfilmtagen in Oberhausen am 28. Februar 1962, die kirchliche Revolution von oben das Episkopat der Weltkirche bereits wenige Jahre davor.

Diese Revolution setzte ein mit einem Wechsel im höchsten Amt der katholischen Kirche, die Papst Pius XII. beinah zwanzig Jahre lang bis zu seinem Tod am 9. Oktober 1958 geleitet hatte. Die Äußerlichkeiten dieses Wechsels wurden bereits in der Erscheinung des neuen Papstes Johannes XXIII. deutlich. Vertrat der großgewachsene und hagere Pius das Papstamt mit einer geradezu aristokratischen Haltung, so schien der kleinere und gedrungene Johannes bodenständigerer Natur zu sein. Einen wirklichen Wandel durch den Wechsel im höchsten Amt der Kirche sah man jedoch nicht kommen. Die Presse und Öffentlichkeit belegte den Beginn des neuen Pontifikats bereits mit den Schlagwörtern vom Kompromisskandidaten, der Verlegenheitslösung und des Übergangspapstes.[16] Das Interesse schien eher an einer Kontinuität zwischen Pius und seinem Nachfolger zu bestehen. Auch die Ankündigung von Johan-

---

15 Zum zeitgenössischen Zusammengehen von Film und Religion vgl. Reinhold Zwick: Provokation und Neuorientierung: Zur Transformation religiöser Vorstellungen im Kino der langen sechziger Jahre. In: Frank Bösch/Lucian Hölscher (Hg.): Kirche – Medien – Öffentlichkeit. Transformationen kirchlicher Selbst- und Fremddeutungen seit 1945. Göttingen 2009, S. 144–173.
16 Vgl. Karl Gabriel: Zwischen Aufbruch und Absturz in die Moderne. Die Katholische Kirche in den 60er Jahren. In: Axel Schildt et al. (Hg.): Dynamische Zeiten. Die 60er Jahre in den beiden deutschen Gesellschaften. Hamburg 2000, S. 530 sowie Wilhelm Damberg: Abschied vom Milieu? Katholizismus im Bistum Münster und in den Niederlanden 1945–1980. Paderborn u. a. 1997, S. 223.

nes XXIII. vom 25. Januar 1959, möglichst bald ein Konzil einberufen zu wollen, stieß Ende der 1950er Jahre auf wenig Resonanz.[17] Erst als dieser Plan konkret wurde, die Beratungen abgeschlossen waren und die Vorbereitungen in die entscheidende Phase gingen, begann die Öffentlichkeit zu ahnen, was Johannes unter dem Schlagwort des *Aggiornamento*[18] verstand und, mehr noch, mit ihm bezwecken wollte.

Das Zweite Vatikanische Konzil,[19] welches am 11. Oktober 1962 begann und am 8. Dezember 1965, nun bereits unter dem Pontifikat Pauls VI.,[20] endete, sollte die katholische Kirche auf die Moderne zubewegen, von der sie sich abgekapselt und losgelöst betrachtet hatte.[21] Wenngleich der revolutionäre Geist der ersten Monate des Konzils bereits nach kurzer Zeit eher einer Form von Resignation gewichen war, da es den Teilnehmern in seinen Reformen zu weit oder eben nicht weit genug ging, darf der Einschnitt des 2. Vatikanums für das Leben der Gläubigen, aber auch für das Erscheinungsbild des Glaubens wie auch der Kirche im öffentlichen Raum, nicht unterschätzt werden. Diese Form der inneren Erneuerung, das bildliche Aufreißen der einst verschlossenen Fenster, um bereits 1962 den angestauten und seit 1968 so gern skandierten *Muff der tausend Jahre* zu entlüften, wurde in der Bundesrepublik mit einer weiteren, nur konsequenten Debatte verbunden, auf welche die Veröffentlichung wichtiger Bücher folgte: Das Buch *Der deutsche Katholizismus im Jahre 1933*[22] (1961) des deutschen Staatsrechtlers Ernst-Wolfgang Böckenförde, Carl Amerys Streitschrift *Die Kapitulation oder Deutscher Katholizismus heute*[23] (1963) über den Milieukatholizismus sowie Rolf Hochhuths Schauspiel[24] *Der Stellver-*

---

17 Vgl. Damberg: Abschied vom Milieu?, S. 223.
18 Was so viel bedeutet wie *auf den Tag bringen*.
19 Zur Geschichte des Konzils vgl. Otto Hermann Pesch: Das Zweite Vatikanische Konzil (1962–1965). Vorgeschichte – Verlauf – Ergebnisse – Nachgeschichte. Würzburg 1993 sowie Knut Wenzel: Kleine Geschichte des Zweiten Vatikanischen Konzils. Freiburg u. a. 2005. Zur Theologie des Konzils vgl. Joseph Ratzinger (Benedikt XVI.): Zur Lehre des Zweiten Vatikanischen Konzils. Formulierung – Vermittlung – Deutung. Erster & Zweiter Teilband. Gesammelte Schriften. Herausgegeben von Gerhard Ludwig Müller. Band 7/1 & Band 7/2. Freiburg 2012.
20 Papst Johannes XXIII. starb bereits am 3. Juni 1963.
21 Vgl. Gabriel: Zwischen Aufbruch und Absturz in die Moderne, S. 529.
22 Ernst-Wolfgang Böckenförde: Der deutsche Katholizismus im Jahre 1933. Kirche und demokratisches Ethos. Mit einem historiographischen Rückblick von Karl-Egon Lönne. Freiburg u. a. 1988.
23 Carl Amery: Die Kapitulation oder Deutscher Katholizismus heute. Reinbek 1963. Vgl. Gabriel: Zwischen Aufbruch und Absturz in die Moderne, S. 531.
24 Auch die Veröffentlichung von Heinrich Bölls Roman *Ansichten eines Clowns* befeuerte die Diskussion. Heinrich Böll: Ansichten eines Clowns. Köln 1963.

treter[25] (1963) lösten nach den anfänglichen Skandalen und Empörungen nötige Diskussionen über die Rolle und Verquickung der katholischen Kirche zur Zeit des Nationalsozialismus aus, die die tradierte Heldengeschichte der in dunkler Zeit standhaft gebliebenen Kirche ergänzte wie zurechtrückte.[26]

Die inner- wie außerkirchlichen Debatten waren somit 1967 bereits voll im Gange, und doch bildete das Jahr '68 nicht nur einen Fluchtpunkt der Debatte, sondern gleichsam einen neuen Höhepunkt. Die Ursache für den Verlust der Integrationskraft der katholischen Kirche lag in den offen sichtbaren Verschiebungen des tradierten Wertesystems,[27] in der Nichtübereinstimmung zwischen gesellschaftlichen und kirchlichen Werten, deren Auseinandergehen bereits in den 1950er Jahren begonnen hatte. Der Anlass aber, der 1968 die Situation erneut verschärfte und zum Ausbrechen offener Differenzen im bundesdeutschen Katholizismus führte, bildete die Enzyklika *Humanae Vitae (Über die Weitergabe des Lebens)*,[28] die Papst Paul VI. am 25. Juli 1968 veröffentlichen ließ. Die Antibabypille, die seit 1961 auch auf dem deutschen Markt erhältlich war, führte zum Einsatz einer Kommission durch den Papst, die der Frage nachgehen sollte, ob das glaubende katholische Paar auf diese Form der Empfängnisverhütung zurückgreifen dürfe, ob an ihr Glauben und Handeln übereinzubringen seien. Und trotz der positiven Antwort der Kommission bezog Paul VI. in seiner Enzyklika gegen den Gebrauch der Pille Stellung. Die Unruhe unter den Katholiken der Bundesrepublik brach sich auf dem 82. Katholikentag[29] in Essen Bahn und wurde nicht nur durch die Enttäuschung aufgrund der kurz zuvor veröffentlichten Enzyklika getragen, sondern auch durch die politischen Ereignisse in Osteuropa, die Niederschlagung des Prager Frühlings wenige Wochen zuvor. Die katholischen Bischöfe fühlten sich genötigt, in einer eigenen nachfolgenden Erklärung[30] die Botschaft Pauls VI. zu relativieren und

---

25 Rolf Hochhuth: Der Stellvertreter. Ein christliches Trauerspiel. Reinbek 1963.
26 Vgl. Gerhard Ringshausen: Die Kirchen – herausgefordert durch den Wandel der Gesellschaft in den sechziger Jahren. In: Werner Faulstich (Hg.): Die Kultur der sechziger Jahre. München 2003, S. 34.
27 Vgl. Gabriel: Zwischen Aufbruch und Absturz in die Moderne, S. 537–538 sowie Detlef Pollack: Religiöser und gesellschaftlicher Wandel in den 1960er Jahren. In: Claudia Lepp et al. (Hg.): Religion und Lebensführung im Umbruch der langen 1960er Jahre. Göttingen 2016, S. 31 ff.
28 Vgl. Papst Paul VI.: Humanae Vitae. Über die Weitergabe des Lebens. http://w2.vatican.va/content/paul-vi/de/encyclicals/documents/hf_p-vi_enc_25071968_humanae-vitae.html (Zugriff am 15. 5. 2018). Vgl. dazu Dietrich von Hildebrand: Die Enzyklika „Humanae Vitae" – ein Zeichen des Widerspruchs. Regensburg 1968.
29 Vgl. David Andreas Seeber (Hg.): Katholikentag im Widerspruch. Ein Bericht über den 82. Katholikentag in Essen. Freiburg u. a. 1968.
30 Vgl. Ringshausen: Die Kirchen, S. 34.

die Frage nach dem Nutzen und Gebrauch der Pille zurück an die einzelnen Menschen zu geben, an ihren persönlichen Glauben und letztlich auch ihr eigenes Gewissen.

Und dennoch schien sich auch hier zwischen den Gläubigen und der Führung der Kirche, konzentriert in der Person des Papstes, eine Kluft zu öffnen. Die These, dass es in der katholischen Kirche, und genauer noch im Denken führender Theologen, nach den angestrebten Öffnungen des 2. Vatikanischen Konzils gerade 1968 zu einer konservativen Wende gekommen wäre, lässt sich nur bedingt aufrechterhalten. Einen solchen Vorwurf machte unter anderen der Schweizer Theologe und Universitätsprofessor in Tübingen, Hans Küng, seinem Kollegen (und späterem Papst) Joseph Ratzinger, der erst 1966 auf Küngs Bestreben von Münster nach Tübingen gewechselt war. Denn abseits ihres wissenschaftlichen-theologischen Denkens lassen sich die Viten Küngs und Ratzingers als Beispiele dafür lesen, wie das jeweilige Professorium der deutschen Universitäten auf die protestierenden Studierenden reagiert hat.[31] Küng, der offen die Position Pauls VI. kritisierte, warf Ratzinger vor, zu sehr an überholten Vorstellungen der Kirche festzuhalten, hierbei außer Acht lassend, dass weltliches und kirchliches Denken, trotz einer Öffnung zur Moderne hin, an den entscheidenden Punkten schlicht nicht immer kompatibel sein können. Sowohl Küng als auch Ratzinger waren beide als theologische Berater[32] Teilnehmer des 2. Vatikanischen Konzils gewesen und standen zumeist hinter den theologischen Erneuerungen und Reformen. In seinem 1968 erschienenen Buch *Einführung in das Christentum*[33] brachte Joseph Ratzinger diesen Widerspruch zwischen unveränderlicher Wahrheit und dem Geist des *Aggiornamento* zur Sprache und verwies damit auf ein Grundproblem, dem sich jedwede Erneuerungen im Allgemeinen und die Ideen von 1968 im Besonderen ausgesetzt sehen:

> Die Grundparadoxie, die im Glauben an sich schon liegt, ist noch dadurch vertieft, dass Glaube im Gewand des Damaligen auftritt, ja, geradezu das Damalige, die Lebens- und Existenzform von damals zu sein scheint. Alle Verheutigungen, ob sie sich nun intellektuell-akademisch ‚Entmythologisierung' oder kirchlich-pragmatisch ‚Aggiornamento' nen-

---

31 Vgl. dazu Hansjürgen Verweyen: Joseph Ratzinger – Benedikt XVI. Die Entwicklung seines Denkens. Darmstadt 2007, S. 43 ff. sowie Peter Seewald: Benedikt XVI. Ein Porträt aus der Nähe. Berlin 2005, S. 109–110.
32 Küng als theologischer Berater von Bischof Carl Joseph Leiprecht von Rottenburg, Ratzinger als theologischer Berater des Kölner Kardinals Joseph Frings.
33 Joseph Ratzinger (Benedikt XVI.): Einführung in das Christentum. Vorlesungen über das Apostolische Glaubensbekenntnis. Mit einem neuen einleitendem Essay. 7. Auflage. München 2006.

nen, ändern das nicht, im Gegenteil: diese Bemühungen verstärken den Verdacht, hier werde krampfhaft als heutig ausgegeben, was in Wirklichkeit doch eben das Damalige ist. Diese Verheutigungsversuche lassen erst vollends bewusst werden, wie sehr das, was uns da begegnet, ‚von gestern' ist [...]; er [der Glaube] erscheint uns viel eher als die Zumutung, im Heute sich auf das Gestrige zu verpflichten und es als das immerwährende Gültige zu beschwören. Aber wer will das schon in einer Zeit, in der an die Stelle des Gedankens der ‚Tradition' die Idee des ‚Fortschrittes' getreten ist?[34]

Den Anspruch, das Neue nicht „unbesehen jederzeit auch schon für das Bessere [zu] halten",[35] verteidigte Ratzinger im Vorwort zu seinem Buch – eine Grundüberzeugung, die 2005 auch mit zum Leitthema seines Pontifikats werden sollte.

Über Oberhausen: '62/'67

Der Regisseur Ulrich Schamoni, und mit ihm nicht wenige andere, konnte Anfang der 1960er Jahre nicht anders, als den katholischen Glauben nicht nur mit dem Alten und Verbrauchten zu identifizieren, sondern gleichfalls das nach 1945 wieder in Mode gekommene Schwarz mit der Einengung des Milieus in der katholischen Bischofsstadt Münster gleichzusetzen. Wandte sich zwar lediglich Schamonis Bruder Peter mit seiner Unterschrift unter dem Text des Oberhausener Manifests gegen das Kino (und damit wohl auch das Deutschland) der Väter, provozierte Ulrich durch die Veröffentlichung seines Romans *Dein Sohn lässt grüßen*[36] (1962) die vorhergegangene Generation im Allgemeinen und die Bewohner Münsters – zum ersten Mal – im Besonderen.

> Fast die ganze Stadt marschierte mit, so gut wie alle, mindestens hunderttausend. Und die nicht mitmarschierten, standen wenigstens am Straßenrand, waren also auch dabei; und die nur gezwungen dabei waren, füllten immerhin die Reihen; und die nicht mitmachten, die waren unwichtig, die sah man eben gar nicht, die durften einfach nicht gesehen werden, um das Ganze nicht zu stören und um nicht gestört zu werden. [...] Der ehemalige Stadtrat Heinrich Barweich mußte mitmarschieren, konnte sich nicht davonmachen, wollte es auch gar nicht; er trug die rechte vordere Stange des Baldachins.[37]

Die Assoziationen liegen auf der Hand: In dieser nahezu filmisch gedachten Beschreibung der Fronleichnamsprozession drückt sich, gleich einem Palimp-

---

34 Ratzinger: Einführung in das Christentum, S. 46–47.
35 Ratzinger: Einführung in das Christentum, S. 27.
36 Ulrich Schamoni: Dein Sohn lässt grüßen. Berlin 1962.
37 Schamoni: Dein Sohn lässt grüßen, S. 7.

sest, das Vergangene im Gegenwärtigen durch, wird marschiert statt prozessiert.

Zentrale Figuren des Buches sind die jugendlichen Schüler[38] des fiktiven Städtchens Kloster, das bereits im Namen auf das Milieu wie auch das Moment der Einengung verweist, die in stetiger Opposition zu ihren Lehrern und Vätern versuchen, den eigenen Weg zwischen dem bereits Vorgegebenen zu finden. Ihr Betragen erweist sich nicht nur dort als ungenügend, wo erste Erfahrungen mit älteren Frauen und jüngeren Mädchen gemacht werden, sondern auch in ihrer Rebellion, die sinnentleert erscheint. Hinter dem Beschmieren des Gedenksteins für die ehemalige Synagoge in Kloster steht lediglich eine Wette;[39] das Verprügeln von Ausländern, die die eigenen Mädchen verführen könnten, ist nur Mutprobe. Natürlich waren ihre Väter allesamt in der Partei, mitunter, dies ist bekannt, bereits 1932/33.[40] Grund für Aufsehen oder gar Skandal bietet dies nicht mehr und der gehasste Lehrer wird nur deshalb als ehemaliges Mitglied der NSDAP entlarvt, weil die Versetzung gefährdet ist.[41] Die Ethik der christlichen Religion dient allein der intellektuellen Fingerübung, die Möglichkeiten des freien Willens gelten als verhandelbar, Pascals Wette als das zu spielende Spiel.[42]

Das Buch wurde zum erwartbaren Skandal und wie so oft in den 1950er und 1960er Jahren aus den falschen Gründen.[43] Ausschlaggebend dafür, es auf die Liste der jugendgefährdenden Schriften zu setzen, war nicht die Banalisierung der jüngsten Vergangenheit, der Sünden der Väter, die sich in die christdemokratische Nachkriegszeit hinein verlängerten und einschrieben, sondern, so wurde vage angedeutet,[44] der immer wieder stattfindende Geschlechtsverkehr mit wechselnden Partnern.[45] Tatsächlich aber stellt Schamoni bereits in seinem Roman die Generation der Söhne als eine zum wirklichen Widerstand

---

38 Im selben Jahr erschien auch der Roman *Die Unberatenen* (Hamburg 1963) des Schriftstellers Thomas Valentin, auf dem Peter Zadeks Film ICH BIN EIN ELEFANT, MADAME basiert.
39 Vgl. Schamoni: Dein Sohn lässt grüßen, S. 136–137.
40 Vgl. Schamoni: Dein Sohn lässt grüßen, S. 146 ff.
41 Vgl. Schamoni: Dein Sohn lässt grüßen, S. 200 ff.
42 Vgl. Schamoni: Dein Sohn lässt grüßen, S. 118 ff.
43 Vgl. die Debatten um mögliche Verbote von Willi Forsts SÜNDERIN (BRD 1951) oder Ingmar Bergmans TYSTNADEN (DAS SCHWEIGEN, S 1963) in der Bundesrepublik.
44 Vgl. Lutz Hachmeister/Christine Schulte: „... sobald Sie Erfolg haben, geraten Sie in die Schußlinie." Ein Gespräch mit Ulrich Schamoni. In: Medium 4 (1984), S. 33.
45 Auch ein Film Schamonis sollte mit der Zensur in Konflikt geraten: Sein 1974 veröffentlichter Film CHAPEAU CLAQUE (BRD) erhielt eine FSK-Freigabe ab 18 Jahren, da der Film in den Augen der Prüfer Jugendliche zum Nichtstun verleiten könne. Vgl. Filmclub 813 (Hg.): Ulrich Schamoni: „Ein großer Privatier vor dem Herrn". Köln 2006, S. 7.

unfähige Generation dar, gegen die sich, vielleicht gerade mehr noch als gegen die Eltern, seine Kritik richtet; eine Haltung, die sich auch im Debütspielfilm seines Bruders Peter SCHONZEIT FÜR FÜCHSE (BRD 1966) im resignativen und zugleich verachtenden Zynismus der Hauptfiguren äußert und sie unfähig macht, gegen den Druck der bleiernen Zeit aufzubegehren.

Diese Gemeinsamkeit der Protagonisten von *Dein Sohn lässt grüßen* über SCHONZEIT FÜR FÜCHSE bis hin zu ALLE JAHRE WIEDER löste in der Filmkritik den Vorwurf aus,[46] sich nicht weit genug von *Papas Kino* gelöst zu haben, gehört aber zum wesentlichen inszenatorischen Bestandteil des jeweiligen Films. Kernmoment der Handlung in SCHONZEIT FÜR FÜCHSE ist eine gutbürgerliche Treibjagd, zu der die Gesellschaft zusammengerufen hat und bei der die beiden Protagonisten und Freunde (gespielt von Helmut Förnbacher und Christian Doermer) als Treiber beim feudalen Ritual eingesetzt werden. Der Ehrengast der Gesellschaft, ein Jagdautor (Willy Birgel), führt die beiden nicht nur in die Kunst des Tötens ein (Abb. 2), sondern lädt anschließend zu heimeligen Lesungen seiner niedergeschriebenen Jagdgeschichten am knisternden Kamin ein (Abb. 3).

Die Besetzung der Rolle mit dem Ufa-Star und Staatsschauspieler Willy Birgel deutet nicht nur auf eine doch schon früh einsetzende (Arbeits-)Beziehung zumindest zu den Stars der Altbranche[47] hin, sondern auch auf die Verbundenheit mit den Leben und Geschichten der Väter, von denen, trotz möglicher Bestrebungen der Loslösung, eben nicht loszukommen ist, werden sie doch immer als Teil des eigenen Lebens, des eigenen Ursprungs deterministisch mitgetragen. Die beiden jungen Männer versuchen ihren Ausweg in der Flucht zu finden, Viktor geht nach Amerika, der (im Film namenlos bleibende) Freund in den Beruf des Reporters, für den aber eigentlich auch kein wirkliches Interesse aufkommen will. Positionen, die von '68 aus gesehen vollkommen unmöglich einzuhalten wären, nicht nur aufgrund des zu vermissenden Widerstands. Viktor und sein Freund, darauf weist Bert Rebhandl hin, sind nicht einmal mehr durch Unkenntnis zu entschuldigen: Der Ausspruch „das[s] [das] doch nicht mehr [stimmt], was du hier siehst"[48] beschreibt eine Generation in „Wartehal-

---

46 Bezogen auf SCHONZEIT FÜR FÜCHSE vgl. Olaf Möller: Alte Meister – Peter Schamoni. In: Ralph Eue/Lars Henrik Gass (Hg.): Provokation der Wirklichkeit. Das Oberhausener Manifest und die Folgen. München 2012, S. 323. Zu ES die gesammelten Kritiken in Cinémonde (Hg.): Die erste Welle: Retrospektive des jungen deutschen Films 66/67. München o. J., S. 4.
47 Peter Schamoni führte diese Art von Zusammenarbeit mit den Stars des Dritten Reichs in SCHLOSS KÖNIGSWALD (BRD 1988) in besonderen Maßen fort. Ulrich Schamoni besetzte in ES den Schauspieler Bernhard Minetti.
48 SCHONZEIT FÜR FÜCHSE; TC: 01:15:19 h.

Abb. 2: Stilvolles Töten (SCHONZEIT FÜR FÜCHSE).

Abb. 3: (Jagd-)Geschichten von Früher (SCHONZEIT FÜR FÜCHSE).

tung",⁴⁹ die über das Warten den Schritt nach Vorne vollkommen vergessen hat.

Ulrich Schamonis eigener Debütspielfilm ES (BRD 1966) inszeniert seine Protagonisten, das junge, auch ohne Trauschein glückliche Paar Hilke und Manfred (Sabine Sinjen und Bruno Dietrich), innerhalb anderer Parameter, die Loslösung von der elterlichen Generation scheint vollzogen, die Möglichkeiten des gemeinsamen Lebens in der ersten eigenen gemeinsamen Wohnung liegen vor ihnen. Doch es kommt zur Schwangerschaft, die beide voneinander separiert und schließlich in eine Kommunikationslosigkeit treibt, die keine gemeinsame Lösung mehr zulässt. Es, das ungeborene Kind, steht nicht nur zwischen ihnen, sondern zeigt zugleich auf, dass die möglichen Formen eines selbstbestimmten Lebens, zu denen auch die Entscheidung gehört, ein Kind nicht zu bekommen, einem öffentlich ethischen (und zu dem Zeitpunkt auch noch rechtlichen) Diskurs diametral gegenüberstehen. Die Sorglosigkeit der Bilder des gemeinsamen Lebens von Hilke und Manfred, spaßend bei den morgendlichen Ritualen, verträumt in der gemeinsamen Badewanne, werden aufgehoben⁵⁰ durch die Welt *da draußen*, durch die von ihr alleine aufgesuchten Ärzte, die genau dies noch verschärfen: ihr Alleinsein. Schamoni inszeniert und montiert die Aussagen der Ärzte in einem harschen Realismus, in jenem dokumentarischen Gestus, der dem Jungen Deutschen Film zu Eigen war (Abb. 4–6).

Hierbei geht es Schamoni weder darum, ob die Argumente der Ärzte gegen einen möglichen Abbruch der Schwangerschaft richtig sind, noch darum, sie durch die Mittel der audiovisuellen Ausgestaltung zu entlarven, sondern vielmehr um den Raum der Kälte, dem sich Hilke bei ihrer Suche nach Hilfe ausgesetzt sieht und an dem schon Anita G. (Alexandra Kluge) in Alexander Kluges ABSCHIED VON GESTERN (BRD 1966) zerbrach und der ihre Integration in den Westen verunmöglichte.⁵¹ Als Hilke schließlich einen Arzt gefunden hat, der den Eingriff vornehmen will und sie wieder bei ihrem Freund angekommen ist, kommt die vorherige Kommunikation vollends zum Erliegen und der Film endet in Bildern des gemeinsamen Schweigens. Getrennt voneinander, nicht Tisch *und* Bett, sondern am Tisch und auf dem Bett (Abb. 7).

Schamonis Film lässt sich schwerlich außerhalb des Diskurses lesen, der 1968 mit dem Höhepunkt der Debatte um die Antibabypille erreicht wurde.

---

49 Bert Rebhandl: Anpassung und Bewusstwerdung. Filmische Sondierungen in der Bundesrepublik Deutschland. In: Connie Betz et al. (Hg.): Deutschland 1966. Filmische Perspektiven in Ost und West. Berlin 2016, S. 21.
50 Die klassische Musik des ersten Teils des Films, so Rebhandl, „verstummt in der dramatischen zweiten Hälfte". Rebhandl: Anpassung und Bewusstwerdung, S. 23.
51 Vgl. Hans Helmut Prinzler: Es. In: Norbert Grob et al. (Hg.): Neuer Deutscher Film. Stuttgart 2012, S. 96.

Abb. 4–6: Die Ablehnung der Selbstbestimmung (ES).

Und dennoch, ganz anders als der Nachfolger ALLE JAHRE WIEDER, erscheint der Film völlig frei von Fragen der Religion und dem damit verbundenen Milieu. Selbst der Ausflug mit der gebrechlichen Tante des eigenen Chefs auf den Friedhof wirkt fremd auf Manfred, losgelöst vom Heilsversprechen des Glaubens, exotisch als Ort, der nach kurzen Momenten der Langeweile nur unter dem Aspekt des Wirtschaftens (Urnen in Hochhäusern als Friedhof der Zukunft) gelesen wird. Der Kontakt zu den buchstäblich Vorhergegangenen kommt dort nicht zustande, wo es eben nicht um andere Themen und Fragen als den Bau des nächsten Hauses geht, wo die Zukunft verkörpert wird durch die wohlbeleibten „Patriarchenfiguren",[52] die bereits das Kino der 1950er Jahre etabliert hatte.[53]

---

52 Rebhandl: Anpassung und Bewusstwerdung, S. 19.
53 Vgl. DAS MÄDCHEN ROSEMARIE (Rolf Thiele, BRD 1958).

Abb. 7: Die Trennung von Tisch und Bett (ES).

Dies will sich jedoch weder als Vorwurf an Schamonis Film noch an die Werke des Jungen Deutschen Films verstanden wissen. Die Filme, die in der Zeit nach dem Oberhausener Manifest entstanden, wirken bis heute eigenwillig areligiös, verweisen auf keine offensichtliche Form der Transzendenz.[54] Die Religion taucht meist nur dort als kaum mehr teilbares Moment einer Gemengelage auf, wo die bundesdeutsche Gesellschaft sich dem Willen oder gar Wünschen und Träumen des handelnden Individuums entgegenstellt, das Subjekt im Glauben Hindernis und nicht Freiheit erkennt, eine Einengung durch das sogenannte Milieu. Ulrich Schamoni wie auch seine Brüder[55] Victor (Junior), Peter[56] und Thomas[57] wurden zwar in den 1930er Jahren in Berlin geboren und verbrachten

---

[54] Eine Ausnahme innerhalb des Neuen Deutschen Films stellen vielleicht die Filme Werner Herzogs dar.
[55] Zur Geschichte der Film-Familie Schamoni vgl. anekdotisch-biografisch: Maria Schamoni: Meine Schamonis. München 1983.
[56] Zum Filmschaffen Peter Schamonis vgl. Hilmar Hoffmann (Hg.): Peter Schamoni: Filmstücke, film pieces. Stuttgart 2003.
[57] Thomas Schamonis Film EIN GROSSER GRAUBLAUER VOGEL (BRD/I 1970) orientiert sich in seiner Ästhetik eher an den Filmen der späten 1960er Jahre der neuen Münchner Gruppe um Lemke und Thome.

Teile ihrer Kindheit dort, zogen aber nach dem Tod des Vaters[58] an der Ostfront 1942 in das spätere Nordrhein-Westfalen, in die Nähe des sauerländischen Iserlohns und schließlich ins westfälische Münster, welches zum zentralen Handlungsort von Ulrich Schamonis Roman wie auch seines zweiten Spielfilms werden sollte.

Über Münster: '62|'67

Die Schamonis nehmen in der Filmgeschichte der Bundesrepublik eine eigenwillige Position ein. Gehörte Peter Schamoni zwar zu den Mitunterzeichnern des Oberhausener Manifestes und lassen sich die Debütfilme der Schamonis auch anhand ihrer Poetik in eine starke Nähe zu den anderen Filmen der ersten Welle des Jungen Deutschen Films verorten, so nehmen sie bereits 1968 eine Position ein, die zwar nicht abseits von Oberhausen zu verorten ist, wie jene von Klaus Lemke und Rudolf Thome,[59] durch die sie jedoch schon früh dazu bereit sind, nach der Rolle der Unterhaltung für und in den eigenen Filmen zu fragen, den Jungen Deutschen Film als Publikumsfilm zu denken.[60] Eine vielleicht auch von der Filmpublizistik herbeigewünschte Homogenität der Oberhausener Gruppe hatte sich bereits Mitte der 1960er Jahre als Irrtum herausgestellt. Ulrich Schamonis QUARTETT IM BETT (BRD 1968) erweist sich gerade im zentralen Jahr 1968 nach dem Erfolg von May Spils' ZUR SACHE, SCHÄTZCHEN (BRD 1968) als vergeblicher Versuch, dem Jungen Deutschen Film eine weitere Komödie an die Seite zu stellen. Statt den Rolling Stones[61] folgt Schamoni den Jacob Sisters ins Tonstudio (Abb. 8), die, so die vernichtende Bilanz der Filmkritik, das einzig Genuine an seinem Film darstellen würden.[62]

Bereits 1965 verliefen die Fronten nicht mehr nur zwischen der sogenannten Altbranche und den Jungfilmern, sondern gleichfalls zwischen den Jungfilmern und Teilen der Filmkritik. Gerade zwischen Ulrich Schamoni und den Autoren der 1957 gegründeten Zeitschrift *Filmkritik*, die die Bewegung ab Ober-

---

58 Victor Schamoni (Senior), einer der ersten Filmwissenschaftler Deutschlands, veröffentlichte Ende der 1920er und zu Beginn der 1930er Jahre Texte über den Zusammenhang von Katholizismus und Film.
59 Vgl. dazu den Beitrag von Matthias Grotkopp in diesem Band.
60 Zu den möglichen Stilangeboten des Neuen Deutschen Films an den Zuschauer vgl. Thomas Elsaesser: Der Neue Deutsche Film. Von den Anfängen bis zu den neunziger Jahren. München 1994, S. 110 ff.
61 Wie in Jean-Luc Godards ONE PLUS ONE.
62 Vgl. Wolfgang Vogel: Oktett im Leichenhaus. Ulrich Schamoni: „Quartett im Bett". In: Film 2 (1969), S. 38.

Abb. 8: Das einzig Genuine des Films: die Jacob Sisters (QUARTETT IM BETT).

hausen wohlwollend begleitet hatte, kam es in den 1960er Jahren mehr und mehr zum Bruch, nicht nur aufgrund der augenscheinlichen Anlehnung seiner Filme an *Papas Kino* und dem Zurückbleiben hinter einer neuen Radikalität, die sich die Zeitschrift in den Filmen gewünscht hätte. Zum offenen Streit kam es zwischen den aus Münster stammenden Enno Patalas, Ulrich Gregor und Uwe Nettelbeck mit Ulrich Schamoni bereits vorher, als dieser die drei Filmkritiker für Statements in der Dokumentation ...GEIST UND EIN WENIG GLÜCK (BRD 1965) interviewte, die Schamoni im Auftrag des ZDF und der dort gesendeten Reihe *Filmforum* drehte. Ziel der Sendung sollte es sein, dem Zuschauer und möglichen Kinogänger die Talente des Jungen Deutschen Films vorzustellen und Lust auf mehr anzuregen. Schamoni, der die damalige Atmosphäre als „aggressiv" beschrieb, hatte von den Aufnahmen von Gregor und Nettelbeck „nur die Stotterer und Pausen"[63] in die Sendung geschnitten und Patalas beim ausgiebigen Schlemmen am Buffet[64] gezeigt (Abb. 9).

Schamonis „Gag" führte jedoch dazu, dass diese sich nicht nur tödlich beleidigt fühlten, sondern Schamoni „als inhuman und faschistoid"[65] beschimpf-

---

63 Vgl. Hachmeister/Schulte: Ein Gespräch mit Ulrich Schamoni, S. 34.
64 Vgl. ...GEIST UND EIN WENIG GLÜCK; TC 00:24:54h.
65 Vgl. Hachmeister/Schulte: Ein Gespräch mit Ulrich Schamoni, S. 34.

Abb. 9: Das Schlemmen der Filmkritik: Enno Patalas (...GEIST UND EIN WENIG GLÜCK).

ten. Ob dies eine Lektüreanweisung für Schamonis folgende Langfilme bildete, mag Spekulation sein, doch auch zu ALLE JAHRE WIEDER verhielt sich die Filmkritik eher verhalten. Patalas, seinen eigenen Auftritt in Schamonis Sendung in guter Erinnerung, attestierte dem Film und seinem Regisseur „[eine] hämische Überheblichkeit, die sich über Menschen lustig macht, die ein besseres Schicksal verdient haben als das, ausgerechnet in Münster zu wohnen."[66] Und die zur damaligen Zeit stark mit den christlichen Kirchen in Deutschland verbundene Filmkritik witterte zunächst den wiederholten Skandal,[67] sprach aber als dieser, vielleicht auch aufgrund der im Vergleich zum Vorgängerfilm ES niedrigen Zuschauerzahlen,[68] ausblieb, zumindest von der (potenziellen) Verächtlichmachung religiöser Gefühle.[69]

---

66 Enno Patalas zitiert nach ALLE JAHRE WIEDER. Ein Film von Ulrich Schamoni. Begleitheft zum Film. Herausgegeben im Auftrag des Landschaftsverbandes Westfalen-Lippe von Volker Jakob. Westfalen-Lippe 2007, S. 7.
67 Vgl. Begleitheft zum Film, S. 7.
68 Der Film hatte 600.000 Zuschauer (ES hingegen 2,5 Millionen). Vgl. Begleitheft zum Film, S. 7.
69 Vgl. Begleitheft zum Film, S. 7.

Abb. 10: Münster 1967 (ALLE JAHRE WIEDER).

Das erste Bild des Films ist keiner Person gewidmet, sondern einer Stadt; der Einstieg gleicht einer Ouvertüre.

Zu sehen ist der Turm einer Kirche (Abb. 10), gefolgt von Aufnahmen der Stadt Münster, der Menschen und, nach einem Wechsel in die Innenräume, des Chores unter der Leitung des später noch zu einer kleinen Berühmtheit gelangenden Musiklehrers Dr. Bierbaum. Zum Gesang des Liedes *Heilig Heimatland*, ein Verweis auf Brauchtum und Tradition, werden Bilder der Stadt und Bilder von Menschen gezeigt, flanierende Spaziergänger, Arm in Arm, mal mit Kind und Frau, mal mit Frau und Hund. Die Inszenierung folgt einer Logik des Werbefilms, zeigt Impressionen der Stadt, gleitet an Sehenswürdigkeiten entlang, die bei einem Besuch in Münster aufzusuchen sind und auf jeder Postkarte zu finden wären. Ein Film über die Heimat und so zugleich auch ein Heimatfilm? Schon Hans Deppes SCHWARZWALDMÄDEL (BRD 1950) kennt Inszenierungen der Stadt (dort Baden-Baden), genauer des Kurortes, an dem der Wiederaufbau schon vollzogen wurde und die Schaufenster bereits wieder Waren anbieten, eine sogenannte Wirklichkeit hierbei außen vor lassend.

Die Exposition in Schamonis Film nimmt sich dem an und verweist zugleich auch auf die noch nicht vorgestellte Hauptfigur, den Werbetexter Hannes Lücke (Hans Dieter Schwarze), der darum zu wissen scheint, wie das, was an den Kunden zu bringen ist, beworben werden muss. Auch diesen zeigt der Film nicht direkt, schneidet nach dem Verklingen des Liedes auf die Kargheit

Abb. 11: Heimfahrt (ALLE JAHRE WIEDER).

der Autobahn, die das Schwarz-Weiß des Films noch zu verdoppeln scheint (Abb. 11).

Eine jazzig angehauchte Version des 1842 veröffentlichten Weihnachtsliedes, das dem Film den Titel gab, klingt an, ein zaghafter Versuch, die Tradition zu modernisieren, wohl wissend, dass jede Tradition im Moment ihrer Veränderung zunächst aufhört, Tradition zu sein. Dieser Bruch dauert nicht lange an, denn schon in dem Moment, als das Auto in eine Unterführung fährt, endet die Neuinszenierung des Weihnachtsliedes, wechselt zur Kirchenorgel (und damit in das Sakrale), als hätte das Auto und mit ihm seine Insassen eine unsichtbare Linie überquert, hinter der *Alle Jahre wieder* so gesungen wird, wie es eben seit *allen Jahren* gesungen wurde, die Tradition also noch intakt ist.

Hannes spricht während der Fahrt mit seiner neuen, deutlich jüngeren Freundin Inge[70] (Sabine Sinjen), die er widerwillig auf seinen Weihnachtsbesuch mitgenommen hat, an den Ort seiner Familie, seiner Herkunft und seiner Frau und Kinder, von denen er in Trennung, nicht aber in Scheidung lebt. Hannes spricht von dem, was sich durch den Grenzübertritt im Tunnel aufdrängt: von früher. Dieses *Früher*, bereits hier der Geist vergangener Weih-

---

[70] Hannes nennt seine Freundin nicht oft beim Namen, nutzt eher verniedlichende Kosenamen.

nacht, hat sich Hannes olfaktorisch ins Gedächtnis gebrannt. Der Duft der gebratenen und gefüllten Weihnachtsgans, den er im Verlaufe des Films erneut riechen darf, ist unwiederbringlich mit (s)einer Erinnerung an Weihnachten verbunden. Als er Inge danach fragt, ob sie Gans so zubereiten könne, wie es seine Mutter (und wahrscheinlich ihre Mutter vor ihr) konnte, kann er sich die Antwort schon selbst geben, erkennt, dass es sich um ein Stück verlorene Vergangenheit handelt, welches, trotz Überlieferung des Rezepts, für immer verloren gegangen ist.[71] Trotz der alljährlichen Wiederkehr des Weihnachtsfests, der Tradition und des Rituals, wird diese Lücke zwischen Vergangenheit und Gegenwart bleiben, schreibt sich gar ein in den Namen des Protagonisten: Lücke. Als Hannes und Inge nun endlich in Münster ankommen, wechselt der Film erneut in den Modus des bewerbenden Zeigens. Die Kamera wechselt in die Subjektive, eröffnet Münster und seine Altstadt im Blick durch die Windschutzscheibe, kommentiert durch die Informationen des Fahrers, vor dessen Augen sich ein funkelndes Weihnachtspanorama entfaltet. Erneut läuten die Kirchenglocken, die nicht nur die Menschen zum Gottesdienst rufen, sondern auch Hannes wieder nach Münster gerufen haben. Innerdiegetisch will Hannes Inge an seiner Vergangenheit teilhaben lassen, will ihr Münster so zeigen, wie es sich seinem immer schon durch die eigene Geschichte präfiguriertem Blick eröffnet, um mehr von sich preisgeben zu können, einen gemeinsamen Erfahrungsraum zu schaffen, bevor überhaupt gemeinsame Erfahrungen in Münster gesammelt werden können – und die, wie sich zeigen wird, zum größten Teil auch nach den Geschehnissen des Films ausbleiben. Abseits der konkreten Filmhandlung adressiert der Akt des Sich-Erinnerns am spezifischen Bild der Heimat auch den Zuschauer (und nicht nur den aus Münster stammenden), der darum weiß, wie die Welt da draußen, jeder Stein und jede Mauer, zum mnemotechnischen Objekt wird, an dem sich das Narrativ der (eigenen) Geschichte ablesen und erzählen lassen kann. In Hannes' Beschreibung schrumpft die subjektive (wenngleich auch fiktive) Geschichte seiner Person mit der in die Weltgeschichte eingeschriebenen Rolle Münsters zusammen, wird der Bäcker, der mit seiner selbstgebastelten Schleuder die in den Käfigen gefangenen Wiedertäufer eine Zeitlang mit Nahrung versorgte, selbstverständlich noch namentlich gekannt und genannt. Dass diese Geschichte den historischen Tatsachen in mehr als einem Punkt widerspricht, ist dabei nicht von Belang, schmückt sie doch Hannes' Aufforderungen an seine Begleiterin zu schauen, zu gucken und möglichst auch zu staunen – ähnlich der Intentionen, die auch die später im Film gezeigten Mitarbeiter und Führer der von Inge besuchten

---

71 Ein Kernproblem jedweder Form von Geschichte und Geschichtsschreibung.

Museen teilen. Dass dieses Hinsehen nicht wie gewünscht funktionieren kann, scheitert immer an dem Verlangen, nicht nur zu sehen, sondern es auch *so* zu sehen, wie *er* es sieht.

Schamonis Film im Modus der Satire[72] zu lesen, die durch die Montage die einzelnen, zunächst disparaten Bilder zu einem neuen Ganzen verwebt, um sich so über Stadt, Land und seine Bewohner lustig zu machen, greift zu kurz, gestattet es der Film dem Zuschauer eben nicht, sich auf eine Position hinter der Kamera zurückzuziehen und nur beobachtend teilzunehmen. Dass er dies vielleicht möchte, liegt nah, evoziert eine mögliche Identifikation mit Hannes doch mehr als nur gemäßigten Widerwillen. Der Vergangenheit verhaftet, aus der er selbst von Münster nach Frankfurt geflohen ist, fehlt ihm nicht nur die Idee einer wie auch immer gearteten Form von Zukunft, sondern auch ein tieferes Verständnis für das eigene Leben und mehr noch für das seiner Mitmenschen. Seine Oberflächlichkeit stellt der Film in besonderem Maße dort aus, wo Hannes auf nahezu alles, was ihm begegnet, mit einem Sprichwort, einem Sinn- und Kalenderspruch antwortet, deren Sinn es eigentlich nur ist, etwas zu sagen, wenn ansonsten peinliche Stille herrschen würde. Genau aber dieses Agieren steht einer möglichen Zukunft wie einer definitiv getroffenen Entscheidung (für die Scheidung oder gegen sie, für die neue Freundin oder gegen sie) und damit einhergehend auch einer Fortentwicklung im Wege. Würde dies nur ihn betreffen, könnte man es als tragisch bezeichnen, jedoch weitet er die Endgültigkeit, die er hinter seinen auswendig gelernten Weisheiten vermutet, auch auf all jene Menschen aus, auf die er im Laufe des Films trifft, bildet die Rezitation dessen, *was man immer schon gewusst hat*, den Endpunkt eines Gespräches, nach dem nicht mehr zu debattieren oder abzuwägen ist. Inge, die diese Mechanismen durchschaut hat, weist seinen Freund Spezi (Johannes Schaaf), der ähnlich, wenngleich auch resignativer, zu denken scheint, darauf hin, dass Sprichwörter doch nicht immer stimmen müssen, dass trotz deren wahren Kerns Alternativen möglich sind. Die Zwischenschnitte des Films auf die vermeintlichen Weisheiten des Musiklehrers Dr. Bierbaum erscheinen vor diesem Hintergrund nicht mehr bloß als urige Sentenzen, sondern als Ursprung eines solchen Denkens. Mehr über Münster ist eben nicht zu wissen, als dass die Glocken läuten, es regnet oder eine Kneipe eröffnet wird, und wenn die Ehe der Grund für jede Scheidung ist, dann lädt der infinite Regress zur Entlastung ein. Führte in *Dein Sohn lässt grüßen* die Angst, zu werden wie die Väter, noch zum Selbstmord und damit zum radikalen Entzug der Zukunft, und in SCHON-

---

72 Vgl. Corinna Brocher: Peter Schamoni. In: Barbara Bronnen/dies.: Die Filmemacher. Zur Neuen deutschen Produktion nach Oberhausen 1962. Mit einem Beitrag von Alexander Kluge. München u. a. 1973, S. 115–126 hier: S. 122.

ZEIT FÜR FÜCHSE in die Flucht oder Verzweiflung, so wird dieser Umstand in ALLE JAHRE WIEDER nicht einmal mehr in Betracht gezogen. Es bleibt beim Dazwischen (zwischen Münster und Frankfurt), beim Nichtentschiedenen und beim Herholen der Tradition, die oszilliert zwischen nachmittäglichem Kaffeetrinken und abendlichem Besuch der alten Flakstellung an den Kanalschleusen, an denen man in der Gruppe das letzte Aufgebot des Dritten Reiches darstellte. Eben nur diese Vergangenheit, die geteilte Erfahrung, verbindet, hilft über die Tatsache hinweg, *40 geworden zu sein*[73] und über den Umstand, dass nicht mehr zu holen ist als Mehr des Immergleichen und nichts mehr bleibt, als den Blick ins Gestern zu richten.

Das Aufbrechen oder gar Fehlen dieser Gemeinschaft wird besonders in der Inszenierung des Gottesdienstes deutlich. Diese Aufnahmen, so die vorherige Befürchtung der Öffentlichkeit, eignen sich in doppelter Weise dazu, einen Skandal auszulösen. Nicht nur die durch Schamonis Ruf durchaus berechtigte Befürchtung, durch die Kunst der Montage der Lächerlichkeit preisgegeben zu werden, sondern das Filmen des Gottesdienstes als solches war in den 1960er Jahren bereits in einen Diskurs eingebettet, der sich maßgeblich im Jahrzehnt zuvor an der Frage der Gottesdienstübertragung des bundesdeutschen Fernsehens entzündet hatte.[74] Hierbei ging es sowohl um die Frage nach der Äquivalenz und der Wirksamkeit des medialen Segens für die Zuschauer am Bildschirm als auch um die Vorsicht, das Heiligste selbst, also die Transsubstantiation, offenzulegen, um so Einblick in den zentralen Ritus zu gestatten, der nun jedem, der ein Fernsehgerät besaß, offen zugänglich war und sich nicht mehr nur auf den Gläubigen beschränkte. Schamoni zeigt die Predigt des Priesters,[75] wie er auch die Wandlung zumindest in (Aus-)Schnitten andeutet;[76] inszenatorisch spannender bleibt aber die Frage des Individuums, maßgeblich Hannes', und seines Ortes in der vermeintlichen Gemeinschaft. Anders als beim Weihnachtsgottesdienst in Wolfgang Staudtes DIE MÖRDER SIND UNTER UNS[77] (D 1946) oder bei den Heiligen Messen in Harald Brauns NACHTWACHE (D 1949) formiert sich in Schamonis Kirche keine Gemeinschaft

---

73 So der Titel des im Film rezitierten Gedichtes, das im Original vom Drehbuchautor Michael Lentz stammt.
74 Vgl. dazu und für weiterführende Literatur: Tobias Haupts: *In weiter Ferne, so nah*: Die Überwindung der Gottesferne durch den Geist des Fernsehens. In: Pablo Abend et al. (Hg.): Medialität der Nähe. Situationen – Praktiken – Diskurse. Bielefeld 2012, S. 276.
75 Hier in Originalaufnahme und -ton.
76 In ähnlicher Weise nur wenige Jahre später auch in Éric Rohmers MA NUIT CHEZ MAUD (F 1969) inszeniert, dort aber in langen, verweilenden Einstellungen.
77 Der in seiner Funktion der Gemeinschaftsbildung stark an William Wylers MRS. MINIVER (USA 1942) und den letzten Gottesdienst in der nun teilweise zerstörten Kirche erinnert.

Abb. 12: Der Blick aus den hinteren Reihen (ALLE JAHRE WIEDER).

mehr.[78] Der sakrale Raum wird nicht von der Kamera aufgenommen und einfangen, seine Größe bleibt vage. Der erste Blick der Kamera, der an keine Person gebunden zu sein scheint, versteckt sich verstohlen hinter anderen Teilnehmern der Messe, sieht an ihren Schemen vorbei auf das Geschehen am Altar (Abb. 12).

Nahezu als Schuss-Gegenschuss-Verfahren wird Hannes als das Andere und Gegenüber des Priesters gezeigt, dreht er sich ertappt nach hinten, als der Solist ein Lied anstimmt, schaut entsetzt auf das, was vor ihm liegt, die Augen weit aufgerissen, den Mund leicht verzerrt, in sich selbst versunken und verformt (Abb. 13).

Die anderen Besucher des Gottesdienstes werden kurz als einzelne Gesichter, weder als ganze Körper noch als Körper der Gemeinschaft inszeniert, bis zu dem Moment, als Hannes aus der Kirche fliehen will und sich durch eine Phalanx aus Körpern drängen muss, um an seiner Freundin vorbei nach draußen zu gelangen. Denn entgegen seinem Willen ist auch sie in den Gottesdienst gekommen, bleibt in der hinteren Reihe, fixiert mit ihrem Blick aber nicht den Ablauf des Hochamtes, sondern Hannes' Hinterkopf, interessiert sich für sein Sosein an diesem Ort (Abb. 14).

---

78 Vgl. zum „im Gottesdienst zusammen(gewürfelt)": Bernhard Groß: Die Filme sind unter uns. Zur Geschichtlichkeit des frühen deutschen Nachkriegskinos: Trümmer-, Genre-, Dokumentarfilm. Berlin 2015, S. 209.

Nach dem Konzil oder Der Geist vergangener Weihnacht — 215

Abb. 13: Der Blick nach vorn (ALLE JAHRE WIEDER).

Abb. 14: Der Blick auf den Geliebten (ALLE JAHRE WIEDER).

Doch kurz bevor er dies merkt, entfaltet sich der Geist des Weihnachtsfests in einem kurzen Moment innerlicher Besinnlichkeit: Kurze Bilder eines vergangenen Tages im Sommer, rudernd auf dem Fluss, denkt Hannes an ein früheres Rendezvous mit seiner Frau. Bilder einer Idylle verlorener Zeit, mit denen er alleine bleibt, sie nicht kommuniziert, und denen er sich, durch das Auftauchen Inges, nicht hingeben kann. Die Entrüstung über ihr Auftauchen hat demnach nur bedingt mit der Verinnerlichung des Verhaltenskodexes der Heimatstadt zu tun, sondern mit dem notwendigen Abbruch der Erinnerung an die Bilder der Vergangenheit. Wenngleich er sie genießt, so kann er sie kaum in eine wie auch immer geartete Handlung überführen, die die Brücke zwischen gestern und morgen schlägt. Erst zum Ende des Films, auf dem Abschlussball der Tanzschule von Hannes' Frau, werden diese Bilder fortgedacht, wenn Schamoni kurze Momente der Zweisamkeit der vergangenen 80 Minuten zwischen Lore (Ulla Jacobsson) und ihm zwischenschneidet, die innerhalb der Konventionen des Mediums andeuten, dass aus ihnen eine Anweisung für die Gegenwart der Handlung erfolgen würde, ein Aufstehen und Fortlaufen, eine beherzte Handlung. Die Bilder verpuffen, wieder einmal, stattdessen tätschelt er betrunken die Schulter einer früheren Freundin.

Dem Gottesdienst wohnt aber noch ein anderes Element inne, welches ihn in besonderer Weise in seine eigene Zeit einbettet: Als geteiltes Erinnerungsbild steht er tatsächlich für die Routine des *alle Jahre wieder*, als Erfahrung *nach* dem Konzil war er jedoch noch recht neu, hatte doch erst wenige Jahre zuvor durch die Liturgiereform des 2. Vatikanums die Landessprache den lateinischen Ritus in der Praxis des Gottesdienstes ersetzt, stand der Priester erst seit Kurzem nicht mehr mit dem Rücken zur versammelten Gemeinde.[79] Die Aussage des Museumsmitarbeiters, die sich hierzu in Bezug setzen ließe, erweist sich jedoch als bezeichnend: Münster sei nicht mehr so schwarz (was auch immer der Zustand ante gewesen sein mag), sondern liberal (eben nach dem Konzil). Dem Kirchenhistoriker Wilhelm Damberg zufolge bildet dieser Wechsel aber das eigentliche Thema des Films, das Aushandeln von Erosionsprozessen, die eben schon vor 1968 ihren Lauf nahmen und im Wandel der *Fassaden* ihren Höhepunkt erreichten – und für den Theologen den Anfang vom Ende des Milieu-Katholizismus kennzeichneten.

Das Dilemma der Kirche im Jahr 1967, dem eigentlichen Anfang von '68,[80] war nicht unähnlich dem Problem, mit dem sich Hannes konfrontiert sieht: „Weder kann man die alte Lebensform wieder aufnehmen, noch sich zu einer

---

79 Die Reform der Liturgie wurde bereits Ende 1963 auf dem 2. Vatikanum beschlossen.
80 Dem „unwahrscheinlichen" Jahr, vgl. Norbert Frei: 1968. Jugendrevolte und globaler Protest. Aktualisierte und um ein Postskriptum erweiterte Neuausgabe. München 2018, S. 112 ff.

Scheidung durchringen."[81] Der gesellschaftliche Aufbruch, den die Kirche und der Film bereits früher unternommen hatten und der für beide noch längst nicht abgeschlossen war, deutet sich innerhalb der bundesrepublikanischen Wirklichkeit nur marginal an. Der im Fernsehen sprechende Bundeskanzler Kurt Georg Kiesinger stand zwar für die Genealogie gewisser Teile der Elite vor und nach 1945, war aber 1967 nur noch Kanzler einer Großen Koalition – die SPD nun bereit, vom Marxismus Abschied zu nehmen, Regierungsverantwortung zu übernehmen und in der Mitte der Gesellschaft anzukommen. Bereits 1969 folgte auf ihn der Sozialdemokrat Willy Brandt. Zaghafte Momente der Erneuerung, die Hannes im Privaten nicht erlebt, nicht einmal mehr ihr Fehlen wahrnimmt, was ihn von seinen Vorgängern unterscheidet. Der weihnachtliche Besuch, der gekennzeichnet war mit Ausrufen der Wiederkehr des Immergleichen (*immer* komme er zu spät), schließt mit der Heimfahrt, der Autobahn und einem Liebesschwur an Inge, den der Zuschauer bereits kennt, hatte ihn seine Frau doch in einem Moment der Sentimentalität oder der romantischen Erinnerung aus einem alten Liebesbrief von Hannes an sie vorgelesen. Der Film endet in der Rezitation, in der Verdopplung seiner Gefühle, von denen unklar bleiben muss, ob sie im Brief an seine Frau vor dreizehn Jahren überhaupt originär waren oder auch hier schon Kopie. Inge „geht freilich mit der Einsicht aus der Geschichte, dass die Welt, die sie kennen lernte, unehrlich ist. Dass zu dieser Welt auch der Geliebte gehört, ist sicher ihre bitterste Erkenntnis."[82] Ihre Reaktion auf Hannes' Worte erfährt der Zuschauer nicht mehr, die Kamera wechselt schon, wie zu Beginn des Films, in die Außenperspektive, auch auf der Tonspur bleibt Inge still. Hannes' Worte, sich selbst zitierend, verhallen in der Abblende am Ende des Films, bleiben im Dazwischen, unfähig, durch Wiederholung des Vergangenen Zukünftiges zu schaffen.

Literaturverzeichnis

ALLE JAHRE WIEDER. Ein Film von Ulrich Schamoni. Begleitheft zum Film. Herausgegeben im Auftrag des Landschaftsverbandes Westfalen-Lippe von Volker Jakob. Westfalen-Lippe 2007.
Amery, Carl: Die Kapitulation oder Deutscher Katholizismus heute. Reinbek 1963.
Böckenförde, Ernst-Wolfgang: Der deutsche Katholizismus im Jahre 1933. Kirche und demokratisches Ethos. Mit einem historiographischen Rückblick von Karl-Egon Lönne. Freiburg 1988.
Böll, Heinrich: Ansichten eines Clowns. Köln 1963.

---

81 Wilhelm Damberg im Begleitheft zum Film, S. 27.
82 Begleitheft zum Film, S. 19.

Brocher, Corinna: Peter Schamoni. In: Barbara Bronnen/dies.: Die Filmemacher. Zur Neuen deutschen Produktion nach Oberhausen 1962. Mit einem Beitrag von Alexander Kluge. München u. a. 1973, S. 115–126.

Cinémonde (Hg.): Die erste Welle: Retrospektive des jungen deutschen Films 66/67. München o. J.

Damberg, Wilhelm: Abschied vom Milieu? Katholizismus im Bistum Münster und in den Niederlanden 1945–1980. Paderborn u. a. 1997.

Dankert, Birgit: Michael Ende. Gefangen in Phantásien. Darmstadt 2016.

Elsaesser, Thomas: Der Neue Deutsche Film. Von den Anfängen bis zu den neunziger Jahren. München 1994.

Ende, Michael: Die unendliche Geschichte. Stuttgart 1979.

Ende, Michael: Jim Knopf und die Wilde 13. Stuttgart 1962.

Ende, Michael: Jim Knopf und Lukas der Lokomotivführer. Stuttgart 1960.

Ende, Michael: Über das Ewig-Kindliche. In: ders.: Zettelkasten. Skizzen & Notizen. Herausgegeben von Roman Hocke. München 2011, S. 177–198.

Filmclub 813 (Hg.): Ulrich Schamoni: „Ein großer Privatier vor dem Herrn". Köln 2006.

Frei, Norbert: 1968. Jugendrevolte und globaler Protest. Aktualisierte und um ein Postskriptum erweiterte Neuausgabe. München 2018.

Gabriel, Karl: Zwischen Aufbruch und Absturz in die Moderne. Die Katholische Kirche in den 60er Jahren. In: Axel Schildt et al. (Hg.): Dynamische Zeiten. Die 60er Jahre in den beiden deutschen Gesellschaften. Hamburg 2000, S. 528–543.

Groß, Bernhard: Die Filme sind unter uns. Zur Geschichtlichkeit des frühen deutschen Nachkriegskinos: Trümmer-, Genre-, Dokumentarfilm. Berlin 2015.

Hachmeister, Lutz/Schulte, Christine: „…sobald Sie Erfolg haben, geraten Sie in die Schußlinie." Ein Gespräch mit Ulrich Schamoni. In: Medium 4 (1984), S. 32–37.

Haupts, Tobias: *In weiter Ferne, so nah*: Die Überwindung der Gottesferne durch den Geist des Fernsehens. In: Pablo Abend et al. (Hg.): Medialität der Nähe. Situationen – Praktiken – Diskurse. Bielefeld 2012, S. 271–286.

Haupts, Tobias: Verweilen. Rudolf Thome, die Poetik der Dauer und die bundesdeutsche Filmgeschichte der 1980er Jahre. In: ders. (Hg.): Rudolf Thome. Film-Konzepte 51. München 2018, S. 63–77.

Hildebrand, Dietrich von: Die Enzyklika „Humanae Vitae" – ein Zeichen des Widerspruchs. Regensburg 1968.

Hochhuth, Rolf: Der Stellvertreter. Ein christliches Trauerspiel. Reinbek 1963.

Hoffmann, Hilmar (Hg.): Peter Schamoni: Filmstücke, film pieces. Stuttgart 2003.

Möller, Olaf: Alte Meister – Peter Schamoni. In: Ralph Eue/Lars Henrik Gass (Hg.): Provokation der Wirklichkeit. Das Oberhausener Manifest und die Folgen. München 2012, S. 323–324.

Paul VI.: Humanae Vitae. Über die Weitergabe des Lebens. http://w2.vatican.va/content/paul-vi/de/encyclicals/documents/hf_p-vi_enc_25071968_humanae-vitae.html (Zugriff am 15. 5. 2018).

Pesch, Otto Hermann: Das Zweite Vatikanische Konzil (1962–1965). Vorgeschichte – Verlauf – Ergebnisse – Nachgeschichte. Würzburg 1993.

Pfau, Ulli: Phantásien in Halle 4/5. Michael Endes „Unendliche Geschichte" und ihre Verfilmung. München 1984.

Pollack, Detlef: Religiöser und gesellschaftlicher Wandel in den 1960er Jahren. In: Claudia Lepp et al. (Hg.): Religion und Lebensführung im Umbruch der langen 1960er Jahre. Göttingen 2016, S. 31–63.

Prinzler, Hans Helmut: Es. In: Norbert Grob et al. (Hg.): Neuer Deutscher Film. Stuttgart 2012, S. 91–99.
Ratzinger, Joseph (Benedikt XVI.): Einführung in das Christentum. Vorlesungen über das Apostolische Glaubensbekenntnis. Mit einem neuen einleitenden Essay. 7. Auflage. München 2006.
Ratzinger, Joseph (Benedikt XVI.): Zur Lehre des Zweiten Vatikanischen Konzils. Formulierung – Vermittlung – Deutung. Erster Teilband. Gesammelte Schriften. Herausgegeben von Gerhard Ludwig Müller. Band 7/1. Freiburg 2012.
Ratzinger, Joseph (Benedikt XVI.): Zur Lehre des Zweiten Vatikanischen Konzils. Formulierung – Vermittlung – Deutung. Zweiter Teilband. Gesammelte Schriften. Herausgegeben von Gerhard Ludwig Müller. Band 7/2. Freiburg 2012.
Rebhandl, Bert: Anpassung und Bewusstwerdung. Filmische Sondierungen in der Bundesrepublik Deutschland. In: Connie Betz et al. (Hg.): Deutschland 1966. Filmische Perspektiven in Ost und West. Berlin 2016, S. 16–35.
Ringshausen, Gerhard: Die Kirchen – herausgefordert durch den Wandel der Gesellschaft in den sechziger Jahren. In: Werner Faulstich (Hg.): Die Kultur der sechziger Jahre. München 2003, S. 31–48.
Safranski, Rüdiger: Romantik. Eine deutsche Affäre. Frankfurt am Main 2009.
Schamoni, Maria: Meine Schamonis. München 1983.
Schamoni, Ulrich: Dein Sohn lässt grüßen. Berlin 1962.
Seeber, David Andreas (Hg.): Katholikentag im Widerspruch. Ein Bericht über den 82. Katholikentag in Essen. Freiburg u. a. 1968.
Seewald, Peter: Benedikt XVI. Ein Porträt aus der Nähe. Berlin 2005.
Valentin, Thomas: Die Unberatenen. Hamburg 1963.
Verweyen, Hansjürgen: Joseph Ratzinger – Benedikt XVI. Die Entwicklung seines Denkens. Darmstadt 2007.
Vogel, Wolfgang: Oktett im Leichenhaus. Ulrich Schamoni: „Quartett im Bett". In: Film 2 (1969), S. 38.
Wenzel, Knut: Kleine Geschichte des Zweiten Vatikanischen Konzils. Freiburg u. a. 2005.
Zwick, Reinhold: Provokation und Neuorientierung: Zur Transformation religiöser Vorstellungen im Kino der langen sechziger Jahre. In: Frank Bösch/Lucian Hölscher (Hg.): Kirche – Medien – Öffentlichkeit. Transformationen kirchlicher Selbst- und Fremddeutungen seit 1945. Göttingen 2009, S. 144–173.

Filmografie

ABSCHIED VON GESTERN. Reg. Alexander Kluge. BRD 1966.
ALLE JAHRE WIEDER. Reg. Ulrich Schamoni. BRD 1967.
CHAPEAU CLAQUE. Reg. Ulrich Schamoni. BRD 1974.
DAS MÄDCHEN ROSEMARIE. Reg. Rolf Thiele. BRD 1958.
DIE MÖRDER SIND UNTER UNS. Reg. Wolfgang Staudte. D 1946.
DIE SÜNDERIN. Reg. Willi Forst. BRD 1951.
EDITHS TAGEBUCH. Reg. Hans W. Geißendörfer. BRD 1984.
EIN GROSSER GRAUBLAUER VOGEL. Reg. Thomas Schamoni. BRD/I 1970.
ES. Reg. Ulrich Schamoni. BRD 1966.
…GEIST UND EIN WENIG GLÜCK. Reg. Ulrich Schamoni. BRD 1965.

ICH BIN EIN ELEFANT, MADAME. Reg. Peter Zadek. BRD 1969.
LINDENSTRASSE, C: Hans W. Geißendörfer. BRD 1985–.
MA NUIT CHEZ MAUD. Reg. Éric Rohmer. F 1969.
MRS. MINIVER. Reg. William Wyler. USA 1942.
NACHTWACHE. Reg. Harald Braun. BRD 1949.
ONE PLUS ONE. Reg. Jean-Luc Godard. GB 1968.
QUARTETT IM BETT. Reg. Ulrich Schamoni. BRD 1968.
SCHLOSS KÖNIGSWALD. Reg. Peter Schamoni. BRD 1988.
SCHONZEIT FÜR FÜCHSE. Reg. Peter Schamoni. BRD 1966.
SCHWARZWALDMÄDEL. Reg. Hans Deppe. BRD 1950.
SO LEBTEN SIE ALLE TAGE. Reg. Ulrich Schamoni. BRD 1984.
TYSTNADEN. Reg. Ingmar Bergman. S 1963.
WAS WÄREN WIR OHNE UNS. Reg. Ulrich Schamoni. BRD 1979.
ZUR SACHE, SCHÄTZCHEN. Reg. May Spils. BRD 1968.

Michael Ufer
Zeitgenossenschaft der Aufklärung
Heterogenes zu und um Oswalt Kolles DAS WUNDER DER LIEBE – SEXUALITÄT IN DER EHE

„Im Jahre 1968 …"

Ein vorgelesener Satz, früh im ersten von vielen Aufklärungsfilmen, die unter der (wie der Vorspann es verkündet) „Gesamtleitung" Oswalt Kolles und der Mitarbeit wechselnder Regisseure entstanden sind:

> „Im Jahre 1968 wird es dringend Zeit, für eine Ehrenrettung differenzierterer Sexualität in der Ehe einzutreten."

Früh also und ausdrücklich wird für DAS WUNDER DER LIEBE – SEXUALITÄT IN DER EHE (Regie hier: Franz Josef Gottlieb, BRD 1968) eine sehr konkrete zeitgenössische Relevanz behauptet. Im Drängenden von ‚dringend', eingeklammert vom Nun-Endlich des ‚es wird Zeit'; ebenso im Komparativ von ‚differenzierterer', umgeben von der Parteinahme des ‚Eintretens für': angesichts einer spezifischen Gegenwart bekommt die Aufklärung, die der Film leisten will, die ihr eigene Stellung, ihre ganz eigene Notwendigkeit zugesprochen (beziehungsweise: vorgelesen). Angesichts der Gegenwart ‚im Jahre 1968'. Die Jahreszahl allein, so scheint es, will schon als Rechtfertigung dafür dienen, dass, wie es kurz darauf heißt, „nun auch sehr viel mehr Sexualität in die Szene kommen kann und kommen muss, als es gewöhnlich geschieht" – soll denn die Ehre ausreichend differenzierter ehelicher Sexualität effektiv gerettet werden. Der relevante Kontext des Films jedenfalls scheint abgesteckt.

Doch der Satz ist vorgelesen, vorgeschrieben: vor 1968. DAS WUNDER DER LIEBE wurde uraufgeführt im Februar 1968, gedreht im Jahr 1967. Als der Satz also Bestandteil des Films wurde, war kaum zu prognostizieren und keinesfalls zu wissen, was sich noch alles an die beschworene Jahreszahl knüpfen, welch beschwörende Funktion ihr einmal zukommen würde. Auch war 1967 höchstens zu ahnen, was auch auf den hehren Anspruch der Aufklärung folgen sollte, dem Wegfall dieses Anspruchs folgend, sich fortan allein auf die erweiterten Grenzen des Zeigbaren berufend: ‚Reporte' nämlich darüber, WAS ELTERN NICHT FÜR MÖGLICH HALTEN, WAS ELTERN DEN SCHLAF RAUBT, WAS ELTERN NICHT MAL AHNEN und so weiter – so die ergänzenden Titel der SCHULDMÄDCHEN-¡REPORTE, die ab 1970 entstanden.[1] Sicher geht es in diesen um vieles

---
[1] Die ersten drei – mit oben genannten Titeln – erschienen 1970, 1971 und 1972; Regie jeweils: Ernst Hofbauer. Bis 1980 kam die Reihe auf dreizehn Teile.

https://doi.org/10.1515/9783110618945-011

(oder eben: nur um das Eine), nicht mehr aber um aufklärerisch zu rettende Ehre.

Ist das Zeitgenössische des Aufklärungsanspruchs allerdings erst einmal auf das Prinzip der (fehlenden) Gleichzeitigkeit im Sinne eines (nicht) geteilten Zeit- als Informationshorizonts gebracht und eine jede Frage also als eine des (Nicht-)Wissen-Könnens gestellt, wird es ein allzu Leichtes, es im Nachhinein besser zu wissen. Eingepasst in die handliche Relation von Text und Kontext lässt sich im Rückblick allemal hellsichtiger sein, als es eine einstige Gegenwart – selbstverschuldet oder nicht – war. Einfach etwa ist es inzwischen, jene Entwicklungsgeschichte entlang prägnanter Wegmarken zu schreiben, die in dem von der Bundeszentrale für gesundheitliche Aufklärung geförderten HELGA – VOM WERDEN DES MENSCHLICHEN LEBENS (Erich F. Bender, BRD 1967)[2] einen der Filme Kolles ausmacht und dann die Unausweichlichkeit identifiziert, mit der diese in die Reporte über die exzessiven sexuellen Aktivitäten Minderjähriger umschlagen.[3] Einfach auch lässt sich heute die Logik einer solchen Entwicklung ausmachen: als die einer Kommodifizierung, die von der bundesbehördlich sanktionierten Information über die zumindest noch ernsthafte Intention zu den alles bestimmenden und dabei alles Reißerische mobilisierenden Interessen des Geschäfts verläuft.[4] Einfach wird dann, nicht zuletzt, auch der moralistische – oder seine Korrelate: der verklärend-nostalgische und kichernd-amüsierte – Blick zurück.

---

[2] Der Film hatte mehrere Millionen Kinobesucher; der Preis „Goldene Leinwand", der Filmen verliehen wurde, die innerhalb eines Jahres drei Millionen Zuschauer oder mehr verzeichnen, wurde von der damaligen Bundesministerin für Gesundheitswesen Käte Strobel entgegengenommen. Vgl. zu dieser „Verbindung von Bonn und Busen" Fritz Rumler: „Wir haben es so gewollt". In: Der Spiegel (1968), H. 47, S. 218; sowie Uta Schwarz: Helga (1967). West German Sex Education and the Cinema in the 1960s. In: Roger Davidson/Lutz D. H. Sauerteig (Hg.): Shaping Sexual Knowledge. A Cultural History of Sex Education in Twentieth Century Europe. London/New York 2009, S. 197–213, bes. S. 198.

[3] So – in der einen oder anderen Weise, mit unterschiedlicher Gewichtung und aus verschiedenen Perspektiven – Tim Bergfelder: Exotic Thrills and Bedroom Manuals. West German B-Film Production in the 1960s. In: Randall Halle/Margaret McCarthy (Hg.): Light Motives. German Popular Film in Perspective. Detroit 2003, S. 197–219, hier: S. 205–207; Jürgen Kniep: „Keine Jugendfreigabe!" Filmzensur in Westdeutschland 1949–1990. Göttingen 2010, S. 229, S. 233–234; Annette Miersch: Schulmädchen-Report. Der deutsche Sexfilm der 70er Jahre, Berlin 2003, S. 100, S. 113; Rolf Thissen: Sex (v)erklärt. Der deutsche Aufklärungsfilm. München 1995, S. 235, S. 255.

[4] Vgl. auch dazu Bergfelder: Exotic Thrills and Bedroom Manuals, S. 214; Kniep: „Keine Jugendfreigabe!", S. 229; Miersch: Schulmädchen-Report, S. 79, S. 131–132, S. 203; Thissen: Sex (v)erklärt, S. 59, S. 234.

Nicht, dass die Reihung HELGA-Kolle-SCHULMÄDCHEN nicht ihr Wahres hätte; nicht, dass hier nicht Existenzielles zur Ware wurde. Zu leicht jedoch kann im (kon-)textuellen Wissen, das so gerne ein Besser-Wissen ist, Entscheidendes übersehen oder auch als bloß selbstverständlich hingenommen werden. Der These zum Beispiel von der Kommodifizierung kam schon zeitgenössisch eine nicht unerhebliche Rolle im kritischen Diskurs um Aufklärungs- und Reportfilm zu; gestützt, vor allem, auf die theoretischen Werkzeuge, die das „Kulturindustrie"-Kapitel aus Max Horkheimers und Theodor W. Adornos *Dialektik der Aufklärung* noch immer bot. Damit aber waren diese These und ihr Theoriehintergrund zeitgenössisch selbst nur (heute zu analysierender) Teil einer nicht ohne Weiteres übersichtlichen Gemengelage, geprägt von sich kreuzenden und durchkreuzenden, gegenseitig stimulierenden und blockierenden Interessen: ökonomischen, zensorischen, kritischen, sexuellen ... Insbesondere das aufklärerische Interesse – und überhaupt der Begriff der (filmischen) Sexualaufklärung – ist im Zurückfallen hinter solche Heterogenität gerne mit Verweis auf unterstellte ehrbare Absichten geklärt, sprich beiseitegeschoben.[5]

Wenn im Weiteren Überlegungen zu DAS WUNDER DER LIEBE folgen, so taucht sein Zeitgenössisches in diesen also nicht als eine Frage des Wissens oder als eine nach dem Verhältnis des Films zu einem irgend gesetzten Kontext auf.[6] Vielmehr ist es die Frage (des Zeitgenössischen) der Aufklärung selbst, wie sie mit dem und durch den Film aufgeworfen ist, die im Zentrum stehen soll. Gerade im Brennglas dieser Frage sollen das Mit- und Gegeneinander der Interessen um DAS WUNDER DER LIEBE – und so auch etwaige Entwicklungstendenzen – zu Gegenständen der Befragung werden.

Expertengespräch (I)

Das Vorlesen des Satzes ‚Im Jahre 1968' übernimmt im Jahr 1967 nicht Oswalt Kolle selbst, sondern einer seiner schon im Vorspann des Films angekündigten wissenschaftlichen Berater. Der Satz ist Teil eines Vortrags vor Vorhang: einge-

---

5 Das (mit Blick auf Kolle) sowohl zeitgenössisch – vgl. Peter Brügge: Den Deutschen ist es ernst mit der Lust. In: Der Spiegel (1968), H. 29, S. 31–33, hier: S. 32 – als auch rückblickend – vgl. Thissen: Sex (v)erklärt, S. 59.
6 Entsprechend taucht DAS WUNDER DER LIEBE hier ebenso wenig auf als exemplarischer Zugang zur „cultural construction of what society perceived and prescribed as ‚normal' sexuality". Roger Davidson/Lutz D. H. Sauerteig: Shaping the Sexual Knowledge of the Young. Introduction. In: dies. (Hg.): Shaping Sexual Knowledge. A Cultural History of Sex Education in Twentieth Century Europe. London/New York 2009, S. 1–15, hier: S. 1.

Abb. 1: Oswalt Kolle nebst Professoren ohne Unterleib.

fasst zwischen dessen vertikal-lamellenartiger Hell-Dunkel-Textur, die den Hintergrund des Schwarz-Weiß-Bildes stellt, und einem nach vorn im horizontalen Hell-Dunkel-Wechsel verkleideten Tisch, der mit flacher Kurve in die Bildtiefe ragt, sitzen die Experten (so etabliert es die erste Einstellung der Szene (Abb. 1)).

Der Vortrag kommt dann einer „Regierungserklärung" gleich, wie es scherzhaft im Film selbst heißt, gegeben, als Fazit einer Diskussion über Sexualaufklärung, von „Prof. Dr. W. Hochheimer" – das die Identifizierung durch das Namensschild, das vor dem älteren Herrn auf dem Tisch steht, an dem er sitzt zusammen mit „Prof. Dr. Dr. Hans Giese",[7] rauchend, und Kolle selbst, flankiert durch die beiden Wissenschaftler, ebenfalls rauchend. Mit den Namensschildern ist es der Benennung im Übrigen nicht genug: In einem Voice-over zu Beginn der Gesprächsszene führt Kolle die „Professoren Giese und Hochheimer" ein, in den jeweils ersten Nahaufnahmen der beisitzenden Männer werden in Texteinblendungen zudem Titel und Name in Verbindung gesetzt mit gewichtigen Positionen – Giese ist „Leiter des Instituts für Sexualforschung an der Universität Hamburg", Hochheimer ist „Direktor des Instituts für Pädagogische Psychologie an der Pädagogischen Hochschule Berlin" (Abb. 2; auch das eine Dopplung: in identischem Wortlaut werden sie im Vorspann aufgeführt).

Kolles Rahmung durch die Professoren ist gewissermaßen auch Bild der wissenschaftlichen Rahmung des Films. Ganz explizit tut der Voice-over zudem kund, welcher Begriff von dieser dem Film zugrunde liegt – in direkter Publi-

---

[7] In solcher Funktion damals durchaus notorisch – s. die Bezeichnungen „Sexual-Giese" und „Grzimek der deutschen Sexologie". Der Spiegel: Akt mit Geige. In: Der Spiegel (1968), H. 6, S. 120 bzw. Der Spiegel: Sex. Was für Zeiten. In: Der Spiegel (1968), H. 47, S. 46–67, hier: S. 47.

Abb. 2: Experten mit gewichtigen Positionen.

kumsansprache formuliert Kolle: „Dieses Gespräch ist für Sie notwendig, damit Sie die spätere Darstellung intimster Vorgänge verstehen." Zwischen ‚belehrend', ‚moralinsauer', ‚missionarisch' einerseits und ‚Schein-Seriosität', ‚Deckmantel', ‚Vorwand' andererseits lässt sich solche Wissenschaftlichkeit natürlich säuberlich qualifizieren – und dann auch ihr Generisch-Werden in diesen Koordinaten begreifen.[8] Die ersten SCHULMÄDCHEN-REPORTE zeichnen sich zum Beispiel durch einigen Einfallsreichtum aus, wenn es darum geht, Verweise auf vermeintlich redliche Publikationen zu machen und (hier von Schauspielern dargestellte) Experten einzuführen, vor allem Psychologen (Abb. 3). Die Fadenscheinigkeit dessen erscheint dabei durchaus als Teil des Wirkungskalküls – ist die Wissenschaftlichkeit als Mittel einmal gefunden, lässt sie sich

---

[8] Vgl. für die Qualifizierungen Bergfelder: Exotic Thrills and Bedroom Manuals, S. 207; Kniep: „Keine Jugendfreigabe!", S. 229–230; Miersch: Schulmädchen-Report, S. 101; Thissen: Sex (v)erklärt, S. 234. Natürlich existierten derartige Etiketten schon zeitgenössisch: die „ehrwürdige Rechtfertigung" (Horst Königstein: Das Recht auf Lust. Report über Sex-Filme (I). In: Film (1968), H. 11, S. 12–17, hier: S. 12), der „Deckmantel" (Horst Königstein: Das Recht auf Lust. Report über den Sex-Film (IV). In: Film (1969), H. 2, S. 20–29, hier: S. 27) oder auch „Kolles Zeigefinger" (Michael Pehlke: Sexualität als Zuschauersport. Zur Phänomenologie des pornographischen Films. In: Friedrich Knilli (Hg.): Semiotik des Films. Mit Analysen kommerzieller Pornos und revolutionärer Agitationsfilme. München 1971, S. 183–203, hier: S. 193).

Vgl. zur Formelfindung und der Migration des einmal Gefundenen Bergfelder: Exotic Thrills and Bedroom Manuals, S. 207; Kniep: „Keine Jugendfreigabe!", S. 229; Miersch: Schulmädchen-Report, S. 111–112; Thissen: Sex (v)erklärt, S. 234. Schon DAS WUNDER DER LIEBE II – SEXUELLE PARTNERSCHAFT (Alexis Neve, BRD 1968) lässt hier einen Abstand zum ersten Teil erkennen: die deutschen sind durch niederländische Professoren ersetzt, der Rahmen des Gesprächs mit ihnen – geführt in Wohnzimmerambiente vor Terrassentüren, die den Blick auf einen Park freigeben – ist deutlich legerer.

Abb. 3: Bringen Licht ins Dunkel der Schulmädchen-Psychologie: Herr Dr. Bernauer und Frau Dr. Hollmann.

auch parodieren, vielleicht gerade dann, wenn sie sich zunächst allzu ernst nimmt.[9]

Über die Inszenierungsweise des Expertengesprächs von DAS WUNDER DER ÍLIEBE ist damit freilich noch wenig gesagt. Tatsächlich aber ist über die Gestalt und so auch Bewertung der wissenschaftlichen Rahmung erst auf dieser Ebene zu entscheiden – ebenso wie über Stellung und Gewicht des Satzes vom ‚Jahre 1968'. Nicht zuletzt hängt davon wesentlich ab, was hier unter ‚Aufklärung' eigentlich zu verstehen ist. Im Zusammenspiel von *Mise-en-Scène* und Dramaturgie nämlich entfaltet sich das Gespräch als filmisches Bild einer spezifischen Autorität, deren eigene Logik hinein in den Kern – das heißt insbesondere auch: hin zu den inneren Widersprüchen – von Sexualaufklärung führt.

Wissenschaftliche Verdinglichung: Totalisierter Raum & autoritärer Diskurs

An die szeneneröffnende starre Einstellung der drei Männer ließe sich eine Reihe von Fragen richten: Könnte der Vorhang aufgezogen werden – was würde sich hinter ihm zeigen? Setzte sich die Kurve des Tisches fort – wo könnte sie noch hinführen? Nähme man die Frontverkleidung ab – was würde unter der Tischplatte zum Vorschein kommen? Die Antwort aber ist, dass sich diese Fragen gar nicht stellen (außer vielleicht bei radikal anderer Referenz: mit Blick auf den Raum der Filmproduktion, in dem Kameras, Stromkabel und Mitglieder des Filmstabs herumstehen, -liegen und -laufen). Die Texturen und

---

9 Nicht übersehen werden sollte im Übrigen, dass ‚Vorwand' bestenfalls die Kehrseite der Absichts- und Intentionslogik benennt – und insofern als schnellschüssige Qualifikation nicht weniger suspekt sein sollte.

geometrischen Formen dieser Einstellung sind allein Einfassungen der Experten, in ihrem Zusammenspiel sind sie alle auf die Sichtbarkeit der (Ober-)Körper im mittleren horizontalen Drittel der Bildfläche gerichtet. Anders gesagt wird hier ein Raum abgesteckt, den die Männer einnehmen und in dem sie sprechen, ja, in dem sie das Sagen haben; ein Raum, der so zum einzig existenten – kein relatives Off kennenden – stilisiert wird. In der gängigen, am menschlichen Körper Maß nehmenden Größenbestimmung von Einstellungen mag es sich bei dieser um eine Halbtotale handeln; am filmischen Raum gemessen ist es eine Totale, insofern sie diesen, den Raum der Experten, totalisiert.

Es sind gerade auch die globale zeitliche Struktur der Szene samt ihrer zeitlichen Binnenstrukturen, in denen sich diese Totalisierung bewährt, in denen sie sich über die einzelnen Einstellungen hinweg restlos einstellt. Die etwa neunminütige Szene ist gegliedert in drei Abschnitte, die je einem klaren inszenatorischen Prinzip folgen. Die ersten viereinhalb Minuten zeigen eine Diskussion zwischen Kolle, Giese und Hochheimer in einer variablen Abfolge vier verschiedener Einstellungstypen – die (Halb)Totale sowie Nahaufnahmen aller drei Männer. Es folgt der zweieinhalbminütige Vortrag Hochheimers in einem Alternieren zwischen seiner Nahaufnahme und der (Halb)Totalen (unterbrochen nur durch eine Nahaufnahme Kolles im Rahmen einer Unterbrechung des Vortrags durch ihn). Schließlich nähert sich die Szene wieder an die variablen Einstellungswechsel ihres ersten Abschnitts an, wenn Giese im zweiminütigen Schlussteil in der Art einer Response an Hochheimers Vortrag anknüpft und Kolle sich bei den Professoren für das Gespräch bedankt.

Sowohl im Diskussions- als auch im Responseabschnitt stellt sich die Verteilung der Einstellungen als eine Verknüpfung von Spracheinsätzen, Ansprachen und sonstigen Bezugnahmen dar; wobei Kolle eher als Ansprache- und Ansprechrelais für die Professoren fungiert denn als tatsächlicher Diskussionsteilnehmer (während des Diskussionsabschnitts äußert er sich nur einmal inhaltlich). Durch ein enges Netz aus namentlichen Ansprachen,[10] aus Rückbezügen auf Gesagtes[11] und aus einem ganzen Katalog an markanten Reaktionen: konzentriert-zuhörendes Anblicken, emphatisch-zustimmendes Nicken und, besonders hervorstechend, ein Lachen Kolles und Hochheimers, das technisch bedingt tonlos bleibt[12] (Abb. 4) – durch dieses Netz also ergibt sich ein regel-

---

10 Etwa: „Aber, Herr Hochheimer, Sie machen schon ein bedenkliches Gesicht"; „[...] das, Herr Kolle, was Sie ja hier machen mit diesem Film [...]".
11 „Sie würden also, Herr Giese, damit sagen, wenn ich recht verstehe, dass [...]"; „Professor, ich hoffe, das Publikum haben Sie genauso überzeugt wie mich."
12 Zu hören ist allein die Tonaufzeichnung des sprechenden Giese, dessen ‚musikalischer' Vergleich dank Montage als Auslöser der Belustigung erscheint: „Es ist ja nicht bloß damit getan, dass jemand eine Geige hat, sondern es kommt darauf an, wie er diese Geige spielt."

Abb. 4: Markante Reaktionen im totalisierten Expertenraum.

recht selbstgenügsames Verweisgefüge unter und zwischen den Gesprächspartnern. Oder besser: unter den Gesprächs- oder Sprecherpositionen, die in der strikten, wie vorgestanzten Verteilung und Abfolge den filmischen Raum zwischen sich aufspannen. Noch die Benennungen und ihre Dopplungen, die Benennungen als Dopplungen sind Teil dieses Gefüges, in dem erst die Stellen der Männer in der Wissenschaft zu ihren autoritären Stellungen im Film werden.

Auf den ersten Blick scheint der Vortragsabschnitt – für den sich Hochheimer extra eine Brille aufsetzt – den autoritären, selbstbezüglichen Diskurs zumindest zwischenzeitlich zu öffnen. Zwar folgen dem Tonfall des Vorherigen auch die Ausführungen darüber, dass „Millionen unzufrieden sind, weil sie mit ihrer Sexualität nicht befriedigend zurechtkommen", Letztere nichtsdestoweniger „eine natürliche Mitgift des Menschen" und zudem „vernünftig regelbar" sei und so auch „eine besondere Quelle von Freude und Lust für den Menschen" sein könne. Doch zumindest in wiederholten Blicken vom Blatt hoch in die Kamera in den Nahaufnahmen deutet sich so etwas wie eine direkte Publikumsadressierung an, die aus dem etablierten Verweisungszusammenhang herausragen würde.

Nicht ohne Konsequenz verharrt der vermeintliche Appell nach außen aber in zwei der bereits eingeführten Einstellungstypen. Insbesondere hat dies zur Folge, dass der Vortrag durch Hochheimer regelmäßig in eine Richtung gehalten wird, in der – nichts ist: Auch in den (Halb)Totalen hebt er immer wieder den Kopf vom Vortragsskript und blickt und spricht, als habe er einen konkreten Bezugspunkt vor Augen (produktionslogisch wohl die Kamera, mit der die Nahaufnahmen Hochheimers aufgezeichnet wurden); bildlich aber verlängert sich seine Blickachse einfach widerstandslos bis hin zum rechten Bildrand (Abb. 5). Hinzu kommt, dass auch die Nahaufnahmen ihr Agens letztlich weniger in einem ‚Sprechen zu' haben – stattdessen werden sie im Rhythmus der Montage eher zu Akzentsetzungen für ein ‚Sprechen über'. Sehr präzise zielen sie auf Prägnanzeffekte; mit den Schnitten auf die Nahaufnahmen verbindet sich etwa das wiederholte Ansetzen Hochheimers „Sexualität ist [...]", aber

Abb. 5: Vortrag ins Nichts.

auch: „Im Jahre 1968 [...]", und zwar in der letzten Nahaufnahme des Vortragsabschnitts und so durchaus auch als sein Kulminationspunkt.

Weniger Öffnung des totalisierten, autoritären Expertenraums als seine äußerste Kristallisation im Adressaten-indifferenten Dozieren: im Vortrag Hochheimers ist die wissenschaftliche Rahmung von DAS WUNDER DER LIEBE ganz bei sich, auch dank der spezifischen Einklammerung durch die Diskussion (als deren „Resümee" der Vortrag angekündigt wird) und die Response (die reaktiv seine Gedanken fortführt). Das aufklärerische ist hier ein akademisches Interesse, es richtet sich auf eine Gegenwart der Sexualität, die sich, gemessen an der wissenschaftlichen Einschätzung, als defizient erweist; objektiviert ist in solcher Messbarkeit Sexualität selbst – ganz im Sinne wissenschaftlicher Verdinglichung.[13] Wohlgemerkt handelt es sich dabei zuallererst um eine Frage der Inszenierung des totalisierten Raums und autoritären Diskurses, das heißt: um eine Frage der räumlichen und zeitlichen Gestaltung des filmischen Bildes. Die Notwendigkeit, von der der Satz von der ausreichend differenzierten ehelichen Sexualität spricht, hat keine andere Referenz, bemisst sich an nichts anderem. Auch Formulierungen wie jene, „dass das Niveau unserer Patienten erheblich sich verbessert hat", oder darüber, „welche Möglichkeiten ein Mensch – auch ein einfacher Mensch – zur Verfügung hat", gewinnen erst dadurch ihre ganze Geringschätzigkeit.[14]

---

[13] Die insofern nicht allein dort zu suchen ist, wo – wie in HELGA – mit animierten Zeichnungen und den Aufnahmen einer Mikroskop-Kamera gearbeitet wird. Vgl. dazu und zur Kritik daran Schwarz: Helga (1967), S. 200–209.
[14] Ebenso gehört zu dem Selbstgenügsamen des Expertengesprächs, dass hier über filmische Sexualaufklärung geredet wird, als handle es sich dabei um etwas radikal Neues, als gebe es keine vergleichbaren Sachverhalte in der Vergangenheit. Vgl. aber zu Richard Oswalds Aufklärungsfilm ES WERDE LICHT! (D 1917) und der Entwicklung zu den Sittenfilmen Miersch: Schulmädchen-Report, S. 68–69; Thissen: Sex (v)erklärt, S. 56–59.

So scheint schließlich eine entscheidende Diskrepanz auf: Alldem nämlich steht ja im sexuellen Interesse ein existenzieller Drang gegenüber – auch dessen Gegenwart ‚im Jahre 1968' mag eine defiziente gewesen sein, dann jedoch in einem fundamental anderen Sinne, als es die wissenschaftliche Autorität in den Blick nimmt mit ihrem verdinglichenden Maßgeben und -nehmen. Letzteres ist eine Option vielleicht für ältere Professoren mit Namensschild, aber ohne Unterleib; sicher aber nicht für den (zum Beispiel in der Ehe) leiblich involvierten Einzelnen.

Und doch zielt auch diese Sexualaufklärung in letzter Konsequenz auf den existenziellen Drang, stößt auch seinetwegen auf offene Ohren und Augen.

Sexualität, massenmedial: Sexual curiosity & Kulturindustrie

Die Identifizierung verdinglichter Sexualität gehörte freilich auch schon zum kritischen Ver- und Bestand der Zeit von DAS WUNDER DER LIEBE. Bereits in der *Minima Moralia* (zuerst veröffentlicht 1951, 1964 das dritte Mal aufgelegt) konstatierte Adorno:

> Sexualität, um deretwillen angeblich doch das Getriebe sich erhält, ist zu dem Wahn geworden, der früher in der Versagung bestand. Indem die Einrichtung des Lebens der ihrer selbst bewußten Lust keine Zeit mehr läßt und sie durch physiologische Verrichtungen ersetzt, wird das enthemmte Geschlecht selber desexualisiert.[15]

Eine Skepsis, die sich hielt, auch über theoretische Differenzen hinweg: um 1968 findet sie sich noch bei einem anderen, in seinem Denken sicher ganz anderen Soziologen – bei einem, der nichtsdestoweniger Adorno just im Wintersemester 1968/69 an der Goethe-Universität Frankfurt vertrat, weil dieser sich von seiner Lehrtätigkeit hatte beurlauben lassen.[16] In der erst 2008 er-

---

[15] Theodor W. Adorno: Minima Moralia. Reflexionen aus dem beschädigten Leben. In: ders.: Gesammelte Schriften. Band 4, hg. von Rolf Tiedemann. Frankfurt am Main 1997, S. 11–283, hier: S. 192.

[16] Vgl. Otthein Rammstedt: In Memoriam: Niklas Luhmann. In: Dirk Baecker/Theodor M. Bardmann (Hg.): „Gibt es eigentlich den Berliner Zoo noch?" Erinnerungen an Niklas Luhmann. Konstanz 1999, S. 16–20, hier: S. 17.
Luhmann wurde wohl gar von Adorno selbst vorgeschlagen – s. Thomas Anz: Adorno, Luhmann und die Liebe in Frankfurts Zeiten der Studentenrevolte. In: Literaturkritik.de 12 (2010), Nr. 2, online unter: http://literaturkritik.de/id/14012 (26.4.2018).

schienen Seminarvorlage „Liebe als Passion"[17] lässt sich nachlesen, wie Niklas Luhmann damals über die Gefahr spekulierte, dass „geschlechtliche Erfahrungen [...] als hygienischer Schematismus objektiviert und irgendwo zwischen Zähneputzen und Sichkratzen untergebracht werden."[18] Nicht uninteressant ist es da, dass Luhmann in zumindest einem Aspekt die Diagnose von DAS WUNDER DER LIEBE (beziehungsweise Hochheimers) teilte: dass die zeitgenössische Sexualität unter ihrer Undifferenziertheit leide. Man lerne, so Luhmann, zum Beispiel an „Latrinenwänden" und „Zeitungsständen", aber auch in „Filmen und im Gerede der Gleichaltrigen", über diese Angelegenheit „nicht viel mehr, als die Universalität des Interesses an Sexualität vorauszusetzen – was vor allem dem hilft, der Mut braucht."[19] Der Unterschied freilich liegt in den Konsequenzen, die gezogen werden: hier die Forderung nach der Arbeit an einer „Theorie der Gesellschaft [...], die in ihrer Begrifflichkeit den Überblick über das Ganze sucht",[20] dort der Wunsch nach ‚vernünftiger Regelung'.

Bezugspunkt für beides aber, ebenso wie für eine Aktualität von Adornos Reflexionen, ist um 1968 die Omnipräsenz des Themas Sexualität: nicht nur in Gestalt der ‚sexuellen Revolution', auch in den Anprangerungen des anhaltenden „sexuellen Notstandes"[21] und als „das kleine, bescheidene Sehvergnügen für jedermann".[22] Präsent war das Thema für die vielen Millionen Zuschauer, die Kolles Filme und überhaupt die unzähligen Sexfilme der Zeit sahen – von EROTIK AUF DER SCHULBANK (Hannes Dahlberg/Roger Fritz/Eckhart Schmidt, BRD 1968) bis GRAF PORNO UND SEINE MÄDCHEN (Günter Hendel, BRD 1969).[23] Präsent war es aber, zum Beispiel, auch in Bezug auf Adorno; im Begleittext zu einem Interview mit diesem im Mai 1969 beschrieb *Der Spiegel* süffisant als

---

17 Herausgegeben von André Kieserling als *Liebe. Eine Übung*; nur wenige Passagen sollten sich 1982 in *Liebe als Passion* wiederfinden. In der editorischen Notiz merkt Kieserling an, dass der Text als Grundlage für ein Seminar in Bielefeld entstanden ist; unter Umständen ist er es aber schon für die Vertretung in Frankfurt – vgl. Thomas Anz: Niklas Luhmanns rätselhaftes Gastspiel im Zentrum Kritischer Theorie. In: Literaturkritik.de 11 (2009), Nr. 6, online unter: http://literaturkritik.de/id/13166 (26. 4. 2018), bes. die dazugehörige Leserbriefsektion.
18 Niklas Luhmann: Liebe. Eine Übung, hg. von André Kieserling. Frankfurt am Main 2008, S. 74.
19 Luhmann: Liebe, S. 73.
20 Luhmann: Liebe, S. 76.
21 Eberhard Büssem/Hans-Peter Meier: 20 Jahre sind genug! In: Film (1969), H. 12, S. 26–31, hier: S. 31; vgl. auch Brügge: Den Deutschen ist es ernst mit der Lust, S. 32.
22 Königstein: Das Recht auf Lust (I), S. 13.
23 Vgl. die Aufstellungen bei Miersch: Schulmädchen-Report, S. 232–242 und Thissen: Sex (v)erklärt, S. 337–355. Kolle erhielt fünf „Goldene Leinwände" in Serie für seine Filme – vgl. Miersch: Schulmädchen-Report, S. 101, S. 141; Thissen: Sex (v)erklärt, S. 206.

Abb. 6: Spiegel der massenmedialen ‚Sex-Welle'.

eine von mehreren „Lärm und Sex-Einlagen",[24] was als ‚Busenattentat' in die Geschichte der biografisch-philosophischen Hintertreppen[25] eingehen sollte: „Vor knapp zwei Wochen ließen drei taktisch entblößte Frankfurter Genossinnen seine Vorlesung platzen."[26] Ein knappes halbes Jahr zuvor war in einer Titelgeschichte des gleichen Magazins schon über die „Sex-Welle 1968" zu lesen, wobei „ein ganz normaler, sexdurchsonnter Septembertag 1968"[27] aufgespannt wurde als Panorama zwischen Kunst (Christos *5600 Cubicmeter Package* auf der *documenta*), Buchmesse (die Frankfurter, mit neuen Buchreihen wie „Sexologie" und „Sexlibris") und Werbung (mit einer nackten Frau für Whisky) (Abb. 6). Entscheidend ist: die Omnipräsenz der Sexualität war an erster Stelle eine (massen-)mediale – nicht direkt eine Frage real gelebter Sexualität, sondern zunächst eine der „Flut des veröffentlichten Sex".[28] Ador-

---

24 Der Spiegel: Keine Angst vor dem Elfenbeinturm. In: Der Spiegel (1969), H. 19, S. 204–209, hier: S. 206.
25 Vgl. Wilhelm Weischedel: Die philosophische Hintertreppe. Von Alltag und Tiefsinn großer Denker. München 1966.
26 Spiegel: Elfenbeinturm, S. 204.
27 Spiegel: Sex, S. 46.
28 Spiegel: Sex, S. 63.

nos Anklage in besagtem Interview, dass es mit den Aktionen gegen oder um seine Person um „Publizität"[29] gegangen sei, ist insofern ebenso zutreffend wie naiv.

Wenn es in der Gegenwart von DAS WUNDER DER LIEBE also auch um die Befriedigung von „sexual curiosity"[30] ging – und das ist sicher keine allzu gewagte Spekulation –, dann nicht im Sinne eines einfachen individualpsychologischen Faktums, das sein Komplement in Formaten fand, die für die Zwecke der Befriedigung „just about respectable enough"[31] waren. Jede *sexual curiosity* war selbst nur Moment in einem Feld medialer Bezüge, jeder noch so existenzielle sexuelle Drang musste sich wiederfinden (was natürlich nicht schon hieß: wiedererkennen) in einem Kosmos aufgehängter Reklame-, vorgeführter Film- und gedruckter Meinungsbilder. Naheliegend war da die Bilanz der zeitgenössischen (Film-)Kritik, dass diese Bilder – und insbesondere die Sexfilme – nur Schein- oder Ersatzbefriedigungen böten.[32] Wie viel Sorge dabei tatsächlich den „geprellten Voyeuren im Zuschauerraum"[33] gewidmet war, kann dahingestellt bleiben; jedenfalls konnte sich solches Denken auf die Schirmherrschaft der Kritischen Theorie verlassen (deren Rhetorik, nicht immer aber Dialektik es recht genau zu imitieren wusste):

> Immerwährend betrügt die Kulturindustrie ihre Konsumenten um das, was sie immerwährend verspricht. Der Wechsel auf die Lust, den Handlung und Aufmachung ausstellen, wird endlos prolongiert: hämisch bedeutet das Versprechen, in dem die Schau eigentlich nur besteht, daß es zur Sache nicht kommt, daß der Gast an der Lektüre der Menükarte sein Genüge finden soll.[34]

Auch im Anschluss daran sollte '68 noch aufgeklärt werden (in einem in vielerlei, nicht jedoch jeder Hinsicht anderen Sinne als bei Kolle), über die ‚Aufklärung als Massenbetrug' nämlich und, erweitert, den ‚gesellschaftlichen Verblendungszusammenhang', in den und zu dem sie gehört.

Interessanter, wie so oft, als das Ob von Schein und Ersatz sind aber sicher die Fragen nach: welcher und in welcher Form. Mit dem allgemeinen Verweis

---

29 Spiegel: Elfenbeinturm, S. 208.
30 Bergfelder: Exotic Thrills and Bedroom Manuals, S. 215. Vgl. a. Miersch: Schulmädchen-Report, S. 70–71; Georg Seeßlen: Erotik. Ästhetik des erotischen Films. Marburg 1996, S. 126.
31 Bergfelder: Exotic Thrills and Bedroom Manuals, S. 215.
32 Vgl. Königstein: Das Recht auf Lust (I), S. 13; Klaus Horn: Die Kommerzialisierung eines Versäumnisses. In: Streit-Zeit-Schrift 7 (1969), H. 1, S. 49–52, hier: S. 52.
33 Pehlke: Sexualität als Zuschauersport, S. 190.
34 Theodor W. Adorno/Max Horkheimer: Dialektik der Aufklärung. Philosophische Fragmente. In: Theodor W. Adorno: Gesammelte Schriften. Band 3, hg. von Rolf Tiedemann. Frankfurt am Main 1997, S. 7–296, hier: S. 161.

auf dieses oder jenes Medium, sei es nun als technisches, kommerzielles oder sonst wie gedacht,[35] dürften sich diese allerdings kaum beantworten lassen. Stattdessen ist der Blick auf spezifische Poetiken unerlässlich, in denen erst das einzelne Medium sich als spezifisches erweisen kann. Gerne vergessen wird, dass gerade das auch Horkheimer und Adorno vor Augen stand, wenn sie von Kulturindustrie sprachen – wenngleich natürlich unter den Vorzeichen einer schon unterstellten totalen Poetik der „Ähnlichkeit",[36] die wahren Differenzen zwischen verschiedenen Poetiken keine Überlebenschance lasse.[37] Auch die ‚wissenschaftliche Verdinglichung von Sexualität' ist aber zunächst eine mediale Poetik, ihre Konsequenzen sind die Konsequenzen einer solchen, nicht zuletzt hinsichtlich der Frage der Befriedigung.[38]

Von Zeig- und Sichtbarem (Zensur-Ökonomie '68)

Wo nicht mit der Diversität der Poetiken gerechnet wird, ist als generelle Tendenz des medialen Geschehens ‚Sex-Welle' schnell die Verschiebung der „Grenzen des öffentlich Zeigbaren"[39] benannt. Noch darin aber sammeln und kreuzen sich bei genauerem Hinsehen die unterschiedlichsten Interessen, sodass ‚Grenzen' und ‚Verschiebung' ebenso schnell ganz Unterschiedliches bedeuten. *Sexual curiosity*: das Mehr-zeigen-Können der einen ist allemal das Mehr-sehen-Wollen der anderen. Und wenn damit zunächst ein Verhältnis von Filme-Machen und Filme-Sehen gemeint ist, dann ist das eben nur eine Facette unter vielen. Filmzuschauer etwa sind nicht nur Rezipienten, sondern auch Konsumenten – eine Perspektive, in der sich die Frage nach dem Sicht- und Zeigbaren wendet zur Frage nach dem zu Sehenden und zu Zeigenden als eine des Lustgewinns im Verhältnis zum finanziellen.

Sehr schön lässt sich dieses Mit- und Gegeneinander der Interessen beobachten an den Zensurdebatten um den Aufklärungs- und Reportfilm um 1968.[40] Freilich ging es auch hier um die Grenzen des Zeigbaren und den

---

[35] Etwa bei Pehlke: Sexualität als Zuschauersport, S. 187–189; Königstein: Das Recht auf Lust (I), S. 13; Königstein: Das Recht auf Lust (IV), S. 27.
[36] Adorno/Horkheimer: Dialektik der Aufklärung, S. 141; beziehungsweise: Poetik des „Schematismus", der „Wiederholung", des „Immergleichen" – S. 144, S. 158, S. 190.
[37] Stattdessen gebe es Pseudo-Differenzen wie zum Beispiel diejenige zwischen A- und B-Film. Adorno/Horkheimer: Dialektik der Aufklärung, S. 144.
[38] Vgl. zu diesem gesamten Komplex auch Hermann Kappelhoff: Auf- und Abbrüche – die Internationale der Pop-Kultur, in diesem Band.
[39] Kniep: „Keine Jugendfreigabe!", S. 273
[40] Vgl. dazu insgesamt Kniep: „Keine Jugendfreigabe!", S. 195–275.

Druck, unter den diese gerieten. Zwei Prüfer der Freiwilligen Selbstkontrolle der Filmwirtschaft berichten:

> Stets unter Zeitdruck, drei Filme am Tag, verlassen von den vagen Prüfungsgrundsätzen, sucht man nach Maßstäben im eigenen Inneren und nach konkreten Anhaltspunkten auf der Leinwand: Busen, ja, aber nur „statisch" (d. h. in ruhiger Haltung). Naja, so auch – aber nicht „aufreißerisch", „stimulierend". Gut, jeder Busen. Aber Hintern, nein. Eine dezente Darstellung, „ohne geschlechtlichen Bezug" – also Hintern in dieser Stellung gerade noch. Liebesspiele? Die Blicke der Partner drücken nur Zärtlichkeit und Zuneigung aus. Koitale Bewegungen ...?!
> Umwertungen, Dämme brechen. Zur Zeit geht es um die Schamhaare.[41]

Was aber ernüchtert dargestellt wird als ein vergebliches Ringen um objektiven Halt im Sichtbaren – gewissermaßen eine eigene Spielart der Verdinglichung neben der akademischen –, kann schon im nächsten Atemzug kritisch beschrieben werden als das souveräne Lenken eines profitablen Vorgangs der Sichtbarmachung. Dort der Versuch, zensorischen Ansprüchen zu genügen, hier das Kalkül, die kommerziellen zu schützen:

> Reine Sexfilme könnte jeder produzieren, der Markt würde überschwemmt. (Nicht der humane, aber) der Markt-Wert der Sexualität würde rapide sinken. *Die FSK dagegen reguliert durch allmähliche „Freizügigkeit" Angebot und Nachfrage, indem sie den Verschleiß steuert.*
> Plötzliche „Freizügigkeit" wäre das Ende der Filmwirtschaft in ihrer derzeitigen Form.[42]

Auch darin ist noch eine typische Argumentationsfigur der Kritik an der Kulturindustrie enthalten: weder werden in dieser Bedürfnisse ignoriert, noch bestehen sie unabhängig von ihr. Die ganze „Gewalt der Kulturindustrie" ist vielmehr „in ihrer Einheit mit dem erzeugten Bedürfnis",[43] nämlich dem durch sie erst erzeugten Bedürfnis zu suchen. Die ‚allmähliche Freizügigkeit' muss als ein Fall dessen begriffen werden; „die ‚stimulierende' Wirkung" der Bilder meint in dieser Logik zuallererst die Stimulation der „Hoffnung, das nächste

---

41 Büssem/Meier: 20 Jahre sind genug!, S. 30.
42 Büssem/Meier: 20 Jahre sind genug!, S. 30. Dass es sich dabei keineswegs um bloße Projektionen handelte, lässt sich an einem in der Zeit entstandenen Protokoll einer internen Sitzung der Spitzenorganisation der Filmwirtschaft zum Thema Pornografie-Verbot ablesen. Nach einem Hinweis auf die Gefahr, die von einem Wegfall des Verbots für das „Ansehen der Filmwirtschaft" ausgehe, folgt die Prognose, dass durch den dann „zwangsläufigen Eskalationsprozeß auf dem Gebiet des Sexfilms ein starker Abnutzungseffekt eintreten" werde, was „die Vorführung des normalen Sexfilms beeinträchtigen würde und dadurch im Ergebnis dem ganzen Geschäft mit dem Sexfilm abträglich wäre." Zit. n. Kniep: „Keine Jugendfreigabe!", S. 244.
43 Adorno/Horkheimer: Dialektik der Aufklärung, S. 158.

Mal ‚mehr' oder gar ‚alles' zu sehen."⁴⁴ Ohren und Augen wollen geöffnet sein, bevor sie etwas wollen.

Auch in dieser Frage ließe sich der Spur der totalisierten und totalisierenden Kulturindustrie nun weiter nachgehen. Ebenso aber lassen sich auch hier weniger voreingenommene, vielleicht auch weniger vereinnahmende theoretische Einsichten gewinnen:

– dass das ökonomische Interesse nur Teil einer umfassenderen Ökonomie der Interessen ist, in der es ohne seine Differenz zu anderen diese gar nicht (zum Beispiel) dominieren könnte – was im zeitgenössischen Diskurs durchaus präsent war und sich aus Sicht der FSK-Prüfer dann so darstellte: „Und wenn die Firmen auf ihren Existenzkampf, ein Aufklärer auf seine ehrliche Absicht, die Presse auf den Kunstwerkcharakter eines Produkts hinweisen, dann wird auch die FSK wieder ein Stück weiter gehen";⁴⁵
– dass es in einer solchen Ökonomie keine Interessen gibt, die unabhängig wären von den Poetiken, die ihren Möglichkeitsraum beschreiben (in etwa im Sinne der Beschreibung einer Kurve) – noch da, wo sie nur auf sie zu antworten scheinen: das mag dann als Dialektik verstanden werden, kann aber genauso gut auch als „Problem selbstreferentieller Genese" erscheinen, gemäß der noch die intimsten „Motive [...] nicht unabhängig von der Semantik" entstehen, „die ihre Möglichkeit, Verständlichkeit, Erfüllbarkeit beschreibt"⁴⁶ (in dieser Frage also treffen sich Kritische und Systemtheorie erneut, um sogleich auseinanderzutreten);
– dass es für den Zusammenhang von Interessen-Ökonomie und -Poetik einen geradezu prädestinierten Schauplatz (im doppelten Sinne) gibt: das Feld des Sichtbaren als Kampfplatz.

Marke ‚Kolle'

Es kann und muss nicht von der Hand gewiesen werden, dass am Ende der 1960er Jahre eine „Kommerzialisierung die Sexualität" ergriffen hatte oder dass

---

44 Büssem/Meier: 20 Jahre sind genug!, S. 31.
45 Büssem/Meier: 20 Jahre sind genug!, S. 30.
46 Niklas Luhmann: Liebe als Passion. Zur Codierung von Intimität. Frankfurt am Main 1994, S. 47. Vgl. auch, ähnlich, aber ausgehend von Foucault, Peter-Paul Bänziger/Stefanie Duttweiler/Philipp Sarasin/Annika Wellmann: Einleitung. In: dies. (Hg.): Fragen Sie Dr. Sex! Ratgeberkommunikation und die mediale Konstruktion des Sexuellen. Frankfurt am Main 2010, S. 9–22; sowie, ausgehend vom Skriptkonzept der Sexualwissenschaft, Franz X. Eder: Das Sexuelle beschreiben, zeigen und aufführen. Mediale Strategien im deutschsprachigen Sexualdiskurs von 1945 bis Anfang der siebziger Jahre. In: Peter-Paul Bänziger et al. (Hg.): Fragen Sie Dr. Sex!

Abb. 7: Im Anfang war das Wort – Oswalt Kolles.

es eine wirksame „Markenbezeichnung Aufklärung"[47] gab. Gerade ‚Oswalt Kolle' war Marke mehr als alles andere – jeder von den Medien verliehene Titel („Sexpapst", „Orpheus des Unterleibs", „Aufklärer der Nation") Umschreibung des Markencharakters.[48] Schon vor seinem ersten Film und allen folgenden hatte Kolle es dank diverser Artikelserien und Bücher über die „unbekannten Wesen" Kind, Mann und Frau zu Bekanntheit gebracht. Es wurde, so die zeitgenössische Einschätzung, „fast unmöglich, nicht durch Kolle irgendwie aufgeklärt zu werden."[49] Schon die ersten Minuten von DAS WUNDER DER LIEBE machen sich das nicht einfach nur zunutze, sondern entwerfen Kolle noch einmal ganz gezielt als durch seinen Erfolg legitimierten Dreh- und Angelpunkt des Aufklärens über Sexualität (daher auch: seine Relaisfunktion im nachfolgenden Expertengespräch):

Vor dem Standbild zweier Liebender wird Kolles Name im gleichen Moment und in gleicher Größe wie der erste Teil des Filmtitels eingeblendet, es folgt der Verweis auf den „in der NEUE/REVUE erschienenen Bericht" und dessen „Buchausgabe im Bertelsmann Verlag". Nach Ende des Vorspanns blickt ein sitzender, durch eine Texteinblendung identifizierter Oswalt Kolle mit bewegungsloser Miene in die Kamera, vor sich ein Magazin ausgebreitet und Bücher gestapelt (Abb. 7). Er hebt an zu seinem Repertoire: „Seit Jahren schreibe ich in Büchern und Berichten über die Psychologie des Kindes, des Mannes und der Frau, über die Beziehung der Geschlechter, über Erotik und Sexualität, über die Liebe." Der hell ausgeleuchtete, leicht nach vorn gestreckte Kopf in der Mitte des oberen horizontalen Bilddrittels bildet dabei die Spitze einer frontal betrachteten, unvollständigen Pyramide, deren Grundfläche durch die Pub-

---

Ratgeberkommunikation und die mediale Konstruktion des Sexuellen. Frankfurt am Main 2010, S. 94–122, hier: S. 96, 98, 116.
47 Horn: Die Kommerzialisierung eines Versäumnisses, S. 52.
48 Vgl. Thissen: Sex (v)erklärt, S. 206, S. 218–219.
49 Brügge: Den Deutschen ist es ernst mit der Lust, S. 31.

Abb. 8: Berichte mit millionenfachem Echo.

likationen und hintere Seitenflächenkanten durch Kolles Oberkörper besorgt werden.

Kolle fährt fort: „Nicht nur in Deutschland, sondern auch in vielen Ländern der Welt haben meine Berichte millionenfaches Echo gefunden." Nach Einlassungen zum Überwältigenden des Danks, der an ihn herangetragen wurde, kommt er dann auf den aktuellen Anlass: „Mein Film, DAS WUNDER DER LIEBE, entstand nach meinem erfolgreichsten Bericht" – und nun ein Schnitt auf ein Magazin, nachdem Kolle begonnen hat, das vor ihm liegende zu durchblättern (die Seitengestalten vor und nach dem Schnitt stimmen allerdings nicht überein), und weiter als Voice-over – „er behandelt in der Hauptsache die Sexualität in der Ehe und wurde unter Mitarbeit maßgeblicher deutscher Universitätsprofessoren hergestellt." Kolle fügt, bevor er die Hinweise zu den Verständnisbedingungen des Films gibt, noch einmal eindeutig hinzu: „Meine Zuschauer sehen jetzt meinen ersten Film über die Sexualität in der Ehe." Zu sehen sind aber erst einmal bildfüllend Texte, die jenseits der Überschriften kaum lesbar sind, und eindeutige Bilder auf Doppelseiten, die nach kurzer Zeit zugeschlagen und in der Montage durch andere ersetzt werden (Abb. 8).

Als Zentrum des Geflechts der Benennungen, der verbalen wie visuellen Verweise, der räumlichen Anordnungen und bildordnenden Aktionen wird Kolle inszeniert als der bündelnde Punkt, als *die* Referenz, tatsächlich „als die einzig denkbare Marke"[50] in Sachen Sexualaufklärung – vielleicht gar als Lehrmeister, sicher aber als verfügender Meister über einen ganzen Kosmos der Sexualität. Also ja: aus Sexualität konnte „ebenso eine Ware gemacht werden [...] wie aus Seifenpulver der ‚Weiße Riese'".[51] Das aber war nicht erst eine Frage ökonomischer Vorgänge im engeren Sinne, sondern zunächst eine filmischer Poetiken. Es darf schon deswegen bezweifelt werden, ob rückblickend auf einfache Ironie der Geschichte zu schließen und zu reduzieren ist: „Ironi-

---

50 Brügge: Den Deutschen ist es ernst mit der Lust, S. 32.
51 Königstein: Das Recht auf Lust (I), S. 12.

cally, although the 68ers had originally set out to use sex as a weapon against a culture of commodification, they finally contributed to the consolidation of precisely the same commodification process".[52] Der Weg jedenfalls von der Mobilisierung von Sexualität für Formen des Protests über das poetische Programm filmischer Sexualaufklärung zum bloßen Geschäft ist länger und weniger geradlinig, als es solche Einschätzungen (oder jede zeitliche Nähe) wirken lassen.

Das poetische Programm der Sexualaufklärung: Gestalten der Deutungshoheit

Die Poetik der Sexualaufklärung – und mit ihr: DAS WUNDER DER LIEBE – erschöpft sich freilich nicht im Verfügen über oder in der Verdinglichung von Sexualität. Doch sind Letztere in DAS WUNDER DER LIEBE durchaus orientierend; und zwar in einer Art, die kaum im bloßen Identifizieren einer gängigen Formel zu greifen ist, wie es sich, zum Beispiel, bei Georg Seeßlen findet: „wissenschaftliche Diskussion', Arztgespräche, Aufklärungsgespräche mit Jugendlichen, und nach endlosen Kommentaren und Vorreden die eine oder andere erotische Szene".[53] Kolle als Marke und der Raum des Expertengesprächs orientieren die weiteren Bilder des Films nicht nur, weil sie diesen vorangestellt sind (etwa als Verständnisvoraussetzung); vielmehr fließt die in ihnen entfaltete Souveränität und Autorität in Form von Deutungshoheit über die folgenden Bilder auf diese über. Alle Bilder des Films bleiben so in ihrer Logik auf Kolle und Experten verwiesen – und lassen in solchem Verhältnis zur ungebrochenen Deutungshoheit die Widersprüche der Sexualaufklärung selbst aufbrechen. Es geht, in anderen Worten, weder bei der Diskussion und dem Vortrag noch bei Kolles Einführung in den Film zu irgendeinem Zeitpunkt darum, sich direkt an ein Publikum zu richten. Adressaten sowohl des totalisierten Raums und autoritären Diskurses als auch des souveränen Verfügens über Sexualität und die Aufklärung über sie sind vielmehr: die darauffolgenden filmischen Bilder selbst. Wenn hier das Publikum adressiert wird, so erst durch das Ganze des Films in all seinen inneren Spannungen.

Die konkrete Gestalt der Deutungshoheit findet sich allen voran im Erklär- und Zeigegestus, im Erklär- als Zeigegestus der Episoden des Films nach dem Expertengespräch: in einer Reihe kurzer Vignetten über die fehlgehende Sexu-

---

52 Bergfelder: Exotic Thrills and Bedroom Manuals, S. 214.
53 Seeßlen: Erotik, S. 127.

Abb. 9: Standbilder typischen elterlichen Fehlverhaltens.

alerziehung bei Kindern und Jugendlichen ebenso wie in den längeren Erzählungen von zwei Paaren mit unerfülltem Sexualleben – frisch Verheiratete (Petra und Thomas) und Eheleute im siebten Jahr (Claudia und Martin). ‚Zeigen', das auch im Expertengespräch wiederholt als eigentliche Chance filmischer Aufklärung angerufen wird, meint dabei aber nicht einfach Visualisierung. Es meint eine ganz eigene Inszenierungsweise.

An den Erziehungsvignetten – zum Beispiel über einen heimlich onanierenden Jungen, eine erste Menstruation oder eine Nachhilfestunde, die in körperlicher Annäherung mündet – wird dies besonders deutlich. In wenigen Einstellungen wird hier je eine Situation etabliert, etwa: Mädchen sitzt mit Eltern am Esstisch, es wird Suppe gelöffelt (Halbtotale Mutter-Kind-Vater). Kurz darauf wird ein sexuelles Element eingeführt: Mädchen erzählt, dass ein Junge ihr gezeigt hat, „wie er Pipi macht", und dass sie sich dann auch ausgezogen hat (Zoom auf Nahaufnahme des Mädchens). Sogleich eskaliert die Situation, wenn die Eltern auf denkbar einfältig-bornierte Weise intervenieren: „Schämst du dich nicht? Du bist doch ein anständiges Mädchen!", Mädchen wird mit einem Klaps auf den Hintern auf ihr Zimmer geschickt (Nahaufnahmen entrüsteter Erwachsenengesichter, Halbtotale der Zurechtweisung). Im Laufe der Interventionen der Eltern, nicht selten auf einem körperlich-übergriffigen Moment, wird das Bild abrupt stillgestellt. Es ertönt dann Oswalt Kolles Voiceover, in dem er das Fehlverhalten der Erwachsenen analysiert und Vorschläge macht, wie Sexualerziehung stattdessen auszusehen habe; während dieser Ausführungen kehren im Wechsel Standbilder aus der zuvor zu sehenden Szene wieder (Abb. 9).

Als „einige typische Szenen, wie sie millionenfach erlebt wurden", kündigt Kolle diese Miniaturen an; die Zuspitzung der Geschichten aufs Typische hängt aber weniger am verbürgten Erleben als an der prägnanten visuellen Setzung der Situationen und ihrer raschen, geradlinigen Entfaltung entlang erwartbarer

Linien. Besonders in ihrer Aneinanderreihung wird so eine regelrechte Typologie defizienter Sexualerziehung entworfen. Die kommentierte Stillstellung der Bilder ist dann nicht Abbruch, sondern konsequente Fortführung: Aus dem Repräsentativen der Typologie wird in der Explikation das Evidente der Schlüsse, die aus der Typologie zu ziehen sind. Die einzelnen Bilder nämlich werden samt und dank der generellen Ausführungen vorgeführt, als wäre in ihnen beim zweiten Mal als eindeutig zu erkennen, was zuvor entgehen musste. Zusammen sind Typologie und Explikation der audiovisuelle Inbegriff des Zeigegestus, die äußerste Manifestation der Deutungshoheit.[54]

Im Prinzip nicht anders funktioniert auch die Episode um Petra und Thomas (oder auch die den Film beschließende, die sich der Versachlichung und Entzärtlichung der Beziehung zwischen Claudia und Martin widmet). Zwar findet ein langer Schwenk durch die Wohnung Petra und Thomas im Ehebett vor; zwar lässt eine kurze Sequenz dem Beischlaf beiwohnen; zwar führen die beiden ihren anschließenden, ausführlichen Streit darüber, dass und warum sie nichts spürt, nackt. Doch kommt das Sprechen der beiden einem Aufsagen präformierter Positionen gleich: „Ich hab' keinen Spaß dran" – „Dann bist du frigide" – „Jetzt tu ich's nur noch dir zuliebe" – „Bei allen anderen Mädchen hat's immer geklappt" und so weiter. Und das gerade auch, weil dieses Sprechen aus starren Körperhaltungen heraus geschieht, zwischen denen nur durch plötzliches, fast sprungartiges Umplatzieren im Bett gewechselt wird, begleitet durch Schnitte zwischen den immer gleichen Einstellungen (Abb. 10; das Liebesspiel selbst kennt hier keine Stellungswechsel, erst in der Episode um Claudia und Martin werden solche zum Thema). So wird zur bestimmenden Dynamik der Episode ein übergangsloses Hin-und-Her, in dem sie eklatant an das Expertengespräch erinnert.

Noch die Rückblenden zu einer Vergewaltigung Petras durch Thomas (am Beginn ihrer Beziehung) und zu einer für beide – fast – befriedigenden sexuellen Erfahrung (nach einer Gehaltserhöhung für Thomas) fügen sich ein in diese Inszenierung einer lückenlosen, definitiven Demonstration über frisch Verheiratete. Im abschließenden Voice-over fasst Kolle noch einmal zusammen, wobei sich seine Worte letztlich auf keiner anderen expressiven Ebene bewegen

---

54 In DAS WUNDER DER LIEBE II – SEXUELLE PARTNERSCHAFT findet sich die Deutungshoheit in Gestalt einer Split-Screen-Konvergenzmontage: im Wechsel wird das Aufwachsen und sexuelle Heranreifen von Monika und Michael gezeigt (wenn der andere an der Reihe ist, wird die eine Geschichte im Standbild angehalten), und zwar bis die beiden sich in einer Zufallsbegegnung gegenüberstehen. Dabei entsteht das Bild einer absoluten Folgerichtigkeit der im Film folgenden Eheprobleme – alle Fehler in der Erziehung, alle falschen Rollenbilder, alle schlechten Erfahrungen mit Sexualität treffen mit den beiden aufeinander, um dann in ihrer ‚sexuellen Partnerschaft' wirksam zu werden.

Abb. 10: Streit in Stellungswechseln.

als das sich selbst erklärende Rollenspiel zuvor, samt seiner Versöhnung im gegenseitigen Verständnis und erneuten Beischlaf: „Dies ist kein Happy End. Dies kann nur der Anfang einer reicheren sexuellen Beziehung sein [...]. Körperlich und seelisch bedingte Unterschiede in den sexuellen Reaktionen von Mann und Frau sind ständige Konfliktherde in der Ehe."

Das Versprechen Sexualität und die Spannung des Ganzen

Zugleich aber, nicht neben dem Zeigegestus, sondern als ein Teil von ihm, strebt der Verlauf einer jeden Episode, wie auch schon die Gesamtheit der Erziehungsvignetten, wiederholt zu den Reizen des Sexuellen und macht diese so in jedem Moment selbst zum Versprechen, das immer neu sich noch einzulösen hat. Was zum Schluss der Vignettenreihe noch unterbrochen wird – die körperliche Annäherung in der Nachhilfestunde –, wird in den beiden Ehegeschichten zentral. Petra, zu Beginn von der Bettdecke verhüllt, wird in einer

Abb. 11: Aufwendige Selbstbefriedigung.

langsamen Kamerafahrt an ihrem Körper entlang durch Thomas entblößt, gefolgt von Einstellungen stürmisch ausgetauschter Küsse und eher grob angefasster Brüste. Während des anschließenden Streits ergeben die häufigen Stellungswechsel der beiden Körper dann die einzelnen Züge in einem Spiel der permanenten Ver- und Enthüllung. Die Episode um Claudia und Martin wiederum steuert zunächst – nach ausführlicher Einführung in den Ehealltag der beiden – die Sequenz einer Selbstbefriedigung Claudias an, in deren Rahmen von Weichzeichner über Schwarzfilm und Flash Frames bis zu überlappenden Schnitten kaum ein Aufwand gescheut wird, um ihren unbekleideten als imaginiert-ekstatischen Körper zu inszenieren (Abb. 11).

Am Ende gipfelt die Geschichte nach einem Fast-Seitensprung Claudias, einem Streit um Martins Unaufmerksamkeit in körperlicher Hinsicht und einem spontanen gemeinsamen Kurzurlaub in einer fast siebenminütigen Montage aus Liebkosungen zwischen den nackten Körpern der Eheleute, die sexuell nun wieder zueinander gefunden haben: In (insbesondere der Funktion nach) Nahaufnahmen, die sich vermittels Überblendungen abwechseln, folgen Rücken streichelnde, durch Haare fahrende und Brüste befühlende Männer- und Frauenhände aufeinander, später abgelöst durch sich auf gleiche Weise verhaltende Münder; jede bewegte Kameraeinstellung hat in dem Moment, in dem sie sichtbar wird, die Bewegungen der Körperteile immer schon aufgenommen und lässt sich von diesen leiten; von sich heftig küssenden Münden über sich aneinanderpressende Oberkörper bis zu sich verschränkenden Beinen bewegen sich die Körper auf einer Bahn des Immer-Näher-Zueinander; jenseits der Körper-in-Bewegung und einem selten ins Bild kommenden weißen Bettlaken gibt es keine Figuration, der Hintergrund bleibt unterschiedslos schwarz (Abb. 12). Nicht einfach nur Verabsolutierung der beiden Körper, auch nicht lediglich deren Fragmentierung – die Sequenz entwickelt vielmehr höchste Konzentration auf und, mehr noch, stetig erhöhte Konzentration von Nähe und Zärtlichkeit als Gemeinsames, als gemeinsame körperliche Bewegung.

Unterstützt durch seine episodische Struktur entwirft DAS WUNDER DER LIEBE also auch einen Parcours zwischen dem immer neuen, immer aber zeitlich

Abb. 12: Liebkosungsmontage.

begrenzten Verzögern und dem wiederkehrenden, darin aber nie finalen Sich-Einlösen immer intensiverer sexueller Bildlichkeit. Dieses Prinzip wird sich radikalisiert und verstetigt finden in den SCHULMÄDCHEN-REPORTEN: Die einzelnen Episoden der Dramaturgie des wiederholten Verzögerns-Einlösens sexueller Bildlichkeit profilieren sich hier gegeneinander durch die Identifizierung der (immer bald nackten) ‚Mädchen' und ihres Alters, in den ersten beiden Teilen noch durch Texteinblendungen („Barbara H., 15", „Susanne U., 17" oder, wenn sich einmal mehr als ein ‚Mädchen' auszieht, „Claudia F., 15 – Margit S., 14 – Karin L., 18"), in den folgenden durch Voice-over.

DAS WUNDER DER LIEBE lässt im gleichen Prinzip aber durchaus noch die inszenatorische Anstrengung erkennen, überhaupt überzeugende, das heißt interessante, ein Interesse generierende Bilder für Sexualität zu finden; und sei es nur im Sinne von Vorbildern, wie es das Expertengespräch nahelegt. Das Zeigen des Zeigegestus bedeutet eben nicht zuletzt: etwas zu zeigen, etwas zu sehen geben – an und in dem erst sich Souveränität und Autorität in Form von Deutungshoheit entfalten können. Ganz in diesem Sinne (und nicht etwa in dem einer bloßen Diskrepanz zwischen Visuellem und Akustischem)[55] ist denn auch während der Liebkosungsmontage am Ende des Films nach kurzem Auftakt zu Musik ausschließlich Oswalt Kolles resümierender Voice-over zu hören. Dessen generelle Ausführungen über die Moral der Geschichte um Claudia und Martin (ein spontaner Urlaub kann Ehestreitigkeiten auflösen helfen) und über das eheliche Verhältnis von Frau und Mann überhaupt (eine sexuelle Beziehung ist zu kultivieren, Sexualität eine zu lernende Kunst, das geheime Schlüsselwort Zärtlichkeit) – diese Ausführungen also sind kein Gegenüber der visuellen Bewegung der Nähe und Zärtlichkeit, das als solches von außen auf diese zugriffe. Sie sind Teil einer ganzen Konfiguration eines audiovisuellen Zusammenhangs, in der etwas sichtbar wird, und zwar immer schon, um gedeutet zu werden, sei es durch explikatives Sprechen, sei es im demonstrativen Rollenspiel.

Dem Film mögen dann noch immer zurecht „normaffirmatives Vokabular" und die „pastorale Tönung"[56] Oswalt Kolles vorgeworfen werden (er blicke „wie beim Wort zum Sonntag",[57] meint *Der Spiegel*). Übersehen werden sollte dabei aber nicht, dass hier tatsächlich ‚mehr Sexualität in die Szene kam'.[58] Und wenn Seeßlen konstatiert, dass „die Gestaltung [...] mehr von den Bemühungen um die eigene Legitimierung geprägt [war] als von einem wirklichen Engagement um die erotische Kultur",[59] so ist eben schon übersehen, dass sich beides in der filmischen Sexualaufklärung nicht voneinander lösen lässt. Diese bewegt sich gerade in solcher Spannung, findet in ihr die eigenen Widersprüche. DAS WUNDER DER LIEBE als Ganzes adressiert in diesem Sinne sein Publikum allein durch *die versprechende Eröffnung eines Möglichkeitsraums für jenes Interesse des leiblich Involvierten an Sexualität, auf das sich der Aufklärungsanspruch an erster Stelle bezieht und das er zugleich in der autoritären Verdinglichung und dem souveränen Verfügen verfehlt, ohne die er gleichwohl nicht zu seinen Bildern käme.*

---

55 Vgl. für solche Einschätzungen Königstein: Das Recht auf Lust (IV), S. 28–29; Thissen: Sex (v)erklärt, S. 219–220.
56 Königstein: Das Recht auf Lust (IV), S. 29.
57 Spiegel: Akt, S. 120.
58 Wenn auch nur unter Vorbehalt, so wurde dies doch auch schon zeitgenössisch als Leistung zugestanden: „Glücklicherweise hat die Möglichkeit, unter der Markenbezeichnung Aufklärung in den Massenmedien Exhibitionismus und Voyeurismus zu kommerzialisieren, die Grenze der Prüderie etwas zurückgedrängt. Was alternde professorale Berater und das angeschlagene Kinogewerbe als Thema heftig interessiert, hat immerhin dieses Verdienst." Horn: Die Kommerzialisierung eines Versäumnisses, S. 51.
59 Seeßlen: Erotik, S. 127.

Mode der Aufklärung, Modi der Zeitgenossenschaft

Wenn es eine „modische Aufklärung über Sexualität"[60] gab, dann nur in der und als Spannung ihres poetischen Programms. Dass es diese Mode Aufklärung gab, ist nicht nur anhand des parodistischen Zugriffs auf ihre Poetik durch die SCHULMÄDCHEN-REPORTE zu rekonstruieren. Auch 1968 finden sich schon mehr und weniger scharfsinnige Bezugnahmen auf den Aufklärungsfilm; so in einer Szene aus dem Schneideraum in Werner Kletts MAKE LOVE NOT WAR – DIE LIEBESGESCHICHTE UNSERER ZEIT, die Ausschnitte aus dem fiktiven Film GERDA (der Titel gemahnt natürlich an HELGA) integriert: während ein Voice-over-Kommentar wissen lässt, dass nun ein „Fall von Aphroditismus, zu Deutsch Schaumgeborenheitsdrang" zu sehen ist, wird eine Frau gezeigt, die sich zunächst das Gesicht und dann die nackten Brüste lustvoll mit einer rasierschaumartigen Masse einpinselt – die wenigen Zuschauer im Schneideraum kommentieren erregt, spekulieren über die FSK-Freigabe und konstatieren, dass das „das Einzige" ist, „was heute wirklich läuft."[61]

Mode aber ist nicht nur die oft despektierliche Bezeichnung für all die Dinge, die schon vorübergehen werden, die zuvor von den eigentlichen Problemen nur ablenken und die es deswegen – wie zum Beispiel jede „Form der mit bürgerlichem Puffmief geschwängerten Aufklärung" – nicht wert sind, „den Energieaufwand" zu betreiben, „sich mit ihnen zu beschäftigen."[62] Mode ist auch eine, wenn nicht die paradigmatische Form, in der das Problem der Zeitgenossenschaft greifbar wird: im In- und Außer-Mode-Sein ist dieses Problem als eines einer besonderen Beziehung zur eigenen Gegenwart aufgeworfen, als eines der eigentümlichen Zugehörigkeit zu ihr ohne gleichzeitigen Aufgehens in ihr.[63] Das Ringen um solche Zeitgenossenschaft war in vielen Filmen um 1968 gewissermaßen selbst eine Mode: an GERDA lässt sich das so gut ablesen wie an den dokumentarischen Aufnahmen der Pariser Proteste, die George Moorses LIEBE UND SO WEITER anstelle der Münchner zeigt, an denen sich einige seiner Figuren beteiligen;[64] nicht weniger lässt es sich ablesen an Kolles kritischem Hinweis auf die empfängnisverhütungskritische Enzyklika *Humanae Vitae* von Papst Paul VI. (veröffentlicht im Juli 1968) in DAS WUNDER DER LIEBE II – SEXUELLE PARTNERSCHAFT (im Kino ab September 1968); und auch

---

60 Horn: Die Kommerzialisierung eines Versäumnisses, S. 52.
61 Vgl. zu MAKE LOVE NOT WAR Jasper Stratil in diesem Band.
62 Horn: Die Kommerzialisierung eines Versäumnisses, S. 52.
63 S. dazu Giorgio Agamben: Was ist Zeitgenossenschaft? In: ders.: Nacktheiten. Frankfurt am Main 2010, S. 21–35, hier bes.: S. 22–23, S. 29–32.
64 Vgl. zu LIEBE UND SO WEITER Thomas Scherer diesem Band.

die verheißungsvolle Ankündigung und karikierte Ankunft des Berliner Studentenführers im Bremen von Peter Zadeks ICH BIN EIN ELEFANT, MADAME liegen auf dieser Linie.[65]

Das Ringen um sie ist aber nicht etwa ein Aspekt, der zur Zeitgenossenschaft in besonders bewegten Zeiten noch hinzutritt: dass sie errungen sein will, gehört wesentlich zu ihr (was graduelle Unterschiede in der Schwierigkeit noch nicht ausschließt). Zeitgenossenschaft mag behauptet werden; vor allem hat sie sich zu behaupten, nicht zuletzt gegen das Vereinnahmende des Aktuellen, gegen jede abstandslose Determination. Nicht anders ist das Zeitgenössische der Sexualaufklärung zu verstehen – und somit eben nicht im Sinne bloßer Gleichzeitigkeit oder einer Gegenwart als Kontext,[66] zum Beispiel als Produktions- und Rezeptionshorizont. Zeitgenossenschaft existiert nur im in medialen Bezügen verorteten Interesse: nicht in der (wie immer abgeleiteten) Identität mit der, sondern als die Beziehung zur Gegenwart, die ein jedes solches Interesse impliziert.

Bei Zeitgenossenschaft handelt es sich insofern um das, was bei Friedrich Nietzsche emphatisch „Unzeitgemäß-Sein" heißt – nämlich „gegen die Zeit und dadurch auf die Zeit und hoffentlich zu Gunsten einer kommenden Zeit"[67] zu wirken; oder auch um das, was bei Gilles Deleuze (natürlich im Anschluss an Nietzsche und sicher nicht zufällig im Jahr 1968) „das verschobene, verkleidete, veränderte und immer neu erschaffene ‚Hier-und-Jetzt'"[68] heißt; oder, schließlich, bei Giorgio Agamben (noch immer nach Nietzsche) „*jenes Verhältnis zur Zeit, in dem man ihr durch eine Phasenverschiebung, durch einen Anachronismus angehört.*"[69] In solcher Beziehung zu ihr ist Gegenwart selbst niemals selbstidentischer Rahmen, ist Zeit niemals kontinuierliche Abfolge solcher je aktuel-

---

65 Vgl. dazu Hermann Kappelhoff: Auf- und Abbrüche – die Internationale der Pop-Kultur, in diesem Band.
66 Ein solches Verständnis findet sich etwa im vierten *Kursbuch* des Jahres 1968; wobei, eher als sein Beitrag zum Begriff, die Existenz dieses Aufsatzes mit all seinen Graphen und Formeln als Beschreibungen von Gegenwart interessant ist – als Indiz für das Ringen um Zeitgenossenschaft (in) seiner Zeit. Vgl. Alfred Boettcher: Die Schwierigkeit, zeitgenössisch zu sein. In: Kursbuch 14 (1968), S. 100–109.
67 Friedrich Nietzsche: Unzeitgemäße Betrachtungen. Zweites Stück: Vom Nutzen und Nachtheil der Historie für das Leben. In: ders.: Sämtliche Werke. Kritische Studienausgabe. Band 1: Die Geburt der Tragödie. Unzeitgemäße Betrachtungen I–IV. Nachgelassene Schriften 1870–1873, hg. von Giorgio Colli/Mazzino Montinari. München/Berlin/New York 1988, S. 243–334, hier: S. 247.
68 Gilles Deleuze: Differenz und Wiederholung. München 2007, S. 13.
69 Agamben: Was ist Zeitgenossenschaft?, S. 23.

len Rahmen.⁷⁰ Stattdessen öffnet und eröffnet sich Gegenwart nur und erst als Teil der Beziehung zu ihr⁷¹ – oder genauer: der Beziehungen, der Pluralität der Beziehungen zu ihr. Denn Zeitgenossenschaft ist keineswegs als monolithisch zu begreifen: sie kennt eine Vielzahl von Modi. Die *Kritik (an ...)* gehört dazu ebenso wie die *Parodie (von ...)*, die *Solidarität (mit ...)* und auch – die *Aufklärung (von ...)*.

In diesem Sinne etwa war der seit 1967 sich zuspitzende Konflikt zwischen Adorno und ,seinen' Studentinnen und Studenten weniger einer, bei dem es tatsächlich um den (theoretischen oder praktischen) Vorrang von Theorie oder Praxis gegangen wäre – wozu er von beiden Seiten stilisiert wurde.⁷² Vielmehr handelte es sich um einen Konflikt zwischen unterschiedlichen Modi der Zeitgenossenschaft und so letztlich auch zwischen unterschiedlichen Gegenwarten. Ein Konflikt, der sich gerade auch an den verschiedenen Brüchigkeiten der Modi, an den Problemstellen in den jeweiligen Beziehungen zur jeweiligen Gegenwart entzündete – ausgehend davon wäre im Übrigen auch noch einmal nach dem Verhältnis von Kritischer Theorie und Poststrukturalismus zu fragen, das eben nicht zuletzt eine konkrete historische Konstellation um '68 betrifft und von dieser betroffen wurde.⁷³ Die Brüchigkeiten jedenfalls sah Adorno, der sich wohl auch von dieser Situation zu einigen sehr unterschiedlich formatierten Einlassungen zum Verhältnis von Theorie und Praxis animieren ließ – eben aus Sicht des kritischen Theoretikers als Zeitgenosse –,⁷⁴ sehr wohl sehr genau: von der drohenden Ohnmacht einer Theorie, die zur „Nachkonstruktion" ver-

---

70 Nicht zufällig führt eine andere Linie von Nietzsche zu Walter Benjamin und seiner Konzeption einer „Gegenwart, die nicht Übergang ist sondern in der die Zeit einsteht und zum Stillstand gekommen ist" – und so direkt hin zum Problem der Geschichtsschreibung. Walter Benjamin: Über den Begriff der Geschichte. In: ders.: Gesammelte Schriften. Band I/2, hg. von Rolf Tiedemann und Hermann Schweppenhäuser. Frankfurt am Main 1991, S. 691–704, hier: S. 702.
71 Vgl. zur Poetik des Happenings, die auf nichts anderes zielt, Hermann Kappelhoff: Auf- und Abbrüche – die Internationale der Pop-Kultur, in diesem Band.
72 Vgl. Spiegel: Elfenbeinturm.
73 Vgl. dazu vor allem, und zwar mit dem expliziten Bezug auf '68, Hermann Kappelhoff: Medientheorie oder ästhetische Theorie? In: montage/av 5 (1996) H. 2, S. 67–88, hier bes.: S. 70–73.
74 Das Interview mit dem *Spiegel* gehört ebenso dazu wie ein Radiovortrag (Theodor W. Adorno: Resignation. In: ders.: Gesammelte Schriften. Band 10/2: Kulturkritik und Gesellschaft II. Eingriffe, Stichworte, Anhang, hg. von Rolf Tiedemann. Frankfurt am Main 1997, S. 794–799) und zu Lebzeiten unveröffentlichte, ausführliche „Marginalien" (Theodor W. Adorno: Marginalien zu Theorie und Praxis. In: ders.: Gesammelte Schriften. Band 10/2: Kulturkritik und Gesellschaft II. Eingriffe, Stichworte, Anhang, hg. von Rolf Tiedemann. Frankfurt am Main 1997, S. 759–782).

kommt, bis zur potenziellen Willkür einer Praxis, die sich in „Aktionismus" erschöpft;[75] von der „Fetischisierung von Spontaneität"[76] bis zur „Ideologie der Reinheit des Denkens".[77]

In keinem anderen Sinne stand aber auch die Sexualaufklärung mit allen eigenen Brüchen ihres poetischen Programms in einer Beziehung zu ihrer Gegenwart, stand DAS WUNDER DER LIEBE in Beziehung zu seiner. Eine Gegenwart, die sich gerade ausgehend vom akademischen Diagnostizieren defizienter Sexualität, vom Suchen und Finden von Bildern für Sexualität, vom Deuten von differenzierter und undifferenzierter Sexualität – die sich gerade ausgehend also von der Poetik der Sexualaufklärung (er-)öffnete als im Gemenge der Interessen umkämpftes Feld des Sichtbaren. Einfache Entwicklungsgeschichten mit einfacher -logik sind hier keine Option mehr: jenseits der Verhältnisse sehr verschiedener Prozesse zueinander ist der einzelne (etwa: die Kommodifizierung) nicht zu verstehen und erst recht keine Erklärung, wo eine Vielzahl der medial modulierten Beziehungen zur Gegenwart, wo also eine radikal plurale Gegenwart angenommen werden muss. Was den Unterschied zwischen Kolle und SCHULMÄDCHEN ausmacht, auch die Anschlussfähigkeit von jenem für diese, sind Fragen einer solchen pluralen Gegenwart; die Zeitgenossenschaft des ‚Reports' liegt nämlich gerade in seiner parodistischen Beziehung zur Brüchigkeit der Aufklärungspoetik – als Teil seiner Gegenwart nach '68.[78]

Epilog: Expertengespräch (II)

Wie in solcher Perspektive Sexualaufklärung offensichtlich nicht mehr auf die Frage nach der (un)aufrichtigen Intention eines Machers zu reduzieren ist, ist solche Zeitgenossenschaft überhaupt von der exklusiven Bindung an Personen gelöst.[79] Das schließt keineswegs aus, sondern insbesondere ein, von der Zeit-

---

75 Adorno: Marginalien, S. 761–762.
76 Adorno: Marginalien, S. 767 – Paradigma ist Adorno hierfür nicht zufällig: das Happening (vgl. S. 778).
77 Adorno: Marginalien, S. 761.
78 Wo unumwunden schon bei Kolle bloßer Vorwand unterstellt wird, kann solche Differenz freilich nicht greifbar, dafür aber Aufklärung und ‚Report' in eins gesetzt und der mediale Sexualdiskurs als stringentes Nacheinander erzählbar werden. So bei Eder: Das Sexuelle beschreiben, zeigen und aufführen, bes. S. 109, S. 114.
79 So aber – wenngleich sonst in vielerlei Hinsicht mit ähnlicher Stoßrichtung wie hier – Sandro Zanetti: Poetische Zeitgenossenschaft. In: Variations 19 (2011), S. 39–53, hier bes.: S. 39–41.

genossenschaft von Personen zu sprechen – es erlaubt aber vor allem einen neuen Blick darauf, der nicht zuletzt nicht ohne Konsequenzen für das historische Arbeiten bleibt. So lässt sich etwa die Spekulation um geführte, vor allem aber verpasste Dialoge zwischen unterschiedlichen Theorien neu akzentuieren. Bei Alexander Kluge findet sich die, vielleicht in diesem Sinne zu lesende, unwahrscheinliche Erzählung (und wohl auch unwahre – verböte sich diese Qualifikation nicht für Kluges Literatur) von einer Begegnung „im Wintersemester 1968/69 in der Revolutionsstadt Frankfurt a. M.",[80] die sicher nicht zufällig um die Gegenwart drängender Probleme der Intimität und die unterschiedlichen Weisen des Umgangs mit diesen kreist:

> Vereinbart war ein gemeinsames Abendessen im Weinlokal „Rheingold" gegenüber dem Bühneneingang der Oper. Luhmann hielt die Einladung für eine Höflichkeitsgeste Adornos; wenn er ihn schon in diesem Semester vertrat, konnte man nicht gut darauf verzichten, sich zu sehen. Es erwies sich aber, daß Luhmann irrte. Adorno hatte nicht aus Gefälligkeit, sondern in einer Situation der Lebensnot diesen Kontakt gesucht. [...]
>
> Die Geliebte habe ihn verlassen. Jedem, der es anzuhören bereit war, berichtete Adorno in diesen Tagen sein Erlebnis. Er habe die Absicht, erläuterte er Luhmann, noch vor Abschluß seiner ÄSTHETISCHEN THEORIE, vor Inangriffnahme der Vorbereitung für das (Horkheimer und den Studenten versprochene) Seminar zum Kulturindustriekapitel der *Dialektik der Aufklärung* im Wintersemester 1969 und auch noch vor Niederlegung der Notizen zur DIALEKTIK VON SUBJEKT UND OBJEKT BEI HEGEL eine GENEALOGIE DER TREUE IN LIEBESANGELEGENHEITEN zu schreiben. Er könne das parallel zu Luhmanns SOZIOLOGIE DER LIEBE tun. Luhmann wandte ein, das Seminar heiße inzwischen LIEBE ALS PASSION. EINE ÜBUNG. Um so besser erwiderte Adorno, dann könne man seine und Luhmanns Arbeit gemeinsam publizieren und so – in Gegenbewegung zum studentischen Zeitgeist, nämlich auf das Wesentliche konzentriert, sozusagen als Beispiel GROSSER KOOPERATION – ein doppeltes Semesterergebnis vorlegen, ein öffentliches Zeichen setzen.
>
> Man könne aber nicht seine persönlichen Liebesgeschichten öffentlich ausbreiten, meinte Luhmann. Wie solle er sich denn praktisch verhalten, fragte Adorno zurück. Ohne die Geliebte werde er es im Leben nicht aushalten. [...]
>
> Es war offensichtlich, daß die Geliebte, die in einer anderen Stadt lebte, sich in wirtschaftlichen Schwierigkeiten befand und von einem wohlhabenden Musikschaffenden umworben wurde. Sie hatte sich extrem beleidigend geäußert, weil ihr die Trennung von Adorno wohl schwerfiel. Oder aber sie war eine Natur, die mit Entscheidungen und Trennungen nicht vertraut war und schon deshalb zu einem falschen Ton in dieser Situation neigte. Luhmann riet zum Angebot einer Apanage, einer großzügigen wirtschaftlichen Ausstattung der Freundin. Dann könne über eine Periode der Freundschaft hinweg die frühere Intimität erneut gesucht werden. Die Apanage sei nicht in einem Verhältnis von Leistung und Gegenleistung darzustellen, sondern als eine Äußerung der Treue, die Generosität gegen Beleidigung setze und auch Treue der anderen Seite verlange. [...]

---

80 Alexander Kluge: Das Labyrinth der zärtlichen Kraft. 166 Liebesgeschichten. Frankfurt am Main 2009, S. 497.

Zugleich hielt er die unerwartete Annäherung, sozusagen das Angebot einer akademischen Ehe, einer künftigen gemeinsamen Arbeit, nur weil Adorno sich mit seiner „Gefährtin" überworfen hatte, für unrealistisch. Er, Luhmann, dem Universitätsgründer Schelsky in Bielefeld versprochen, war für eine andere wissenschaftliche Front eingeteilt. Zwischen der Kritischen Theorie, als deren Haupt Adorno galt, und der Systemtheorie, deren wichtigster Exponent in der Bundesrepublik er sein würde, klafften zumindest nach der Beobachtung Dritter Abgründe; Brückenbau bisher unversucht. [...]

Die beiden Gelehrten sahen einander nie wieder.[81]

Literaturverzeichnis

Adorno, Theodor W./Horkheimer, Max: Dialektik der Aufklärung. Philosophische Fragmente. In: Theodor W. Adorno: Gesammelte Schriften Bd. 3, hg. von Rolf Tiedemann. Frankfurt am Main 1997, S. 7–296.

Adorno, Theodor W.: Marginalien zu Theorie und Praxis. In: ders.: Gesammelte Schriften. Band 10/2: Kulturkritik und Gesellschaft II. Eingriffe, Stichworte, Anhang, hg. von Rolf Tiedemann. Frankfurt am Main 1997, S. 759–782.

Adorno, Theodor W.: Minima Moralia. Reflexionen aus dem beschädigten Leben. In: ders.: Gesammelte Schriften. Band 4, hg. von Rolf Tiedemann. Frankfurt am Main 1997, S. 11–283.

Adorno, Theodor W.: Resignation. In: ders.: Gesammelte Schriften. Band 10/2: Kulturkritik und Gesellschaft II. Eingriffe, Stichworte, Anhang, hg. von Rolf Tiedemann. Frankfurt am Main 1997, S. 794–799.

Agamben, Giorgio: Was ist Zeitgenossenschaft? In: ders.: Nacktheiten. Frankfurt am Main 2010, S. 21–35.

Anz, Thomas: Niklas Luhmanns rätselhaftes Gastspiel im Zentrum Kritischer Theorie. In: Literaturkritik.de 11 (2009), Nr. 6, online unter: http://literaturkritik.de/id/13166 (26. 4. 2018).

Anz, Thomas: Adorno, Luhmann und die Liebe in Frankfurts Zeiten der Studentenrevolte. In: Literaturkritik.de 12 (2010), Nr. 2, online unter: http://literaturkritik.de/id/14012 (26. 4. 2018).

Bänziger, Peter-Paul/Duttweiler, Stefanie/Sarasin, Philipp/Wellmann, Annika: Einleitung. In: dies. (Hg.): Fragen Sie Dr. Sex! Ratgeberkommunikation und die mediale Konstruktion des Sexuellen. Frankfurt am Main 2010, S. 9–22.

Benjamin, Walter: Über den Begriff der Geschichte. In: ders.: Gesammelte Schriften. Band I/2, hg. von Rolf Tiedemann und Hermann Schweppenhäuser. Frankfurt am Main 1991, S. 691–704.

Bergfelder, Tim: Exotic Thrills and Bedroom Manuals. West German B-Film Production in the 1960s. In: Randall Halle/Margaret McCarthy (Hg.): Light Motives. German Popular Film in Perspective. Detroit 2003, S. 197–219.

Boettcher, Alfred: Die Schwierigkeit, zeitgenössisch zu sein. In: Kursbuch 14 (1968), S. 100–109.

---

81 Kluge: Das Labyrinth der zärtlichen Kraft, S. 513–517.

Brügge, Peter: Den Deutschen ist es ernst mit der Lust. In: Der Spiegel (1968), H. 29, S. 31–33.
Büssem, Eberhard/Meier, Hans-Peter: 20 Jahre sind genug! In: Film (1969), H. 12, S. 26–31.
Davidson, Roger/Sauerteig, Lutz D. H.: Shaping the Sexual Knowledge of the Young. Introduction. In: dies. (Hg.): Shaping Sexual Knowledge. A Cultural History of Sex Education in Twentieth Century Europe. London/New York 2009, S. 1–15.
Deleuze, Gilles: Differenz und Wiederholung. München 2007.
Der Spiegel: Akt mit Geige. In: Der Spiegel (1968), H. 6, S. 120.
Der Spiegel: Sex. Was für Zeiten. In: Der Spiegel (1968), H. 47, S. 46–67.
Der Spiegel: Keine Angst vor dem Elfenbeinturm. In: Der Spiegel (1969), H. 19, S. 204–209.
Eder, Franz X.: Das Sexuelle beschreiben, zeigen und aufführen. Mediale Strategien im deutschsprachigen Sexualdiskurs von 1945 bis Anfang der siebziger Jahre. In: Peter-Paul Bänziger et al. (Hg.): Fragen Sie Dr. Sex! Ratgeberkommunikation und die mediale Konstruktion des Sexuellen. Frankfurt am Main 2010, S. 94–122.
Horn, Klaus: Die Kommerzialisierung eines Versäumnisses. In: Streit-Zeit-Schrift 7 (1969), H. 1, S. 49–52.
Kappelhoff, Hermann: Medientheorie oder ästhetische Theorie? In: montage/av 5 (1996) H. 2, S. 67–88.
Kluge, Alexander: Das Labyrinth der zärtlichen Kraft. 166 Liebesgeschichten. Frankfurt am Main 2009.
Kniep, Jürgen: „Keine Jugendfreigabe!" Filmzensur in Westdeutschland 1949–1990. Göttingen 2010.
Königstein, Horst: Das Recht auf Lust. Report über Sex-Filme (I). In: Film (1968), H. 11, S. 12–17.
Königstein, Horst: Das Recht auf Lust. Report über den Sex-Film (IV). In: Film (1969), H. 2, S. 20–29.
Luhmann, Niklas: Liebe als Passion. Zur Codierung von Intimität. Frankfurt am Main 1994.
Luhmann, Niklas: Liebe. Eine Übung, hg. von André Kieserling. Frankfurt am Main 2008.
Miersch, Annette: Schulmädchen-Report. Der deutsche Sexfilm der 70er Jahre. Berlin 2003.
Nietzsche, Friedrich: Unzeitgemässe Betrachtungen. Zweites Stück: Vom Nutzen und Nachtheil der Historie für das Leben. In: ders.: Sämtliche Werke. Kritische Studienausgabe. Band 1: Die Geburt der Tragödie. Unzeitgemäße Betrachtungen I–IV. Nachgelassene Schriften 1870–1873, hg. von Giorgio Colli/Mazzino Montinari. München/Berlin/New York 1988, S. 243–334.
Pehlke, Michael: Sexualität als Zuschauersport. Zur Phänomenologie des pornographischen Films. In: Friedrich Knilli (Hg.): Semiotik des Films. Mit Analysen kommerzieller Pornos und revolutionärer Agitationsfilme. München 1971, S. 183–203.
Rammstedt, Otthein: In Memoriam: Niklas Luhmann. In: Dirk Baecker/Theodor M. Bardmann (Hg.): „Gibt es eigentlich den Berliner Zoo noch?" Erinnerungen an Niklas Luhmann. Konstanz 1999, S. 16–20.
Rumler, Fritz: Wir haben es so gewollt. In: Der Spiegel (1968), H. 47, S. 218.
Schwarz, Uta: Helga (1967). West German Sex Education and the Cinema in the 1960s. In: Roger Davidson/Lutz D. H. Sauerteig (Hg.): Shaping Sexual Knowledge. A Cultural History of Sex Education in Twentieth Century Europe. London/New York 2009, S. 197–213.
Seeßlen, Georg: Erotik. Ästhetik des erotischen Films. Marburg 1996.
Thissen, Rolf: Sex (v)erklärt. Der deutsche Aufklärungsfilm. München 1995.

Weischedel, Wilhelm: Die philosophische Hintertreppe. Von Alltag und Tiefsinn großer Denker. München 1966.
Zanetti, Sandro: Poetische Zeitgenossenschaft. In: Variations 19 (2011), S. 39–53.

Filmografie

DAS WUNDER DER LIEBE – SEXUALITÄT IN DER EHE. Reg. Franz Josef Gottlieb. BRD 1968.
DAS WUNDER DER LIEBE II – SEXUELLE PARTNERSCHAFT. Reg. Alexis Neve. BRD 1968.
EROTIK AUF DER SCHULBANK. Reg. Hannes Dahlberg/Roger Fritz/Eckhart Schmidt. BRD 1968.
ES WERDE LICHT! Reg. Richard Oswald. D 1917.
GRAF PORNO UND SEINE MÄDCHEN. Reg. Günter Hendel. BRD 1969.
HELGA – VOM WERDEN DES MENSCHLICHEN LEBENS. Reg. Erich F. Bender. BRD 1967.
ICH BIN EIN ELEFANT, MADAME. Reg. Peter Zadek. BRD 1969.
LIEBE UND SO WEITER. Reg. George Moorse. BRD 1968.
MAKE LOVE NOT WAR – DIE LIEBESGESCHICHTE UNSERER ZEIT. Reg. Werner Klett. BRD 1968.
SCHULDMÄDCHEN-REPORT: WAS ELTERN NICHT FÜR MÖGLICH HALTEN. Reg. Ernst Hofbauer. BRD 1970.
SCHULMÄDCHEN-REPORT: WAS ELTERN DEN SCHLAF RAUBT. Reg. Ernst Hofbauer. BRD 1971.
SCHULMÄDCHEN-REPORT: WAS ELTERN NICHT MAL AHNEN. Reg. Ernst Hofbauer. BRD 1972.

Thomas Scherer
The Revolution Will Not Be Televised

'68 mit George Moorses existentialistischen Fernsehfilmen DER GRILLER und LIEBE UND SO WEITER

George Moorse veröffentlichte 1968 gleich zwei Spielfilme, die beide im Bayerischen Rundfunk ausgestrahlt wurden und deren Zentrum die Studierendenproteste und die gesellschaftlichen Umwälzungen des Jahres bilden – ein Zentrum jedoch, das leer bleibt. DER GRILLER, im Februar 1968 ausgestrahlt, widmet sich, in den Worten des Regisseurs gesprochen, dem „armseligen Fußvolk der Jet-Generation",[1] also denjenigen, die mittellos und ohne Zugang zu höheren Bildungseinrichtungen Teil der Jugendkultur und des Aufbegehrens sind; und LIEBE UND SO WEITER (im September 1968 ausgestrahlt) erklärt, so Moorse, „was ich über die Ereignisse in Deutschland im Frühjahr 1968 denke".[2]

Die beiden Fernsehfilme sind heute nur noch wenig diskutiert: Es gibt keine DVD-Veröffentlichung, und in den Chroniken zum Filmjahr 1968 spielen die Filme allenfalls eine marginale Rolle. Moorse selbst erlangte beim Kinopublikum nicht die gleiche Popularität wie seine beiden Regieassistenten (Geißendörfer und Dietl) und seine Komparsen (Wenders und Busse) in LIEBE UND SO WEITER. Nach vielbeachteten Debütfilmen, die ihm 1965 und 1971 Bundesfilmpreise einbrachten, verabschiedete er sich zunehmend Richtung Fernsehen, wo er in der Lindenstraße eine berufliche Heimat fand (er inszenierte mehr als 180 Folgen und posthum wurde in der Serie ein Café nach ihm benannt).

Moorse, gebürtiger Amerikaner, kam als junger Erwachsener nach Deutschland und begann in München sein Filmschaffen, nachdem er im New Yorker Underground der fünfziger Jahre „wie eine Ratte"[3] (Moorse im *Spiegel*) gelebt hatte. Dort hatte er sich intensiv mit den Lehren des Mystikers George Gurdjieff beschäftigt und an provokativen Kunstaktionen im öffentlichen Raum teilgenommen. Doch bereits 1957, nach zwei Jahren, verließ Moorse resigniert New York in Richtung Europa; nach eigener Aussage, weil „,die Ausbeuter die Botschaft' verramschten".[4] In dem hier zitierten Interview aus dem Jahr 1968 ging er, trotz der oben angedeuteten Kooperationen, auf Distanz zu weiten Teilen

---

1 George Moorse: Pop mit Zero. In: Der Spiegel (1968), 12, S. 194.
2 Uwe Nettelbeck: Liebe und so weiter. In: Die Zeit (1968), 39.
https://www.zeit.de/1968/39/liebe-und-so-weiter/komplettansicht (13.05.2018).
3 Moorse: Pop mit Zero, S. 194.
4 Moorse: Pop mit Zero, S. 194.

des Neuen Deutschen Films und warf seiner Filmemachergeneration vor: „Die Deutschen Jungfilmer [...] sind alle korrumpiert – von der Sucht verstanden zu werden".[5]

Und während seine frühen Filme weitgehend auf Anerkennung durch die zeitgenössische Kritik stießen, verlor er mit seinen 68er-Fernsehfilmen die Gunst der Presse. *Der Spiegel* bezeichnet LIEBE UND SO WEITER als „ironischen Buden-Zauber",[6] *Die Zeit* urteilte ebenso vernichtend wie spöttisch: „Seine früheren Filme waren eine Revolte – seine Filme über Revolte verraten sie."[7] Und Alf Brustellin in der SZ legte nach: „Was bei Godard Wahrheitsdrang und Stilwille ist, wird hier zur Magie für vom Pop angewehte Esoteriker".[8]

Damit reihen sich DER GRILLER und LIEBE UND SO WEITER in die Riege der Filme ein, die trotz oder gerade wegen ihres expliziten Bezugs zum Zeitgeschehen 1968 und zu kontemporären Ästhetiken als oberflächlich und unpolitisch verrissen wurden. Filme, die sich zwar einer avantgardistischen Bildsprache und aktueller gesellschaftspolitischer Themen bedienten, jedoch von der Counter-Culture als belanglos bis kommerzgetrieben befunden wurden.

Wie nun also mit Filmen umgehen, die von der zeitgenössischen Kritik als belanglos verrissen wurden und bei denen der Regisseur zu verstehen gibt, dass seine Filme nicht unbedingt verstanden werden wollen? Den damaligen Kritikern einen blinden Fleck unterstellen und eine produktivere Lesart anbieten? Den Schlummer der Filme im Rundfunk-Archiv und im Nachtprogramm zu '68er-Jubiläen nicht stören? Meine Faszination für die Filme (jenseits geschmacklicher Urteile) liegt zum einen am München Ende der 1960er, einer Stadt, die es so nicht mehr gibt und die mir in ihrer warmen Mischung aus herausgeforderter Provinzialität und gelassenem Kosmopolitismus fast fiktiv erscheint. Zum anderen, und dies ist für meine Auseinandersetzung mit den Filmen in diesem Text entscheidender, an der durch und durch ironischen Grundhaltung der Filme, die nicht nur die portraitierten gesellschaftlichen Kräfte in ihrem Ringen umfasst, sondern auch die Filme selbst miteinschließt und – so meine Vermutung – deren Scheitern in Kauf nimmt. Es geht mir im Folgenden also nicht darum, die 68er-Filme Moorses zu rehabilitieren oder sie zu bergen, sondern vielmehr darum, ihrem ironisch-kritischen Modus auf die Schliche zu kommen.

---

5 Moorse, Pop mit Zero, S. 194.
6 o. V.: Prügel in Gelb. Der Spiegel (1968), 42, S. 212.
7 Nettelbeck: Liebe und so weiter, S. 39. https://www.zeit.de/1968/39/liebe-und-so-weiter/komplettansicht (13. 05. 2018).
8 Alf Brustellin: Liebe und so weiter. In: Süddeutsche Zeitung (1968). Zitiert nach: http://www.deutsches-filmhaus.de/filme_gesamt/m_gesamt/moorse_george.htm (13. 05. 2018).

Mit Ironie meine ich hier eine Grundhaltung, die sich höchst skeptisch gegenüber unhintergehbaren Überzeugungen geriert und davon auch eigene Überzeugungen nicht ausnimmt. Dieser (Selbst-)Zweifel verhindert von vornherein Identifikationsverhältnisse, nähert sich vielmehr von außen – von außerhalb des Neuen Deutschen Films, außerhalb der Studierendenbewegung, außerhalb des Kinos.

Stilwille und Pop

Der SZ-Vergleich mit Godard kommt nicht von ungefähr, an der Oberfläche der Filme zeigen sich wiederholt vermeintliche Godardismen: Texttafeln unterbrechen die Handlung, aus dem Off wird aus der Straßenverkehrsordnung („*Stand 1937*") zitiert, als die Protagonisten bei Rot eine Straße überqueren. Figuren brechen unvermittelt vor dem örtlichen Kramerladen in eine Gesangseinlage aus und wechseln für ein paar Minuten in den Modus des Musicals, andere lesen in den Gängen der Ludwigs-Maximilians-Universität frontal in die Kamera gerichtet Passagen aus programmatischen linken Texten vor, wobei es keine Atem- und Verstehenspausen gibt, sondern sich die unterschiedlichen Stimmen beim Wechsel überlagern und die Texte so als Klangoberflächen erfahrbar werden.

In Moorses Filmwelt ist alles gleich lächerlich und abstrus: die radikalen bis phrasenhaften Parolen der Aktivist*innen, die zum Teil nur noch die Sachregister der Bücher lesen, die wissenschaftlichen Bemühungen des mäusemordenden Promotionsstudenten, der laut Aussage seines Doktorvaters nicht nur für sich selbst forscht, sondern für „Christentum, Vaterland und EWG", die Welt der Kunst, die entweder abgeschottet und selbstgenügsam die Abwendung von allen weltlichen Belangen fordert oder auf der anderen Seite sich in abstrusen politischen Parabeln verliert, die kein Publikum mehr erreichen. In Seitenhieben werden auch die Kirche und die bürgerliche Gesellschaft vorgeführt, die zum Teil in dokumentarisch anmutenden Interviewsequenzen zu Wort kommen. Alles tönt und kracht in kurzen Episoden aneinander, und dazwischen suchen die Figuren nach dem kleinen Glück in der spießigen (?) Zweisamkeit, der ‚Liebe und so weiter', oder folgen einem Kriminalplot rund um Geld und Drogen, der sich selbst nicht ernst nimmt, sondern genauso Genrezitat bleibt wie die eingangs erwähnten Godardismen. Versteht man diese nicht als Nachahmungsversuch, sondern als Auseinandersetzung mit diesen Bildern, so lassen sie sich ebenso in den Reigen des Nicht-Ernst-Nehmens, des Bloßstellens, einreihen. Das monochrome Einfärben von Bildern, die hyperbolische Selbstreflektion und -kommentierung von LIEBE UND SO WEITER über

Texttafeln und assoziative Montagefiguren werden entleert. Insbesondere dann, wenn Ben (ein politisierter Student), der in politischen Diskussionen schon mal den Bundestag in die Luft sprengen möchte, in Che-Montur vor die Kamera tritt und lospredigt. Zunächst monochrom in Orange:

> Regiert sein ... regiert sein, das heißt – unter polizeilicher Überwachung stehen, inspiziert, spioniert, dirigiert, mit Gesetzen überschüttet, reglementiert, eingepfercht, belehrt, bepredigt, kontrolliert, eingeschätzt, abgeschätzt, zensiert, notiert, registriert, erfasst, taxiert, gestempelt, vermessen, bewertet, versteuert, patentiert, lizenziert, autorisiert, befürwortet, ermahnt, bestraft, ausgenutzt, verwaltet, geprellt, ausgebeutet, monopolisiert, hintergangen, ausgepresst, getäuscht, bestohlen, unterdrückt und bestraft, heruntergemacht, beleidigt, verfolgt, misshandelt, zu Boden geschlagen, entwaffnet, geknebelt, und eingesperrt, füsiliert, beschossen, und verurteilt, und verdammt, und deportiert, geopfert, verkauft, verraten und obendrein verhöhnt, gehänselt und entehrt zu werden![9]

Dann wechselt die Einstellung und die Farbgebung, Ben blickt, einem Diktator gleich, in extremer Untersicht und nun wieder in gewohnter Fernsehästhetik, von einem Balkon zu uns herab und spricht von der Notwendigkeit des bewaffneten Aufstands im Marxismus-Leninismus. Er beschwört die Vernichtung aller Regierenden, während in der Ferne Maschinengewehrfeuer zu hören ist. Ein erneuter Umschnitt; der Blick in eine studentische Diskussionsrunde mit langhaarigen, rauchenden Männern und einer schweigenden Frau mit Kleinkind auf dem Schoß, die lustlos ‚Sieg Heil' skandieren, nur um dann Ben vorzuwerfen, dass er ein Faschist (bzw. ein kleinbürgerlicher Anarchist) sei, der seine eigentliche Pflicht, die Aufklärung der Bevölkerung, vernachlässige.

Kunstfilmästhetik und Sprachgymnastik, Propagandainszenierung und dann wieder eine Diskussionsrunde in einer Studentenbude. In drei Einstellungen werden unterschiedliche Perspektiven, Realitätsebenen und Bildwelten zu einem bissigen Kommentar montiert. Inszenierungsmuster werden über den gesamten Film hinweg entliehen und überspitzt als unausgesprochenes Referenzsystem in Stellung gebracht.

Die außeruniversitäre Opposition – lieber tot als im Büro

Auf Plotebene wird das ausgestellte Außenseitertum bereits durch die Auswahl der Protagonisten deutlich: In DER GRILLER geht es um Franz Kaffer (Rolf Zacher), einen jungen Mann, der als Hähnchenbrater im Wienerwald am Münchner Hauptbahnhof, unterbezahlt und ausgebrannt, mit seiner Lebens-

---

[9] TC 00:52:55–00:53:54.

weise hadert. Der Gastronomie-Arbeiter experimentiert mit Beziehungsmodellen, Drogen, Schlafentzug, Rock-Musik und alternativen Möglichkeiten, sich seiner materiellen Sorgen zu entledigen. Das Figurenensemble wird durch eine gelangweilte Sekretärin in offener Ehe mit einem labilen Ex-Söldner und eine junge Frau, die ihrem One-Night-Stand von Hamburg nach München folgt, komplettiert – beide müssen ebenso wie Franz als sinnlos empfundenen Erwerbstätigkeiten nachgehen – sowie durch zwei ältere Männer (ein Polizist und ein Mediziner), die meist melancholisch und zeitweise lüstern auf die Jugend blicken. Die Gespräche der Jungen kreisen um Popkultur, Abtreibung, Konflikte mit den Eltern, Drogen, Geld. Politisches Zeitgeschehen bleibt auffällig ausgespart. Studierende und deren Proteste treten selbst nicht in Erscheinung. Nur in Gesprächen erscheinen sie als skeptisch beäugte Fremdkörper: Die Hähnchenbrater, Sekretärinnen, Taxifahrer und Kleidungsverkäuferinnen – in prekären bis öden Arbeitsverhältnissen – sehen in ihnen die privilegierten Sprösslinge reicher Eltern, denn „vor der Uni", so eine der Figuren, stünden ja auch „mehr Autos als vorm BMW-Werk". Deren Aufbegehren ist nicht das ihre. Was für sie auf dem Spiel steht, ist nicht die Revolution, sondern das eigene Glück: Bei Franz das Auto und zwanglose Liebschaften, bei Gisela ein erfülltes Sexual- und Beziehungsleben mit unterschiedlichen Partnern und bei Jutta das sorgenfreie Leben und Konsumieren in der hippen Großstadt. Gemeinsam ist ihnen allen die Unlust an den anspruchslosen, unterbezahlten und stupiden Jobs. Giselas Ehemann Freddy, der rassistische Ex-Söldner, der nun Taxi fährt, bringt das auf den Punkt, als er einer Kundin ungefragt die Welt erklärt: „Lieber tot als im Büro." Die starren Anordnungen der Bildräume von Büros und Küchen vermitteln eine Beengung, während Kamera und Montage die nächtlichen Straßen Münchens und Franz' spärlich eingerichtete Wohnung dynamisieren.

Und während in der Eröffnungssequenz Franz vollkommen übermüdet Hunderte von Hähnchenleibern durchzählen und sich dabei von Chef und Kundschaft auf bayrisch anschnauzen lassen muss, fasst sein Kollege die Monotonie des Arbeitens in einem mantra-artigen Lied zusammen, das von indisch anmutender Musik und einem improvisierten Tanz untermalt wird, bei dem dreckiges Besteck in die Spüle gepfeffert wird:

> Aaarbeit, Aaarbeit ist Arbeit ist Arbeit
> Und Arbeit ist Arbeit.
> Und Arbeit macht Arbeit.
> Doch Aaarbeit ist Aaarbeit.
> Und Arbeit macht Arbeit.
> Und Arbeit macht alt.
> Und Arbeit macht blöd.[10]

---

[10] TC 00:02:10–00:02:52.

Notstandsgesetze, Vietnamkrieg und der ‚Muff von 1000 Jahren' spielen in der von DER GRILLER entworfenen Welt keine Rolle. Es sind die Bedingungen des Liebens, Konsumierens und Arbeitens, denen sich der Film widmet.

'68 als Störgeräusch

LIEBE UND SO WEITER beschäftigt sich zwar dezidiert mit den Studentenprotesten in Deutschland (der Filmverleih behauptete gar: „Die Revolution entlässt ihr erstes Filmkind"[11]), heftet die Zuschauerperspektive jedoch weitgehend an den Chemiestudenten Rob Studebecker (Vadim Glowna), der zunächst nur seine Dissertation und dann nur noch die Musikerin Nina im Kopf zu haben scheint, während Nina wiederum zwischen einer Karriere als Cellistin und ihrem Liebesglück abwägen muss. Die Studentenbewegung wird hingegen von Beginn an als Störung inszeniert, die in den beiden politisch aktiven Mitbewohner*innen Robs, Sigi und Ben (wiederum Rolf Zacher, doch diesmal mit Bart und längeren Haaren), ihre Verkörperung erfährt:

Der Film beginnt mit unscharfen Fotografien von München, auf denen immer wieder Spuren der Proteste gegen die Notstandsgesetze zu finden sind, und verkündet, dass der Film im Frühjahr 1968 ebendort gedreht wurde. Es folgt eine bildschirmfüllende Großaufnahme eines Ohrs, das erst langsam scharf gestellt wird und in dessen Mitte ein schneeweißes Stück Watte den Gehörgang verdeckt. Dann stumme Aufnahmen einer jungen Frau, die Tee eingießt – hinter ihr eine Schreibmaschine und an der Wand ein Poster mit deutscher und amerikanischer Fahne, einem Soldatenstiefel, und irgendwo in der Textmenge der Beschriftung sticht das Wort „Marx" groß und fett heraus. Auf einem Bett sitzt ein barfüßiger Mann und liest vor einer mit Postern tapezierten Wand. Doch die Szene bleibt weiterhin stumm, als einziges Geräusch ist ein leiser Pulsschlag zu vernehmen. Die junge Frau durchquert, von der Kamera verfolgt, den Raum und öffnet eine Klappe in der Wand, durch die sie ihren Kopf steckt. Der Umschnitt zeigt einen kahlen weißen Raum, in dem ein Mann mit Watte in den Ohren sich über ein Manuskript beugt. Hinter ihm in der Wand hat sich die Klappe geöffnet, und die Frau ruft nach ihm. Er nimmt die Watte aus den Ohren, woraufhin auch Umgebungsgeräusche zu den Zuschauern durchdringen. Die Frau, Sigi, fragt den Protagonisten Rob, ob er eine Tasse Tee möchte. Er bejaht, und wenig später knallt sie ihm derart heftig eine Tasse auf seinen Schreibtisch, dass ein Großteil der Flüssigkeit auf sein Manuskript

---

11 Uwe Nettelbeck: Liebe und so weiter. In: Die Zeit (1968), 39.

schwappt. Es folgt ein kurzes Wortgefecht zwischen Rob und seinen Mitbewohner*innen, während durch einen Kameraschwenk enthüllt wird, dass alle drei im selben Zimmer wohnen, das nur von einer halbhohen Stellwand in zwei Bereiche geteilt wird – die linke Studentenbude, mit den Posterboys und -girls der Studierendenbewegung tapeziert, auf der einen Seite, und das kahle, leere Arbeitszimmer auf der anderen. Ben wendet sich wieder der Rezitation von Herbert Marcuse zu, während Sigi sich zu ihm ins Bett legt, eine Rock-Platte auflegt und hinterfragt, ob er das, was er da nachplappere, auch kapiere. An der Wand neben ihnen hängt ein Poster des oberkörperfreien Che Guevara, der sich so visuell an die andere Seite des Lesenden schmiegt. Rob, der brave Student, wendet sich nun direkt an die Kamera und erzählt, dass er an seiner Dissertation sitze und dass, seit Sigi eingezogen sei, nur noch Krach in der Wohnung herrsche und er Ruhe nur noch in seinem eigenen Kopf fände. Diese explizit ausgestellte Kopplung der Zuschauerwahrnehmung findet sich in der letzten Szene von LIEBE UND SO WEITER wieder und rahmt so den Film.

Die Anfangsszene springt jedoch unvermittelt zu einer Totalen des Münchner Lenbachhauses, die von klassischer Musik und vielstimmigen Ho-Ho-Ho-Chi-Minh-Rufen akustisch begleitet wird. Drinnen proben Nina (Vera Tschechowa), eine junge Cellistin aus Irland, und ihr maßlos überzeichneter Komponist (ein Cameo des Komponisten Dafydd Llywelyns) ein neues Stück zeitgenössischer E-Musik. Mit einer Handbewegung lässt er seine Schülerin verstummen und stapft wütend zum Fenster. Er öffnet das zuvor angelehnte Fenster nun ganz und brüllt den unsichtbaren, aber lautstark Protestierenden zu: „Ruhe! Raus! Faschisten!" Dann schließt er das Fenster rabiat und wendet sich an Nina: „It's impossible to work here. Absolut unmöglich."

LIEBE UND SO WEITER etabliert so in seiner Anfangsszene wenig subtil eine Leitmetapher, die den ganzen Film durchzieht. Die Verdopplung des Motivs des Störgeräusches als grundlegende Erschütterung und die visuell distinkt inszenierten, stark unterschiedlichen Räume, die mit groben Strichen verschiedene Sphären der Gesellschaft aufrufen, werden durch Bilder der Konfrontation und der Dissonanz in Szene gesetzt. Das über eine Texttafel zu Beginn des Films aufgerufene Frühjahr 1968 erscheint als Widerspiel kontrastiver Klang- und Bildwelten: die theatrale Mise-en-Scène der geteilten Studentenbude (die später von einer Figur als Sinnbild für das geteilte Deutschland bezeichnet wird), die konfliktuöse Überlagerung von Streicherkonzert und Sprechchören, der Chemiestudent, der nur in der absoluten Abschottung von seinen politisierten Mitbewohner*innen Ruhe finden kann.

Dieser Konflikt wird im Laufe des Films in unterschiedlichen Anordnungen durchgespielt: Zwischen den Zimmerhälften entbrennt aufgrund von abweichenden Ansichten zur Monogamie eine Kissenschlacht, durch die die sonst getrennten Bereiche plötzlich durch die hin- und herfliegenden Alltagsgegenstände in Verbindung geraten. Bei der Aufführung einer studentischen Theatergruppe, die mit Foto-Masken und Karateanzügen verkleidet die Verbrechen der Militärdiktatur in Griechenland auf der Bühne anprangern, verweilt die Kamera im verrauchten Zuschauerraum, um die ratlosen Gesichter der Protagonisten einzufangen, die sich für ihr erstes Date eine romantische Griechenland-Idylle erwartet hatten (die bereits bei ihrem Kennenlernen durch Bouzouki-Klänge vorweggenommen wurde).

Im Finale des Films tritt die Metapher dann wieder in den Vordergrund: In einer Parallelmontage werden der Konzertauftritt Ninas im Lenbachhaus und die Großaufnahmen Robs, der im Publikum sitzt, mit eskalierender Polizeigewalt bei Studierendenprotesten gegengeschnitten. In der Handlung ist zwar angelegt, dass Sigi und Ben zeitgleich auf eine Demo in München gehen, doch der Film bedient sich deutlich sichtbar dokumentarischer Aufnahmen der Unruhen in Paris. Die Karikatur einer vermeintlich kulturbeflissenen Elite im Elfenbeinturm wird in der Montage mit ikonischen Bildern der Studierendenproteste kontrastiert. Die dissonanten Klänge des Cellokonzerts schwappen zu den Bildern des Protests über und vermischen sich mit den Schreien, dem Klirren und Krachen des Demonstrationsgeschehens.

Auf Anfang

Die Strategie der stilistischen Entleerung findet sich auch als Selbstzerstörung des Plots in DER GRILLER wieder: In den Film eingefügt ist ein sarkastischer Kommentar auf den eigenen Kriminalplot rund um Verwicklungen in einen Drogendeal und einen Mord aus Eifersucht, wenn ein zwischengeschnittenes Bild einen Strommast zeigt, auf dem prominent lesbar ein Schild angebracht ist: „Achtung Hochspannung!". Auf diesen Kommentar folgt dann auch prompt der dramatische Höhepunkt des Filmes: Es kommt zum Showdown auf der Theresienwiese, wo gerade die Zelte für das Oktoberfest aufgebaut werden. Wie stählerne Walskelette ragen die Gerippe der Zelte in die Höhe und durchziehen die Bilder mit einem strengen Rastermuster. Dazwischen drei Männer, Trenchcoats und eine Waffe. Die Kamera verkantet sich zusehends – eine Fingerübung in Sachen Film Noir. Ein Schuss fällt. Ein Mann stirbt.

München erwacht, Franz nimmt auf dem Weg nach Hause Aufputschmittel, Jutta legt sich schlafen und Gisela muss wieder zur Arbeit. Leise packt sie ihre Sachen zusammen, schleicht aus dem kargen Zimmer und verabschiedet sich beim Schließen der Tür mit einem leisen „Servus", und der Film ist zu Ende. Keine Lösung, keine Eskalation, keine Resignation – es geht einfach weiter.

Franz Kaffers phonetische Ähnlichkeit zu ‚Franz Kafka' und ‚Käfer' scheint in Anbetracht dieser unverständlichen Welt und der Entfremdung, die daraus resultiert, naheliegend. Die Vergeblichkeit sämtlichen Strebens aller Figuren wird dabei nicht im Modus der Tragödie inszeniert, sondern als Aufstand gegen die omnipräsente Absurdität der Welt – und diese Grundhaltung erinnert an die Camus'sche Ausprägung des Existentialismus.

LIEBE UND SO WEITER endet auf einer introspektiven Note: Nina zieht mit ihrem Orchester weiter nach Prag, und Rob begleitet sie zum Flughafen. Über gelb blühende Rapsfelder zu vermeintlich griechischer Volksmusik aus dem Off (dieser exotistische Zauber wird trotz des Theaterstücks über die Militärdiktatur als romantisches Motiv aufrechterhalten persifliert) geht es zum Riemer Flughafen – ob es zufällig Prag ist, oder ob Nina gezielt vom Drehbuch in den Prager Frühling geschickt wird, bleibt offen. Die Trennung der Liebenden am Flughafen wird elliptisch verkürzt; die Kamera zoomt auf Robs Gesicht, der gen Himmel blickt und einem startenden Flugzeug lauscht. Unvermittelt schneidet der Film wieder zu den dokumentarischen Aufnahmen von Demonstration und Polizeigewalt; jede Einstellung anders eingefärbt und vom Flugzeuglärm untermalt – ein Wasserwerfer in Rot, ein lebloser abgedeckter Körper, der auf einer Bahre vorbeigetragen wird in Gelb, Polizisten, die auf eine am Boden liegende Person eintreten in Lila … Ob es sich um Aufnahmen aus Paris, Berlin, München oder Prag handelt, ist nicht zu sagen. Dann wieder das weiche, jungenhafte Gesicht des Protagonisten, der gen Himmel blickt. Wir kehren zuletzt also zurück zur subjektiven Wahrnehmung des Protagonisten; '68 ist vom Störgeräusch zu poppig eingefärbten mentalen Bildern des Protests und der Staatsgewalt geworden. Kein Appell, keine Figuration der Ungerechtigkeit oder der Wut. Die Bilder sind da, sie finden Eingang in die Lebenswelt des Protagonisten und seiner bürgerlichen wie lächerlichen Probleme. Nur die Zuschauer bleiben etwas verdutzt zurück, wenn die dekorative Gewalt keinen Widerhall in den Zügen des Protagonisten findet.

Zuletzt erscheint eine Texttafel, auf der zentral das Wort „Anfang" prangt – ob es sich dabei um Manierismus, eine zyklische Filmstruktur oder die Andeutung einer Figurenentwicklung handelt, ist schwer zu sagen – und aufgrund der Leichtigkeit dieses Schlussstrichs auch irgendwie egal. Trotz Kriminalplots und Bildern des Protests bleiben die Welten in Moorses Filmen seltsam beschaulich. Aus ihnen spricht zwar das Bewusstsein, Zeuge eines (historischen) Umbruchs zu werden, aber es ist der Blick von skeptischen Zaungästen, der Erschütterungen registriert.

Liebe und so weiter?

Bereits der Titel LIEBE UND SO WEITER deutet darauf hin, dass Liebe, Intimität und Sexualität eine übergeordnete Rolle spielen, und alles andere im „und so weiter" subsummiert wird. Beide Filme Moorses verhandeln ausführlich unterschiedliche Formen des Zusammenlebens und -liebens und deren Scheitern. Dabei wird das Anzweifeln von sowohl klassischen monogamen Beziehungen, als auch von offenen Beziehungsmodellen nicht als Phänomen der Jet-Generation begriffen, sondern als prinzipielle Frage des Zusammenlebens gestellt.

In DER GRILLER blicken wir in einer langen Einstellung durch eine Glastür in ein enges Zugabteil. Zwei junge Frauen blättern in Illustrierten und unterhalten sich, direkt daneben ein alter Mann im Anzug, der schweigend zuhört, während im Hintergrund die Landschaft vorbeizieht:
- Fährst du zu deinem Freund? [mit hörbar fränkischem Einschlag]
- Man kann es so nennen.
- Es gibt viele Boutiquen in München: Daisy und Darling ... und Picknick ... nein ... Was macht dein Freund?
- Was weiß ich. Ich hab' ihn nur einmal kennengelernt. Im *Starclub* in Hamburg ... und nachher im Bett. Wohnst du zuhause?
- Ja, bei meinen Eltern. Aber die sind frei. Die leben praktisch in Dauertrennung.
- Es ist effektiv 'ne Sauerei. Alles. Die sind doch schlimmer als wir. Gemischte Ehepaare und so weiter ...[12]

Fast alle Figuren in den beiden Filmen ringen plakativ darum, die Bedingungen von Intimität, Liebe und Sexualität auszuhandeln: Freie Liebe, die dann doch wieder eine unbefriedigende Paarbeziehung ist, offene Ehe, die doch nur asymmetrisch Eifersucht produziert, ein zölibatärer Pfarrer (Willy Semmelrogge), der etwas zu drängend das junge Paar zur Liebe befragt, die Frischverliebten selbst, die von den möglichen Auswirkungen ihrer Liebe in der Zukunft eingeschüchtert werden, ein alternder Arzt, der sich mit jungen Krankenschwestern umgibt und versucht, junge Frauen mit Lesungen aus dem tibetanischen Totenbuch zu beeindrucken; schließlich eine monogame Beziehung, die an Berufsperspektiven und emotionaler Verunsicherung zerbricht. Alle Versuche erscheinen wiederum gleich lächerlich/tragisch, und die Hilfsangebote vom Psychiater oder vom Liebesratgeber für dreizehn Mark sechzig sind von vornherein zum Scheitern verdammt.

---

[12] TC 00:52:55–00:53:54.

LIEBE UND SO WEITER inszeniert das Aufeinanderprallen unterschiedlicher Liebesvorstellungen in einer Szene als räumliche Anordnung: Die Kamera blickt senkrecht nach unten auf das zweigeteilte WG-Zimmer. Spiegelverkehrt liegt auf beiden Seiten der Wand jeweils ein Pärchen eng umschlungen im Bett: Rob und Nina, die sich gerade erst kennengelernt haben, auf der einen Seite, und Sigi und Ben, die zuvor Rob mit dem unvermeidlichen „Wer zweimal mit derselben pennt, gehört schon zum Establishment" wegen seiner biederen Liebesvorstellungen verlacht hatten, auf der anderen.

Nina blickt an die Decke und erzählt von ihrer Kindheit und Regenbögen. Die Kamera kommt von der Decke herunter und zeigt die beiden aneinandergeschmiegten Körper in einer Nahen. Rob greift das Thema auf, erzählt von seinem kindlichen Forscherdrang, schwenkt dann jedoch recht zügig zu seinen glänzenden Berufsaussichten in der Industrie um. Nina quittiert das mit einem „Du denkst zu viel" und lenkt das gehauchte Gespräch wieder auf die Gefühle des Verliebtseins und der Angst den anderen zu verletzen, der Sehnsucht, des Verlangens. „Ich möchte dich in mir fühlen".

Die Kamera springt auf die andere Seite der Trennwand. Sigi, an den zugedröhnten Ben gekuschelt, hat dem intimen Gespräch gelauscht und protestiert nun lautstark: „Mensch diese Zicke. Jetzt hab' ich aber genug." Das Knarzen des Bettes auf der anderen Seite ist zu hören. Die Kamera springt zwischen den beiden Bildern der Zweisamkeit und damit den Raumhälften hin und her, die über einen gemeinsamen akustischen Raum miteinander verbunden sind. Sigi versteht die Situation als Konkurrenzkampf und beginnt wild zu wippen und zu stöhnen, um den Bettgeräuschen der anderen Seite etwas entgegenzusetzen. Ben erwacht von dem Geschaukel, protestiert, stößt Sigi von sich und steckt seinen Kopf durch die Klappe in der Trennwand, um Rob nach einer Zigarette zu fragen. Von nun an überlappen sich die beiden Räume auch visuell immer wieder. Erst durch zwei Wortwechsel und die Abgabe von Zigaretten und Feuerzeug kann die intime Zweisamkeit im Close-Up wiederhergestellt werden – nur um dort auf andere Komplikationen zu stoßen. Liebe steht in allen Variationen gleichermaßen in Frage.

Doch es gibt auch kurze Momente, in denen sich der Fatalismus zurückzieht: In DER GRILLER hat sich Jutta spontan in den Zug gesetzt, um bei Franz einzuziehen, den sie kaum kennt. Dieser trifft gerade regelmäßig Gisela, die in offener Ehe mit Freddy lebt. Er stellt die beiden einander mit „Sagt am besten gleich ‚Du' zueinander, dann wird das Ganze nicht so kompliziert" vor. Nachdem die anfängliche Steifheit überwunden ist, gehen die drei aus, und die drei Körper kreisen auf der Tanzfläche umeinander und finden so zueinander. Berauscht, kichernd und müde laufen und hüpfen die drei durch das nächtliche München nach Hause. Die Sequenz wechselt zwischen rhythmischen Einstellungen, in denen alle drei eingehakt und lachend durch das Bild laufen, während die Schritte an den Häuserwänden widerhallen, und statischen Einstellungen, in denen die Dreiergruppe aufgespalten wird; Franz und Jutta knutschend, Gisela alleine rauchend unter einer Laterne; Franz gähnend, Jutta und Gisela lachend vor einem Schaufenster. Im spielerischen Stop-and-Go dieser Sequenz findet sich vielleicht der utopischste Moment eines ansonsten eher pessimistischen Films (den *Der Spiegel* als „Grabgesang" bezeichnete).[13] Eine spielerisch-leichte Drei- und Zweisamkeit, ungezwungen, zärtlich, zugedröhnt und leicht. Doch es ist nur dieser kurze Moment, denn ein Drogenfahnder (wieder Willy Semmelrogge) beschattet die Gruppe bereits, und am Morgen lauert der Ehemann Giselas mit einer Waffe vor der Haustür, da diese nicht zur verabredeten Zeit zu Hause war.

Upstairs hardcore, downstairs die Ästheten

Im Mai 2018, in einem Interview mit Willi Winkler in der SZ, wurde Wim Wenders zur Besetzung der Hochschule für Fernsehen und Film in München im Jahr 1968 befragt.

> Wenders: Ich glaube, der erste Plan war so eine Talentschmiede für die Bavaria oder fürs Bayerische Fernsehen. Kino war ja ein recht unbekanntes Terrain in Deutschland. Es gab praktisch keine Kino-Kultur. Das war die Zeit, als die Lederhosenfilme liefen und andere Soft-Pornos. Dann kam 1968, und wir haben, den Berliner und Pariser Beispielen folgend, gestreikt.
> Winkler: Und Sie wurden Rädelsführer.
> Wenders: Nur im Film. Ich habe tatsächlich als langhaariger Kommunarde und Rädelsführer in einem Film von George Moorse mitgewirkt, 1968: ‚Liebe und so weiter'. Im richtigen Leben habe ich mit anderen Filmstudenten in einer Kommune gewohnt. Im selben Haus, im Stockwerk darüber, wohnte Fritz Teufel mit seiner viel politischeren Kommune, und da gab es natürlich regen Austausch.
> [...]
> Winkler: Es war also wie ‚Upstairs, downstairs', der Originaltitel der Fernsehserie ‚Das Haus am Eaton Place'.
> Wenders: Richtig. Downstairs waren die Ästheten, die etwas belächelten Künstler, die aber eine gewisse Affinität zu den anderen hatten. Oben war hardcore.[14]

---

13 George Moorse: Pop mit Zero. In: Der Spiegel (1968), 12, S. 194.
14 Wim Wenders: Wir waren unantastbar. Die Hölle über München: Wie Regisseur Wim Wenders 1968 die Filmhochschule besetzte, als Rädelsführer verhaftet und später in Wien verknackt wurde (Interview mit Willi Winkler). In: Süddeutsche Zeitung (2018), 108, S. R6.

Wenders' Schilderung der strengen räumlichen Aufteilung im Kommunenleben ruft das Bild der Versuchsanordnung des geteilten Zimmers in LIEBE UND SO WEITER auf und mit ihm die Spannungsverhältnisse von Revoluzzern, Künstlern und Chemikern, die Moorse karikiert. Mittendrin Wenders als Statist, der sich als Rädelsführer probieren darf. *The Revolution Will Not Be Televised* – aber wie steht es um die belächelten Künstler im Dunstkreis der Revoluzzer? Vielleicht erlaubte der Bayerische Rundfunk ihnen 1968 in Fernsehfilmen laut und ironisch über die Möglichkeit von Revolutionen nachzudenken, ohne zwangsläufig verstanden werden zu wollen.

Literaturverzeichnis

Brustellin, Alf: Liebe und so weiter. In: Süddeutsche Zeitung (1968). Zitiert nach: http://www.deutsches-filmhaus.de/filme_gesamt/m_gesamt/moorse_george.htm (13. 05. 2018).
Moorse, George: Pop mit Zero. In: Der Spiegel (1968), 12, S. 194.
Nettelbeck, Uwe: Liebe und so weiter. In: Die Zeit (1968), 39. https://www.zeit.de/1968/39/liebe-und-so-weiter/komplettansicht (13. 05. 2018).
Wenders, Wim: Wir waren unantastbar. Die Hölle über München: Wie Regisseur Wim Wenders 1968 die Filmhochschule besetzte, als Rädelsführer verhaftet und später in Wien verknackt wurde (Interview mit Willi Winkler). In: Süddeutsche Zeitung (2018), 108, S. R6.
o. V.: Prügel in Gelb. Der Spiegel (1968), 42, S. 212.

Filmografie

DER GRILLER. Reg. George Moorse, BRD 1968.
LIEBE UND SO WEITER. Reg. George Moorse. D 1968.

Jasper Stratil
Erinnerung an eine schematische Zeit
Berlin-Bilder, Rhetorik und die Welt von MAKE LOVE NOT WAR

Zwischen Amerika und Berlin (West)

In der ersten Einstellung sehen wir spielende Kinder in *American Football*-Trikots auf einem Feld, wir hören ihre Rufe. Vereinzelte Töne eines Schlagzeugs und zwei *Jump Cuts* erzeugen einen sprunghaften Rhythmus. Schließlich betritt ein junger, uniformierter GI die Szenerie hinter einem bildfüllenden Zaun, der den durch das Teleobjektiv flachgedrückten Hintergrund abtrennt. Von der Umgebung ist kaum etwas zu erkennen: nur Bäume, Büsche und eine Straße.

Wo und wann befinden wir uns? Die Einstellung könnte sowohl in einer amerikanischen Vorstadt aufgenommen worden sein, als auch – die sehr viel wahrscheinlichere Variante – in einer US-amerikanischen Siedlung in Berlin (West), so z. B. am Hüttenweg, Ende der 1960er Jahre. Das Bild als historisches Dokument begreifend, ließen sich Ortsmarkierungen, Automodelle und Kleidungsmoden als Indizien für eine räumliche Lokalisierung und zeitliche Einordnung nutzen – ein Wiedererkennen, das durch die historische Rückschau zumindest erschwert ist. In welchem Abstand stehen die Bilder zur Alltagsrealität? Was die Szene zunächst selbst entwirft, ist ein spezifisch US-amerikanisch geprägter Raum, eine schematische Anordnung distinkter Elemente.

Dynamisiert wird die bildliche Komposition von Football spielenden Kindern, Zaun und GI durch den Bewegungsrhythmus von Bild und Ton. Das Schlagzeug nimmt die Bewegung des Soldaten als aktiv wirbelndes rhythmisches Muster auf, die Kamera gleitet parallel dazu den Zaun entlang. Wenige Momente später friert das Bild ein, und ein poppiger Schriftzug verkündet den Titel: „Make Love Not War – Die Liebesgeschichte unserer Zeit" (Abb. 1).

Der Titel weckt Assoziationen an Hippie- und Friedensbewegung, den *Summer of Love* und den *March on Washington* vom Oktober 1967, schließlich an die Anti-Vietnamkriegsproteste. Wie verhält sich der Film zur Rhetorik des titelgebenden politischen Slogans? Inwiefern thematisiert er den Vietnamkrieg bzw. das Verhältnis dazu? Und wie stehen dazu die „Liebesgeschichte" und „unsere Zeit"?

Diese Fragen betreffen direkt das Denken des Films. Dabei lautet die These, dass der Film nicht in der Rhetorik des „Make Love Not War" als einer politischen Forderung aufgeht. Vielmehr stellt er das Welt-Verhältnis einer äußerli-

Abb. 1: MAKE LOVE NOT WAR.

chen Perspektive auf eine schematisch organisierte Gegenwart her. Zentral sind, neben den Serienbildungen von Liebesdarstellungen und Stimmen, die Berlin-Bilder des Films, in denen er ein Nähe-Distanz-Verhältnis in der Inszenierung von Tropen-Räumen moduliert. Im Folgenden möchte ich mich mit der Welt von MAKE LOVE NOT WAR beschäftigen und die Prinzipien ihrer spezifischen Konstruktion aufschlüsseln.

Zwischen Orientierung und Orientierungslosigkeit

1968 kommt der selbstproduzierte Film von Werner Klett in die westdeutschen Kinos.[1] In West-Berlin spielend und gedreht, erzählt er die Geschichte von Eva, der jugendlichen Schulabbrecherin aus Bielefeld, und Brian, einem amerikanischen GI, der nach Vietnam fliegen soll, aber stattdessen desertiert. Eva ist kürzlich nach Berlin gekommen und arbeitet nun bei der Produktion eines Werbefilms für Kaffeebohnen in der Filmfirma ihres Bruders Adam mit, der gerade in Südamerika dreht. Brian, ein Freund Adams, bittet um Unterschlupf in dessen Haus und wird von Eva auf dem Dachboden versteckt. Zwischen den beiden entwickelt sich eine Beziehung, sie albern im Haus herum und machen Ausflüge. Das nimmt ein abruptes Ende, als Brian nach einer Verwechslung vor der Militärpolizei flüchtet und im großen Tropenhaus des Botanischen Gartens erschossen wird.

---

1 Am 27. März 1968 feierte der Film Uraufführung. Bereits am 5. 12. 1967 hatte er die Zensur passiert. Eine weitere Veröffentlichung von MAKE LOVE NOT WAR gibt es bisher nicht.

Eine solche Handlungszusammenfassung beschreibt treffend das äußere Geschehen, verfehlt aber gerade die zeitliche Entfaltung der filmischen Welt für die Zuschauer. Es ist ein filmischer Rhythmus, der immer wieder schnelle Wechsel vollzieht, mal das Tempo anzieht und dann wieder verlangsamt, ein szenisch kleinteiliger Rhythmus, in dem Situationen und Details wiederholt dominant werden.

Nach dem ersten Auftritt Brians erscheint Eva das erste Mal in einer Szene am Flughafen Tempelhof, ihr Gesicht hinter einer Glasscheibe, eingefasst in eine kontrastreiche Anordnung: Durch Reißschwenks werden die Nahaufnahmen ihres beobachtenden, neugierigen Blicks – wie sie sich am Glas die Nase plattdrückt – verbunden mit einer offiziellen Zeremonie. In dokumentarisch anmutenden Tele-Aufnahmen wird der Abflug eines Staatsmannes als militärisches Ritual aufgeführt. Uniformierte Polizistenkörper marschieren, salutieren und stehen in Reih und Glied Spalier, Kadrierung und Helligkeitskontraste betonen die geometrische Anordnung des Polizeikorps.

Eine Dynamik entsteht jedoch nicht nur durch diese Gegenüberstellung. Die Wahrnehmung der Uniformierten als Ausdruck von Ordnung wird erst hergestellt, d. h., man sieht den Prozess des Kadrierens als Herstellung eines Ausschnitts: Eine Gruppe marschierender Polizisten ist von Kopf bis Brust ins Bild gefasst; dann schwenkt die Kamera an einem Körper herunter, nur um in dem Blick auf die Kolonne der Stiefel eine neue Bildkomposition zu schaffen, auf der sie verweilt. Im Ton hören wir das rhythmische Klacken der Stiefelabsätze und das zunehmende Dröhnen von Flugzeugmotoren vor dem Abflug. Auf einen Blick Evas folgt der seitliche Schwenk entlang des Flugzeugs, in dem der Teppich und die große Einstiegstreppe für den Ehrengast ins Verhältnis gesetzt werden zur rückseitigen Treppe der übrigen Fluggäste. Schließlich rollt das Flugzeug in ein nicht-einsehbares, absolutes Weiß (Abb. 2).

In einer fließenden Bewegung geht ein Schwenk auf die Tiefenstaffelung der Polizeimotorräder hinab ins Schwarze und dann über in die Nahaufnahme einer Hand: Brian in einer Telefonzelle mit Telefonbuch; parallel geschnitten zu anderen Nahaufnahmen: Eva verloren mit Berlin-Karte. Völlig unklar bleibt das räumliche Verhältnis dieser Aufnahmen. Wer ist angekommen? Wer ist schon da? Schließlich steigt Eva in einen Bus, und die Kamera zoomt heraus. Zu erkennen sind das erste Mal die Außengebäude des Tempelhofer Flughafens in einer Totale: das filmische Bild zwischen Orientierung und Orientierungslosigkeit.

Umschnitt auf Brian, der in einem Taxi sitzt. Die Kamera schwenkt auf die trübe Rückscheibe des Autos. Der alleinige Fokus liegt auf dem Detail eines Aufklebers des „Taxi-Funk Berlin". Als ob dieser verschwommene, gleichsam konzentrierte Blick ein Erinnerungsbild initiierte, setzen die Autogeräusche

Abb. 2: Kontrastreiche Anordnung eines Abflugs.

aus, und ein undefiniertes Surren setzt ein. Mit viel Hall spricht Eva aus dem Off:

> Brian Harris war kein typischer Amerikaner. Aber Amerikaner schon. Nur anders als man erwartet. Er sprach auch sehr gut deutsch. Er konnte alles verstehen und ausdrücken. Aber davon, davon haben wir nie ausführlich gesprochen, im Versteck.

Dieses „davon" bleibt unbestimmt. Es folgt der Schnitt auf eine aufsichtige, totale Ansicht einer Villa mit Garten. Mit dem Schnitt wechselt der Tonfall und der Sprachrhythmus in einen protokollarischen Modus: „Ja, also am 17. August kam ich so gegen 3 Uhr vom Flughafen Tempelhof zurück." Die Kamera schwenkt zügig nach rechts, bis das Tropenhaus des Botanischen Gartens zu sehen ist. Vermessen wird der Raum, sichtbar gemacht der Abstand zwischen dem Begegnungspunkt der beiden Figuren, dem Haus auf dem Fichteberg, Zentrum des Films, und jenem Punkt in unmittelbarer Nachbarschaft, der sein Ende markieren wird.

Mit fortlaufender Dauer wird einsichtig, was hier in den Modi-Wechseln des Sprechens bereits angelegt ist, dass nämlich Evas Off-Erzählung aus einer Befragung durch die Militärpolizei stammt. Im Kontext dieser Situation spricht die Figur über Motivationen, Wertungen und Gefühle. Die Bilder werden darin durch die kindliche Erzählung als Erinnerungsbilder perspektiviert. Durch die Befragung wird eine tragische Zeit eröffnet, in welcher das Ende frühzeitig angelegt ist. Folgen die Bilder einem chronologischen Verlauf, häufig im Prinzip der Parallelmontage, so ist die Off-Erzählung immer wieder zeitlich verschoben und lässt die Zeitebenen verschwimmen: die Stimme greift voraus, blickt zurück. „Ab wann wir intim wurden? Ab der ersten Minute."[2]

Im Weiteren wird der Film die Bewegungen der beiden Figuren nachzeichnen, das Kreuzen ihrer Wege, das mit dem Tod Brians endet.

Ambition eines modernen Films: Eine Frage der Rhetorik

In zwei zeitgenössischen Filmkritiken wird der Film verhalten aufgenommen, gar verrissen. *Der Spiegel* spricht von „undisziplinierter Weitschweifigkeit" und bezeichnet MAKE LOVE NOT WAR als „politisch sachten, formal wackligen Film".[3] In der FAZ kommt man zum abweichenden, vernichtend gemeinten Urteil eines reinen Ästhetizismus:

---

[2] In einer früheren Szene sagt sie: „Ich war nicht verliebt. Da überhaupt noch nicht."
[3] o. V.: Ärger mit BMW. In: Der Spiegel (1968), 13, 25.03.1968, S.184. Die *Spiegel*-Kritik ist selbst noch in einem fragmentarischen Stil verfasst, der die Weitschweifigkeit als Abschweifen erscheinen lässt.

Diesem Film wohlgemeintes Engagement zu konzedieren – Engagement, das auszudrücken der Regisseur nicht recht in der Lage gewesen sei –, wäre zuviel des Guten. Werner Klett hatte nicht mit Stilunsicherheiten zu kämpfen; der Film ist stilistisch geschlossen.[4]

„Sinnlose" Schärfeverlagerungen, Reißschwenks und „ständige Kamerabewegung": Das Movens sei nicht die (Liebes-)Geschichte, „sondern nur der Wille des Werner Klett, einen absolut modernen Film (oder was er darunter versteht) zu machen."[5] Modern heißt hier Formbewusstsein moderner Kunst, aber vor allem auch Mode(rne) der Gegenwart. So versammelt der Film ein „Kompendium aller Unarten" deutscher Jungfilmer: Boy meets Girl, Liebesspiele, Beat-Musik, Film im Film, ein tiefsinnig intendiertes Klee-Gemälde und politisch gemeinte Dokumentaraufnahmen.[6] Kein Interesse an Narration, keine Rhetorik des Engagements: Das Thematisch-Werden des Vietnamkriegs scheint (bloß) auf die Ambition eines modernen Films, den Anspruch seiner Zeitgenossenschaft, bezogen zu sein. In dieser Perspektive wird der Film gerade nicht in Verkörperung des Titels als politischer Aufruf angesehen.

„Make Love Not War" ist ein Slogan, den die amerikanischen Protestbewegungen geprägt und verbreitet haben.[7] Das Prinzip intimer Beziehungen wird gegen das gewaltsame Austragen von politischen Konflikten gesetzt. Die Begriffe „Liebe" und „Krieg" vertreten zwei Ordnungen, die durch die rhetorische Figur des Zeugmas verbunden werden. Im sprachlichen Imperativ erfolgt die normative Aufforderung, das eine durch das andere zu ersetzen. Als politische Parole formuliert der Slogan die Norm einer neuen Gemeinschaft, welche entlang der Zustimmung die Grenze zwischen neuem Selbstverständnis und altem Überkommenen zieht und dabei nach innen und außen gemeinschaftsbildend wirken soll.

---

4 o. V.: Make Love – Not War. In: Frankfurter Allgemeine Zeitung (1968), 15. 06. 1968, S. 83.
5 o. V.: Make Love – Not War, S. 83.
6 Noch auf einer weiteren Ebene weichen die beiden Kritiken voneinander ab. Während die FAZ Werner Klett als Vertreter der deutschen Jungfilmer und – so ließe sich ergänzen – Autorenfilmer auffasst, stellt die Rezension des *Spiegel* gerade die unterschiedlichen Beteiligten, das Team, heraus: den Kameramann Perikles Papadopoulos, die Schauspieler Claudia Bremer und Gibson Kemp, den Mit-Drehbuchautoren Günter Adrian, auf dessen Roman *Die Flinte im Korn* der Film basiert. Es ließe sich noch die Musik ergänzen u. a. von Oskar Sala und die Schlagzeug-Soli Kemps. Gibson Kemp ersetzte als Schlagzeuger Ringo Starr in der Band *Rory Storm And The Hurricane*, als dieser zu den Beatles wechselte. Danach spielte Kemp unter anderem in der Band *Paddy, Klaus&Gibson*. 1966 wurde er der Schlagzeuger der *Giants*, deren Singles *My Magic Room* und *Even the Bad Times Are Good* Eva Brian im Film vorspielt.
7 1970 in der ersten Version für das spätere *Mind Games* singt John Lennon angesichts des zum Klischee erstarrten Spruches: „Make Love Not War. I know you heard it all before."

In welchem Verhältnis steht dazu der Untertitel? Drehbuchautor Günter Adrian begründet den zweisprachigen Titel des Films mit einer Übersetzungsleistung:

> Der sicher etwas merkwürdige Untertitel DIE LIEBESGESCHICHTE UNSERER ZEIT geht an die Adresse derjenigen, die nicht Englisch verstehen, dafür umso besser die Sprache von HEIM UND WELT. Die haben unsere Lektion am nötigsten.[8]

Es ist dies die Sprache der Trennung von Eigenem und Fremden. Nicht zuletzt stellt sich mit dem Hinweis auf die Lektion die Frage nach der Rhetorik, der Wirkungsabsicht. Klingt „Lektion" nicht nach Erziehung, nach Didaktik, nach einer zu vermittelnden Erkenntnis, die es für die Zuschauer zu lernen gilt? Doch worin besteht diese Lektion in MAKE LOVE NOT WAR? Wovon will der Film überzeugen? Dass Krieg im Allgemeinen schlecht ist? Dass (spezifisch) der Vietnamkrieg der Amerikaner ein Verbrechen darstellt?

Im Film ist es eine sehr spezifische Form der Parabel, die aufgerufen wird, wenn Brian in einer Ausgabe von James Thurbers *Die letzte Blume* blättert.[9] In der Parabel erwächst nach einem vernichtenden Krieg aus der Gemeinschaft eines Mannes, einer Frau und einer Blume ein neuer Krieg. Im englischen Original lautet der Schlusssatz: „This time the destruction was so complete that nothing at all was left in the world except one man and one woman and one flower."[10] Die Parabel kreist um die Formulierung „this time", die gerade offenlässt, ob damit eine zyklische Wiederkehr menschlicher Zerstörung oder eine (utopische) Differenz markiert ist.[11]

Mir geht es nun nicht darum zu behaupten, dass MAKE LOVE NOT WAR das poetische Prinzip dieser Parabel filmisch umsetzt – nämlich eine Spirale, die sich aus einer zyklischen und einer linearen Bewegung zusammenfügt. Vielmehr ist herauszustellen, wie der Film die Frage der Rhetorik in der Auseinandersetzung mit Kunstwerken denkt. Er vermittelt gerade keine Moral oder Botschaft, die sich aus der Narration ableiten lässt, sondern ein spezifisches In-der-Welt-Sein, das um das Problem des Schematismus kreist.

---

[8] Jan Gympel: Make Love Not War. In: Berlin-Film-Katalog, http://www.berlin-film-katalog.de/dezember-2016.html (aufgerufen am 13. 05. 2018).
[9] Folgt man der Referenz, so glaubt man noch den Titel von Thurbers Sammelband *Fables for our time and Famous Poems Illustrated* (1940) im Untertitel des Films mitschwingen zu hören.
[10] James Thurber: The Last Flower. A Parable in Pictures. Iowa City 2007.
[11] Genau diese Optionen werden im Film von Eva und Brian diskutiert. Eva fragt: „Und da geht alles wieder von vorne los?" Brian antwortet: „Ich weiß es nicht. Da ist das Buch zu Ende."

Heterogene Serien

Als schematisch lässt sich die Konstellation der Figuren beschreiben. Zunächst die beiden Protagonisten: deutsche Schülerin aus bürgerlichem Haus und amerikanischer Soldat. Im erweiterten Figurenensemble treten verschiedene Erwachsene als Repräsentanten einer alten Ordnung auf – charakterisiert durch karikaturhafte Dialoge: der Frauen nachstellende Herr Polzin, Geschäftsführer der Filmfirma des Bruders; Evas Onkel (Oskar Sala); ein Arzt („Wir haben noch Sport betrieben, sind gewandert. Was glauben Sie, wo unser eins sonst hingekommen wäre in Russland.", „Nichts Coca-Cola und Penicillin." Und „Soll ich Ihnen vielleicht eine Spritze geben? Wir sind hier doch nicht in den USA!") und die Haushaltshilfe aus dem Arbeiter-Milieu mit Berliner Dialekt („Alles verstopft. Die mit ihren langen Haaren und Schildern. Also die Studenten. Hat Herr Kiesslich schon geschrieben. Letztes Mal hat er mir eine Karte geschickt aus dem Kongo. Mit ner nackten Negerin.") Nicht weniger schablonenhaft erscheinen die Studenten – über sie wird noch zu sprechen sein.

Den Repräsentationen folgend, ließe sich schnell eine Reihe von schematischen Gegensätzen aufmachen: jung vs. alt, privat vs. öffentlich, Herz vs. Verstand, Studenten vs. Reserveoffiziere, kindliches Spiel vs. tödlicher Ernst, Liebe vs. Krieg. Paradigmatisch für ein solches Verständnis des Filmes erscheint die Szene, in der Brian und Eva Sex haben und die Nahaufnahmen der nackten, sich liebkosenden Körper mit aufblitzenden Fotografien des Vietnamkrieges – von kämpfenden Soldaten, flüchtenden Zivilisten – unterschnitten werden. Stehen doch hier titelgebend Bilder von Liebe und Sexualität Bildern des Krieges gegenüber. Es sind die einzigen Aufnahmen, die man aus Vietnam sieht. Wird hier das Liebesglück gegen das Leiden, das private gegen das öffentliche Politische gesetzt? Ist immer schon klar, was die einzelnen Elemente bezeichnen? Die Szene löst sich nicht im Dualismus auf und muss mindestens um die Figur des Verlobten Arno ergänzt werden, der, ein Telegramm Evas missachtend, nächtens aus Bielefeld anreist. So bleibt das brummende Motorengeräusch, das bedrohlich über der Sexszene schwebt, zweideutig zu interpretieren: Stammt es von einem Helikopter oder einem Auto?

Die Darstellung von Liebe und Sexualität muss als eine eigene Linie verstanden werden, eine Serie, die sehr unterschiedliche Elemente verbindet. So arbeitet eine Parallelmontage mit dem Kontrast zwischen dem Paar, das, nach einer Fahrradtour vom Regen durchnässt, sich gegenseitig die Kleider auszieht, und Herrn Polzin, der ein junges Mädchen davon zu überzeugen versucht, nackt vor seiner Kamera zu posieren. Scheinbar kongruent zu dieser Opposition hängen Gemälde an den Wänden der jeweiligen Räume: Paul Klees *Senico* steht einem Plakat des Comics *Barbarella* gegenüber: Intimität und Kunst vs.

Abb. 3: Heterogene Serien.

erzwungene Nacktaufnahmen und Kommerz. Doch die dualistische Aufteilung lässt sich schwer aufrechterhalten angesichts der Überkreuzung mit einer weiteren Serienbildung des Films, nämlich den zahlreichen, im Haus verstreuten Bildern und Gemälden, so den verstaubten Gemälden auf dem Dachboden oder dem surrealistischen Bild im Wohnzimmer. Versammelt ist eine Vielzahl unterschiedlicher Epochen und Ausdrucksformen. Das *Exploitation*-Plakat der nackten Barbarella beginnt mit der *Pop-Art* von Roy Lichtensteins *Sweet Dreams Baby* aus einer früheren Szene zu kommunizieren (Abb. 3).

Intimität, Pornografie, Nötigung, Exploitation als künstlerischer Modus: Sex und Liebe erscheinen nicht als dialektisch verbunden, sondern bestehen als eine Serie unterschiedlicher Relationen. Es geht nicht um eine Synthese oder die Aufhebung eines Schematismus. Die differenzierende Serienbildung erzeugt vielmehr Schematismen, wie sie gleichzeitig auf die Stillstellung eines schematischen Dualismus antwortet. Die Bewegung entsteht gerade durch eine zweite heterogene Serie von Kunstwerken.

Ich möchte nun auf eine weitere Sexualitätsdarstellung etwas ausführlicher eingehen, handelt es sich dabei doch um die Überkreuzung mit einer weiteren Serie des Films, nämlich der filmischen Selbstreflexion in Form von Film-im-Film-Konstruktionen. „Gerda", so der Titel jenes innerdiegetischen Filmes, stellt eine Parodie des Aufklärungsfilms dar – konkrete Referenz mag Erich F. Benders HELGA – VOM WERDEN DES MENSCHLICHEN LEBENS (BRD 1967) gewesen sein. Primär funktioniert die Parodie als Ton-Bild-Studie.

Gerda

Die Sequenz beginnt mit einer frontalen Ansicht, der Großaufnahme einer jungen Frau. „Nehmen Sie schon Platz", hört man aus dem Off, gesprochen im diegetischen Raum einer Sichtungssituation, in der Herr Polzin, Eva und einige andere Männer das Filmmaterial anschauen. Der Film-Kommentar beginnt nüchtern: „Janus, der Gott mit den zwei Gesichtern, wohnt in jedem von uns. Auch in jeder Frau, jedem Mädchen." Keck den Augenkontakt mit der Kamera haltend, streicht die Darstellerin mit ihrem Zeigefinger über die Mitte ihres Gesichts, dessen eine Hälfte mit einer Creme bedeckt ist. Aus zwei Blickwinkeln sehen wir sie sich mit einem Pinsel das Gesicht einseifen, den Spiegel in der Hand. Dabei springt der Film zwischen beiden Ansichten in raschem rhythmischen Wechsel, der gerade die gedehnte Violinen-Musik und das betonte, nachdrückliche Sprechen des Kommentators kontrastiert: „Was ist das, ein Mädchen? Und wo fängt es an, Frau zu werden? Auch hier gibt es keine festen Normen."

Das Bild wechselt in eine totalere, untersichtige Einstellung, die Kamera lugt unterhalb eines Tisches hervor. Hinter der Frau, dem Mädchen, grinst ein Affe von einem Gemälde herab, als ob er die Szenerie beobachten würde. Die Frau beginnt sich in den Ausschnitt zu pinseln, knöpft sich schließlich das Hemd auf und legt es ab. Mit einem ausgestellten Lächeln setzt sie das Pinseln – weiter in den Spiegel schauend – fort.

> Die Entdeckung der eigenen Leiblichkeit überfällt die eine früher, die andere später. So ist es, und so war es schon vor Jahrtausenden. Wir modernen Menschen wollen und dürfen die Augen nicht davor verschließen. Die Kamera demonstriert hier einen Fall von Aphroditismus, zu deutsch Schaumgeborenheitsdrang, nach neuester sexualwissenschaftlicher Erkenntnis ein ganz natürlicher und keineswegs anormaler Wunsch.

Mit dem Stichwort „moderne Menschen" folgt erstmalig der Umschnitt in den dunklen Zuschauerraum: Die Kamera schwenkt entlang der starrenden Gesichter.

> Das kann natürlich Grenzen erreichen, die bedenklich sind. Aber noch weit gefährlicher ist es, wenn man selbst oder wenn andere, Eltern, Erzieher oder Ehegatten ein solches kreatürliches Verhalten frustrieren, also gewaltsam …

Abb. 4: Gerda.

Die Frau pinselt grinsend ihre Brüste ein, diese dabei quasi massierend. Das schnelle Pinseln geht über in ein langsameres Streicheln (des weiß gemusterten Oberkörpers), ein Kreisen um die eigene Brust, während sich das „Versuchsobjekt" streckt und den Kopf hin- und herwiegt, als sei sie erregt von den eigenen Berührungen (Abb. 4).

Es sind multiplizierte Blickkonstruktionen: Das Schauen wird selbst in Szene gesetzt. Noch der antizipierte Blick der Zuschauer wird vorgeführt. Es sind Schauanordnungen, in denen aus dem Versuchsobjekt ein objekthaftes Subjekt der Begierde wird. Der Tonraum löst sich dabei ab von den Bildern und findet nur punktuell mit ihm zusammen, um sich dann wieder zu verlieren: ein Souverän-Werden jeweils von Bild- und Tonebene, die in unterschiedliche Verhältnisse treten. Es ist ein *Sprechen-Über*, das sich sowohl von den Bildern, über die gesprochen wird, als auch den Körpern der Sprechenden abtrennt. Kommentiert wird noch der Kommentar selbst. Immer wieder hört man die Stimmen aus dem Sichtungsraum den Film kommentieren. Die Filmsichtung wird beendet mit den Worten: „Das ist doch heute das einzige, was wirklich läuft." Jenes „heute" wird gerade aufgerufen, adressiert im Modus der Parodie.

Die Komik besteht im Schauspiel, im Zur-Schau-Stellen der übersteigerten körperlichen Bewegungen, die auf einen verharrenden Kamerablick ausgerichtet sind, und im Tonfall des Sprechers, der in Duktus und Prosodie einen Aufklärungsimpetus imitiert, schließlich im rhythmischen Profil, der Wiederholung der Bilder und der Dauer, des Aushaltens jenes Kontrasts, den der Film als audiovisuelle Analyse herausarbeitet. So präpariert die Parodie das auseinanderklaffende Verhältnis von Bild und Ton heraus, zwei Ebenen, die jeweils unterschiedlichen Logiken folgen.[12] Dies geschieht gerade vor dem Hintergrund des Ganzen des Filmes, in dem das Verhältnis von Ton und Bild in Form von unterschiedlichen Relationen bearbeitet wird, sodass es selbst eine Serie der Stimmen ausbildet.

Jenseits des Kommentars: Serie der Stimmen

Nicht nur versammelt der Film sehr unterschiedliche Stimmen (den Akzent Brians, das Nölen Evas, das Quaken Herrn Polzins, das sich besonders deutlich als Nachsynchronisierung zu erkennen gibt), sondern auch unterschiedliche Modi des Sprechens und schließlich unterschiedliche Bezüge auf das filmische Bild. Bezogen auf das Ton-Bild-Verhältnis wird eine Gruppe von Studenten persifliert, denen Eva auf dem Ku'damm begegnet:

> Darf ich Ihnen etwas über unsere Gesichtspunkte sagen? Wir stehen auf dem Standpunkt, eine Demokratie muss progressiv funktionieren. Wir Studenten sagen nicht grundsätzlich Nein. Aber wir wehren uns dagegen, dass die Restauration zur totalen Agonie führt.

Während Eva, umringt von einer Schar junger Männer, den Worten lauscht, die wir nur aus dem Off hören, wird sie von einem jungen Mann interessiert beobachtet, der seinen Blick nicht von ihr lassen kann. Nach einem schnellen Schwenk auf den Boden, hören wir die gleiche Stimme, nur dieses Mal ist sie dem jungen Mann zugeordnet:
- Haben Sie die Rede von Prof. Marcuse gelesen?
- Nein.
- Schade, dann muss ich weiter ausholen. Der Senat hat uns in eine Position gezwungen, in der wir handeln müssen. Und das Meinungsmonopol der Springerpresse ist doch eine Tatsache, an der nur ein ausgewachsener Analphabet vorbeigehen kann.

---

[12] Die Relationierung von Aufklärung und Sexfilm deutet bereits die filmhistorischen Fortentwicklungen der zeitgenössischen Aufklärungsfilme an.

Längst hat die dynamische Kamera begonnen, halbsubjektiv Evas Blick annehmend, den Raum abzuschweifen; und sie folgt dem rennenden Verlobten Arno in der Menschenmenge. Das Sprechen der Studenten findet nicht zu den filmischen Bildern. Abgehobenes Sprechen und abgelenkter Blick bestimmen ihr Verhalten zueinander.

Schließlich ist da jene Sprecher-Stimme des von Herrn Polzin produzierten Kaffee-Werbefilms. In seinem Verlauf verfolgt MAKE LOVE NOT WAR etappenweise die arbeitsteiligen Schritte dieses Produktionsprozesses: Zunächst die Produktion des Werbeslogans am Tricktisch (Zoom auf eine Kaffeetasse: „Jede Bohne einzeln von Meisterhand geröstet"), zweitens die dokumentarische Inszenierung in der Fabrik mit dem Herstellungsleiter als Model an der Maschine. Die dynamischen Einstellungen der arbeitenden Filmcrew kontrastieren die statische Einstellung im fertigen Werbefilm: Im Umschnitt sieht man nicht das gefilmte Kamera-Material, sondern schon den vertonten Film – mit elektronischer Sound-Untermalung und Sprecherkommentar. Später wird dann die Herstellung dieser Töne in eigenständigen Szenen vorgeführt: so die Musikuntermalung Oskar Salas an seinem Trautonium zu Aufnahmen von Frauen am Fließband und schließlich eine *Session* im Tonstudio mit dem Sprecher. Der gesprochene Kommentar soll den Sinn der Bilderfolge explizieren und kohärent an den Slogan zurückbinden. Besteht darin doch gerade das (einheitliche) Ziel der Werbebotschaft, den Kaffee schmackhaft zu machen und für den Kauf anzupreisen. Im Falle dieses Werbespots handelt es sich um eine audiovisuelle Komposition, in welcher der Sprecherstimme eine privilegierte Stellung für die Rhetorik zugesprochen wird. Als Frage des Rhetors adressiert dies die Szene selbst. So fragt der Sprecher Herrn Polzin: „Wer kauft ihnen das denn ab?" Woraufhin dieser entgegnet: „Nicht mir soll das jemand abkaufen, sondern Ihnen." Der (filmische) Rhetor ist gerade kein externer vorfilmischer oder imaginierter Autor oder Regisseur, sondern im Film selbst zu verorten.[13] Das mehrmalige Wiederholen der Sätze durch den Sprecher verdeutlicht den Prozess der Suche nach dem richtigen Ton, der sich in das rhetorische Geflecht des Films als Ganzem sowie in einzelne Ausdrucksgestalten einfügt. Sei es der erklärende Sprecher-Kommentar oder die entlarvende Montage konkurrierender Bilder

---

[13] Mir geht es nicht um die Analyse der filmischen Welt als Ausdruck eines Autor-Subjekts. In diesem Kontext ist noch auf den abwesenden Filmemacher-Bruder zu verweisen. Möglichen autobiographischen Spuren bin ich nicht nachgegangen. Durchaus stellt sich aber die Frage, in welchem Verhältnis der Film zum (eher unbekannten) Werk des (Dokumentar-)Filmemachers Werner Klett steht. Die Vermutung ist, dass Aspekte wie die Studie von Ton-Bild-Verhältnissen und die Reflexion dokumentarischer Filmpraxis auf andere Filme Kletts zu beziehen sind.

oder die rhythmische Dynamisierung der audiovisuellen Komposition – übernimmt das filmische Ausdrucksgefüge selbst die rhetorische Kraft, so entsteht im Filme-Sehen selbst noch das Bild jenes filmischen Rhetors. Der filmische Rhetor gründet im filmischen In-der-Welt-Sein.

Als Schlussplädoyer einer Gerichtsrede im Sinne der klassischen Rhetorik lässt sich der letzte Einsatz von Evas Off-Stimme verstehen, ihre letzten aus dem Off gesprochenen Worte erscheinen als Verteidigungsrede, die zu einer Anklage wird:

> Er hätte einen anderen gebraucht. Einen, der ihn richtig behandelt. Richtig versteht. Mit dem Kopf statt mit dem Herzen. Ich habe ihn nur mit meinen Gefühlen verstanden und geschwiegen. Und da hat er auch geschwiegen und geglaubt, er wäre alleine. Und ich gehörte zu denen, die sie die gesunde Mehrheit nennen. Damals hätte ich reden müssen, mit Brian. Und nicht jetzt mit Ihnen. Wirklich, ich kann nur immer wieder sagen, er wusste nicht genau, was er wollte. Nur was er nicht wollte, das war ihm klar. Er wollte nicht töten und auch nicht sterben. Das wollte er sich von keinem befehlen lassen. (Pause) Und wenn Sie das für krank halten, bitte, dann war er krank. Dann bin ich es auch, dann sind das viele. (Pause) Was möchten Sie noch wissen? Haben Sie Angst, die anderen könnten so werden wie Brian? Dann tun Sie doch was! Dann tun Sie doch was!

Was getan werden soll, bleibt unklar. Worüber die beiden hätten reden müssen, wird auch nicht explizit benannt, naheliegend ist jedoch, dass damit auf die Haltung, das Verhältnis zum Vietnamkrieg verwiesen ist. Die letzten Worte werden zu einem lauten, vorwurfsvollen Ruf. Eva wird zur Sprecherin jener Gemeinschaft des „Make Love Not War". Bezogen auf die Dramaturgie des Films ist allerdings herauszustellen, dass MAKE LOVE NOT WAR gerade nicht mit ihrem Plädoyer endet. So plötzlich, wie die Off-Stimme zu Beginn in der filmischen Welt auftaucht, verschwindet sie vor dem Schluss. Was bleibt, ist jenes Surren, das die Stimme begleitete und die Perspektive, eine (zeitliche) Differenz markiert.

Ist Evas Stimme zwar eine zentrale, so ist sie aber nicht *die* Stimme des Films. Vielmehr muss noch Evas Voice-over im Verhältnis zur Serie der Stimmen im Film gedacht werden. Die hallige Stimme ist kein externer Kommentar, sondern eine Stimme aus der filmischen Welt, deren Raum-Zeit-Verhältnisse sie dennoch prägt. In den Berlin-Bildern des Filmes sollen abschließend noch einmal die Modulationen der Räume in den Blick genommen werden.[14]

---

[14] Bezüglich der Berlin-Bilder kann auf weitere Filme Werner Kletts an dieser Stelle nur verwiesen, ein Vergleich jedoch nicht geleistet werden: DIE GANZE STADT BERLIN (BRD 1965–1968), DIE ANDERE HAUPTSTADT. BILDER UND ERINNERUNGEN IN OST-BERLIN (gemeinsam mit Fritz Illing, BRD 1966) und BERLIN KLAMMER AUF OST KLAMMER ZU (ebenfalls gemeinsam mit Fritz Illing, BRD 1967–1970).

Berlin-Bilder

Eine Topographie West-Berlins ließe sich bestimmen durch die Bewegungen der Figuren im Berliner Stadtraum, d. h. der lokalisierbaren Orte, welche der Film zeigt, sowie jener Bezirke, die der Film nicht betritt (z. B. Kreuzberg). Zentrum und Rückzugsraum ist die bürgerliche Steglitzer Villa, die der Film zusammensetzt aus Garten, einer Vielzahl von Türen und Räumen,[15] dem heterotopen Dachboden, auf dem Brian untergebracht wird und der erst einmal eine Grundreinigung bekommt – als verwinkeltes, unüberschaubares Innen.[16] Ein Haus, in dem beide zu Gast sind, das sie sich herrichten, das sie teilen mit Herrn Polzin, mit Gemälden und Bücherschränken.

In dokumentarisch anmutenden Aufnahmen werden der Flughafen Tempelhof gezeigt, ein Besuch im Planetarium, eine Fahrt über die Berliner Stadt-Autobahn, ein Arztbesuch in Schöneberg (in der Leberstraße), ein Besuch des Botanischen Gartens sowie Studenten und kauflustige Menschenmassen am Ku'damm. Schließlich gibt es einen Ausflug von Eva und Brian ins Grüne, an den Wannsee. Den Eintritt in den Wald markiert ein Verbotsschild, auf dem das Piktogramm eines Panzers zu sehen ist.

Das Schild mutet befremdlich an, ein absurder Fremdkörper im Wald, durch den die beiden radeln. In der Negation des Verbots verweist das Zeichen auf eine militärische Präsenz, die gezeigt wird, als die Militärpolizei auf dem Wannsee patrouilliert.[17] Nicht inszeniert als subjektive Bedrohung für Brian, sondern als dokumentarischer Blick auf ein Nebeneinander von Militärschutz und schwimmenden Sonntagsausflüglern – Rutschen und Soldaten.

Der Blick auf das Militär funktioniert aber nicht nur als Zeugenschaft, sondern löst noch Transformationen des filmischen Raumes aus: Unmittelbar zuvor, als Eva und Brian zum Ausflug aufbrechen, sehen wir eine Szenerie aus rollenden Panzern und einem wuchernden Busch, der große Teile des Bildes im Vordergrund verdeckt und den Blick auf den Panzer rahmt. Beinahe sieht

---

15 Die vielen Türen werden in einem kindlichen Rollenspiel bespielt, in der die beiden Brians neue Identität als (Geheimagent) Herbert Richter aufführen. In leichter Beschleunigung des Bildes, die an das Albern und Tollen der Beatles-Filme erinnert, rennen sie durch das Haus, spielen Verstecken. Türen werden geöffnet und geschlossen.
16 Während des Aufräumens sagt Eva: „Ich glaube, Herr Grasnickel hat das Bild gemalt. Von dem hat Adam das Haus gekauft. Nach der Mauer da waren hier die Häuser furchtbar billig. Die Leute dachten damals, die Amerikaner lassen Berlin fallen. Aber Adam hat gesagt, dass können die sich gar nicht leisten. Auch wenn sie möchten."
17 Dabei geht es mir gerade nicht um eine Überprüfung historischer Korrektheit, z. B. inwieweit bestimmte Einstellungen reinszeniert sind. Vielmehr interessiert mich das spezifische Berlin-Bild, das der Film entwirft.

Abb. 5: Militärische Präsenz und anverwandelter Stadtraum.

es so aus, als ob das Bild nur aus Busch und Panzer besteht – ein Ensemble, das gerade nicht auf die konkrete Identifizierbarkeit des Ortes setzt. Berlin wird zum Urwald-Kriegsschauplatz, durch den sich Eva und Brian bewegen. In der Spiegel-Kritik findet man die Beschreibung: „Durchs Tele-Objektiv betrachtet, wirkt das Pärchen fremdartig wie im Expeditionsfilm über ein fernes Land."[18] In dieser Perspektive scheint das folgende Verbotsschild als Teil einer Ausweichbewegung, als Versuch, dem Militär zu entkommen, und die Ko-Präsenz im Freibad als deren Scheitern. In einer anderen Szene fliegt ein Helikopter über den Steglitzer Garten. Brian stürzt panisch in Richtung Haus. In einer schnellen seitlichen Bewegung löst sich der konkrete Raum des Gartens auf, die Pflanzen werden zu einem schemenhaften Dschungel, aus dem es zu entkommen gilt (Abb. 5).

West-Berlin taucht nicht als (austauschbare) Kulisse auf, sondern als anverwandelter Stadtraum, als spezifisch perspektivierter Raum bzw. Räume. Für die mehrdeutige Zuordnung findet der Film das Bild des Tropen-Raumes. Zwei

---

18 o. V.: Ärger mit BMW. In: Der Spiegel (1968), 13, 25.03.1968, S. 184.

Mal wird die gleiche Aufnahme von überbelichtetem Farn gezeigt. Ist es beim ersten Mal vom Bruder in Südamerika gedrehtes Material, so tauchen beim zweiten Mal Eva und Brian darin auf: Die Einstellung eröffnet eine Szene im Tropenhaus des Botanischen Gartens.

Für den Film findet der Krieg nicht allein in der Ferne statt, vielmehr ergibt sich aus der militärischen Präsenz der Amerikaner, welche auf den Konflikt in Vietnam verweist, ein eigenartiges Nähe-Distanz-Verhältnis. Es ist ein (alltägliches) Eindringen des Militärischen in den öffentlichen Raum, eine Vermischung und Durchdringung verschiedener Sphären, die im Begriff des Kalten Krieges angedeutet wird. Die Berlin-Bilder des Films machen diesen Zustand erfahrbar, nicht nur in der Präsenz amerikanischen Militärs, sondern auch in der Darstellung einer geteilten Stadt, der Inszenierung West-Berlins als Begrenztes, als „Insel", so wenn der Verlobte mit dem Auto eine Grenzkontrolle passiert.

Oder in jener Szene zu Beginn am Flughafen, wenn das Flugzeug in das Weiß rollt, die Grenze der sichtbaren Welt. So verschwindet doch jeglicher Raum jenseits des Rollfeldes in einem alles verschlingenden Weiß. Das Flugzeug rollt in ein Außen, das in diesem Fall das Außerhalb Berlins ist: Berlin als Abgeschottetes, als Insel.[19]

Schließlich arbeitet die Szene mit Überbelichtungen. Es stellt sich die Frage nach dem Weiß in der Relation zu jenen Aufnahmen aus Südamerika, die der abwesende Bruder Adam zurück nach Hause schickt. Gesichtet werden sie im Anschluss an die „Gerda"-Parodie, kommentiert in Hinblick auf ihr Gelungen-Sein: Stehen die Bilder lang genug? Was repräsentieren sie? Stimmen die Aufnahmen im Abgleich mit dem Drehbuch? Schließlich werden sie normativ als schlecht produzierte Bilder bewertet: zu viel Überbelichtung, lautet das Urteil. Wird im einen Fall das Weiß als technisch produziertes Defizit, als unveränderliches Material, das ein Problem für die Produktion darstellt, adressiert, ist es im anderen Fall generativ für ein spezifisches Sehen-Als, das im Filme-Sehen hergestellt wird – gerade jenseits dokumentarischer oder fiktionaler Modi. Das filmische Bild ist nicht abzulösen von diesen Perspektiven.

Indem die Film-im-Film-Bilder noch die restlichen audiovisuellen Bilder perspektivieren und informieren, wird deutlich, dass es nicht um ein reines Hinweisen auf das eigene Produziert-Sein geht. Die Film-im-Film-Aufnahmen sind gerade nicht als Getrenntes vom Film zu begreifen, vielmehr stehen sie in

---

[19] In der konkreten Szene ist dieses Außen noch bezogen auf die schematische Anordnung, in welcher weitere Trennungen eingezogen werden, z. B. durch die Glasscheibe, hinter der sich Eva befindet.

spezifischen Relationen zu den übrigen Einstellungen. Die Selbstreflexion ist Teil der filmischen Welt.

Das Weiß als absolutes Außen lässt sich – genau in dieser Relationierung – auf die wahrnehmende und ausdrückende Kamera zurückführen. Die Kamera ist als halbsubjektiv zu fassen, es sind freie indirekte Bilder. Weder sehen wir alleinig den Blick Evas noch eine Selbstpräsentation des Polizeikorps. Die Szene kann gerade nicht alleine einer spezifischen Figurenperspektive zugeordnet werden. Dies ließe sich auf die ganze filmische Welt ausweiten; geht die Welt doch gerade nicht aus der Fokalisierung durch eine der beiden Figuren hervor, nicht aus der Off-Erzählung Evas. Trotzdem sind die filmischen Bilder zentral auf die Figuren bezogen, auf ihre Körper, an die die Kamera sich anschmiegt, die sie mal distanziert beobachtet oder anschneidend fragmentiert, um sich dann wieder von ihnen zu lösen.

Zeitweilig wechselt das audiovisuelle Bild in einen lyrischen Modus. In einer Szene zu Beginn des Films, nachdem Brian bei Eva aufgetaucht ist, spielt sie ihm Schallplatten vor. Zum Klang der Beat-Musik sehen wir, wie Brian sich abwendet und in Richtung des Bücherregals geht. Aus dem Dunklen zieht er eine Pistole hervor, die er kurz zuvor dort versteckt hatte. Währenddessen verzerrt sich der Klang der Musik, wird zu einem bedrohlichen, introspektiven Ton. Es folgt ein Reißschwenk auf die vergnügt tanzende Eva. Brian tritt an sie heran. In einer extremen Nahaufnahme blickt Eva direkt in die Kamera. „Eva, nehmen Sie meine Pistole." Es folgt ein Umschnitt auf Brian: „Ich kann nicht fort. Ich will hierbleiben. Sie müssen mich verstecken. Ihnen kann nichts passieren, wenn man mich findet." Noch während dieser Worte schwenkt die Kamera runter entlang Brians Körper, folgt der Linie des Tisches, auf dem er sitzt, bis zu einigen Flaschen, dann aufwärts zur Deckenlampe, dessen Licht in einer Schärfeverlagerung verschwimmt. Im Umschnitt, in einer kontrastarmen, lichtgefluteten Einstellung, blickt Brian aus dem Dachbodenfenster in Richtung Kamera. Ruhig gleitet die Kamera auf das Haus zu. Aus dem Off hallen Worte aus Evas Befragung nach, und die Kamera schwenkt entlang der Dachziegel weg:

> Und immer fragen Sie mich, was er gesagt hat. Ich kann Ihnen bloß sagen, was er getan hat. Er hat nicht viel gesagt. Er hätte gar nichts sagen brauchen. Was ihm bevorstand, weiß man doch. (Pause) Naja, durch was man so sieht. Illustrierte, Fernsehen.

Die Frage der Subjektivität stellt der Film gerade im Verhältnis zur Beschreibung der Off-Erzählung. Die Subjektivität geht aber nicht in der Innerlichkeit einer Figur auf, sondern ist jene, die sich in der prozesshaften Modulation eines Nähe-Distanz-Verhältnisses herstellt. Vom gemeinsamen Hören wandelt

Abb. 6: Anschluss.

sich die Szene zu einem introspektiven Bild des Dringlichen und schließlich zu einem Erinnerungsbild.

Die Wandlungen sind selbst noch ein Prinzip der filmischen Welt, die sich im Zustand permanenter Modulation befindet. Die dynamische Kamera stellt Anschlüsse her, Bewegungen werden fortgesetzt. Einstellungen antworten aufeinander. Die Sterne am Himmel des Planetariums werden zu Autoscheinwerfern des Verlobten, eine Nahaufnahme Oskar Salas' im Durchblick durch sein Trautonium zu Brians Gesicht, das in einer ähnlichen Rahmung erscheint. Das Musizieren Salas' ist parallel geschnitten mit Brians Aufbauen des Schlagzeugs auf dem Dachboden: Salas' Musik vertont die Aktionen Brians; schließlich kommt es zum Zusammenspiel von Schlagzeug und Trautonium. Die Kamera beginnt sich auf dem Dachboden schnell zu drehen, unscharf verschwimmt der Raum (Abb. 6).

Die Explosionen des Ausdrucks gehen noch hervor aus den Bewegungen eines autonomen Kamerabewusstseins, das wiederkehrend äußerliche Bewegungen vollführt: Die autonome Kamera folgt schematisch den Linienführungen und Bewegungsrichtungen im Bild, so fährt sie u. a. den Rahmen eines Spiegels ab, gleitet entlang an aufgereihten Gegenständen. In dem konsequenten Einsatz von (Reiß-)Schwenks, Kamerabewegungen und Teleobjektiven konstituiert sich eine äußerliche Perspektive, in der die schematische Welt von MAKE LOVE NOT WAR erscheint. Äußerlich bleiben auch die Zuschauer, die diese Nähe-Distanz-Modulationen durchlaufen, die in ihrem Erleben die Prinzipien dieser autonomen Welt realisieren – einer Welt, die auf die Gegenwart bezogen ist, die sich ganz spezifisch in Berlin verortet, dabei aber nicht in einem dokumentarischen Modus aufgeht.

(Kurz-)Schluss: Verwechslung und die Lichter gehen aus

Der tragische Schlussakkord präsentiert sich als Konsequenz eines Kurzschlusses zwischen den Fernsehbildern und dem Fremden im Haus. Im Fernsehen wird der Fahndungsaufruf nach einem jungen amerikanischen Soldaten verbreitet, der einen Taxifahrer ermordet haben soll. Die *Tagesschau*-Bilder werden zum Knotenpunkt: In einer Totalen sieht man das Haus von außen. Im Wohnzimmer im unteren Stockwerk haben Eva und Brian gerade die Bilder der *Tagesschau* verfolgt. Während die Titelmusik verklingt, geht im oberen Stockwerk das Licht an. Herr Polzin fährt mit dem Auto weg – zur nächsten Telefonzelle, um die Polizei zu verständigen. Die Massenmedien werden im Film als Informationsvermittler von Kontext, als „Wissen, was ihm bevorstand" inszeniert. Immer wieder taucht darin der Vietnamkrieg auf und wird thematisch: sei es als Bericht im Radio über Proteste gegen Napalm-Produktion, als große Schlagzeile auf einer *Bild*-Zeitung („Wer Ami wird, muß sterben") oder als aufblitzendes Fotomaterial, das den Zuschauern aus dem Fernsehen bekannt gewesen sein dürfte.

Nun tritt der Nachrichten-Bericht in Erscheinung, indem er die sensomotorische Verkettung einer Verwechslung auslöst. Nach dem Anruf verweilt die Kamera längere Zeit auf der Leuchtreklame eines Blumenladens. Mag dies zum einen als Vorausdeutung auf den nun folgenden Schluss zu verstehen sein, so handelt es sich zunächst um eine Verzögerung des audiovisuellen Rhythmus. Das Schlagzeug-Spiel wandelt sich ein weiteres Mal: Aus dem Titellied wird eine Marschtrommel.

Am Ende geht es ganz schnell: Die Polizei steht vor der Tür. Brian schaut einen Bericht über die Nürnberger Prozesse im Fernsehen. Der Sprecher sagt, dass Befehle von oben seit den Nürnberger Prozessen nicht mehr gedeckt seien. Aber die Prozesse würden schon wieder in Vergessenheit geraten.[20] Der Bericht, d.h. die Aufnahmen aus dem Gerichtsverfahren und die Stimme des Sprechers, erscheinen nur kurz. Schon stürmt die Militärpolizei das Haus. Eine Großaufnahme von Brian – dann sprintet er davon. Der Kommissar in Trenchcoat schaut sich im Wohnzimmer um, Eva blickt aus dem Fenster, die Gardinen wehen. Umschnitt: Brian rennt durch das kontrastreiche Hell-Dunkel der Stahl-Glas-Architektur des großen Tropenhauses, ein Schuss. Ein kurzer Zwischen-

---

20 Die Linie einer Analogie zwischen versteckten Juden im Nationalsozialismus und gesuchten GIs, die den Film durchzieht und immer wieder in Figurendialogen aufgerufen wird, ist nicht zufällig im Finale des Kurzschlusses adressiert.

Abb. 7: (Kurz-)Schluss.

schnitt auf das Gesicht Brians, kein Ransprung im Handlungsraum, sondern ein Erinnerungsbild (Abb. 7).

Es bleibt eine Totale des Gebäudes, das Licht strahlt wie die Reflexionen leuchtender Sterne am Nachthimmel. Nacheinander gehen (buchstäblich) die Lichter aus.[21] Das Bild wird zu einer schwarzen Fläche, für knapp eine Minute ist nur noch das markante Surren zu hören, das Evas Voice-over begleitete.

Steht die dargestellte Beziehung von Anfang an unter dem Vorzeichen ihres Endes und dem Eindruck einer unausweichlichen Bewegung, so lässt sich die Schlussbewegung verstehen als trauernde Erinnerung an das Zu-früh-Davongegangen-Sein. Die Ironie, und damit das Verhalten zur tragischen Konstruktion, liegt gerade in dem Kurzschluss, der jene sensomotorische Kette hervorbringt.

Auf der Ebene des Schauspiels ist das Ende reichlich undramatisch inszeniert: keine letzte Interaktion, kein letzter Blick, kein Schrei, keine Tränen. Die Melodramatik ist ganz in die wehenden Gardinen verlagert.

Entwickelte der Film zuvor eine Idee des Außen im absoluten Weiß, so endet er nun auf dem Schwarz. Er endet mit einer poetischen Konstruktion des Abschaltens der filmischen Welt als einem erinnernden Nachruf auf eine schematische Gegenwart.

---

21 Als Metapher für das Sterben muss die Schlussfiguration nicht zwangsläufig auf den narrativen Tod der Figur bezogen werden. Nicht zuletzt ist es auch ein radikales Ende für die Welt des Films: „Am Ende eines Films geht es nicht einfach um die dramaturgische Schließung, sondern in einem umfassenderen Sinne um die Möglichkeit, eine ganze Welt abzuschalten." Gertrud Koch: Filmische Welten – Zur Welthaftigkeit filmischer Projektionen. In: Joachim Küpper/Christoph Menke (Hg.): Dimensionen ästhetischer Erfahrung. Frankfurt am Main 2003, S. 162–175, hier: S. 166.

Literaturverzeichnis

Gympel, Jan: Make Love Not War. In: Berlin-Film-Katalog, http://www.berlin-film-katalog.de/dezember-2016.html (13. 05. 2018).
Koch, Gertrud: Filmische Welten – Zur Welthaftigkeit filmischer Projektionen. In: Joachim Küpper/Christoph Menke (Hg.): Dimensionen ästhetischer Erfahrung. Frankfurt am Main 2003, S. 162–175.
Thurber, James: The Last Flower. A Parable in Pictures, Iowa City 2007.
o. V.: Make Love – Not War. In: Frankfurter Allgemeine Zeitung (1968), 15. 06. 1968.
o. V.: Ärger mit BMW. In: Der Spiegel (1968), 13, 25. 03. 1968.

Filmografie

BERLIN KLAMMER AUF OST KLAMMER ZU. Reg. Fritz Illing/Werner Klett. BRD 1967–1970.
DIE ANDERE HAUPTSTADT. BILDER UND ERINNERUNGEN IN OST-BERLIN. Reg. Fritz Illing/Werner Klett. BRD 1966.
DIE GANZE STADT BERLIN. Reg. Werner Klett. BRD 1965–1968.
HELGA – VOM WERDEN DES MENSCHLICHEN LEBENS. Reg. Erich F. Bender. BRD 1967.
MAKE LOVE NOT WAR. Reg. Werner Klett. BRD 1968.

Hermann Kappelhoff
Blow Up – Close Up

Die Wiederbegegnung mit dem Film hat mich irritiert. Ergab sie sich doch aus dem Umstand, dass ich mir sicher war, in Antonionis BLOW UP einen Gegenstand für diesen kleinen Text gewählt zu haben, der sich von selbst versteht. Nicht einmal in erster Linie, weil er ein Klassiker des europäischen Autorenkinos ist; sondern auch, weil der Film wie wenige andere als repräsentativ für das Lebensgefühl der *Swinging Sixties* einsteht. Genau darin aber lag das Problem. Verstellten mir doch die Sätze und Bilder den Blick, die einen solchen Klassiker *per definitionem* umlagern; zunächst war denn auch für mich nichts anderes zu sehen als das, was buchstäblich vorgeschrieben war: Ein Film, der die Verhältnisse von Pop und Kunst, von Fotografie und Realität, von Film und Fotografie, von Körper und Bild, von Frauen und Männern und Bildern reflektiert.

Offensichtlich hat sich der Film über die Jahrzehnte mit einer Bedeutsamkeit aufgeladen, die schließlich zu den wuchtigen Sätzen definitiver Kunsturteile führte: Slavoj Žižek, als einer der Protagonisten der *Lettre*-Moderne, verkündete 1992, BLOW UP sei „der vielleicht letzte große Film des modernen Kinos", und machte damit den Deckel zu – nicht ohne diesen mit folgenden Nachworten zu beschriften:

> Der Held, der sich bereits damit abgefunden hat, daß ihn seine Ermittlungen in eine Sackgasse geführt haben, kommt beim Spazieren an einem Tennisplatz vorbei. Dort gibt eine Gruppe von Hippies vor, Tennis zu spielen (ohne Ball simulieren sie die Schläge, laufen und springen herum, etc.). Im Rahmen dieses vorgeblichen Spiels springt der imaginäre Ball durch den Zaun des Platzes und bleibt in der Nähe des Helden liegen. Dieser zögert zunächst eine Weile, dann akzeptiert er das Spiel: er bückt sich, und tut so, als würde er den Ball aufheben und auf den Platz zurückwerfen ... Diese Szene hat natürlich eine metaphorische Funktion für das Ganze des Films. Sie bringt den Helden dazu, sich damit abzufinden, daß „das Spiel ohne Objekt abläuft": die Hippies benötigen für ihr Spiel keinen Ball, genauso wie sein eigenes Erlebnis ohne Körper auskommt.[1]

Nun wäre es nicht schade um eine Filmepoche, wenn der Held ihres letzten großen Werkes sich tatsächlich in derart albernen Tiefsinnigkeiten erginge, die ihm beim morgendlichen Parkspaziergang nach durchfeierter Nacht die Erleuchtung bringen. Der zitierte Text ist auch nur ein Symptom unweigerlich sich vollziehender Klassizität.

---

[1] Slavoj Žižek: Liebe Dein Symptom wie Dich selbst! Jacques Lacans Psychoanalyse und die Medien. Berlin 1991, S. 96–97.

Habe ich also eine falsche Auswahl getroffen? Lassen sich Klassiker des Kinos überhaupt als Filme sehen? Kann man die tradierten Kommentare und Kunsturteile mit einem Satz überspringen, um den Filmen jenen Körper zu leihen, der ihnen immer schon gefehlt hat? Das wäre dann doch noch ein lohnendes Geschäft der in die Jahre gekommenen Filmhistoriografie. Es nähme seinen Ausgang in der jugendlichen Leidenschaft, vom Erleben eben dieses Körpers zu sprechen. Denn nur so weit, wie sie zu Medien eines fühlenden und denkenden Körpers werden, lassen sich Filme als *Medien der Wahrnehmung* begreifen, die es uns erlauben, die Sinnlichkeit einer anderen Zeit, d. i. die Historizität unserer eigenen Sinnlichkeit, zu erschließen. Dann kommen auch jene Objekte in den Blick, die man übersieht, wenn man ausschließlich der Logik eigener Gedankenspiele folgt.

Ich bleibe also bei meiner Wahl und versuche die Probe aufs Exempel:

Straßen

Die Straßen der Stadt am frühen Morgen, ein modernistischer Gebäudekomplex, der Sitz des *Economist*, 1966 gerade fertiggestellt, eine Gruppe junger Leute, teils kostümiert, teils weiß geschminkt oder mit Brillen und Hüten aus einem Theaterfundus maskiert, fährt im offenen Jeep in die Szenerie. Manche nennen sie Studenten, andere sprechen von Hippies; ich würde sagen, es sind Mimen, Pantomimen, die den sterilen Neubaukomplex zur Bühne eines Happenings machen. (Architekten mögen sich das manchmal so vorstellen, wenn sie davon träumen, wie ihre Raumentwürfe endlich bevölkert werden.) Dann ein Fabriktor, aus dem Männer treten, abgerissene Gestalten, wie im Film des *Free Cinema* aus den 1950er Jahren, die Tristesse eines Industrieareals zwischen Bahndamm, Tunnelunterführungen und Brachflächen. Aber es sind keine Arbeiter; Thomas, der Fotograf (David Hemmings), hat die Nacht mit Obdachlosen im Schlafasyl verbracht, zu Recherchezwecken. Jetzt rennt er davon, steigt in den offenen Rolls-Royce, um beim nächsten Halt – man befindet sich im repräsentativen London von St. James Street und Pall Mall – von der Theatertruppe stürmisch um Geld angehauen zu werden.

Wenig später eine ähnliche Kollision absurder Gegensätze, die Straße eines Arbeiterviertels, betrachtet aus dem fahrenden Cabriolet, eine Biegung und man sieht ein Neubauviertel: der Rohbau mehrstöckiger Häuserreihen aus dem Kiesbeton, der bald die westdeutschen Innenstädte verschandeln wird. Sie tauchen so unvermittelt auf wie der Rolls-Royce an der Ecke zum Obdachlosenheim, so unvermittelt wie der Antiquitätenladen, der in die ärmliche Wohnhaussiedlung so wenig passt wie das Männerpärchen mit Pudel, das für Thomas zum Indiz aussichtsreicher Immobilienspekulation wird. So unvermittelt wie auch der alte Mann, der zwischen dem Plunder erscheint, als sei er der Diener eines abwesenden Schlossherren, der sicherzustellen hat, dass all die Schätze glanzvoller Zeiten dem Rost und den Motten vorbehalten bleiben.

Darin ist der Ort, der Trödelladen, durchaus mit der Atelierwohnung von Thomas vergleichbar. Nur ist der Laden vollgestopft bis unters Dach mit allem, was je nur als Kunst, Handwerk und Werkzeug kulturelles Leben hervorgebracht haben mag. Thomas' Atelier hingegen – ein Komplex aus kleinen Werkstätten, Garagen, Lagerhallen eines alten Gewerbegebietes, umgebaut zu luxuriösen Künstlerwohnungsateliers – ist zur Gänze ein Ort, in der die Bruchstücke vergangener Arbeits- und Lebensweisen in einer Rauminstallation zusammengeführt sind, die man sich auf großen Kunstausstellungen vorstellen kann.

Unvermittelt schließlich der Park, dessen Eingang man plötzlich gewahr wird, wenn Thomas wieder auf die Straße tritt: die Rosen, die diffuse Helle eines bedeckten Himmels – ein später Vormittag Ende Juni, Anfang Juli; unvermittelt endlich der Wind in den Bäumen, ein in sich bewegtes Landschaftsgemälde, in das man hineingehen kann.

Die Atelierwohnungen der Künstler, die überbordende Fülle des Antiquitätenladens, die großbürgerliche Wohnung des Verlegers, in der eine Haschischparty steigt, der Musikclub, das Restaurant, der Park, der selbst wie eines der Bilder erscheint, nach dem Thomas bei dem Trödler fragt: „What kind of pictures?" „Landscapes." „Sorry, no landscapes." Man könnte vom Prinzip fotografischer Fragmentierung sprechen, von diskontinuierlichen Raumfragmenten, die ganz unterschiedlichen Zeitschichten zugehören; Bruchstücke vergangenen und gegenwärtigen Lebens, die sich zu abstrakten Vorstellungen isolierter Orte zusammensetzen, ohne dass eine Kontinuität entstände, die sie verbindet; keine archäologischen Schichten, keine Entwicklungsgeschichten.

Man mag in den schroffen Kollisionen solcher Ungleichzeitigkeiten einen Rhythmus wahrnehmen, der den Film als Ganzes durchzieht – ein Bild des *Swinging London* entsteht so nicht! Als BLOW UP 1967 in London uraufgeführt wurde, sei man längst weiter gewesen, „all diese Modeszenen waren schon veraltet, als er [der Film] herauskam. Wir waren schon zum Hippietum aufgebrochen", heißt es in einem Artikel des *Independent*, der im Jahr 1993 zurückschaut auf das ‚verrückteste Modejahr' 1966.[2] Für den radikalen Avantgardismus ist schon veraltet, was überhaupt nur als Ausdrucksform wahrnehmbar ist. Darin kamen Pop und Kunst und Mode im Pop mit der Dynamik kapitalistischer Warenzirkulation überein.

---

2 Zit. n. Albrecht Schröder/Walter Moser (Hg.): Blow-up. Antonionis Filmklassiker und die Fotografie. Albertina Verlagskatalog. Berlin/Stuttgart 2014, S. 64.

Den Zuschauern des Films wird noch diese Dynamik zu einer Wahrnehmung, die sie selbst vollziehen; wenn sie nur dem Rhythmus des Films folgen – und den Gestalten, die an den Rändern der Szenen auftauchen. Wenn sie ihren Blick von den geometrischen Blumengestecken hinter Plexiglas und den Fotosessions lösen und der Frau aus dem Nachbaratelier, die Freundin des Malers, gewahr werden: barfuß, mit nackten Beinen und leichten Kleidern, deren Farb- oder Häkelmuster auf ihren Körper aufgelegt sind wie die Farbmuster auf die Gemälde ihres Freundes – so, als wäre sie gerade eben aus einem dieser Gemälde herausgetreten; oder die jungen Männer in samtenen Fantasie-Uniformjacken, die auf den Trottoirs und Straßen den Blick aus dem fahrenden Cabriolet kreuzen und dabei so selbstverständlich deplatziert daher kommen wie die Nonnen oder die Gruppe von Mimen und Pantomimen; geschäftig auf dem Weg, um sich zur Collage eines der berühmtesten Plattencover jener Jahre zu versammeln. Die Vorbilder (oder zumindest deren Doubles) sieht man dann in der Musikclubszene auf der Bühne stehen.

Für die Zuschauer ergibt sich so ein Effekt, den der Nicht-Rheinländer von Köln-Besuchen im Februar kennt: Hin und wieder erschrecken ihn schrill kostümierte Gestalten, die sich selbst offensichtlich ganz alltäglich finden – Mitglieder einer Geheimgesellschaft, deren Riten man nicht kennt.

BLOW UP lässt fragmentierte Bildräume entstehen, deren Verbindungen und Anschlussstellen nicht durch Alltagswahrnehmung und Konvention vorgegeben sind. Sie müssen vielmehr in der Wahrnehmung der Zuschauer als Übergänge zwischen unterschiedlichen Registern von Bildern und deren Wechselbezügen (die Szene, der architektonische Raum, das Gemälde, die Fotografie, das filmische Bewegungsbild) selbst hergestellt werden. Das passt dann ganz gut zu der Musik von Herbie Hancock.

Blumen

Dann aber sind da – neben den Texten – die Stills: eine endlose Kolonne, die einem entgegenkommt, sobald man bei Google „Blow Up" eingibt. Neben den Fotos von Vanessa Redgrave sind es vor allem Fotografien der Models, die Antonioni für seinen Film engagierte. Einige dieser Bilder sind so allgegenwärtig wie die Reproduktionen eines populären Kunstwerks.

Stills – jedenfalls die, die im Kulturbetrieb zirkulieren, *public stills* – haben vor allem den Zweck zu repräsentieren, was sich nicht so ohne weiteres repräsentieren lässt; nämlich das Vergnügen des Filme-Sehens. Sie haben deshalb die Angewohnheit, die Erinnerung an dieses Vergnügen zu okkupieren, ähnlich wie Familienfotos die Erinnerung der Kindheit. Bei BLOW UP gilt das vor allem für jenes Foto, das Thomas zeigt, wie er, mit der Kamera in den Händen, rittlings auf der Frau sitzt, die am Boden liegt. Ihr Kleid, an den Seiten offen, gibt den Blick frei auf den dürren, sich aufbäumenden Körper, ihre Arme nach hinten über den Kopf gestreckt, die nackten Achselhöhlen, der Rücken nach oben gedrückt, sexuelle Ekstase mimend. Man erinnert die Fotosession – ihr knochig langer Körper findet unter seiner Direktive zu immer neuen Faltungen und Biegungen, ohne je tatsächlich berührt zu werden. Fotograf und Model vollziehen ihre Arbeit wie einen Geschlechtsakt – ihre Ekstase, seine Anfeuerungsrufe sind gestellt. Ein abgeklärtes Paar, das höchst professionell seinen Job macht.

Das gilt auch für das Still mit Jane Birkin, in ihren gelblich-grünen Strumpfhosen; sie dreht ihren nackten Oberkörper verschämt gegen die Wand; sie spielt „The Blonde", die sich mit ihrer Freundin, „The Brunette", aufmacht, dem Popstar Thomas zuhause aufzulauern – zwei Groupies, dem letzten Beatles-Film entlaufen. Die Strumpfhose der Freundin, das Pink, bringt einen weiteren schroffen Farbkontrast in das Bildarrangement. Die Strumpfhosen der ansonsten nackten Mädchen zerstören wie breit aufgetragene Pinselstriche das glatte Monochrom eines Wandprospekts, der als Hintergrund fotografischer Settings dient. Wieder sieht sich die Szene wie ein Geschlechtsakt an. Die Mädchen reißen die papierene Wand aus der Befestigung, balgen sich wie Kinder, die sich gegenseitig ausziehen, eine erotische Tändelei, in deren Verlauf sich die Körper in das Lila verknäulen, als würden sie sich in einem Farbtopf wälzen. Die Sexszene gleicht denn auch mehr einer ekstatischen Maltechnik dynamischer Farbgebung, die zur Zeit von BLOW UP längst als Kunst des *Action Painting* etabliert war. Das Pendant ist die Frau des Nachbarn, die Freundin des Malers Bill, die stets barfuß ist, mit bloßen Beinen und Kleidern, deren Stoffmuster den Gemälden des Freundes gleichen – so als hätte sie sich von der Leinwand wie aus einem *Tableau Vivant* gelöst.

Auf Tableaux Vivants beziehen sich auch die Stills, die der zweiten Fotosession entstammen. Versammelt sind die Topmodels der damaligen Londoner Modeszene; sie stehen breitbeinig in diagonaler Linie versetzt, hintereinander aufgereiht, jede durch eine Glaswand, die vor ihr steht, von der anderen separiert. Indem Glaswände die Frauen auf ganzer Körperlänge jeweils bis zur Mitte bedecken, entsteht der Effekt einer gebrochenen Spiegelung in der Spiegelung. Ihre Körper, durch die Schnittmuster der Kleider auf Linie gebracht, bilden so eine streng geometrische Anordnung, die sich wie ein Hologramm im unbestimmten Weiß des umgebenden Raums verliert. Nur vage angedeutet ragen Raumteiler, Kulissen, Prospekte und Stellwände ins Bild.

Veruschka von Lehndorff – in der ersten Session – gibt das Model als eine kühle, unnahbare Frau, die, nachdem sie offensichtlich die Nacht über auf

Thomas gewartet hat, nur lakonisch feststellt, dass sie die Frage, wo er denn die letzte Nacht verbracht habe, nicht mehr stellen wird. In der zweiten Session hingegen werden die Stars der Londoner Modeszene jener Tage, grotesk geschminkt, in ihrem Posing von Thomas in einer Weise dirigiert und korrigiert, die sie debil und stumpf erscheinen lassen: eine Anordnung farbiger Pressblüten, wohlgefällig hinter Glas arrangiert, ohne Hirn und Verstand.

Das letzte Mal wird Thomas die Frau aus dem Park am Abend vor den Schaufenstern einer Einkaufsstraße sehen, hinter denen man sich die Modepuppen auf ähnliche Weise angeordnet vorstellt wie auf dem Still der morgendlichen Fotosession: eine Diagonale hintereinander gestaffelter Schaufensterpuppen, in denen sich die Betrachter vor dem Schaufenster spiegeln. Nur für einen kurzen Augenblick sieht man sie in einem Pulk von Menschen, der sich vor dem Schaufenster versammelt hat.

Unter den zahllosen Fotos von Vanessa Redgrave aus BLOW UP, die im Netz kursieren, sind nur wenige Stills. Das berühmteste repräsentiert die Liebesszene im Atelier. Es bezeichnet in gewisser Weise den Gegenpol zu den Fotosessions. Man sieht David Hemmings und Vanessa Redgrave, beide mit nacktem Oberkörper, ihren Körper von der Kamera abgewandt, den Blick über die Schulter zurückgewendet; er folgt der Linie ihres Arms, der Hand, den Fingern, die sachte seine Schulter berühren; er ist der Kamera zugewandt, halb sich umwendend, berührt er mit zwei Fingern ihren Arm, küsst die Hand auf seiner Schulter. Im Hintergrund eine offene Tür, in der Tiefe des Bildes ein anderer Raum, in den sie hineinzugehen, den er zu verlassen scheint.

Das filmische Bild stellt die Frage, ob es zwischen den Einstellungen eine Zeit gab, in der sie sich liebten, ganz nackt. Die Montage der Bildraumfragmente lässt keine Dauer zwischen den Einstellungen entstehen, um diese Frage zu entscheiden. Es bleibt ein fotografisches Fragment des Augenblicks zärtlichster Berührung und verletzlichster Blöße. Das Foto markiert den Gegenpol zu den Schaufensterpuppen. Es eröffnet den Zuschauern eine andere Perspektive, auf das, was ihnen zuvor begegnet war.

So abgeschmackt die Metapher ist, mit der die Fotosession dem Geschlechtsakt gleichgesetzt wird, so direkt ist die Dynamik des filmischen Bewegungsbildes auf die Position der Zuschauer hin inszeniert; sie werden in die Bewegung der sich annähernden Körper hineingezogen: eine Kaskade fragmentierter Einstellungen ansteigender körperlicher Erregung, mit denen das Zuschauen selbst, das Betrachten der Fotosession, zu einer Art sexueller Handlung wird: Man beobachtet ein Paar bei einem recht mechanisch vollzogenen Liebesakt.

War nicht das die Irritation? Die Inszenierung von Frauen als Objekte, ihre buchstäbliche Verdinglichung. War meine anfängliche Irritation einfach nur der aktuellen Stimmungslage unserer Tage geschuldet? Der Eilfertigkeit, mit der Gedichte prämiert und auf Fassaden gemalt werden, nur um sie bald ebenso eilig zu übermalen, weil jede moralische Ambivalenz unerträglich geworden ist? Tatsächlich schaut sich der Film im ersten Drittel wie Impressionen zum Gedicht von Eugen Gomringer an:

Avenidas
Avenidas y flores
Flores
Flores y mujeres
Avenidas
Avenidas y mujeres
Avenidas y flores y mujeres y
Un admirador[3]

Die Frau im Park

Aber kein Bewunderer tritt den Zuschauern entgegen, nur ein blasierter Jüngling, der seine anstößige Obsession mit einer anderen Reihung begründet: „Some people are bullfighters, some people are politicians, I'm a photographer."

Mit diesen Worten sucht Thomas die Frau im Park abzuwimmeln, die er heimlich fotografierte, um sich zügig aus dem Staub zu machen. Aber die Fotos, die wir von ihr zu sehen bekommen, sind explizit nicht von Thomas gemacht. Bei den Schwarz-Weiß-Aufnahmen handelt es sich durchweg um die Arbeiten Don McCullins. Seine Fotografien sind als solche, als signierte Arbeiten eines berühmten Fotografen, im Film zu sehen. Sie treten in diesem Film als Objekte auf, die ihre eigene Rolle spielen.

Sie zeigen Vanessa Redgrave, die erschrocken in Richtung des Fotografen blickt, als habe sie den heimlichen Beobachter entdeckt; die näher kommt, ihn zu vertreiben sucht, ihre Hand vor das Gesicht hält, wenn er sie, oben auf der Treppe stehend, von unten fotografiert.

Die Komplexität, die Schönheit der Fotografien geht nicht auf in der dargestellten Handlung. Sie gehören einer anderen Wirklichkeitsebene an als die Kameraeinstellungen, die zeigen, wie Thomas im Park heimlich ein Pärchen beim Liebesspiel fotografiert. Eine Szene, die selbst wiederum wie eine Schauspiel-

---

[3] Eugen Gomringer: avenidas y flores y mujeres. In: ders.: Konstellationen, Idiogramme, Stundenbuch. Stuttgart 1977, S. 22.

probe wirkt. Die Frau versucht, Thomas die Kamera zu entreißen, er zwingt sie in die Knie, ein Gestus, der an die Fotosession mit Veruschka erinnert.

Die Fotografien McCullins studieren die Gesten und Haltungen einer Frau, die einen Mann mit sich zieht, ihn ins Gebüsch lockt, um sich aller ungebetenen Blicke zu entledigen. Darin sind sie den Szenen im Atelier vergleichbar, in denen auf ganz ähnliche Weise die Bewegungen und Haltungen Vanessa Redgraves studiert (und von Thomas' Worten und Blicken kommentiert) werden – als sei die Sequenz in Gänze aus den fragmentierten Bewegungsstudien einer Schauspielerin zusammengesetzt worden; aus dem Material eines Castings, bei dem sich der Fotograf in das Model verliebt, um sich dann doch für das Foto zu entscheiden. Mit dem Sex verhält es sich hier genauso wie bei den Fotosessions oder der Begegnung mit den Groupies: Er ist weder ausgespart, noch metaphorisch bedeutet. Er zeigt sich den Zuschauern als ein Begehren, das den Fotografien und den filmischen Bildern gilt.

Auch die *Blow Ups* sind Arbeiten von Don McCullin; es sind Objekte, die buchstäblich die Titelrolle spielen. Sie scheinen auf fast komische Art den erschöpfend traktierten mortifizierenden Charakter der Fotografie in Szene zu setzen. Sie bezeichnen gleichsam den Nullpunkt des Visuellen. Man mag dabei durchaus an Lacan, an den Nullpunkt des Symbolischen denken, von dem er drei Jahre vor BLOW UP als von einem zweiten Tod gesprochen hat. So abstrakt die *Blow Ups*, so grotesk konkretistisch ist das Close Up des wächsernen Gesichts der Leiche. Ein toter Mann im grünen Gras einer nächtlichen Parklandschaft, die so dramatisch ausgeleuchtet ist, als ginge es darum, ein Gemälde Caravaggios zu imitieren. Tatsächlich läuft Thomas in diese Landschaft hinein wie eine animierte Figur in ein Gemälde. Ein Geräusch durchbricht die Stille der Großaufnahme, ein Klicken, als würde ein Revolver entsichert. Aber es ist nur die riesige Neonreklame, die Antonioni wie eine Himmelstribüne über dem Parkidyll hat aufbauen lassen.

Hier wäre noch, statt von Blumen, von den Bäumen am Eingang des Parks zu reden – von dem Wind, der so unvermittelt da ist und die leere Straßenkreuzung, die diffuse Helligkeit des bewölkten Sommerhimmels bedrohlich erscheinen lässt. Als kündigte sich ein Gewitter an. Es wäre von dem Schweiß auf dem Gesicht von Thomas zu sprechen, wenn er das zweite Mal den Trödelladen betritt und die Besitzerin des Ladens trifft: eine Frau, so wundersam mit ihrem schweißnassem Gesicht, den glasigen Augen, den eigentümlichen Sätzen, als sei sie zwar nicht der zum Alten passende Schlossherr, aber eine Frau mit Kontakten ins Schloss, die aus Kafkas Roman heraustritt, um Thomas in seiner unsteten Erregung für einen kurzen Moment zur Seite zu stehen.

Es wäre auch noch einmal von der Szene im Park zu sprechen: dem pittoresken Idyll, dem tiefen Grün der Wiese, rundum eingefasst von einem alten

Holzzaun, den Antonioni ebenso hat bauen lassen wie das riesige Gerüst der Leuchtreklame über den Bäumen. Es wäre von der Anordnung der perspektivischen Achsen zu sprechen, die so gründlich jede konventionelle Grammatik der Filmmontage durchkreuzen; eine Perspektive, ein Blick, der von Außerhalb in das Szenario einbricht und Thomas als kleine Gestalt im weiten Landschaftsbild fixiert; oder ihn ganz aus der Nähe zeigt, im waidmannsgrünen Blazer vom Gebüsch verdeckt, Blattwerk vor dem Gesicht: ein flächiges Ornament, das seine Gestalt in das grüne Strauchwerk einfügt, ähnlich dem Revolver, der sich unvermittelt im Gepixel des *Blow Up* abzeichnet. Thomas ist immer schon gesehen, beobachtet, identifiziert. Der Antiquitätenladen, die leere Straßenkreuzung, der Eingang des Parks mit den hohen Bäumen, in denen sich unvermittelt der Wind zeigt, die Leere der nächtlichen Landschaft, deren dramatische Ausleuchtung: Die Raumkonstruktionen Antonionis lassen um ihren Protagonisten eine gespenstische Leere entstehen, in die er hineinläuft. Die Verlassenheit der Gegend um das Obdachlosenasyl, die seltsame Leere des neuen Smithson-Baus, der Sitz des *Economist*, die Prachtstraßen der Upper Class, die leere Straße eines noblen Wohnviertels, das aus umgebauten Werkstätten, Garagen und Lagerhallen eines früheren Kleingewerbeviertels entstanden ist ... von Anfang an beherrscht eine eigentümliche gespenstische Irrealität die Orte des Films, die aus der Kollision unterschiedlicher Zeitlichkeit herrührt.

Bloom in London

Einen Tag, eine Nacht, ein Hin und Her in der Stadt – Thomas, mit dem offenem Rolls-Royce, ein jugendlicher Popstar, der Grimassen schneidend den Clown gibt, in großen Sprüngen die Treppe im Park hoch eilt, ein Gaukler, der Kunststückchen vorführt, im Laufschritt über die Straße, ein Kind ohne Eigenschaften, ohne Ziel, ohne Beständigkeit. Er flieht vor den Obdachlosen, mit denen er die Nacht verbracht hat, er schleicht sich davon, wenn ihn die Models langweilen, er entzieht sich der Frau im Park, der er sich so aufdringlich näherte.

In den Kollisionen der Bruchstücke ungleichzeitiger Wirklichkeiten teilen die Zuschauer die abrupten Wechsel zwischen erregtem Interesse und lustloser Gleichgültigkeit, die das Verhalten des Protagonisten bestimmen. Kaum eine Handlung wird zu Ende geführt, jede Aktion verliert sich im Off einer unbestimmten Leere. Telefonate werden kurz unterbrochen und dann vergessen, ein Mittagessen bestellt, aber nicht gegessen, Liebesgespräche abgebrochen, weil der Propellerflügel geliefert wird, der kurz zuvor mit soviel Enthusiasmus gekauft wurde, und dann selbst keine weitere Beachtung mehr erfährt. Immer wieder macht sich Thomas davon, lässt alles stehen und liegen, sobald ein neues Objekt seine Aufmerksamkeit gefangen nimmt. Sein Atelier ist denn auch wie eine Rauminstallation, in der eine unüberschaubare Menge von Fund- und Beutestücken sich wohlgeordnet zu einer Collage der Reste früherer Handwerks-, Arbeits- und Lebenskunst fügt.

Das Prinzip fotografischer Fragmentierung simuliert diese Wahrnehmungsweise; sie ist der Funktion der Farbe in IL DESERTO ROSSO (ROTE WÜSTE, I/F 1964) vergleichbar, so wie Pasolini sie verstand: Er sah darin einen Ästhetizismus Antonionis, der sich in Gänze als indirekte subjektive Perspektive der Protagonistin realisiert. Man kann dieses Prinzip der indirekten Subjektivierung sehr gut an der Szene im Musikclub nachvollziehen. Thomas begegnet einem Szenepublikum, das wie leblose Wachsfiguren vor der Bühne postiert ist, Anziehpuppen, die das heraufziehende Hippiezeitalter verkünden. Selbst das tanzende Paar im hintersten Teil des Clubs – auch hier ist die Tänzerin eines der hochgewachsenen Models – führt die Tanzbewegungen wie eine mechanische Spieluhr aus. Es ist, als wäre die Bewegung des filmischen Bildes durch eine Abfolge von Fotos ersetzt.

Erst wenn in lächerlich unbeholfener Manier der Gitarrist sein Instrument zerschlägt und die einzelnen Bruchstücke ins Publikum wirft, verwandelt dieses sich in einen kreischenden Pulk ekstatischer Fans. Sie stürzen sich auf Thomas, der mit dem Beutestück erneut auf und davon läuft – nur um es an der nächsten Ecke achtlos wegzuwerfen. Die Geste formuliert bündig den unvermittelten Wechsel von Erregung und Langeweile, der ihn als Figur bestimmt und vorantreibt. Zwischen der Ekstase und der Leere gibt es keine Verbindung, keine Zwischenstufen, keine Genese. Nur den Moment, in dem etwas auftaucht, das in Erregung versetzt, um gleich darauf wieder verschwunden zu sein. Das Fotografieren ist Thomas' Versuch, diesen Moment festzuhalten.

BLOW UP entfaltet die Wahrnehmungsweise eines gelangweilten Narziss, der dem Überdruss an der grenzenlosen Verfügbarkeit der Dinge, der Frauen, mit einem radikalen Ästhetizismus begegnet. Ihm wird alles zum Fotoarrangement, das ihm seine eigene Schaffenskraft spiegeln soll. Genau daran scheitert die Session mit den Models am Morgen. Thomas' Arrangement gilt von vornherein den starren Modepuppen. Die Frauen, die ihre Arbeit tun, kann er nicht wahrnehmen. Sie wurden durchaus als solche eingeführt. Die Zuschauer sehen sie im Hintergrund, dem Umkleideraum, in dem sie sich auf die Fotosession vorbereiten. Thomas geht achtlos vorüber. Er bemerkt sie nicht. Für ihn gibt es keine Verbindung zwischen dem Posing der Models und der Frau, die er im Park belauert, weil sie etwas hat, das er nicht fotografieren, in dem er sich nicht spiegeln kann.

Man kann das in der Atelierszene mit Vanessa Redgrave beobachten. Immer wieder versucht Thomas, die Frau zu dirigieren; vor dem lilafarbenen Prospekt, wenn er ihre Haltung bewundert; dann, wenn er Musik auflegt und sie sich zu dem Jazzstück bewegt, als würde der Takt sich unmittelbar in den Zuckungen ihres Körpers fortsetzen. Thomas greift ein: „Slowly, slowly! Against the beat." Sie erstarrt nur für einen Moment. Dann findet sie langsam in eine fließende, trancehafte Bewegung ... eine Bewegung, die sich den mortifizierenden Arrangements der Fotografien entzieht. Wenn in diesem Film ein Liebesakt bedeutet sein soll, dann ist es dieser Moment, in dem Thomas sich in ihre Bewegung einschmiegt, sich ihrem Lachen überlässt.

Von hier aus versteht man den Anfang von BLOW UP, den Verweis auf die vergangene Nacht im Obdachlosenasyl; die Zuschauer werden bald Fotografien von dieser Nacht sehen, sie zeigen verwahrloste Männer in kreatürlicher Blöße, die sich zum Schlafen zurecht machen. Sie sollen Teil des Fotobandes werden, den Thomas mit seinem Verleger beim Mittagessen bespricht; es sind, wie gesagt, reihum Schwarz-Weiß-Arbeiten Don McCullins. Sie mögen ihren Sinn weniger in der Reflexion über die Fotokunst jener Jahre haben. Sicher repräsentieren sie das Gegenstück zur Modefotografie – so wie der Jazz von Herbie Hancock ein Gegenstück zu der Musik im Szeneclub bezeichnet. Wenn aber Thomas davon spricht, London zu verlassen, weil die Stadt ihn langweile, weil er die Frauen nicht mehr ertrage, weil er sich frei fühlen will (just in dem Moment geht eines der hochgewachsenen Models an seinem Tisch vorbei und wirft ihm einen auffordernden Blick zu), weist der Agent auf eines der Fotos und fragt: „So frei wie der hier?" Man sieht ein Foto, Don McCullins *Down-and-out. Begging for Help*: das Gesicht eines Mannes, offensichtlich ein Obdachloser, im Hintergrund Brachland, die Verwüstung nach dem Abriss eines Gebäudekomplexes; es könnte der Ort sein, an dem der Film beginnt, zwei, drei, vier Jahre, bevor der Neubau des *Economist* eingeweiht wurde. Das wirre Haar, das markante Gesicht, der Stoppelbart, schmutzige Binden, die die Hände wärmen – keine Frage, das ist weder ein Puppengesicht, noch eine Wachsfigur.

BLOW UP hinterlässt seinen Zuschauern eine Frage, die Pasolini wenige Jahre später dazu treibt, den Kult der Hippies um das lange Haar scharf zu kritisieren: Wie können die Körper sich aus den Beschriftungen lösen, die sie zum Verschwinden gebracht haben? Wie können sie durch die aufgelegten Farben, Schraffuren und Muster des Bedeuten-Wollens hindurch in ihrer Eigenbewegung sichtbar werden?

Zweifellos erscheint Thomas als Agent einer Bildindustrie, die jede Frau und jeden Mann zu einem Ding werden lässt, an dem sich die Konsumierbarkeit selbst als das alles beherrschende Prinzip behauptet. Noch die jungen Leute – Studenten, Hippies, Pantomimen –, die zu Beginn des Films im offenen Jeep in die Szenerie einfahren, als seien die Straßen und Gehwege Londons eine Bühne, die ihnen ganz allein gehört, tun letztlich nichts anderes, als bei den Reichen Londons ein bisschen Geld einzusammeln. Das Happening besteht darin, sich selbst mit seinem Outfit zum Artikel im Kaufhaus des *Swinging London* zu machen.

Der Ästhetizismus, den Thomas, den der Film zelebriert, impliziert einen Gestus der Kritik. Den Zuschauern nämlich wird er zu einem Gefühl für den Überdruss am immergleichen Himmelsbrot eines totalen Konsumismus. Insofern mag das Tennisspiel dann doch eine Metapher sein, die sehr viel radikaler vom Ende der Moderne handelt, als es das Wachpersonal auf der Schwelle zur fröhlichen Postmoderne für möglich hielt. Ist es doch ein präzises Bild der Verzauberung durch den Warenfetisch, an der die Moderne erstickt, wie Schneewittchen, das den Gürteln, Kämmen, Äpfeln nicht widerstehen kann.

Literaturverzeichnis

Gomringer, Eugen: Konstellationen, Idiogramme, Stundenbuch. Stuttgart 1977.
Schröder, Albrecht/Moser, Walter (Hg.): Blow-up. Antonionis Filmklassiker und die Fotografie. Albertina Verlagskatalog. Berlin/Stuttgart 2014.
Žižek, Slavoj: Liebe Dein Symptom wie Dich selbst! Jacques Lacans Psychoanalyse und die Medien. Berlin 1991.

Filmografie

BLOW UP. Reg. Michelangelo Antonioni. GB/I/USA 1966.
IL DESERTO ROSSO. Reg. Michelangelo Antonioni. I/F 1964.

Christine Lötscher
Unerhörte Philosophien

Utopie, Feminismus und Erotik in Roger Vadims BARBARELLA

Zwei ältere Damen bewohnen gemeinsam ein traumhaftes Strandhaus bei San Diego. Doch hinter der freundlichen Fassade liegen nicht nur Ordnung und Chaos, Bürgerlichkeit und Bohème im Kampf miteinander, sondern es wabern auch Wut und Frustration. Grace (Jane Fonda) und Frankie (Lily Tomlin) sind unfreiwillig in dieser Wohngemeinschaft gelandet – nach vierzig Jahren Ehe wurden sie von ihren Ehemännern verlassen. Die beiden Herren nämlich liebten sich zwei Jahrzehnte lang im Geheimen, bevor sie sich zum Coming Out durchringen konnten. Die verlassenen Frauen hingegen gehen einander fürchterlich auf die Nerven: Grace, immer perfekt gestylt, kultiviert ihre Zwänge, während Frankie ihr esoterisch verschwurbeltes Alt-Achtundsechzigertum mit Hippie-Outfits, Joints und Ausdrucksmalerei zelebriert.

Wir haben es bei GRACE AND FRANKIE mit einer Comedy-Serie zu tun (entwickelt von Martha Kauffman und Howard D. Morris, USA 2015–), deshalb stellt sich bald heraus, dass die beiden Frauen in Wirklichkeit ganz anders sind, als sie scheinen: Grace ist in Wahrheit genauso eigensinnig, wild und kreativ wie Frankie; außerdem säuft sie wie ein Loch. Frankie wiederum kann durchaus zupacken und Konflikte mutig angehen, selbst wenn sie einen Joint geraucht hat, und so verwandelt sich die Notgemeinschaft der Ausgemusterten in eine lebendige, kooperative Frauenfreundschaft. Die ganze Energie, die sich in den Jahren des unerfüllten Ehelebens aufgestaut hat, bricht sich jetzt Bahn, findet im Kosmos des permanenten, ebenso konflikthaften wie lustvollen Aushandelns ihre Kanäle, um produktiv zu werden. So produktiv, dass Grace und Frankie gemeinsam einen Vibrator für Seniorinnen mit empfindlichen Handgelenken erfinden: „Ménage à moi" heißt das gute Stück; es ist lila genoppt und von beträchtlicher Größe.

Die spezifische Form des anarchischen Zusammenlebens erlaubt es Grace und Frankie, aus ihren Rollen auszubrechen und ihre – ganz unterschiedlichen – Weiblichkeiten im fortgeschrittenen Alter neu zu entdecken. Insofern gestaltet die Netflix-Serie eine nicht-sexuelle, komödiantische, popkulturelle Variante des gemeinsamen, produktiven weiblichen Werdensprozesses, den Rosi Braidotti wie folgt beschreibt: "Werden bedeutet in gewisser Hinsicht, das Selbst auszuleeren, es für mögliche Begegnungen mit dem ‚Außen' zu öffnen."[1]

---

[1] Rosi Braidotti: Politik der Affirmation. Berlin 2018, S. 72.

Dabei ist das Selbst nicht abgeschlossen, sondern „kollektiv bestimmt, interrelational und äußerlich";[2] es wird durchkreuzt von Begegnungen mit anderen, „mit vielfältigen kulturellen Kodes, Versatzstücken und Datenschnipseln des klebrigen sozialen Imaginären, die das Subjekt buchstäblich zusammenkleistern und somit, zumindest für einen Moment, konstituieren."[3] Das Individuum, betont Braidotti, sei ein vorübergehendes Moment in einer Kette des Seins, und die Konhärenz und Einheit des Selbst erscheine als ein Resultat von Wiederholung oder orchestrierter Wiederkehr – „Momente: Raum-Zeit-Zonen, Schrittmacher, die flüchtig und kontingent sind."[4] Intensive Freundschaft basiert folglich auf einer nicht-unitären Subjektauffassung; das Selbst ist „mit übergreifenden inneren und äußeren Beziehungen verknüpft".[5] Nun kann man nicht behaupten, Grace und Frankie würden sich auflösen oder verschmelzen – zu sehr schlägt das Comedy-Genre seine Funken aus dem Aufeinanderprallen gegensätzlicher Figuren. Gleichzeitig ist die Produktion von Komik und Witz aber genau das, worum es in diesem Raum des Werdens letztlich geht, den GRACE AND FRANKIE um die beiden Protagonistinnen herum entstehen lässt. Der Vibrator – „Ménage a moi" – in seiner albern-grotesken Erscheinungsform kann als Chiffre dafür gelten.[6] Zumal er, in weiblicher Kooperation zur weiblichen Lustbefriedigung entstanden, ironischerweise eben doch letztlich als Konsumprodukt den Markt erobern soll. Selbst als eine alte Dame beim Einsatz von „Ménage a moi" vor Lust stirbt, nützt es dem Geschäft mehr als es ihm schadet. Ist das der Gipfel des Empowerment: vor Lust sterben, unabhängig und frei? Vor fünfzig Jahren, als Jane Fonda die Hauptrolle in Roger Vadims BARBARELLA spielte, war es noch die Frau, die mit ihrer unendlichen Lust eine mörderische Orgasmusmaschine zum Explodieren brachte, und nicht umgekehrt. Und sie tat es nicht für sich, sondern brachte kraft ihrer Weiblichkeit Frieden über das gesamte Universum.

Radikale Konsumkultur und zweckfreies, kooperatives Handeln sind in GRACE AND FRANKIE ineinander verzahnt, ohne wirklich verbunden zu sein. Gerade darin weht der Geist von '68 weiter, das Nebeneinander von Gesellschaftsutopien und Konsum in der Internationale der Popkultur.[7] Aber nicht als Geist, sondern ganz konkret in den Taktiken der Figuren, mit denen sie sich

---

[2] Braidotti: Politik der Affirmation, S. 92.
[3] Braidotti: Politik der Affirmation, S. 92.
[4] Braidotti: Politik der Affirmation, S. 92–93.
[5] Braidotti: Politik der Affirmation, S. 99.
[6] Vgl. zum Raum des Werdens Braidotti: Politik der Affirmation, S. 100.
[7] Vgl. Hermann Kappelhoff: Auf- und Abbrüche – die Internationale der Pop-Kultur, in diesem Band.

Spielräume verschaffen in einer Realität, in der alte Frauen und ihre Wünsche höchstens als Abfallprodukte vorgesehen sind. Der gemeinschaftliche Raum des Werdens entsteht durch die Art der Mise-en-Scène, durch die Bewegungen der Kamera, den Rhythmus der Montage und durch den Einsatz der Musik, bzw. durch den Einsatz der Sprache im Modus der Screwball Comedy, und lässt sich als eine Atmosphäre der verspielten, immer leicht überdrehten Lust am gemeinsamen Sein und Tun in der Welt beschreiben. Die feministische Haltung von GRACE AND FRANKIE manifestiert sich meines Erachtens gar nicht so sehr in der Repräsentation älterer Frauen als handelnde und begehrende Subjekte, die es sich nicht nehmen lassen, ihrer Umgebung gehörig den Stempel aufzudrücken, sondern sie artikuliert sich in einer verspielten Affektpoetik, welche die Zuschauerinnen und Zuschauer am Raum des Werdens teilhaben lässt.

Vor diesem Hintergrund könnte man sagen, Jane Fonda und Lily Tomlin hätten, als Stars und als Co-Produzentinnen von GRACE AND FRANKIE, den Faden von Barbarellas Geschichte wieder aufgenommen, um ihn in einer ganz und gar un-utopischen Zeit weiterzuspinnen, bis in die unwahrscheinlichsten Räume hinein – zu denen die Seniorinnen-WG unbedingt gehört. Anders als 1968 steht heute, nicht zuletzt durch Rosi Braidottis feministisch-neomaterialistische Arbeiten, das Rüstzeug zur Verfügung, um BARBARELLA gegen den Strich der erotischen Männerfantasie zu lesen – als Inszenierung einer kooperativen weiblichen Panerotik, die keinen Unterschied macht zwischen „Entitäten, Geschlechtern, vergeschlechtlichten Körpern, Spezies und Kategorien".[8] Eins kommt zum anderen und berührt sich, ohne dass ein Drittes daraus werden muss.

An- und Ausziehen

Unter anderem deshalb kann man BARBARELLA, Roger Vadims erotisches Weltraumabenteuer, heute nicht mehr sehen, ohne an GRACE AND FRANKIE zu denken – insbesondere an Jane Fondas Entwicklung vom Sexsymbol in der Reihe *Bardot, Deneuve & Fonda* (unter diesem Titel sind Vadims Erinnerungen in der englischen Übersetzung erschienen)[9] über die politische Aktivistin und die Prophetin der Aerobic-Welle zur Feministin, die weibliche Selbstoptimierung

---

8 Braidotti: Politik der Affirmation, 14.
9 Roger Vadim: Bardot, Deneuve & Fonda. The Memoirs of Roger Vadim. New York 1987. Die Taschenbuchausgabe wirbt auf dem Cover mit folgenden Verlockungen: „Pillow talk and behind the sets-secrets of three legendary film stars from the man who loved them all." Das französische Original erschien unter dem Titel *D'une étoile à l'autre*.

zwar durchaus praktiziert, aber auch anprangert, und dabei offen über Essstörungen, Sportexzesse und Schönheitsoperationen spricht.[10] BARBARELLA gehört für Fonda einer sowohl rauschhaften als auch schwierigen Vergangenheit an, in der sie sich selbst entfremdet war: „There I was, a young woman who hated her body and suffered from terrible bulimia, playing a scantily clad – sometimes naked – sexual heroine."[11] Außerdem erinnert sie sich an das Gefühl, buchstäblich im falschen Film zu sein. Die Amerikaner führten Krieg in Vietnam, die Studentinnen und Studenten revoltierten, und sie partizipierte an einem Projekt, das ihr albern und kindisch vorkam: „Filming BARBARELLA at a time when so much substantive change was taking place in the world had acted as yeast to my malaise. Who was I? What did I want from life?"[12]

Unabhängig von Fondas Bedenken zirkulierte Barbarella, Weltraum-Agentin einer Erde der Zukunft, durch die Popkultur und wurde Kult, als leichtbekleidetes Sexsymbol. Das gilt für den Film ebenso wie für die Comic-Vorlage von Jean-Claude Forest (1964). Dort hüpfen ihr bei jedem noch so kleinen Körpereinsatz die Brüste aus den Kleidern. Im Film hingegen wird sie an- und ausgezogen wie eine Puppe; innerhalb von Sekunden wechselt sie von einem Outfit ins andere. Es scheint der Film selbst zu sein, der Barbarella die Kleider vom Leib reißt, um sie gleich wieder neu einzukleiden, in die extraterrestrischen, von Paco Rabanne inspirierten Kreationen (Kostüme: Jacques Fonteray).

Dabei erinnert Barbarella mit ihren neugierigen blauen Augen, ihrem blonden Haar und dem Gehirn, das in jeder Lebenslage wie am Schnürchen fleißig gelerntes Wissen reproduziert, an den Inbegriff des unschuldigen Mädchens: an Alice im Wunderland. Im Gegensatz zur viktorianischen Kinderbuchheldin hat Barbarella allerdings eine (geheime) Mission; als 5-star Astro-Navigatrix vom Planeten Erde ist sie unterwegs, um den verschollenen Forscher Durand-Durand zu finden und zurück auf die Erde zu bringen. Obwohl auf der Erde längst *peace and love* herrschen, hat Durand-Durand eine Waffe gebaut, mit der er die Welt vernichten kann. Nun gilt es zu verhindern, dass selbige in die falschen Hände kommt, denn sie besitzt „the power to shatter the loving union of the universe".

Noch bevor die Zuschauerin überhaupt erfährt, worum es geht, entfaltet der Film einen ebenso unsinnig-albernen wie erotisch aufgeladenen Raum der Berührungen und etabliert damit seine Poetik. Es handelt sich um eine Erotik der Materialien, der Formen, Rhythmen und Bewegungen, die sich im permanent seine Gemachtheit zur Schau stellenden Weltraum ineinander verschlin-

---

10 Vgl. Jane Fonda: My Life So Far. New York 2005.
11 Fonda: My Life So Far, S. 422.
12 Fonda: My Life So Far, S. 437.

gen, sich ein- und ausfalten, ohne auch nur eine Spur ihrer Heterogenität aufzugeben. Wenn Vadim selbst Fonda zur „Alice der Zukunft"[13] machen wollte, wenn die Filmkritik BARBARELLA als eine die schlüpfrigen Seiten des Originals enthüllende Version von *Alice im Wunderland* deutete,[14] erschöpft sich die Analogie keineswegs in der Konstellation der kindlichen Unschuld, die sich in eine Welt voller verrückter Wesen verirrt.

BARBARELLA beginnt in der nahezu völligen Stille eines königsblauen Weltraum-Meers. Von Vakuum keine Spur – es scheint Blasen zu werfen, muss also aus einer viskosen Substanz bestehen. Die Kamera nähert sich einem Flugobjekt, das an Bauklötze erinnert, oder an eine Seifenkiste; aus Brettern zusammengenagelt und mit futuristisch anmutenden, kugeligen Düsen versehen. Dazu vernimmt man, leise zunächst, ein Geräusch wie von Maschinen, das in ein nervöses Sirren übergeht, als die Kamera durch das Fenster des Raumschiffs ins Innere vordringt. Für einen Moment ist die Kamera, sind wir, geblendet von Licht: hell leuchtet das Zentrum, wie aus Blasen sich teilender Zellen, umgeben von einem bläulichen Hof, hinter dem sich, in tieferen, dunkleren Blautönen, ein Raum abzeichnet. Aus der unteren linken Ecke schwebt eine schwerelose Gestalt, in einen Raumanzug aus mehreren Plastikschichten verpackt, in den Kader hinein, und das Sirren verwandelt sich in das Intro zu einem Song. Die Musik nimmt Fahrt auf, als die Figur sich verführerisch aus der Verpackung zu schälen beginnt – zuerst die Hände, zarte, maniküret Frauenhände, dann ein Paar perfekt geformte Beine. Das Visier des Helms, eine Glaskugel, öffnet sich und offenbart einen blonden Haarschopf, blaue Augen in einem verträumt-laszivem Gesicht. Sobald die Augen erscheinen, hebt der Sänger zum Lob der Astronautin an, sekundiert durch einen Chor von Frauenstimmen, der zwischen jeder Phrase ein lasziveres „ahhh" stöhnt: „It's a wonder – ahhh – Wonder Woman – ahhh – you're so wild – ahh – and wonderful, – ahh – 'cause it seems whenever we're together the planets all stand still." Die Musik dauert an, bis der berühmte Striptease in der Schwerelosigkeit vollendet wird (Abb. 1): „Barbarella psychedella, there's a kind of cockle shell about you. You dazzle me with rainbow colours, fade away the duller shade of living, get me up high, teach me to fly, electrify a night with starry light above the stratosphere [...]"

---

13 Patricia Bosworth: Jane Fonda. The Public Life of a Private Woman. London 2011, S. 251.
14 „[...] behind the whole Candy-coloured, tangerine-flavoured fantasy one can clearly detect echoes of another less expected source. A leading science fiction authority has claimed that if Lewis Carroll had lived today he would inevitably have written not *Alice's Adventures in Wonderland* but *Lolita*. He might perhaps equally well have written *Barbarella*." Jack Ibberson: Barbarella. In: Monthly Film Bulletin 35 (1968), H. 408, S. 168.

Abb. 1: Striptease in der Schwerelosigkeit.

Eine Liebesszene, ganz klar – doch wer sind die Beteiligten, wer bringt da zusammen die Planeten zum Stillstand? Inszeniert der Film vielleicht einen Flirt zwischen Barbarellas nackten Extremitäten und dem Blick der Zuschauerinnen und Zuschauer? Dazu kommt es nicht. Die Affizierung durch Komik und Nonsense hält die Erotik in Schach, zelebriert sie dafür auf eine seltsame Weise, der ich im Folgenden nachgehen möchte. Dazu gehört, dass Barbarellas schwereloser Striptease an den Zeitlupen-Fall von Carrolls Alice durchs Kaninchenloch denken lässt – zumal Barbarella nach der Sequenz mit einem Plumps auf dem teddybärbraunen Kunstfell landet, mit dem ihre Raumkapsel ausgestattet ist.

Sex ohne Sex: Wiederholung und Variation

Die Inszenierung der Striptease-Szene gibt den Zuschauerinnen und Zuschauern zu verstehen, dass es hier Sex zu sehen geben wird – und doch sieht man absolut nichts davon. Jedenfalls nicht so, wie man sich heute Sex um '68 vorstellt. Zunächst einmal verhindern die über Barbarellas nackten, sich in der Schwerelosigkeit räkelnden Körper laufenden Credits den freien Blick auf ihre Brüste – bezeichnenderweise sind es die Buchstaben „David Hemmings as Dildano", die den Blick im entscheidenden Moment blockieren. David Hemmings, dem Publikum bekannt als der ennuierte, ziellos sehnsüchtige Fotograf Thomas aus Antonionis BLOW UP (vgl. den Artikel von Hermann Kappelhoff in diesem Band), wird später mit Barbarella den avancierten, von der terrestrischen Zivilisation zur Förderung des Weltfriedens und mit Hilfe von Pillen entwickelten Hand-Sex praktizieren.

Bevor es so weit kommt, inszeniert der Film immer wieder neue Liebesszenen, die sich auf einer formalen Ebene als Konstellationen von Materialien beschreiben lassen, die nicht zusammenpassen und gerade dadurch eine Spannung zum Ausdruck bringen. Was in der Kapsel mit Kunstpelz, einem Gemälde, einer Bronzestatue, viel Plastik und Barbarellas Körper begann, wiederholt sich und wird zu einer Serie: Kunstpelz, Barbarellas mal erdbeerblond, mal feuerrot leuchtende Haare, das metallische Blinken und Biepen des Bordcomputers, und dazwischen das Cockpit, das den Blick freigibt in die Weite der viskosen Masse des blubbernd-blauen Weltraums. Die Frisuren der bösartigen Zwillingsschwestern Stomoxys und Glossina auf dem Planeten Tau Ceti mit seinen Schneefeldern, aufragenden Kristallen und Trockeneisnebeln treten wie der schwarze Nullpunkt im Tanz der Materialien aus dem Hintergrund hervor.

Man kann das mit Susan Sontag als Camp bezeichnen. Oder aber, bei aller Albernheit und Ironie von Plot und Schauspiel, die Materialkonstellationen ernst nehmen in ihrem Versuch, eine utopische Dimension von Eros als Zusammenspiel und Berührung zu realisieren. Vor diesem Hintergrund erscheint Vadims Film plötzlich als avantgardistisches Unternehmen, als populärkulturelles Pendant zu Harald Szeemanns inzwischen in die Annalen der Kunstgeschichte eingegangener Ausstellung „Wenn Attitüden Form werden", die ein Jahr später, 1969, in Bern gezeigt wurde. Sie sprengte den Kunstbegriff nicht nur in Richtung Installation und Happening auf, sondern auch durch die Materialien, welche die beteiligten Künstlerinnen und Künstler verwendeten. Und die von der Kritik sogleich „sprachlich in Abfall transformiert" wurden – „Aschehaufen", „Zementbrocken", „geschmierte Kochbutter".[15] BARBARELLA zelebriert zwar keineswegs das kunstlose Material, sondern gerade das künstlich hergestellte, arbeitet aber an einem verwandten Projekt: Materialien und Körper bilden in der Zeitlichkeit der audiovisuellen Rhythmen immer wieder neue Intensitäten auf einer Oberfläche, die keine Tiefe braucht. Was Gilles Deleuze in seiner 1969 erschienenen *Logique du sens* für Carrolls Alice beschreibt, ließe sich auch auf Barbarella übertragen: Es geht um den Sinn und den Doppelsinn der Oberfläche.[16] Nur der Plot und der einheitlich dem Lounge-Stil der 1960er Jahre verpflichtete Soundtrack sorgt für das Gefühl, es mit einem Pop-Märchen und nicht mit einem Werk der Avantgarde zu tun zu haben.

Barbarella rettet also den Frieden, indem sie dem Mad Scientist Durand-Durand das Handwerk legt und seine Pläne, das Universum zu unterjochen, vereitelt. Ihre wahren Abenteuer aber sind erotischer Art. Die zentralen Episoden gipfeln je in einer sexuellen Begegnung: mit dem Kinderfänger Mark Hand

---

15 Monika Wagner: Das Material der Kunst. Eine andere Geschichte der Moderne. München 2001, S. 9.
16 Gilles Deleuze: Logik des Sinns. Frankfurt am Main 1993, S. 27. Zu Alice, Deleuze und Frau Werden im Film vgl. auch Patricia Pisters: The Matrix of Visual Culture. Stanford 2004, S. 106–140.

(Ugo Tognazzi), einer pelzigen Version des Vogelfängers Papageno aus Mozarts *Zauberflöte*, mit Pygar (John Philip Law), dem Engel, dem der Wille zum Fliegen abhanden gekommen ist (und den er dank Barbarellas beherztem Eingreifen wieder zurückerlangt), mit dem Revolutionär Dildano (wie gesagt: David Hemmings) – und schließlich mit einer Maschine, dem Orgasmotron, in dem sie, so will es der verrückte Durand-Durand, vor Lust sterben soll. In keiner dieser Szenen sieht man einen sexuellen Akt zwischen zwei Menschen bzw. zwischen Mensch und Maschine; vielmehr verwandeln sich die Konstellationen aus Materialien zu immer neuen Formen, modulieren und intensivieren sich.

Mark Hand rettet Barbarella von einer Horde von Monsterpuppen, und sie möchte sich revanchieren. Er zögert nicht lange: „You could make love to me". Und Barbarella, wie ein braves, wohlerzogenes Mädchen, ist sofort bereit dazu. Die Vorbereitungen gestalten sich aber nicht ganz unkompliziert; es gilt, sich Klarheit über unterschiedliche kulturelle Gepflogenheiten beim Sex zu verschaffen. Barbarella, als Angehörige und Botschafterin einer fortschrittlichen Zivilisation, kennt die rohen Sitten der physischen Begattung nur vom Hörensagen; sie verlässt sich auf die erwähnte hochentwickelte psychedelische Technologie. Je nach Psychokardiogramm wird errechnet, wer zusammenpasst. Dann schlucken die beiden Liebespartner eine Pille und berühren sich mit den Handflächen. Barbarella versucht Hand zu erklären, wie das geht: „Well, on Earth, when our psychocardiogram readings are in harmony and we wish to, make love, as you call it, we take an exultation transference pellant and remain, like this." Doch er besteht auf der traditionellen Vorgehensweise – und Barbarella wird den kleinen Rückfall in die Barbarei nicht bereuen (immerhin kennzeichnet sie ihr Name als „kleine Barbarin"). Solange der Dialog – durchaus in der Tradition von Carrolls Nonsense – andauert, erweckt das Schuss-Gegenschuss-Verfahren den Eindruck, die beiden seien nicht in einem gemütlichen kleinen Segelschlitten vereint, sondern getrennt, in unverbundenen Räumen: Barbarella sitzt in einem sich ins Unendliche fortsetzenden, halbtransparenten Schlauch auf Kunstfell, ein unruhiges Patchwork aus Haaren, Glitzerkostüm, zerrissener schwarzer Strumpfhose und blutigen Stellen. Auf der anderen Seite haben wir, noch unerreichbar, Mark Hand, mit Fellkostüm und Vollbart eingebettet in dunkle Brauntöne, hinter ihm Holz und eine beschlagene Fensterscheibe. Barbarella nähert sich ihm mit der Pille, streckt die Handfläche aus, um ihm zu zeigen, wie man sich auf der Erde liebt – und lädt dabei uns, die Zuschauerinnen und Zuschauer ein, unsere Handfläche auf die Leinwand oder den Bildschirm zu legen, um ihre Handfläche zu berühren. Das ließe sich leicht als medienreflexiv-kritischen Kommentar zur Verschiebung erotischen Begehrens vom Zwischenmenschlichen in die Zone medialen Konsums interpretieren – lässt sich auf einer komplexeren Ebene aber auch als Inszenierung davon verstehen, dass erst audiovisuelle Bilder unserem Fühlen und Begehren eine Form geben.

Abb. 2: Kleidsames Stinktier.

In dieser erwartungsvollen Haltung bleibt Barbarella einen Moment, bis der Rhythmus der Montage schneller wird, und wir die beiden Liebespartner in spe endlich im gleichen Kader sehen. Die Diskussion geht, wieder im Schuss-Gegenschuss-Verfahren, noch ein wenig weiter; dann schlängelt sich Hand aus seinem Fellgewand – nur um darunter einen ebenso dichten Pelz an Brusthaar zu offenbaren. Da verzieht sich die Kamera aus dem Liebesnest, und wir sehen, wie das Gefährt wild über die Eisfläche gleitet. Ihre Krönung erfährt die Szene, wenn Barbarella sich nach dem Liebesakt ganz verträumt anzieht; ein schwarz-weißes Kuscheltier mit langen Haaren ist das nächste Outfit, und bevor sie es sich überzieht, umarmt sie es liebevoll (Abb. 2).

Die Liebesnacht mit Pygar spielt sich zwischen zwei Schnitten ab. Schauplatz ist buchstäblich ein Nest, das der blinde Engel im Labyrinth der City of Night bewohnt. Dieses Labyrinth besteht aus Stein, abgestorbenen Pflanzenresten, Spinnweben und Menschen, die in die Materialien eingeschlossen sind, zum Teil in immerwährender Umarmung, als seien sie für alle Ewigkeit im Tartaros gefangen – es illustriert gleichsam die höllische Variante der Materialberührung. Barbarella und Pygar hingegen sehen wir nicht in der Umarmung: der Film schneidet vom Moment, in dem Pygar seine Besucherin entschlossen an der Hand Richtung Nest zieht, direkt zum Morgen danach: Barbarella liegt nackt auf dem trockenen Gras des Engelsnests und summt das Lied aus den Anfangscredits, während sie sich mit einer Feder über das Gesicht streichelt (Abb. 3).

Sie ist Teil eines Arrangements aus Gras, Federn, glänzenden Materialien (ob Engel mit Elstern verwandt sind?), und entdeckt dabei den Engel, der am Himmel seine Kreise zieht. Bald fliegen die beiden gemeinsam davon, auf in die nächste Etappe des Abenteuers in der Stadt Sogo.

Die Materialen der Stadt sind nicht weich und flauschig wie die „natürlichen" und künstlichen Felle Mark Hands oder das Federkleid Pygars, sondern glatt und

312 — Christine Lötscher

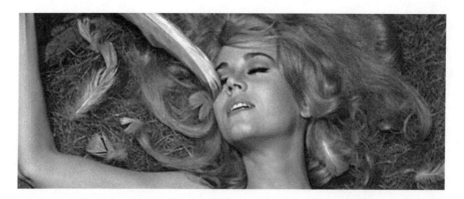

Abb. 3: Barbarella im Engelsnest.

Abb. 4: Sex, futuristisch.

kalt: harter Plastik, Metall, Glas. Außerdem ist Sogo voller Foltermaschinen und mörderischer Kammern, in denen Barbarella den Tod finden soll. Stattdessen findet sie erst einmal in den Untergrund, zu Dildano, dem Revolutionär.

Er ist ganz versessen darauf, Barbarella auf die fortschrittliche Art der Erdbewohner zu lieben. Recht unromantisch wühlt er, auf der Suche nach der Pille, in seinen Sachen herum, und als er sie endlich gefunden hat, begeben sich die beiden ohne viel Aufhebens in Position. Die Kamera zieht sich in den Hintergrund zurück, sozusagen um Anlauf zu nehmen, psychedelische Musik setzt ein, und wir zoomen auf die aneinandergelegten Hände zu. Nichts scheint zu passieren, die Musik verstummt, doch dann beginnen Barbarella und Dildano seltsam zu ruckeln, während ein knatterndes Geräusch ertönt, und ein Wind aus dem Nirgendwo fährt ihnen in die Haare (Abb. 4). Barbarella sieht aus, als hätte sie mit Lockenwicklern unter der Haube gesessen, während Dildanos Haare wüst zu Berge stehen. Zwischen den Handflächen steigt ein Räuchlein auf.

„Wait until the tune changes!"

Es ist eine Maschine, kein Mann und keine chemische Substanz, die Barbarella zur höchsten sexuellen Ekstase treiben wird. Auch hier haben wir es mit einem Fall Taktik zu tun,[17] denn eigentlich hat der verrückte Wissenschaftler Durand-Durand (Milo O'Shea) das Orgasmotron als Hinrichtungsapparatur gebaut – es soll Frauen an ihrer eigenen Lust zugrunde gehen lassen. Barbarella allerdings widersteht – und verwandelt die Todesqualen in Genuss. Die Maschine geht in Flammen auf.

Eingeführt wird die Orgasmotron-Episode mit Akkorden, die an Bachs Toccata und Fuge in d-moll erinnern und dabei Assoziationen an finstere Gothic-Szenarien wecken, während die Kamera über ein Notenblatt mit bunten geometrischen Formen streift. Beschwingter Elektrosound – schon sind wir wieder in den 1960er Jahren – löst die Orgelklänge ab, und allmählich, als hätten wir es wieder mit einem Striptease zu tun, enthüllt die Kamera Durand-Durand, der eine gelbe Plastikklaviatur betätigt, die nicht nur Musik produziert, sondern eine schwarze Maschine aus Gummi in Bewegung versetzt, in der Barbarella steckt. Nur noch ihr Kopf ragt heraus. Die „sonata for executioner and various young women" werde gespielt, informiert Durand-Durand die gefangene Agentin, und die Totale gibt den Blick auf einen Haufen aus achtlos weggeworfenen Kleidern und Frauenleichen frei. Während triumphale Trompetenfanfaren ertönen, sehen wir im Schuss-Gegenschuss-Verfahren – wie zu Beginn des Films bei Mark Hand und Barbarella – den Organisten als Henker bei der Arbeit und Barbarellas Gesicht, das aus den sich wellenförmig auf und ab bewegenden Maschinenteilen herausstrahlt. Dabei findet schon wieder ein Strip statt, diesmal den Augen der Zuschauerinnen und Zuschauer entzogen; eins nach dem anderen wirft das Orgasmotron Barbarellas Kleider und Accessoires aus. In der Inszenierung der in die Maschine eingefalteten Frau setzt sich die Serie der Arrangements aus weiblichem Körper und extraterrestrischen Materialien fort. Nur, dass Barbarella hier zum ersten Mal ihre vergnügte Contenance verliert. Die Todesmassage beginnt einigermaßen harmlos: „It's ... sort of nice, isn't it?", gluckst Barbarella, und Durand-Durand erwidert, mit der künstlich

---

17 Vgl. Michel de Certeau: Kunst des Handelns. Berlin 1988.

Abb. 5: „It's ... sort of nice, isn't it?"

sanften Stimme des Bösewichts: „Wait until the tune changes. It may change your tune as well." (Abb. 5)

In der Tat nimmt die Musik Tempo auf, steigert sich zum Crescendo und verliert sich schließlich in einem Wirrwarr aus unkoordinierten Rhythmen, von verschiedenen Perkussionsinstrumenten gespielt. Darunter mischen sich Stöhnlaute, die ein Chor von ewig Verdammten hervorzubringen scheint. Wiederum im Schuss-Gegenschuss-Verfahren sehen wir die schweißüberströmte, in Ekstase die Augen rollende Barbarella in der Maschine und Durand-Durand, der den Apparat bedient, mit immer wilder werdendem Gesichtsausdruck. Anstatt ihren Geist auszuhauchen, widersteht Barbarella, und die Maschine fängt Feuer, explodiert. Um keine Missverständnisse aufkommen zu lassen, kommentiert Durand-Durand, was gerade geschehen ist:

> Wretched girl, what have you done to the excessive machine! You've undone it! [...] You've burned out the excessive machine, you've blown all it's fuses! You've exhausted it's power, it couldn't keep up with you. Incredible, what kind of girl are you! Have you no shame? Shame, shame on you!

Und er droht ihr mit noch unerhörteren Foltermethoden: „I'll do things to you that are beyond all known philosophies" – ob er mit den Philosophien vielleicht jene des Marquis de Sade meint?

Durand-Durand hat aber keine Ahnung, was sich hier wirklich abspielt. Aus der Perspektive der Zuschauerinnen und Zuschauer haben wir es mit einer durchaus verstörenden Sequenz zu tun. Wir sehen gleichzeitig zwei gleichsam unheilbar unvereinbare Ereignisse, die sich weder auseinanderdividieren noch zu einer sinnvollen Einheit verbinden lassen: eine Vergewaltigung und eine autoerotische Ekstase. Das geht nicht zusammen, darf nicht zusammen gehen. Die Szene folgt teilweise einer Exploitation-Logik, indem sie eine gespaltene Zuschauerposition inszeniert – wir genießen die Qualen der in der Maschine gefangenen Frau, während wir uns über das eigene Genießen empören –,[18] dreht aber noch ein paar Rädchen weiter an der Komplexitätsspirale. Durch ihre Lustexplosion, die zur Zerstörung der Orgasmusmaschine führt, rettet Barbarella die Welt – denn kein von Männern gebauter Apparat, keine Waffe kommt an gegen die weibliche Lust, die sich mit ihrer panerotischen Affinität in alle Räume und ihre Materialien einzufalten vermag, seien es fellige Höhlen, Engelsnester, Revolutionszellen oder feindlich gesinnte Maschinen. Linda Williams sieht in BARBARELLA die feministische Feier des klitorialen Orgasmus und damit die biologische Überlegenheit der weiblichen Sexualität realisiert,[19] die sich in Vadims Film zu einer Utopie aufschwingt, die nicht ganz so ironisch zu verstehen ist, wie sie aufgrund des Exzesses von Albernheiten wirkt. Denn Barbarellas Autoerotik ist, wie die Analyse ihrer Einfaltungen in den kinematografischen Raum gezeigt haben, als eine Panerotik zu verstehen, die noch den tödlichsten Raum in einen Raum des Werdens zu verwandeln vermag. Männer sind mitgemeint.

Barbarella vermag die Galaxis aber nicht allein in ihrer Eigenschaft als Sexsymbol zu verwandeln. Die Voraussetzung ist die Kombination ihrer erotischen Adaptionsfähigkeit mit der Neugier des unschuldigen, ebenso gelehrigen wie eigenwilligen Mädchens, die sie tatsächlich zu einer Urenkelin von Alice im Wunderland macht. Die „Sex"-Szenen in Barbarella wirken ungefähr so erregend wie das Gespräch zwischen Alice und Humpty Dumpty in *Through the Looking-Glass and What Alice Found There* (1871), und die seltsame Kombination aus komischen und schräg-grotesken Modalitäten trägt dazu bei, die Erotik auf eine ästhetische Ebene zu verschieben. Vielleicht hat Durand-Durand gar nicht so unrecht mit seinen unerhörten Philosophien, wenn auch wiederum

---

18 Vgl. Hermann Kappelhoff: Realismus: Das Kino und die Politik des Ästhetischen. Berlin 2008, S. 161.
19 Linda Williams: Screening Sex. Durham 2008, S. 168.

anders, als er denkt: Das Denken der Bilder in BARBARELLA lässt uns den Weltfrieden als medial-erotische, raumzeitliche Berührungszone von Farben, Formen, Materialien erfahren, die in ihrer Heterogenität koexistieren, ohne homogenisiert zu werden.[20] Wir legen, ohne es zu merken, unsere Handfläche an jene, die uns Barbarella entgegenhält, auf dass wir uns durch das Interface von ihr elektrifizieren lassen.

Literaturverzeichnis

Bosworth, Patricia: Jane Fonda. The Private Life of a Public Woman. London 2011.
Braidotti, Rosi: Politik der Affirmation. Berlin 2018.
Certeau, Michel de: Kunst des Handelns. Berlin 1988.
Deleuze, Gilles: Logik des Sinns. Frankfurt am Main 1993.
Fonda, Jane: My Life So Far. New York 2005.
Forest, Jean-Claude: Barbarella. Engel haben kein Gedächtnis. Hamburg 1991.
Ibberson, Jack: Barbarella. In: Monthly Film Bulletin 35 (1968), H. 408, S. 168.
Kappelhoff, Hermann: Realismus: Das Kino und die Politik des Ästhetischen. Berlin 2008.
Pisters, Patricia: The Matrix of Visual Culture. Stanford 2004.
Vadim Roger: Bardot, Deneuve & Fonda. The Memoirs of Roger Vadim. New York 1987.
Wagner, Monika: Das Material der Kunst. Eine andere Geschichte der Moderne. München 2001.
Williams, Linda: Screening Sex. Durham 2008.

Filmografie

BARBARELLA. Reg. Roger Vadim. I/F 1968.
GRACE AND FRANKIE. Entwickelt von Martha Kauffman und Howard D. Morris. USA 2015–.

---

20 Vergleichbar mit den flüssigen, sich niemals mischenden Substanzen in der Lavalampe der Marke *Mathmos*, die in den späten 1960er und 1970er Jahren zum stylischen Interieur gehörten.

Jan-Hendrik Bakels
Halbwelten und Doppelfiguren
Zum Spiel mit Figur und Persona in Jacques Derays LA PISCINE

> Ein Fotograf aus der Truppe Chris Markers machte eine Aufnahme von uns. Man sieht mich darauf im Profil, in einem hinreißenden, von Rosier gestalteten grauen Parka, den ich zu dieser Zeit täglich trug. Valérie [Lagrange, J.-H. B.] steht mir gegenüber, sie trägt ein besticktes rumänisches Hemd im Hippiestil. Beide rauchen wir eine Zigarette. Um uns herum schemenhafte Gestalten in der Nacht. Aus unseren Blicken spricht die gleiche Anspannung, die gleiche Erwartung des Unvermeidlichen. Dieses Foto besitze ich immer noch. Es wurde wenige Sekunden vor dem Angriff der Polizei gemacht.[1]

Anne Wiazemsky, französische Schauspielerin und von 1967–1979 mit Jean-Luc Godard verheiratet, eine kurze Straßenszene in der Nacht vom 10. auf den 11. Mai 1968. Jener 11. Mai wird in der Folge in Frankreich aufgrund eines – selbst für dieses bewegte Jahr – einschneidenden Ereignisses ins viel bemühte ‚kollektive Gedächtnis' eingehen.[2]

Prolog: Eine Nacht im Mai – Revolte mit Ankündigung

Im Januar desselben Jahres hatte ein 22-jähriger Student den französischen Jugend- und Sportminister François Missoffe am Rande einer Veranstaltung im Schwimmbad der Universität Nanterre um Feuer gebeten – und die Gelegenheit genutzt, eine Nachfrage zum 1967 vom entsprechenden Ministerium herausgegebenen Weißbuch über die Jugend zu stellen. Der kurze Wortwechsel wandelt sich zum politischen Streitgespräch, und plötzlich stehen Gerüchte im Raum, dem bis dahin der Öffentlichkeit unbekannten deutsch-französischen Studenten namens Daniel Cohn-Bendit drohe die Exmatrikulation, eventuell sogar die Abschiebung nach Deutschland. Verschiedene Studierenden-Vereinigungen solidarisieren sich daraufhin, studentische Aktionen und Reaktionen von Universität und Polizei wechseln sich über Wochen und Monate ab – bis die Wellen der Proteste, Aussperrungen und Exmatrikulationsdrohungen sich

---

1 Anne Wiazemsky: Paris, Mai '68. Berlin 2018, S. 51.
2 Vgl. zu diesen und den folgenden Ausführungen zum Mai 1968 in Paris sowie dem Vorlauf der Ereignisse: Norbert Frei: 1968. Jugendrevolte und globaler Protest. München 2017, S. 9–29.

https://doi.org/10.1515/9783110618945-016

im Mai schließlich zu einer Flut verdichten. Nachdem vier Protestierende infolge der anhaltenden Unruhen zu Gefängnisstrafen ohne Bewährung verurteilt werden, liefern sich am 3. Mai einige Studierende der nun ebenfalls von den Protesten erfassten Sorbonne eine direkte Auseinandersetzung mit der Polizei; am 6. Mai werden erste Barrikaden errichtet; im Laufe des 10. Mai fangen die Protestierenden an, systematisch das Gebiet um die mittlerweile geschlossene Sorbonne zu verbarrikadieren; um kurz nach zwei Uhr in den ersten Stunden des 11. Mai beginnt die Polizei schließlich, die Barrikaden gewaltsam zu räumen. In den folgenden dreieinhalb Stunden eskaliert die Gewalt auf beiden Seiten, am Ende stehen etwa 60 ausgebrannte Autos, 367 Verletzte, 460 festgenommene auf Seiten der Demonstrierenden und „eine der gewaltsamsten Auseinandersetzungen seit dem Ende des Zweiten Weltkriegs".[3] Die französische Öffentlichkeit zeigt sich so geschockt von der gewaltsamen Auflösung des Protests, dass als direkte Reaktion zwei Tage später landesweit die wohl größte Demonstration in der Geschichte Frankreichs stattfindet.

Wiazemskys eingangs zitierte Ausführungen beschreiben exakt den Moment der Eskalation: die Sekunden der Ruhe, bevor die Welle des Protestes schließlich zwischen Schlagstöcken und Pflastersteinen im Wirbel der Gewalt bricht. Angesichts der Tragweite jener Ereignisse erscheint ihre Momentaufnahme fast banal. Der Fokus auf die Anwesenheit des Filmemachers Marker und der Schauspielerin Lagrange, die ausführlichen Beschreibungen der Kleidungsstücke („hinreißend"), die Erwähnung der obligatorischen Zigarette – würde Wiazemsky nicht noch zumindest die allgegenwärtige „Anspannung" erwähnen, man könnte ihre Ausführungen genauso gut als Erinnerungen an eine Party der Pariser Bohème lesen. Und doch geht es mir an dieser Stelle mitnichten darum, ihren Ausführungen in irgendeiner Weise Oberflächlichkeit oder Ähnliches zu unterstellen. Vielmehr werde ich im Folgenden versuchen zu zeigen, inwiefern sie geradezu symptomatisch für die sogenannte ‚Bewegung' hinter den Protesten des Jahres 1968 sind, ja sogar über diese vieldiskutierte Bewegung hinaus symptomatisch dafür, dass den 1960er Jahren eben nicht nur die Geburt einer die westlichen Gesellschaften bis heute prägenden Gegenkultur zuzuschreiben ist – sondern dass jene Jahre auch den Durchbruch einer Entwicklung markieren, in deren Zuge Politik und Popkultur, materialistische Beschreibung der Realität und kulturelle Fantasie zunehmend miteinander verschmelzen. Dazu werde ich den Blick – „Ausgerechnet!", mag die/der ein oder andere an dieser Stelle ausrufen – auf Jacques Derays Film LA PISCINE

---

[3] Frei: 1968. Jugendrevolte und globaler Protest, S. 15; zu den Zahlen betreffs Sach- und Personenschäden sowie Festnahmen vgl. S. 18.

(F/I 1968) richten, der im Spätsommer und Herbst 1968 gedreht wurde. Einen Film also, der vor allem dafür in Erinnerung geblieben ist, das gescheiterte Traumpaar Delon/Schneider noch einmal vor der Kamera vereint zu haben – und den das *Lexikon des Internationalen Films* als „belanglose Kolportage-Story mit schicker Ausstattung, die ganz auf die beiden Stars zugeschnitten ist"[4] verwirft. Doch bevor wir uns damit befassen können, ob und inwiefern auch LA PISCINE den Zeitgeist greifbar werden lässt, gilt es zunächst den Blick auf eben jene „beiden Stars" zu richten.

Erster Akt: Von der Affäre zur Amour fou – Kaiserin triff Filou

Rückblende: Der Flughafen Paris-Orly, zehn Jahre zuvor.[5] Am 10. April 1958 entsteigt der junge deutsche Filmstar Romy Schneider, wie immer in den ersten Jahren ihrer Karriere begleitet von ihrer Mutter Magda, dem Flugzeug, das sie auf Einladung der Produzenten ihres neuen Films CHRISTINE (Pierre Gaspard-Huit, FR/I 1958) – die Dreharbeiten stehen erst noch an – nach Frankreich gebracht hat. Schneider ist erst neunzehn Jahre alt und doch bereits ein internationaler Star. Fünf Jahre zuvor hatte sie an der Seite ihrer Mutter in Hans Deppes WENN DER WEISSE FLIEDER WIEDER BLÜHT ihr Kino-Debüt gegeben, bevor der erste SISSI-Film[6] sie 1955 im Alter von 17 Jahren international bekannt gemacht hat. Nun, im Frühjahr 1958, ist Schneider gewissermaßen *everybody's darling*, ein Teenie-Star mit makellosem Image, abonniert auf die Rolle der tugendhaften, aber kessen jungen Schönheit (Abb. 1).

Auf dem Rollfeld warten zwei noch vergleichsweise unbekannte französische Schauspieler am Anfang ihrer Karriere, welche die Produzenten für CHRISTINE besetzt und nun zu Schneiders medienwirksamem Empfang abgestellt haben. Der eine von ihnen, Jean-Claude Bialy schickt seinen jüngeren Begleiter vor, Schneider die obligatorischen Blumen zum Empfang zu überreichen: Alain Delon, selbst erst 22 Jahre alt, hat im Jahr zuvor in seinem ersten Kino-Film, Yves Allégrets QUAND LA FÊMME S'EN MÊLE (DIE KILLER LASSEN BITTEN, F 1957),

---

4 Zitiert nach Thilo Wydra: Romy Schneider. Leben und Wirkung. Frankfurt am Main 2008, S. 90.
5 Vgl. zu den folgenden Ausführungen zum ersten Aufeinandertreffen Delons und Schneiders: Wydra: Romy Schneider, S. 27 sowie Günter Krenn: Romy & Alain. Eine Amour Fou. Berlin 2015, S. 31–43.
6 SISSI (Regie: Ernst Marischka, A 1955)

Abb. 1: Romy Schneider in SISSI.

eine Nebenrolle spielen dürfen – jene des zwielichtigen Killers. Die Produzenten wünschen sich Fotos ihrer ungleichen Hauptdarsteller in der Presse.

Das Treffen ist von gemischtem Erfolg: Während das PR-Kalkül aufgeht – die Presse spricht mit kalkuliertem Reflex vom neuen Traumpaar, Gerüchte über eine Affäre machen die Runde –, werden die beiden Schauspieler der Überlieferung nach zunächst nicht wirklich miteinander warm. Delon wird Schneider später sagen, er habe sie zunächst „zum Kotzen"[7] gefunden, der Legende nach bezeichnet Delon den drei Jahre jüngeren Star abseits der Mikrophone vor den Mitgliedern der Empfangsdelegation als „blonde Gans"[8] und macht sich über ihre Entourage inklusive Mutter, Sekretär und Arzt lustig. Schneider wiederum vertraut einer Freundin im Anschluss an ihre Rückkehr nach Wien an: „Der ist verrückt nach mir, aber mich interessiert der überhaupt nicht!"[9]

Weniger als ein Jahr später, im März 1959, lädt das Paar zur Verlobungsfeier am Luganer See. Bereits im Herbst 1958 war Romy Schneider zu Delon nach Paris gezogen – eine Entscheidung nicht ohne Auswirkung auf den weiteren Verlauf beider Karrieren. Romy Schneider emanzipiert sich zunehmend von ihrer Familie und damit auch ihrem Management. In Deutschland fällt sie ob der Auswanderung nach Paris in Ungnade, in Frankreich bleiben die Rollenangebote zunächst aus. Delon hingegen schwingt sich u. a. über Luchino Viscontis ROCCO E I SUOI FRATELLI (ROCCO UND SEINE BRÜDER, I/F 1960) und IL GATTOPARDO (DER LEOPARD, I/F 1963) in rasender Geschwindigkeit selbst zum Weltstar auf. Zwar wird auch Schneider in den Visconti-Kosmos aufgenommen,

---

7 Wydra: Romy Schneider, S. 27.
8 Krenn: Romy & Alain, S. 39.
9 Krenn: Romy & Alain, S. 40.

spielt 1962 unter dessen Regie eine Rolle im Episodenfilm BOCCACCIO '70[10] – bis der Wechsel vom Teenie-Star mit eindimensionalem Rollenprofil ins seriöse Fach erfolgreich vollzogen ist, werden jedoch noch Jahre vergehen.[11] Doch damit nicht genug: Die Beziehung mit Delon endet tragisch.

In den das Paar stets begleitenden Presseberichten häuft sich ab 1962 die Rede von den „ewigen Verlobten",[12] Andeutungen über Affären Delons machen die Runde. Im selben Jahr gibt die deutsche Schauspielerin und Sängerin Nico Alain Delon offiziell als Vater ihres neugeborenen Sohnes an.[13] Delon wird nun immer öfter mit Nathalie Barthélémy gesehen, der Partnerin seines Freundes Milos Milošević.[14] Als Romy Schneider im Herbst 1963 von den Dreharbeiten zu GOOD NEIGHBOR SAM (David Swift, USA 1964) mit Jack Lemmon (ein Film, der ironischerweise in Deutschland den Titel LEIH MIR DEINEN MANN tragen wird) zurückkehrt, findet sie angeblich einen Strauß roter Rosen und einen Zettel vor, auf dem Delon eine Nachricht hinterlassen hat: „Bin mit Nathalie nach Mexico. Alles Gute. Alain".[15] Nach etwas weniger als fünf Jahren ist die Beziehung der beiden zu Ende. Romy Schneider unternimmt einen missglückten Selbstmordversuch, legt danach eine künstlerische Pause ein; Alain Delon heiratet im Frühjahr 1964 Nathalie Barthélémy. Kurzum, die Beziehung der beiden endet wie sie begann: schlagzeilenträchtig. Und auch wenn Delon später mitunter andeuten wird, dass auch Schneider in diesen Jahren nicht nur exklusiv ihm zugetan gewesen sei[16] – in der öffentlichen Wahrnehmung ist die Rollenverteilung klar: Aus dem Teenie-Star und dem gutaussehenden Newcomer sind die unglücklich Verliebte und der notorische Playboy geworden.

Zweiter Akt: Wieder eine Affäre, doch keine von der guten Sorte – Delon, Markovič und die „Bande à Pompon"

Szenenwechsel: Die Heirat mit Nathalie Barthélémy zementiert nicht nur das endgültige Ende des öffentlich zelebrierten Traumpaares Delon/Schneider. Das

---

10 BOCCACIO '70. Reg. Mario Monicelli/Federico Fellini/Luchino Visconti/Vittorio De Sica, I/F 1963.
11 Vgl. Wydra: Romy Schneider, S. 30–37.
12 Krenn: Romy & Alain, S. 172.
13 Vgl. Krenn: Romy & Alain, S. 179.
14 Vgl. Krenn: Romy & Alain, S. 181.
15 Zitiert nach Wydra, S. 35.
16 Vgl. Krenn: Romy & Alain, S. 198.

Dreieck Milos Milošević (wie gesagt: Delons Freund und zugleich der Ex-Partner Barthélémys), Barthélémy und Delon markiert zudem den Beginn des nächsten Kapitels der medialen Auseinandersetzung mit dem nunmehr zum Weltstar avancierten Delon, die just am Rande der Dreharbeiten zu LA PISCINE ihren Höhepunkt erreichen wird – und zugleich einen Genrewechsel: weg vom Beziehungsdrama, hin zum *Crime Thriller*.

Am 1. Oktober 1968 findet ein Obdachloser am Rande einer Abfallhalde zwischen Paris und Versailles ein Paket mit delikatem Inhalt: der Leiche des 31-jährigen Stepan Markovič, verschnürt in Matratzenstoff und in Plastik verpackt.[17] Aufsehen erregt die Leiche nicht nur, weil die Polizei bald feststellt, dass der eingeschlagene Schädel lediglich die eigentliche Todesursache – einen Kopfschuss – kaschieren soll. Nein, den Toten umweht zusätzlich auch noch der Glanz der Prominenz – Markovič fungierte bis kurz vor seinem Tod als Leibwächter, Chauffeur und Kumpel von Alain Delon, lebte sogar in dessen Haus. Doch damit nicht genug – in einem Brief, den der Tote hinterlassen hatte, findet sich der Satz: „Wenn mir etwas zustoßen sollte, so haltet euch an Alain Delon, an seine Frau und seinen Kumpanen François Marcantoni, einen Korsen und echten Gangster, wohnhaft Boulevard des Batignolles 42."[18] Damit rückt Alain Delon offiziell in den Kreis der Verdächtigen. Bis auf einen 24-stündigen Arrest und eine Vernehmung bleibt diese Entwicklung für Delon jedoch ohne weitere Konsequenzen – er führt ausgerechnet die seit dem Spätsommer laufenden Dreharbeiten zu LA PISCINE in Saint-Tropez als halbgares Alibi an, die Polizei gibt sich damit anscheinend zufrieden. Marcantoni, eine schillernde Figur der Pariser Halbwelt und jemand, den Delon seit gemeinsamen Zeiten in Marseille stolz einen Freund nennt, landet jedoch in Untersuchungshaft.

Doch die Untersuchungen der Polizei und Recherchen der aufmerksam gewordenen Journalisten fördern nach und nach eine immer dubioser werdende Geschichte zu Tage. So ist Markovič nicht der erste Tote in Alain Delons Umfeld. Bereits am 30. Januar 1966 war Milos Milošević – jener Freund, dem Delon Nathalie Barthélémy ausgespannt hatte – in der Hollywood-Villa des amerikanischen Schauspielers Mickey Rooney gemeinsam mit Rooneys Frau erschossen aufgefunden worden. Nachdem Delon und Barthélémy ein Paar geworden

---

17 Zu den folgenden Ausführungen zur sogenannten Affäre Markovič im Folgenden vgl. „Tolle Kerle", in: Der Spiegel 11/1969, erschienen am 10. 03. 1969, online verfügbar unter: http://www.spiegel.de/spiegel/print/d-45849773.html (02. 06. 2018).
18 Zitiert nach Josef Müller-Marein: „Fall der unbekannten Fälle", in: Die Zeit, erschienen am 14. 02. 1969, online verfügbar unter: https://www.zeit.de/1969/07/fall-der-unbekannten-faelle (02. 06. 2018).

waren, war Milošević nach Los Angeles weitergezogen – und hatte kurioserweise Markovič als seinen Nachfolger in Delons Entourage vorgeschlagen. Die amerikanische Polizei ging im Fall Milošević zunächst von einer Beziehungstat aus, scheiterte jedoch schon daran, verlässlich zu bestimmen, ob es sich bei dessen Tod um einen Mord oder Selbstmord gehandelt hatte. Nachdem sich der Fall Markovič im Oktober 1968 aufgetan hatte und der ominöse Hinweis auf Delon aufgetaucht war, wurde jedoch plötzlich auch der Tod Milošević' in einem anderen Licht betrachtet: Zufällig war Delon in der Nacht, in der Milošević starb, Gast bei einer Party in Rooneys Villa. Wie sich herausstellte, hielt sich auch Marcantoni zu dieser Zeit in Los Angeles auf. Zufall?

Milošević' Mutter recherchierte nach dem Tod ihres Sohnes vor Ort. Dabei soll ihr der Hollywood-Schauspieler Break Dexter jedoch bald mit den Worten „Madame, hier werden Sie nicht die Wahrheit erfahren, lassen Sie sie sich von Alain Delon in Paris erzählen [...]"[19] zur Abreise geraten haben. Die Freunde Delon und Marcantoni geraten im Zuge der Berichterstattung über die beiden Morde zunehmend ins Zwielicht, nicht zuletzt durch die Aussagen von Uros Miličevič, einem weiteren Jugoslawen, der zusammen mit Markovič in Delons Haus gelebt hatte: „,Stepan wurde ermordet, weil er zu viel über den Mord an Milos Milosevic gewußt hatte', verkündete Uros, der sich schnell nach Belgrad in Sicherheit gebracht hatte. ‚Für den Tod in Hollywood ist derselbe Täter verantwortlich wie für den Mord an Stepan.'"[20]

Die Umstände, unter denen Milošević starb, wurden nie aufgeklärt. Und auch der Fall Markovič wird letztlich im Sand verlaufen – nicht jedoch ohne sich zuvor noch zur politischen Affäre auszuwachsen. Ermittlungen und Recherchen bringen im Winter 1968/69 an die Öffentlichkeit, dass sowohl Delon als auch Marcantoni und Markovič einer Gesellschaft der Pariser Halbwelt angehörten, in der Prominente aus der Unterhaltungsbranche mit ranghohen Politikern und zwielichtigen Geschäftsleuten zu ausschweifenden Partys zusammenkämen. Aufgrund hartnäckiger Gerüchte, selbst der damalige Premierminister Georges Pompidou gehöre jener Gesellschaft an, taufen französische Medien die Gruppe „Bande à Pompon". Präsident Charles de Gaulle lässt sich ständig über den Stand der Ermittlungen auf dem Laufenden halten. Nachdem Pompidou 1969 selbst in den Präsidentenpalast wechselt und ein vermeintlich kompromittierendes Foto seiner Frau als Fälschung eingeordnet wird, werden die Gerüchte um Pompidous Verwicklung als politische Intrige verbucht.

---

19 Zitiert nach „Tolle Kerle".
20 Zitiert nach „Tolle Kerle".

Abb. 2: Alain Delon in LE SAMOURAÏ.

Zwei Dinge bleiben jedoch von der Affäre Markovič: Erstens die hartnäckige These, Markovič sei von Delon wegen eines Verhältnisses mit dessen Frau Nathalie fallen gelassen worden – und habe daraufhin die verhängnisvolle Entscheidung getroffen, als geübter Fotograf mit der Erpressung prominenter Mitglieder der Party-Gesellschaft eine neue Einnahmequelle zu erschließen. Zweitens die Konsequenz, dass vormals unter der Kategorie Image-Pflege verbuchte Selbstbeschreibungen des auf Gangster-Rollen spezialisierten Delon nun in neuem Licht betrachtet wurden. Denn wie sagte dieser einmal in einem Interview: „Ich bin vielleicht einer, der außerhalb der Gesetze steht, aus Prinzip ... Wenn man mir nachsagt, daß in jeder Figur, die ich spiele, auch ein Stück von mir ist, so stimmt das schon [...] Ich bin für das Banditentum, wenn es groß ist ..."[21] Ein Jahr zuvor hatte Delon mit Jean-Pierre Melvilles LE SAMOURAÏ einen seiner größten Erfolge gefeiert, die Figur des Killers Jef Costello wurde zu seiner Paraderolle (Abb. 2).

Spätestens mit der Affäre Markovič verschmolz die Persona Delon in der öffentlichen Wahrnehmung zunehmend mit seinem Rollenprofil: jenem des gleichermaßen enigmatischen wie charismatischen Kriminellen und Mörders.

---

21 Zitiert nach Krenn: Romy & Alain, S. 232–233.

Dritter Akt: Die Fiktion als Essenz und Fortschreibung – Figur und Persona in LA PISCINE

Aufblende: Alain Delon liegt lässig am Pool. Plötzlich ein lautes Platschen, Delon wird von Wassertropfen getroffen und fährt ruckartig auf. Aus dem noch aufgewühlten Wasser taucht Romy Schneider auf. Sie schwimmt eine Bahn ans entfernte Ende des Beckens, entsteigt dem Wasser und umrundet den Pool schließlich zu Fuß, bis sie erneut bei Alain ist. Er liegt wieder ruhig am Beckenrand. Romy positioniert sich auf Höhe seines Kopfes, breitbeinig über ihm stehend. Seine Hände greifen ihre Oberschenkel. Sie entzieht sich elegant seinem Griff und legt sich zu ihm. Beide umschlingen einander, küssen sich. Romy bittet Alain, sie zu kratzen. Das Paar küsst und wälzt sich, Finger kratzen über Haut. Das Telefon klingelt – und plötzlich wandelt sich das leidenschaftliche Gerangel in einen spielerischen Ringkampf. Romy will zum Telefon, Alain sie nicht gehen lassen. Sie entreißt sich, er schubst sie ins Wasser. Ein kurzer Moment koketter Wut, Romy schimpft und schlägt um sich. Ein Hausmädchen tritt hinzu und meldet den Anrufer. Romy entsteigt dem Becken und geht ins Haus.

Die kurze Szene am Pool bedient alle medialen Projektionen, welche die ‚ewigen Verlobten' ihre gesamte Beziehung über begleitet haben. Eine greifbare erotische Spannung liegt zwischen den beiden attraktiven Stars, und zugleich erscheint jede kleine Geste des Liebesspiels – Romys breitbeinige Pose, Alains Griff, ihr Ausweichen, das Hin-und-Her-Wälzen, mal er oben, mal sie, die spielerische Wut im Wasser – als neue Runde in einem subtilen Ringen um Macht über den jeweils anderen, um Kontrolle über die Situation. Knapp fünf Jahre Beziehung im Blitzlicht, zusammengefasst in einer einzigen Szene. Und doch sind wir nun gänzlich im Reich der Fiktion. Die beschriebene Szene eröffnet Jacques Derays Film LA PISCINE, die beiden sind in der Realität bereits seit weiteren fünf Jahren getrennt. Romy ist nicht Romy, sondern Marianne. Und Alain ist nicht Alain, sondern Jean-Paul.

Der Plot des Films ist schnell zusammengefasst: Das Paar Marianne und Jean-Paul verbringt einige Sommertage im Haus von Freunden in Saint-Tropez. Die beiden sind allein, die Freunde verreist. Der Anrufer in der Eröffnungsszene am Pool entpuppt sich als ein gemeinsamer Freund: Harry (Maurice Ronet) ist gerade in der Gegend und meldet sich mit seiner achtzehnjährigen Tochter Pénélope (Jane Birkin) zu Besuch an. Schnell wird klar, dass auch Marianne und Harry eine gemeinsame romantische Vergangenheit haben. Begierde und Eifersucht überlagern sich in wechselnden Konstellationen. Die Konkurrenz zwischen den beiden Männern schaukelt sich im Verlauf des Besuchs zunehmend hoch, nachdem Marianne und Harry auf einer Party im Haus innig miteinander tanzen und Pénélope gegenüber Jean-Paul geringschätzige Aussagen wiedergibt, die ihr Vater angeblich über ihn getätigt hat, schläft Jean-Paul mit der Achtzehnjährigen und trennt sich von Marianne. Harry erfährt von den Ereignissen und will mit Pénélope abreisen, doch am Abend vor der Abreise fällt er betrunken während eines Streits mit Jean-Paul in den Pool. Jean-Paul schubst Harry daraufhin immer wieder zurück ins Becken, bis er ihn schließlich unter Wasser drückt und ertränkt. Er bemüht sich, die Szene wie einen Unfall aussehen zu lassen. Nach der Beerdigung teil er Marianne mit, dass er mit Pénélope abreisen wird – doch noch ehe dies passiert, vernimmt ein Inspektor (Paul Crochet) der Polizei Jean-Paul und Marianne. Bald offenbart der Inspektor Marianne, dass er Jean-Paul verdächtigt, Harry getötet zu haben und bittet sie um Hilfe. Als Marianne Jean-Paul davon berichtet, verrät sich dieser aufgrund eines Missverständnisses. Angesichts der neuen Situation lässt sich Jean-Paul auf Mariannes Vorschlag ein, Pénélope allein zurück zu ihrer Mutter nach England zu schicken. Daraufhin belügt Marianne den Inspektor, die Ermittlungen werden eingestellt – als Marianne und Jean-Claude schließlich abreisen, sind sie wieder ein Paar.

Inszenatorisch offenbart sich LA PISCINE gleich in mehrerlei Hinsicht als ein Film, der das Schauspiel sehr stark in den Vordergrund rückt. Dies beginnt bereits mit dem kammerspielähnlichen Setting – bis auf einen gemeinsamen Einkauf Mariannes und Harrys, eine Vernehmung Mariannes bei der Polizei und den Abschied Mariannes von Pénélope am Flughafen spielen alle Szenen inner- oder außerhalb der Villa mit Pool. Allerdings schlägt sich der Schwerpunkt auf das Schauspiel weniger in ausufernden Dialogen nieder. Vielmehr weist die audiovisuelle Komposition des Films, die schnell eine ganz eigene Grammatik entwickelt, dem Mienenspiel der Schauspieler eine besondere Rolle zu: Bei genauerer Betrachtung erweist sich die Inszenierung als ein strenges kompositorisches Spiel des Betrachtens und Betrachtet-Werdens.

Die einzelnen Szenen wandeln sich sukzessive zu immer komplexeren Blickanordnungen zwischen den Protagonisten, ein Großteil der Einstellungen wird in naher oder halbnaher Einstellung als der Blick einer Figur auf die andere aufgelöst. Nahezu jede Szene wird von einer Atmosphäre der Dauer und des Müßigganges getragen. Langsam schleichen und schlurfen die Figuren in Räume, nur um wiederum jemandem anderen beim Trippeln, Räkeln oder Nichtstun zuzusehen. Ausgestellte Posen und Gesten werden permanent in Figurationen des Beobachtens eingefasst. Und erlaubt es sich der Film doch einmal, jene Nähe zu den Figuren und ihrem Blick zugunsten einer Totalen zu unterbrechen, so macht er den Zuschauern stets über Zweige im Bildvordergrund, den Blick durch Zäune, Gitter oder Fenster klar, dass es nun wir sind, die in genau jener Weise beobachten, wie es sonst die Protagonisten untereinander tun.

Das betont auf Lässigkeit angelegte Schauspiel und die strengen Blickkompositionen schaffen eine ganz eigene Spannung. Nichts scheint zu passieren – und gleichzeitig wird innerhalb jener Poetik des Beobachtens doch alles mit Bedeutsamkeit aufgeladen. Dabei vollzieht sich der im Plot schon aufscheinende Genrewechsel vom Erotik- zum Kriminal-Thriller, als dessen Katalysator und Wendepunkt die insgesamt knapp 14-minütige Mordszene dient, atmosphärisch allein über die affektive Ladung der Blicke. Wie dieses Spiel mit Blicken in LA PISCINE poetologisch ausgespielt wird – und wie die darin zum Ausdruck kommende Poetik des Beobachtens zu den wechselnden Genremodalitäten steht – soll im Folgenden entlang einiger kurzer filmanalytischer Betrachtungen[22] skizziert werden.

Sehen und gesehen werden – Begierde, Eifersucht und Misstrauen als figurativer Blick

So sind es zunächst zum einen die verschiedenen Konstellationen aus Begehren und Eifersucht innerhalb des Figuren-Dreiecks Marianne, Jean-Paul und Harry, welche über wechselnde Figurationen des Betrachtens und Betrachtet-Werdens inszeniert werden (Abb. 3).

Zum anderen wird früh eine ganze Kette von Blickwechseln eröffnet, welche das erotische Anbandeln zwischen Jean-Paul und der Teenager-Tochter seines Freundes vorwegnehmen (Abb. 4).

---

[22] Dem essayistischen Ansatz der vorliegenden Filmbesprechung folgend verzichte ich an dieser Stelle darauf, die theoretischen Grundlagen des gewählten filmanalytischen Zugangs ausführlich darzulegen. Der Vollständigkeit halber seien diese aber an dieser Stelle zumindest als Verweise angelegt: Die methodologischen Grundlagen der folgenden Betrachtungen sowie eine ausführliche Darlegung des Konzepts der Affektdramaturgie finden sich in: Hermann Kappelhoff/Jan-Hendrik Bakels: Das Zuschauergefühl. Möglichkeiten qualitativer Medienanalyse. In: Zeitschrift für Medienwissenschaft, 5 (2), 2011, S.78–96; ergänzende Ausführungen zum Konzept der audiovisuellen Komposition finden sich in: Jan-Hendrik Bakels: Audiovisuelle Rhythmen. Filmmusik, Bewegungskomposition und die dynamische Affizierung des Zuschauers. Berlin/Boston 2017; im Hinblick auf das Verständnis filmischer Genres als Modi beziehe ich mich auf: Hermann Kappelhoff: Genre und Gemeinsinn. Hollywood zwischen Krieg und Demokratie. Berlin/Boston 2016.

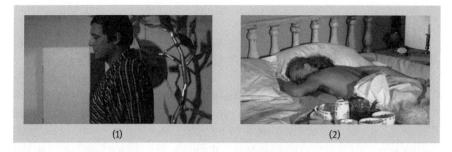

Abb. 3: Maurice Ronet und Romy Schneider in LA PISCINE.

Abb. 4: Alain Delon und Jane Birkin in LA PISCINE.

Auf diese Weise ist nahezu jede Einstellung vor dem Mord an Harry in wechselnder Intensität als ein Blick des Begehrens oder Verdammens aufgeladen. Eine strenge inszenatorische Formel des geschichteten Beobachtens wird etabliert, ausgebaut und variiert: Deren erste Schicht bildet der begehrende Blick; die zweite Schicht ein jenes Begehren fürchtendes oder verurteilendes Beobachten. Die beiden schönsten Beispiele für das Spiel von Begehren und missfallendem Beobachten, welches etwas mehr als die erste Hälfte des Films prägt, verzichten nahezu vollständig auf Dialog und setzen stattdessen auf die Kombination aus Musik und bedeutungsvollen Blickwechseln.

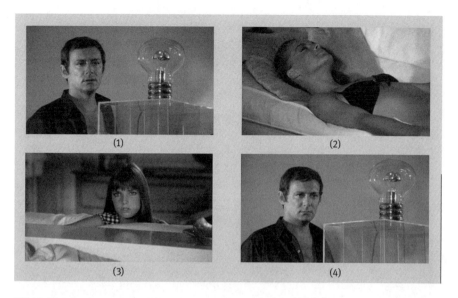

Abb. 5: Maurice Ronet, Romy Schneider und Jane Birkin in LA PISCINE.

In der ersten dieser beiden Szenen spielt Harry, von Beruf offenbar Musiker und/oder Komponist, Marianne und Pénélope seine neueste Schallplatte vor (Abb. 5).

Ein langsames Jazz-Stück für Schlagzeug, Blechbläser, Klavier und Orgel ist zu hören, während Harry den Blick fest ins Off richtet (1).[23] Ein Schnitt offenbart die lasziv im Badeanzug auf der Couch liegende Marianne als Objekt seines Blickes (2). Die Kamera fährt langsam über Mariannes Körper, ihre Beine hoch – bis über der Couch-Lehne plötzlich Pénélopes Gesicht ins Bild gerät (3); sichtlich verstimmt beobachtet sie ihren Vater dabei, wie dieser Marianne beobachtet. Harrys geradezu trotziger Blick zurück schließt die Kette des Betrachtens (4), er wendet sich ab, die Musik endet.

Die zweite hier angesprochene Szene markiert den Höhepunkt der wachsenden Eifersucht zwischen den Protagonisten, unmittelbar bevor die aufgeladene Situation sich in Jean-Pauls Seitensprung mit Pénélope und dem Mord an Harry entlädt. Harry hat abends eine ganze Reihe von Bekannten mitgebracht, um eine Party im Haus zu feiern. Während Jean-Paul mit einem weiblichen Gast tanzt, entwickelt sich zwischen Harry und Marianne ein sehr vertrauter, inniger Tanz. Auch diese Szene folgt der Formel eines verketteten,

---

[23] Ziffern in Klammern beziehen sich hier und im Folgenden auf die Nummerierung der einzelnen Stills innerhalb der jeweiligen Abbildung.

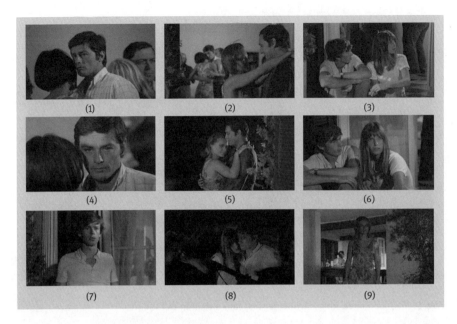

Abb. 6: Alain Delon, Maurice Ronet, Romy Schneider und Jane Birkin in LA PISCINE.

verzweigten und geschichteten Beobachtens – und das obwohl diese Sequenz nahezu ohne subjektivierte Einstellungen, d. h. Einstellungen, die über die Montage direkt als Blick einer Figur markiert sind, auskommt (Abb. 6).

Zunächst sehen wir Jean-Paul mit einer Dame tanzen, doch sein Blick ist vollkommen auf einen Punkt hinter der Kamera fixiert (1). Die Kamera fährt langsam zurück und bewegt sich dann seitlich über die Partyszenerie, bis sie Marianne und Harry tanzend im Bildvordergrund einfasst; im Zusammenspiel von Vorder- und Hintergrund – dort ist Jean-Paul im Tanz mit dem unbekannten weiblichen Gast zu sehen – wird nun klar, was Jean-Paul so aufmerksam beobachtet (2). Nach kurzem Innehalten setzt sich die Kamerafahrt fort und offenbart, dass zugleich Pénélope die Szenerie, gewissermaßen von außen, betrachtet (3). Nach einem kurzen direkten Blickwechsel zwischen Jean-Paul (4) und Marianne (5) wechselt das Bild zurück auf die alles beobachtende Pénélope (6), die plötzlich wütend aufspringt und aus dem Bild stapft – nur um den jungen Mann an ihrer Seite zurückzulassen, der nun wiederum ihr nachstarrt (7). In der nächsten Einstellung bahnt sich Pénélope den Weg durch die Party-Gesellschaft; aus der Gruppe der Tanzenden dreht sich plötzlich Jean-Paul um, auch er sieht ihr nach, geht schließlich hinterher. Es folgt eine Reihe von Einstellungen der beiden im Garten (8), Jean-Paul legt den Arm um die junge Frau, sie den Kopf an seine Schulter. In der letzten Einstellung ist es nun wieder Marianne, die ihren Partner und die Tochter ihres Freundes beobachtet (9).

Die poetische Logik der Szene folgt allein dem Prinzip eines Begehrens, welches seine Enttäuschung bereits in sich trägt – expressiv zum Ausdruck gebracht im Klischee des schmachtenden Blicks, welcher zum grundlegenden Baustoff eines Spiels der Schichtung und Variation wird. Jean-Paul fixiert Marianne, die zärtlich und vertraut in Harrys Armen liegt; Pénélope beobachtet diese Situation, ob und welche Form des Begehrens – nach väterlicher Aufmerksamkeit? Oder bereits hier nach Jean-Paul? – ihren Blick prägt, ist zunächst ungewiss, ihr Missfallen jedoch umso deutlicher. Geradezu ein kleiner Scherz innerhalb dieser Komposition ist es, dass noch das konsternierte Hinterher-Blicken des jungen Partygastes, welcher zuvor im Gespräch mit Pénélope war, seinen Platz in dieser Komposition bekommt. Narrativ folgt die Sequenz somit einer simplen Kreisfigur: Zu Beginn ist es Jean-Paul, welcher aufmerksam Mariannes Flirt mit Harry folgt, am Ende ist sie selbst es, die mit versteinerter Miene seine Annäherungen an Pénélope betrachtet.

Die eigentliche Pointe der Sequenz ist jedoch eine kompositorische. Sie zeigt sich darin, wie – bis auf den kurzen, ausgestellten Blickwechsel zwischen Jean-Paul und Marianne etwa in der Mitte der Sequenz, welcher den beiden die Position des Zentrums jener gesamten Konstellation aus begehrenden Blicken zuweist – in dieser Sequenz auf das zuvor streng verfolgte Schuss-Gegenschuss-Prinzip subjektivierter Einstellungen verzichtet wird. An dessen Stelle treten hier langsame, geradezu gestisch ausgestellte Kamerafahrten und das Spiel mit Bildvorder- und -hintergrund: In jener Figuration subjektivierenden Sehens und Hörens ist nicht der junge Mann die letzte Instanz jener entfalteten Kette begehrender Blicke – nein, ganz außen stehen wir, die Zuschauerinnen und Zuschauer. Der wandernde Blick der Kamera ist allein unser Blick auf Marianne und Jean-Paul, ist die expressive Figuration *unseres* unerfüllbaren, auf diese beiden mittels ihrer öffentlich zelebrierten Personae symbolisch aufgeladenen Figuren gerichteten Begehrens.

Vom Thriller zur kulturellen Fantasie – Figur, Persona und der Star als Symbol

Spätestens als sich Jean-Paul nach seinem Seitensprung mit Pénélope von Marianne trennt, wird klar, dass Marianne und Jean-Paul als Figuren nichts anderes als Verdichtungen der beiden öffentlichen Star-Persönlichkeiten sind: Sie, die um Klarheit und Vernunft bemühte zärtlich Liebende, die den Launen und

Fehltritten ihres Geliebten mit einer mütterlichen Souveränität zu begegnen sucht – einer Souveränität, aus der doch immer wieder Momente des Schmerzes und Verzweifelns hervorbrechen. Er, der besitzergreifende, impulsive und egozentrische Beau, für den die Lüge nur ein Mittel zum Zweck und die Moral lediglich ein Hindernis auf dem Weg zur Erfüllung der eigenen Wünsche und Begierden darstellt. So bleiben in LA PISCINE – angefangen mit dem spielerischen Gerangel am Pool in der Eröffnungsszene und fortgesetzt in Figurationen der Eifersucht, des Misstrauens und der Komplizenschaft – Figur und Persona stets ein einander speisendes Doppel: Romy Schneider spielt Marianne, die Romy Schneider spielt; Alain Delon spielt Jean-Paul, der Alain Delon spielt. Die Überhöhung zum prototypischen Traumpaar, die Star-Romanze als zeitgenössisches Äquivalent zur symbolisch-phantasmatischen Institution des royalen Königspaars, die kulturelle Fantasie der Vermählung der hübschen jungen Kaiserin mit dem attraktiven König der Unterwelt wird auf diese Weise zum Gegenstand poetologischer Bearbeitung.

Die nach dem Mord an Harry verbleibenden knapp 40 Filmminuten bringen vor diesem Hintergrund einen Wechsel des Genre-Modus in Anschlag, um eben jener kulturellen Fantasie vom symbolischen Traumpaar zu ihrer verhinderten Blüte zu verhelfen. Für ersteres, d. h. den Wechsel des Genre-Modus, bedarf es dabei nicht viel mehr als einer formalen Fingerübung. So wird die vor dem Mord an Harry in allen Variationen durchgespielte Poetik des Beobachtens nach dem Mord auf eine simplere, kondensierte Form reduziert (Abb. 7).

Nun sind es keine komplexen Geflechte des Beobachtens mehr, die Blickstruktur hat immer einen klaren Ausgangspunkt – Marianne – und meist ein einziges Objekt: Jean-Paul. Dort wo LA PISCINE vorher verschiedene Perspektiven auf das Geschehen verbindet, übereinander und quer zueinander stellt, folgen die letzten 40 Minuten des Films dem Paar aus einer fixen Perspektive: der von Marianne. Die Struktur des Beobachtens ist hier auf die einfache Kette des Misstrauens und Ertappens ausgerichtet. Dort wo vorher das Begehren des Erotikthrillers die affektive Spannung der Blickachsen speist, ist es nun das lauernde Misstrauen des Psychothrillers.

Die affektdramaturgischen Stationen, die der zweite Teil des Films unter Rückgriff auf die Perspektive Mariannes durchläuft – das Misstrauen, die Aufdeckung, die Rettung –, folgen dabei jedoch nur scheinbar der narrativen Logik des Psychothrillers. In der Art und Weise, wie die beiden einander ablösenden Genre-Modi – jener des Erotikthrillers und jener des Psychothrillers – affektdramaturgisch ineinandergreifen, offenbart sich die eigentliche poetische Logik des Films. Letztlich verlässt der Film – im übertragenen Sinne – nie die Eröffnungsszene am Pool. Alle Drehungen und Wendungen der erweiterten

Abb. 7: Romy Schneider, Alain Delon und Jane Birkin in LA PISCINE.

Dreiecksgeschichte im ersten Teil des Films sind letztlich nichts weiter als Extensionen des anfänglichen Gerangels am Beckenrand, nicht mehr als wechselnde Konstellationen des Oben- und Unten-Seins innerhalb einer von Machtspielen geprägten Paarbeziehung.

Dieses Machtspiel findet auf narrativer Ebene sein scheinbares Ende als Jean-Paul sich von Marianne trennt. Doch die affektdramaturgischen Stationen des Psychothrillers – das Misstrauen, die Aufdeckung und damit auch die Überwindung des Gegenübers – erweisen sich bei genauerer Betrachtung hier als nichts anderes als die nahtlose Fortführung jener Logik des Ringens um Kontrolle. Dass ausgerechnet während der Dreharbeiten die Affäre Markovič ihren Lauf nimmt, dass im Verlauf jener Affäre die Frage nach dem Alibi zentral wird und ausgerechnet die Dreharbeiten zu LA PISCINE dafür herhalten müssen, ist natürlich nicht mehr als die berühmte ‚Ironie der Geschichte' – allerdings trägt diese Ironie zusätzlich dazu bei, die Grenze zwischen Fiktion und Realität, zwischen Figur und Persona zu verwischen.

Die affektive Dynamik des Psychothrillers wird hier jedoch nicht eingesetzt, um Jean-Paul zu Fall zu bringen – jedenfalls nicht im existenziellen oder juristischen Sinne. Dass Marianne Jean-Pauls Tat aufdeckt, dient lediglich dazu, der mütterlichen Nachsicht, mit der ihre Figur – und das öffentliche Bild von Romy innerhalb der Beziehung zu Alain – gezeichnet wird, zu ultimativer Blüte zu verhelfen. Indem Marianne aus dem affektdramaturgischen Gewebe von Begehren, Eifersucht und Wut als Instanz der Vergebung und Erlösung hervorgeht, eröffnet sich ein temporärer Ausweg aus dem ewigen Machtspiel – oder besser: eine Art Waffenstillstand.

Selbstverständlich, auf narrativer Ebene lässt sich das Ende – Mariannes Lüge bei der Polizei, Jean-Pauls ‚Verzicht' auf Pénélope, die Rückkehr zur Paarbeziehung – als ein zynischer Kommentar zur Flexibilität von Romantik, Begierde und Moral innerhalb einer Gesellschaft narzisstischer Egoisten lesen. Nimmt man die spezielle Dopplung von Figur und Persona, derer sich der Film über die Besetzung von Alain Delon und Romy Schneider bedient, erscheint der komplette zweite Teil des Films nach dem Mord an Harry jedoch vielmehr als die Fortschreibung der Geschichte einer öffentlich geführten Beziehung – mit dem Ziel, die in der öffentlichen Wahrnehmung mit dieser Beziehung verknüpften Fantasien und Wünsche einer Erfüllung entgegenzuführen.

Dort, wo die öffentliche Beziehung von Alain Delon und Romy Schneider ihr Ende genommen hat – jener Punkt, an dem Demütigung und Eifersucht mit dem Verrat des Verlassens einen Schlusspunkt finden –, setzt der Film den Mord an Harry als Movens einer Umwidmung der Kräfteverhältnisse, die affektive Dynamik des Psychothrillers als Agens der Herstellung einer Balance, welche die Hoffnung nährt, dem Traumpaar den Status der Ewigkeit zu verleihen. Was im einseitigen Fokus auf den Plot als „Kolportage"[24] erscheint, erweist sich mit Blick auf Affektdramaturgie, Genre-Modulationen und die poetologische Dimension von Figur und Persona in diesem Film als ein Parcours, dessen einziges Ziel darin besteht, die letzte Einstellung des Films – diese zeigt das sich küssende und umarmende Paar im Fenster der Villa (Abb. 8) – hervorzubringen, diesem Bild seine affektive Tiefe zu verleihen.

Mit anderen Worten: LA PISCINE ist die Erfüllung eines Versprechens, welches die mediale Geschichte des jungen Traumpaares nicht einzulösen vermochte. Der Film realisiert das, was der medialen Berichterstattung zur Beziehung beider Schauspieler und den dort zugewiesenen Rollen – jener der

---

24 Siehe Fußnote 5.

Abb. 8: Alain Delon und Romy Schneider in LA PISCINE.

leidenden Liebenden und der des virilen Egoisten – lediglich als kulturelle Fantasie eingeschrieben war: Die Vergebung der Sünden durch die mütterlich-nachsichtige Anima, die Unterordnung des Sünders unter deren schützende Autorität – und damit die dauerhafte Einheit des Traumpaares im Zustand der Balance. LA PISCINE stellt in seinem Schlussbild für einen kurzen Moment jene Ewigkeit als Phantasma her, welche Alain Delon und Romy Schneider – bzw. einer auf dieses Paar fixierten Öffentlichkeit – in der Realität nicht gegeben war.

Epilog: Die Persona, die Figur und die Ideologie des Individuums

Was nach diesen analytischen Betrachtungen offen bleibt, ist die Frage, wie sich die hier entfalteten Überlegungen zu LA PISCINE zur Eingangs skizzierten politischen Dynamik des Jahres 1968 in Frankreich verhalten. Auf den ersten Blick verbindet nichts die Romanze zwischen Alain Delon und Romy Schneider, die Affäre Markovič oder Jacques Derays Film mit dem von Anne Wiazemsky beschriebenen Szenario. Was also haben die oben angestellten Überlegungen zur Star-Persona als kultureller Fantasie mit studentischem Protest und gewaltsamen Straßenkämpfen zu tun?

Auf den zweiten Blick lassen sich durchaus ein paar lose Verknüpfungen ausmachen: Da wäre zum einen die Rolle der politischen Vertreter, die, wenn auch recht unterschiedlich besetzt, sowohl im Rahmen der studentischen Proteste – als Gegenspieler – als auch in der Affäre Markovič – hier in ihrer Verwicklung in die Szene, in der sich Delon und Markovič bewegten – als Protagonisten auftreten. So lagen für George Pompidou zwischen seiner abrupten Abreise aus Afghanistan als Reaktion auf die Ereignisse des 11. Mai und dem aufkommenden Druck, sich und seine Frau in der Affäre Markovič zu verteidigen, nur wenige Monate. Zum anderen wäre da die eingangs mit Anne Wiazemsky skizzierte Überschneidung von künstlerischer Bohème und Protestbewegung. Natürlich, Alain Delon steht am Abend des 10. Mai 1968 nicht an der Seite der Protestierenden. Doch verkehrt er bereits seit den 1950er Jahren in den Cafés der Bohème in Saint-Germain-des-Prés, die auch der Gruppe um Godard als Zufluchtsort dienen.[25]

Doch letztlich sind es natürlich kulturgeschichtlich betrachtet weder die unterschiedlichen Bande zum politischen Betrieb, noch die biografischen Überschneidungen und topografischen Knotenpunkte einer Künstlergeneration, welche die Protestbewegung des Jahres 1968 mit LA PISCINE, seinen Hauptdarstellern und den diese umrankenden medialen Projektionen verbinden. Beide Entwicklungen finden ihren Berührungspunkt vielmehr in der veränderten Bedeutung des Konzepts individueller Freiheit in den westlichen Nachkriegsgesellschaften. Eine komplexe Diagnose, was genau die Faktoren waren, welche den Siegeszug des Individuums befördert haben, muss natürlich an dieser Stelle ausbleiben. Das Spiel der Spiegelungen und Dopplungen von Figur und Persona, welches Derays Film betreibt, lässt sich jedoch wunderbar als Fallstudie mit Blick auf das Konzept des Individuums als Motor der in den 1960er Jahren erblühenden Popkultur begreifen – erweist sich dieses Jahrzehnt doch rückblickend auch als ein zentraler Kristallisationspunkt hinsichtlich der Frage, wie in der zweiten Hälfte des 20. Jahrhunderts zunehmend Popkultur und Personenkult an die Stelle eines bürgerlichen Konzepts der Öffentlichkeit treten.

Im Hinblick auf das emanzipative Potential der Protestbewegung von 1968 einerseits und den narzisstischen Personenkult als tragende Säule der Popkultur andererseits offenbart die Idee individueller Entfaltung im Verlauf der letzten fünf Jahrzehnte – und damit auch gewissermaßen als Wirkungsgeschichte der mit dem Jahr 1968 assoziierten Strömungen – ihre ganz eigene Dialektik. So folgenreich wie das eine – die Protestbewegung – für Emanzipationsbestre-

---

25 Vgl. Krenn: Romy & Alain, S. 36.

bungen innerhalb der westlichen Kultur der vergangenen 50 Jahre war, so paradigmatisch erscheint das andere – Popkultur und die mit ihr verbundene Ideologie des Individuums – aus heutiger Sicht für die weitere Entwicklung, die jene Kultur seitdem genommen hat. Und letztlich lassen sich stets auch im Einen die Spuren des Anderen finden – wie es bereits in den Verweisen auf berühmte Anwesende in Anne Wiazemskys eingangs zitierter Momentaufnahme aus der Nacht vom 10. auf den 11. Mai 1968 zu beobachten war; und es lässt sich nur schwerlich eine Beschreibung der Ereignisse finden, die sich im Paris des Jahres 1968 zugetragen haben, die nicht um ‚Dany le Rouge' narrative Muster der Heldengeschichte webt.

So betrachtet umweht LA PISCINE im Jahr 2018 ein ganz spezieller Hauch von Nostalgie – doch nicht allein jener naheliegenden Nostalgie, welche wir mit den Protagonisten, Insignien und Symbolen vergangener Epochen verbinden. Vielmehr eröffnet der Film die Möglichkeit der Rückkehr in eine Zeit, in der narzisstisches Zur-Schau-Stellen und das Star-Prinzip als entfesselte kulturelle Fantasie der Individualität noch nicht zentrale Kategorien einer allgegenwärtigen sozialen Dystopie waren, sondern Objekte ästhetischen Genießens. Aus dieser Perspektive markiert LA PISCINE die Zeit seiner Entstehung als Teil einer kurzen Phase des Überlappens zweier Epochenphänomene: Beide – sowohl der Film als auch die 1960er Jahre als Jahrzehnt – bedienen sich bereits der zentralen Kategorien der Mediengesellschaft; sie verhandeln diese jedoch noch vor dem Hintergrund der sentimentalen Matrix[26] der bürgerlichen Gesellschaften des 19. und frühen 20. Jahrhunderts. Auch das ist 1968.

Literaturverzeichnis

Bakels, Jan-Hendrik: Audiovisuelle Rhythmen. Filmmusik, Bewegungskomposition und die dynamische Affizierung des Zuschauers. Berlin/Boston 2017.
Frei, Norbert: 1968. Jugendrevolte und globaler Protest. München 2017.
Kappelhoff, Hermann: Matrix der Gefühle. Das Kino, das Melodrama und das Theater der Empfindsamkeit. Berlin 2004.
Kappelhoff, Hermann: Genre und Gemeinsinn. Hollywood zwischen Krieg und Demokratie. Berlin/Boston 2016.
Kappelhoff, Hermann/Bakels, Jan-Hendrik: Das Zuschauergefühl. Möglichkeiten qualitativer Medienanalyse. In: Zeitschrift für Medienwissenschaft, 5 (2), 2011, S. 78–96.
Krenn, Günter: Romy & Alain. Eine Amour Fou. Berlin 2015, S. 31–43.
Müller-Marein, Josef: Fall der unbekannten Fälle. In: Die Zeit, 14. 02. 1969, online verfügbar unter: https://www.zeit.de/1969/07/fall-der-unbekannten-faelle (02. 06. 2018).

---

26 Vgl. zur Kulturgeschichte bürgerlicher Sentimentalität: Hermann Kappelhoff: Matrix der Gefühle. Das Kino, das Melodrama und das Theater der Empfindsamkeit. Berlin 2004.

Wiazemsky, Anne: Paris, Mai '68. Berlin 2018.
Wydra, Thilo: Romy Schneider. Leben und Wirkung. Frankfurt am Main 2008.
o. A.: „Tolle Kerle". In: Der Spiegel 11/1969, 10. 03. 1969, http://www.spiegel.de/spiegel/print/d-45849773.html (02. 06. 2018).

Filmografie

BOCCACIO '70. Reg. Mario Monicelli/Federico Fellini/Luchino Visconti/Vittorio De Sica. I/F 1963.
CHRISTINE. Reg. Pierre Gaspard-Huit, F/I 1958.
GOOD NEIGHBOR SAM. Reg. David Swift. USA 1964.
IL GATTOPARDO. Reg. Luchino Visconti. I/F 1963.
LA PISCINE. Reg. Jacques Deray. F 1969.
LE SAMOURAÏ. Reg. Jean-Pierre Melville. F/I 1967.
QUAND LA FEMME S'EN MÈLE. Reg. Yves Allégret. F 1957.
ROCCO E I SUOI FRATELLI. Reg. Luchino Visconti, I/F 1960.
SISSI. Reg. Ernst Marischka. A 1955.
WENN DER WEISSE FLIEDER BLÜHT. Reg. Hans Deppe. BRD 1953.

Danny Gronmaier und Regina Brückner
Mädchen in der Grube

Bewegungsdynamiken zwischen Spiel und entfesselter Gewalt in Roger Fritz'
„Mädchen-Trilogie"

Zu Beginn von MÄDCHEN, MÄDCHEN (BRD 1967), dem ersten von drei Langfilmen, die der Regisseur Roger Fritz in der zweiten Hälfte der 1960er Jahre mit Helga Anders in der Hauptrolle drehte, wird eine junge Frau weggeschickt und verabschiedet.[1] Ein zwischen mütterlicher Fürsorge und erotisch-lesbischem Begehren doppeldeutig inszenierter Kuss löst eine intensive Bewegungsdynamik aus: Zum treibenden Beat einer Instrumental-Variation des zeitgenössischen Motown-Hits *Reach Out I'll Be There* begleitet die Kamera die Protagonistin auf ihrem Weg. Dieser fällt jedoch alles andere als stetig aus, sondern ist, ähnlich der Song-Struktur, von mehreren Modulationen durchsetzt: einer Beschleunigung zu Beginn, einem Ausbruch, einem Innehalten, einer kurzen Verstetigung und dann einem langsamen Ausblenden. Mit diesen rhythmischen Elementen sind immer auch schon verschiedene Arten der Fortbewegung der Filmfigur verbunden und adressiert. Andrea geht, läuft und rennt, hält inne und schlendert, bevor sie dann im weiteren Verlauf dieser Anfangssequenz in einen Zug steigt, nur um diesem kurze Zeit später wieder zu entsteigen und sich von einem LKW-Fahrer mitnehmen zu lassen. Woher sie genau kommt und wohin es geht, das scheint, obwohl alsbald kurz darüber gesprochen wird, nicht besonders wichtig und erst recht nicht festgelegt zu sein. Ursprung, Richtung und Ziel ihrer Bewegung sind sekundär. Den Blicken, Fragen und Ansprachen der ihr begegnenden anderen Figuren, durch die diese Bewegung einerseits geleitet zu sein scheint, entzieht sich Andrea andererseits auch immer wieder – mal resignierend, mal ängstlich, mal zuvorkommend, mal trotzig.

Es ist ein solches In-Bewegung-Sein an sich, das nicht nur MÄDCHEN, MÄDCHEN, sondern auch die beiden nachfolgenden Filme HÄSCHEN IN DER GRUBE

---

[1] Fritz inszenierte in dieser Zeit außerdem noch den zweiten Teil („Sybille") des Episodenfilms EROTIK AUF DER SCHULBANK. An ZUCKERBROT UND PEITSCHE von Marran Gosov und JET-GENERATION von Eckhart Schmidt, beide ebenfalls im Jahr 1968 erschienen, wirkte er als Produzent, Hauptdarsteller sowie in letzterem auch als Drehbuchautor mit. Zuvor zeichnete der ansonsten hauptberuflich als Fotograf arbeitenden Fritz noch für zwei Kurzfilme verantwortlich (VERSTUMMTE STIMMEN, BRD 1962; ZIMMER IM GRÜNEN, BRD 1964) und spielte unter der Regie von Luchino Visconti in BOCCACCIO 70 mit.

https://doi.org/10.1515/9783110618945-017

(BRD 1969) und MÄDCHEN MIT GEWALT (BRD 1970) auf verschiedene Weisen bestimmt.[2] Ähnlich wie und deutlich angelehnt an das zeitgenössische Schaffen Jean-Luc Godards meint sich fortzubewegen in diesen Filmen nicht einfach eine klar gefasste räumliche und zeitliche Distanzbewältigung, einen Übergang von einem Ort zum anderen innerhalb eines konkreten Verlaufs. Weniger Mittel zum Zweck, wird die zumeist zu Fuß oder mithilfe eines Autos durchgeführte Bewegung vielmehr selbst zu einem legitimen, primären Zustand und damit zu einer herstellend wirkenden Kraft.[3] Das Ankommen verliert gegenüber dem Aufbruch seine Bedeutung, Ausgangspunkt und Ziel treten in den Hintergrund. Andrea selbst adressiert diese Erstheit des Transits, des Hindurchbewegens, in MÄDCHEN, MÄDCHEN gleich am Ende der beschriebenen Anfangssequenz, wenn sie auf die Frage, warum sie hier sei, sehr entschieden antwortet: „Ich bin nicht hier!"[4] (Abb. 1).

Der Ort, an dem sie dies ausspricht, ist dann auch ein, typisch für Fritz' Filme, sehr abstrakt-bühnenhafter, der seine Figuren weniger konkret bindet, als sie zu vektoriellen Größen eines Feldes werden lässt: das Gelände einer Baufirma, dessen kahle Weitläufigkeit das Aufeinandertreffen der Protagonisten theatral auflädt und eine Konzentration auf deren Bewegung ermöglicht. Noch dazu ist es ein Ort, an dem sich das vermeintliche Ankommen der weiblichen Hauptfigur als ein Zurück- oder Wiederkommen entpuppt: Es war eine Affäre mit dem Seniorchef der Firma, die nicht nur diesen ins Gefängnis, son-

---

2 Die Jahreszahl-Angaben beziehen sich auf den jeweiligen deutschen Kinostart. MÄDCHEN, MÄDCHEN wurde 1966 gedreht und hatte seine Uraufführung am 05.01.1967 im Münchner Lenbach-Kino. HÄSCHEN IN DER GRUBE wurde im Juli und August des Jahres 1968 produziert und hatte seine Premiere Ende April 1969. MÄDCHEN MIT GEWALT wurde direkt danach, im Mai und Juni 1968 abgedreht, hatte seine Uraufführung dann aber erst im Februar 1970.
3 Während diese Art von dynamisierter (Figuren-)Bewegung im Film in Godards BANDE À PART sicherlich einen ihrer offensichtlichsten Ursprünge hat, ist sie z. B. auch in den Beatles-Filmen von Richard Lester sehr präsent. Auch in vielen weiteren deutschen Produktionen der Zeit ist sie auszumachen, so etwa und sehr eindrücklich gleich zu Beginn von Johannes Schaafs TÄTOWIERUNG (BRD 1967), in dem auch Helga Anders die weibliche Hauptrolle spielt, oder in May Spils' ZUR SACHE, SCHÄTZCHEN, in welchem ebenfalls deutlich mehr gerannt als gegammelt wird. Vgl. den Artikel von Matthias Grotkopp in diesem Band.
4 Auch die zeitgenössische Kritik adressierte, wenngleich in negativierter Form, diese Dynamik. So grenzt etwa das Hamburger Abendblatt 1970 in einer Besprechung von MÄDCHEN MIT GEWALT diesen von den vorherigen Arbeiten Fritz' wie folgt ab: „Inzwischen hat er [Fritz] dazugelernt. Er gab seinem jüngsten Leinwandwerk ein festes Handlungsgerüst, versucht, was seine Helden und seine Heldin tun, psychologisch zu motivieren und lässt sie nicht mehr wie einst unbeschwert über hoffnungsgrüne Wiesen hoppeln.". In: Hamburger Abendblatt (30.05.1970), https://www.abendblatt.de/archiv/1970/article201214267/Maedchen-mit-Gewalt.html (07.06.2018).

Abb. 1: „Ich bin nicht hier" (MÄDCHEN, MÄDCHEN).

dern Andrea eben auch in jene Erziehungsanstalt brachte, aus der sie nun gerade entlassen worden ist. Weil jener Senior (Hellmut Lange) noch einsitzt, ist es der Junior (Jürgen Jung), den sie nun antrifft, der sie überredet zu bleiben und mit ihr anbändelt.

Getrieben werden und sich treiben lassen

Die Annäherung von Junior und Andrea ist nun selbst wiederum ein virtuos inszeniertes Bewegungsspiel, das die Konstellationen und Konflikte der Figuren vor allem anhand deren Fortbewegung zu Fuß bedeutsam werden lässt:[5] immer wieder spazieren, laufen, rennen die beiden über das Firmengelände, durch den Wald oder einen nahegelegenen Steinbruch. Dabei sind diese Dynamiken in ihrer Inszenierung immer von einer eigentümlich doppeldeutigen Qualität: Zum einen durchaus Bewegungen im Modus von Verfolgung und Flucht, erscheinen sie zum anderen aber gleichzeitig auch immer wieder als ein Ausdruck von spielerischer Beliebigkeit und ungerichtetem Enthusiasmus.

---

5 Bemerkenswerterweise ist es in den visuell eher statisch gehaltenen Szenen dann oft die energische Jazz- und Soul-Musik des Soundtracks, die diese Dynamisierung gewissermaßen übernimmt und spiegelt.

Genau hier, in der gleichzeitig befreiend und erzwungen wirkenden Ausgangs- und Ziellosigkeit einer ständig präsenten Bewegungsdynamik, ist für uns die Tragik der Fritz'schen Filme und ihrer Figuren auszumachen. Schwankend zwischen Ernst und Gelassenheit, zwischen Anspannung und Entspannung, Bedrohung und Befreiung, bedeutet In-Bewegung-Sein in Roger Fritz' Filmen immer zugleich sich treiben zu lassen *und* getrieben zu sein bzw. gedrängt zu werden. Dabei bleiben dann oft nicht nur die Gründe und die Grenze zwischen Verfolgendem und Verfolgtem ambivalent, sondern wird das Weglaufen und (versuchte) Einfangen selbst als ein konstitutives Kraftfeld betont, innerhalb welchem sich Prozesse der Vergesellschaftung, der Abgrenzung und des Zueinanderfindens aufspannen und verhandelt werden.

Diese Prozesse werden in allen drei Filmen über eine geschlechtliche Beziehungskonstellation, deren Kern tabuisierte sexuelle Grenzüberschreitungen und Gewalt – Polyamorie, Inzest, Vergewaltigung – bilden, engeführt. Mit einer jeweils von Helga Anders verkörperten, jungen Protagonistin im Zentrum männlich-sexueller Begierden, Bewertungen und Ausbeutungen, entwerfen die Filme dabei Beziehungsgeflechte, die man wohl bestenfalls als problematisch bezeichnen mag. In MÄDCHEN, MÄDCHEN wird die Dreiecksgeschichte zwischen Vater, Sohn und der jugendlichen Andrea ergänzt durch die langjährige Haushälterin Anna, die sowohl zum Junior als auch dem Senior eine durchaus intime Beziehung pflegt. Die auf einer in einer Schublade versteckten Fotografie wie ein Filmstar aussehende Mutter ist bezeichnenderweise schon vor Jahren gegangen. In HÄSCHEN IN DER GRUBE ist die Tochter gleichzeitig auch die Liebhaberin ihres (Stief-)Vaters Maurice. Sie tritt damit gewissermaßen an die Stelle ihrer Mutter, die ihre sexuelle Anziehungskraft auf Maurice gänzlich verloren zu haben scheint. Das missbräuchliche Beziehungsgefüge wird dann durch das Auftauchen eines jungen Mannes, in den sich Leslie, die Tochter, verliebt, entblößt und zur Implosion gebracht. In MÄDCHEN MIT GEWALT, der im Hinblick auf die für alle drei Produktionen typische Thematisierung von Fällen sexueller Tabubrüche und Grenzüberschreitungen bis hin zu sexualisierter Gewalt am explizitesten verfährt, gerät eine junge Frau in die Falle zweier Männer, die sie vergewaltigen.

In allen drei Filmen wird der im Zentrum der Handlung stehenden Kleingruppe von Protagonisten eine Art Meute gegenübergestellt. In MÄDCHEN, MÄDCHEN ist dies Juniors lose studentische Freundes-Clique aus der Großstadt (München), die er und Andrea erstmals bei einem Disco-Besuch antreffen und die dann wenig später auf dem Firmengelände auftaucht, um zuerst das frisch verliebte Pärchen in einer über zweiminütigen, psychedelisch inszenierten Verfolgungsjagd über Stock und Stein zu hetzen und dann das väterliche Wohnhaus regelrecht zu besetzen. In HÄSCHEN IN DER GRUBE ist es zum einen eine

Gruppe junger Hippies, die das Kunst- und Musik-Festival, das den Hintergrund der Filmhandlung bildet, mit experimentellen Körper-Performances aufmischt, und zum anderen eine in ihrem Elitismus entblößte Festgesellschaft, die am Ende des Films in einer absurden Schlusssequenz, die jener eben erwähnten Szene in MÄDCHEN, MÄDCHEN sehr nahe steht, buchstäblich auf Hasen- und Menschenjagd geht. Und auch in MÄDCHEN MIT GEWALT spielt solch eine Clique eine Rolle, wenngleich diese hier eher als eine Art auslösendes Moment fungiert: Nachdem die beiden als krude Typen gezeichneten Protagonisten Werner (Klaus Löwitsch) und Mike (Arthur Brauss) sich während eines Go-Kart-Rennens und einem anschließenden Kneipenbesuch einer Gruppe befreundeter Studenten regelrecht aufdrängen, nutzen sie die darauffolgende gemeinsame Fahrt an einen See, um sich mit einer der Frauen, Alice (Helga Anders), abzusetzen und diese zum Objekt ihrer quälerischen Spielchen in einer einsamen Kiesgrube zu machen.

MÄDCHEN, MÄDCHEN – Jugendlichkeit als Bewegung um der Bewegung willen

Vielleicht sind MÄDCHEN, MÄDCHEN, und auch die anderen beiden Filme, am ehesten Filme über Jugendlichkeit. Beziehungsweise präziser: MÄDCHEN, MÄDCHEN entwirft eine Idee von Jugend als unverbundene Bewegung des Aufbruchs sowie des ursprungs- und ziellosen Umhertreibens und Dazwischen-Seins. Diese Idee von Jugend ist nicht als Übergang zwischen Kindheit und Erwachsensein gedacht, noch als etwas, das einen spezifisch-eigenen Raum besitzt oder besetzen kann. Vielmehr ist sie als ein wechselndes Spielen von Kindsein oder Erwachsensein zu verstehen; als ein Eingewoben-Sein in zugleich sexuell, familiär und autoritär funktionierende Beziehungsstrukturen, in denen geschlechtliche Beziehungen, familiäre Rollen und hierarchisch strukturierte ökonomische Abhängigkeitsverhältnisse gewissermaßen gegeneinander eingetauscht werden können. Diese Vertauschungen erscheinen als ein Spiel, das sich nicht nur im und als Schauspiel, sondern auch in der Inszenierung des Bildraumes und der damit eng verbundenen, oben beschriebenen Dynamik der Bewegung um der Bewegung willen realisiert. Die Orte dieser durchaus sehr tragisch gezeichneten Jugend sind immer weder hier noch dort, sie sind in der Bewegung, zwischen Räumen einer als überholt erscheinenden gesellschaftlichen Vergangenheit (hier das Landhaus; in HÄSCHEN IN DER GRUBE der antik-mittelalterliche Stadtkern), einer tristen industriellen Gegenwart (der Steinbruch und die Fabrik; die Kiesgrube in MÄDCHEN MIT GEWALT) und einer immer nur begrenzt als Utopie taugenden Oase (der Wald, der See; die ländliche Umgebung in HÄSCHEN IN DER GRUBE).

Nach ihrer turbulenten, den Film einleitenden Reise findet sich Andrea auf einem weitläufigen, als Umschlagplatz dienenden Bauhof wieder, dessen Betonplatten den Bildraum graphisch mustern und das Gehen der Protagonisten ausmessbar machen. Andrea läuft zielgerichtet und doch ziellos – dem „ich bin nicht hier" geht ein „ich kenn mich hier aus" voraus – durch diesen zugleich offenen, aber trotzdem wie ein begrenztes Feld funktionierenden Raum. Ein Dialog im Schuss-Gegenschuss zwischen ihr und dem jungen Mann, der sie erst durch eine Glasscheibe beobachtete und ihr dann folgte, bringt die Bewegung zum Stillstand und schneidet die Autos und Menschen, die eben noch im Hintergrund aus dem und in den Kader gefahren und gelaufen kamen und so immer noch ein Gefühl der Durchreise aufrechterhielten, aus dem Bild heraus. Auf Andreas „Ich bin nicht hier" öffnet sich die Einstellung wieder etwas, und prompt tritt ein die beiden argwöhnisch beobachtender Arbeiter auf die helle Bühnenfläche dieses Transit-Ortes: da sein und nicht da sein, das ist hier nicht die Frage, sondern inszenierter Konflikt. Der Junior fordert Andrea auf mitzukommen, sie folgt ihm, aber wer folgt hier eigentlich wem?

Während die beiden im Familien-Landhaus nahe dem Fabrikgelände zu Mittag essen und später im Garten Kaffee trinken, arbeitet der dabei erfolgende Dialog die Grundkonstellation des Filmes ab. Man spricht über ihre Beziehung mit seinem Vater, sie erzählt ihre Version der Geschichte, redet über ihre Gefühle, worauf er sie immer wieder mit schroffen Vorwürfen und scheinbar festgefügten Einschätzungen konfrontiert — als bedienten sich beide aus einem vorgegebenen Skript traditioneller Geschlechterverhältnisse. Das Essen ist inszeniert, als säße sich ein Ehepaar gegenüber, als spielten die jungen Leute Erwachsene, die ritualisiert die Suppe löffeln und den förmlich spürbar trockenen Kloß zerteilen. Und doch erzeugen die Bewegungen der Figuren, das Weglaufen, Sich-Verfolgen, Überholen und In-den-Weg-Stellen, zusammen mit der räumlichen Abgeschlossenheit am Esstisch und im Garten ein Gefühl von Intimität, das in der zärtlichen Bitte des nun in die Fabrik gehenden Juniors mündet, sie solle auf ihn warten.

Wenn sie dann trotzig antwortet, dass sie nicht, wie von ihm vorgeschlagen, oberhalb des Steinbruchs warten wird und es dann doch tut; wenn die beiden vom Steinbruch aufbrechen, weil er noch ins Büro muss und sie dann wie Kinder durch den Wald rennen; wenn sie dann eigentlich doch weiterziehen will und er strengen Blickes ihren Koffer holt und beide gemeinsam die Fläche des Bauhofs erneut durchschreiten; wenn sie ihm an ihrer Zimmertür im dunklen Korridor des Hauses einen angedeuteten Kuss auf den Mund haucht und sein Schatten wenig später bedrohlich über ihr hängt – dann markieren diese permanenten Widersprüchlichkeiten und Gegensätze die Koordinaten eines Filmes, dessen Bildraum ein ständiges Spannungsfeld zwischen Gewolltem und Erzwungenem, Gesagtem und Getanem, zwischen autoritärer Ansprache und zärtlicher Zuneigung, zwischen Gehen und Bleiben, Widerstand und Nachgeben, Kindheit und Erwachsensein, Aufbruch und Starre auffaltet.

Lauft, Junior und Andrea, lauft!

Im Folgenden spannt MÄDCHEN, MÄDCHEN zwischen diesen Gegensätzlichkeiten Räume auf, in denen die Liebesbeziehung der beiden Protagonisten innerhalb einer erzählten Zeit von vier Tagen zur Entstehung kommen kann. So beginnt der nächste Morgen mit einer Einstellung Andreas im Bett, das geöffnete Fenster gibt im Gegensatz zur klaustrophobischen Nachtszene, in deren Verlauf der Junior in Andreas Zimmer schlich, dann aber doch abließ und sich zu Haushälterin Anna ins Bett begab, den Blick nach außen in die Landschaft frei. Ein harter Schnitt führt uns in den nahegelegenen Steinbruch, in dem der Junior eine Sprengung dirigiert, die in einer spektakulär schönen Aufnahme der wie Wellen an einer Brandung zerschellenden Steine gipfelt. Dazu parallel geschnitten sehen wir Andrea gelangweilt durch den gerade aufschießenden dunklen Wald schlendern. Während sie selbst von der Warnsirene unberührt zu bleiben scheint, wird die potentielle Zerstörung jenes Bodens, auf dem sie sich gerade bewegt, durch eine Parallelmontage und die Tonspur für uns zugleich als Gefahr spürbar. Durch einen der Sprengung beiwohnenden und die ebenfalls anwesende Anna angrapschenden Arbeiter („Na du, gehste auch mal mit mir in Deckung?!") sowie drei Forstarbeiter, die wie aus einem Märchen stammen im Wald auf Andrea zulaufen und ihr unverhohlen hinterhergaffen, wird die Szene in Richtung einer kruden sexuellen Begehrensstruktur aufgeladen. Diese Art von Spannung, die der Film in aller Regelmäßigkeit kreiert, fast so als könnte er die romantische Liebe nicht ohne männliche Unflätigkeit denken, löst sich dann aber wieder umgehend auf: Der Jazz auf der Tonspur beschleunigt und wird beschwingter, Andrea und der Junior erblicken sich von weitem und laufen freudig hastend aufeinander zu, die zuvor als Abgrund sichtbare Grenze zwischen Waldstück und Steinbruch wird spielerisch überwunden. Wenn sich anschließend beide an eben jenem Abgrund durch das Gestrüpp des Waldes schlagen, stolpern, sich um Bäume drehen, fast auszurutschen drohen, losrennen und wieder stehenbleiben, löst sich die Verbindung von Gefahr und Sexualität zu einem Spiel, zu einem Flirt hin auf, bei dem

Andrea sich den Annäherungsversuchen des Juniors ein ums andere Mal mit verträumter Ignoranz oder Albernheit wie dem Schneiden von Grimassen entzieht.

Wieder ändert sich die Bewegungsdynamik zu einem förmlich wirkenden Spaziergang durch den nun dunkleren Wald, bei dem der junge Mann den Arm fest um sie legt. Immer wieder durchsetzt von klischierten, an Andrea gerichteten Komplimenten erzählt er eine makabre Geschichte von einem erhängten Kammerjäger, den er im Wald gefunden hat. Einen Griff an ihre Brust wehrt sie ab und bricht aus dieser Situation, die ein deutlich asymmetrisches Geschlechterverhältnis erkennen lässt, aus, indem sie erneut zu rennen beginnt. Auch die Kamera löst sich aus der geradlinigen Bewegung mit einem dynamischen schnellen Schwenk dem rennenden Paar hinterher, das sich genau an der Grenze zwischen Licht und Schatten ins Gras wirft. Wenn Junior ihr nun die Bluse aufzuknöpfen beginnt, starrt Andrea stur und ernst ins Off und knöpft diese im gleichen Tempo wieder zu, während er die Geschichte vom Kammerjäger zu Ende erzählt. Dann aber beginnen beide zu lachen, sie schubst ihn um, wirft sich auf ihn und küsst ihn leidenschaftlich, während das bereits vom Anfang des Films bekannte musikalische Motiv – das gospelartige Soul-Liebeslied *Reach Out I'll Be There*, ein zeitgenössischer, weltweiter Hit – einsetzt. Zum lauten Klang der Musik rahmt die Kamera das eng umschlungene Paar in das wie auch immer geartete Außen ausblendenden Nah- und Großaufnahmen und findet so zu einer Inszenierung leidenschaftlicher Jugendliebe – inklusive nicht aufgehen wollendem BH-Verschluss. Eine langsam hoch oben durch den Wald und zum immer noch laufenden Song schwebende Kamera neigt sich über einen Abhang und zeigt schließlich das nackte Paar als einen Körper unbewegt im Gras liegen.

Das Erwachen aus dieser paradiesischen Einigkeit erscheint zunächst ernüchternd. Eine Schnittfolge von Großaufnahmen der nun getrennten Gesichter, die sich skeptisch und streng zu beäugen scheinen, Detailaufnahmen der Kleidung, die nun wieder angelegt wird, eine ausgedrückte Zigarette. Doch dann wieder ein Lächeln, eine Umarmung, und: Einigkeit darüber, dass die nahende Rückkehr des Vaters in beiden Sorge und Angst auslöst. Doch was dagegen tun? Na, rennen! Wie tollende Kinder sehen wir die beiden nach einem harten Umschnitt durch das nun im Gegensatz zum Wald sehr helle, von rechten Winkeln durchzogene und insgesamt betont graphisch aufgelöste Fabrikgelände laufen. Sich immer wieder verfolgend, scheinen sie diesen Ort, wie den Wald zuvor, spielerisch zu erobern und sich zu eigen zu machen.

In der menschenleeren Fabrikhalle angekommen, wird die Leichtigkeit der Verliebtheit des jungen Paares aber erneut mit einem Anna gegenüber übergriffig werdenden Vorarbeiter kontrastiert und so der im Film immer wieder prä-

Abb. 2: Ein Fanger-Spiel über das Fabrikgelände und eine rauschhafte Verfolgungsjagd im Gras (MÄDCHEN, MÄDCHEN).

sent werdende bedrohlich-männliche Zugriff auf weibliche Körper in die Szene eingetragen. Auch als Andrea und Junior wenig später vor einer großen Wand einen ausgelassenen, theatralischen Schattentanz vollführen, wird diese latente, über dem Paar schwebende Gefahr in der Inszenierung buchstäblich: zu einem Moll-Akkord auf der Tonspur taucht plötzlich ein weiterer, übergroßer Schatten (eines vorbeigehenden Arbeiters) auf. Doch erneut entzieht sich das Paar unbekümmert-spielerisch durch (Körper-)Bewegung. Zwischen kindlichem Spiel und dem spielerischen Einnehmen von erwachsenen Rollen, zwischen Leichtigkeit und drohender Gefahr, hat diese Bewegung dabei eine mindestens doppelte Qualität: sie ist gleichzeitig reaktiv und intendiert, erscheint als Antwort auf einen Reiz (Flucht, Weglaufen) und mit Vorsatz erzeugt (Losgehen, Verfolgen). Und genau in dieser Doppeldeutigkeit ist sie immer wieder das tragische Moment in Fritz' Filmen, die die gesellschaftlichen Umbrüche der Zeit um 1968 – vor allem mit Bezug auf die sogenannte sexuelle Revolution – weniger als ein Aufeinanderprallen von Positionen, sondern eben mehr als eine immer wieder seine Vektoren wechselnde Bewegung zu denken scheinen.[6] Die Befreiung liegt hier nicht im aktiven Beginnen, im Losgehen, sondern vor allem in der Aktivität selbst, im In-Bewegung-Sein. Diese Dynamik des ‚on the run' ist zumeist eingebettet in eine Inszenierung paradoxen Verfolgens und Flüchtens, das – zumindest in MÄDCHEN, MÄDCHEN und in HÄSCHEN IN DER GRUBE – keine klaren Instanzen als auch keinen wirklichen Ursprung und kein wirkliches Ziel offenbart: Wer verfolgt, wer wird verfolgt? Wer flüchtet vor wem?

---

6 Ganz unabhängig davon, dass die Filme trotzdem durchaus stark dazu neigen, diese Positionen sehr schematisch zu präsentieren.

Ins Grau und Schwarz Getriebene

Das Changieren setzt sich fort: Die Stimmung einer kindlich-ausgelassenen Kissenschlacht kippt, wenn Andrea den Vater erwähnt und der Junior sich plötzlich die eben noch lustig nachgeäffte Sprache der Erwachsenen ernsthaft aneignet und sie als Hure beschimpft. Eine Trennung ist herbeigeführt: Andrea geht mit gepacktem Koffer, während Junior in der Fabrik nun wieder vollends das Kommando übernimmt. Die Bewegung, die sich im Folgenden entfaltet, ist nicht mehr die eines Ausbruchs, sondern die einer zwar zielgerichteteren, aber trotzdem mehrmals abgelenkten Suche: Unverhofft läuft der Junior zurück ins Haus, findet das Zimmer leer vor und macht sich mit dem seinen Körper immobilisierenden Auto und zu den Klängen einer treibenden Jazz-Improvisation auf die Suche nach Andrea. Als er sie findet, fahren die beiden erst einmal wieder weg: „Nicht hier." An einem Kanal werden sie nach einem kurzen Wortwechsel von einer Gruppe Jugendlicher vertrieben. Wieder geht es ins Auto. In wenigen statischen Aufnahmen sagen die Protagonisten eine Reihe von eher zusammenhangslosen und klischierten Sätzen auf: „Sag mal, musst du mich immer zu irgendetwas zwingen?" – „Das geht nicht mit uns" – „Was ist mit Ernst [so der Name des Seniors]?" – „Verdammt nochmal, ich kann dieses ‚Ernst' nicht ausstehen." Ähnlich wie in der beschriebenen Bewegungsdynamik laufen diese dialogischen Schleifen nie auf ein Ziel, auf eine Problemlösung, zu. Vielmehr erscheinen sie als ein Nachsprechen, als eine Aneignung, die die Konfliktlinien nicht auf einer Figurenpsychologie fußend darstellt, sondern sie als die gesellschaftlichen Verstrebungen hervortreten lässt, zwischen denen sich die Protagonisten, wie zwischen den ständigen Blicken der Arbeiter und Nachbarn, bewegen.

Die trostlose Kulisse des kleinen Ortes birgt dabei wenig Potential für jene Bewegung, die zuvor in der bildräumlichen Spannung zwischen Landhaus, Steinbruch, Fabrik und Wald, zwischen den Lichtern und Schattenwürfen, den graphischen Mustern und dem Spektakel der Explosionen entfaltet wurde. Hier sind wir nun in der Szenerie eines Kitchen-Sink-Realismus angekommen, der alles in einheitliches Grau färbt und schließlich im Schwarz der Nacht gipfelt. Ein Blick durch das gerahmte Fenster des Elternhauses von Andrea, der Mutter und Vater beim Abendbrot vor dem Fernseher zeigt, scheint dann gänzlich aus einer anderen Welt zu stammen. Unvorstellbar, dass Andrea diesen Ort gemeint haben könnte, als sie am Anfang der Sequenz sagte, sie müsse ja auch irgendwann mal nach Hause.

Wenn das Reden sich nur noch im Kreise dreht und der Weggang aus der einen Welt ins Grau und Schwarz der anderen führt, kann die Devise nur lauten: Weiter! Es geht zum Tanzen nach München in die Diskothek, die genau in der Mitte des Filmes zum ersten Mal einen von Jugendlichen besetzten Raum markiert, in dem es zwar auch zu einer Dynamik des Ausbruchs kommt, diese aber im Vergleich zu dem Rennen durch Wald und Fabrik eine andere Qualität erhält, da sie handlungslogisch und inszenatorisch sehr konkret und schlüssig verortet ist. Das scheint wiederum auch direkten Einfluss auf das Verhältnis der beiden Protagonisten zu haben: Andrea und Junior erwecken den Eindruck eines in ihrer Beziehung gefestigten Liebespaars, als sie am nächsten Morgen gemeinsam auf den Landsitz zurückkehren.

Eine Verfolgungsjagd als rauschhaftes Spiel

Der nächste Tag bringt eine räumliche und nach Geschlechtern strukturierte Trennung: Während Junior in der Fabrik einer männlichen Sozialität ausgesetzt ist, die vornehmlich aus schlüpfrigen Witzen und Angebereien der männlichen Arbeiter besteht, verlebt Andrea einen von Langeweile geprägten Tag im Haus, bei dem sie sowohl die Fotografie der Mutter findet als auch in eine Unterhaltung mit Anna gerät, die zwar visuell Intimität zwischen den Frauen herstellt, jedoch letztendlich keine weibliche Solidarität zulässt. Diese Trennung wird aufgelöst, wenn das Partyvolk der vergangenen Nacht regelrecht über die bisher doch sehr zweisame Welt am Landhaus hereinbricht. Zur wiederaufgenommenen Rock'n'Roll-Musik fahren mehrere Autos ein, und auf einmal ist der sonst leere Vorplatz bevölkert von Juniors Freunden und weiteren jungen Leuten. Anna bittet die studentische Gesellschaft ins Haus, doch das im Garten spielende (und im Verlauf des Films immer mal wieder als eine Art außenperspektivische Nebenfigur fungierende) Mädchen versetzt das sorgsam arrangierte Figurenensemble mit einem Hinweis auf das sich versteckende Paar in plötzliche Bewegung. Der Beat setzt erneut laut ein, und eine wilde Verfolgungsjagd beginnt. Mit einem Schnitt sind wir im Wald, Andrea und Junior rennen mit ausholenden Gesten auf die noch statische Kamera zu, dann aus dem Kader heraus, die Clique hinterher. Es geht Treppenstufen auf einen Hügel hinauf, die zuerst das Paar geschwinden Schrittes, dann die Meute erklimmt, während die Kamera das Geschehen aus der Distanz beobachtet. Eine Vogelperspektive zeigt mithilfe eines anschließenden Schwenks die Gruppe in ein unfertiges Haus durch offene Fenster und Türen hinein- und dann, nachdem das Paar, das sich neben dem Haus versteckt hielt, erneut wegrennt, wieder hinausströmen. Was wir hier zu sehen bekommen, ist ein Fangspiel, bei dem die enthusiastische Freude an der Bewegung zu einem zumindest angedeutetem psychedelischen Exzess wird, der schnell auch das Bild selbst befällt: im hohen Gras taucht die Kamera jäh nach unten, hebt sich, senkt sich, steht nicht mehr still, ist mittendrin im Getümmel der fallenden, springenden, sich gegenseitig umwerfenden Figuren, dreht sich und wechselt unvermittelt die Seiten. Die Verfolgung, die Jagd erscheint dekonstruiert, ihre Bewegungen sind keine linear-zielgerichteten mehr, sondern Teil eines rauschhaft überdrehten, in alle Richtungen strömenden, schwindelerregenden Spiels, das jeden Moment auch ins Albtraumhafte kippen könnte. Mit einer Totalen löst sich die Szene auf: Das Paar hat es aus dem buchstäblich tosenden Gräser-Meer ans Ufer, an den Rand des Hügels geschafft, in dessen Hintergrund sich die Landschaft öffnet. Und während Andrea und Junior von einer Kamerafahrt begleitet durch einen lichtdurchfluteten Wald rennen, scheint diese Fähigkeit der Gruppe, die schließlich als stillstehende Strichmännchen auf dem Hügel strandet, versagt zu bleiben. Das Paar kommt am Rande der Straße auf einem alten Bahngleis erschöpft zum Stehen, nur um sogleich wieder loszulaufen und an einen Waldsee zu kommen. Die Bewegtheit nimmt kein Ende und gipfelt im Sprung ins kühlende Nass, in dem das Bewegungsspiel einfach tauchend und Wasser spritzend zu zweit fortgesetzt wird.

Am Ende Zirkularität statt Spannung

„Meinst du, es wird besser, wenn du dauernd davonrennst?", fragt Andrea den Junior am Morgen des nächsten Tages, an dem der Vater zurückkehren wird. Dabei hat der Film bis zu diesem Moment gezeigt, dass das exzessive Rennen, das In-Bewegung- Sein, das Einzige ist, was einen zumindest temporären Ausbruch aus der väterlichen Ordnung verschafft. Die Nachricht von der Ankunft des Vaters, der mit einem Taxi in einer Kreisbewegung auf das rechtwinklig schraffierte Fabrikgelände einfährt, verbreitet sich in einer Montage von Arbeiter zu Arbeiter über das Werksgelände bis in den Steinbruch, in dem der ahnungslos bleibende Junior eine weitere Sprengung anleitet und gut gelaunt eine Runde Bier für alle ausgibt. Andrea taucht auf, sie und der Junior besteigen die Schaufel eines Baggers, werden angehoben und drehen sich in einer schwindelerregenden Karussellfahrt durch den Steinbruch. Die Szene wirkt in ihrer Kombination aus irrer Bewegung und ahnungsloser Ausgelassenheit des sich immer wieder küssenden Paares, das die Kamera nurmehr in Totalen einfängt, mithin den Großaufnahmen der lachenden Arbeiter gegenübergestellt, beinahe melancholisch, beinahe bedrohlich. In der Losgelöstheit der enthusiastischen Bewegungen kündigt sich sogleich deren Ende an. Und so läuft Andrea dann auch direkt im Anschluss dem Senior sprichwörtlich in die Arme, kommt zum Stehen und verstummt für den Rest des Filmes.

Abb. 3: Die väterliche Ordnung ist wiederhergestellt und die Bewegung zum Stillstand gebracht (MÄDCHEN, MÄDCHEN).

Die Ankunft des Vaters ist sehr ähnlich wie die Ankunft Andreas zu Beginn inszeniert und schreitet die gleichen Stationen ab: wieder wird zu Mittag gegessen (Abb. 3), wieder wird die Fabrik besichtigt. Die Bewegungsqualität jedoch hat sich verändert, denn die Umdeutung der diegetischen Realität, die der Vater vornimmt, wenn er ankommt und von den Räumen und Figuren Besitz ergreift, absorbiert jegliche Offenheit und Spannung. So stellt sich für ihn nicht einmal die Frage, warum Andrea vor Ort ist, es ist ganz klar, dass sie seinetwegen gekommen ist. Der Wunsch Juniors, nicht mehr zum Studium nach Lausanne zurückzukehren, verhallt in des Vaters Feststellung, Junior habe es dort doch immer sehr gemocht, und ein kaputtes Geländer in der Fabrik, das dem Paar am Anfang des Filmes noch als Teil ihres Flirts diente, wird schlicht zum Baumangel. Seine Autorität ist dabei einer Selbstverständlichkeit geschuldet, die keinen Konflikt zulässt, und auch wenn Junior sich vorgenommen hatte, seinen Vater zu konfrontieren, bleibt am Ende nichts mehr davon übrig. Die kontrastierende Bezugnahme dieses Schlusses auf den Anfang des Films lässt das Potenzial der vorangegangenen Szenen zur Bewegung, zum Exzess, zu Spaß und zu Leben retrospektiv noch einmal umso deutlicher aufscheinen. All dies wird nun verschluckt im Schweigen Andreas und dem Reden des Seniors, in der väterlichen Umarmung, dem freundlichen Lächeln, dem Studium der Kassenbücher, in einem Sofa, vor dem eine Flasche Schnaps steht und dessen ungeordnete Kissen unbeteiligte Spuren des Geschehenen sind. Die dynamische Intensität mit ihren doppeldeutigen, stets Spannung erzeugenden und haltenden Bewegungsqualitäten wird einer souverän-routinierten Zirkularität zugeführt, die nicht nur die Protagonistin und ihr jugendliches Begehren nüchtern abstößt („Sie ist weg. Vor einer halben Stunde."), sondern auch die sich durchaus genüsslich in ihre etablierten Abhängigkeiten zurückbegebende ‚Familie' des Landhauses re-installiert. Alles auf Anfang: Andrea sehen wir in einer kurzen Einblendung wieder mit dem derb lachenden Fahrer Schorsch (auf direktem Wege zu MÄDCHEN MIT GEWALT?) im LKW sitzen, für Vater und Sohn gibt es am Abend Schweinshaxe, es wird jetzt auch genug da sein, und ein Hasenbraten war nicht mehr zu bekommen.

HÄSCHEN IN DER GRUBE – Bewegte Begegnungen in engen Gassen

Besagten Hasenbraten gibt es trotz entsprechendem Tier im Titel auch im knapp zwei Jahre nach MÄDCHEN, MÄDCHEN entstandenen HÄSCHEN IN DER GRUBE nicht. Dafür präsentiert sich uns am Ende dieses wohl unter sehr prekären finanziellen Bedingungen entstandenen und bis heute leider kaum zugänglichen Werks eine Sequenz, die in enger Verwandtschaft zur rauschhaften Verfolgungs-Szene in MÄDCHEN, MÄDCHEN steht. Wieder geht es in einer wilden Verfolgungsjagd über Stock und Stein, wieder scheint es dabei mehr um den dynamischen Zustand selbst als um die Anfangs- und Endkoordinaten der Bewegung zu gehen. Und wieder sorgt das Verfolgen und Flüchten am Ende für die traute Zweisamkeit des Protagonisten-Paares. Während diese sich in MÄDCHEN, MÄDCHEN aber auch schon zuvor verfestigen konnte und im Laufe des Films aufgrund eines zwar konkret auszumachenden, aber bis zum Schluss nicht anwesenden Außens (der väterlichen Ordnung) gewissermaßen gegen sich selbst gewendet wird, markiert die Verfolgungsjagd in HÄSCHEN IN DER GRUBE die eigentlich erste wirkliche Zusammenkunft der beiden jungen Liebenden Brian (Ray Lovelock) und Leslie (Helga Anders), auch weil der Film bis dahin von einer deutlich gegensätzlicher gezeichneten Grundkonfliktkonstellation geprägt ist.

Bis dahin sind es vor allem die engen Straßen und Gassen der umbrischen Stadt Spoleto, entlang welcher und in welchen sich dieses Beziehungs- und Konfliktgefüge über die beschriebene Bewegungsdynamik entwickelt und verdichtet. Bereits die Titelsequenz macht das sehr deutlich. Nach einem Prolog, in dessen Verlauf uns die drei Hauptcharaktere des Films – augenscheinlich

Mutter, Vater, Tochter – auf der Rückbank eines Autos und auf einer Wiese vor den Toren der Stadt einführend präsentiert werden, setzt sich diese Bewegung des Ankommens mit dem Einsatz der Titelmelodie und der Credits fort. In einer aus fünf Kamerafahrten bestehenden Sequenz schlängeln wir uns buchstäblich mit dem Fahrzeug in die enge Altstadt hinein, bevor das Auto samt seiner Insassen von einer großen Gruppe Kinder erst gestoppt, überschwänglich begrüßt und dann bei seiner Weiterfahrt verfolgt wird.

Es ist diese Kombination aus Dynamik und Enge, diese Bewegung innerhalb einer eher erdrückenden/beklemmenden/gedrängten *Mise-en-Scène*, die nicht nur am Ende des Films, wenn es eben tatsächlich zu einer Hasenjagd kommt, erneut aufgenommen wird, sondern in verschiedenen Modulationen die audiovisuelle Inszenierung und damit auch die Weltenkonstruktion und Figurenkonstellation von HÄSCHEN IN DER GRUBE bestimmt. In den Gassen und auf den Plätzen Spoletos wird gemeinsam oder alleine geschlendert und gerannt, es wird gewartet und verfolgt, aufeinandergetroffen und auseinandergegangen. Inmitten dieser Zone der Annäherungen und Abspaltungen bzw. quasi ständiger Teil dieser Bewegungsdynamiken ist die von Helga Anders verkörperte Figur der jugendlichen Leslie. Sie besetzt von Beginn an das Zentrum des nicht nur komplizierten, sondern auch augenscheinlich provokativ intendierten Beziehungsgeflechts des Films: So ist sie nicht nur die balletttanzende Vorzeige-Tochter, die aus Sicht des Star-Dirigenten und Lebensgefährten ihrer Mutter Maurice (Anthony Steel) durch das Anbändeln mit dem jungen Hippie und Performance-Künstler Brian ,auf Abwege' gerät, sondern gleichzeitig auch die Bettgefährtin eben jenes Maurice, der mit seiner sexualisierten Machtposition und besitzergreifenden bis tyrannischen Art alle anderen Charaktere und deren Beziehungen zunehmend bedroht.

Zwei Sphären

Die beiden männlichen Gegenspieler sind dabei nicht nur als diametrale (Symbol-)Charaktere gezeichnet, sondern markieren und besetzen auch klar unterschiedliche Handlungsräume und -orte: Maurice quartiert sich mit den beiden Frauen in ein Apartment direkt am Domplatz ein und lässt sich in einem Cadillac Eldorado von einem Chauffeur herumfahren, während Brian in einem Gemeinschaftszelt haust, in welchem sowohl Performances stattfinden als auch genächtigt wird, und, wenn er denn mal mit dem Auto unterwegs ist, im VW T1 Bulli seiner Freunde mitfährt.

Der so (äußerst stereotypisch) aufgeladene Konflikt zwischen den Generationen und ihren divergierenden, hier vor allem auf Kunstgeschmack und künstlerische Praxis bezogenen Ideologien wird kaum einmal offen, im Sinne eines Streitgesprächs oder einer tatsächlichen Auseinandersetzung auf Handlungsebene ausgetragen. Stattdessen werden die den beiden Protagonisten zugeordneten Sphären immer wieder als spezifische Muster audiovisueller Inszenierung nebeneinandergestellt. Statt innerhalb eines kohärenten Handlungsraums vollzieht sich die Konfrontation von alteingesessenem, den klassischen Künsten anhängendem Establishment und der Gruppe der jungen, ‚wilden' Lebens- und Performancekünstler so vielmehr in einer Zuschauererfahrung, die auf einer von ständigen Brüchen gekennzeichneten Ästhetik fußt.

Dabei spielen vor allem die Art der Bewegung der Körper im Bild wie auch die immer wieder eingespielte, oft leitmotivisch funktionierende Musik eine entscheidende Rolle, etwa wenn impulsiv-improvisiertem Ausdruckstanz ein streng choreographierter Ballett-Tanz gegenübergestellt wird, auf Operngesang Free-Jazz-Versatzstücke folgen oder ausgelassenes, individuelles Tanzen in der Gruppe auf Paartanz trifft. Wenn, wie im letztgenannten Fall, die beiden Sphären dann doch einmal direkt, also im selben Handlungsraum aufeinandertreffen – hier ist es eine After-Show-Party in einer Kneipe –, installiert HÄSCHEN IN DER GRUBE wiederum immer eine homodiegetische Zuschauerkonstruktion, in welcher ein Protagonist oder eine Protagonistin über durch die Montage hergestellte Blickstrukturen zur beobachtenden Instanz wird: Man beäugt sich, ob nun fasziniert oder angewidert. Eine konfrontative Durchmischung der Lebenswelten und ihrer Protagonisten findet aber nicht statt bzw. wird der ausgedehnten Klimax-Sequenz am Schluss des Films vorbehalten.

Besonders deutlich wird diese Geteiltheit zum Beispiel auch in jener Sequenz, in welcher eigentlich alle zusammen – Leslie, ihre Mutter Francine und Maurice, wie auch die Gruppe um Brian – zum Baden fahren, Maurice und Leslie sich dann aber in eine benachbarte Bucht davon machen, um dort wiederum von zwei Freunden Brians bei ihren erotisch aufgeladenen Spielchen im Sand beobachtet zu werden. Als Brian dann auf der Rückfahrt bei Leslie, Maurice und Francine mitfahren darf und sein Verständnis von Musik-Produktion kundtut („Ich mach' keine Musik. Ich lebe Musik, ich bin Musik."), wird er kurzerhand und ohne, dass es wirklich eine Diskussion gibt, von Maurice aus dem Auto geschmissen.

Dazwischen ein bewegter Figurenkörper

Die einzige Figur, die zwischen diesen beiden Welten, die bemerkenswerterweise auch im Titel des stattfindenden Festivals auftauchen („Festival zweier

Welten"⁷), wandelt, ist Leslie. Immer wieder gelingt es ihr, wenn auch jeweils nur für kurze Zeit, sich der inszenierten Enge der familiären und elitär-gesellschaftlichen Räume und damit auch der Kontrolle und dem Zugriff ihres ‚stiefväterlichen Liebhabers' zu entziehen, um dann mit dem jungen Brian gewissermaßen auf Erweckungsreise zu gehen. Dabei besteht diese symbolische Reise vor allem aus mehreren kleinen, konkreten Reisen, nämlich Spaziergängen durch Spoleto. Schon sehr früh im Film, vor einem Unterwäscheladen, in welchem sie und ihre Mutter erstmals Brian begegnet sind, schlägt Leslie buchstäblich einen anderen Weg ein: Auf Maurices Frage „Kommst du nicht mit uns?", antwortet sie „Nein, ich will noch ein bisschen hier rumlaufen", um dann, nach einem kurzen Blickaustausch mit Brian und begleitet von einer sanft dahingleitenden Oboen-Melodie, durch die hohen Gassen zu hüpfen und zu schlendern, ihn immer im Schlepptau. Dieses gemeinsame Laufen wiederholt sich, auch die anderen Figuren tun es, und es scheint fast so, als ob nur in ebendieser Bewegung im Bewegtbild ein wenig von jener spielerischen Freiheit und Loslösung, die zumindest den Mythos von 1968 entscheidend mitbestimmt, erfahren werden kann.

In einer ansonsten eher verfestigten und bedrückenden filmischen Welt sind diese Bewegungsdynamiken gleichzeitig aber wieder und wieder Gegenstand plötzlichen Abbruchs und bergen immer auch eine Qualität des Getrieben-Seins und Verfolgt-Werdens. Vor allem für Leslie heißt Annäherung immer zugleich auch Abstand nehmen. Auf diese Weise ist sie eine transitorische, im wahrsten Sinne des Wortes vorüber-gehende Figur; sie markiert ein Dazwischen, welches sie zugleich frei und autonom, aber auch verwickelt und in all ihrer tragischen Abhängigkeit erscheinen lässt. Einerseits trotzig distanznehmende Beobachterin, lässt sie sich andererseits immer wieder und oft beinahe teilnahmslos auf von anderen Figuren vorgeschlagene Beschäftigungen ein, ist Spielball und sprichwörtliches ‚Häschen in der Grube'.⁸ Diese Doppeldeu-

---

7 Das realweltliche *Festival dei Due Mondi* wurde 1958 vom Komponisten Gian Carlo Menotti ins Leben gerufen und findet bis heute jedes Jahr im Juni und Juli in Spoleto statt. Während es dem Gründer mit den beiden titelgebenden „Welten" wohl um die Begegnung der amerikanischen und europäischen Kultur ging, lassen sich diese auch konkreter auf die Besonderheit des Festivals hin lesen, klassische auf moderne Kunstformen (und hier besonders auch den Film) treffen zu lassen.

8 Der Titel des Films ist einem deutschen Kinderlied entlehnt, dessen Text im Jahr 1840 von Friedrich Fröbel, dem Begründer des ersten Kindergartens, verfasst wurde. Das Lied spielt im Film jedoch konkret keine Rolle, zumindest nicht in den Versionen, die uns zur Sichtung vorlagen (eine digitalisierte VHS-Aufnahme einer französischen Fernsehfassung und ein provisorisches Digitalisat einer deutschen 35 mm-Kopie). Während der ursprüngliche deutsche Arbeitstitel des Films („Begegnung in Spoleto") die romantische Zusammenkunft wie auch die erwähnte Gegenüberstellung ‚zweier Welten' hervorhebt, betont der amerikanische Titel RUN,

Abb. 4: Nicht zuletzt das Schauspiel Helga Anders' lässt in allen drei Filmen eine transitorische Figur entstehen (MÄDCHEN, MÄDCHEN).

tigkeit hat auch viel mit Anders' Schauspiel zu tun, das weniger als ausschließlich passiv zu beschreiben ist, sondern eher gleichzeitig unbeteiligt und suchend funktioniert. Ihr Charakter vereint Loslösung und Bestimmung, Unterwürfigkeit und Anti-Autorität; er ist gerade in diesem Sinne – und weniger in Bezug auf eine gespielte Naivität – kindlich bzw. jugendlich (Abb. 4).

Besonders deutlich buchstabiert sich diese in der Figur vereinte Gegenüberstellung von Kontrolliertheit und Loslösung an der Körperlichkeit der Anders aus. In HÄSCHEN IN DER GRUBE wird diese Dualität vor allem durch gegensätzliche Formen des Tanzens exemplifiziert. Während einer längeren Sequenz gegen Ende des ersten Viertels des Films verlässt Leslie die Opern-Probe ihres Vaters und macht sich auf zu jenem futuristisch aussehenden Zelt, wo „etwas Neues" stattfindet, etwas, das die Alten nicht mögen oder zumindest für „seltsam" erachten. Leslie wird Zeugin einer Art Improvisationstanz-Session; fasziniert beobachtet sie die jungen Künstler um Brian, die sich — stöhnend und unterlegt von einem instrumentalen Psychedelic-Rock-Stück – in ihren spontanen Bewegungen zu spiegeln versuchen. Die durch Gegenschüsse mit Leslies staunendem Gesicht vernähte Kamera nähert sich behutsam den bewegten

---

RABBIT, RUN eben jene von uns hier beschriebene Bewegungsqualität, anhand welcher die Filme Roger Fritz' Ende der 1960er Jahre ihre zentralen Konflikte konstituieren.

Körpern und folgt ihnen in langsamen Schwenks. Leslie läuft dann schnellen Schrittes zu Brian und macht, nachdem dieser sie auffordert, es auch einmal zu versuchen, mit einem wiederholten, ballettartigen Sprung mit. Die Bewegungen der Kamera werden stärker, die Schnitte schneller, das strenge Schuss-Gegenschuss-Prinzip und die klaren räumlichen Positionierungen sind für einige Sekunden aufgehoben: Wir tauchen mit Leslie in den Rausch des spontanen Tanzens ein. Doch so plötzlich, wie sich diese kurze Feier des Intuitiv-Chaotischen aufgebaut hat, ist sie auch schon wieder vorbei: Leslie muss gehen und wird vor dem Zelt von ihrer Mutter abgepasst. Als diese noch einmal ins Zelt hineinschaut, stehen und sitzen die eben noch Involvierten unbeteiligt an der Rückwand herum – die Trennung der Sphären künstlerischer Aktivität und Partizipation zieht sich bis in den Vorgang des diegetischen Zuschauens hinein. Für uns offenbart sie sich im Folgenden als ein weiterer Bruch: Ein harter Schnitt führt auf eine Bühne, auf welcher eine nun stark geschminkte Leslie unter den Augen des dirigierenden Maurice und begleitet von dessen Orchester mit ihrem Partner einen Pas de deux aufführt. Die statische Kamera fasst die sich langsam und kontrolliert bewegenden Tänzer-Körper abwechselnd in einer Nahen und einer die Bühne von mittig-vorne einfangenden Halbtotalen ins Bild. Die strenge Choreographie dieser Sequenz steht in klarem Gegensatz zum eben gesehenen Bewegungstanz im Zelt und markiert den anderen Pol einer filmischen Welt, die eben nur diese zwei Pole – jenen der kindlichen Affirmation des Intuitiven und frei Flottierenden sowie den absoluter („erwachsener") Beherrscht- und Kontrolliertheit – zu kennen scheint.[9] In dieser Dualität regelrecht zerrieben wird die jugendliche Position und Handlungsmacht der weiblichen Hauptfigur, deren „Das will ich selbst erst herausfinden" von Anfang bis Ende quasi nie zur Entfaltung kommen kann und stattdessen in nichts als kindliche Neugier und Trotzigkeit sowie den beschriebenen Bewegungsdrang münden muss.

Die sexuelle Passion

Leslie und Brian kommen am Ende doch zusammen. Bis es aber soweit ist, geht es in einer über zwölfminütigen Schlusssequenz, zu deren Beginn Leslie

---

[9] Auch in der anschließenden Szene wird diese Gegensätzlichkeit über das Tanzen und hier insbesondere den Körper Leslies ausagiert: Während der After-Show-Party lässt sich diese von der wild tanzenden Gruppe um Brian anstecken, nur um dann, nach einem plötzlichen Musikstil-Wechsel und zumindest für einige Takte, mit Maurice einen langsamen Paartanz zu vollführen.

ihrem übergriffigen Stiefvater erstmals deutlich ihre Abneigung kommuniziert („Ich mag dich nicht mehr"), so spektakulär wie bizarr zu. Und, wie sollte es anders sein, bedarf es gleich drei hintereinander gestaffelter Verfolgungsjagden, um den Konflikt zwischen großbürgerlichem Establishment und jungavantgardistischer Bohème schließlich doch eskalieren zu lassen und ein heterosexuelles Happy End herbeizuführen.

Kurz nach der Ankunft auf der Festival-Abschlussparty wird Leslie von Maurice und ihrer Mutter getrennt. Während ersterer den finanzstark das Festival unterstützenden Mitgliedern der High Society vorgestellt wird, bewegen wir uns mit einer desorientiert wirkenden Leslie durch ein Meer von Menschenköpfen und Sprachfetzen. Mit einem Schnitt zu Maurice, der durch einige weniger belebte Räume schreitet, befreit sich die Kamera kurz aus diesem Gedränge, um dann direkt wieder in die dichte Anordnung fragmentierter Körper und Töne einzutauchen. Maurice findet Leslie gelangweilt auf einem Billardtisch sitzend vor, tadelt sie und weist ihr einen Sitzplatz an der Wand zu. Noch einmal kommt die bis dahin erneut äußerst dynamisch gestaltete Szene kurz zur Ruhe. Dann taucht die Gruppe der jungen Künstler um Brian auf und übernimmt nach einem erneut abrupten Musikstil-Wechsel – auf ein langsames Foxtrott-Stück folgt plötzlich eine Art Surfrock-Song – die Tanzfläche. Die Perspektivierung der Szene erfolgt aber nach wie vor über Leslie: Betrübt läuft sie mit ihrem Hasen in einem Korb durch die bewegte Menge, bevor die Dynamik der Szene durch ein Knallen erneut umgelenkt wird. Die Festgesellschaft stürzt hinaus auf die Terrasse – ein Feuerwerk! In aller Ausgiebigkeit nimmt die Kamera die blitzenden Lichtspiele am Himmel in den Blick und kombiniert sie mit Einstellungen eines korpulenten, exzessiv lachenden und laut herumschreienden Partygastes/Mäzens: „Hahahahaaa!" „Schööön, jaaa!" „Noch mehr!" „Jaaa, hinein!" „Babababam!". Die eine Steigerungslogik vollziehende Überwältigungsästhetik ist hier klar auf Leslie abgestellt, bricht regelrecht über sie herein: Während sie mehrfach in einer Aufsicht und zusätzlich nach oben schauend präsentiert wird, ist die übrige Spektakel-Gesellschaft in (teilweise sogar sehr starker) Untersicht zu sehen.[10] Die Hauptfigur wird auf diese Weise hier mehr und mehr als eine Art vereinzelter Fremdkörper inszeniert, in welchem sich der ganze Druck des schwelenden Konflikts zwischen alteingesessenem Establishment und aufrührerischer Bohème kondensiert, auf dem er zu lasten scheint. Der Ausdruck subjektiver Entfremdung wird kurz danach noch verstärkt und zusätzlich sexuell konnotiert, wenn Leslie zurück

---

10 Die hier beschriebene Tanz- und Feuerwerksszene ist in der uns vorliegenden französischen Fernseh-Version beinahe komplett dem Schnitt zum Opfer gefallen, findet sich also wohl lediglich in der deutschen Kinofassung.

im großen Partysaal ist, diesen aber nun in einer Art tranceartigem Wahrnehmungszustand durchschreitet. Die Musik weicht einem mit viel dumpfem Hall versehenen Stimmengewirr, zu dem sich nach und nach seltsam wabernde Klirrgeräusche gesellen. In einer Reihe von mit Großaufnahmen ihres Gesichtes gegengeschnittenen nahen Einstellungen werden wir gemeinsam mit Leslie Zeugen der lüsternen Handlungen der Gäste; es wird gefummelt und betatscht, geküsst und ins Ohr gebissen. Die starke Verfremdung auf der Tonebene wird noch für einige Sekunden weitergeführt, während derer sich Brian, nachdem er Leslie und Maurice in einem kurzen Moment trauter Zweisamkeit entdeckt, trotzig die schon zuvor als verführerisch-sinnenfreudig eingeführte Tanzpartnerin eines der älteren Herren schnappt und mit dieser verschwindet. Leslie folgt den beiden. Ihr erneutes Schreiten durch die Menge hat nun eine andere Qualität: das Schuss-Gegenschuss-Tempo wird langsamer und zielgerichteter, das Hin-und-her-Springen im Raum weicht einer steten, die Protagonistin verfolgenden Fahrt. Im Meer der Partygäste muss sich Leslie nun nicht mehr vorbeidrängen, sie kann sich aber auch nicht mehr verstecken; alle scheinen sie zu sehen und wie von Geisterhand geführt Platz zu machen. Auf die Überforderung, das Chaos und die Ziellosigkeit zuvor folgt nun ein Eindruck entschiedener Unvermeidlichkeit: ein Passionsgang, an dessen Ende überraschenderweise nicht (nur) das Verfolgen und Beobachten von Brian und seiner älteren Ersatzgeliebten steht. Diese finden nämlich buchstäblich kein Zimmer, um ihrer Lust in aller Ausgiebigkeit zu frönen, sodass Brian sich wieder davonmacht – sehr zum Ärger der bereits entkleideten Dame („Miststück!"). Leslie kommt daraufhin zwar aus ihrem Versteck, doch statt etwa Brian zu folgen, geht sie den Gang ab, welchen die anderen zwei eben erst auf der Suche nach einem geeigneten Liebesnest entlanggelaufen sind. Eine horrorfilmähnliche Point-of-View-Konstruktion macht sichtbar, was links in den beiden nun schon zum zweiten Mal durchschrittenen Räumen vor sich geht, uns als Zuschauern beim ersten Mal aber verborgen blieb: zuerst ein auf einer Matratze kopulierendes Paar, dann eine zumindest angedeutete voyeuristische Orgie: für einen kurzen Moment sieht man eine Gruppe von Männern mit nackten Oberkörpern von hinten; sie schauen gespannt in eine Ecke des Raumes, einige fassen sich dabei in den Schritt. Schockiert rennt Leslie davon.

Wie so oft in Fritz' drei um 1968 entstandenen Filmen scheint HÄSCHEN IN DER GRUBE hier die Forderung nach sexueller Befreiung und Freiheit zu problematisieren, indem er sie in eine Konstellation des Unbehagens und des Schocks überführt. Auf diese Art könnten seine Filme als Kritik verstanden werden, die mit Mitteln der Verkehrung und Überzeichnung die sogenannte sexuelle Revolution weder ablehnt noch gänzlich affirmiert, sondern viel eher die Stereotypisierung und verhärteten Fronten bezüglich ihrer Diskursformen (durchaus parodistisch) in den Blick bekommen will. Dabei sind es nicht nur die zumindest in den ersten beiden Filmen zwar durch die Figurenkonstellation hervorgerufenen, aber größtenteils latent bleibenden und nicht wirklich als offener Konflikt zu Tage tretenden provokativen Zuspitzungen – ‚jeder mit jedem', heißt das auch der Stiefvater mit der Stieftochter, Vater und Sohn mit der gleichen Frau? –, sondern gleichfalls die beschriebenen audiovisuellen Inszenierungsweisen, die jene unauflösbare Spannung adressieren, wie sie sich eben gerade in den ständigen Zuständen des In-Bewegung-Seins zeigt und herstellt.

Hasen- und Menschenjagd

Eine reichlich absurde Schlusswendung, an deren Ende die doch noch glückende Vereinigung des jungen Liebespaars steht, treibt diese zentrale Bewegungsdynamik auf die Spitze: Wir werden Zeuge einer (zweiteiligen) Jagd, in deren Verlauf es doch noch zu einem direkt ausagierten Konflikt zwischen der elitären Gesellschaft um Maurice und den jungen Wilden um Brian kommt. Leslies sie quasi ständig begleitender Hase büxt aus, woraufhin der eben noch lauthals das Feuerwerk feiernde und nun in Großaufnahme ins Bild gesetzte Fettwanst die Partygäste in Aufruhr versetzt: „Fangt den Hasen!" Als ob man sehnsüchtig auf ein wenig Aufregung gewartet hätte und die Lust am Spektakel noch nicht befriedigt sei – „Endlich passiert was!", sagt einer –, setzt man sich hektisch in Bewegung. Menschen springen auf, kriechen über den Boden, laufen durcheinander und strömen dann aus dem Gebäude in das großzügige Gartengelände. Dort wird das menschliche Stimmengewirr von einem scharfen Bellen zerschnitten – Hunde! Noch werden sie von einer Gruppe draußen wartender Chauffeure an der Leine gehalten.

In Totalen und Halbtotalen sehen wir die wuselige Menge Rasen und Büsche absuchen, während Brian und seine Freunde das Geschehen in aller Ruhe auf einer Wiese liegend beobachten. Doch die Dynamik ist erneut zweischneidig, und dass es eher nicht um das wohlwollende Einfangen von Leslies geliebtem Kaninchen geht, das macht nun spätestens eine Serie von zwischengeschnittenen Großaufnahmen deutlich – Kaninchen, Hund, das ernst versteinerte Gesicht eines der jungen Männer. Das gesuchte Tier wird dann auch gefunden, aber sogleich wieder losgelassen, genau wie die Hunde, die es nach kurzer Hatz und unter den Augen der schockierten Leslie zerfleischen. Die wilde Bewegungsdynamik kommt kurz zur Ruhe, die Kamera fährt langsam die gaffende und verhalten den Vorfall kommentierende Menschenschar ab, bevor die Szene wieder Fahrt aufnimmt und das Jagen von neuem beginnen kann:

Das eben durch Großaufnahmen eingeführte und sichtbar wütende Mitglied von Brians Clique setzt sich in Bewegung und verpasst dem Festival-Leiter, nachdem dieser als Reaktion auf des Häschens Tod anfängt laut loszulachen, einen Schlag ins Gesicht. Ein kurzer Tumult mündet in einer erneuten Verfolgungsjagd, die nun schwer atmende Menge verfolgt den ‚Übeltäter' einen Hügel hinauf.

Als Leslie stolpert, schmeißt sich Brian auf sie, um sie vor der sie zu zertrampeln drohenden Meute zu schützen. Kurz schaut man der rennenden Gesellschaft noch hinterher, dann kommt es auf der Wiese liegend zu einem langen Kuss. Ausgerechnet in der Hetzjagd findet das Paar – dem klassischen Actionfilm-Finale durchaus nicht unähnlich – endlich zueinander, auch weil es gewissermaßen aus der Bewegung aussteigt bzw. seine ganz eigene Dynamik findet: gemeinsam über den Boden rollend geht es dem Geschlechtsakt entgegen, der in einem seltsam verdoppelten, ähnlich der beschriebenen Bewegungsdynamiken zwischen dem Enthusiasmus eines befreiten Lachens und einem verzweifelt-ängstlichen Weinen changierenden Schrei kulminiert.

MÄDCHEN MIT GEWALT – Das Spiel ist aus

Nach dem präzise auf Zwischentöne bedachten MÄDCHEN, MÄDCHEN und dem kruden, aber in seinem Schematismus durchaus entlarvenden HÄSCHEN IN DER GRUBE macht Fritz im Sommer 1969 einen Film, der nicht nur die Verwendung eines relativ klar definierten und eng begrenzten Schauplatzes, innerhalb dessen eine ausgeprägte, die Dramaturgie erst herstellende Bewegungsdynamik vorherrscht, auf die Spitze treibt, sondern damit auch die in den vorangegangenen Filmen immer präsente, aber ambivalent gehaltene sexuelle Gewalt- und Machtausübung explizit werden lässt.

Bereits die ersten fünfzehn Minuten von MÄDCHEN MIT GEWALT machen das deutlich. Eingeleitet von einer sich unter den Augen zweier Männer und dem treibenden Psychedelic Rock der Band Can langsam wieder anziehenden Frau, begleiten wir Mike (Arthur Brauss) und Werner (Klaus Löwitsch) auf einer Autofahrt durch München.[11] Ein konkretes Ziel scheint es nicht zu geben, vielmehr befinden sich die zwei Protagonisten auf der Jagd. Ihre Beute: Frauen. Aggressiv und rücksichtslos werden diese angeflirtet, mitgenommen, verfolgt, zurückgelassen, belästigt.

---

11 Stärker noch als in den beiden vorhergehenden Filmen wird in MÄDCHEN MIT GEWALT vor allem auch die motorisierte Fortbewegung zentral.

Abb. 5: Der Kampf um „die Kleine im gelben Kleid" beginnt mit einem rasanten Kartrennen (MÄDCHEN MIT GEWALT).

Ein Schnitt überführt die unangenehme Spannung in eine äußerst dynamische Szene auf einer Kartbahn-Rennstrecke. Beinahe ausschließlich aus Nahen und Großaufnahmen der fahrenden Protagonisten bestehend, entspinnt sich zwischen Mike und Werner sowie einem jungen Mann auf dem Asphalt weniger ein Wettrennen als ein Kampf um „die Kleine im gelben Kleid" (Abb. 5). Jene, die Anders-Figur, scheint die Aufmerksamkeit trotz der riskanten Manöver der Männer, die versuchen, sich gegenseitig von der Strecke abzubringen, sichtlich zu genießen. Als Werner und der noch junge, von Rolf Zacher verkörperte Konkurrent kollidieren, hilft sie ersterem beim Wiederanlassen seines Kart-Motors. Die wilde Fahrt geht noch ein bisschen weiter, bevor es am Streckenrand erneut zu einem kurzen, handgreiflichen Konflikt kommt, man dann aber auf Vorschlag des jungen Anführers der Studenten-Clique, Rolf, beschließt, den Streit statt mit Fäusten lieber bei einem Bier in der Kneipe aufzulösen: „Ich bin ein Verfechter des Geistes."

In der Kneipe dann drängen sich Mike und Werner, die sich ob ihrer unterschiedlichen Einschätzung der Situation erstmals selbst ein wenig in die Haare kommen und als charakterlich sehr unterschiedlich gezeichnet werden, der Clique regelrecht auf. Als es zum Baden an einen Baggersee gehen soll, kaufen die beiden Bier und nehmen Alice, „die Kleine im gelben Kleid" eben, in ihrem Auto mit. Sie gaukeln ihr eine Abkürzung vor und fahren in eine andere, abgelegene Kiesgrube.

Spätestens ab hier wird MÄDCHEN MIT GEWALT zu einem bösen und oft schwer erträglichen Film. Während Alice noch glaubt, dass ihre Freunde bald da sein werden, wird der Zuschauer bereits früh durch eine die männliche Schaulust auf die Spitze treibende Bade-Sequenz in die lüstern-brutalen Pläne der beiden Männer eingeweiht. Wieder und wieder wird der verdoppelte *male gaze* der jungen Frau, die langsam ahnt, dass sie in eine Falle geraten ist, nicht nur gegenübergestellt, sondern auch die dahinterstehende Begierde ausgesprochen, vor allem vom kaum noch an sich halten könnenden, im Vergleich zum abgebrühten Mike deutlich impulsiveren Werner. („Macht mich das geil." „Mann, bin ich spitz." „Ich muss das jetzt haben.")

Anders als in MÄDCHEN, MÄDCHEN und HÄSCHEN IN DER GRUBE, in denen das männliche grenzüberschreitende Verlangen eher als eine latente Provokation ständig mitschwingt, aber nur in vereinzelten Situationen und kleinen Gesten tatsächlich konkret in Ton und Bild gesetzt wird, scheint hier alles, auch was die insgesamt deutlich freigesetzteren Schauwerte angeht, auf dem Tisch zu liegen. Trotz (oder gerade aufgrund) der nun noch stärkeren Verengung des Handlungs- und Bildraums überlebt die in den ersten beiden Filmen allgegenwärtige und hier zuvörderst in der Kartrennen-Szene so präsente, zwischen Gefahr und genießerischem Enthusiasmus doppeldeutig schimmernde Bewegungsdynamik auch in ebendieser Kiesgrube, obgleich sie nun gewissermaßen endgültig und mit verheerenden Folgen gegen sich selbst gerichtet wird.

Im Zentrum steht dabei eine knapp fünfminütige, genau in der Mitte der Erzählzeit angesetzte Vergewaltigungsszene. Eingeleitet wird diese durch ein Spiel, das die drei Protagonisten beginnen zu spielen. Bezeichnenderweise handelt es sich dabei – zumindest erst einmal – nicht um das in MÄDCHEN, MÄDCHEN wie auch in HÄSCHEN IN DER GRUBE so prominent gesetzte Fangen, sondern um Verstecken. Gleichzeitig ist dieses Spiel auch kein wirkliches Spiel, sind ihm doch von Anfang an starke und offensichtliche Asymmetrien, sowohl was die Chancen als auch die Freiwilligkeit der Teilnehmer angeht, eingeschrieben: Alice willigt nur ein, weil die beiden Männer ihr Hoffnung machen, dass, wenn sie gewinnen sollte, sie ihrem Wunsch, nach Hause gefahren zu werden, doch noch nachkommen würden. Doch wie sich schnell herausstellt, kann Alice hier nur verlieren.

Das gilt besonders auch in Hinblick auf ihre Bewegungen, die die Männer quasi ständig unter ihrer Kontrolle haben. Die weibliche Hauptfigur ist nun wirklich jenes ‚Häschen in der Grube', dessen Radius man durch einen Feuerkreis beschränken oder welches man durch einen Steinwurf in die falsche Richtung locken kann. Und das man dann eben doch auch jagen kann: Als die Rollen wechseln und Alice mit Verstecken an der Reihe ist, setzt Mike sich ins

Abb. 6: In der Kiesgrube ist das Fangen kein Spiel mehr. Alice wird vergewaltigt (MÄDCHEN MIT GEWALT).

Auto, leuchtet sie mit den Scheinwerfern an und hetzt Werner auf sie: „Hol sie dir! Lauf, das ist deine letzte Chance!" In einer langgezogenen Sequenz verfolgt Werner Alice, auch das letzte Fünkchen spielerischer Leichtigkeit wird nun zu bitterem Ernst. Zwischen den im Dunkeln lila leuchtenden Kiesbergen kann Alice sich noch ein paar Mal befreien und weiterlaufen, doch dann bekommt Werner sie zu greifen, schmeißt sie auf den Boden und beginnt sich an ihr zu vergehen (Abb. 6).

Die Kamera setzt das Geschehen in immer näher an den Vergewaltiger und sein sich wehrendes Opfer heranrückenden Einstellungen ins Bild. Parallel dazu montiert sehen wir Mike, wie er ins Auto steigt und in Schlangenlinien auf die anderen beiden zufährt, wodurch die Szene zusätzlich (speziell durch die leuchtenden Scheinwerfer) dynamisiert wird. In Nahen sieht man das Öffnen des Hosenstalls, das Aufreißen des Kleides der Frau, offene Münder und wippende Hüften. Durch die Schläge, die Alice und Werner sich gegenseitig verpassen, wird das Geschehen auf der Tonspur noch einmal deutlicher rhythmisiert, während das verzweifelt-weinerliche Schreien und Stöhnen Alices sich mit dem aufkommenden Lachen Werners und dem stummen Orgasmus Mikes im Auto nicht nur vermischt, sondern zu einer für die gesamte Poetik der Filme Roger Fritz' typischen, auf perfide Art doppeldeutigen Collage wird.

Während MÄDCHEN, MÄDCHEN und HÄSCHEN IN DER GRUBE dieses Changieren und das damit verbundene Zuschauergefühl der Unentscheidbarkeit noch als einerseits subtil tarierte, andererseits grob geschnitzte provokative Offenheit in Bezug auf sexuelle Ausbeutungsverhältnisse einbetteten, wird es in MÄDCHEN MIT GEWALT zu schockierender Konkretheit geführt: die Vergewaltigung ist hier definitiv eine Vergewaltigung. Sie wird nicht durch einen Schnitt oder eine Blickkonstruktion angedeutet, sondern Teil der doppeldeutigen Bewegungsdynamik, die sich in den beiden vorhergehenden Filmen zwar im Kon-

Abb. 7: Es gibt kein Außen mehr (MÄDCHEN MIT GEWALT).

text entsprechender Andeutungen entfaltete, dabei aber nie direkt mit solch expliziten und brutalen Handlungen verbunden war.

Durch diese Verschiebung perspektivieren sich die Filme gerade auch in ihrem Umgang mit dem Thema sexuelle Gewalt noch einmal neu, buchstabiert MÄDCHEN MIT GEWALT so doch gewissermaßen das aus, was in MÄDCHEN, MÄDCHEN und HÄSCHEN IN DER GRUBE immer auch Thema war und in den Inszenierungsweisen von Zwischenräumen und den Dynamiken der Fortbewegung sowie der schlussendlichen Konsolidierung der Paarbeziehung zumindest in ihrer Ambivalenz vorgeführt wurde: eine männliche Begehrensstruktur nämlich, die auf dem macht- und gewaltvollen Zugriff auf Frauenkörper fußt. Die Dynamik des Schocks in HÄSCHEN IN DER GRUBE und des Zirkulären am Ende von MÄDCHEN, MÄDCHEN verbinden sich hier nun zu einer teuflisch-zynischen Perspektivierung. Während Andrea und Leslie gewissermaßen noch ‚davonkommen', können die Bewegungen Alices letztendlich nur solche des Bleibens und Ausharrens sein. Die Kiesgrube, die auch die beiden männlichen Protagonisten, die sich im weiteren Verlauf noch einen erbittert-brutalen, blutigen Kampf liefern, in der Gewalt an sich und aneinander bindet, kennt so sehr kein Außen mehr (Abb. 7), dass die Autorität in Form zweier zum Schluss des Films wegen der Lappalie eines brennenden Autoreifens aufmerksam gewordenen Hubschrauber-Polizisten nur noch als Witz auftreten kann.

Bewegung ist in MÄDCHEN MIT GEWALT letztendlich nur noch als allumfassender Teufelskreis zu denken, der immer darauf hinausläuft, dass die Frau zum Opfer männlicher sexualisierter Machtausübung wird. Wie ein Lehrstück buchstabiert der Film diese Logik aus: angefangen bei der gestellten Falle, die wie zwangsläufig auf die Vergewaltigung hinauslaufen muss, über ein *(p)re-enactement* eines potentiellen Ermittlungs- und Prozessverlaufs, während welchem Mike Alice klar macht, dass auch an dessen Ende ein erneuter Missbrauch stehen würde; über die Entschuldigung Werners, der sich als der den psychotischen Zugriff Mikes verhindernder Retter aufspielt und Alice dann selbst ein zweites Mal vergewaltigt, steht am Ende die Aufgabe jeglichen Widerstandes der weiblichen Figur: sie steigt mit den Männern erneut ins Auto, zu dritt fahren die geschundenen Körper los, der Polizeihubschrauber hebt ab, es wird abgeblendet, bevor wir die Kiesgrube überhaupt verlassen haben können.

Filmografie

BANDE À PART. Reg. Jean-Luc Godard. F 1964.
BOCCACCIO 70. Reg. Vittorio De Sica/Federico Fellini/Mario Monicelli/Luchino Visconti. I/F 1962.
EROTIK AUF DER SCHULBANK. Reg. Hannes Dahlberg/Roger Fritz/Eckhart Schmidt. BRD 1968.
HÄSCHEN IN DER GRUBE. Reg. Roger Fritz. BRD 1968.
JET-GENERATION. Reg. Eckhart Schmidt. BRD 1968.
MÄDCHEN, MÄDCHEN. Reg. Roger Fritz. BRD 1967.
MÄDCHEN MIT GEWALT. Reg. Roger Fritz. BRD 1970.
TÄTOWIERUNG. Reg. Johannes Schaaf. BRD 1967.
VERSTUMMTE STIMMEN. Reg. Roger Fritz. BRD 1962.
ZIMMER IM GRÜNEN. Reg. Roger Fritz. BRD 1964.
ZUCKERBROT UND PEITSCHE. Reg. Marran Gosov. BRD 1968.
ZUR SACHE, SCHÄTZCHEN. Reg. May Spils. BRD 1968.

Christine Lötscher
Zahnlücken und Melancholie

Ein Aperçu zu Alexander Kluges DIE ARTISTEN IN DER ZIRKUSKUPPEL: RATLOS

Jedes Mal, wenn ich an einem Zirkuszelt vorbeikomme, sei es mitten in der Stadt, auf dem Sechseläutenplatz in Zürich zum Beispiel, wo Jahr für Jahr der stolze Nationalzirkus Knie gastiert, oder in einer Industriebrache mitten im Nirgendwo, ergreift mich eine melancholische Stimmung. Alexander Kluges Spielfilm DIE ARTISTEN IN DER ZIRKUSKUPPEL: RATLOS (BRD 1968) lässt mich verstehen, warum. Nicht, weil er uns miterleben lässt, wie die Zirkusartistin Leni Peickert (Hannelore Hoger) bei der Verwirklichung ihres größten Traums – ein Reformzirkus! Ein eigenes Unternehmen! – an den Umständen, am Kapitalismus und am fehlenden gesellschaftlichen Verständnis für die Leidenschaft der Künstlerin, scheitert. Es sind die Bilder selbst; ihre Unruhe und Rastlosigkeit, die in der vielgelobten und -diskutierten Montage und in den bis zum audiovisuellen Rauschen sich überlagernden Ebenen zum Ausdruck kommen.[1] Da ist eine Serie von seltsamen Arbeitsgemeinschaften zwischen Mensch und Tier, die sich mit einer Serie von Zirkustoden überlagert. Ein Dompteur lässt zwei Elefanten und einen Tiger tanzen. Dabei bewegt der Tiger in einem Moment scheinbar vollkommener Selbstvergessenheit seine Pfoten wie in einer Mischung aus Schattenboxen und meditativem Tanz. Darauf folgt eine kurze Szene mit einem Artisten, der seinen Kopf in einen Krokodilrachen zwingt, mit roher Gewalt. Ebenso wenig zärtlich wirkt die Mutprobe, die der Artist Sojkowski vollführt, „der schon Dutzende von Schlangenbissen überlebte", nun aber in der Manege ums Leben gekommen ist: „Er arbeitete mit zwanzig Giftschlangen, sowie mit einer Riesenschlange, die nicht giftig ist." Das Tier, das er sich um den Körper zu wickeln versucht, stemmt sich dagegen – ein einziger tödlicher Muskel.

Dazu muss man wissen, dass Leni Peickert ein Erbe angetreten hat; das ihres Vaters, Manfred Peickert (Sigi Graue), der uns als ein Toter vorgestellt wird – „Trauerarbeit: Manfred Peickert †". Seinen Traum, obwohl immer schon verloren, schildert er im Präsens, als sei er niemals mit ihm begraben worden: Elefanten in der Zirkuskuppel. „Ich würde das wahnsinnig lustig finden und

---

[1] Kluge selbst nennt dieses Verfahren bekanntlich „Theorie des Zusammenhangs". Alexander Kluge: Reibungsverluste. Gespräch mit Klaus Eder (1980). In: Ders.: In Gefahr und größter Not bringt der Mittelweg den Tod. Texte zu Kino, Film, Politik, hg. von Christian Schulte. Berlin 1999, S. 245–262, hier S. 247.

https://doi.org/10.1515/9783110618945-018

schön, wenn die Elefanten in den Kuppeln mit rumhängen würden", sagt er mit einem so ganz glücklichen Strahlen auf dem Gesicht, die Hand in einer Geste drehend, die uns die Elefanten für einen Augenblick dort droben erahnen lässt. Rein technisch wäre es möglich, die tonnenschweren Dickhäuter in der Schwerelosigkeit schweben zu lassen. Doch der Zirkusdirektor findet es seltsam und „sehr irrational". Peickert kann nicht viel entgegnen, nur: „Es bringt ein starkes Gefühl". Das Leben ist irrationaler als dem Zirkusdirektor lieb sein kann, und gerade auch der Tod: Auf eine rätselhafte Weise hat der zerstörte Traum der in der Zirkuskuppel schwebenden Elefanten Manfred Peickert das Leben gekostet. Wir sehen Trapez-Artisten in der Kuppel schwingen, dazu spricht eine Männerstimme:

> Eines Tages besteigt Manfred Peickert wieder das Hochreck. Die Hände werden mit Magnesiumtalk eingerieben. In der Magengegend wird Adrenalin ausgeschüttet. Da überfällt Peickert Melancholie. Er fasst die Hand des Partners nicht, sodass er sich das Genick bricht.

Das Bild der schwebenden Elefanten ist im Film nicht zu sehen, erscheint aber gleichsam als Nachbild im Kopf der Zuschauerin. Und bleibt mit einer Beharrlichkeit gegenwärtig, die sie, trotz der Fakten, die Zirkusdirektor und Genickbruch schaffen, am Scheitern des Traums zweifeln lässt; selbst daran, dass Melancholie in Kluges Film überhaupt noch Melancholie ist, wenn ein fühlender, denkender Körper ihn hört, sieht und liest in seiner multimodalen Polyphonie. Ob die Melancholie nicht vielleicht eine Verwandlung durchläuft und zu Fantasie wird? Wenn Fantasie bedeutet, die Lücken und Reibungsflächen zwischen den Elementen des Films gangbar zu machen? Wenn die Knochen des Vaters auf dem Meeresgrund in Shakespeares Sturm zu Korallen werden –

> Nothing of him that doth fade,
> But doth suffer a sea-change,
> Into something rich and strange [...][2]

– so sind es nicht nur die Knochen selbst, deren Kalk zu weichem Gewebe wird. Es ist auch das Wasser dazwischen, das in Bewegung gerät.

In DIE ARTISTEN IN DER ZIRKUSKUPPEL: RATLOS verwandeln sich die Knochen des toten Vaters in eine Zahnlücke. Manfred Peickert, dessen Gesicht zu Beginn des Films von der Kamera gefasst wird, als ginge es im Kern um sein Porträt, zeigt selbst Zahnlücke. Und als Leni Peickert Bewerbungsgespräche mit Artisten führt, in Hinblick auf ihren Reformzirkus, bietet eine Schweizerin

---

2 Vgl. Ariel's song in: William Shakespeare: The Tempest. München 1996, Akt I, Szene II.

(Marie Luise Dutoit) ihre Dienste an. Frisur und Make-up erinnern an Brigitte Bardot, sodass der rustikale Ostschweizer Akzent etwas irritieren mag. Doch es ist nicht dieser Makel, den die Artistin beheben lassen möchte. Es ist die Zahnlücke. Die zwischen den Vorderzähnen findet sie „ein bisschen zu groß". Um die Sache zu überprüfen, greift Leni Peickert mit der zupackenden Gestik und Energie in den Mund der Frau hinein, die wir bereits von den Dompteuren der Krokodile und Schlangen kennen. Ihr Befund: Sie findet die Lücke schön, sagt aber seltsamerweise: „Das sieht man nicht." „Und wie man die sieht," erwidert die Schweizerin. Beide haben Recht. Es braucht die Lücke, um zu sehen – aber nicht die Lücke, sondern die Elefanten, die, träumerisch wie der schattenboxende Tiger, ihre Kreise unter der Kuppel drehen.

Literaturverzeichnis

Alexander Kluge: Reibungsverluste. Gespräch mit Klaus Eder (1980). In: Ders.: In Gefahr und größter Not bringt der Mittelweg den Tod. Texte zu Kino, Film, Politik, hg. von Christian Schulte. Berlin 1999, S. 245–262, hier S. 247.
William Shakespeare: The Tempest. München 1996.

Filmografie

DIE ARTISTEN IN DER ZIRKUSKUPPEL: RATLOS. Reg. Alexander Kluge. BRD 1968.

Björn Hochschild
Zerfließende Körper, Klänge und Räume
Unhaltbare und unerträgliche Zustände in Klaus Wildenhahns
IN DER FREMDE und HEILIGABEND AUF ST. PAULI

Im Abendprogramm der ARD und des NDR3 wird im Jahre 1968 ordentlich gesoffen; zumindest in den zwei Dokumentarfilmen von Klaus Wildenhahn, die er ein Jahr zuvor als Angestellter beim NDR produzierte. In beiden Filmen gibt es etwas zu feiern. IN DER FREMDE[1] erzählt vom Bau eines Futtersilos und lässt am Ende die Bauarbeiter auf dem sogenannten „Gleiterball" auf ihre vollendete Arbeit anstoßen. In HEILIGABEND AUF ST. PAULI[2] feiert man das Weihnachtsfest. Doch die Feierlichkeiten tragen deutlich einen bitteren Beigeschmack. IN DER FREMDE erzählt in seinen rund 77 Minuten vor allem von den alltäglichen und strukturellen Problemen der Bauarbeiter „in der Fremde". Sie sind Fernarbeiter, hausen getrennt von Frau und Kind wochen- oder monatelang in provisorischen Holzbaracken und arbeiten im Schichtsystem. Das Nicht-Arbeiten ist problematischer als die körperlichen Anstrengungen der Arbeit. Isolation und Langeweile drängen sie dazu, das schwer verdiente Geld noch vor Ort in Alkohol zu investieren. Auch auf St. Pauli trifft sich in der Nacht zum 25. Dezember 1967 eine Gemeinschaft von Ausgestoßenen. Die Feiergemeinschaft dieser Kneipe besteht aus zahlreichen einsamen Individuen. Ihre Geschichten tauchen immer nur kurz aus der Masse der Trinkenden auf, um gleich wieder in ihr unterzugehen.

Freilich gibt es vieles, was die beiden Filme unterscheidet: Sie zeigen unterschiedliche Milieus mit unterschiedlichen Protagonist*innen, filmen unterschiedliche Anlässe zu unterschiedlichen Zeiten und in unterschiedlichen Längen. Im Vergleich zu den fragmentarischen, fließenden Bildern von HEILIGABEND AUF ST. PAULI gestaltet sich IN DER FREMDE in seinen ersten 65 Minuten als vergleichsweise geordnet und narrativ strukturiert. In seinen letzten sieben Minuten beginnt der Film jedoch, sozusagen mit HEILIGABEND AUF ST. PAULI „zu sprechen". Aus den Bildern der trinkenden Bauarbeiter und der Trinkenden auf St. Pauli wird ein gemeinsames Bild der ambivalenten Feierlichkeit. Es sind Bilder des Zerfließens und Verschmelzens von Körpern, Stim-

---
1 IN DER FREMDE wurde 1967 produziert und lief am 20. Januar 1968 im NDR3 und am 9. Juli in der ARD. In den Jahren 1970 und 1974 wurde der Film in der ARD und dem WDR3 wiederholt.
2 HEILIGABEND AUF ST. PAULI wurde von 1967 bis 1968 produziert und lief am 20. 12. 1968 und noch einmal vier Jahre später in der ARD.

men und Klängen, die eine ganz eigene, audiovisuelle Komposition von Gemeinschaftlichkeit herstellen. Von diesen Bildern aus möchte ich mich in diesem Aufsatz den Gemeinschaften von Bauarbeitern und Trinkern in Wildenhahns Filmen nähern.

Zwei Filme miteinander sprechen lassen

Es gibt genügend Gelegenheiten, in einer Besprechung der Filme von Klaus Wildenhahn das Sprechen über diese Filme vor die Filme selbst zu stellen. Wildenhahn genoss als festangestellter Filmemacher beim Norddeutschen Rundfunk unter anderem dank günstiger personeller Strukturen und dem Erfolg seines ersten abendfüllenden Films IN DER FREMDE große Freiheiten. In Interviews mit Wildenhahn oder Untersuchungen zu seinen Werken[3] scheint die Arbeit an den eigenen Filmen für ihn mindestens genauso wichtig gewesen zu sein wie die Arbeit an der Formulierung, Durchsetzung und Umsetzung eines dokumentarischen Programms, einer eigenen dokumentarischen Methode. Wildenhahn ließ sich vom *Direct Cinema* inspirieren und stieß mit der Spontaneität seiner Filmvorhaben auf die hierarchischen Strukturen des öffentlich-rechtlichen Journalismus in Deutschland. In diesen Strukturen bestimmten Redaktionen die Inhalte und die Gestaltung von Filmbeiträgen, noch bevor das eigentliche Material gedreht werden konnte, „weil die Produkte brauchen, die vorher festgelegt sind."[4] Für Wildenhahn steht dies dem Anspruch im Wege, eine direkte und intime Beziehung zu seinen Protagonist*innen aufzubauen. „Ich habe nur ein Thema und habe die Menschen gefunden, mit denen ich dieses Thema realisieren will. Der Rest ist offen."[5] Nach 1968 lernte und lehrte Wildenhahn an der Film- und Fernsehakademie in Berlin. Dort begann er, seine Ansprüche an den Deutschen Dokumentarfilm als Methode zu formulieren. Er plädierte für Langzeitbeobachtungen, sparsames Einsetzen externer Kommentare und eine möglichst freie Bewegungs- und Gestaltungsmöglichkeit von Kamera und Ton.[6] Das Material des Filmemachers muss „aus sich heraus wir-

---

[3] Vgl. u. a. Jürgen Böttcher/Christoph Hübner/Gabriele Hübner-Voss: Dokumentarisch arbeiten. Jürgen Böttcher, Richard Dindo, Herz Frank, Johan van der Keuken, Volker Koepp, Peter Nestler, Klaus Wildenhahn im Gespräch mit Christoph Hübner. Berlin 1996, S. 159–200. Egon Netenjakob: Liebe zum Fernsehen: und ein Portrait des festangestellten Filmregisseurs Klaus Wildenhahn, Berlin 1984.
[4] Böttcher/Hübner/Hübner-Voss: Dokumentarisch arbeiten, S. 166.
[5] Böttcher/Hübner/Hübner-Voss: Dokumentarisch arbeiten, S. 161.
[6] Vgl. Andreas Bausche: Wildenhahn, Klaus. In: Ian Aitken (Hg.): The Concise Routledge Encyclopedia of the Documentary Film. London/New York 2013, S. 1005–1007.

ken."[7] Es ginge darum „eine Plattform zu schaffen für jene, die sonst nicht zu Wort kommen"[8] und dem Reden über Begriffe und Ideologien ein direktes Reden gegenüberzustellen.[9] Ziel ist, dass der Dokumentarfilmer in den „Fluß der Ereignisse einsteigt und mitschwimmt".[10]

So wird Wildenhahn vom Regisseur zum Theoretiker. Ende der 1970er Jahre entbrennen Debatten mit Filmemachern und Theoretikern wie Klaus Kreimeier und Alexander Kluge.[11] In ihnen ging es um das Verhältnis des Dokumentarischen zur Wirklichkeit (oder vielmehr zu *Wirklichkeiten*). Wildenhahn wirft Filmemachern wie Kreimeier und Kluge einen Romantizismus vor,[12] eine Haltung, die die Wirklichkeit zum Kunstprodukt verforme. Er missbilligt es, „daß der Regisseur oder Autor doch wieder seinen Stoff beherrscht und ihn schön macht."[13] Dagegen hält Kluge Wildenhahns Ansprüche eines möglichst objektiven, spontanen Beobachtens für realitätsfern, denn Filmemachen bedeute immer einen Eingriff in die Wirklichkeit.[14] Während Wildenhahn also versucht, den Filmemacher zum unsichtbaren Beobachter werden zu lassen, will Kluge das Eingreifen in die Wirklichkeit explizit ausstellen.

Zwangsläufig erscheinen Wildenhahns Filme von 1968 heute im Schatten dieses theoretischen Programms. Auch wenn es interessant wäre, die Filme auf diese Positionen hin zu überprüfen, geht es mir in diesem Essay um etwas anderes. Ich möchte die Filme weder in einem stilistischen oder genretheoretischen Programm verorten, noch möchte ich sie einordnen in ein historisches Narrativ einer (deutschen) Wirklichkeit um 1968. Stattdessen will ich die Filme miteinander sprechen lassen, indem ich meinen Blick öffne für die Bilder von

---

7 Klaus Wildenhahn: Über dokumentarischen und synthetischen Film: zwölf Lesestunden. Berlin 1973, S. 116.
8 Wildenhahn: Über dokumentarischen und synthetischen Film, S. 119.
9 Vgl. Netenjakob: Liebe zum Fernsehen, S. 171.
10 Vgl. Netenjakob: Liebe zum Fernsehen, S. 166.
11 Vgl. u. a. Alexander Kluge/Klaus Eder/Robert Savage: Debate on the Documentary Film. Conversation with Klaus Eder, 1980. In: Tara Forrest (Hg.): Alexander Kluge. Raw materials for the imagination. Amsterdam 2012, S. 197–208. Reiner Frey/Alexander Kluge: Eine realistische Haltung müßte der Zuschauer haben, müßte ich haben, müßte der Film haben. Interview mit Alexander Kluge – von Reiner Frey und Alexander Kluge. In: filmfaust. Zeitschrift für den internationalen Film 20 (1980), S. 19–26. Klaus Kreimeier: Darstellen und Eingreifen. Deutsche Dokumentarfilme auf der Duisburger Filmwoche/Gewerkschafter machten mit, in: filmfaust. Zeitschrift für den internationalen Film 20 (1980), S. 17–18.
12 Vgl. Klaus Wildenhahn: Industrielandschaft mit Einzelhändlern. Nachtrag zu den Duisburger Debatten um den Dokumentarfilm, in: filmfaust. Zeitschrift für den internationalen Film 20 (1980), S. 3–15.
13 Netenjakob: Liebe zum Fernsehen, S. 179.
14 Vgl. Kluge/Eder/Savage: Debate on the Documentary Film, S. 197.

Gemeinschaften, die die Filme jeder für sich und über die Szenen des ambivalenten Feierns gemeinsam herstellen.

Grundsätzlich unterscheiden sich beide Filme in ihren Bezügen zu den Bildern des Feierns. In HEILIGABEND AUF ST. PAULI ziehen sich diese Bilder durch den gesamten Film. IN DER FREMDE stellt sie erst im Verlauf des Films her und entfaltet sie gänzlich auf dem abschließenden Gleiterball. Mein Essay beginnt deshalb mit einem Versuch, die Bilder des ambivalenten Feierns zu beschreiben. Dabei spielen die Themen des theoretischen Diskurses eine Rolle, denn diese Bilder setzen sich zusammen aus den Verhältnissen von Direktheit, Nähe und Eindringen, die die Filme in dem besonderen Verhalten von Kamera und Ton inszenieren. Ausgehend von der Beschreibung der Bilder ambivalenten Feierns werde ich anschließend die spezifischen Gemeinschaftsbilder der Filme ausmachen und schließlich in ein Verhältnis zueinander setzen.

Zerfließende Körper

Die Kamera kommt den Protagonist*innen beider Filme sehr nahe. Im Verlauf von IN DER FREMDE nimmt diese Nähe zu, um sich in HEILIGABEND AUF ST. PAULI ungehindert fortzusetzen. Zunächst fängt der Film die Bauarbeiter überwiegend in Medium Shots ein. Die Kamera positioniert sich dabei meistens leicht angewinkelt zu den Bauarbeitern und tritt so als stille Beobachterin der jeweiligen Gesprächs- und Arbeitssituationen auf. Dort, wo der Film entferntere Einstellungsgrößen wie die der Totalen verwendet, vermisst er meist die geometrischen Verhältnisse der Baustelle als übergeordneten Raum oder zeigt einen Überblick über größere Arbeitsprozesse. Mit dem Beginn des Gleiterballs löst sich die ohnehin schon geringe Distanz zu den Protagonisten fast gänzlich auf.[15] Nur noch selten isoliert die Kamera Gesichter in einzelnen Einstellungen oder verortet diese im gegebenen Raum. Stattdessen gleitet sie in langen Einstellungen über Gesichter, Körper und Gliedmaßen hinweg. Hier beginnen sich IN DER FREMDE und HEILIGABEND AUF ST. PAULI zu begegnen. In beiden Filmen gestaltet sich der Blick auf die Feiernden als ein willkürliches Beobachten, als das Einfangen kleinerer Bewegungen in einem Raum unendlich vieler Bewegungen. Die Kamera lässt starkes Wackeln und Verwischen ebenso zu wie das Verziehen des Fokus. Immer wieder schieben sich stark verschwommene Kör-

---

[15] Bei den Bauarbeitern handelt es sich ausschließlich um männliche Figuren, daher die männliche Form.

Abb. 1: Gleiterball
(IN DER FREMDE).

Abb 2: Eine Unterhaltung
(HEILIGABEND AUF
ST. PAULI).

per zwischen Linse und Objekte und verdecken so den Mittel- und Hintergrund. Die Kamera blickt hier nicht von außen auf ein Geschehen in einem vorgefundenen Raum, sie verschwindet vielmehr inmitten der Körper, die ihn bewohnen. Dabei produziert sie Bilder, die es oftmals nicht mehr zulassen, Körper klar voneinander abzugrenzen, geschweige denn sie in dem sie umgebenden Raum zu verorten. So beginnt sich der Raum als geometrisches Gefüge aufzulösen. An seine Stelle treten Spiele von Licht, Schatten und Schärfeverschiebungen (Abb. 1), in denen die Körper der Feiernden zerfließen in Gliedmaßen, Kleidungsstücke, Gesichter, Haare und zahlreiche verschwommene, graue, weiße und schwarze Flecken (Abb. 2). Die Kamera dringt hier nicht einfach in einen vorgefundenen Raum ein. Sie stellt eine Nähe zu ihren Protagonist*innen her, die so nahe ist, dass sie darin eine andere, neue Bildlichkeit hervorbringt. Vom stillen Beobachter wird die Kamera in den Bildern des Feierns so zu einem aktiven Produzenten neuer Verhältnisse des Sichtbaren und Unsichtbaren.

Zerfließende Klänge

Ein ähnliches Verhältnis von Direktheit, Nähe und Eindringen gestaltet sich über das Klangbild der beiden Filme. Das Sprechen der Bauarbeiter und der Trinkenden ist von starken norddeutschen Dialekten geprägt. Ihr Vokabular setzt sich zusammen aus einer Mischung von Umgangssprache und Elementen des Plattdeutschen. Unter dem Einfluss von Alkohol gesellt sich zu dem allgemeinen Raunen, Stöhnen und Murmeln der Protagonist*innen zusätzliches Lallen und Summen. Somit ist in beiden Filmen das Verständnis der einzelnen Worte stark von den Begebenheiten der jeweiligen Situationen abhängig. Die Bauarbeiter sind vor allem dann klar und deutlich zu verstehen, wenn IN DER FREMDE sie in Innenräumen zeigt und sie nacheinander sprechen lässt; doch das geschieht nur selten. Meistens vermischen sich ihre Stimmen mit dem Baulärm, Geräuschen des Windes und vor allem mit den Stimmen ihrer Kollegen. In der Kneipe treten Klänge einer Jukebox oder das Klappern und Klirren der Stühle, Tische und Gläser anstelle des Baulärms. In beiden Filmen ist der Ton nur selten räumlich klar ausgerichtet. Er macht keinen Unterschied zwischen Gesprächen im Kader oder aus dem Off, sodass sich immer wieder ganze Sätze überlagern und in der Kulisse aus Stimmen und Geräuschen untergehen. Es entsteht so ein Klangbild, das Geräusche und Stimmen miteinander verschmelzen lässt.

HEILIGABEND AUF ST. PAULI wirft seine Zuschauer*innen bereits mit seiner ersten Einstellung in das klangliche Gefüge, das die Feierlichkeiten beider Filme ausmacht: Hier betritt ein Gast die Kneipe. Er ist bereits betrunken und murmelt vor sich hin. Dann steigen einige Worte aus seinem Singsang hervor, mischen sich jedoch sofort mit den Stimmen anderer Gäste aus dem Off. Die Worte bleiben unverständlich. Als der neue Gast seinen Satz beendet hat, erklingt eine weibliche Stimme aus dem Off. Ist es die Stimme der Wirtin? Antwortet sie dem Neuankömmling? Rhythmus und Tonhöhe der Stimmen lassen diese Vermutung zu, sie bleibt aber eine Vermutung. Der Inhalt der Worte scheint weniger wichtig zu sein, als der von allen Stimmen gemeinsam erzeugte Klang. Mindestens so wichtig wie das, was die Protagonist*innen sagen, wenn ihre Worte verständlich werden, ist das, was sie in unverständlichen

Worten als Klänge produzieren. Denn so wird der Neuankömmling von den ersten Sekunden des Films an zum Teil eines (akustischen) Raums. Dieses extreme Klangbild zieht sich in HEILIGABEND AUF ST. PAULI durch den gesamten Film. IN DER FREMDE unterscheidet sich vom Kneipenfilm anfangs vor allem durch einen verständlich artikulierten – aber nur selten einsetzenden – Kommentar eines Sprechers, erreicht das Extrem des Klangbildes allerdings spätestens auf dem Gleiterball. Dort und in der Kneipe sind es also nicht nur die Körper und die geometrischen Verhältnisse, die in den Bildern der Feierlichkeiten zerfließen, sondern auch die Klänge, die Stimmen und Geräusche.

Ambivalente Feierlichkeiten

Zurecht adressiert Egon Netenjakob HEILIGABEND AUF ST. PAULI als Film aus Bildern „von widersprüchlichen Gemütsbewegungen. Da gibt es nichts lächerliches zu sehen, nichts verruchtes, nichts rührendes [sic!]. Ein bedrückender Film."[16] Dieses bedrückende Gefühl hängt mit der Verlorenheit der Protagonist*innen zusammen, von denen dieser Film und auch IN DER FREMDE erzählt. Die Bilder der Feierlichkeiten zeigen Bauarbeiter, die fernab von ihren Familien die eigene Arbeit feiern, die gleichzeitig der Ursprung ihrer Probleme und der einzige Ausweg aus ihnen ist. Sie zeigen, wie Menschen in der Kneipe Weihnachten feiern, die ihr Geld für ein Ticket in die Heimat „versoffen" haben oder, statt Grußkarten der Familie zu lesen, Post vom Geliebten aus dem Gefängnis erhalten. Das Bedrückende und Widersprüchliche an diesen Situationen äußert sich aber auch jenseits der einzelnen Geschichten in den Bildern selbst. Es entsteht aus der unmittelbaren Nähe der Kamera und des Tons zu den Körpern, die sie, die Räume und die Klänge zerfließen lassen. In der audiovisuellen Komposition wird so aus einzelnen Protagonist*innen, die von Leid und Sorge berichten, eine Masse aus Klängen, Körpern, Formen, Schatten und Flecken, die den Einzelnen unkenntlich werden lässt. Der Gleiterball und die Kneipenweihnacht gestalten sich darin weniger als gewählte Orte und mehr als ausweglose Zuflucht. Die Zuschauer*innen werden Zeugen, wie einzelne Körper, Objekte und Töne ihre Grenzen verlieren. Es werden Bilder einer Räumlichkeit sichtbar, die vor lauter Fülle an Bewegungen unerträglich wird und zu zerbersten droht. So mag es kaum verwundern, dass der Gleiterball mit einer physischen Auseinandersetzung zweier Bauarbeiter endet (Abb. 3). Und auch in der Kneipe werden körperliche Grenzen überschritten (Abb. 4).

---

16 Egon Netenjakob: Liebe zum Fernsehen, S. 205.

Abb. 3: Streit auf dem Gleiterball (IN DER FREMDE).

Abb. 4: Ein Gast kommt zu nahe (HEILIGABEND AUF ST. PAULI).

Blicke auf die Chronotopoi von Baustelle und Kneipe

Diese Bilder zerfließender Räume, Körper und Klänge bilden den Ort, an dem sich beide Filme begegnen. Doch in beiden Filmen erwachsen diese Bilder ambivalenten Feierns aus konkreten Chronotopoi:[17] der Baustelle und der Kneipe. HEILIGABEND AUF ST. PAULI eröffnet diesen gleich zu Beginn in einem Zwischentitel:

> Dieser Film wurde in der Nacht vom 24. zum 25. Dezember 1967 in einer Gaststätte auf St. Pauli aufgenommen. Unter den Gästen befanden sich Seeleute, ein namenloser Amateurboxer, Prostituierte, Fernfahrer, Stammgäste und laufende Kundschaft.

Stammgäste und laufende Kundschaft – das Inventar jeder beliebigen Bar – rücken als Rest ans Ende einer Aufzählung, die zunächst das Personal typischer St.-Pauli-Geschichten auflistet: Prostituierte, Boxer, Fernfahrer und Seeleute. Die Kneipe wird dadurch raumzeitlich eingeordnet in einen Erzählkosmos des Hamburger Rotlichtviertels. Sie präsentiert sich so als konkreter Ort, in den der Blick der Kamera eindringt, in den überhaupt eingedrungen werden kann.

Daran erinnert der Film in seinem Verlauf immer dann, wenn er das Eindringen von Apparatur und Filmteam in die Kneipe sicht- und hörbar macht. So werden immer wieder die Stimmen der Filmschaffenden wahrnehmbar, oder Teile ihrer Körper oder des Mikrofons ragen ins Bild (Abb. 5).

Die Filmschaffenden erscheinen so als gesonderte Körper im Raum der Kneipe und werden gleichzeitig von den Bewegungen in diesem Raum verschluckt. Die Kneipe jedoch tritt durch sie immer wieder als konkreter, betretbarer Ort aus den fließenden Bildern unwirklicher Licht-, Schatten- und Schärfespiele hervor.[18] Auch IN DER FREMDE lässt einige Male die Stimmen der Filmschaffenden durch die Klangkulisse dringen, obgleich er weder sie selbst noch die Apparatur zeigt. Stattdessen eröffnet der Film den Chronotopos der Baustelle in seinem Bemühen, in den ersten 65 Minuten ein möglichst facettenreiches Bild der zeitlichen und räumlichen Verhältnisse dieses Ortes zu zeichnen.

Es sind diese klaren Verortungen von Kneipe und Baustelle, aus denen die Bilder zerfließender Räume, Klänge und Körper erst erwachsen. Doch während

---

17 Vgl. Michail M. Bachtin: Chronotopos. Frankfurt am Main 2008.
18 Angesichts der Dispute mit Alexander Kluge mag dies verwundern. Denn so löst Wildenhahn letztlich auf eigene Weise Kluges Anforderungen ein: Er macht das eigene Eingreifen sichtbar, indem er sich und sein Team selbst sichtbar macht.

Abb. 5: Klaus Wildenhahn wird selbst angesprochen (links im Bild; HEILIGABEND AUF ST. PAULI).

der Kneipenfilm dieses Bild von vornherein eröffnet und dann über 46 Minuten aufrechterhält und moduliert, bildet es sich im Baustellenfilm erst in dessen Verlauf. Darin zeigen sich die zentralen Unterschiede der beiden Filme. Nicht nur das Verhalten von Kamera und Ton sorgt dafür, dass sich IN DER FREMDE binnen seiner ersten 65 Minuten erst schrittweise den Bildern des Gleiterballs annähert, die ihn mit HEILIGABEND AUF ST. PAULI verbindet. Es ist vor allem die Montage, die den Unterschied der Filme markiert.

In der Montage scheinen die Handlungen und Geschehnisse des Gleiterballs und der Weihnachtsfeier keiner klaren chronologischen oder narrativen Ordnung zu unterliegen, abgesehen davon, dass sie einen Anfang und ein Ende besitzen: Der Gleiterball wird vom Polier mit einer Ansprache eröffnet und klingt nach dem Streit zweier Bauarbeiter aus. Das Weihnachtsfest beginnt mit einem Entzünden von Kerzen und ist vorbei, als die Wirtin am Ende des Films die Türen verschließt. Erstmals verlässt hier die Kamera die Kneipe, und erst jetzt wird deutlich, wie viel Zeit in den 45 Minuten des Films tatsächlich vergangen ist: Inzwischen scheint die Sonne, die Nacht ist vorüber. Dazwischen geht ein Gefühl für das Voranschreiten linearer Zeit verloren. Auf dem Gleiterball erscheinen das gemeinsame Schnapstrinken und Einschenken, die einzelnen Gespräche, der Streit, ein Klatschspiel der Zimmermänner oder das Singen von *Das Wandern ist des Müllers Lust* wie kurze, willkürliche Episoden, wie fragmentarische Einblicke in ein chaotisches Durcheinander. Ebenso ist es um die Geschehnisse in der Kneipe bestellt: Das Lesen eines Briefes, der Anruf bei der Verwandtschaft, das Singen eines Weihnachtslieds, das Trösten weinender Gesichter oder das unbeholfene Flirten wollen sich keiner festen Chronologie unterordnen.

Gegen diese chaotischen Zeiträume der Feierlichkeiten stellen sich die ersten 65 Minuten von IN DER FREMDE in der Makrostruktur der Montage. Diese grenzt sich deutlich von den restlichen Bildern ab. Für die Frage, welche Gemeinschaften die Filme in den Bildern ambivalenter Feierlichkeit miteinander verschmelzen lassen, ist es wichtig, die Gemeinschaft der Bauarbeiter in diesen ersten 65 Minuten gesondert zu betrachten. Denn erst aus dieser bildet sich die Verbindung von IN DER FREMDE zu HEILIGABEND AUF ST. PAULI. Erst anschließend kann ich einen Blick auf die Gemeinschaft der Trinker in HEILIGABEND AUF ST. PAULI und ihre Verbindung zu den Bauarbeitern werfen.

Struktur der Montage von IN DER FREMDE

Auf der Makroebene ist die Montage von IN DER FREMDE von einer vergleichsweise klaren Struktur geprägt: Gemeinsam mit den spärlich eingesetzten Kommentaren des Sprechers sind es vor allem Zwischentitel, die den Film in Abschnitte gliedern. Sie grenzen Gruppierungen von Einstellungen voneinander ab, stellen sie in vergleichbare Verhältnisse und geben dem Gesehenen eine Überschrift, einen thematischen Fokus. Dieser besteht häufig aus nüchternen Beschreibungen der im Folgenden eingenommenen Perspektive. So folgt der Film nach dem ersten Zwischentitel – „Der Polier" – dem Polier bei seiner Arbeit. Andere Titel gestalten sich komplexer. So laufen nach etwa 43 Minuten ganze Sätze durch den Kader:

> Ein Facharbeiter des Baugewerbes verdient in Ortsklasse 1 einen Stundenlohn von 4,45 DM. Bei einer Vierzig Stundenwoche beträgt sein Wochenverdienst: 178, -- DM. Erhält er von der Firma eine Leistungszulage von 0,5 DM pro Stunde und macht zwei Überstunden am Tag, beträgt sein Wochenverdienst: 258,60 DM. Beim Gleitbau kann sein Wochenverdienst 478,08 DM betragen. Das bedeutet vier bezahlte Überstunden am Tag, sowie Sonnabend- und Sonntagsarbeit.

Auf diese akribische Auflistung der Gehaltssituation folgt lediglich ein sehr kurzes Gespräch zwischen dem Polier und einem der Bauarbeiter, die ihre Sicht zum problematischen Verhältnis von Lohnhöhe und Arbeitszeit zum Ausdruck bringen. Die Zwischentitel schwanken in ihrer Funktion also zwischen themengebenden Überschriften und konkreten Kommentaren. Immer aber gliedern sie das Gesehene in einzelne Abschnitte, in kurze Narrative der Baustelle.

Die Anordnung dieser einzelnen Abschnitte orientiert sich grob am chronologischen Fortschritt des Baus selbst. Die Themen der Abschnitte sind dagegen sprunghafter angeordnet. Immer wieder wirft der Film seine Zuschauer*innen so in neue Situationen, unter neue Protagonist*innen. Hierin deutet sich bereits die spätere Willkür auf dem Gleiterball an. Ebenso in der rhythmischen Gestaltung der Abschnitte und Einstellungen: Sie sind unterschiedlich lang und lassen keinen durchgehenden Rhythmus erkennen.

An wenigen, dafür aber prominenten Stellen, treten einzelne Einstellungen aus der Struktur der Montage hervor. Zwei von ihnen möchte ich genauer betrachten. Es handelt sich um die einzigen Momente, in denen der Film die Baustelle und seine Bauarbeiter vollständig verlässt.[19] Diese beiden Außenansichten sollen helfen, das Bild der Bauarbeitergemeinschaft aus IN DER FREMDE zu entschlüsseln, dem zum Ende des Films die zerfließenden Bilder der Feiergemeinschaft entstehen. Von den Außenansichten aus zeigen sich drei zentrale Problemfelder, die die Gemeinschaft der Bauarbeiter und deren Alltag bestimmen: das Kapital, die Familie und schließlich das (nicht vorhandene) Geschlechterverhältnis.

Die Baustelle und das Kapital

Das erste Mal verlässt der Film die Bauarbeiter nach 38 Minuten in einer Einstellung von rund 27 Sekunden Länge. Sie markiert den Beginn eines neuen Abschnittes mit dem Titel „Interessen: Geschäftsführer Polier" und zeigt in naher Einstellung einen Mann mit Halbglatze im Anzug. Seine Kleidung hebt sich deutlich von der Arbeitskleidung der Bauarbeiter ab, genauso wie der Raum, in dem er sich befindet. Er sitzt vor einer hellen, flachen Wand ohne Struktur. Andere Innenräume des Films bestehen aus dem rauen Beton des offenen Baus oder hellem oder dunklem Holz in den Baracken oder einer Kneipe nebenan. Am unteren Bildrand ragen Hälse von Glasflaschen ins Bild. Im Hintergrund das Räuspern und Husten männlicher Stimmen. Auch wenn der eigentliche Ort nicht benannt wird, ist klar: Dies ist ein anderer Arbeitsplatz, keine Baustelle mehr, sondern ein Meeting, ein Treffen von Geschäftsmännern (Abb. 6).

Der feingekleidete Herr bemüht sich um eine besonders klare Aussprache seiner Worte, betont durch ausladende und pointierte Gesten. Seine Sprech-

---

19 Zwar begleitet der Film einmal den Vorarbeiter und Polier in eine Kneipe, sie liegt jedoch nicht nur direkt gegenüber – wie der Sprecherkommentar vermittelt –; der Film zeigt aus ihrem Fenster hinaus zudem eine Ansicht der Baustelle. So verwachsen diese Kneipe und die Baustelle zu einem Ort.

Abb. 6: Geschäftsführer (IN DER FREMDE).

weise grenzt sich dadurch von den flapsigen und undeutlichen Ausdrücken der Bauarbeiter ab. Doch so klar seine Worte artikuliert sind, so uneindeutig sind sie in ihrer semantischen Bedeutung:

> Sie können nur Leute an eine bestimmte Stelle stellen –, an eine maßgebliche Stelle, denen sie ganz sicher sein können. – Nicht die also, die einen sauberen Kern haben, die die Ehrlichkeit, die Aufrichtigkeit, die Anständigkeit dem Unternehmen gegenüber ist ausschlaggebender als, äh, irgendwelche genialen Ideen [sic!].

Der zweite Teil der klaren grammatikalischen Konstruktion („Nicht die, ... sondern die"), die der Mann aufbaut, wird nie erreicht. Es bleibt somit unklar, welche der gelisteten Eigenschaften nun erwünscht oder unerwünscht sind. Die einzig klare Aussage bleibt: Die „Anständigkeit dem Unternehmen gegenüber ist ausschlaggebender als, äh, irgendwelche genialen Ideen." Beiläufig und dennoch pointiert fängt der Film hier ein fundamentales Problem der Bauarbeitergemeinschaft ein: Wortwörtlich wird hier die Auflistung individueller Eigenschaften eines Arbeitnehmers abgelöst von der Unerwünschtheit individueller Ideen. Das Unternehmen hat Vorrang vor seinen Mitarbeitern. Dieser weiße Raum und die Worte dieses anonymen Herrn im Anzug legen sich fortan wie ein Schatten über die Bilder der Baustelle. IN DER FREMDE zeigt hier, wie die Probleme der Bauarbeiter – Lohnhöhe, Arbeitsstunden und Arbeitsbedingungen – losgelöst von den Begebenheiten der Baustelle und ihrer Bewohner verhandelt werden. Die Bauarbeiter sind hier reduziert auf ihre Arbeitskraft.

Die Baustelle und Familie

Das zweite Mal verlässt der Film die Baustelle in einer Montage von Aufnahmen des angrenzenden Dorfes zum Osterfest. Kirchenglocken läuten, eine Familie betritt die Kirche (Abb. 7), ein Jesuskreuz steht am Dorfrand.

Diese weitestgehend menschenleeren Bilder werden begleitet von den Klängen eines Kirchenchors. Es ist somit das dem Blick versperrte Innere der Kirche, der Ort des Festtages und der Zusammenkunft einer Dorfgemeinschaft, das sich vom Leben der Baustelle am deutlichsten abgrenzt. Auf der Schwelle zwischen den beiden Räumen ist eine Familie zu sehen, die die Kirche betritt. Sie ist, kaum sichtbar, schon wieder Hand in Hand im Innern der Kirche verschwunden. Diese Menschen bleiben anonym, kehren der Kamera den Rücken zu.

Mehrfach thematisieren die Bauarbeiter in Gesprächen untereinander und in Ansprachen an die Kamera ihr eigenes prekäres Sein zwischen Arbeit und Familie. Dies scheint bereits in einem der ersten Sätze der Bauarbeiter des Films durch: „Ich mein', wenn de in der Fremde lebst, dann willste Geld verdien', nech? Für'n Appel und für'n Ei kannste zuhause arbeiten." Schon hier wird deutlich, dass es sich nicht um irgendeine Gemeinschaft von Arbeitern handelt, sondern um eine Gruppe von Männern, die sich ein Leben in der Heimat nur noch leisten können, indem sie es sich in der Fremde verdienen. Sie werden so in einen neuen Alltag geworfen, der allein von ihrer Arbeitskraft bestimmt ist. Besonders deutlich wird dieser prekäre Zustand in der letzten Szene vor dem Gleiterball. Ein letztes Mal isoliert die Kamera einen der Protagonisten in einem Interview (Abb. 8).

Abb. 7: Familie betritt die Kirche (IN DER FREMDE).

Abb. 8: Ein Bauarbeiter im Interview (IN DER FREMDE).

In einem Close-Up blickt der Mann immer wieder aus dem Fenster und erzählt in langsamen, bedachten Sätzen von seiner Lebens- und Arbeitssituation. Außerhalb dieser Baustelle scheinen bloß weitere Baustellen auf ihn zu warten. In nostalgischen Tönen spricht er von der Arbeit in einem Kalksandsteinwerk: „Da konnt' man Tach und Nacht arbeiten und war noch nicht genug." Eine letzte lange Pause legt sich zwischen diese und seine folgenden, abschließenden Worte: „Und das's auch vorbei alles." Ein Schnitt auf eine Ansicht aus dem Fenster hinaus gibt den Blick auf das Futtersilo preis. Die Arbeit ist hier als Fluch und Segen zum wesentlichen Lebensbestandteil geworden. Den Bauarbeitern in der Fremde bleibt die Rückkehr zum Bild einer Familie wie der, die in der Kirche verschwindet, verwehrt.

Die Baustelle als Männergemeinschaft

Zwei Frauen betreten mit dem Rücken zur Kamera die Kirche – eine junge und eine alte, vermutlich Mutter und Großmutter der Familie. Sie sind die einzigen sich bewegenden, erwachsenen Frauenkörper, die der Film zeigt. Die wenigen anderen weiblichen Körper sind die der Tochter vor der Kirche und einer weiteren Tochter später auf der Baustelle, sowie halbnackte Körper verschiedener Frauen auf Postern und Fotografien an der Wand einer der Holzbaracken.

Abb. 9: Eine Familie betritt die Baustelle (IN DER FREMDE).

Abb. 10: Nackte Frauenkörper an der Wand (IN DER FREMDE).

Die zweite gezeigte Tochter, ein Mädchen in Sonntagskleidung, läuft an der Hand ihres Vaters gemeinsam mit ihrem Bruder über die Baustelle (Abb. 9). Die Kamera fängt sie von weit oben mittels eines starken Zooms ein. Sie steht mit den Bauarbeitern auf dem Turm des Futtersilos. So macht sie diese mutterlose Familie sichtbar, während der akustische Raum bei den Bauarbeitern verweilt und so die große Distanz zwischen diesen Körpern markiert. Sicht- und hörbare Körper rücken so in unerreichbare Ferne zueinander.

Die Fotografien halbnackter Frauen fängt die Kamera in einer seitlichen Fahrt ein (Abb. 10). Ihre Bewegung verhindert ein Fixieren des Blicks auf einzelne Körper in der dichten Fläche aus Haut und Reizwäsche. Im Hintergrund sprechen die Bauarbeiter über das „ständige Reizen". Gemeint sind aber nicht die Frauenkörper, sondern ihr Kartenspiel, das um diese Fahrt herum sichtbar wird. Somit erscheinen diese weiblichen Körper als eine Masse von Anschauungsobjekten, die – vom Schweifen der Kamera abgesehen – nicht mehr angeschaut werden. Diese Frauenkörper sind eine Sammlung geworden, sind Teil der Inneneinrichtung einer provisorischen Behausung. Die wenigen Ansichten weiblicher Körper sind somit allesamt in Distanz zu den Blicken und Räumen der Bauarbeiter gerückt. Sie rahmen dadurch die unzähligen Blicke auf die männlichen Körper und das Verhalten der Bauarbeiter. IN DER FREMDE ist voll von Bildern qualmender Zigarren, von anrüchigen Sprüchen und Ausdrücken von körperlicher Härte und Stärke. Dass sich das Männliche – beziehungsweise die Idee davon – in der Gemeinschaft der Bauarbeiter als unhaltbarer Zustand erweist, zeigt sich besonders deutlich in dem Portrait des Poliers, das der Film zeichnet.

Von Beginn an inszeniert der Film (und der Polier selbst) das Bild unermüdlicher Versuche, charakterliche Härte, Stärke und Direktheit auszustrahlen. Diesem Selbstbild kann der Polier nicht gerecht werden, ohne dabei die Sympathie seiner Kollegen (und sicherlich auch der Zuschauer*innen) zu verlieren. Immer wieder schreit er mit großkotziger Stimme Befehle oder Beleidigungen über die Baustelle und positioniert sich in ausladender Körperhaltung. Selten ist er ohne eine Zigarre in der Hand oder zwischen den Zähnen zu sehen. Das Verhängnis seines (Selbst-)Bildes verdichtet sich, als die Kamera ihn in einem Interview isoliert. Es beginnt mit einem Zugeständnis von Schwäche: „Ein Kreuz musste haben, nech", postuliert er, während er eine weitere Zigarre entzündet. „Das ist ... was willste machen. Siehst ja an den grauen Haaren, nech? [er hustet stark]. Alle, die graue Haare haben, sind auch irgendwie sensibel, ja? Über jeden Scheißdreck da ärgert man sich, Mensch." Er ärgert sich hier über das anonyme Auftreten seiner eigenen Vorgesetzten in vorherigen Szenen, vor denen er seine Selbstdarstellung nicht aufrechterhalten konnte. Doch das Eingeständnis der eigenen Sensibilität ist bereits abgeschwächt, indem er sie als körperliches Symptom nach außen kehrt: Die grauen Haare treten ein für den inneren Zustand. Die Weichheit, die er sich selbst nicht einzugestehen vermag, fängt unmittelbar darauf jedoch die Kamera ein: Während der Polier von seiner Verantwortung spricht, füllt sich der Bildkader mit dem dicken Qualm seiner Zigarre (Abb. 11). Der Rauch schmiegt sich in weichen Bewegungen an das besorgte Gesicht und legt ihm so jene weichen Züge auf, die der Polier selbst nicht zulassen kann.

Doch gleich darauf wird dieser Eindruck wieder zerstört. Der Polier verstrickt sich, wie schon der Geschäftsführer kurz zuvor, in einen ähnlich widersprüchlichen Sprechakt:

> Es gibt welche, die denken, och Polier, der hat ja ein feines Leben, da kann man Kaffee trinken gehen, der kann sich auch mal in die Bude setzen, nech, so wie jetzt, und ... –

Abb. 11: Der Polier umgeben von Qualm (IN DER FREMDE).

die sehen nur das, die Leute, nech? Und wenn'se beim Biertisch dann eben so dumm gacksen, da kann ich nur sagen: Bitte. Befleißigt Euch, strengt Euch an. Seht zu, dass de auch so n schönes Leben habt [sic!] wie ich.

Er beginnt damit die Schwierigkeit seiner eigenen Situation zu erläutern und endet mit einer herablassenden Bestätigung genau jener Klagen, mit denen er sich zu Unrecht konfrontiert sieht. Auf diese Weise führt der Polier eine Gemeinschaft von Männern, die zur unerträglichen und unhaltbaren Situation wird. Sie scheint gänzlich auf den Ort der Baustelle ausgerichtet zu sein, während die Baustelle selbst nur einen temporären Ort darstellen kann. Diese Gemeinschaft ist von Beginn an in ihrer Auflösung begriffen. Somit ist das, was auf dem Gleiterball letztlich in den zerfließenden Bildern von Raum, Klängen und Körpern verschmilzt, eine zwischen unerreichbaren und unhaltbaren Vorstellungen von Familie, Kapital und Männlichkeit gefangene, vergängliche Zusammenkunft von Individuen.

Die Kneipe und die Abgedankten

In der Gemeinschaft der Trinker aus HEILIGABEND AUF ST. PAULI spielt Familie vor allem in dem Markieren ihrer Abwesenheit eine Rolle. Die zweite Einstellung des Films zeigt die Wirtin in einem *Medium Shot* vor einem Schnurtelefon (Abb. 12). Hinter ihr steht die junge Frau, die später Post aus dem Gefängnis

Abb. 12: Telefonat (HEILIGABEND AUF ST. PAULI).

Abb. 13: Eine Kerze wird angezündet (HEILIGABEND AUF ST. PAULI).

erhalten wird. Sie starrt mit leerem Blick in die entgegengesetzte Richtung der Wirtin, den Kopf immer wieder wendend. Ist sie in irgendeiner Form am Telefonat beteiligt? Man weiß es nicht. Die Kamera zoomt ein wenig näher, und als erste klare Worte des Films erklingen die der Wirtin: „Oh, was haste denn gekriegt?" Die Antworten aus dem Telefon bleiben den Zuschauer*innen verwehrt. „Habt ihr gleich Bescherung? Ruft Ihr nachher noch mal an, nech?" In der Einstellung darauf werden Kerzen zwischen Tannenzweigen entzündet (Abb. 13). Die Großaufnahme sieht für einen Moment aus wie ein Einblick in jenen familiären Raum, den man am anderen Ende des Telefons vermutet hat. Doch dann zoomt die Kamera hinaus: Die Hände gehören der Wirtin, die Kerzen stehen in der Kneipe. Das erste Gespräch des Films gestaltet sich so als verwehrten Einblick in einen familiären Raum, der getrennt bleibt von dem der Kneipe.

Die Kamera folgt daraufhin der Wirtin durch die Kneipe. Die Kamera ist dabei bereits zu nahe an den Körpern, um einen wirklichen Überblick über den Raum zu vermitteln. Die Wirtin gerät in ein beiläufiges Gespräch mit einem weiblichen Gast, Anna, die den gesamten Film über am verhangenen Fenster der Kneipe sitzt. Das Gespräch endet mit dem klar verständlichen Spruch der Wirtin: „Axel Springer sucht neue Gestalten". Daraufhin wechselt der Film zu einer Ansicht Annas und verwickelt sie in eines der wenigen Interviews des Films. Sie erzählt von ihrer Situation. „Ich bin seit 15 Jahren erste Mal nicht in Düsseldorf [sic!]", mahnt sie mit erhobenen Zeigefinger. Sie ist eine Frau im Rentenalter, aber sie arbeite noch, soviel will sie sofort klarstellen. Dann hört man erstmals eine Stimme des Filmteams: „Warum sind se denn nicht nach Düsseldorf gefahr'n?" Anna antwortet empört: „Weil ich mein Geld versoffen hab!"

Zum Ende dieses Interviews wechselt die Kamera wieder zu einer Ansicht der Wirtin. Sie ist schräg von links hinten gefilmt. Am rechten Bildrand ragen zwei der Weihnachtskerzen ins Bild. Die Hand hat die Wirtin ans Kinn gelegt. „Ich bin 'ne Abgedankte!" hört man Anna im Hintergrund rufen, während die Wirtin beginnt, ihre Unterlippe und ihr Kinn zu streicheln. „Böse Frau", setzt Annas Stimme nach. Die Kamera zoomt auf die Hand der Wirtin. Die Musik der Jukebox schwillt an und spielt eine weiche Melodie. Für wenige Sekunden ist nur noch die streichelnde Hand zu sehen. Es entsteht ein Bild von Zärtlichkeit, von der man wünscht, sie könne sich aufrichtig an Anna wenden. Später, zehn Minuten vor Filmende, nachdem Anna im Verlauf des Films immer zwischen Gesprächen, Selbstgesprächen und gemeinsamem Singen hin und her wechselte, bricht sie in Tränen aus: „Scheiß auf alles!" Hier ringen die anderen Gäste tatsächlich um Trost, jedoch ebenso unbeholfen wie das Streicheln des eigenen Gesichts: „Lach doch mal. Wir freuen uns alle, wenn du dich freust."

Dieses Weihnachtsfest gestaltet sich so von seinen ersten Minuten an als Zusammenkunft von Ausgestoßenen, von „Abgedankten". Trotz der vielen Berührungen, die im Verlauf des Films in dieser Kneipe sichtbar werden, erhält jede Form der Intimität einen bitteren Beigeschmack. So etwa in einer Umarmung von zwei Männern zum Ende des Films. Die Begegnung beginnt als Streit zwischen einem stark betrunkenen Gast, der seine Rechnung nicht bezahlen will, und dem männlichen Wirt. Fließend gleiten die Bewegungen der beiden zwischen Aggressivität und Zuneigung hin und her. Ein gehobener Zeigefinger und die Andeutung einer Kopfnuss werden zu einer innigen Umarmung (Abb. 14). Beide Interaktionen scheinen ähnlich motivationslos.

Abb. 14: Provokation und Umarmung (HEILIGABEND AUF ST. PAULI).

Die Kneipe wird so zu einem ambivalenten Raum. Auf der einen Seite gestaltet sich die Feier als enge, intime und körperliche Zusammenkunft. Man singt gemeinsam, man umarmt sich, man streichelt sich die Haare und wischt sich die Tränen weg. Auf der anderen Seite ist die Kneipe abgetrennt von den Räumen familiärer Feierlichkeiten. Am Ende des Abends kaufen sich die Trinkenden, die immer wieder ihre fehlende oder schwere Arbeit thematisieren, beim Abrechnen aus diesem ambivalenten Raum frei. Letztlich scheint vor allem der Alkohol Auslöser der zunehmenden körperlichen Begegnungen zu sein. Doch diese Zuneigungen erscheinen in den zerfließenden Bildern, Klängen und Flächen als motivations- und bedeutungslose Kontakte.

Zerflossen in Alkohol

Das Trinken und die Art und Weise, wie dieses Trinken inszeniert wird, verbindet HEILIGABEND AUF ST. PAULI mit IN DER FREMDE. Beide Filme zeigen Bilder von Gemeinschaften in besonderen Räumen. Es sind jeweils äußere Umstände, die die Körper in diese Räume drängen: Sei es der Lohn der Arbeit oder der Zwang zu weihnachtlicher Besinnlichkeit. Die Besonderheiten der Räume stellen die Gemeinschaften in ihrer Spezifik erst heraus, bzw. verformen sie: das Provisorische der Behausung auf der Baustelle mit ihren ausschließlich männlichen Körpern und die Enge der Kneipe mit ihren ausschließlich betrunkenen Körpern.

Diese Kneipe und diese Baustelle zeichnen sich dadurch aus, dass sie weder wirklich private, noch wirklich öffentliche Räume sein können. Beide Räume erscheinen als zugänglich: Die Baustelle grenzt an ein Dorf, weder gesichert noch umzäunt, und die Tür der Bar lässt sich öffnen und schließen. Dennoch: Als sich die mutterlose Familie auf die Baustelle verirrt, erscheint sie im Blick der Kamera wie ein Fremdkörper. Und die einzig nüchternen Körper, die die Kneipe betreten, sind klar markierte Außenseiter: Polizisten in Uniform, die kurz nach dem Rechten sehen, einen Streit um die Bezahlung einer Rechnung schlichten und sogleich wieder verschwinden. Alle anderen, die diesen Raum betreten, sind bereits betrunken, sind bereits Teil der Kneipe, sobald sie diese betreten haben. So sind diese Räume zwar zugänglich, darum aber längst keine Räume der Öffentlichkeit.

Ebenso wie sie als zugänglich gestaltet werden, erscheinen sie auch als abgetrennt von der Alltagswelt mit Familie, Dorf- und Stadtgemeinschaft. Zu privaten Räumen können sie in dieser Isolation jedoch auch nicht werden: Für das individuelle Leid der Bauarbeiter ist in der dicht gedrängten Gemeinschaft von Männern kein Platz. Es kommt nur zum Vorschein, wenn ihnen jemand zuhört – und dies scheint ausschließlich, und auch nur in seltenen Momenten, die Kamera zu tun. Dasselbe gilt für die Trinkenden in der Kneipe. Erzählen sie hier ihre Geschichten, werden sie sogleich vom dichten Tumult der lauten und beweglichen Stimmen und Körper der anderen Trinker wieder verschluckt.

Der Zustand der Trunkenheit verformt beide Gemeinschaften. In ihm finden die intimsten Berührungen und Begegnungen statt: Bauarbeiter lernen das Lied der Zimmermänner, singen und klatschen im Quartett einen gemeinsamen Rhythmus. Man schenkt sich Schnaps ein. Jemand streichelt einem anderen durchs Haar. Man prostet sich zu. Man lacht, singt, umarmt, tröstet und küsst sich. So verbindet die Kneipe auf St. Pauli und die Baustelle letztlich die Äußerung eines tiefen Bedürfnisses nach Zuneigung, Geborgenheit und Kontakt. Die Befriedigungen dieses Bedürfnisses inszenieren die Filme jedoch als ambivalente Prozesse. Im Zustand der Trunkenheit sind alle Verbindungen von kurzer Dauer, sind Episoden in einem Strom von Bewegung, den die Filme als Ganzes aufbauen. Ungeschützt vor den schweifenden Blicken der Kamera, beginnen die Körper mitsamt den sie umgebenden Räumen sich in Licht- und Schattenflächen aufzulösen. Kneipe und Baustelle, Trinkende und Bauarbeiter werden so zu temporären Gestalten. In Alkohol und Bildern lassen IN DER FREMDE und HEILIGABEND AUF ST. PAULI ihre Orte und Protagonist*innen zerfließen. Sie lösen sich auf, ohne dabei etwas zu lösen. Das raumzeitliche Gefüge, das die Filme dabei entstehen lassen, entfaltet sich als unhaltbarer und unerträglicher Zustand.

Literaturverzeichnis

Bachtin, Michail M.: Chronotopos. Frankfurt am Main 2008.
Bausche, Andreas: Wildenhahn, Klaus. In: Ian Aitken (Hg.): The Concise Routledge Encyclopedia of the Documentary Film. London/New York 2013, S. 1005–1007.

Böttcher, Jürgen/Hübner, Christoph/Hübner-Voss, Gabriele: Dokumentarisch arbeiten. Jürgen Böttcher, Richard Dindo, Herz Frank, Johan van der Keuken, Volker Koepp, Peter Nestler, Klaus Wildenhahn im Gespräch mit Christoph Hübner. Berlin 1996.

Frey, Reiner/Kluge, Alexander: Eine realistische Haltung müßte der Zuschauer haben, müßte ich haben, müßte der Film haben. Interview mit Alexander Kluge – von Reiner Frey und Alexander Kluge. In: filmfaust. Zeitschrift für den internationalen Film 20 (1980), S. 19–26.

Kluge, Alexander/Eder, Klaus/Savage, Robert: Debate on the Documentary Film. Conversation with Klaus Eder, 1980. In: Tara Forrest (Hg.): Alexander Kluge. Raw Materials for the Imagination. Amsterdam 2012, S. 197–208.

Kreimeier, Klaus: Darstellen und Eingreifen. Deutsche Dokumentarfilme auf der Duisburger Filmwoche/Gewerkschafter machten mit. In: filmfaust. Zeitschrift für den internationalen Film 20 (1980), S. 17–18.

Netenjakob, Egon: Liebe zum Fernsehen: und ein Portrait des festangestellten Filmregisseurs Klaus Wildenhahn. Berlin 1984.

Wildenhahn, Klaus: Industrielandschaft mit Einzelhändlern. Nachtrag zu den Duisburger Debatten um den Dokumentarfilm. In: filmfaust. Zeitschrift für den internationalen Film 20 (1980), S. 3–15.

Wildenhahn, Klaus: Über dokumentarischen und synthetischen Film: zwölf Lesestunden. Berlin 1973.

Filmografie

HEILIGABEND AUF ST. PAULI. Reg. Klaus Wildenhahn. BRD 1967/1968.
IN DER FREMDE. Reg. Klaus Wildenhahn. BRD 1967.

Hauke Lehmann
Groteske und Banalität
Abgrund des Zusammenhangs in Juraj Herz' SPALOVAČ MRTVOL

Gewidmet Juraj Herz
4. 9. 1934–8. 4. 2018

Als Juraj Herz im August 1968 seinen Film SPALOVAČ MRTVOL – im Folgenden DER LEICHENVERBRENNER – drehte, marschierten die Truppen des Warschauer Pakts in der damaligen Tschechoslowakei ein; ein Ereignis, das die Dreharbeiten unterbrach: viele Innenaufnahmen waren noch nicht fertiggestellt und der Hauptdarsteller, Rudolf Hrušínský, tauchte für einige Zeit unter. Der Einmarsch war auch ein Ereignis, das Herz in seinen Film integrieren wollte, obwohl dessen Plot 30 Jahre früher angesiedelt ist: Ein alternatives Ende, das gedreht, aber unter dem Eindruck der Besetzung des Landes vermutlich vernichtet worden ist, zeigt zwei Mitarbeiter des titelgebenden Krematoriums, die sich in einem Café unterhalten, während im Hintergrund die russischen Panzer vorbeirollen. Es drängt sich die Frage auf: Welcher Art ist die Verbindung des Films zur Geschichte, dass es möglich schien, semi-dokumentarische Bilder in seine doch vermeintlich klar als fiktional erkennbare Welt einzufügen? Diese Frage möchte ich zum Anlass für einige Erörterungen nehmen, die das Verhältnis zwischen historischer und ästhetischer Erfahrung betreffen. Ich glaube, dass eine Einsicht in dieses Verhältnis hilfreich sein kann, um die aktuelle Relevanz der poetischen und politischen Umwälzungen von 1968 einzuschätzen. Meine Erörterungen werden sich einerseits um die Frage drehen, ob sich dieses Verhältnis mit Hilfe zweier Begriffe denken lässt, die mir hier relevant zu sein scheinen: nämlich mit dem Begriff der Banalität, wie er durch Hannah Arendt in ihrem 1964 auf Deutsch erschienenen Buch *Eichmann in Jerusalem*[1] geprägt worden ist, und mit dem Begriff des Grotesken, der noch zu erläutern sein wird. Andererseits und etwas konkreter wird es um das Problem gehen, wie das eine – die historische Erfahrung – ins andere – die ästhetische Erfahrung – übergehen kann.

---

[1] Hannah Arendt: Eichmann in Jerusalem. Bericht von der Banalität des Bösen. München/Berlin/Zürich 2017.

Die unbekannten Gesetze der Geschichte

Herz' Film, der auf einer Romanvorlage von Ladislav Fuks aus dem Jahre 1967 basiert, bietet für diese Fragen insofern einen ersten Anhaltspunkt, als er sich zwar scheinbar eindeutig auf zweifelsfrei lokalisierbares historisches Geschehen bezieht – nämlich auf die Situation in der Tschechoslowakei rund um die Annexion des Sudetenlandes und die Besetzung des restlichen Staatsgebietes durch die deutsche Wehrmacht in den Jahren 1938 und 1939. Dieser Bezug ist jedoch eben nur scheinbar eindeutig, denn gleichzeitig verbleibt vieles im Vagen: etwa wird von den Nationalsozialisten stets nur als der „Partei" gesprochen, deren zum Eintritt auffordernds Pamphlet frappierend sowohl jenem Handzettel ähnelt, den das Krematorium nutzt, um Subskribenten einzuwerben, als auch jenem Flugblatt, mit dem der örtliche Boxverein um neue Mitglieder wirbt.

Doch der Reihe nach: Der Film handelt vom Weg seines Protagonisten in den Wahnsinn, einem Weg, der mit seinem triumphalen Aufstieg im Dienst der automatisierten Judenvernichtung zusammenfällt. Dieser Protagonist, Karl Kopfrkingl, ist leitender Angestellter eines Krematoriums. In dieser Arbeit hat er seine Berufung gefunden: die Menschen und überhaupt alle Kreaturen von ihrem Leiden auf Erden zu erlösen und ihnen einen schnellen, geräusch- und schmerzlosen Tod zu ermöglichen. Die Besetzung der Tschechoslowakei durch das Dritte Reich eröffnet ihm die berauschende Aussicht, das Verfahren der Kremation zu perfektionieren und möglicherweise die ganze Welt von einer Existenz zu befreien, deren Äußerungsformen seinem ebenso ästhetisierenden wie objektivierenden Blick ein Ärgernis sind sowie seinem Bedürfnis nach Kontrolle zuwiderlaufen. Sein sich steigernder Größenwahn geht einher mit einer Aufspaltung seiner Persönlichkeit. Am Ende imaginiert er sich als der neue Buddha, der die Menschheit ins Nirwana überführen soll.

So sehr diese Beschreibung die Handlung des Films „korrekt" wiedergibt (in dem Sinne, dass man den Film mit ihrer Hilfe identifizieren kann), so sehr scheitert sie daran, die ästhetische Erfahrung greifbar zu machen, die sich in seiner audiovisuellen Komposition zu vermitteln sucht. Denn alles, was sich in der Logik psychologisierender Beschreibung als persönlicher Defekt des Protagonisten darstellt (der Kontrollzwang, der ästhetisierende Blick, der Wahnsinn), infiziert in Wahrheit die perzeptiven, affektiven und kognitiven Dimensionen des Filmerlebens des Zuschauers bis ins Innerste. Es lässt sich keine klare Trennlinie etablieren zwischen den mentalen Operationen der Figur und den audiovisuellen Kompositionsmustern, in denen sich die fiktionale Welt entfaltet, in der diese Figur verortet ist. Es ist dem Zuschauer daher gerade nicht möglich, die dargestellte Welt mit letzter Sicherheit von der Sichtweise zu unterscheiden, in der sie zur Erscheinung kommt. Gleichzeitig beharrt der Film jedoch darauf, dass eine solche Trennung nicht nur möglich, sondern existentiell notwendig ist. Daraus ergibt sich die fundamentale Spannung innerhalb der poetischen Konstruktion: Zwar verweisen die Bilder auf eine vermeintlich wiedererkennbare Wirklichkeit, bezüglich deren historischer Faktizität Konsens besteht. Sie tun dies jedoch auf eine Art und Weise, die ihre Partikularität hervorhebt und der Idee einer allgemeinen Teilbarkeit eine Absage erteilt. Kurz gesagt: die filmischen Bilder deuten die vermeintlich bekannte Geschichte mit ihren vermeintlich bekannten kausalen Verknüpfungen um und fügen sie in einen neuen historischen Ablauf ein. Dieser neue Ablauf widerspricht zwar dem alten nicht direkt; er unterscheidet sich von ihm aber dadurch, dass er sich nach neuen, unbekannten Gesetzmäßigkeiten vollzieht, neue Kausalitäten produziert und alte außer Kraft setzt. Man könnte sagen, dass die Geschichte selbst dadurch den Beigeschmack des Fantastischen erhält. Die Sachlage wird nicht einfacher, wenn man bedenkt, dass das Thema für Juraj Herz eine biografische Dimension besaß: Er selbst überlebte als Kind das Konzentrationslager Ravensbrück.

Nun ließe sich argumentieren, dass allein ein solcher, fantastischer Modus der Darstellung einem geschichtlichen Ereignis wie dem Holocaust angemessen sein kann: einem Ereignis, das die Grenzen menschlichen Fassungsvermögens zu sprengen droht. Und hierin gelangen wir zum Kern des Problems, das mit dem Verhältnis von historischer und ästhetischer Erfahrung bezeichnet wurde: Dieses Verhältnis ist nach Auschwitz von jeder Selbstverständlichkeit getrennt. Zu dieser Einsicht hätte es nicht einmal des notorischen Diktums Adornos bedurft: „Kulturkritik findet sich der letzten Stufe der Dialektik von Kultur und Barbarei gegenüber: nach Auschwitz ein Gedicht zu schreiben, ist barbarisch, und das frisst auch die Erkenntnis an, die ausspricht, warum es unmöglich ward, heute Gedichte zu schreiben."[2] Ganz abgesehen von der langen und in viele Richtungen ausufernden Debatte um diesen Satz möchte ich einen Aspekt hervorheben, auf den unter anderen Peter Stein hingewiesen hat:[3] dass nämlich das Verdikt der Barbarei sich auf eine Form von Zeitlichkeit bezieht, die in Adornos Satz mit dem Wort „nach" markiert ist. Dieser Interpretation zufolge hat sich mit Auschwitz das Wesen historischer Zeitlichkeit selbst

---

2 Theodor W. Adorno: Kulturkritik und Gesellschaft [1951]. In: ders.: Gesammelte Schriften. Band 10.1: Kulturkritik und Gesellschaft I, hg. von Rolf Tiedemann. Frankfurt am Main 1977, S. 30.
3 Vgl. Peter Stein: „Darum mag falsch gewesen sein, nach Auschwitz ließe kein Gedicht mehr sich schreiben." Widerruf eines Verdikts? Ein Zitat und seine Verkürzung. In: Weimarer Beiträge 42 (1996), Heft 4, S. 485–508.

verändert – in einer Weise, die es unmöglich oder zumindest zu einem Akt der Barbarei macht, mit der Vergangenheit abzuschließen und sich also in einem „Danach" zu bewegen. Damit ist eine moralische Trennlinie gezogen – ein Akt, der in der Unmöglichkeit von Kultur „nach Auschwitz" die einzig denkbare, gleichwohl zutiefst paradoxe Gründungsfigur eines neuen Gemeinwesens erblickt.

Grauen und Komik

In ihrem Bericht vom Jerusalemer Eichmann-Prozess formuliert Hannah Arendt an vielen Stellen ein Unbehagen, gar einen Widerwillen, der mit dem Verdikt Adornos gewisse Parallelen aufweist. Dieser Widerwille trifft sowohl jeden Versuch, dem historischen Geschehen einen tieferen, metaphysisch aufgeladenen Sinn zuzuschreiben, als auch jeden Versuch mitleidenden Sich-Einfühlens. Man denke etwa an den Sarkasmus, mit dem sie das Bewusstlos-Werden Yehiel De-Nurs im Zeugenstand kommentiert, ein Ereignis, das von anderen Kommentatoren affirmierend „zum wiederkehrenden Symbol und absoluten Inbild des Prozesses" erhoben wurde.[4]

Arendt nimmt in De-Nurs Aussage[5] eine Abgeschmacktheit wahr, einen Ausdruck persönlicher Sinnsuche, der auf ihr unerträgliche Weise die Perspektive des leidenden Individuums in den Vordergrund rückt und zum Stellvertreter aller anderen macht – noch dazu eine Perspektive, welche das Unfassbare mit Hilfe gerade jener Kategorien einzuordnen sucht, die sich angesichts der Katastrophe als wohlfeil erwiesen haben. Nicht (nur) die Vermischung literarischer und juristischer Kategorien ist also Gegenstand von Arendts Kritik,[6] sondern auch die Tatsache, dass es sich um schlechte, geschmacklose Literatur handele – war doch De-Nur, unter dem Pseudonym Ka-Tzetnik 135633, Verfas-

---

[4] Sylvie Lindeperg: Der Eichmann-Prozess in Bildern und Vorstellungen. In: Delia González de Reufels et al. (Hg.): Film als Forschungsmethode. Produktion – Geschichte – Perspektiven, Berlin 2018, S. 53–65, hier S. 63. Es geht mir im Folgenden in keiner Weise um die Frage, wie Arendts Darstellung sich zu anderen Einschätzungen des Prozesses verhält, bzw. was an ihrem Bericht zu kritisieren wäre. Mein Argument ist vielmehr theoretischer Natur und betrifft das Verhältnis zwischen historischem und ästhetischem Urteil.

[5] Arendt zitiert: „Der Stern, der unser Schicksal auf die gleiche Weise beeinflußt wie der Aschestern von Auschwitz, steht in Konjunktur zu unserem Planeten, er strahlt auf unseren Planeten ein." Sie kommentiert dieses sprachliche Bild ironisch als „kleinen Exkurs in die Astrologie". Arendt: Eichmann in Jerusalem, S. 335–336.

[6] Vgl. Lindeperg: Der Eichmann-Prozess, S. 64.

ser von Büchern über Auschwitz, die sich mit „Bordellen, Homosexuellen und anderen ‚human interest stories' befassen".[7] Möglicherweise entscheidend für Arendts Ablehnung mag weder das eine noch das andere, sondern die Diskrepanz gewesen sein, die zwischen dem (von ihr suggerierten) Sensationalismus dieser Bücher und der pathetischen Emphase seiner Zeugenaussage zu erahnen ist.

Arendt bevorzugt im Gegensatz dazu für ihre Darstellung eine betont kalte, distanzierte Sprache; getreu ihrer These von der Banalität des Bösen ist sie bemüht, jeden Anklang des Raunens oder gar des Dämonischen aus ihrer Beschreibung zu verbannen. Eichmann wird ihr vielmehr zu einer lächerlichen Figur, das Grauen vor seinen Taten verwandelt sich wiederholt in Komik. So schreibt sie über ihn:

> Es war gewissermaßen schiere Gedankenlosigkeit – etwas, was mit Dummheit keineswegs identisch ist –, die ihn dafür prädestinierte, zu einem der größten Verbrecher jener Zeit zu werden. Und wenn dies „banal" ist und sogar komisch, wenn man ihm nämlich beim besten Willen keine teuflisch-dämonische Tiefe abgewinnen kann, so ist es darum doch noch lange nicht alltäglich.[8]

Die Komik beschränkt sich durchaus nicht nur auf die Figur Eichmanns, sondern betrifft auch die Versuche, ihn psychologisch und moralisch einzuschätzen bzw. zu beurteilen:

> Der Pfarrer schließlich, der Eichmann regelmäßig im Gefängnis besuchte [...], versicherte, Eichmann sei „ein Mann mit sehr positiven Ideen", was denn wohl auch alle Welt beruhigen dürfte. Die Komödie der Seelenexperten konnte sich leider auf die traurige Tatsache berufen, daß dies tatsächlich kein Fall von moralischer, geschweige denn von gesetzlicher Unzurechnungsfähigkeit war.[9]

Nachdem Arendt bereits zuvor Eichmann in Abgrenzung von literarischen Figuren charakterisiert hat („Eichmann war nicht Jago und nicht Macbeth, und nichts hätte ihm ferner gelegen, als mit Richard III. zu beschließen, ‚ein Bösewicht zu werden'."[10]), geht sie später explizit auf den Zusammenhang von Horror und Komödie ein: „In Eichmanns Mund wirkt das Grauenhafte oft nicht einmal mehr makaber, sondern ausgesprochen komisch."[11] Und einige Seiten weiter:

---

7 Arendt: Eichmann in Jerusalem, S. 335.
8 Arendt: Eichmann in Jerusalem, S. 57.
9 Arendt: Eichmann in Jerusalem, S. 99.
10 Arendt: Eichmann in Jerusalem, S. 56.
11 Arendt: Eichmann in Jerusalem, S. 124.

> Gelegentlich bricht die Komik in das Grauen ein und bringt dann Geschichten hervor, an deren Wahrheit kaum zu zweifeln ist, deren makabere Lächerlichkeit aber alles übertrifft, was dem Surrealismus zu diesen Dingen je hätte einfallen können.[12]

Wieder bezieht Arendt sich hier, indem sie den Surrealismus nennt, auf den Bezirk des ästhetischen Urteils, wenn auch wiederum in abgrenzender Weise. Dabei bleibt jedoch offensichtlich die Bedingung dieses Urteils, nämlich die Unterscheidung zwischen dem Grauenhaften und dem Lächerlichen, intakt. Diese Fähigkeit zur Unterscheidung ist es, die Eichmann, Arendt zufolge, abgeht. Dies zeigt sich etwa in einer Episode, in der Eichmann einen ihm bekannten Vertreter der Wiener jüdischen Gemeinde in Auschwitz traf, nachdem dieser dort eingeliefert worden war. Arendt zitiert Eichmann: „[...] ja, dann war es ein normales menschliches Treffen gewesen. Er hat mir sein Leid geklagt. Ich habe gesagt: ‚Ja, mein lieber guter Storfer, was haben wir denn da für ein Pech gehabt?'".[13] Die klischeehafte Rede von der Menschlichkeit, die Verniedlichung, die anbiedernde Adressierung, die immer noch auf den Erhalt einer kollegialen Beziehung aus zu sein scheint, die Vereinnahmung und Bevormundung – all das zusammengenommen ergibt ein Weltverhältnis von derartiger Hermetik, dass es den Umschlag von einer Perspektive in die andere vollständig ausschließt:

> [...] was er sagte, war stets das gleiche, und er sagte es stets mit den gleichen Worten. Je länger man ihm zuhörte, desto klarer wurde einem, daß diese Unfähigkeit, sich auszudrücken, aufs engste mit einer Unfähigkeit zu *denken* verknüpft war. Das heißt hier, er war nicht imstande, vom Gesichtspunkt eines anderen Menschen aus sich irgend etwas vorzustellen. Verständigung mit Eichmann war unmöglich, nicht weil er log, sondern weil ihn der denkbar zuverlässigste Schutzwall gegen die Worte und gegen die Gegenwart anderer, und daher gegen die Wirklichkeit selbst umgab: absoluter Mangel an Vorstellungskraft.[14]

Zugang zur Wirklichkeit – man könnte auch sagen: Zugang zu historischer Erfahrung – ist dieser Überlegung zufolge keineswegs selbstverständlich. Er hängt in radikaler und vielleicht paradoxer Weise von einem Vermögen zur Imagination ab, von einer Fähigkeit, andere Standpunkte als den eigenen einzunehmen. Diese Fähigkeit fällt in eins mit der Fähigkeit, aktiv einen Standpunkt zu wählen. Die Unfähigkeit zur Wahl eines solchen Standpunkts hingegen macht jemanden zu einem „Sklaven der Geschichte", wie Joan Copjec schreibt.[15] Indem Arendt das Denken mit dem Vermögen identifiziert, sich die

---

12 Arendt: Eichmann in Jerusalem, S. 127.
13 Arendt: Eichmann in Jerusalem, S. 128.
14 Arendt: Eichmann in Jerusalem, S. 126.
15 Diese Formulierung beinhaltet natürlich keinen Freispruch von Schuld. Copjec beschreibt dieses Problem anhand des Zapruder-Films als Spannung zwischen ästhetischem und histori-

Welt von einem anderen als dem eigenen Standpunkt aus vorzustellen, baut sie eine Brücke zwischen historischer und ästhetischer Erfahrung – insofern man ästhetische Erfahrung als etwas versteht, in dem gedankliche Vorgänge sinnlich anschaulich werden.[16] Die Unangemessenheit oder Unstimmigkeit von Eichmanns Äußerungen – ihre unfreiwillige Komik – beurteilen zu können, ist demnach keine Frage abstrakter philosophischer Logik, sondern aufs engste gebunden an die Domäne des ästhetischen Urteils. Im Umkehrschluss wäre es also gerade die Spannung zwischen dem Grauenhaften und dem Komischen, die es erfahrbar zu machen gälte. Eben dies, so meine These, wird in DER LEICHENVERBRENNER möglich.

Abgrund des Zusammenhangs

So wie Arendt Stil und Gegenstand der Bücher De-Nurs beschreibt, fände sich im Protagonisten des LEICHENVERBRENNER, Karl Kopfrkingl, ein begeisterter Leser dieser Werke. Tatsächlich ist in einer jüngeren Rezension, die das Gesamtwerk De-Nurs bespricht, von „Holocaust Pulp Fiction" die Rede, von Büchern, die „den Leser mit grotesken Szenen der Folter, perverser Sexualität und Kannibalismus schockieren".[17] Diese Beschreibung erinnert an die Szene

---

schem Urteilsvermögen, indem sie sich auf Pasolinis Erörterungen zu diesem Film bezieht: "The limited or attenuated form of subjectivity associated with Zapruder's subjective long take goes hand in hand with an inability or refusal creatively to *choose* a camera angle, with an acceptance of the position in which history happens to have placed him. Ironically, this reasoning describes the *subjective spectator* as a mere *passive recorder of events*, a mere *object*, or a *slave of history* who forfeits, as a consequence, all claim to objectivity. To attain the form of subjectivity that Pasolini associates with montage requires the addition of a lens. This is the second irony; the quasi-transcendence of one's historical circumstances here depends not, as one might have expected, on a voluntarist leap beyond one's historical positioning into some ‚abstract and nonnaturalist point of view,' but on the *addition of some material device: a lens or a camera and tape recorder*. The final puzzler is that the picture one might spontaneously form of a spectator standing behind this lens or camera simply does not work as a translation of Pasolini's point, since ‚what the lens sees' (as opposed to what Zapruder subjectively sees) is rendered through point-of-view-shots (in which the one who looks is often included). The lens that produces objectivity must be imagined to be not in front of, but *behind* the spectator. In other words, the filmmaker would have to be a part of the world he viewed through the lens." Joan Copjec: Imagine there's no Woman. Ethics and Sublimation. Cambridge/London 2004, S. 202.
16 Vgl. John Dewey: Art as Experience. London 2005, S. 29–30.
17 David Mikics: Holocaust Pulp Fiction. In: Tablet Magazine, 19. 4. 2012, Quelle: http://www.tabletmag.com/jewish-arts-and-culture/books/97160/ka-tzetnik?all=1, Zugriff am 9. 5. 2018. Übersetzung durch den Autor.

aus Herz' Film, in der die Familie Kopfrkingl einen Jahrmarkt besucht und die ich im Folgenden etwas ausführlicher behandeln möchte.

Die Szene beginnt mit Figurationen mechanischer Bewegung: die Montage kombiniert in rascher Folge rasend schnell sich drehende Scheiben, mechanisches Uhrwerk, unterlegt mit Musik aus der Drehorgel. Indem die Montage einen leichten Kontrapunkt zur Bewegung der Gegenstände ebenso wie zum Rhythmus der Musik etabliert, konstruiert die Szene den fiktionalen Zusammenhang als Gefüge einer musikalischen Komposition, die den Zuschauer in diesen Prozess der Entstehung einbezieht: Das filmische Bild selbst wird zu einer mechanischen Apparatur, welche den Jahrmarkt, der ja seinerseits auf die Attraktion zahlender Kundschaft ausgelegt ist, verdoppelt (Abb. 1–3).

In einem nächsten Schritt fügt die Montage den mechanischen Apparaten in Großaufnahme die freudestrahlenden Gesichter der Familie Kopfrkingl hinzu – freudestrahlend alle mit Ausnahme des Vaters Karl Kopfrkingl, der gelangweilt bis abschätzig auf das muntere Treiben blickt. Schritt für Schritt werden nun weitere Figuren an die diversen Geräte angeschlossen: Menschen auf dem Karussell und an der Schießbude, Menschen mit Ballons und Zuckerwatte. Nun fokussiert sich die Montage zusehends darauf, das Gesicht Kopfrkingls mit der Drehbewegung des Kettenkarussells und der Ansammlung fröhlicher Mienen zu konfrontieren und arbeitet so graduell sein Nicht-Hineinpassen heraus – eine Spannung, die nach Auflösung verlangt. Nachdem sich die Familie eine Gruppe Tänzerinnen angesehen hat (auch hier verfolgt die Inszenierung das Thema der mechanischen Zurichtung von Körpern weiter), folgt der Umschlag der Szenerie. Mit den Worten „Meine Lieben, ich weiß etwas viel Besseres" wendet Kopfrkingl sich um. Es folgt eine Großaufnahme seines Gesichts, das sich zu einem Lächeln wandelt, während er mit den Augen einen Punkt im Off fixiert. Und wie als Antwort auf diesen Blick erfolgt ein Schnitt in der Montage, der Kopfrkingls Lächeln mit den entsetzt aufgerissenen Augen einer alten Dame kontrastiert. Der Zuschauer begreift erst einen Moment später: wir befinden uns im Wachsfigurenkabinett; wie so oft in diesem Film hat der Blickanschluss Raum und Zeit übersprungen, während der innere Monolog des Protagonisten, der die Tonspur dominiert, bruchlos fortgesetzt wurde. Beide, Raum und Zeit, beugen sich, so scheint es, der Logik der Verknüpfung, die in Kopfrkingls Blick bzw. seinen Gedanken angelegt ist (Abb. 4–5).

Die Welt des Films, so legt dieser Schnitt zunächst nahe, richtet sich in der Weise ihres Erscheinens nach dem Begehren dieses Blicks. Doch auch die umgekehrte Lesart ist möglich, nach der das Entsetzen der Frau durch den Blick erst hervorgerufen wird. In dieser Kippfigur liegt der dramatische Konflikt von DER LEICHENVERBRENNER verborgen: Der Abgrund des Zusammenhangs,

Groteske und Banalität — 403

Abb. 1–3: Von der reinen Bewegtheit des Bildes bis zur Einpassung der Zuschauer: Der Jahrmarkt verschränkt das Organische mit dem Mechanischen.

Abb. 4–5: Das Lächeln und der Schrecken.

der sich hier öffnet, blickt tatsächlich zurück,[18] die Blickverbindung wirkt in beide Richtungen. In der ersten Lesart ist keine Differenz zwischen den gedanklichen Operationen des Protagonisten und der Entfaltung der fiktionalen Welt auszumachen. In der zweiten Lesart jedoch wirkt die affektive Intensität des Gegenschusses retrospektiv auf den Blick Kopfrkingls zurück und markiert ihn in seiner Grauenhaftigkeit. Hier gibt es das Vermögen zur Unterscheidung

---

18 „Wer mit Ungeheuern kämpft, mag zusehn, dass er nicht dabei zum Ungeheuer wird. Und wenn du lange in einen Abgrund blickst, blickt der Abgrund auch in dich hinein." Friedrich Nietzsche: Jenseits von Gut und Böse. Vorspiel einer Philosophie der Zukunft. In: ders.: Werke. Kritische Gesamtausgabe. Band 6.2: Jenseits von Gut und Böse. Zur Genealogie der Moral (1886–1887), hg. von Giorgio Colli, Mazzino Montinari. Berlin 1968, S. 3–255, hier S. 98.

zwischen der Welt und einer Sichtweise auf die Welt, hier ist eine Unterscheidung zwischen Gut und Böse noch möglich. Es ist die Spannung zwischen diesen beiden Lesarten, aus der der Film sowohl seine Komik als auch seinen Schrecken bezieht.

Die nun folgende Episode im Wachsfigurenkabinett bearbeitet diesen Konflikt weiter, indem sie eine Pluralität der Perspektiven auf das sich darbietende Geschehen inszeniert. Die „Wachsfiguren", die diverse notorische Mordtaten aus der folkloristischen Überlieferung nachstellen, sind „in Wahrheit" Menschen, Schauspieler – eine Wahrheit, die auf die Wahrnehmungsinstanz der Zuschauer berechnet ist und innerhalb der Fiktion nur von der albernen Närrin erahnt wird, die ständig angsterfüllt davon spricht, wie lebendig all diese Figuren aussehen. Ihr entgegengesetzt ist Kopfrkingl, der als einziger milde lächelnd und professionell interessiert die Nummern des Ansagers verfolgt. Auch hier trennt der Film – auf durchaus subtile Weise – den Blick der Zuschauer (der hier und da ein Blinzeln, ein leichtes Heben und Senken des Brustkorbs oder eine zu lebensechte Geste zu erhaschen vermag) von der Entfaltung der Fiktion: Das Bild behauptet in den kleinen Momenten, in denen es eine abweichende Bewegung einfängt, einen Realitätseffekt, der über die Fiktion hinausgeht und den Zuschauer in seiner konkreten historischen Situation adressiert – jedoch nicht als Verweis auf eine dem Bild vorgängige Wirklichkeit, sondern als Bezug auf die mediale Verortung dieser Situation: auf Bilder, die dem Horrorfilm, illegitimen Groschenheftchen und nicht zuletzt den Dokumentationen des Holocaust zu entstammen scheinen.

Karneval der Geschichte

Die lebenden Wachsfiguren verkörpern das Kippmoment, das den LEICHENVERBRENNER von Grund auf strukturiert – und anhand dieser Figuren wird gut erkennbar, dass es sich dabei um eine Struktur des Grotesken handelt. Das Groteske geht dabei nicht gänzlich in einem Entfremdungseffekt auf, wie Wolfgang Kayser es beschreibt.[19] Die das Groteske kennzeichnende „Doppeldetermination"[20] meint nicht nur die widersprüchliche Konstituierung fiktionaler Wesen; sie bezeichnet hier darüber hinaus einen Konflikt in der Weltwahrneh-

---

[19] „Das Groteske ist eine Struktur. Wir könnten ihr Wesen mit einer Wendung bezeichnen, die sich uns oft genug aufgedrängt hat: das Groteske ist die entfremdete Welt." Wolfgang Kayser: Das Groteske. Seine Gestaltung in Malerei und Dichtung. Tübingen 2004, S. 198.
[20] Friedrich Piel: Die Ornament-Grotteske in der italienischen Renaissance. Berlin 1962, S. 45.

mung, der zumindest potentiell eine Erkenntnis bereithält.[21] Diesem Potential an Erkenntnis möchte ich nachgehen, bevor ich zum Schluss komme.

Michail Bachtin setzt bekanntlich das karnevalistische Weltverhältnis als Grundlage des Grotesken.[22] Der Karneval, so schreibt Bachtin, zeichnet sich aus durch das Prinzip des Wechsels. Der Karneval privilegiere weder das Hohe noch das Niedrige, sondern feiere vielmehr die Austauschbarkeit der Positionen:

> Im Brauch der Erhöhung und Erniedrigung des Karnevalskönigs finden wir den Kern des karnevalistischen Weltempfindens: das Pathos des Wechsels und der Veränderung, des Todes und der Erneuerung. Der Karneval ist das Fest der allvernichtenden und der allerneuernden Zeit.[23]

Im Sinne dieser Ausführungen macht der Film aus dem Buddhismus eine groteske Religion: er interpretiert das Prinzip der Wiedergeburt als karnevalesk, wenn z. B. Kopfrkingl davon spricht, wie die Hauskatze, die soeben die Reste des Weihnachtskarpfens frisst, einst selbst von der Familie als Weihnachtskarpfen verspeist und dann wiedergeboren worden sein mag. Dieses groteske „Weltempfinden", in dem sich alles mit allem verbindet und die dichotomen Trennungen zwischen Mensch und Maschine, innen und außen usw. aufgehoben sind, durchzieht den Film nicht nur in Szenen wie jener im Wachsfigurenkabinett, sondern von den ersten Momenten an; etwa, wenn in der Eröffnungssequenz im Zoo die Stirn Kopfrkingls durch Kadrierung und Montage von seinem Gesicht isoliert und mit dem Fell, den Buckeln und Warzen der Tiere in den Käfigen (Raubkatzen, Schlange, Nashorn, Krokodil) in eine Serie distinkter Oberflächen eingereiht wird. Über diese formale und die inhaltliche Ebene hinaus aber ist DER LEICHENVERBRENNER noch radikaler: Er wendet das Prinzip von Erhöhung und Erniedrigung auch auf seinen zentralen Gegenstand an – die Vernichtung der Juden. Dieses die Grenzen der Vorstellungskraft sprengende Ereignis wird im Film als Satire auf kleinbürgerliche Beschränktheit nachgestellt, als Satire auf eine Art zu denken, die sich ausschließlich aus zirkulierenden Klischees nährt. Nicht dieses Milieu an sich ist grotesk. Das wird es erst, setzt man es ins Verhältnis zu Kopfrkingls größenwahnsinniger Vision, die ganze Welt von ihrem Leiden zu erlösen. Bachtin schreibt: „Der Karneval verei-

---

21 Vgl. Thomas Cramer, der das Groteske mit Blick auf E. T. A. Hoffmann als „Ort der Erkenntnis" bezeichnet. Thomas Cramer: Das Groteske bei E. T. A. Hoffmann. München 1970, S. 63.
22 Michail Bachtin: Literatur und Karneval. Zur Romantheorie und Lachkultur. Frankfurt am Main 1990.
23 Bachtin: Literatur und Karneval, S. 50.

nigt, vermengt und vermählt das Geheiligte mit dem Profanen, das Hohe mit dem Niedrigen, das Große mit dem Winzigen, das Weise mit dem Törichten."[24]

An dieser Stelle nehmen wir den Dialog mit *Eichmann in Jerusalem* wieder auf, und zwar nochmals an der neuralgischen Stelle von Arendts Kommentar zu De-Nur. Wie David Mikics schreibt, ist De-Nur mehrfach als vulgärer Clown beschimpft worden, der unfähig sei, die unvorstellbare Tragödie des Holocaust darzustellen.[25] Was sein Werk jedoch zeige, sei, dass selbst diejenigen, die Auschwitz erlebt und überlebt hätten, keinen direkten Draht zu dieser Erfahrung besäßen. Wie ekelerregend greifbar De-Nur die Schrecken der Todeslager auch schildere, er könne sie doch niemals vollständig enthüllen.[26] Auch wenn Arendt nicht die Absicht verfolgt, dieses Problem zu lösen, so reagiert sie doch auf das Dilemma, das darin enthalten ist. Ihre Antwort ist nun nicht nur der Rückzug in die juristische Domäne, sondern explizit auch der Rückgriff auf die Komik, wenn auch eine verzweifelte. Hierin ist sie schließlich De-Nur möglicherweise näher, als sie meint.

Auf dieser Ebene finden wir nun tatsächlich viele, zum Teil verblüffende Gemeinsamkeiten zwischen Herz' Film und Arendts Bericht in der Beschreibung hermetischer Weltbezüge. So erinnert Eichmanns Unfähigkeit, „einen einzigen Satz zu sagen, der kein Klischee war",[27] sehr an Kopfrkingls monotonen Singsang, der beständig das wiedergibt, was er zuletzt gehört hat, und mit dem die disparatesten Situationen miteinander verbunden werden. Eichmanns „idealistische"[28] Begeisterung für den Zionismus, entflammt durch die Lektüre von Herzls *Der Judenstaat*, hat viel von Kopfrkingls Enthusiasmus für den Buddhismus und dessen Versprechen der Minimierung allen irdischen Leids. Wie Kopfrkingl, so legt auch Eichmann seinen ganzen Ehrgeiz in die Perfektionierung der von ihm verantworteten Abläufe. Während ersterer fortwährend den zeitlichen Vorteil der Kremation gegenüber der Erdbestattung betont (75 Minuten gegenüber 20 Jahren), führte letzterer 1938 in Wien jüdischen Funktionären aus Berlin sein Verfahren der „forcierten Auswanderung" vor:

> Sie waren entgeistert: „... es ist wie ein automatisch laufender Betrieb, wie eine Mühle, in der Getreide zu Mehl zermahlen wird und die mit einer Bäckerei gekoppelt ist. Auf der einen Seite kommt der Jude herein, der noch etwas besitzt, einen Laden oder eine Fabrik oder ein Bankkonto. Nun geht er durch das ganze Gebäude, von Schalter zu Schalter, von Büro zu Büro, und wenn er auf der anderen Seite herauskommt, ist er aller Rechte be-

---

24 Bachtin: Literatur und Karneval, S. 49.
25 Vgl. Mikics: Holocaust Pulp Fiction.
26 Vgl. Mikics: Holocaust Pulp Fiction.
27 Arendt: Eichmann in Jerusalem, S. 125.
28 Arendt: Eichmann in Jerusalem, S. 117.

> raubt, besitzt keinen Pfennig, dafür aber einen Paß, auf dem steht: ‚Sie haben binnen 14 Tagen des Land zu verlassen, sonst kommen Sie ins Konzentrationslager.'"[29]

Dass dieses Prinzip der Automatisierung seine logische Konsequenz in der Vernichtungsmaschinerie erreichte, muss nicht betont werden. Weder Arendts Buch noch DER LEICHENVERBRENNER zielen auf eine Bewältigung des Holocaust ab. Wenn Arendt jedoch am Ende das Scheitern des Denkens angesichts der Banalität konstatiert, bzw. ihren eigenen Richtspruch formuliert, belässt Herz' Film es nicht beim Grauen des Holocaust. Zwar greift gegen Ende des Films mehr und mehr der Schrecken um sich, zwar kürzt Kopfrkingl selbst die Mordprozedur ab, wenn er nach seinem Sohn und seiner Frau auch seine Tochter umbringen will, und zwar endet der Film in einem weißen Bild, das den Raum der fiktionalen Welt auslöscht – doch ist dieses Weiß nicht der sich durchsetzende, gebührende Ernst angesichts der unermesslichen Ausmaße des Geschehens. Vielmehr handelt es sich um das Übermächtigwerden der Vision des Potala-Palasts, dem Sitz des Dalai Lama; es ist das Ineinsfallen von Grauen und albernem Größenwahn und weder nur das eine noch ausschließlich das andere. Ebenso wie der alberne Größenwahn schreckliche Züge annimmt, wird das Grauen zu einer komischen Angelegenheit. In diesem grotesken Zusammenfallen erfüllt sich der Karneval: es handelt sich buchstäblich um die Koinzidenz von Tod und Wiedergeburt.

Schluss

> Auf die Aufforderung des freien Senders von Radio Prag vernichteten Hunderttausende namenloser und unbekannter Menschen am Freitagabend Straßenschilder und Platzbezeichnungen in der okkupierten Stadt, es verschwanden auch die Nummernschilder der Häuser. Mancherorts gibt es sogar keine Namensschilder der Mieter mehr. Prag hat keine Wassergasse, keinen Kaiserplatz mehr, in Prag sind Namen und Nummern ausgestorben. Prag ist für ungeladene Gäste eine tote Stadt.[30]

Welchen Sinn mag es haben, das oben beschriebene Ende des Films durch einen Epilog zu ergänzen, in dem sowjetische Panzer durch Prag rollen? Der Einmarsch der Truppen des Warschauer Pakts verdoppelt in gewisser Weise die Invasion, die den Hintergrund für das Geschehen in DER LEICHENVERBRENNER

---

29 Arendt: Eichmann in Jerusalem, S. 121.
30 Lidová demokracie, 5. Sonderausgabe, 24. 08. 1968, zit. nach: Werner Marx/Günther Wagenlehner (Hg.): Das tschechische Schwarzbuch. Die Tage vom 20. bis 27. August 1968 in Dokumenten und Zeugenaussagen. Stuttgart 1969, S. 177.

abgibt. Und schon diese Verdopplung allein, diese Art der Wiederholung von Geschichte hat einen grotesken Beigeschmack: Gerade wenn man die Inkommensurabilität des sich an die erste Invasion anschließenden Geschehens berücksichtigt, bleibt einem angesichts der neuerlich durch Straßen rollenden Panzer nurmehr ein bitteres Lachen. Aufgabe der Kunst wäre es, dafür zu sorgen, dass dieses Lachen nicht in Resignation erstirbt, sondern seinen karnevalesken Geist bewahrt. Die Namenlosigkeit der Straßen Prags in den Tagen nach dem Einmarsch der Truppen des Warschauer Pakts ist ein Fanal des passiven Widerstands. Zugleich jedoch ist es eine Rekonfiguration der sinnlichen Ordnung, nach der gesellschaftliches Miteinander sich vollzieht. Die „tote Stadt" stellt dadurch die Bedingungen einer neuen Lebendigkeit bereit. In seinen besten Momenten ist das Kino in der Lage, eine solche Neuordnung der Parameter unserer historischen Existenz in Gang zu setzen. DER LEICHENVERBRENNER ist der einzige Film aus seiner Filmografie, von dem Juraj Herz sagt, er sei so geworden, wie er gedacht gewesen sei (mit Ausnahme eben des verlorenen Epilogs).[31] Was auch immer das Jahr 1968 bezeugt, es zeugt in jedem Fall von der Möglichkeit, einen solchen Film zu machen – auch eingedenk dessen, was verlorenging. Und das sagt vielleicht genug.

Literaturverzeichnis

Adorno, Theodor W.: Kulturkritik und Gesellschaft [1951]. In: ders.: Gesammelte Schriften. Band 10.1: Kulturkritik und Gesellschaft I, hg. von Rolf Tiedemann. Frankfurt am Main 1977.
Arendt, Hannah: Eichmann in Jerusalem. Bericht von der Banalität des Bösen. München/Berlin/Zürich 2017.
Bachtin, Michail M.: Literatur und Karneval. Zur Romantheorie und Lachkultur. Frankfurt am Main 1990.
Copjec, Joan: Imagine There's No Woman. Ethics and Sublimation. Cambridge/London 2004.
Cramer, Thomas: Das Groteske bei E. T. A. Hoffmann. München 1970.
Dewey, John: Art as Experience. London 2005.
Kayser, Wolfgang: Das Groteske. Seine Gestaltung in Malerei und Dichtung. Tübingen 2004.
Košuličová, Ivana: Drowning the Bad Times. Juraj Herz Interviewed. In: Kinoeye 2 (2002), Issue 1. Quelle: http://www.kinoeye.org/02/01/kosulicova01.php (10. 5. 2018).
Lindeperg, Sylvie: Der Eichmann-Prozess in Bildern und Vorstellungen. In: Delia González de Reufels et al. (Hg.): Film als Forschungsmethode. Produktion – Geschichte – Perspektiven. Berlin 2018, S. 53–65.
Marx, Werner/Wagenlehner, Günther (Hg.): Das tschechische Schwarzbuch. Die Tage vom 20. bis 27. August 1968 in Dokumenten und Zeugenaussagen. Stuttgart 1969.

---

31 Vgl. Ivana Košuličová: Drowning the Bad Times. Juraj Herz interviewed. In: Kinoeye 2 (2002), Issue 1. Quelle: http://www.kinoeye.org/02/01/kosulicova01.php, Zugriff am 10. 5. 2018.

Mikics, David: Holocaust Pulp Fiction. In: Tablet Magazine, 19. 4. 2012, Quelle: http://www.tabletmag.com/jewish-arts-and-culture/books/97160/ka-tzetnik?all=1. (09. 05. 2018).

Nietzsche, Friedrich: Jenseits von Gut und Böse. Vorspiel einer Philosophie der Zukunft. In: ders.: Werke. Kritische Gesamtausgabe. Band 6.2: Jenseits von Gut und Böse. Zur Genealogie der Moral (1886–1887), hg. von Giorgio Colli, Mazzino Montinari. Berlin 1968, S. 3–255.

Piel, Friedrich: Die Ornament-Grotteske in der italienischen Renaissance. Berlin 1962.

Stein, Peter: „Darum mag falsch gewesen sein, nach Auschwitz ließe kein Gedicht mehr sich schreiben." Widerruf eines Verdikts? Ein Zitat und seine Verkürzung. In: Weimarer Beiträge 42 (1996), Heft 4, S. 485–508.

Filmografie

SPALOVAČ MRTVOL. Reg. Juraj Herz. CSSR 1969.

Daniel Illger
Die Freiheit der Untoten

Sergio Corbuccis IL GRANDE SILENZIO und George A. Romeros
NIGHT OF THE LIVING DEAD

I

Wenn einer auf sein Pferd steigt und losreitet, die Grenzen der väterlichen Farm, der schützenden Siedlung zurücklässt, ins Fremde und Ungewisse sich begibt, dann ist das ein Versprechen auf Abenteuer – Abenteuer für den Helden, aber auch für die Zuschauerinnen und Zuschauer, die seinen Ritt begleiten, im Kinosessel vor der Leinwand, auf dem Sofa vor dem heimischen Bildschirm (oder meinetwegen im Bett, den Laptop vor der Nase). Unzählige Bilder aus unzähligen Western steigen auf, wenn wir uns einen solchen Ritt vergegenwärtigen; Bilder aus sogenannt ‚klassischen' und ‚post-klassischen', ebenso wie aus Italo-Western. Aber vielleicht ist es am Ende immer nur *ein* Bild, das seinen Ursprung hat in einer Fantasie, die alles verschmilzt, was die Sehnsucht zu sehen wünscht. Denn um Sehnsucht geht es hier ja: In alle Richtungen offen ist das Land, offen bis zum Horizont, ein lauer Wind weht über die Steppe, die Prärie, kühlt die schweißnasse, sonnenverbrannte Haut, in der Ferne erheben sich Hügel oder Berge, und über allem wölbt sich ein Himmel, so unfassbar weit und gewaltig, dass man meinen könnte, Gott selbst halte seine Zipfel.

Ist das nicht der Gegenentwurf zu unseren kleinen, alltäglichen Wegen? Von der Wohnung ins Büro und zurück in die Wohnung, vielleicht mit einem Zwischenstopp beim Supermarkt, und wenn's hoch kommt, geht es abends noch in die Kneipe oder eben ins Kino. So ist das. Tagein, tagaus. Von Weite und Offenheit keine Spur. Selbst unsere Reisen drohen ja, auf knallvollen Stränden zu enden, die das Lebensgefühl einer U-Bahnfahrt zur Hauptverkehrszeit ans Meer übertragen.

So kann man behaupten, dass in der Bewegungsidee des Western eine Utopie steckt. Vielleicht nicht unabhängig davon, was dieses Genre ‚inhaltlich sagen' will, aber eben auch nicht im Einklang mit etwaigen Botschaften. Um es kurz zu machen: Nicht einmal die Tatsache, dass der Typus des wortkargen, schnellziehenden, ebenso harten wie aufrechten Cowboys in mancherlei Hinsicht eher das Gegenteil von offenen Horizonten verkörpert – unterliegt sein Wesen doch einer zwar a-psychologischen, dafür aber bis zur Unabänderlichkeit hartnäckigen Stasis –, ändert etwas daran, dass das Versprechen der ganz großen Freiheit mit jedem Ritt sich erneuert. Nie erfüllt es sich, nie wird es gebrochen; stattdessen bleibt es in der Schwebe der Verheißung.

Was aber, wenn so ein Western-Ritt nicht in die Weite der offenen Horizonte und großen Freiheiten führt, sondern ... nirgendwohin? Vielleicht ist dies das Erste, was sich über Sergio Corbuccis IL GRANDE SILENZIO sagen lässt: Wir haben es hier mit einem Film zu tun, in dem niemand je vom Fleck kommt. Das liegt keineswegs daran, dass hier zu wenig geritten würde. Im Gegenteil, schon während des Vorspanns begleiten wir Silence, den Helden des Filmes, auf einem Ritt. Er führt durch eine verwunschene Winterwelt, die mit manichäischer Strenge in das Weiß des Schnees und das Schwarz der Bäume geschieden ist – Fichten und Tannen sind das, immergrüne Bäume, deren Nadeln aber von Schnee bedeckt sind, sodass ihre Stämme und Äste wie dürre Gerippe wirken. Anfangs scheint es, als würde Silence einer Art Pfad folgen, aber bald verliert sich dieser Pfad – wenn es ihn je gegeben haben sollte – im Tiefschnee. Immer weiter sinkt das Pferd ein, immer mühsamer, gequälter werden seine Bewegungen, bis es schließlich zusammenbricht; sein Reiter kommt neben ihm zum Liegen, umgeben von weißem Nichts, und eigentlich kann man sich kaum vorstellen, dass einer von beiden jemals wieder aufstehen wird.

Kurz zuvor noch hat sich Silence mit Leichtigkeit einer Handvoll Kopfgeldjäger entledigt, die ihm auflauerten. In einer rasenden Schnittfolge, wie man sie in Italo-Western häufiger bewundern darf, wechselten Einstellungen von Silence' halbautomatischer Pistole (einer Mauser C96) mit jenen seiner fallenden Gegner. Danach ist die Sache klar: Unser Held zieht und schießt tatsächlich schneller, als man gucken kann. Dass so einer wenige Minuten später vom Pferd in den Schnee fällt, ist eigentlich ein Unding. Ein Moment gehobener Irritation, sozusagen, der beinah zwangsläufig ins Komische kippen sollte. Dass er dies nicht tut, liegt zuvörderst an der Inszenierung der schneeverwehten Wildnis: Man fragt sich, wo Silence herkommt und wo er hinwill; das Gleiche fragt man sich bezogen auf die Kopfgeldjäger, die ihm einen Hinterhalt stellen, und die Gruppe Gesetzloser, die buchstäblich aus dem Nichts auftaucht und Silence für seine Tat entlohnt. Sämtliche Figuren scheinen ortlos in der Winterwelt, zugleich unauflöslich mit ihr verbunden. Sie müssen sich einhausen dort, wo ganz offensichtlich kein Ort, keine Heimat zu finden ist, sondern nur der fremde, kalte Tod, als gäbe es kein Außen, könnte gar kein Außen geben, als sei diese Welt, in einem radikalen Sinn, alles, was da ist. Nicht zuletzt hierher rührt der Eindruck des Hermetischen und der Verlorenheit, welcher Silence' Sturz in all seiner Beiläufigkeit die Wucht eines existentiellen Unheils verleiht.

Wissen die Zuschauerinnen und Zuschauer bereits an dieser Stelle, dass es für den Helden kein glückliches Ende geben kann? Natürlich nicht. Aber vom Finale des Films her, der bekanntlich in einem Massaker an allem mündet, was irgend auf der Seite von Anstand, Güte und Gerechtigkeit steht, wirkt es so, als sei ebenjenes Finale bereits in den Bildern des Pferdes, das mitsamt seinem Reiter im Tiefschnee zu Fall kommt, enthalten gewesen. Vielleicht kann man sagen, dass die Zuschauer dann – wenn die filmische Welt sich vollends aufgefaltet und ihre Gesetzmäßigkeiten enthüllt hat – immer schon gewusst haben werden, dass es so und nicht anders kommen musste.

Damit ist die Idee einer Zeitlichkeit angesprochen, die IL GRANDE SILENZIO von Anfang bis Ende durchdringt. Es geht hier um einen Film, also versteht sich fast von selbst, dass diese Idee von Zeitlichkeit stets auch in räumlichen Verhältnissen ihren Ausdruck findet. Wobei man in diesem Fall eher von räumlichen Nicht-Verhältnissen sprechen müsste. Denn wie verhält sich etwa das Wirtshaus von Miguels Mutter, in dem der Kopfgeldjäger Charlie ihren Sohn erschießt, zu jenem anderen Wirtshaus, das Silence aufsucht, um, von der Mutter beauftragt, Rache zu nehmen an Charlie? Wie verhält sich der kleine Friedhof bei der Postkutschenstation, wo Miguels Mutter zum ersten Mal auf Silence trifft, zu jenem anderen Friedhof, den Pauline zusammen mit den Saloonhuren aufsucht, um ihren Mann zu bestatten? Und wie verhalten sich all diese Orte zu Snow Hill, dem zentralen Schauplatz des Films? Es mag sein, dass man handlungslogisch rekonstruieren kann, warum die Figuren mal an dem einen, mal an dem anderen Ort sich aufhalten. Es mag sogar sein, dass man vage Bewegungslinien ziehen kann, die die verschiedenen Orte miteinander verbinden. Das ändert aber nichts daran, dass es sich immer um dasselbe Wirtshaus, denselben Friedhof zu handeln scheint, da die Orte, die den jeweiligen Raumtypen zugehören, auch jeweils gleich aussehen und im gleichen Gestus inszeniert sind – was sie im Übrigen mit den Ritten und Postkutschenfahrten gemein haben, die (vorgeblich) von einem Ort zum anderen führen und ihrerseits stets im gleichen Gestus inszeniert sind: Totalen und Supertotalen zeigen eine endlos weite, endlos leere, kalte und feindliche Winterwelt, in der alles Leben auf verlorenem Posten steht.

Ebenso, wie man vom Ende des Films her immer schon gewusst haben wird, dass Silence' Sturz seinen Untergang ankündigt, offenbart sich im Rückblick ein Wissen, das von Anfang an in die Gestaltung jener Winterwelt eingeschrieben war: Alle Orte sind wie eingekapselt, verschmelzen darin miteinander, sind zugleich unendlich getrennt durch eine Weite, die in ihrer Grenzenlosigkeit nur isolieren, nicht verbinden kann, sodass sämtliche Bewegungen von Mensch und Tier in ihr seltsam ziel-, richtungs- und sinnlos wirken.

Das Wissen, das sich in diesen raum-zeitlichen Konfigurationen ausdrückt, betrifft die Frage, wem in IL GRANDE SILENZIO so etwas wie Handlungs- und Gestaltungsmacht zukommt. Es zeigt sich (hat sich immer schon gezeigt), dass nicht Silence über die Filmwelt herrscht; auch nicht die Kopfgeldjäger, die Gesetzlosen oder Gideon Burnett, der gleichermaßen trottelige wie tapfere Sheriff;

und noch weniger der Gouverneur, der eine Amnestie erlassen will, oder Henry Pollicut, der – als Ladenbesitzer, Friedensrichter und Bankier in Personalunion – das Establishment von Snow Hill ziemlich buchstäblich verkörpert. Nein, Schnee und Kälte, Weite und Leere sind die Herren dieser Welt. Wer hier überleben will, tut es von ihren Gnaden; und nur solange, wie er sich ihrem Gesetz unterwirft.

Silence beugt sich diesem Machtanspruch nicht. Oder nicht in ausreichendem Maße. Als er ein Junge war, erschossen Kopfgeldjäger seine Eltern und zerschnitten ihm selbst die Stimmbänder. Seitdem ist er, der Stumme, sozusagen ein Kopfgeldjäger zweiter Ordnung: Er nimmt Geld dafür, dass er Kopfgeldjäger jagt. Dabei wartet er jedoch stets, bis seine Beute die Pistole zieht, ehe er selbst zur Waffe greift. Somit tötet er, wenn man so will, nur in Notwehr – wobei gesagt sein muss, dass es nicht allzu weit her ist mit dieser Notwehr, da Silence diejenigen, die er erschießen will, im Zweifelsfall so lange provoziert, bis sie das Duell gegen ihn wagen. Handelt er so, weil er auf der Seite des Rechts stehen möchte? Weil er die Konsequenzen fürchtet, wenn er als Lynchmörder sich betätigt? Oder weil er irgendwelchen fadenscheinigen moralischen Ansprüchen zu genügen sucht? Jedenfalls verzeiht ihm die Winterwelt diese Halbherzigkeit nicht. Hier liegt der Grund für sein Scheitern.

Aus ganz anderem Holz geschnitzt ist Loco (oder, je nachdem, welche Fassung des Films man schaut, Tigrero), der Anführer der Kopfgeldjäger. Auch wenn er von Klaus Kinski gespielt wird, ist Loco ja nicht eigentlich irre. Sondern vielmehr pragmatisch – in dem Sinn, dass er eine Mimikry an die eisigtödliche, erbarmungslose Winterwelt vollzieht, die ihn umgibt, sich ihrem Gesetz so sehr angleicht, dass er gleichsam eine Symbiose mit ihr eingeht. Dabei sind Loco sogenannt menschliche Regungen nicht völlig fremd. Nachdem Burnett ihn vor den Gesetzlosen beschützt hat, bietet er dem Sheriff immerhin ein Bündnis an. Als dieser das Angebot jedoch schroff ausschlägt, versenkt ihn Loco wenige Minuten später in einem vereisten See; ein Pragmatiker eben. Danach reitet er zu der Hütte, in der seine Kopfgeldjäger-Kumpane untergekrochen sind, und spätestens jetzt kann man erkennen (wird man erkannt haben), dass Loco im Kampf gegen Silence die Oberhand behalten muss, denn sein Pferd sinkt kein einziges Mal in den Schnee ein. Vielmehr öffnet ihm die Winterwildnis alle Wege, und sogar der Himmel klart vorübergehend auf.

So ist das überaus gründliche Reinemachen, mit dem IL GRANDE SILENZIO endet, ein Ereignis, gegen das sich zwar jeglicher Sinn für Recht und Gerechtigkeit empört, das aber vollkommen im Einklang steht mit dem Weltgesetz, das den Film beherrscht. Denn diese Welt kennt eben nur Schwarz und Weiß, Unterwerfung oder Vernichtung, Töten oder Getötet-Werden. Ihre Zeitlichkeit ist so gesehen eine, die Silence, Sheriff Burnett, die Gesetzlosen – alle, die da verloren durch den Schnee irren – als lebende Leichen oder, nach einem Wort von Eugen Leviné, des Führers der Münchener Räterepublik, als ‚Tote auf Urlaub' zeigt. Sie sind immer schon gestorben, wissen es nur noch nicht. Somit ziehen sie ihre Kreise: vom Nichts ins Nichts.

II

Ein anderes Genre, eine andere Bewegungsidee. Wer sich im Horrorfilm auf den Weg macht, endet meist in irgendeiner Form von Gefängnis. Da spielt es letztlich keine Rolle, ob das Ziel die „Hütte im Wald" ist oder ein fremder Planet, oder man einen Camping-Ausflug oder eine Höhlenexkursion plant, nach Transsylvanien reisen oder schlicht in ein anderes Haus einziehen will. Aufbrüche, Abbrüche und Umbrüche aller Art werden im Horrorfilm still gestellt, damit sich in der Enge klar begrenzter Räume das Grauen breitmachen kann. George A. Romeros NIGHT OF THE LIVING DEAD bildet da keine Ausnahme. Hier wird den Zuschauerinnen und Zuschauern sogar nur das Ende der Bewegung gezeigt: Nach stundenlanger Fahrt kommen die Geschwister Barbara und Johnny zu dem abgelegenen Friedhof, wo ihr Vater begraben liegt. Noch ehe die beiden das Auto verlassen haben, ärgert sich Johnny über den sentimentalen Unfug, der – in Gestalt des mütterlichen Wunsches – ihn und Barbara alljährlich dazu zwingt, diese lange, mühselige Fahrt anzutreten. Sehr bald jedoch taucht der erste Zombie auf, und Johnny hat ganz andere Sorgen. Oder gar keine Sorgen mehr, wie man's nimmt.

Wenn man sich anschickt, über NIGHT OF THE LIVING DEAD zu schreiben, beginnen die Sorgen hingegen just in diesem Moment: mit dem Auftauchen des ersten Zombies. Was um Himmels Willen soll man noch sagen über diesen Film und das Monster, dem er nach gängiger Lesart einen Platz in der Populärkultur bereitet hat? Einen Platz freilich, den der Zombie recht zögernd eingenommen und der sich erst Jahrzehnte später als Platz an der Sonne oder, wohl das treffendere Bild, an den Fleischtöpfen erwiesen hat.

Da können die Gedanken leicht abschweifen. Vielleicht versucht man sich zu erinnern, wie das war, als Zombies noch im Ruf standen, eine jugendgefährdende Geschmacksverirrung zu sein. Vielleicht fragt man sich auch, wann und wie genau der weltweite Siegeszug der menschenfressenden Untoten eigentlich begann: mit Zack Snyders Remake von Romeros zweitem Zombie-Film, DAWN OF THE DEAD (ZOMBIE, USA/I 1978 bzw. USA/CDN/J/F 2004)? Oder noch früher, vielleicht mit Danny Boyles 28 DAYS LATER (GB 2002)? Oder nahm er in einem anderen Medium seinen Ausgang, etwa in Capcoms RESIDENT EVIL-Reihe, deren erster Teil 1996 für die PlayStation erschien?

Aber da hilft kein Ablenkungs- oder Ausweichmanöver: Der Blick auf NIGHT OF THE LIVING DEAD ist hoffnungslos verstellt durch alles, was wir immer schon über den Film wissen (auch ein Typus von Zeitlichkeit), und der Gedanke, dass Zombies etwa allegorisch für die Schrecken des Vietnamkrieges, kapitalistische Konsumexzesse oder eine entfremdete Arbeitswelt stehen, hat etwa den Neuigkeitswert der Behauptung, die Erde sei rund.

Was also tun? Ich will versuchen, zunächst einmal gar nicht danach zu fragen, was Romeros Werk oder der Zombie als solcher bedeuten mögen, sondern dabei bleiben, was uns NIGHT OF THE LIVING DEAD zu sehen gibt. Dann eröffnet sich eine zumindest für mich überraschende Einsicht. In dieser Perspektive nämlich ist der Gegenstand des Films die Entstehung der Zombie-Figur.

Der erste Untote, dem Barbara und Johnny auf dem Friedhof begegnen, ist ja nicht sehr zombiehaft. Das beginnt mit der Art, wie er sich bewegt. Anfangs ist sein Gang etwas zu geschmeidig für das, was man von einem Romero-Zombie erwartet, erinnert eher an das gemächliche Schlendern eines älteren Herrn, der in der Nacht zuvor vielleicht einen über den Durst getrunken hat. Später dann, wenn er Barbara verfolgt, bewegt er sich deutlich schneller, als er (qua Zugehörigkeit zur Klasse der ‚Romero-Zombies') eigentlich dürfte, bringt immerhin einen schwungvollen, wenngleich ein wenig ungelenken Laufschritt zustande. Nicht sehr zombiehaft ist vor allem das Verhalten des Untoten. Nachdem er Johnny niedergerungen und dieser – beim Zusammenprall mit einem Grabstein – das Bewusstsein, wenn nicht das Leben verloren hat, denkt der Friedhof-Zombie gar nicht daran, das zu tun, was man eigentlich von Seinesgleichen erwarten würde. Sprich, er macht keine Anstalten, Johnny in Stücke zu reißen und sein Fleisch zu verschlingen. Stattdessen fühlt er sich, vielleicht inspiriert von seiner Umgebung und dem dekorativ dräuenden Gewitter, dazu veranlasst, Jagd auf Barbara zu machen – als wäre er ein gotischer Schurke, den seine ästhetische DNA darauf verpflichtet, jungen Frauen nachzustellen.

Die Untoten, mit denen sich Ben herumschlägt, wenn er im weiteren Verlauf von NIGHT OF THE LIVING DEAD um die Verteidigung des Landhauses bemüht ist – nicht unähnlich dem Cowboy, der sich hinter Planwagen verschanzt oder dem Kavalleristen, dessen Fort belagert wird –, sind ebenfalls nicht ganz das, was man aus heutiger Sicht erwartet. Sie sehen zwar mitunter schon aus wie lebende Leichen und haben auch bereits den schlurfenden, schlurrenden Gang. Eines aber fehlt. Und das betrifft ihre Zahl. Diese Zombies treten nämlich zunächst in Kleingruppen auf.

Erst nachdem Ben zum ersten Mal das Gewehr benutzt hat, um durch die verrammelten Fenster einen Untoten zu erschießen – da ist NIGHT OF THE LIVING DEAD ziemlich genau zur Hälfte vorbei –, sieht man Bilder der Zombie-

Horde; als hätte sie der Schusslärm herbeigelockt, innerhalb weniger Sekunden, wohlgemerkt, oder Ben hätte eine Eskalationsspirale in Gang gesetzt, indem er zum Gewehr griff. Sehr ikonisch wirken die Bilder dieser noch recht kleinen Zombie-Horde. In einer Totalen fängt die Kamera sie ein, wie sie durch das knöchelhohe Gras wanken, unter tief herabhängenden Zweigen hindurch, oder angestrahlt von einem Scheinwerfer, der sich hinter einem Baum verbirgt. Darauf folgen nahe oder halbnahe Einstellungen, die die Zombies in Romerotypischer Manier individualisieren: Manche sind nackt oder in Nachthemden gehüllt, andere tragen Alltags- oder Arbeitskleidung, wieder andere (man entdeckt sie eher im Hintergrund) lassen sich Anzüge oder Kleider stehen; eine Frau, die bereits recht verwest aussieht, klaubt eine Raupe von einem Baumstamm und verspeist sie.

Damit bekommt das Publikum – man verzeihe den Kalauer – gleichsam einen Vorgeschmack auf das, was etwa eine halbe Stunde später folgt. Dann sind Romeros Zombies endlich angekommen, bei sich selbst und dem Bild von ihnen, das sich fünfzig Jahre später verfestigt hat; dann nämlich fallen sie über die Leichen von Tom und Judy her, die in dem explodierenden Truck ums Leben kamen: Da wird geschmatzt und gefaucht, da balgt man sich um ein Stück Darm, da werden Zähne in Innereien und abgetrennte Extremitäten geschlagen – in einer Szene, die wohl heute noch Grauen und Abscheu erregen kann, wenn es uns gelingt, für einen Moment die Gewohnheit abzustreifen, den Zombie als eine Art populärkulturelle Allzweckwaffe zu betrachten, um die Ungeheuerlichkeit, dass da tote Menschen andere tote Menschen verschlingen, als solche zu würdigen.

Parallel zu der langsamen Enthüllung des Zombies als Archetypus des modernen Horrorfilms, die sich ja ganz auf der Ebene der Inszenierung zuträgt, findet in NIGHT OF THE LIVING DEAD ein innerdiegetisches Dénouement statt, das ebenfalls der Figur des Zombies gilt und, von den Überlebenden im Landhaus kommentiert, an einen Durchlauf der Medien des Erzählens gebunden ist. Es beginnt damit, dass Ben und Barbara einander von ihren ersten Begegnungen mit den Zombies erzählen (die sie freilich nicht so nennen; Ben sagt „those things"); dann kommt das Radio, schließlich ein Fernseher.

Im Radio ist anfangs von Massenmorden die Rede, welche „a virtual army of unidentified assassins" begangen hätte; die Täter seien gewöhnliche, einer Art Trance verfallene Leute. Später heißt es, die Täter sähen zwar aus wie Menschen, würden sich aber wie Tiere benehmen. Das Wort „monster" fällt. Dann, gewissermaßen als *afterthought*, verkündet der Radiosprecher recht unvermittelt, offenbar seien einige der Opfer teilweise von ihren Mördern verschlungen worden. Als nächstes kommt ein Bulletin aus Cumberland, Maryland, welches bestätigt, dass in allen (nicht etwa in manchen) Fällen die Leichen der Opfer aufgegessen worden seien.

Wenn schließlich der Fernseher angeht, verbinden sich zwei gegenläufige Entwicklungen in der Erklärung jener rätselhaften, kannibalischen Massenmorde: Die eine rückt die Bedrohung, zumal aus heutiger Sicht, ins Abstruse bis Lächerliche, indem das Verhalten der Täter mit radioaktiver Strahlung von der Venus in Verbindung gebracht wird; die andere offenbart nun endlich den Kern der populärkulturellen Wahrheit, bestätigt der Zivilschutz aus Washington doch, dass die unbegrabenen Toten aufstehen, um die Lebenden zu essen. Passend dazu ist bald von „ghouls" die Rede, die man töten könne, wenn man ihnen eine Kugel in den Kopf schieße oder ihren Schädel einschlage (die Erklärung hierfür ist, dass die geheimnisvolle Venusstrahlung das Gehirn aktiviere).

Man kann also sagen, dass NIGHT OF THE LIVING DEAD im Wesentlichen damit befasst ist, den Zombie überhaupt erst sichtbar zu machen: ein annähernd achtzigminütiger Prozess, der sich als Auffaltung der filmischen Welt, als Etablierung des Gesetzes dieser Welt vollzieht. So als wäre es nötig gewesen, die verschiedenen Entwicklungsstufen zu durchlaufen, ehe man begreifen konnte, was das ist: ein Zombie. (Und was er eben nicht ist: ein Monster des Gothic Horror oder der Arbeitssklave eines Voodoo-Schwarzmagiers.) Dabei findet eine Engführung zwischen den Bildern des Films und dem Wissensstand der Protagonisten statt, als wäre mit den Grenzen des Wissens auch ein Regime der Sichtbarkeit installiert und Romero hätte sich entschieden, den Zuschauerinnen und Zuschauern nur das zu zeigen, was zum jeweiligen Zeitpunkt in den Bereich des Wahrnehmbaren gerückt ist. Zugleich wird in diesem Prozess, der ja auch eine Radikalisierung hin zu immer Undenkbarerem und Unzeigbarerem markiert, erst fasslich, worin die Relevanz, das Bitter-Zeitgenössische des Zombies bestehen mag.

III

Und was ist es nun, das Zeitgenössische von IL GRANDE SILENZIO und NIGHT OF THE LIVING DEAD? Wie fügen sich die Filme ein in die vielen Erzählungen von '68? Um es ein bisschen robuster auszudrücken: Haben sie eine politische Stoßrichtung? Und wenn ja, welche? Bei Romero scheint der Fall klar zu sein. Das liegt nicht nur daran, dass wir uns den Zombie kaum noch anders denken können denn als kapitalismuskritische Allegorie. Es liegt vor allem daran, dass hier erstmals in der Geschichte des US-amerikanischen Kinos mit Duane Jones ein Schwarzer eine Hauptrolle übernahm, die nicht darauf angelegt war, von einem Schwarzen gespielt zu werden. Wenn die entsprechende Figur, Ben, dann von einer weißen Miliz ‚als Zombie' erschossen wird, ist die antirassistische Botschaft so deutlich, dass man sogar zögert, von einem Subtext zu sprechen. So eine verbreitete Lesart, die natürlich nicht falsch ist.

Sie greift aber vielleicht zu kurz. Zumindest war ich beim Wiedersehen von NIGHT OF THE LIVING DEAD doch sehr überrascht, wie wenig der vielbeschworene ideologiekritische Subtext des Films diskursiv verhandelt wird; ganz anders als etwa in DAY OF THE DEAD ZOMBIE 2 – DAS LETZTE KAPITEL (USA 1985), dem dritten Teil von Romeros erster Zombie-Trilogie, der sich als (bluttriefendes) Lehrstück über die verheerenden Konsequenzen von Sexismus, Rassismus und Militarismus darbietet. In NIGHT OF THE LIVING DEAD hingegen gibt es auf der Dialogebene keinen, noch einmal: nicht einen, Hinweis auf Bens Hautfarbe. Selbst wenn Ben dem ebenso schwächlichen wie machohaften Harry Cooper unmissverständlich klar macht, dass er, Ben, der Boss sei und Cooper ihm zu gehorchen habe, kommt sie nicht, die erwartete Antwort: „I don't take orders from no nigger!" – ein Satz, von dem man meint, ihn Dutzende Male gehört oder gelesen zu haben, in Filmen, Romanen, Fernsehserien; ein Satz, der, gerade weil er unausgesprochen bleibt, wie in Leuchtschrift über die Bilder von NIGHT OF THE LIVING DEAD geschrieben scheint. Aber, wie gesagt, sie bleibt aus, die rassistische Zurechtweisung. Cooper fügt sich.

Des Weiteren stimmt es zwar, dass die zombiejagende Miliz – und die Tatsache, dass deren Anführer, Sheriff McClelland, wie zu einem Jagdausflug ausstaffiert ist, sagt bereits einiges über die politische Ambivalenz der ganzen Unternehmung – Ben niederschießt, ohne den kleinsten Versuch zu unternehmen, sich darüber zu vergewissern, dass der Mann da im Landhaus tatsächlich ein Untoter ist. Aber Romero inszeniert den Tod von Ben eben so, dass zugleich völlig klar ist: Der Milizionär drückt bereits ab, ehe er erkennen kann, ob es sich bei dem vermeintlichen Zombie um einen Schwarzen oder einen Weißen handelt.

Damit will ich nicht behaupten, dass der Rassismus (und die Kritik an ihm) nicht da wäre in NIGHT OF THE LIVING DEAD. Aber er ist es als eine gespenstische Abwesenheit, die die Zuschauerinnen und Zuschauer beständig mit ihren eigenen Erwartungen, ihrem Wissen und ihren Ängsten füllen. Das trägt maßgeblich bei zu der Atmosphäre beklemmender Ausweglosigkeit, die NIGHT OF THE LIVING DEAD erfüllt und dafür sorgt, dass Romeros Debüt in mancherlei Hinsicht der unheimlichste, sicherlich aber der bedrückendste aller Zombiefilme geblieben ist. Denn das Gefühl, es gäbe da etwas Wesentliches, vielleicht Entscheidendes, alles Bestimmendes, was immer knapp unter der Oberfläche verbleibt, niemals wirklich benannt, niemals ausgesprochen wird – dieses Gefühl durchdringt NIGHT OF THE LIVING DEAD ja nicht nur hinsichtlich des Rassismus; vielmehr erfasst es sämtliche Elemente der filmischen Welt. Das betrifft Barbaras Katatonie, aus der sie nichts und niemand reißen kann, bis es zu spät ist (wahrscheinlich kann man das psychologisch erklären, aber dann müsste man auch erklären, warum niemand anderes in einen vergleichbaren Zustand fällt). Es betrifft die lustvolle Grausamkeit, mit der das Mädchen Karen ihre liebevolle und fürsorgliche Mutter ermordet, nachdem sie zuvor ihren toten Vater angenagt hat (auch in diesem Fall bleiben psychologische Erklärungsmuster, hier eher Freudianischer Provenienz, in ihrer Erwartbarkeit und Harmlosigkeit weit hinter der Radikalität der Bilder zurück – obgleich das Zombiemädchen als Mordwerkzeug eine phallische Gartenschaufel wählt). Es betrifft die mechanistische Zwangsläufigkeit, mit der Ben und Harry Cooper ihren Konflikt immer weiter eskalieren lassen, bis keine Verständigung mehr möglich ist (ja, auch Ben hat einen großen Anteil an dieser Eskalation; und ja, Cooper hatte recht mit seiner Voraussage, die Untoten würden das Haus mit Leichtigkeit überrennen und der Keller böte die einzig sichere Zuflucht). Es betrifft die reichlich läppische Erklärung für das Auftreten der Zombies, die gleichsam eine Verschwörung in der Verschwörung erahnbar macht; schließlich betrifft es Kleinigkeiten wie die merkwürdig detaillierte Bestimmung des Radiosprechers, westlich des Mississippi habe es keine Morde gegeben, außer im Südosten von Texas.

Zusammengenommen entsteht so das Bild einer Welt, in der ebenso unsichtbare wie unauflösliche Fesseln jede freie Lebensentfaltung hemmen, und unausgesprochene, vielleicht gar unbekannte, dafür aber umso erbarmungslosere Gesetze jeden Atemzug diktieren: eine Welt der Klaustrophobie und der Paranoia; der Ohnmacht und Hilflosigkeit. So gesehen überrascht es nicht, dass die Zombies, wenn sie die Überreste von Tom und Judy verschlingen, recht zufrieden und, von kleineren Raufereien abgesehen, tatsächlich auch friedfertig wirken – ein wenig gemahnen sie an grasende Kühe –; sehr viel zufriedener, friedfertiger und wohl auch freier jedenfalls, als es ihre nicht-untoten Opponenten jemals sein dürfen in NIGHT OF THE LIVING DEAD. Und dazu wiederum passt, dass man im Nachhinein schwören könnte, keinen einzigen Schwarzen unter den Zombies gesehen zu haben.

So weit zu den Zombies. Und die Cowboys? Was IL GRANDE SILENZIO betrifft, ist der Unterschied, das mag schon deutlich geworden sein, kein allzu großer. Auch Corbuccis Film ist mit allerlei politischen Diskursen und ideologiekritischen Subtexten angefüllt; und auch hier sind sie zwar keineswegs irrelevant für die affektive Gerichtetheit der sich entfaltenden Welt, treffen aber nicht ganz das Wesentliche. Das gilt für Locos unermüdliche Betonung, seine Taten ständen im Einklang mit dem Gesetz, ebenso wie für die vielleicht etwas grobschlächtige Zeichnung von Henry Pollicut als inkarnierte herrschende Klasse. Es gilt desgleichen für die zwielichtige Gestalt des Gouverneurs, der zwar eine Amnestie erlässt, von Sheriff Burnett – wahrscheinlich in seiner arglosen Menschlichkeit der wahre Held des Films – aber bedingungslosen Gehorsam verlangt. Es gilt des Weiteren für Silence' letztlich verlogenen Moralismus:

Er ist eben kein Messias, kein Erlöser (obgleich er mitunter so inszeniert wird), sondern nur ein weiterer Killer; ein etwas schlechterer und skrupulöserer als Loco, obendrein. Und es gilt nicht zuletzt für die vielleicht als Provokation gemeinte Liebesbeziehung zwischen dem Weißen und der Schwarzen, zwischen Silence und Pauline. Das wahrhaft Provokante besteht allerdings weniger darin, dass die beiden nicht dieselbe Hautfarbe haben; vielmehr ist es so, dass dieser Beziehung, allem Geigenschmelz und dem Pathos der Liebesbekundungen zum Trotz, etwas durchaus Gewaltsames anhaftet: Denn es bleibt unklar, ob sich Pauline dem Revolverhelden hingibt, weil sie ihn begehrt, oder weil sie keine andere Möglichkeit hat, ihre Schuld von 1000 Dollar zu begleichen. Die Grenze zwischen unkonventionellem Lieben und sexuellem Missbrauch droht mitunter zu verwischen – auch das ist '68.

Ähnlich wie bei NIGHT OF THE LIVING DEAD trägt diese, sagen wir, diskursive Aufgeladenheit dazu dabei, die Konturen der filmischen Welt in das unbarmherzige Licht zu rücken, das sie verlangt und verdient. Wir haben es hier mit einer Welt zu tun, in der keine Freiheit möglich ist, in der das schiere Überleben sich nur um den Preis der Unterdrückung und Ausbeutung, kurz: des Niedertrampelns, anderer verlängern kann. Das Massaker an den Gesetzlosen, deren einziges Verbrechen darin zu bestehen scheint, dass sie Hunger haben, ist nichts anderes als die letztgültige Enthüllung dieser Welt, die in Loco den Vollstrecker ihres Willens findet. Alle anderen sind, wie gesagt, immer schon tot. Aber zu ihrem Pech sind sie eben nur tot, lebende Leichen im Wortsinn, aber nicht untot. Zu sehr bleiben sie ihren Wünschen und Hoffnungen verhaftet; dem Traum von Gerechtigkeit und dem Glück, das in einer dargereichten Hand, einem freundlichen Wort besteht. Sicherlich wäre es übertrieben zu sagen, man möchte ein Zombie sein in der Welt von IL GRANZE SILENZIO ... oder?

Jedenfalls steht fest, dass das herrliche Bergpanorama, das ein ums andere Mal am Rande des kurzzeitig klaren Winterhimmels aufscheint, in Corbuccis Film den unerreichbaren Horizont der Sehnsucht markiert: einer Sehnsucht nach Liebe, Geborgenheit und Wärme. Davon kündet auch Ennio Morricones Musik. Die Titelmelodie von IL GRANDE SILENZIO zählt sicherlich zu den schönsten und irgendwie auch beunruhigendsten der Filmgeschichte. Beunruhigend ist sie gerade darum, weil in ihr jener unerfüllbaren Sehnsucht ein Klangraum geschaffen wird. Sonst vermag sie nirgends einen Ort zu finden; nur hier – in den getragenen Gitarrenakkorden, den einzelnen Xylophon- oder Marimbaklängen, die in den Schnee fallen wie Hoffnungstropfen, schließlich in den anschwellenden Streichern und Chören, welche, von geisterhafter Zartheit und unendlicher Trauer erfüllt, davon zu künden scheinen, dass auch etwas anderes möglich wäre.

Möglich. Wäre. Aber nicht in dieser Welt.

P.S.: Es soll nicht unerwähnt bleiben, dass es zu IL GRANDE SILENZIO ein alternatives Ende gibt. Das geht so zu, dass sich der wackere Sheriff Burnett auf rätselhafte Weise aus dem gefrorenen See befreit hat und Silence im letzten Moment zur Hilfe kommt. Gemeinsam entledigen sich die beiden der Kopfgeldjäger, wobei Silence sogar eine kleine akrobatische Einlage vollführt. Als alles geschafft ist und die Gesetzlosen in die Freiheit entlassen sind, bietet Burnett seinem stummen Freund den Posten des Hilfssheriffs an, der daraufhin mit einem strahlenden Lächeln (das einzige Mal, das Jean-Louis Trintignant in diesem Film so richtig lächeln darf) bezeugt, dass er sich auf glückliche Jahre mit Pauline freut, was ihm Vonetta McGee ihrerseits mit einem bezaubernden Lächeln entlohnt. Zwischendurch stellt sich noch heraus, dass Silence unter seinen Bandagen eine kuriose, mittelalterlich anmutende Metallvorrichtung trug, weshalb ihm Loco & Co. auch nicht die Hände zerschießen konnten.

Das alles ist nicht notwendig so lächerlich, wie es hier klingt – von Silence' stählernem Fingerschutz vielleicht abgesehen. Ebenso wenig ist es lächerlich, sich vorzustellen, dass Ben nicht von der Miliz erschossen worden wäre, sondern hinaus ins Morgenlicht hätte treten dürfen. Auf YouTube findet man ein apokryphes, hausgemachtes Alternativende, das einen solchen glücklichen Ausgang suggeriert. Dass dies nur mit einer schlechten, ganz und gar nicht überzeugenden Schnittfassung möglich ist, hat wiederum seine Logik. Denn IL GRANDE SILENCIO und NIGHT OF THE LIVING DEAD sind eben Filme, die selbst die kleinste, alltäglichste Utopie nur gegen ihr eigenes poetisches Gesetz behaupten können.

Filmografie

28 DAYS LATER. Reg. Danny Boyle. GB 2002.
DAWN OF THE DEAD. Reg. George A. Romero. USA/I 1978.
DAWN OF THE DEAD. Reg. Zack Snyder. USA/CAN/J/F 2004.
DAY OF THE DEAD. Reg. George A. Romero. USA 1985.
IL GRANDE SILENZIO. Reg. Sergio Corbucci. F/I 1968.
NIGHT OF THE LIVING DEAD. Reg. George A. Romero. USA 1968.

Ludografie

RESIDENT EVIL. Capcom. 1996.

Die Autorinnen und Autoren

Jan-Hendrik Bakels, Jun.-Prof. Dr., hat über den Zusammenhang von audiovisuellem Rhythmus und dynamischen Zuschaueraffekten promoviert und ist Juniorprofessor für Poetologien audiovisueller Bilder an der Freien Universität Berlin. Seine Schwerpunkte liegen im Bereich der Affekttheorien, der Methodologie der Filmanalyse, der Figurationen der Subjektivität im Film sowie des intermedialen Wechselverhältnisses von Film und Videospiel.

Hanno Berger, Dr., studierte Filmwissenschaft, Philosophie sowie Allgemeine und Vergleichende Literaturwissenschaft in Berlin und Paris. Von 2013 bis 2014 war er Wissenschaftlicher Mitarbeiter im Teilprojekt *Die Politik des Ästhetischen im westeuropäischen Kino* am SFB 626 *Ästhetische Erfahrung im Zeichen der Entgrenzung der Künste* an der Freien Universität Berlin. 2017 erfolgte seine Promotion an der FU Berlin. Seit 2017 ist er Mitarbeiter an der Kritischen Ausgabe der Werke Hannah Arendts und Postdoctoral Scholar an der Vanderbilt University (Nashville).

Regina Brückner studierte Filmwissenschaft und Englische Philologie an der Freien Universität Berlin. Seit 2015 ist sie Wissenschaftliche Mitarbeiterin an der Kolleg-Forschergruppe *Cinepoetics* und promoviert dort mit einer Arbeit zum audiovisuellen Diskurs über den sogenannten „Nationalsozialistischen Untergrund".

David Gaertner, Dr., promovierte über den Propagandadiskurs in den USA und das Kino als mediale Praxis während des Zweiten Weltkriegs. Er ist Wissenschaftlicher Mitarbeiter am Seminar für Filmwissenschaft der Freien Universität Berlin. Dort lehrt er und ist wissenschaftlicher Leiter des Medienlabors. Zusammen mit Hermann Kappelhoff und Cilli Pogodda ist er Mitherausgeber des Sammelbands *Mobilisierung der Sinne. Der Hollywood-Kriegsfilm zwischen Genrekino und Historie* (Berlin 2013).

Danny Gronmaier ist seit März 2017 Wissenschaftlicher Mitarbeiter an der Kolleg-Forschergruppe *Cinepoetics*. Nach einem Bachelorstudium der Literatur-, Kunst- und Medienwissenschaft an der Universität Konstanz studierte er im Masterstudiengang Filmwissenschaft an der Freien Universität Berlin. Von 2011 bis 2015 war er als Mitarbeiter am DFG-Projekt „Inszenierungen des Bildes vom Krieg als Medialität des Gemeinschaftserlebens" beteiligt, bevor er das akademische Jahr 2015/16 als PhD-Austauschstudent an der University of Michigan verbrachte. Zurzeit arbeitet er an einem Dissertationsprojekt zu Zeitlichkeits-Konstruktionen im amerikanischen Sportfilm.

Matthias Grotkopp, Jun.-Prof. Dr., ist Juniorprofessor für Digital Film Studies an der Kolleg-Forschergruppe *Cinepoetics* an der Freien Universität Berlin. Er hat an der Freien Universität Berlin und an der Sorbonne Nouvelle Paris Film- und Theaterwissenschaft studiert und war Stipendiat des Exzellenzclusters *Languages of Emotion*, wo er mit einer Arbeit über „Filmische Poetiken der Schuld" (De Gruyter 2017) promoviert hat.

Tobias Haupts, Dr., ist Wissenschaftlicher Mitarbeiter am Seminar für Filmwissenschaft der Freien Universität Berlin. Er promovierte an der Universität Siegen mit einer Arbeit zur Geschichte und medialen Praxis der Videothek. Seine Forschungsschwerpunkte sind (deutsche)

Medien- und Filmgeschichte, Genreästhetik und -geschichte, Distributionsformen des Films, Film und Theologie, Fantastikforschung (Schwerpunkt Science Fiction), Space Race 2.0 sowie die Ästhetik und Geschichte von TV-Serien (vor allem der 1990er Jahre).

Björn Hochschild absolvierte 2015 seinen Master in Filmwissenschaft an der Freien Universität Berlin mit einer Arbeit zum Geschichtsdenken in filmischen Superheldenuniversen. Seit 2016 promoviert er im Rahmen der Kolleg-Forschergruppe *Cinepoetics*. In seiner Arbeit entwickelt er einen phänomenologisch geprägten Zugang zur Begegnung mit Figuren in Comics und Filmen.

Daniel Illger, Dr., ist Wissenschaftlicher Mitarbeiter an der Kolleg-Forschergrupppe *Cinepoetics*. Er hat zu den Stadtinszenierungen des italienischen Nachkriegskinos promoviert, bei Klett-Cotta die *Skargat*-Trilogie veröffentlicht und arbeitet gegenwärtig an einem Habilitationsprojekt zum Fantasy-Modus im Videospiel.

Hermann Kappelhoff, Prof. Dr., ist Professor für Filmwissenschaft an der Freien Universität Berlin und Sprecher der Kolleg-Forschergruppe *Cinepoetics – Poetologien audiovisueller Bilder*. Seine Forschungsschwerpunkte sind mediale Emotionen und Affektpoetiken, die Ästhetik und Politik audiovisueller Bilder, Genre und Geschichte, Meaning Making, Embodiment und filmische Erfahrungsmodi sowie die methodologische Analyse audiovisueller Bilder. Seine Dissertation, *Der möblierte Mensch. G. W. Pabst und die Utopie der Sachlichkeit. Ein poetologischer Versuch zum Weimarer Autorenkino* erschien 1995; seine 2001 verfasste Habilitation, *Matrix der Gefühle. Das Kino, das Melodrama und das Theater der Empfindsamkeit* wurde 2004 veröffentlicht. Zu seinen aktuellen Publikationen zählen *Genre und Gemeinsinn. Hollywood zwischen Krieg und Demokratie* (2016; 2018 in englischer Sprache erschienen unter dem Titel *Front Lines of Community: Hollywood Between War and Democracy*) sowie *The Politics and Poetics of Cinematic Realism* (2015).

Hauke Lehmann, Dr., ist Wissenschaftlicher Mitarbeiter am Sonderforschungsbereich „Affective Societies" an der Freien Universität Berlin. Seine Dissertation befasst sich mit Affektpoetiken des New Hollywood (De Gruyter 2017). Er arbeitet zu Theorien filmischer Affektivität und filmischer Zeitlichkeit sowie zum Verhältnis von Kino und Migration.

Christine Lötscher, Dr., ist Mitarbeiterin am Institut für Sozialanthropologie und Empirische Kulturwissenschaft ISEK – Populäre Kulturen der Universität Zürich. Sie promovierte über das Zauberbuch als Denkfigur in der fantastischen Literatur (Chronos 2014) und forschte im Rahmen des SNF-Projekts „Poetik des Materiellen" zu ästhetischen Figurationen der Unruhe in der Populärkultur, ausgehend von Lewis Carrolls *Alice*-Büchern. Von April 2017 bis August 2018 war sie Fellow der Kolleg-Forschergruppe *Cinepoetics*. Außerdem arbeitet sie als freie Literatur- und Filmkritikerin.

Eileen Rositzka, Dr., ist Wissenschaftliche Mitarbeiterin am Seminar für Filmwissenschaft der Freien Universität Berlin sowie an der dort angesiedelten Kolleg-Forschergruppe *Cinepoetics*, wo sie im Rahmen des Bachelor-Studienganges Filmwissenschaft regelmäßig zu populären Filmgenres und -figuren lehrt. Sie promovierte an der University of St Andrews, Schottland, zur so genannten „Corpographie" des Hollywood-Kriegsfilms und forscht aktuell zu kartografischen Inszenierungsmodi filmischer Bilder. Ihre Dissertation erschien 2018 bei unter dem Titel *Cinematic Corpographies: Re-Mapping the War Film Through the Body*.

Christian Rüdiger studierte Filmwissenschaft und Kunstgeschichte an der Freien Universität Berlin, wo er seinen Master of Arts in Filmwissenschaft 2015 mit einer Arbeit zu „Verlust und Sehnsucht. Melancholie und Nostalgie als Konzepte filmischer Erfahrung" abschloss. Seit 2016 promoviert er im Promotionsstudiengang von *Cinepoetics* (Arbeitstitel: „Körper, Macht und Gegenwelt. Die ästhetische Figuration der Schule im deutschen Film als Reflexions- und Interaktionsfläche soziokultureller, medialer und machtpolitischer Entwicklungen im Umgang mit Kindheit, Jugend und Erziehung") und lehrt seit 2016 an der FU Berlin im Bereich Filmgeschichte, -analyse & -theorie.

Thomas Scherer ist Doktorand im *Cinepoetics*-Promotionsstudiengang (Arbeitstitel: „Audiovisuelle Persuasion: Aggressive Metaphorik und Feel-Bad-Movies") und Wissenschaftlicher Mitarbeiter in der vom BMBF geförderten Digital-Humanities-Nachwuchsforschergruppe „Affektrhetoriken des Audiovisuellen" (Freie Universität Berlin/Hasso Plattner Institut Potsdam). Er ist Mitherausgeber des Bandes *Cinematic Metaphor II: Reflections on a Transdisciplinary Framework* (De Gruyter 2018). Seine Arbeitsschwerpunkte umfassen audiovisuelle Metaphern, digitale Forschungsmethoden und die Analyse von Gebrauchsfilmen (Social Advertisments, Nachrichtensendungen etc.).

Zoé Iris Schlepfer ist seit Dezember 2015 Wissenschaftliche Mitarbeiterin bei *Cinepoetics*. Sie promoviert zu filmischen Atmosphären als Weisen der Welterzeugung/-erfahrung mit einem Fokus auf dem Unheimlichen und dem Melancholischen.

Jasper Stratil ist Doktorand im *Cinepoetics*-Promotionsstudiengang und Wissenschaftlicher Mitarbeiter in der vom BMBF geförderten Digital-Humanities-Nachwuchsforschergruppe „Affektrhetoriken des Audiovisuellen" (Freie Universität Berlin/Hasso Plattner Institut Potsdam). Dort beschäftigt er sich schwerpunktmäßig mit Dokumentarfilmen zur Finanzkrise und Methoden der (digitalen) Filmanalyse. Weitere Arbeitsschwerpunkte sind das Feld der Video Essays und Genretheorie.

Michael Ufer ist Wissenschaftlicher Mitarbeiter der Filmuniversität Babelsberg KONRAD WOLF in der Kolleg-Forschergruppe *Cinepoetics*. Er hat Filmwissenschaft und Philosophie an der Freien Universität Berlin studiert. Aktuell arbeitet er an einem Promotionsprojekt zum Thema „Zeitformen der Liebe. Die Intimitäten filmischer und serieller Bewegungsbilder". Weitere Forschungsinteressen sind mediale Selbstreflexivität, Poetiken der Serialität und Theorien filmischer Bilder.

Michael Wedel, Prof. Dr., ist seit 2009 Professor für Mediengeschichte im digitalen Zeitalter an der Filmuniversität Babelsberg KONRAD WOLF und Sprecher der Kolleg-Forschergruppe *Cinepoetics – Poetologien audiovisueller Bilder*. Er promovierte 2005 mit einer Arbeit zur Entwicklungsgeschichte des Musikfilms in Deutschland (*Der deutsche Musikfilm. Archäologie eines Genres 1914–1945*, erschienen 2007). Aus der Beschäftigung mit den gesellschaftlichen Funktionen verschiedener Genres (u. a. dem Musikfilm, dem Hollywood-Kriegsfilm, dem deutschen Kriminal- und dem internationalen Fantasyfilm) entstand eine umfassende theoretische Auseinandersetzung mit Genrepoetiken im historischen Wandel. In zahlreichen Einzelstudien, von denen viele in seinem Buch *Filmgeschichte als Krisengeschichte. Schnitte und Spuren durch den deutschen Film* (2011) gebündelt vorliegen, hat er einen Entwurf der Filmgeschichte als „Krisenhistoriografie" entfaltet.

Hannes Wesselkämper studierte Literatur-, Kunst- und Medienwissenschaft sowie British-and-American-Studies an der Universität Konstanz und an der Filmuniversität Babelsberg KONRAD WOLF. Er arbeitet als freier Journalist für Radio und Online und übt außerdem kuratorische Tätigkeiten für verschiedene Filmfestivals aus. Seit 2015 ist er Wissenschaftlicher Mitarbeiter in der Kolleg-Forschergruppe *Cinepoetics*, wo er an einem Promotionsprojekt zum filmischen Spektakel arbeitet.

Personenregister

Adorno, Theodor W. 16, 223, 230–231, 233–235, 248–251, 397–398
Adrian, Günter 274–275
Agamben, Giorgio 246–247
Alexander, Peter 97, 99
Alexander, Ronald 158
Ambesser, Alex von 111
Amery, Carl 196
Anders, Helga 339–340, 342–343, 352–353, 356
Anderson, Lindsay VIII, 6, 113, 115–116, 118–121, 123–126, 128, 133–134
Antonioni, Michelangelo IX, 291, 293–294, 298–300, 308
Arendt, Hannah X, 395, 398–401, 407–408

Bachtin, Michail 406
Baldi, Ferdinando 89
Benjamin, Walter 248
Berben, Iris 45, 47
Bergman, Ingmar V, 200
Beuys, Joseph 11–12
Birgel, Willy 201
Birkin, Jane 295, 325, 328–330, 333
Bohm, Marquard 43, 45, 47, 51, 56, 60–61
Braun, Harald 213
Brauss, Arthur 343, 361
Briegleb, Klaus 78
Brustellin, Alf 256
Buttgereit, Jörg 193

Camus, Albert 263
Cassavetes, John 153, 168
Castellari, Enzo G. 89
Castro, Fidel 129
Chabrol, Claude 120
Christo 232
Clouzot, Henri-Georges 63
Cohn-Bendit, Daniel 317
Corbucci, Sergio X, 89, 411–412, 420–421
Costa-Gavras 113
Costard, Hellmuth 29–32, 137

Davis, Jr., Sammy 159
Debord, Guy 19

Deleuze, Gilles 45, 142, 144, 175, 247, 309
Delon, Alain IX, 60, 319, 321–325, 328, 330, 332–336
Deppe, Hans 209, 319
Deray, Jacques IX, 317–318, 325, 335
Doermer, Christian 201
Dutschke, Rudi 8, 38

Eichmann, Adolf X, 395, 398–400, 407–408
Ende, Michael 191–192
Evans, Maurice 154

Farocki, Harun 26–27, 33–36, 39
Farrow, Mia 153, 165
Fassbinder, Rainer Werner 29, 36, 47, 56–60
Fonda, Jane IX, 303–307
Fontaine, Joan 155
Förnbacher, Helmut 201
Foucault, Michel 236
Freud, Sigmund 163, 174, 176
Fritz, Roger IX, 231, 339, 342, 356, 359, 361, 364
Fröbel, Friedrich 355

Garnett, Tay 117
Geißendörfer, Hans W. 193–194, 255
George, Götz VII, 87
Giese, Hans 224, 227
Glowna, Vadim 193
Godard, Jean-Luc V, 15–16, 19–20, 30, 35, 52, 65, 78, 114, 137, 206, 256–257, 317, 336, 340
Goeschel, Albrecht 69
Gomringer, Eugen 297
Gordon, Ruth 153
Gosov, Marran 339
Graue, Sigi 367
Gregor, Ulrich 29–30, 39, 138, 207
Grierson, John 124
Guattari, Felix 175
Guevara, Che 9, 37–38, 129, 131, 261
Gurdjieff, George 255

Habermas, Jürgen 37, 129
Hall, Stuart 122

Handke, Peter 23–25, 29, 38–39, 137
Hawks, Howard 65–66
Heintje 97
Hemmings, David IX, 292, 296, 308, 310
Herz, Juraj X, 395, 397, 409
Highsmith, Patricia 193
Hitchcock, Alfred 155, 176
Ho Chi Minh 261
Hochheimer, Wolfgang 224, 227–229, 231
Hochhuth, Rolf 196
Hofbauer, Ernst 89, 221
Hoffmann, Kurt 106
Hoger, Hannelore 367
Horkheimer, Max 16, 223, 233–234, 250
Horne, Denis 119

Jacobs, Werner VII, 95, 99
Jennings, Humphrey 124
Jentsch, Ernst 169
Johannes XXIII. 195
Jones, Duane 418
Jones, LeRoi 15
Jung, Jürgen 341

Karlson, Phil 53
Käutner, Helmut 109
Kemp, Gibson 274
Kinsey, Alfred C. 159
Kinski, Klaus 414
Kipling, Rudyard 134
Klee, Paul 276
Klett, Werner IX, 246, 270, 274, 281–282
Klick, Roland VIII, 137, 139–140
Kluge, Alexander V, X, 28–29, 36, 46, 125, 138, 140–141, 203, 212, 250, 367, 373
Kohl, Helmut 191
Kolle, Oswalt VIII, 237–241, 245–246, 249
Kreimeier, Klaus 373
Küng, Hans 198

Lambert, Lothar 193
Lang, Fritz 66
Lange, Hellmut 341
Lefèbvre, Henri 69–70, 73–74, 82
Lehndorff, Veruschka von 295
Lemke, Klaus 46, 53–55, 62, 206
Lemmon, Jack 321

Lennon, John 274
Lester, Richard 340
Levin, Ira 153, 156, 160–161, 177, 186
Lichtenstein, Roy 277
Lommel, Ulli 43, 45, 47, 51, 56–57, 60–61, 63
Löwitsch, Klaus 343, 361
Luhmann, Niklas 230–231, 236, 250–251

Mailer, Norman 9–10
Malcolm X 9, 13
Markovič, Stepan 322–324, 333
May, Karl 97
Mazzetti, Lorenza 119–120
McCullin, Don 297–298, 301
McGee, Vonetta 422
Meins, Holger 26, 30–36, 39
Melville, Jean-Pierre 60, 324
Menotti, Gian Carlo 355
Mitscherlich, Alexander 78
Moorse, George VIII, 246, 255–257, 263–264, 266–267

Nettelbeck, Uwe 207, 255, 260
Nietzsche, Friedrich 247–248, 404
Nilsson, Lennart 156
Noonan, Christine 115

Obermaier, Uschi 45, 47, 56
Ohnesorg, Benno 26, 34
Oswald, Richard 229

Pasolini, Pier Paolo V, 300–301, 401
Patalas, Enno 137, 207–208
Paul VI. 197–198, 246
Pearson, Gabriel 122
Pius XII. 195
Polanski, Roman V, VIII, 114, 153–154, 158, 163, 176–180, 184, 186
Porter, Edwin S. 116
Pulver, Liselotte 107

Quinn, Freddy 6

Rancière, Jacques 149–150
Ratzinger, Joseph 196, 198–199

Redgrave, Vanessa 127, 129–130, 294, 296–298, 300
Reik, Theodor 159
Reinl, Harald 95, 112
Reisz, Karel 119–120, 126–127
Reitz, Edgar 28–29, 46
Richardson, Tony 119–120
Rohmer, Éric 213
Rolling Stones 14–19, 30, 83, 206
Romero, George A. X, 411, 415–419

Sala, Oskar 276, 281, 287
Samuel, Raphael 122
Sander, Helke 18, 26, 33–34, 39–40
Saura, Carlos 137
Schaaf, Johannes 212, 340
Schamoni, Peter 28, 201, 205–206, 212
Schamoni, Thomas 205
Schamoni, Ulrich VIII, 194–195, 199, 201, 203, 205–207, 209, 212–213, 216
Schelsky, Helmut 251
Schlaich, Frieder 140
Schlingensief, Christoph 193
Schlöndorff, Volker 28
Schmidt, Eckhart 231
Schneider, Romy IX, 319–321, 325, 328–330, 332–335
Schreiber, Manfred 83
Schwarze, Hans Dieter 209
Seeßlen, Georg 233, 239, 245
Semmelrogge, Willy 264, 266
Shakespeare, William 368
Sherwin, David 115
Siegel, Don 53
Sinjen, Sabine 210
Situationisten 12, 18–19, 32
Sobchack, Vivian 164
Sontag, Susan 309
Spils, May 47, 61, 206, 340

Staudte, Wolfgang 213
Steel, Anthony 353
Strobel, Käte 222
Swift, David 321
Szeemann, Harald 309

Taubes, Jacob 25
Taylor, Charles 122
Thome, Rudolf VII, 29, 43, 45–51, 55, 59, 206
Thurber, James 275
Tomlin, Lily 303, 305
Trintignant, Jean-Louis 422
Truffaut, François V, 114, 120, 137
Tschechowa, Vera 261

Vadim, Roger IX, 303–305, 307, 309, 315
Vajda, Marijan 89
Verschuer, Leopold von 193
Vertov, Dziga 13, 30, 35, 39
Visconti, Luchino 113, 320–321, 339

Wallace, Edgar 97
Warhol, Andy 11
Warner, David 127
Weiss, Helmut 110
Wenders, Wim VII, 29, 69, 71, 78, 192, 255, 266–267
Whitehead, Peter 129–130
Wiazemsky, Anne 317–318
Wildenhahn, Klaus X, 29, 39, 371–373, 380
Winkler, Angela 193
Wood, Sam 117

Zacher, Rolf 258, 260, 362
Zadek, Peter 5, 20, 32, 200, 247
Zehetgruber, Rudolf V, 87, 89
Žižek, Slavoj 291

Sachregister

68er-Bewegung V, 193

Actionfilm 361
Affekt 158, 175
Affektdramaturgie 327, 334
affektdramaturgisch 187, 332–334
Affektpoetik 171, 178, 305
Antibabypille VIII, 156, 197–198, 203
Atmosphäre VIII, 170–171, 175, 177–178, 180, 182, 184, 186–187, 305, 326, 419
Auschwitz 397–400, 407
Ausdrucksbewegung 155
Avantgarde 11, 20, 22, 30, 33, 35, 38–39, 149, 293, 309

Bildraum 44, 90, 159, 164, 168, 179, 182, 184, 259, 294, 296, 343–345, 348, 363
British New Wave 119
Buddhismus 396, 406–407

Chronotopos 379
Collage 13, 16–17, 21, 130–131, 294, 300, 364
Comedy 304–305

dffb (Deutsche Film- und Fernsehakademie Berlin) 25–26, 28–31, 33–36, 39
Dialektik 16, 24, 82, 233, 236, 397
Direct Cinema 372
Dokumentarfilm X, 60, 118, 121, 124–125, 371–372
Dokumentarfilmer 39, 373
Drogen 11, 91, 257, 259, 262, 266

Emanzipation 154, 336
Entfremdung 12, 170–171, 182, 187, 263, 358, 405
Erfahrung
– ästhetische X, 395–396, 401
– historische X, 395
Erfahrungsraum 211
Erotikthriller 332
Exploitation IX, 89, 98, 277, 315

Fantasyfilm 192
Film noir 44, 53, 90
Fotografie 83, 128, 260, 276, 291, 294, 297–298, 300–301
Frauenbewegung 171
Free Cinema 119–121, 125

Genre 143, 327
– Modalitäten VII
Genrekino 44, 47, 52, 59, 65, 89
Genremodalitäten 327
Geschmacksgemeinschaft 3, 6, 8
Gewalt 37–38, 56–57, 77, 116, 133, 187, 235, 318, 339, 342

Happening V, 9–12, 17–22, 24–25, 36–38, 248–249, 292, 302, 309
Heimatfilm 97–98, 110–111, 209
Horror 98, 156–158, 166, 168, 180, 359, 405, 415, 417–418

Jazz 43, 54, 119, 147–148, 153, 159, 181, 210, 301, 329, 341, 345, 348, 354
Jugend 4, 6–8, 73, 195, 259, 317, 343
Jugendkultur 8–9, 15, 130, 255
jugendlich 356
Jugendliche 1, 3, 8, 72, 115, 200, 239–240, 348–349
Jugendrevolte 216, 317–318

Karneval 80, 82, 405–409
Kind VIII, 1, 102, 141–143, 146, 148, 160, 167–168, 176, 179, 186, 192, 203, 237, 240, 269, 295, 299, 306–307, 344
Kindheit VIII, 265, 294, 343, 345
kindlich VIII, 347–348, 356–357
Kommodifizierung 222–223, 249
Kommune 4, 11, 23–25, 36, 38, 266–267
Komödie 66, 399
Konzil, Zweites Vatikanisches 191, 196, 198, 216
Krimi V, 71, 98
Krimigenre VII
Kriminalfilm 44, 51, 54, 56, 63, 92, 113, 143, 257, 262–263

Kriminalform 49
Kriminalgenre 48
Kulturindustrie 15–16, 223, 230, 233–236, 250

Lamaze-Technik 157–158
Liebe IX, 48, 57, 96, 99–100, 102, 221, 231, 237, 260, 264–265, 269, 274, 276–277, 345, 421
– freie VI, VIII, 264
Lovelock, Ray 352

Material IX, 11, 25, 69, 178, 281, 285, 288, 298, 306, 308–311, 313, 315–316, 372
Melancholie VI, X, 367–368
Melodrama 98, 171, 337
Münchner Gruppe VII, 46, 53, 205

Nationalsozialismus 87–88, 109, 197, 288, 396
Nouvelle Vague 31, 35, 44, 52–53, 120

Oberhausener Manifest 28–29, 46, 137, 199, 201, 205–206

Paukerfilm VII, 95, 98, 109
Polizeigewalt 26, 262–263
Popkultur VII, 4–7, 14, 18, 21, 52, 96, 98, 259, 303–304, 306, 318, 336–337
Porno V, 266
Pornografie 235, 277
pornographisch 225
Psychothriller 332–334

Revolution 9, 13–14, 18, 20, 22–23, 30, 32, 69, 75, 113, 118, 126, 129, 195, 231, 250, 255, 259–260, 267, 310, 315

revolutionär 33, 37–38, 127, 137, 141, 153, 156, 161, 196, 225

Schulkomödie 99
Schulungsfilm VII, 69–70, 75
Sexfilm 98, 222, 231, 233, 235, 280
Sexploitation 53
Sexualaufklärung 223–224, 226, 229–230, 238–239, 245, 247, 249
Sexualität VIII, 130, 221, 225, 228–239, 241–242, 244–246, 249, 264, 276, 315, 345, 401
Sexualitätsdarstellung 277
sexuelle Revolution 347, 359
Situationisten 10–11
Sozialismus 122–123, 191
Staatsgewalt 263
Star-Persona IX, 335
Studenten VI, 1, 10, 29, 72, 276, 280–281, 283, 292, 301, 306, 317, 343, 362
Studentenbewegung 20, 28, 34, 95, 129, 133, 260
Subjektivität 10, 29, 41, 182, 286

Thriller 98, 156, 158, 322, 327, 331

Utopie 52, 55, 303–304, 315, 344, 411, 422

Vietnamkrieg IX, 1, 30–31, 133, 156, 172, 260, 269, 274–276, 282, 288, 416

Warschauer Pakt 395, 408–409
Western X, 98, 411–412

Zombie X, 415–418, 420